역사에서 배우는
종교문화 경영학

KB191406

역사에서 배우는 종교·문화 경영학
–종교의 길을 찾아서

초판 인쇄 / 2020년 3월 25일
초판 발행 / 2020년 3월 31일
지은이 / 안병로
펴낸곳 / 도서출판 말벗
펴낸이 / 박관홍
등록번호 / 제 2011-16호
주소 / 서울 영등포구 문래로4길 4 (204호)
전화 / 02)774-5600
팩스 / 02)720-7500
메일 / mal-but@naver.com

ISBN 979-11-88286-15-7 (03200)

역사에서 배우는

종교·문화 경영학

— 종교의 길을 찾아서

안병로

머리말

21세기에도 변함없이 회자(膾炙)되는 개념 중에 경영(經營)은 세계적으로 빼놓을 수 없는 분야다. 경영 분야에는 개인경영에서부터 가족경영·사회경영·국가경영 나아가 세계경영이 있고, 국가경영의 차원에서 정치철학 또는 국정철학이 공존하고 있다. 국가경영(철학)이라는 개념 안에는 각양각색의 문화(文化)가 포함되어 포괄적인 개념으로 사용되는 것이 문화경영(文化經營)이다. 그 가운데 혁신경영, 전략경영, 인재경영 그리고 공감을 일으키는 소통경영 등은 상생(相生)의 차원에서 주요 핵심으로 손꼽힌다.

오늘날 상생의 의미는 정치문화경영의 분야에서도 주목받고 있으며, 그의 길은 자연의 순리(順理)와 이법(理法)처럼 중요하게 사유되었기에 상생법도(法道)라는 용어가 널리 사용되고 있다. 최근에 우주물리학에서 발표된 자연의 파동과 입자의 운동 및 지구의 자연생태학이 상생의 차원에서 대자연의 생명 사상을 설명하고 있다. 자연생태계의 원리는 인간의 삶과 정신문화 세계를 조명하는 데 도움을 주었고, 자연과학적인 통찰의식은 종교문화경영의 필요성과 연동되어 있음을 살펴보고자 한다.

세계적인 산업화과정에서 형성된 환경오염과 그에 대한 대책강구는 모두가 공감하고 있는 부분이다. 인문과학과 자연과학이 힘을 합쳐 오염된 지구환경을 살리는 인류의 안녕을 위한 노력은 국제적으로 주목받고 있다. 그러한 것은 공동선(共同善) 실천의 시대정신을 제시하므로 가장 현실적이고 인도주의적인 차원에서도 공감할 수 있는 사회적 담론과 학습자와 지도자의 자세가 필요하다. 새로운 4차산업혁명 시대를 맞이하여 이 책에서 설명되지 않은 시대적 용어와 사례, 미흡한 부분은 차후 보완될 기회가 주어지기를 바란다.

정신(精神)은 문화(文化)를 만들어내고 육체(肉體)는 정신의 도구(道具)로 사용되고 있다. 우리가 말하는 문화의 개념과 서양에서 통용되고 있는 culture의 용어가 언제부터, 어떻게, 어떠한 의미에서 형성되었고, 본질에서 무엇이 서로 다른가에 대한 분석이 필요하다.

한자문화권에서 종교(宗敎)의 개념이 본래 사상단체를 의미하지만, 오늘날 특수·신앙단체(=religion) 등을 포함한 통칭(通稱)적인 용어로 사용되고 있다. 그러나 종교와 religion의 개념은 정명사상(正名思想)에 따라 명백히 분리하고 구분(區分)해 바르게 표현되어야 한다. 그러한 개념들은 언제부터, 어떠한 배경과 의미로 사용되었으며, 차이점은 무엇인가에 대해 분석되지 않았기 때문이다. 상호 간의 문화적 차이와 종교(심)성에 관한 올바른 이해와 인식, 역사적 사건, 시대 상황을 직시하는 통찰력이 요청된다.

종교성에 대한 분석은 공동체 사회문화의 근간과 역사성을 찾아내는 첩경이다. 한국 역사에는 여러 유형의 종교문화(宗敎文化)가 하늘(天) 사상을 중심으로 삶의 다양성과 역동성, 보편성과 객관성 그리고 조화로움 속에 융화(融化)되어 성장·발전되었다. 융화된 문화에는 한국인의 다양하고 특유한 종교성이 내재하여 그를 세밀하게 검토해봐야 그의 중층적(重層的) 사상체계는 물론 서구인의 신앙 세계까지 제대로 파악할 수 있다.

종교학(宗敎學)은 과학철학적인 인식을 갖고 종교문화경영을 선도(先導)할 수 있도록 이끄는 통섭(統攝, Consilience)의 학문이므로 종교문화경영의 산실이자 종교문화 경영(지도자)학으로 발전되어야 한다.

종교문화 경영학은 총 13 과정으로 분류되었고 사상(思想)단체와 신앙(信仰)단체의 현주소가 역사적 안목에서 스스로 진단되고 자기관리가 될 수 있도록 조명했다. 그 가운데 그리스도교 대제국의 '문화이식'은 스페인 가톨릭 종군신부 바르똘로메 데 라스 까사스(Bartolomé de Las Casas)의 저서 『인디아스 파괴에 관한 간략한 보고서』가 많이 인용되었다. 그의 저서는 그리스도교의 죄악사를 기록했다. 그와 같은 사례를 통해 서구 religion의 행위들에 대한 통찰의식함양과 범사회적(汎社會的) 또는 국가적 차원에서 어떠한 성찰과 대안이 요청되고 있는지 현대적 안목에서 논구한다.

그리스도교의 유일신 신앙문화는 다신론(多神論)과 우주론(宇宙論)으로 구성된 그리스로마신화로부터 많은 영향을 받았다. 서력기원(西曆紀元) 이후 교부(철)학자들에 의해 그리스도교 대제국의 교회사가 서양사(西洋史)의 중핵(中核)을 이루어가면서 그의 통치문화요소로 재편성되었다.

오늘날 서구 국가들의 역사와 지역적 향토문화의 잔상이 남아 있지만 '그리스도교교화'로 융화되어 가면서 그리스도교(=가톨릭과 개신교)[1] 교회사(敎會史)는 그들의 역사를 대변하고 있다. 그리스도교 대제국의 세계통치 이념(=그리스도론)과 경영은 구약의 야훼와 신약 예수의 이름을 조합(組合)시켜 전쟁과 평화라는 '두 자루의 검'[2]을 과거는 물론 지금도 사용하고 있다. 오늘날 최첨단 과학 문명의 이기(利器)로 양산된 서구의 전쟁 무기는 세계종교문화경영의 판을 흔들어 놓고 현대판 그리스도교 대제국의 야심을 불태우는 데 일조하고 있다. 이에 대해 먼저 인류문화의 죄악사로 남겨진 것이 무엇인가를 숙지하고 합리적이고 실용적인 차원에서 함께 해결할 다양한 방법과 능력이 강구(講究)되어야 마땅하다.

---

[1] 이 책에서 사용되고 있는 '그리스도인' 및 '그리스도교'라는 개념은 바이블에서 인용되었다. 그리스도교인의 예배 장소를 그리스도교회라고 하는 것이 보편타당하다. 그리스도인의 개념은 행 26:28, 고후 13:5, 고후 13:7, 골 4:17에서, 그리스도교라는 용어는 행 9:2, 19:9, 19:23, 24:14, 24:22 그리고 히 6:1에서 발견된다. 바이블을 인용할 때 사용된 신·구약의 약자와 그의 장과 절은 이 책의 부록참조 바람.

[2] 눅 22:36, 38. "두 자루의 검"에 대한 자세한 해석과 설명은 안병로 『그리스도교의 검과 평화』, 지성인, 2016. 15～21쪽 참조 바람

근대화 시기의 조선왕조는 서구 그리스도교 전파와 내우외환(內憂外患)으로 크게 흔들렸고 한 많은 역사적 사건들과 정면충돌했다. 그러한 사건들이 종교문화경영의 차원에서 조명되고 세계사적 안목에서 반추(反芻)해야 교육적인 차원에서 재고(再考)될 만한 사안들을 발견할 수 있다. 일제는 조선을 호시탐탐 넘나들면서 식민지정책의 야욕을 드러내고 있었다. 일제강점기와 미군정시대의 문화, 한국전쟁 그리고 민주화 투쟁 시대를 거쳐 오늘에 이르기까지 상처받은 한민족의 정신, 자긍심, 자아정체성 등은 제대로 치유되지 못하고 사회적 혼란 속에 병들어 신음하고 있다.

　　그러한 원인은 한민족의 역사와 국혼(國魂)에 대한 교육의 부재(不在)에 있다. 병든 사회의 올바른 진단과 치료는 정치·종교문화경영의 관계부터 직시하고 국민계몽의 차원에서 시작해야 질병의 뿌리를 캐낼 수 있고, 그의 개혁은 성공할 수 있다. 한국종교사회문화가 오늘날 바르게 재조명되어야 편향된 이해와 의식에서 탈피할 수 있다. 그의 참모습이 서양사상의 영향력과 틀로 재단(裁斷)되었기 때문이다.

　　그러므로 한국과 동서종교문화의 역사적 전개와 정치적 관계뿐만 아니라 사회적 가치와 영향력, 정신문화 사상의 영역과 종교성 등이 다시 분석되고 제시되어야 한다. 그뿐만 아니라 현재와 미래지향적인 공동체 사회의 공유가치분석과 대안방법 및 비전 등에 관한 도서(圖書), 역사에서 배울 수 있는 종교·문화 경영학에 관한 기본안내서가 없어 안타까운 마음을 가지고 있었다.

　　하지만 필자의 원고가 도서로 출간되도록 협조해 주신 말벗 출판사 사장님께 감사드린다. 그간 무한한 신뢰와 격려를 보내주신 지인 여러분들과 변함없이 정성을 모아 도와준 아내에게 고마운 마음을 전하고 싶다.

2020년 3월 학담(學潭) 연구실에서

저자 안 병 로

차 례

제2장 문화(文化)와 Culture

제3장 하늘(天) 사상과 종교성

제4장 종교와 문화의 습합(褶合) 사상

제5장 디지털시대와 종교문화

제6장 상생법도(相生法道) - 자연생태학의 관점에서

제7장 디지털시대의 종교문화경영

제8장 종교문화 경영(지도자)학의 단계와 과정

제9장 종교문화 경영(지도자)학
– 보편적 사회 가치 창출과 환원

종교(宗敎)와 Religion

1

religion의 개념은 19세기 일본에서 '종교(宗敎)'로 번역되었다.[1] 한국은 그렇게 번역된 개념을 가감(加減) 없이 수용했다. religion의 개념이 근대화 (近代化)시대부터 지금까지 종교와 같은 의미로 널리 통칭(通稱)되고 있으나 같지 않으며, 상호 분명한 차이점과 특성 등이 있어 명백히 분리·구분 시켜 사용해야 한다.[2]

종교의 개념은 원론적(原論的)인 관점에서 인간의 보편적 정신사상과 연계된 자연스러운 도덕적 생활 규범과 문화이자 사상단체를 의미하지만 어떠한 신앙(信仰)의 대상을 의미(意味)하거나 전제(前提)하지도 않기 때문이다. 그 반면 religion의 개념은 창조주 유일신을 내세우는 신앙단체를 뜻한다. 그 신앙단체는 신(god)과 인간의 관계, 질서에 관한 특수 교리 (dogma)와 신조(credo)를 주장한다. 종교의 개념과 의의에는 여러 사상단체와 신앙단체, 유일신 religion 신앙단체가 포함되어 있다.

---

[1] 제1장 종교(宗敎)와 Religion II. 종교(宗敎)의 개념과 의의와 III. 종·교(宗·敎)자의 분석 참조 바람

[2] 제1장 종교(宗敎)와 Religion IV. Religion이 종교(宗敎)로 번역되어 사용된 시기와 시사점 참조 바람

그 외에도 새롭게 형성된 신앙단체, 보편적 종교·종교문화에 관한 개념정리가 바르게 되지 않은 상황에 놓여 있다. 그에 대한 올바른 언어정보 처리와 공유를 위해 종교와 religion의 본질과 속성은 물론 그의 어원과 유래, 개념 및 그리스도교회사 형성에 대한 객관적이고 통합적인 설명과 관찰의식이 필요하다.

서구 그리스도교의 사상과 논리의 틀에 벗어나 통찰적인 안목을 가지고 분석되어야 역사적 주체성과 정체성 등이 되살아나기 때문이다. 잘못된 번역은 바로잡아 정명(正名) 사상을 고취할 필요가 있어 먼저 종교의 개념부터 살펴본다.

고대로부터 많은 현철(賢哲), 성인(聖人)들은 인류(人類)에게 다양한 분야에서 깨우침과 가르침을 주었다. 그들의 어록(語錄)을 모아 편찬된 것이 동양의 한자(漢字) 문화권 지역에서 경전(經典)이라고 표현되었다. 경전의 개념은 잡서(雜書)가 아니라 경서(經書, 책 중의 책)라는 뜻이다. 그뿐만 아니라 경전의 내용 중에 가장 으뜸이 되는 것(宗)을 발견하여 실생활과 직결된 가르침(敎)이 종·교(宗·敎) 자(字)로 표현되었다.

영국의 과학자로 잘 알려진 비트겐슈타인(Ludwig (Josef Johann) Wittgenstein, 1889~1951)이 "경험할 수 있는 것과 경험할 수 없는 것을 구분하고 말할 수 없는 것은 침묵하라"라고 말한 것은 유명하다. 인문과학과 자연과학에서 미스터리의 세계는 신비의 세계로, 미래세대의 탐구영역으로 남겨두자는 것이다. 종교적 신비와 우주적 신비는 신비 그대로 그 영역의 여지로 남겨두는 것은 현명한 판단과 선택이 아닐까 한다.

오늘날 언어정보처리가 다양한 분야에서 이루어지고 있듯이 외국어는 자국어로 가능한 한 정확하게 번역되어야 한다. 그러나 그렇게 표현할 수 없을 정도로 번역하기가 난해하면 차라리 원어(原語)를 자국어의 발음으로 전환해 사용하는 것이 바람직하다. 예컨대 religion은 라틴어와 독일어 발음 그대로 렐리기온(Religion), 또는 영어 발음에 가까운 '릴리전'으로 말하고 기록하는 것이 본래의 의미를 손상하지 않아 무난하다고 본다.

한국사에 서로마가톨릭이 서학(西學)으로, 예수의 가르침은 야소교 (耶蘇教) 차후 예수교로 기록된 것이 보편적이고 객관적이다. 동양의 자연 철학적인 사상단체(=종교)에는 선현의 정신적 가통(家統)을 이어간다는 차원에서 선가(仙家), 유가(儒家), 불가(佛家), 도가(道家)사상이 있고 그 와 연계된 학파(學派)가 형성되었다. 그러한 사상단체들은 자력(自力)으로 깨우침을 얻도록 지도하는 기능과 역할을 담당했다.

그 반면 유일신에게 의지하여 죽은 다음 최후의 심판과 구원 그리고 부활을 기대하는 타력(他力) 신앙단체가 religion[3]이다. 유대교, 그리스도 교와 이슬람교가 이에 속한다. 그리스도교는 삼위일체론을 주장하고 있으 나 유대교와 이슬람교는 삼위일체론이 없다. 이슬람교는 예수를 신 알라가 보낸 선지자로, 마호메트를 마지막 선지자로 그리고 유대교는 예수를 오직 역사적 존재로 본다. 그리스도교는 예수를 하나님의 아들이자 구세주로 믿고 구복적인 신앙(=죄의 탕감, 구원, 천국, 지옥, 부활, 영생) 등의 메시지를 전한다.

이슬람교의 교리와 신조는 이슬람 제국을, 그리스도교의 교리와 신조 는 그리스도교 대제국의 통치와 문화경영의 핵심이 되었다. 이에 보편적이 고 포괄적인 개념으로 사용된 '종교'와 특수 개념이자 유일신 신앙단체로 제시된 'religion'의 의미는 서로 큰 차이가 있다. religion의 개념이 신앙 고 백적인 차원에서 정의된다면 그것은 만인에게 공감을 줄 수 없다.

그러나 종교는 자연 철학적인 사상과 생활문화를 상호 간에 연동되도 록 교육과 학습을 병진시켜 공감대를 형성하므로 세계적인 보편성과 공공 성 등을 포함하고 있다. 따라서 종교의 본질(本質)과 속성(俗性)은 원천적 으로 사람을 위한 것이지 신을 위한 것이 아니다. 보편적이고 포괄적 의미 로 사용된 종교의 개념은 사상단체, 신앙단체 그리고 유일신 religion 단체 모두를 포함해 religion의 상위개념이라고 본다.

---

[3] 종교와 religion에 대한 설명은 제1장 II. 종교(宗敎)의 개념과 의의 III. 종·교(宗·敎) 자의 분석 IV. 종교(宗敎)와 Religion의 개념사용 때 단락 참조 바람.

I. Religion의 개념과 의의

인류에게 고(告)하는 보편적이고 실용적인 가르침이 생활문화에 없으면 사상단체는 물론 신앙단체도 아닐 것이다. 신앙단체의 신조와 교리는 신앙인의 신앙고백을 통해 그의 정신적, 사상적 무기로 무장되어 정체성과 내세관 등에 영향을 준다. 많은 사람이 종교의 정의(定意), 기능, 역할 등을 설명하고 있으나 십인십색(十人十色)으로 제각각 해석을 달리한다. 종교와 religion의 본래 개념과 상호 간의 진의를 바르게 파악하지 않은 상태에서 개인적 의견과 성향이 반영되었기 때문이다.

종교라고 하면 대다수가 그리스도교 유일신의 religion을 염두에 두고 저마다 이지(理知)·감정(感情)·의지(意志)로 각자 생각하고 이해한 부분만 말한다. 이 세 가지 개념은 각자에게 주어진 삶의 과정과 상황에 따라 천상의 무지개처럼 화려하게 설명되기도 한다. 그러한 이해와 분석방법에 따라 작용한 마음이 또한 행위로 드러난다.

그 반면 그 행위를 다스리는 것이 인간의 절제된 마음이며, 마음의 조절은 감추어진 이성 즉 내면의 질서를 유지한다. 언행은 드러난 마음이라고 할 수 있다. 따라서 그 어떤 대상에 대한 심적 반응과 외적으로 작용하기 이전의 상태와 드러난 행위의 완급(緩急)을 조율하는 평상심(平常心)이 필요하다. 특히 부당한 언행이 드러나지 않게 통제하고 절제·조절하려는 이성으로 다스려진 것은 평상심의 회복이며, 글로 표현하기가 쉽지 않은 자제된 정신문화이다. 또한 그 문화는 정신과학을 성숙시키는 삶의 내적 요소로 작용해 다양한 문화(文化)와 문화재(文化財)의 예술적 기법으로 남겨졌다.

독일의 문화 철학자이자 베를린(Berlin)대학교 교수였던 슐라이어 막허(F.E.D. Schleiermacher, 1768~1834)는 '국가와 교회의 개혁'을 주도한 지성인이다. 슐라이어막허는 그 당시의 유일신 신학(神學) 사상을 단호하게 비판하여 독일 문화계에 큰 영향을 주었다. 그는 religion에 대한 사회적 의식을 비판적으로 규명했고 religion 감정, 인간성, 존재 의지, religion의 직관, religion의 도덕 세계와 세계정신 등을 설명하면서 남긴 말은 유명하다.

> "Religion에 대한 전적인 무지는 여러분 가운데 가장 넓게 퍼져 있는 Religion 감정 가운데 분명히 드러나 있다. 이 감정은 직관과 내적으로 결합하여 있을 뿐 아니라 필경 직관으로부터 생겨나고 오로지 이로부터 설명될 수 있지만, 여전히 전적으로 오해되고 있다."[4]

유일신을 담보로 하는 religion의 절대성, 고유성, 도덕성, 가치성 등이 국가와 사회적인 관점에서 성찰적 비판의 대상이 되었다. 하지만 그는 religion의 개념과 본질 그리고 속성에 관해 설명하지 않았다. religion이 무엇이라고 정의(定義)하는 것보다 먼저 'religion'의 개념이 어떻게 형성되었고, 그 의미는 무엇이며, 그러한 용어가 왜, 무엇을 위해 어떤 방향과 목적을 가지고 사용되었는지 재고해야 한다. 절대적 신념체계로서의 유일신 신앙, 신앙 고백론을 앞세운 그리스도교의 religion은 다른 세계의 타 신앙 단체, 사상단체의 인생관, 세계관, 우주관 등을 제대로 보거나 분석할 수도 없다. 보다 객관적이고 보편적인 해석학적 방법으로 religion의 어원(語源)과 본래 의미와 속성이 밝혀져야 한다.

---

[4] F.D.E. Schleiermacher(최신환 옮김), 『종교론(Über die Religion)』, 한들, 서울, 1997, 101쪽. 옮긴 이는 그리스도교의 'Religion'을 종교라고 번역했으나 본래 원문에 사용된 그의 특수신앙용어 Religion이라고 표현하는 것이 서로가 이해하는데 혼란이 없고 적합하다고 판단된다.

1. Religion의 어원과 이해

religion의 개념을 제일 먼저 사용하고 그 의의를 설명한 학자는 고대 로마의 정치가이자 철학자인 키케로(Marcus Tullius Cicero; B.C. 106~43)였다. 예수 이후 그리스도교의 교부철학자(敎父哲學者) 락탄티우스(Lactantius; AD 250~317)는 키케로가 정의한 religion의 개념을 신앙적 차원에서 다르게 해석했다. religion의 개념에 관한 락탄티우스의 해석은 키케로와 어떻게 다른지 먼저 살펴본 다음 문화(文化)와 culture의 차이점과 특징에 대해 다루어 본다.

1) 키케로(Cicero, B.C.106~B.C.43)의 설명 :
religere →re + ligere

religion의 개념은 라틴어 렐리기오(religio)에서 유래되었다. 명사(名詞) religio의 동사(動詞)는 렐리게레(religere)이다. religere는 re(레)와 ligere(니게레)로 분리된다. religio(렐리기오)는 Marcus Tullius Cicero의 저서 『De natura deorum(신의 본성에 관하여)』 2장 72쪽에 처음으로 등장한다. 키케로는 religio의 개념과 출처, 의미 등을 로마의 관습법(慣習法)에 따라 다음과 같이 사용되었음을 설명했다.[5]

렐리기오(religio)의 동사 렐리게레(religere)는 '(초자연적인 현상세계를 경외(敬畏)하는 마음으로 느끼지만, 잡거나 만질 수 없는 그 무엇을) 관찰하다, 살피다'는 의미로 해석되었다. 즉 religere의 의미는 '초월적 대상이거나 자연의 기운(힘) 등을 신중하게 다시 살피다, 관찰한다'는 뜻이다. 그러한 원론적인 의미에서 키케로는 religere의 개념이 re(다시)와 리게레(ligere; ~

---

[5]   Bertholet, Alfred 『Wöterbuch der Religionen』, Alfred Kröner Verlag Stuttgart 1985, S. 503~504

을 잇다, ~연결하다)의 합성어라고 했다. religere의 반대어는 네글리게레 (negligere; vernachlachlässigen, 등한시하다, 소홀히 여기다, 업신여기다, 얕보다, 내버려 두다)이다.

키케로는 로마인은 로마 대제국의 통치자인 황제를 신적 존재로 생각하고 그에게 충성을 다한다고 보았다. 그 당시 황제를 제외한 다른 대상들에 대한 예배나 제식(祭式) 또는 근행(勤行) 등은 로마의 관습에 어긋났다. 만약 그러한 행위가 발견되면 중요 관찰대상으로 파악하고 그 무엇과 연관되어 있는지 면밀하게 살피고 다시 관찰한다는 것이 렐리기온 (religion)이다. 또한 그는 그 어떤 지존하고 존엄한 존재에 대해 신중한 태도로 재삼 경의를 표하는 것이 religion이라고 규정했고, religion은 '신께 다시 삼가 경의를 표하는 것[6]'이라고 확대해석했다. 여기서 신은 당시 신적 존재로 추앙받는 로마 황제를 지칭한 것이다.

2) 락탄티우스의 religio에 대한 재해석 :
religare → re + ligare

키케로보다 약 300년 후 출생한 그리스도교의 교부(敎父) 철학자 락탄티우스는 religio(렐리기오)를 키케로와 다르게 아래와 같이 해석했다.[7]

락탄티우스는 religio의 어원(語源)이 렐리게레(religere)가 아니라 렐리가레(religare)에서 나왔고, religare는 레(re)와 리가레(ligare)의 합성어로 보았다. 그는 리가레(ligare)의 개념은 '감아 동여매다', '묶다'와 '하나로 잇다', '합일시키다', '연결하다'는 의미가 포함되었다고 설명했다. 그는 religare의

---

[6]   Kwiatkowski, Gerhard(Hrsg), 『Schülerduden "Die Religionen"』, Deutschland Mannheim, Wien, Zuerich 1997, S. 358~359

[7]   Bertholet, Alfred 『Wörtbuch der Religionen』, Kroener, Deutschland; Stuttgard, 1985, S. 503~504, Kwiatkowski, Gerhard(Hrsg), 『Schülerduden "Die Religionen"』, Deutschland Mannheim, Wien, Zürich 1997, S. 358~359

개념을 그리스도인의 신앙 세계와 연계(連繫)시켜 예수가 '신과 인간의 중보자(仲保者)' 역할을 하면서 재결합(religati)하도록 이끌어 주는 신인동격(神人同格)을 지녔다고 설명했다.

락탄티우스는 "인간의 내면세계는 중보자 예수를 통해 열리기 때문에 신과 인간이 하나의 영성 세계로 연결된다. 인간이 범죄(犯罪)하여 생명의 본원인 신에게 멀어지게 되면 영적으로 사망에 이르렀다. 영적으로 사망에 이르러 있는 인간이 예수 그리스도를 믿음으로써 신과 재결합할 수 있다. 그러한 인간이 예수 그리스도와 영적으로 재결합이 될 수 있도록 연결해주고 하나가 되게 하는 것이 '참된 religion'이다"고 주장했다.

따라서 religion의 용어는 유일신 신앙단체의 고유개념이자 대명사가 되었고 그러한 religion은 유일신 신앙단체에서의 특수 개념이자 획일성을 지향한다. 그리스도교가 참된 religion이라고 설명한 것은 중보자 예수를 통해 신과 인간과의 연결을 추인(追認)하는 유일한 religion임을 강조한 것이다.

렐리가티(religati, 재결합)의 의의는 그리스도교의 엄숙한 의례로 발전하였고 초자연적 사물에 대한 내적 불안감의 해소와 행복, 평화의 대상이 되어 신앙공동체를 조직하고 공고히 하는 데 일조했다. 렐리가티의 표상이 교의와 의례체계를 갖추면서 영성적 그리스도교, 제도적 그리스도교로 발전하는 데 도움을 주었다.

서양의 그리스도교에서 바라본 religion의 용어와 의미는 유일신(God)을 경외하고 예수를 하나님의 아들 성자(聖子)라고 고백하며 행복, 평화, 구원, 천당과 죽어서도 영원한 삶을 염원하며 추구한다는 것이다. 범죄하고 타락한 인간이 중보자 예수, 예수 신앙을 통해 신과의 영적 결합이 이루어질 수 있다고 그리스도교는 설명한다. 즉 렐리가티(religati)에 대한 신학적 재해석은 그리스도교의 핵심교리이자 신조에서 찾아볼 수 있다.

렐리게레(religere)와 렐리가래(religare)에 대한 개념이 해석학적 관점에서 그 의미가 큰 차이점이 있음을 알려준다. 락탄티우스가 재해석한 religare의 의미는 그리스도교 전반에 큰 변화를 일으키게 했다. 그리스도교는 우주적인 불변의 진리, 인류 구원의 religion, 유일한 진리의 religion으로 확대하여 해석되었다. 락탄티우스는 유일신의 아들 성자 예수의 가르침과 구원으로 인도하는 참된 신앙인의 길이 그리스도교의 religion이자 유일한 진리의 religion이라고 하였다.

이와 같은 락탄티우스의 religion에 대한 해석과 주장은 교부철학자로서의 신앙고백이었고 그리스도교 교리서의 중핵을 이루고 있다. 유일신 이외의 신앙단체, 타 종교문화와 사상 등은 모두 우상숭배로 여기고 신 야훼(=여호와)와 예수의 이름으로 타파(打破)의 대상이 되었다. 예수는 신의 중보자이자 메시아로서 절대적 신념체계와 신앙의 대상이자 그리스도교 신앙의 핵심이 되었다.

따라서 religion은 원론적으로 그리스도교의 유일신을 숭배하는 신앙단체를 지칭하는 특수 개념이자 대명사로 사용되었음을 확인할 수 있다. 또한 그리스도교의 religion은 세계 그리스도교의 신앙공동체를 의미한다. 하지만 예수 출생 이전 고대 로마의 학자였던 키케로가 처음 사용한 religion의 개념에는 그리스도교에서 논하는 유일신의 의미가 들어 있지 않았다. religion의 본래 개념이 그리스도교의 교리형성과정에서 락탄티우스에 의해 키케로와 다르게 해석되어 사용되고 있다는 것을 밝혀보았다.

종교(宗敎)의 개념에는 신과 인간의 중보자(=예수) 신앙, 메시아에 대한 믿음과 구원 그리고 부활이라는 의미가 없으며, 그리스도와 재결합되도록 연결해 하나 되게 하는 religion의 뜻도 포함되지 않았다. 종교와 religion의 의미가 같지도 않다.

키케로는 신적 존재에 대한 경외와 중요 대상에 대한 재(再)관찰과 제의(祭儀)적인 것을 'religio'로 표현했지만, 락탄티우스는 그리스도교 신앙의 대상인 유일신과 예수를 교의(敎義)적인 차원에서 설명했다. 락탄티우스는 오직 그리스도교 진리의 religion을 증명하기 위해 religati의 개념을 재조명하고 제의(祭儀)적인 의미를 포함해 유일한 religio라는 점을 주장했다. 락탄티우스는 그리스도교의 교의를 세계적인 불변의 진리로 보았고,

불변의 진리는 '생명의 구원[8]에 이르게 하는 것이며 religion의 핵심으로 분석했다. religion에 대한 그의 해석학적 개념과 정의는 그리스도교의 교조·교리(dogma)와 신조(crede)를 정립시키는 전기가 되었다. religio에 대한 키케로(Cicero, Marcus Tullius, BC 106~43)와 락탄티우스(Lactantius; AD 250~317)의 이해와 인식의 차이가 서로 현격히 다르다는 것을 밝혀보았다.

그리스도교의 religion 형성과 현상 그리고 교회사에 연관된 국제적 영향은 다음과 같이 제시되고 있다.

① 초대 그리스도교의 교부철학자와 그의 후계자들은 당시의 시대 문명을 이끌었던 그리스문화와 사상을 승계한 로마문화에서 필요한 자료를 찾아 편집하면서 그리스도교의 교조, 신조, 교리 등을 작성(作成)했다. 그것은 그리스도교 대제국의 통치적 이념이자 정신적 지주가 되었다.

② 그리스도교를 신봉하는 서양의 역사와 문화는 구원과 부활의 상징인 예수 신앙으로 통폐합되었고 그리스도 대제국의 정치·사회문화로 발전되었다.

③ 서구 유럽 religion 문화의 원형과 사상적 계열은 단일화(單一化)된 그리스도교의 예수 신앙사상과 교회사에 직결되어 있다.

④ 그리스도교 대제국을 세운 동·서로마가톨릭과 서로마가톨릭에서 분파된 프로테스탄티즘(=개신교)의 교회사는 유럽 역사에서 발견되는 전쟁사와 유관(有關)하다.

⑤ 서양의 교회사는 서양의 역사와 문화를 설명해 줄 매우 중요한 역할을 한다. 서구의 국가들이 과거 그리스도교 대제국의 교회사를 모르고는 그들의 역사를 이해하기 어려울 정도로 서구의 역사와 교회사는 밀접하게 유착되어 있다.

---

[8] 채필근, 『비교종교론』, 대한기독교서회, 서울, 1980, 42쪽

⑥ 그리스도교 대제국의 religion은 서구의 정치·사회공동체의 단일
화를 이루었다. 그의 교회사는 그리스도교 대제국의 사상과 문화,
역사형성에 큰 영향을 주었다. 그는 또한 religion 전쟁, 개신교의
분파, 국제적 문화식민지조성, 식민지착취, 원주민의 참혹사 등을
두루 포함하고 있다.

그리스도교의 religion의 개념과 속성을 위에서 살펴보았듯이, religion
이라는 신앙적 특수용어를 인류의 보편적 개념인 종교로 번역하지 않고
본래의 의미를 밝히며 정명(正名) 사용을 위해 한국어 발음에 근접한 '릴
리전'으로 표기하고 발음하는 것이 온존(溫存)하다.

3) 아우구스티누스(Augustinus, 354~430)와 그의 후예들

락탄티우스 이후 널리 알려진 그리스도교의 교부 철학자는 아우구스
티누스[9](354~430)이다. 그는 19세 때 키케로의 저서 『Hortensius 호르텐
시우스』를 탐독했고, 참된 지혜와 사랑을 탐구하기 위해 열정적으로 천착
(穿鑿)했다. 그 책은 그의 사상에 큰 영향을 주었을 뿐만 아니라 그의 생애
에 큰 의문을 불러일으켰다.

아우구스티누스는 철학적 학구열(學究熱)과 탐구심(探究心)을 가지
고 바이블을 읽어보았으나 그가 품었던 마음의 갈증은 해소되지 않았다.
그때 그는 마니교단(Manichäismus)을 만났고, 마니교단의 선악이원론(善
惡二元論)과 체계화 과정에 있는 우주론(宇宙論)에 관심을 가지고 9년 동
안 마니교(摩尼敎)[10]에서 생활했다.

---

[9] 안병로. 『그리스도교의 검과 평화』, 지성인, 서울, 23~31쪽 참조 바람

[10] 마니교는 페르시아 예언자 마니(摩尼 216~276, Manichaeus)가 창교(創敎)했고 고대
및 중세의 신앙단체로서 태양신을 숭배했다. 마니교의 교리는 불교, 조로아스터교, 그리
스도교의 교리가 합쳐진 교단이며 사산 왕조(226~651) 시대에 성립된 주요한 페르시아

그러나 그는 마니교의 교리체계와 지도자들에게 실망하고 한동안 방황했다. 그 후 그는 신(新)플라톤주의에서 그리스도교에 이르기까지 정신적 편력(遍歷)을 경험하면서 한때 아카데미아(academia) 학파의 회의주의(懷疑主義)에 심취했었다. 그러한 그의 삶이 지속한 가장 큰 이유는 그가 마니교에서 지적으로, 영적으로 만족을 얻지 못했기 때문이었다.

아우구스티누스는 그의 스승 밀라노(Milano)의 주교(主敎) 암브로시우스(Ambro sius, 333~397)를 만났다. 아우구스티누스는 그를 통해 로마 황실(皇室) 학교의 수사학(修辭學)자로 초빙되었고, 교부신학자이자 교부철학자로 그리스도교의 사상과 논리(특히 삼위일체설)를 체계화시키며 정립하는 데 심혈(心血)을 기울였다.

아우구스티누스는 락탄티우스의 religion에 대한 교의적인 해석을 전폭적(全幅的)으로 받아들였다. 아우구스티누스는 한 걸음 더 나아가 그리스도교의 신에 대한 의미를 더욱 신앙적으로 승화시켜 심층적으로 정교하게 가다듬었다. 그의 신학적 개념이자 실천신학사상으로 널리 알려진 것이 '인간의 영혼이 신과 결합하려고 노력하는 것'이다. 그것은 신에 대한 그의 신앙 고백적인 삶(religantes animas nostras)[11]과 사상을 표현한 것이다. 그는 인간의 영혼이 비록 생명의 본원인 신과 멀리 떨어져 있을지라도 신(神)의 용서와 은총으로 다시 이어지고 화해되도록 새롭게 변화시키는 것이 religion이라고 해석했다. Religion이 유일신과 인간의 영성과 결합하여 그의 의미가 폭넓게 사용되었다.

아우구스티누스의 후예들은 라틴어 religio(렐리기오)의 개념을 그리스어의 테레스케이아(threskeia; 성스러운 의례, 예배), 유라베이아(eulabeia;

나스티시즘(Gnosticism, 그노스티시즘, 영지주의 靈知主義) 단체 중의 하나였다. 선과 악 그리고 영적인 빛의 세계와 물질적인 어둠의 세계 간의 투쟁은 마니교의 우주론이다. 마니교는 3~7세기 동안 융성하여 로마 제국지역에 이르기까지 영향을 미쳤고 또 그리스도교의 교의론 형성에도 큰 영향을 주었다. 그 당시 중국 남부에서는 마니교를 경교(景敎)라고 했다. 마니교는 14세기 이후에는 사라졌다.

[11] 김진. 『종교문화의 이해』(울산: 1998), 248쪽

양심적인 것), 유세베이아(eusebeia; 경건성, 신에 대한 외경스러움), 라트레이아 (latreia; Dienst; 예배, 미사, 문화) 그리고 테라페이아(therapeia; Dienst, 숭배) 로 번역하여 영성의식을 고취했다. religio가 라틴어 계통의 사도들에게는 총체적 신학적 개념으로 중요시하게 되었다.

아우구스티누스(Augustinus)는 자신의 책 『De vera religione』(참된 religion에 대하여)에서 그리스도교의 religio가 'vera religio'(진리의 religion)라 는 특수적인 의미를 부여했다.[12] 여기서 religio는 락탄티우스와 아우구스티 누스의 해석을 수용한 예수 신앙과 그리스도론을 포함해 사용된 것이다.

4) 다른 관점에서 religion의 해석

그리스도교의 religion 개념은 어떠한 의미로 폭넓게 사용되었는가? 그의 개념은 그리스어 유세비아(eusebéia)의 의미로서 신에 대한 두려움과 경건성(Gottesfurcht und Frömmigkeit), 라트레이아(latreia)로서 신들을 위한 예배, 테레스케이아(thréskeia)로 신앙적인(religiöse) 계명, 세바스(sébas)로서 성스러운 두려움(heilige Scheu)이라고 해석되었다. religion의 개념은 아랍 어의 딘(din)이라는 의미로서 신앙의 법적 측면을 강조했고, 인도어의 다르 마(dharma, Sanskrit; Pali dhamma)라는 차원에서 흔들리지 않는 고정, 중국 어로는 차오(chiao, 敎), 일본어로는 교(kio, 敎)[13]로 차후 쉰교오(Shūkyō, 宗 敎)로 해석되었다.

하지만 쉰교오(Shūkyō)라는 개념보다 근대화 시기에 한국에서 예수의 가르침이 야소교(耶蘇敎) 또는 예수교(敎)라고 최초로 불린 것은 적합한 표현이었다. religion의 개념은 시대적 흐름과 성향, 주관적 의식과 견해, 신 앙, 지역적 특색에 따라 다양하게 설명되었다.

---

[12] Brock House Enzyklopädie, in 24 Bänden, 1992 Mannheim(Deutschland), S. 267

[13] Kwiatkowski, Gerhard(Hrsg), 『Schülerduden "Die Religionen"』, Deutschland Mannheim, Wien, Zuerich 1997, S. 358~359

그의 특성은 새로운 예언과 신의 형상, 사후세계의 믿음, 구원 그리고 도덕성과 문화적인 의무를 포함했다. 그리스도교의 religion 개념, 바이블의 구성 및 특징, credo(크레도), 도그마(dogma), 교회사를 바르게 이해하면 누구나 서구인의 사상과 문화의식을 제대로 분석할 수 있다.

독일의 종교학자 루돌프 오토(1869-1937)는 자신의 저서 『Das Heilige』(다스 하일리게, 성스러움)에서 Religion을 라틴어로 'mysterium tremendum et fascinans(엄청나고도 매혹적인 신비)'라고 요약했다. 미국에서 활동했던 독일 신학자 파울 틸리히(Paul Tillich, 1886-1905)는 religion을 궁극적 관심(ultimate concern)이라고 표현했다.

서구인의 궁극적인 관심이 그들이 생각하고 믿었던 religion에서 찾을 수 없다면 그러한 관심은 과학철학과 더불어 전향되거나 분해되어 소멸할 수 있다. 온고이지신(溫故而知新; 논어 위정편(論語 爲政篇))의 자세와 탐구 정신은 자아 성찰을 통해 그간 소홀히 했던 것을 살피고 해결할 과제가 무엇이며 왜 필요한가를 밝히는 데 있다.

2. 렐리기오(religio)의 의미

'religio'(렐리기오)는 시대적 변화에 따라 신에 대한 사람의 의무와 교제(郊祭)를 봉행하기 위해 행사를 준비하고 실천하는 것과 신적 존재에 대한 숭상에 이르기까지 폭넓게 사용되었다. 숭상의 대상을 결정하고 그를 위해 외경(畏敬)감을 가지고 헌작(獻爵)하고 축수(祝壽)하며 제의(祭儀)를 올리며 자신을 반성하는 것, 개인적이나 단체로 행사에 참여하여 기도하는 것도 religio로 표현되었다. 그러한 religio의 의미는 일련의 모든 행위가 배움과 경험을 통해 이루어지므로 키케로가 정의한 렐리기오에 속한다.[14] 렐리

---

[14] Kwiatkowski, Gerhard(Hrsg), 위와 같은 책, Zuerich 1997, S. 358

기오의 개념이 그리스도교의 신학적 의미보다 폭넓게 해석하여 사용되었음을 파악할 수 있다.

렐리기오가 성속(聖俗)의 관계에서 제의(cult; Kult)로 분석된다. 제의가 초월적이고 성스러운 신에게 속된 인간의 모든 삶의 사실 자체를 고(告)한다는 뜻은 '종교적 인간(homo religiosus)의 삶'"[15]을 설명한 것이다. 그러므로 렐리기오가 그리스도교의 신학 논단에서 사용하는 유일신 신앙체로서의 특수적이고 획일적인 개념 외에도 폭넓게 해석하여 사용되고 있다.

3. 렐리게레(religere)의 의미

키케로가 사용한 단어 렐리게레(religere)는 그리스도교의 사제·성직자·학자들에 의해 유일신을 상징하는 신앙대상의 개념으로 점차적 폭넓게 해석되었고, 그들의 관점에서 성(聖)과 속(俗)의 대상을 구별하는 시금석이 되었다. 예컨대 누미뇌제(numinöse)의 개념은 religere와 연계시켜 영적인 '성스러움(Das Heilige)'으로 표현되었고, 그 용어는 그리스도교인의 '성스러운 대상물'로 해석되었다. 그것은 심신(心身)으로 체감하고 감응(感應)하는 초자연적인 힘, 신적인 권능이 내재한 상징성이 되었다. 성스러움과 반대되는 개념이 세속(世俗)이다.

그리스도교의 성스러움에 대한 의미부여는 해석학적 또는 생철학적 차원에서도 발견된다. 종교(철)학적 관점에서 사용된 용어 '렐리게레'(religere)에는 그와 연관된 부속사 렐리기오스우스(religiosus)가 있다. 렐리기오스우스는 신과 인간이 만날 수 있는 거룩한 장소 또는 날(日)로 사용되었다. 그러한 의미에는 '신에 대한 두려움'과 '경건'이라는 용어가 복합적으로 포함되어 있다.

---

[15] 정진홍, 『종교문화의 인식과 해석』, 서울대학교 출판부, 서울, 2000, 198쪽 참조

그리스도교가 라틴어 'religiosus'라는 개념을 도입하여 religion 문화를 발전시켰고, 인간의 모습은 신의 형상이며 그의 성품(性稟)에 신성(神性)이 깃들어 있다고 했다. 동사 렐리게레(religere)의 명사는 렐리기오(religio)이다. religio의 개념이 서구 그리스도교 대제국의 유일한 religion이자 통치적 이념으로 진리의 상징이 되었다.

그의 religion은 진리의 religion으로 공표되면서 교황 중심의 유일신 신앙공동체와 조직체계를 형성하는 데 중요한 신학, 통치, 신앙, 생활용어로 사용되었다. 서구의 religion은 정신문화경영의 중핵이자 통치와 신앙문화의 포괄적인 좌표가 되었다. 그 당시 예수의 청빈한 삶과 평화 사상을 승계하여 실천하는 수도원과 수도사의 신분과 위상은 존귀했다. 수도원 공동체 문화 속에 독신자, 금욕적 삶, 복종 그리고 엄격한 기도 생활 등이 이어졌다. 성직자의 존재가치, religion의 의의는 아래와 같이 드높게 설명되었다.

religion의 지위(地位)는 완벽한 지위다.

(der status religionis ist der status perfections)

현대 종교(철)학이나 신학 논단에서 religion은 미증유 세계의 상징이자 신앙단체의 비전(vision)으로 설명되었다. 그것은 신비스럽고 영원한 세계에 대한 동경(憧憬)이자 천국에 갈 수 있다는 이상(理想)세계의 표현이다. 가현적(假現的) 상징(象徵)은 신앙의 자양분이 되고 있다. 유일신 religion(신앙)과 종교(宗敎)의 차이점, 속성 등을 현대적 안목으로 탐구하는 것은 공동체 사회문화에서 필요한 종교문화경영과 무관하지 않다.

하지만 종교(宗敎)와 religion의 의미가 동일하지 않아 상호 간의 개념을 분리·분석하여 사용되어야 한다. 그와 같은 학습 차원에서 Religionswissenschaft(렐리기온스비센샤프트, 종교학)의 이해가 필요하다.

4. Religion과
Religionswissenschaft(렐리기온스비센샤프트)

religion은 유일신 신앙단체의 대명사가 되었고 그의 사상과 의의는 예수 신앙을 통해 최후의 심판에서 구원받고 죽은 후 영적으로 부활할 수 있다는 것이다. 그러한 사상은 교의(敎義)와 의례적(儀禮的)인 예식을 통해 심화하였고 서구 그리스도교문화에 토착화되었다.

토착화된 그리스도교문화와 신학의 틀에서 벗어나 세계적인 종교문화경영의 기초과정을 발아(發芽)시킨 학문이 Religionswissenschaft(종교학)이다. 종교학(宗敎學)은 인문과학의 소양과 자연과학의 탐구 정신을 필요로 하는 대기만성(大器晩成)의 학문이라고 본다. 그는 주어진 연구 분야에 객관적으로 접근하고 인류의 보편적 메시지와 생활문화의 실용적 요소들을 발굴하여 사회적 가치 창출과 환원을 제공할 수 있도록 이끌어 가는 종교문화경영의 영역과 무관하지 않기 때문이다.

종교학은 세계의 사상단체와 신앙단체에서 으뜸(宗)이 되고 궁극적이며 보편적인 가르침(敎), 그들의 다양한 문화와 현실 상황 등을 통찰(洞察)하고 통섭(統攝)의 안목으로 다루는 학문이다. 따라서 Religionswissenschaft는 그리스도교 신학(Christian theology)과 철학의 범주에서 이미 오래전에 탈피한 인류의 자연 철학적인 종교문화와 종교사를 다루는 대명사가 되었다.

종교학연구 분야 가운데 특히 종교문화 경영(지도자)학[16]의 배경과 원리, 과제 등을 파악하는 것은 그와 연관된 다양한 인문과학연구 분야를 관통하는 지름길이다. 그 길은 신학, 역사 문화학, 문화인류학, 민족학, 종교 현상학, 종교사, 종교사회학, 종교 문화심리학, 교육학, 종교 교육학, 종

---

[16] 이 책의 제7, 8, 9장 참조 바람

교철학, 종교심리학 등으로 연동된다. 종교사회 문화의 심리를 연구하는 것이 문화 심리학이다. 문화 심리의 기저에는 인간의 마음과 행동을 좌우하는 종교(심)성이 깊게 내재해 그를 발견하도록 탐구하는 것이 필요하다. 그것은 다시 어떠한 종교문화 심리로 형성되어 있는가를 분석하고, 공동체 사회문화의 성격을 이루고 있는 요소가 무엇인가를 정신 문화사에서 밝혀내는 것이다. 이와 같은 사회문화의 정신적 통념과 사상적 연원을 연구하고 관리하며 때로는 사안에 따라 계승·발전시키는 것이 종교문화 경영학이다. 그에 관한 관심을 가지고 노력하고자 하는 사람의 자질을 양성하는 학문이 종교문화 경영지도자학이다. 그러므로 21세기 종교학은 인류문화사와 직결된 종교문화 경영학의 길로 이어진다.

1) 종교학(宗敎學)은 종교문화경영(학)의 길

다른 종교와 문화에 대한 색다른 사상과 문화, 문화재의 가치평가, 사회적 가치 창출과 환원 등에 눈을 뜨게 한 학자, 서구(西歐) 유럽인들에게 의식전환을 촉구한 사람은 독일의 종교학자 프리드리히 막스 뮐러(Friedrich Max Müller, 1823-1900)였다. 그는 세계의 종교문화유산을 공적으로 관리하고 보전하기 위해 지식인들에게 제국주의적 그리스도교문화 시대에서 벗어나 객관적인 이해와 격조(格調) 높은 인식과 품격을 호소했다. 그는 "오직 하나의 Religion만 아는 자는, 오직 하나의 Religion에 대해 말할 수 있다(Wer nur eine Religion kennt, kann nur über die eine reden)"고 했다.

그러한 뮐러의 주장은 오직 그리스도교의 절대성(絶對性, Absolutheit), 그리스도교문화권의 우월성과 식민지 사관에서 탈피하여 새로운 변화의 시대에 걸맞은 타 종교문화에 대한 인식의 전환과 배려, 다양한 연구책무와 소통을 촉구한 것이다. 그뿐만 아니라 그에 상응하는 종교문화경영의 객관적인 방법과 필요성도 포괄적으로 설명되었다.

뮐러는 오직 하나의 Religion 그리스도교라는 신앙 고백적인 굴레에서 벗어나 다른 종교의 문화 및 문화재에 누멘(numen)이 깃들어 있음을 설명했고, 그에 관한 관심과 연구는 상호 간에 존중과 배려로 소중하게 다루어져야 한다고 주장했다. 그는 식민지정책과 사상에 빠진 그리스도인들을 보고 안타깝게 생각했다. 그들은 인도(印度共和國)뿐만 아니라 타국의 인종을 노예로 삼아 학대하며 원자재를 수탈했고, 다양한 문화재를 약탈했으며 여러 종류의 동물 가죽과 산 짐승을 강제로 유럽 사회로 가져갔다.

뮐러는 독일 중부 헤센(Hessen) 주(州)의 마브억(Philipps- Universität Marburg)대학교에 교과목 종교학과 개설을 요청했다. 그는 서구의 지식인·정치인·상인들에게 타종교사상과 문화의 존중, 배려, 타문화보호 등의 필요성을 강조했다. 그는 타 종교문화와 문화재에 대한 배려와 존중 등이 왜 필요한지 역설했다. 그는 범세계적 차원에서 특히 인류의 종교문화 보존, 분석, 경영, 관리 분야에 대한 인식의 전환을 강력히 요청했다. 뮐러가 종교학의 아버지로 지칭된 이유가 바로 여기에 있다.

종교학에 관심을 가진 서구의 여러 후진(後進) 학자들은 막스 뮐러의 주장과 연구결과물로 다른 종교에 대한 사상적 기반, 문화적 의미, 시사성 등을 검토했다. 또 정치와 학술적인 범주에서 타 종교문화에 대한 폭넓은 이해와 관심, 연구기회가 주어지면서 여러 가지 학문적 연구방법론들이 나왔으나 종교학의 본질 중의 하나인 종교문화경영에 대한 방법론과 현실적 대안은 제시하지 못했다.

그러한 상황에 부닥친 종교학이 각 사상단체와 신앙단체, religion만 연구하는 것으로 인식된다면 사상적 범주와 신앙 차원에서의 religion만 말할 수 있다. 유일신 신앙단체인 religion과 국내외 신앙단체, 동양의 종교사상을 비교적인 차원에서 연구하는 것은 종교학 연구의 한 부분이자 학자로서의 기본적인 소양(素養)을 함양시키는 것이지만 그의 전부는 아니다.

오늘날 종교학이 성장하지 못하고 침체상태에 빠진 것은 인류가 세계의 종교사회가 필요로 하는 생활문화의 가치와 사상적 대안을 시대정신에 맞게 제시하지 못하기 때문이다. 종교학은 과학철학의 관점에서 종교문화경영 분야에 관심을 가져야 그에 대한 통찰력을 가지며 공동선을 지향하는 21세기 종교문화경영시대의 흐름에 역행하지 않는다. 주어진 현실 상황을 파악하고 더 나은 미래를 위한 종교문화경영의 덕목과 실천은 사회적 결실을 보는 데 있다.

그것은 또한 다종교사회문화에 대한 폭넓은 이해와 소통능력을 함양시키고 공동체 사회에 보편적 가치와 공익성을 제공한다. 예컨대 가까운 측면에서 국가공동체 의식 고취와 애민(愛民)정신은 조화로운 생명 문화의 공간과 광장을 새롭게 공조적(共助的)으로 발견하고 역사적 상황내존재(狀況內存在, In der Situation Sein)를 깨닫게 한다.

종교학에서 종교문화경영은 인류의 보편적 가치, 신앙공동체로서의 사회적 기능과 가치 환원 등에 관한 통찰적인 안목, 현황 파악과 세부적인 대안이 요청된다. 그러한 새로운 연구영역의 단계와 과정에 대한 논증은 종교학의 목적의식과 방향이 된다. 또한 종교학은 과학철학적인 인식을 하고 종교문화경영을 선도(先導)하도록 이끄는 통섭(統攝, Consilience)의 학문이므로 종교문화 경영학[17]의 산실이자 종교문화 경영(지도자)학으로 발전되어야 한다. 그것은 자연과학적인 검토와 정신 과학적인 분야를 합쳐 심층적으로 분석하고 세계 공동체 사회문화의 현실과 내일을 진단하며 사회참여의 길을 제시하기 때문이다.

그러므로 종교학은 사회적 종교 현상학과 공동체 사회문화의 기능과 역할, 가치성과 환원성을 발견하기 위해 과학적 탐구의식, 객관적 의식함양, 보편성, 통찰력을 수학(修學)하고 실천하는 길과 직결된다. 그 때문에 종교학자는 종교 현상학, 사상단체, religion과 신앙단체, 교회사, 종교 심리, 종교사회, 세계종교문화, 종교문화경영 그리고 그의 카테고리(category) 분석 방법 등을 학습해야 하고 직·간접적인 경험을 축적하는 체계적인 훈련이 요청된다. 종교학이 대기만성(大器晚成)의 학문이라는 이유가 여기에 있다.

---

[17] 「종교문화 경영학」은 이 책의 제8장 종교문화 경영(지도자)학의 단계와 과정에서 자세히 다루었으니 참조 바람.

2) 종교사회학(Religionssoziologie)적 고찰

종교사회학은 주로 공동체 사회와 신앙단체의 문화가 상호 어떤 관계와 과정을 거쳐 종교사회문화를 형성했고, 사회적 통합요소와 기능 등이 무엇인지 연구하는 학문이다. 공동체 사회가 시대적 변화에 따라 어떤 문화적 단계와 과정·현상을 거쳐 어떻게 형성되었고, 어떤 형태로 사회에 영향을 주고받았는지 분석하는 것은 종교사회학·종교 현상학의 안목에서 연구영역의 핵심이다. 그러한 분석과정은 종교(宗敎)의 본질과 religion의 속성, 사회적 현상과 공동체 사회문화의 현주소를 보다 가까이 이해하고 신앙단체의 민낯을 제대로 파악하게 한다.

종교사회학(宗敎社會學)적 고찰은 공동체 사회문화를 이루는 통합적 요소가 무엇인가 분석하여 그에 상응하는 대안과 목적의식을 제시하는 것이다. 그것은 학문적 주요 핵심이자 종교사회학자의 중요한 연구영역이다. 하지만 사회학자가 공동체 사회의 신앙단체에 관심을 가지고 종교사회문화를 연구했다고 종교학자나 종교사회학자가 될 수 있을까?

사회학자의 연구영역에서 종교사회를 바라보는 관점은 종교학의 연구영역과 해석학적 방법과 차이가 크다. 사회학과 종교학의 학습방법과 이수과정이 서로 달라 상호 간에 인식론적 관점과 방향설정 과정에서 큰 괴리(乖離)가 발생한다. 사회학이 종교 현상학의 핵심 연구 주체가 되지 않으나 종교사회문화의 일정 부분은 다루어질 수 있다. 그러나 사회학자가 종교사회에 관심을 가지고 연구한 것은 사회현상 일부를 검토한 것이지 종교 현상학, 종교사회학, 종교학을 전공한 것은 아니다.

종교 사회학적 고찰에서 공동체 사회문화의 기저층(基底層)을 이루고 있는 고유문화의 특성과 종교성은 간과하면 안 된다. 다양한 중층구조를 이루는 종교성은 종교사회문화의 구성 요소에 자양분으로 작용한다. 종교 사회문화의 다양성과 세부적인 특성 등에 대한 주시(注視)는 종교 현상학의 현실적 고찰로 이어진다. 그것은 종교문화경영에 필요한 오늘의 대안과 내일의 혁신과제에 대한 요체를 분석하여 제공할 수 있다.

3) 종교현상학(Religionsphä nomenologie)적 고찰

종교현상학(宗敎現象學)은 정신세계와 연관된 공동체 사회문화의 현상을 연구하는 것이다. 즉 다양한 종교와 종교문화 현상에 관한 생철학 구조, 인식체계, 상징적 요소, 역사적 의미, 공동체형성 등을 세분화시켜 연구하는 학문이다. 그것은 종교적 풍토, 성향, 가르침, 공동체 의식, 공동체의 성장, 발전상황 등을 주시하고 있다.

이와 연계된 전공 분야가 민족학, 역사학, 인류문화(사)학 등으로 발전되었다. 종교현상학적 고찰(考察)은 종교와 religion 현상의 주체적인 것과 공동체 사회문화의 기능과 역할을 현주소에서도 발견할 수 있게 체계적으로 연구하는 학문이다.

그러므로 종교사회문화의 본질과 속성을 다루는 것은 그의 시대적 추이(推移)와 반향(反響) 등을 탐구하는 것이다. 종교현상학과 접목된 종교 사회문화와 국가, 국가경영 그리고 세계문화경영의 핵심을 발견하고 분석하는 것은 종교학 연구의 핵심 분야와 연관성이 있다.

따라서 종교현상학의 연구 방향과 목적은 사회문화 현상의 역사적 상황과 오늘의 결과로 드러난 현주소를 검토하여 공동체 문화의 올바른 기능과 역할을 할 수 있게 한다. 그 외에 종교사회문화의 본질과 속성, 의의에 관한 분석은 사회적 통합요소와 상황을 밝혀내는 단초를 제공할 수 있다. 시대적 사안과 대안을 제시하는 것은 '상황내존재'의 입장과 관점에 따라 설명과 이해가 필요하다. 양쪽 모두의 상호연관성과 호혜적(互惠的)인 것은 물론 그와 반대되는 부분까지 검토되어야 한다.

포괄적인 차원에서 인류문화사의 시원이자 원형을 이루는 것이 무엇인가? 문화형성과 변화의 본질을 이루는 것이 어떠한 현상 속에 현재 생활문화와 정신세계에 영향을 주었는가? 이와 같은 질문 등에 대한 함축적인 연구결과는 종교학에서 다루는 종교현상학의 본체가 되었다.

익히 주지하고 있듯이 인류의 생활문화와 정신세계는 유일신이 아닌 자연신(自然神)의 영향을 받았다. 특히 스콜라철학(Scholasticism)에서 다루었던 신의 내재성(內在性)은 자기 자신의 정신작용, 즉 내재적 현상을 설명한 것이다. 종교현상이 다신론적 차원에서 내재적 정신작용과 함께 연동된 것을 알 수 있다.

여기서 종교의 개념은 유일신 개념을 의미하는 특수·신앙단체(=religion)가 아니고 인류에게 전하는 여러 형태의 문화와 메시지 중 보편적이고 궁극적으로 으뜸인 가르침(宗敎)을 뜻한다. 따라서 종교의 개념이 이미 위에서 설명되었듯이 사상단체, 신앙단체, 유일신 신앙단체를 포함하고 있다.

religion의 개념과 의의가 어디에 근간을 두고 있었는지 정확히 알아야 religion 이외의 세계적인 종교현상의 본질과 속성을 제대로 파악할 수 있다. religion의 개념을 사용하기 시작한 것은 유일한 최고의 신(God)을 숭상하는 그리스도교 신앙단체의 특수 개념에서 비롯되었다. 유일신에게 모든 것을 의탁하는 것, 구원과 부활 등의 의존적인 개념 등은 타력 신앙이다. 그러한 신앙은 그리스도교의 절대적 신념체계이므로 특히 서구인의 인생관과 세계관 형성에 큰 영향을 주었다.

유일신 신앙문화에서 초월적 절대자와 신성(神聖)시하는 존재는 곧 신앙과 경외(敬畏)의 대상이 되었다. 그에 대한 존엄성 표시와 찬양, 경배 의식 등은 지역적 문화풍토에 따라 다르나 일정한 격식(格式)과 양식에 의해 의례의 형태로 진행되고 승계된다. 의례와 예배(禮拜) 형태가 발전되면서 특히 영성적 일체·동질성 회복·축복·구원(제)·영생·천국·부활 등이 그리스도교의 특징적인 신앙문화의 요소로 다루어지고 있다.

그러므로 religion의 본래 개념은 그리스도교의 신앙단체를 의미하며, 광의적인 측면에서는 세계 그리스도교의 신앙공동체 연합을 지칭한다. 신학적인 관점에서 religion은 천상의 유일신 사상과 지상의 메시아 예수 신앙이 결합한 그리스도교 대제국문화형성의 획일적인 신앙단체로 각인되었다. religion의 개념과 종교(宗敎)의 의미가 분명히 서로 다르므로 명확하게 구분하여 반드시 정명(正名)을 사용해야 한다.[18] 현대신학에서 그리스도교 religion의 신(God), 그 신의 본질과 속성은 내재적 신성(神性)의 이름이자 존재로 전개·발전되고 있다. 교리에 따라 과거 천상(天上)에 존재한다며 고백하고 믿었던 신과 신의 형상이 지금은 내 마음에 존재하는 신으로 그 위격과 위치가 크게 바뀌었다. 그러한 가르침은 다른 신앙·사상단체에서 모두 발견할 수 있어 객관적이고 합리적인 정신문화로 인류가 공유하고 있다.

　　인류문화사에 종교문화가 빠진 곳은 그 어디에서도 찾아볼 수 없다. 종교문화는 지역적 특색과 독특성에 따라 국가공동체에 이르기까지 막대한 사상적 영향력을 가지고 있다. 종교문화는 교육체계와 학문탐구의 방향은 물론 자국의 종교사회와 종교문화경영의 패러다임에 중추적 기능을 담지(擔持)했다. 이에 종교학은 종교사회문화의 현상을 현실적 가치추구의 관점에서 총체적으로 통찰하도록 종교문화경영의 단계와 과정을 분리·분석하고 구분해 설명해야 한다. 그것은 종교문화 경영(지도자)학[19]의 학습과 현 상황에 대한 대안적 방향을 발견하고 사회적 역할과 기능을 제고(提高)하는 데 일조한다.

---

[18]　종교(宗敎)개념에 대한 자세한 분석은 제1장 II. 종교(宗敎)의 개념과 의의 III. 종·교(宗·敎)자의 분석 단락에서 상세히 다루었다.

[19]　이 책의 제8장 종교문화 경영(지도자)학의 단계와 과정 참조 바람

II. 종교(宗敎)의 개념과 의의

종교(宗敎)의 개념은 삶의 현실과 목적에 궁극적으로 깨우침을 주는 성현들의 사상적 가르침이며 그들의 뜻을 이어가는 후학(後學)들의 단체가 사상단체다. 사상단체에는 신앙대상이 없으나 그들의 학문적이고 정신적 계보(系譜) 즉 가통(家統)을 이루고 고 있어 선(仙)·유(儒)·불(佛)·도(道) 가(家) 와 학(學)이라고 하였다. 종교의 의의는 동양사상에서 삶의 본질과 천(天)·지(地)·인(人)의 길이 하나의 조화된 길임을 스스로 깨우치는 데 있다.

1. 종교(宗敎) - 삶의 으뜸이 되는 보편적 가르침

예로부터 자연은 대우주, 인간은 소우주이며, 천지인(天地人) 합일 사상은 종교(宗敎)사상의 본원(本原)으로 설명되었다. 천지자연의 이치가 인간과 함께 공존하는 동양의 자연철학 사상은 선현들로부터 전수되었고 후학(後學)은 그들의 가르침을 승계하고 있다. 그 사상은 자연의 순환적 섭리이자 삶의 다양한 과정과 연동되어 복합적인 요소로 형성된 종교성·인생관·세계관에 많은 영향을 주며, 자연과학·인문학적인 안목에서 논구되고 있다.

종·교(宗·敎)의 개념에는 유일신의 존재와 신앙이 존재하지 않는다. 종교와 유관한 종교성(宗敎性)은 저마다의 종교적 성향과 심성을 심화시킨다. 그의 특징은 범신론(汎神論)이나 만유내재신론(panentheismus, panentheism)에 근접(近接)해 있다. 따라서 종교와 종교성의 개념이 유일신 신앙단체의 religion 개념과 본질에서 다르다는 것을 직시할 수 있다.

종교(宗敎)의 본래 의의는 선현들의 가르침을 학습하고 자력(自力) 수행으로 깨달아서 사회적 가치로 환원시키는 것이다. 절차탁마(切磋琢磨)

의 차원에서 끊임없이 배우고 선덕(善德)을 쌓고자 노력하며 스스로 깨우치도록 이끄는 것은 사회교육 차원에서 사용되었다. 그와 더불어 교육이념과 대의는 신독(愼獨)할 수 있는 것을 중요시했다.

그리스도교가 동양에 전파되기 이전에 종교(宗敎)의 개념이 동양의 한자문화권 지역에서 어떻게 구체적으로 사용되었는가에 대한 자료는 찾아보기 어려웠다. 다만 종(宗)자와 교(敎)자로 표현된 의미를 살펴보면 으뜸이 되는 성현(聖賢)들의 가르침으로 요약된다. 종·교는 공동체 사회에 철학적·과학적 궁구와 윤리 도덕적 교육의 목표이자 사회적 실천이념으로 이어졌다.

그러한 이념은 현 사회에 실질적인 공동가치, 즉 공동선(共同善, bonum commune, common good)[20]의 가치추구와 실천을 뜻한다. 그 선은 인류의 최고 미덕(美德)으로 사용되었고 또 최고선(最高善)이라고 표현되었다. 공동선을 추구하는 것은 사회적 가치 환원에 일조하고 국제사회 질서와 안정을 유지하는 동력으로 이어지기 때문에 인류문화사의 성장 축을 이루고 있다. 따라서 종교의 개념과 의의에는 인도주의적인 실천을 하도록 이끄는 사회적 공교육이 최우선으로 손꼽히고 있으나 신앙의식이나 신앙적 대상이 없다는 것을 확인할 수 있다.

2. 종(宗)자의 의미와 사용 출처

동양의 고전에서 종(宗)자의 의미와 사용 출처[21]는 다음과 같이 일곱 가지의 유형으로 분리되었음을 살펴본다..

---

[20] 구체적인 공동선에 대한 설명은 이 책의 제9장 종교문화 경영(지도자)학 −보편적 사회가치 창출과 환원 I. 종교문화경영(지도자) − 종교문화의 뷔페화시대를 넘어서, 1. 인류의 종교문화 − 공동선(共同善)추구와 평화, 3. 인류문화사, 성찰과 회개에 합당한 열매 맺는 길 축구, II. 종교문화 경영학의 길, 공동선(共同善)의 실천(實踐)으로 참조 바람.

[21] 이상은 감수(監修), 『漢韓大字典』, 서울, 민중서관, 1965, 350쪽

① 가묘(家廟) 종, 종묘(宗廟) 종, 사당 宗사(社), 승아(承我) 宗사(事)『예기(禮記)』.

② 마루 종, 밑 등, 근본. 宗가(家), 예지종야(禮之宗也)『국어(國語)』[22].

③ 겨레 종 일가. 宗문(門) 언능항종(焉能亢宗)『좌전(左前)』.

④ 갈래 종, 유파(流波), 종파(宗派), 석씨오가종(釋氏五家宗)[23], 『정자통(正字通)』[24]

⑤ 높일 종, 존숭함. 학자종지(學者宗之)『사기(史記)』. 또 존숭하는 사람, 앙모하는 사람『시종(詩宗)』.

⑥ 조회 볼 종, 여름에 제후가 천자에게 알현함「춘견일조(春見日朝), 하견일종(夏見日宗)」『주례(主禮)』

⑦ 향할 종, 향하여 감「백천조종간해(百川朝宗干海)」『서경(書經)』

위에서 살펴보았듯이 종(宗)자는 예(禮)의 차원에서 사용된 가묘(家廟) 종은 종묘(宗廟) 종(宗)으로 사당(社堂), 즉 종사(宗社)의 의미가 있다. 마루 종(宗)으로 사용될 경우 밑 종은 밑 등의 뜻으로 근본을 가르치며 종가(宗家)를 지칭하는 것(禮之宗也)이다. 겨레 종(宗)일 경우 일가(一家)로서 종문(宗門)을, 갈래 종(宗)으로서는 유파(流派)를, 높일 종(宗)으로서는 존숭함,「學者宗之」『사기(史記)』, 존숭하고 앙모(仰慕)하는 사람을 의미한다. 그 외에 조회(朝會) 볼 종은 향하여 나아간다는 뜻으로 향할 종(宗)자로 사용되었다.

---

[22] 『國語』의 저자는 좌구명(左丘明)이며 BC 350년경에 춘추시대의 일들을 국가별로 정리한 책이다.

[23] 중국 당나라 시대의 선(禪)을 추구하는 불교의 5가(家)는 위앙종(潙仰宗)·임제종(臨濟宗)·조동종(曹洞宗)·운문종(雲門宗)·법안종(法眼宗)이다.

[24] 정자통은 중국 명나라 시대의 장자열(張自烈)이 지은 음운 자서(字書)이다. 그 책은 청나라의 요문영(廖文英)이 간행했고 총 12권이다.

3. 종(宗)자를 주축(主軸)으로 파생된 용어[25]

종(宗)자를 중심으로 파생된 용어의 사례는 다음과 같다.

종가(宗家): 만파(萬派)의 집안. 큰집.

종국(宗國): 종주국(宗主國)

종규(宗規): 종법(宗法)

종기(宗器): ①종묘(宗廟)에서 사용하는 예악(禮樂)의 기구(器具).
　　　　　　②제기(祭器)

종녀(宗女): 황실(皇室)의 딸

종답(宗畓): 「한(韓)」 종중(宗中) 소유(所有)의 논

종도(宗徒): 종교·종파(宗派)의 신앙자. 신도(信徒)

종로(宗老): 문중(門中)의 존장자(尊長者)

종론(宗論): 각기 다른 종파(宗派)가 서로 그 우열(優劣)·진위(眞僞)
　　　　　　를 논하는 언론(言論).

종맹(宗盟): 종묘(宗廟) 앞에서 맺는 맹서(盟誓)

종묘(宗廟): ①역대(歷代)의 신주(神主)를 모신 제왕가(帝王家)의
　　　　　　사당(祠堂). 옛적에는 사서인(士庶人)의 사당도 종묘라
　　　　　　고 하다가 후세에 이르러 대부(大夫) 이하의 사당은 가묘
　　　　　　(家廟)라고 일컫게 되었음.
　　　　　　②국가(國家), 천하(天下).

종문(宗門): ①종족(宗族) ②종교(宗敎)의 갈래, 종파(宗派).

---

[25]　이상은 감수(監修), 『漢韓大字典』, 서울, 민중서관, 1965, 350쪽. 종교(宗敎)의 개념은 일제강점기인 근대화 시기에 사용되었기 때문에 고대 동양의 고전에서 발견할 수 없다. 이 단락에서 '종(宗)자를 주축(主軸)으로 파생된 용어'를 분명히 하고 구분하기 위해 종교의 개념은 제외되었다.

종반(宗班): 「한(韓)」 왕가(王家)의 겨레

종백(宗伯): ①벼슬 이름. 옛날의 육경(六卿)[26]의 하나. 예의(禮儀). 신
기(神祇, 토지 신)에 관한 일을 맡아 보았음.
②예부시랑(禮部侍郞)의 별칭(別稱)

종법(宗法): ①본가(本家)와 분가(分家)의 구별을 밝히는 제도.
②한 겨레의 사이에 정(定)한 규약(規約)
③불교(佛敎) 종문(宗門)의 법규(法規)

종부(宗婦): 맏파 자손(子孫)의 아내. 곧 큰집의 맏며느리.

종사(宗社): 종묘(宗廟)와 사직(社稷). 전(轉)하여 왕실(王室)과 국토
(國土)

종사(宗祀): ①높이 받들어 제사 지냄 ②조상(祖上)을 제사(祭祀) 지냄.

종사(宗師): ①종장(宗匠)으로 받들어 본받음 ②존숭(尊崇)할 만한
학자

종장(宗匠): 도덕과 학예(學藝)가 출중(出衆)한 사람

종산(宗山): 한겨레의 조상(祖上)의 무덤이 있는 산. 곧 종중(宗中)의 산.

종성(宗姓): 「한(韓)」 종반(宗班)

종손(宗孫): 맏파(萬派) 집의 맏자손.

종신(宗臣): ①중신(重臣). ②종친(宗親)의 신하. ③임금과 동족의 신하

종실(宗室): ①선조(先祖)의 사당(祠堂) ②천하(天下)의 총본가(總
本家)
③겨레. 집안. ④제왕(帝王)의 일가. 종친(宗親)

종씨(宗氏): 한(韓) 동성동본(同姓同本)으로서 계촌(計寸)을 아니하
는 겨레에 대(對)한 칭호(稱號).

종영(宗英): 동족(同族) 가운데 우수한 자

종읍(宗邑): 능(陵)이 있는 곳. 종묘(宗廟)가 있는 곳.

---

[26] 육경은 육조(六曹)의 판서(이조·호조·예조·병조·형조·공조)를 뜻한다.

종인(宗人): ①동족의 사람. 일가(一家). ②제왕(帝王)의 일가. 종친
　　　　　(宗親).
　　　　　③벼슬 이름, 종친(宗親)의 일을 맡음.

종자(宗子): 맏아들. 적장자(嫡長子).

종장(宗匠): 도덕(道德)과 학예(學藝)가 출중한 사람.

종장(宗長): 한 겨레의 어른.

종전(宗田): 종중(宗中) 소유의 밭

종정사(宗正寺): 당(唐)나라 때 황족(皇族)의 족적(族籍)을 맡아보
　　　　　던 관아(官衙)

종족(宗族): 동성동본(同性同本)의 일가

종주(宗主): ①근본(根本) ②종자(宗子)
　　　　　③제후(諸侯) 위에 서서 패권(覇權)을 잡은 맹주(盟主)
　　　　　④종묘(宗廟)의 신주(神主)

종주(宗周): 주(周)나라의 왕도(王都)를 이름

종주국(宗主國): 종주권(宗主權)을 가진 나라

종주권(宗主權): ①종주(宗主)의 제후(諸侯)에 대한 권력 ②한 나라
　　　　　가 다른 나라의 내치(內治)·외교(外交)를 관리하는 특수
　　　　　한 권력

종중(宗中): 한 겨레의 문중(門中)

종지(宗支): 종파(宗派)와 지파(支派)

종지(宗旨): ①주장되는 중요로운 뜻, 주의(主意) ②종파(宗派)의 교
　　　　　의(敎義)

종지(宗枝): ①종지(宗支). ② 군주(君主)의 집안. 종실(宗室).

종척(宗戚): 종족(宗族).

종친(宗親): ①동모(同母)의 형제(兄弟) ②동족(同族)의 사람
　　　　　③「한(韓)」 제왕의 일가

종통(宗統): 종파(宗派)의 계통

종파(宗派): ①종족(宗族)의 파(波).

②종교(宗敎)의 갈래; 화엄종·법화종·교종·선종 따위

③학술(學術)의 유파(流波)

④한(韓) 지파에 대하여 종가(宗家)의 계통(系統)

종회(宗會): 종중(宗中)의 회의(會議)

그 외 강종(强宗)·개종(改宗)·고종(瞽宗)·공종(功宗)·교종(敎宗)
·구종(九宗)·남종(南宗)·담종(談宗)·대종(岱宗)·동종(同宗)·문종
(文宗)·법화종(法華宗)·북종(北宗)·사종(辭宗)·선종(禪宗)·소종(小
宗)·소종(疎宗)·수종(殊宗)·시종(詩宗)·유종(儒宗)·육종(六宗)·율종
(律宗)·열반종(涅槃宗)·정종(正宗)·조종(祖宗)·조종(朝宗)·진언종(眞
言宗)·진종(眞宗)·질종(秩宗)·천태종(天台宗)·타종(他宗)·태종(太宗)
·팔종(八宗)·하종(河宗) 등이 있다.

종(宗)자와 연관된 용어는 혈연, 사회·국가공동체, 사상·학술단체의
개념, 특성, 계통 및 의미를 포함하고 있으나 유일신 중심의 신앙공동체 성
향은 발견할 수 없다.

4. 교(敎)자와 정신문화 사상

약 2500여 년 전에 출생한 공자·노자·석가는 그들이 스스로 깨달은
사상을 설파(說破)하였고, 많은 사람으로부터 존경의 대상이 되었다. 그들
의 가르침(敎)은 수행과 학문의 세계를 이어가는 학인(學人)의 사상적·정
신적 계보(系譜)와 계통(系統)을 형성했다. 생물학적 혈연계보를 이어가
는 계통이 가통(家統) 또는 가계(家系)라고 표현하듯이 정신사상을 이어
가는 계보를 어떠어떠한 사상가(思想家)라고 한다. 사상가의 계통(系統)
이 선가(仙家), 유가(儒家), 불가(佛家), 도가(道家) 등으로 그의 계파가

분류되어 있음을 발견할 수 있다.

유가, 불가, 도가 이전에 이미 존재했던 정신적 계파(系派)가 선가(仙家)였다고 전해지고 있다. 선가는 특히 사람이 산(山)에서 수행을 마치고 사회에서 활동하는 선인(仙人)들의 계통을 의미하며 신선사상(神仙思想)을 이어가고 있다. 오늘날 한국의 선가는 단학(丹學)의 표상이자 정신수행 단체로, 그의 역사성은 도맥(道脈)을 통해 이어지고 있다. 선가의 가르침(敎)과 사상은 구전과 문서로 면면히 이어져가고, 그의 선도(仙道) 정신은 한국 정신문화의 초석을 다졌다.

한국 정신문화의 보편성과 공공성, 그리고 사회적·국가적 가치로서의 유구성은 우리의 언어와 글자에서 발견되며 자부심을 느낀다. 현재 우리가 범국민적 교육(敎育) 차원에서 사용하는 말하기, 듣기, 쓰기는 세종대왕이 창제(創製)한 한글이다. 그러나 전문가들에 의하면, 우리말과 글자의 약 75%가 한자어를 한글 용어로 사용한다는 것이다. 정신적 사상적 계보로 알려진 선가·유가·불가·도가사상에서 한문(漢文)이 사용되었고, 그에 대한 고문서자료가 한문으로 전해지고 있다. 이처럼 세계에서 유일하게 대한민국 국민(國民)만 한자와 한글 두 가지의 국어를 함께 사용한다는 것은 매우 놀라운 일이다.

전문가들은 한문(漢文)이 중국의 글자가 아니고 본래 우리 한민족(韓民族)의 글자이며 한[韓; 동이(東夷)] 민족의 문화권에서 기원전 3000년에 은(殷)나라, 즉 상(商)나라에서 원방각(圓方角)의 원리에 의해 사용되었다고 주장한다. 대략 5000년 전 태호 복희씨(太皥伏羲氏)[27]가 등장한다. 복희

---

[27]　태호(太皥) 복희(伏羲, 伏犧) 씨(氏)의 또 다른 이름은 포희씨(庖犧氏)이며 성은 풍(風)씨로 전해지고 있으나 그의 출생연도가 알려지지 않았다. 전문가들에 의하면, 그는 기원전 3500년 전, 또는 기원전 5000년 전에 출생했을 것으로 유추하고 있다. 포희씨(庖犧氏)가 3황 5제(三皇五帝) 중 중국 최고의 제왕으로 알려져 있으나 그는 동이족이라고 한다. '복희'라는 이름은 공자가 저술한 『역경(易經)』 계사전(繫辭傳)에서 등장하며 그를 포희씨(庖犧氏)라고 했다. 그가 처음으로 팔괘(八卦)를 만들었고, 그물을 만들어 어획·수렵(狩獵)의 방법을 가르쳤다고 한다.

(伏羲) 시대에 사용된 문자가 복희 팔괘(伏羲 八卦)이며 역사적 증거자료로 제시되고 있다. 그것은 언어표현의 뿌리이자 민족의 정신사상을 일구어 놓은 문자문화의 시대와 의미를 교육(敎育)적인 관점에서 찾아보는 데 있다.

III. 종·교(宗·敎)자의 분석

언어와 문자에 민족의 혼과 문화의 뿌리가 깃들어 있듯이 '종(宗)'과 '교(敎)'자(字)의 개념은 어떻게 형성되었고, 어떠한 의미로 널리 사용되는가? 종·교(宗·敎)의 개념 분석은 종교, 종교문화 그리고 종교문화경영의 본질과 목적이 무엇인지 파악하고 종교의 의의와 방향을 제시하려는 것이다.

보편적으로 많이 사용되는 마루 종(宗)자는 산으로 비유하면 산의 최정상 봉우리이며 가장 으뜸인 것을 의미한다. 으뜸이 되는(宗) 최고의 가르침(敎)이 원론적으로 종·교(宗·敎)다. '종(宗)'과 '교(敎)'자(字)의 개념은 본래 선현들의 가르침을 체계적으로 학습(學習)하고 깨우치기 위해 사용된 교육 방법론의 핵심 주제어다. 그들의 가르침을 존중하면서 따르는 학인(學人)의 정신적 사상적 계보(系譜)는 혈통(血統)이 아니라 일반적인 정신적 학통(學統) 또는 가통(家統)을 이루고 있다. 그의 계보는 이미 위에서 설명되었듯이 선가(仙家), 유가(儒家), 불가(佛家), 도가(道家)라고 표현한다.

종교(宗敎)의 개념은 결국 정치사회문화, 예술, 체육 등 모든 분야에 이르기까지 궁극적으로 으뜸이 되는 가르침을 의미하기 때문에 교육문화의 실체이자 교육 경영의 목적으로 귀결된다. 나아가 종교(宗敎)의 본질과 의미는 인류문화의 차원에서 항상성, 불변성, 객관성, 보편성, 대중성, 유구성 등을 포함해 가르침 중 '으뜸이 되는 가르침'으로 정리할 수 있다.

사상가는 그와 같은 가르침을 궁극적인 진리라고 표현했지만 진리의 대상이 신앙의 대상은 아니다. 가르침의 핵심들이 시대적 변화의 관점에 따라 나름대로 다양하게 해석되어 여러 형태의 학파(學派)로 나누어진다. 그러한 학파가 때로는 각양각색의 경로를 거쳐 신앙의 대상, 즉 신적 존재를 선정하고 신앙인의 무리를 결성하여 본래의 학파에서 분파(分派)되면 하나의 신앙대상의 교파(敎派)이자 새로운 신앙단체가 형성된다.

신앙공동체의 교파가 신앙인의 계보를 만들어 신앙대상과 방향·목적 등을 체계화·제도화시켜 성장하면 본래 종교의 진면모는 사라지고 신앙단체와 특수한 신앙단체(religion)로 드러난다. 신(神)의 개념과 의미가 궁극의 진리이자 유일신, 신의 이름으로 포장되어 religion 단체와 그 외의 신앙단체가 지속해서 형성·분파되었다. 그 가운데 어떤 단체는 역사의 뒤안길로 사라지는 변화의 과정을 반복하고 있다.

서구에서 The God의 의미는 유일신(唯一神)의 개념으로 사용하며 구약에서는 야훼(Yahweh)였다. 유일신 중심으로 형성된 그리스도교 대제국의 공동체가 religion이다. religion의 개념이 종교(shûkyô, 宗敎)라고 번역된 시기는 19세기 말 일본의 메이지(明治) 시대라고 알려졌다.[28] 그와 같이 번역된 개념이 아무런 비판의식 없이 한국으로 직수입해 사용되어 지금은 고착화한 상태다.

하지만 '종교(宗敎)'의 개념과 의의가 유일신 중심의 신앙단체에서 사용되는 'religion'의 개념과 의의와 일치하지 않고 큰 차이가 있다. 그것은 아래의 여섯 가지 사례(1~6)에서 살펴보고 종합적인 결론은 'IV. 종교(宗敎)와 Religion의 개념 사용 시기'에서 내린다.

---

[28] 일본의 일부 사학자들은 1854년 미일(美日) 화친조약이 미·일 정식수교이자 일본의 근대화 시기로 보고 있다.

1. 종·교(宗·敎)의 개념
– 수행과 학습을 병진시키는 교육방법으로

필자는 종·교(宗·敎)에 관한 어원적 문제를 검토하기 위해 여러 참고 문헌을 살펴본 후 아래와 같이 큰 틀에서 정리한다. 먼저 마루 종(宗)자는 으뜸이 되는 궁극적인 진리(siddhanta)를 뜻하기 때문에 종교(宗敎)의 개념은 원론적으로 '궁극적인 진리에 대한 가르침'이다.

우리의 선조(先祖)들은 종·교(宗·敎)라는 용어를 사용하기 이전에 성현(聖賢)들의 가르침을 배우며 때때로 익히고(學習) 존중하면서 따르는 사람을 학인(學人)이라고 했다. 학인은 통상 그들을 신앙의 대상으로 여기는 것이 아니라 자신에게 깨우침을 주신 스승 또는 위인(偉人)이라고 생각한다. 그러므로 학인의 계보(系譜)가 혈통(血統)이나 신앙단체 소속의 계보가 아니라 사상적(思想的) 계보를 이루는 것이 분명하다. 그것은 또한 정신적 가통(家統)이 되어 선가(仙家)·유가(儒家)·불가(佛家)·도가(道家)로 분리 언급되었고, 현시대에서도 그렇게 사용되고 있다.

선·유·불·도가에서 사용된 종(宗)과 교(敎)는 수행과 학습을 병진(竝進)시켜가는 교육의 매개체로 사용되었다. 심신(心身)을 연마(鍊磨)하고 삶의 원리를 체득하는 교육방법 중 종(宗)·교(敎)가 중핵이 되었다. 그 방법은 다양한 불교 경전을 체계적으로 학습하기 위해 학문의 큰 틀과 윤곽을 제대로 이해할 수 있도록 하는 데 목적을 두었다. 예컨대 불도(佛道)·불법(佛法)·불교(佛敎)의 종지(宗旨)가 무엇이며, 핵심적 의미를 찾아 밝혀내고, 그의 사용처를 제시하는 문답의 근거자료로 종(宗)·교(敎)자(字)가 사용되었다.[29]

종·교(宗·敎)의 의의는 형이상학(形而上學)의 정수이며 정신세계를

---

[29] 더욱 자세한 설명과 내용은 이 책의 제1장 종교(宗敎)와 Religion III. 종·교(宗·敎)자의 분석 5. 불가(佛家)에서 종(宗)과 교(敎)자(字)와 그 의의 참조 바람

반영하는 가르침 중 최고의 가르침을 의미하는 것이므로 정신과학(精神科學)이다. 종·교(宗·敎)의 개념은 유가의 경전에서 어떠한 의미로 왜, 어떻게, 무엇을 위해 사용되었으며, 그 용례는 무엇인가부터 찾아서 궁금증을 해소하고자 한다.

2. 유가에서 종(宗)과 교(敎) 자(字)

유가(儒家)에서 자아 성찰을 중요시하듯이 고대 서구의 철학자 헤라클레이토스가 "나는 나 자신을 탐구했다"라고 했던 말을 사유(思惟)해 보면 자기 자신의 탐구는 성찰과 반성에서 비롯된다. 성찰과 반성의 근거가 자기성립의 근간이 되었고 그 근거로 세계근원에 대한 반성이 이루어졌다는 것을 의미한다.

그와 같은 맥락에서 종·교(宗·敎)의 개념분석은 여러 분야에서 필요하다고 생각된다. 종(宗)자와 교(敎)자의 본래 의미와 사상을 발견하기 위해 동양고전의 선택은 불가피했다. 종(宗)자의 어원적 글자 풀이, 의미와 용처(用處) 등은 이미 위에서 설명되었기 때문에 여기서는 생략한다. 유가의 경전 중 교(敎)자가 사용된 부분이 어디에 있는지 찾아보고 종·교의 개념이 어떻게 형성되었는지 정리해 본다.

공자(孔子)의 사상적 학파가 맹자(孟子)에게로 이어지면서 공맹(孔孟) 사상이라고 한다. 그 사상은 유교(儒敎)의 『대학』과 『중용』에서 쉽게 찾아볼 수 있다. 현재 전해져 내려오는 고전문헌 중 널리 알려진 유가(儒家)의 대학(大學) 1장과 중용(中庸)[30] 제1장에서 주목하는 것은 다음과 같은 내용이 기록되고, 문장의 띄어쓰기에 따라 본래의 의미를 바르게 직시할 수 있기 때문이다.

---

[30] 중용의 저자에 대해 학자들의 의견은 일치하지 않으나 일반적으로 공부자(孔夫子)의 손자인 자사(子思, 서력기원전 483?~402)라고 한다.

『대학』 편 대학 1장

"大學之道在明明德在新民在止於至善"(대학지도재명명덕재신민재지어지선):

가) 많은 사람이 대학 편 대학 1장을 설명할 때 기존의 현토(懸吐) 방식에 따라 다음의 설명 ①과 같이 문장을 분리하여 해석하고 있다.

설명 ①: 大學之道(대학지도) : 대학의 도는
在明明德(재명명덕) : 명덕을 밝힘에 있으며
在新民(재신민) : 백성을 새롭게 함에 있으며
在止於至善(재지어지선) : 지극한 선에 머무름에 있다.

☞ 大學之道(대학지도), 在明明德(재명명덕), 在新民(재신민), 在止於至善(재지어지선)

나) 1980년도 봉우 권태훈(鳳宇 權泰勳: 1900~1994) 선생(先生)은 대학 편 대학 1장을 논할 때 기존의 현토(懸吐) 방식보다 대학의 삼강령(三綱領)에 따라 다음의 설명 ②와 같이 해석했다.[31] 대학의 삼강령(三綱領)은 도(道), 덕(德), 민(民)이다.

설명 ②: 大學之道(대학지도): 대학의 도(道)는
在明明(재명명): 본래(선천 先天에) 밝았던 것(성품 性稟)을 (후천 後天에) 다시 밝히는 데 있으며
德在新(덕재신): 덕(德)은 날로 새로워지는 것이며
民在止於至善(민재지어지선): 백성(民)은 지극한 선(善)에

---

[31] 봉우 선생은 친(親)자를 신(新)자와 같은 의미로 보고 해석했다.

머무름에 있다.

☞ 大學之道(대학지도), 在明明(재명명), 德在新(덕재신), 民在止於
　至善(민재지어지선)

수천 년간 유교(儒敎)의 최고 학문의 입문서(入門書)이자 필독서(必
讀書)로 엄선(嚴選)된 경전(經典) 중 하나가 대학(大學)이다. 대학은 유생
(儒生)에게 최고의 학문을 학습(學習)하는 것으로 중요한 경전이었다. 대
학(大學) 편 대학 1장에서 중요시되는 것이 삼강령(三綱領)인 도(道), 덕
(德), 민(民)이다. 대학지도(大學之道)의 원리와 본질은 인간이 공동체 사
회에서 바르게 살아가는 큰길(大道)임을 천명한 것이다. 위에 제시된 『대
학』편 대학 1장의 설명 ②를 조금 더 자세히 분석해 보면 다음과 같다.

㉠ 대학지도(大學之道)
대학의 도(道)는 천도(天道), 지도(地道) 그리고 인도(人道)를 함의
(含意)하고 있으며 그 도(道)에는 무형(無形)과 유형(有形)의 도가 포함되
어 있다. 전자는 정신과학(＝唯心論)으로서 형이상학(形而上學)을, 후자
는 자연과학(＝唯物論)으로서 형이하학(形而下學)을 말한다. 정신과학과
자연과학이 하나로 합치(合致)되어 공동체 사회에서 활동하는 존재가 만
물의 영장인 사람이다.
사람은 정신과학과 자연과학의 주체이자 중심이 되어 다양한 문화를
발전시키고 있지만 사람답게 살아가게 하는 길, 즉 인도(人道)의 길을 벗
어나지 않는다. 따라서 대학지도의 의의는 인도(人道)를 압축시켜 서두(書
頭)에 총론적으로 제시한 것이라고 파악된다. 그 길은 인도주의(人道主義)
정신과 실천 사상으로 발전시켜 인류문화사를 승계하고 인류 문명사를 이
끌어 나아가야 한다는 엄중한 가르침을 설명한 것이다.

ⓛ 재명명(在明明)

하늘(天)의 도(道)는 통상적으로 밝음(明)을 뜻한다. 명(明)의 의미는 사람의 본성(本性)에 내재한 선천(先天)의 밝은(明) 마음(心), 즉 천심(天心)을 후천(後天)에서 다시 밝히라는 것이다. 그것은 정신공부이기에 유심론(唯心論)을 설명한 것이다.

고대로부터 선현들은 인간의 머리는 하늘을 상징하며, 하늘의 '밝음'이 인간 본연의 마음에 내재하여 사람은 하늘과 같은 성품(性稟), 즉 천품(天稟)을 가지고 태어났다고 한다. 유가(儒家)에서 천품은 마음의 작용으로 드러나기 때문에 내재적 천성(天性)이며 천성은 본연지성(本然之性) 또는 본성(本性)[32]이라고 한다. 본성은 본래 순선(純善)으로 보고 본심(本心) 또는 본연의 성품이라고 설명했다. 유가에서 사용된 성본선(性本善)은 사람의 성(性)이 본래 착하다는 뜻이며, 맹자가 주장한 성선설(性善說)과 같은 맥락이다. 인간은 하늘님 같은 모습을 지닌 존재이자 천성을 지지고 있다는 것을 재론한 것이다.

주지하고 있듯이 중용 1장에 하늘이 명(命)한 것을 성(性)이라고 했다(天命之謂性, 천명지위성)[33]. 즉 인간이 천명(天命)으로 부여받은 것이 성이며, 그 성은 본래 하늘의 마음과 같다고 하여 성리학(性理學)에서 천성(天性) 또는 본성(本性)이라고 했다. 천성은 본연(本然)의 마음(本性)이자 신성(神性)과 같다고 본 것이다. 여기서 인간의 신성은 하늘과 같은 신적 천성(天性)과 성품(性稟)을 뜻한다. 인간 본래의 마음(本心本)은 순선(純善)이자 천성의 밝음과 같아 순수한 자아를 발견하도록 추구한다.

천부경(天符經)에 본심본 태양앙명(本心本 太陽昻明)이라고 했다. 본래의 마음인 본심(本心)은 마음속에 내재한 밝은 빛이며, 또한 솟아오르

---

[32] 유가(儒家)에서 인간의 본성을 '순선(純善)'하다고 보았다. 성리학(性理學)에서 논하는 순선 사상은 인성 함양교육의 토대가 될 수 있다.

[33] 자세한 내용은 이 책의 제1장 III. 종·교(宗·敎)자의 분석 2. 유가(儒家)에서의 종(宗)과 교(敎) 자(字), 3. 중용 제1장과 대학 1장 – 그 사상적 배경과 의의 참조 바람

는 태양의 빛과 같아 스스로 밝은 광명의 세계를 추구한다. 그래서 인간의 본래 마음은 태양앙명(太陽昻明)과 같은 존재이며 인간의 내면세계에 존재하는 신성은 '광명의 하늘님'과 같다는 것이다. 따라서 인간의 고유 성품(性稟), 즉 천심(天心)과 천성의 발현(發顯)은 현실 세계에서 참나(=진아 眞我)를 발견하여 내재적 광명의 빛을 함양하는 것이다. 정신수련에서 고력(苦力) 수행은 태양앙명의 길을 구현(具顯)하기 위해 체험하고 천성의 밝은 빛을 후천에 다시 찾아서 밝히고자 하는 것이다. 천명으로 받은 선천의 본래 마음(本心), 즉 자신의 내면세계에 존재하는 밝은 빛을 후천에서 다시(再) 발현시키는 것(在明明)이 수행의 목적이고 선가(仙家)[34]의 가르침이다. 선가(仙家)에서 재명명(在明明)의 길이 중명(重明) 사상이라는 것을 제시한 것이다. 그 사상은 순례자의 영원한 길이 되었다. 인간의 본심에 하늘과 땅의 요소와 기운이 하나로 합쳐져 있다(人中天地一, 인중천지일). 그것은 인간이 천지(天地)와 합일된 만물의 영장이자 왜 소우주인가를 스스로 깨닫기 위해 설명된 중명 사상의 대의(大義)라고 생각된다.

천·지·인 삼재(三才) 사상, 삼·일(三·一)사상, 삼일신고(三一神誥) 등은 한국의 유구한 정신문화로 계승(繼承)되고 있다. 삼일신고 신훈(神訓) 편 끝부분에 하늘님에 대한 가르침이 있다. (하늘님은) 소리와 기운으로 원하고 기도하면 반드시 친히 모습을 드러내니, 저마다 지닌 본성에서 씨알을 구하라. 머릿골 속에 내려와 있다.[35] 하늘님은 누구나 원도(願禱)하면 자신의 머릿골 속에 이미 내려와 있다는 가르침이다. 내가 내 안에서 구해야 한다는 말씀이자 사람이 곧 하늘님이라는 뜻이다. 씨알(●)은 하늘님과 같은 저마다의 밝은 본심이자 저마다의 주체가 되는 주재주(●)로서 순

---

[34]   제3장 하늘(天) 사상과 종교성 II. 한국인의 종교(심)성 2. 선교(仙敎, 禮敎)적이다. 참조 바람

[35]   성기원도 절친견 자성구자 항재이뇌(聲氣願禱 絶親見 自性求子 降在爾腦). 절(絶)은 '근절하다'와 '반드시'라는 뜻이 포함되어 있다. 절친견(絶親見)은 친히 모습을 드러내지 않는다와 반드시 모습을 드러낸다고 해석할 수 있다. 이 책에서 후자의 해석이 사용되었다.

수 자아(自我)가 된다. 따라서 신훈(神訓)에 나오는 자성구자(自性求子)의 가르침은 재명명(在明明)의 길과 유관(有關)하며 재명명은 선가(仙家)의 중명(重明) 사상과 맥락을 같이한다.

ⓒ 덕재신(德在新)

덕(德)의 개념은 사람에게 도움이 될 수 있는 실제 유익함을 제공하는 것이므로 유물론(唯物論)을 뜻한다. 그것은 대개 물질적 도움으로 이루어지는 것이기 때문에 국민의 삶과 가장 밀착되어 정신세계와 유리(遊離)되지 않은 실용적 존재이자 사회적 가치 창출과 환원의 매개체가 된다.

덕(德)은 유물론적 가치로서 시대의 흐름에 따라 그 시대에 맞게 사람이 실천할수록 더욱 새로워지는 데 본말(本末)이 있다. 따라서 덕재신(德在新)은 덕(德)은 재신(在新), 즉 날로 새롭게 된다는 뜻이다. 먼저 덕(德)의 개념은 형이하학으로서 유물론에 입각한 자연과학과 연관성이 있다. 그와 같은 맥락에서 자연과학의 본질은 변화의 속성을 연구하고 그 의의를 밝혀 나아가고 있어 변화와 속성에 민감할 뿐만 아니라 과거의 논리와 대상을 꾸준히 변화·발전시켜 나날이 새로워져야 하는 것이 또한 특성이다. 그러한 특성은 문명의 이기(利器)를 창출시켜 그 시대의 사람에게 여러모로 도와주어 생활의 유익함, 편리성, 안전성, 쾌적함, 그리고 미지의 세계에 대한 탐구심 등을 제공한다.

또 덕재신은 사회적으로 덕을 추구하고 덕을 쌓아 나가도록 시대에 적합한 덕을 실천하게끔 새로운 프로그램을 만들고 서로 권면(勸勉)하며 친숙(親熟)하고 더욱더 가깝게 하는 것이다. 따라서 사람은 덕의 사회문화가 형성되도록 최선을 다하여 노력하고, 그 덕을 근간으로 한 사회문화구조가 항상 시대에 걸맞은 새로운 모습으로 덕의 개념을 이해하고 실천하도록 이끌어 나아가야 한다. 인면수심(人面獸心)의 가면을 던져버리고 공동체 사회에 사람다운 사람으로 거듭나도록 하는 것은 자연스러운 덕의 본질이자 특성이기에 변함없는 인류의 공동선추구로 승계(承繼)된다.

㉣ 민재지어지선(民在止於至善)

유가에서 군자(君子) 즉 사람다운 사람이 정치를 하면 백성(民)들이 선(善)해지고 성실(誠實)해져 나라가 평화롭게 된다고 한다. 그것은 유가의 왕도정치(王道政治)사상 중의 하나다. 왕은 정치를 잘하기 위해 백성들에게 선덕(善德)을 베풀고 그들에게 칭송받는 성군(聖君)으로 남기를 원했다. '민(民) 재지어지선(民在止於至善)'은 국민(國民)이 나라의 주체가 되어 공익을 위해 덕(德)을 쌓고 또 그렇게 서로 권면하며 최선의 노력을 다하면 지극한 선(善)에 머문다는 뜻이다.

지극한 선(善)은 인도주의 차원에서 국민과 함께 일구어낸 공동선(共同善)이다. 오늘날 인도주의의 차원에서 인성을 함양시키고 생명의 중요성을 깨닫게 여러 분야에서 교육해 능동적으로 실천하도록 이끄는 정신과학이 필요하다. 정신과학은 그 시대의 상호연계성을 가지고 덕을 베풀고 공동선의 문화를 지향하는 사회교육프로그램을 담당해야 한다. 시대변화에 상응하는 덕(德)을 발견하여 사회에 실천하도록 새로운 국가적 차원의 프로그램이 제시되어야 한다. 국가는 국민이 올바른 길을 가도록 지도하고 국민은 다 함께 주어진 도덕(道德)을 실천해야 공동선의 결실을 본다.

독일 철학자 칸트(Immanuel Kant, 1724~1804)가 인간이 실천할 수 있는 공동선의 정점(頂點)은 '최고선(最高善, Das Höchste Gut, summum bonum)'이라고 했다. 칸트는 도덕적 실천을 위해 도덕체계의 전환이 필요하다고 생각하고 '도덕 형이상학(Metaphysik der Sitten)'을 주장했다. 그의 도덕형이상학이 도덕체계에 필요한 도덕법칙으로 주목받으면서 근대사회를 지배했던 도덕적 목적이나 결과보다는 도덕적 의무와 동기가 강조되었다. 그것은 또한 인간의 성품 계발과 함양 그리고 사람다운 사람의 참된 삶을 중요하게 다뤄 의무론(deontology)이라고 한다. 덕을 지닌 사람이 행하는 도덕적 행위는 행위자 중심의 도덕철학이다.

칸트의 도덕형이상학은 인간 행위의 시시비비(是是非非)를 밝히는 데 관심을 가지고 왜 실천해야 하는지 해석하는 데 초점을 두었다. 도덕적 실천은 의무와 규칙을 따르는 행위로 행위 중심의 도덕철학이 된다. 그 행위는 선(善)한 행위(行爲)이자 의지와 의무의 좋은 것(das Gut)으로 규정했고, 선행(善行)은 공동으로 추구하는 것이 바람직하다고 칸트는 생각했다.

공동선이자 최고선을 추구하기 위해 국가와 국민은 자신의 책무, 존재가치, 당위성, 필요성, 공공성 등을 잘 인식하고 민족의 번영과 인류평화에 앞장서야 한다. 지극히 선한 행위와 공동선의 추구는 『대학(大學)』의 혈구지도(有絜矩之道)[36]와 같은 맥락이다. 혈구지도는 자신의 처지로 미루어 남의 처지를 헤아린다는 뜻으로 홍익사상과 같은 의미가 있다. 따라서 사회와 국가의 안녕과 행복 그리고 평화를 안착시킬 수 있는 국가의 도덕 문화경영철학이 중요하며, 비전을 제시하고 그와 연계된 국제화(global) 시대의 인재양성은 아무리 강조해도 부족함이 없다.

국민 개개인이 쌓은 덕을 사회적 가치로 환원시키는 존재자가 바로 올바른 길을 가고자 최선(最善)을 다하는 국민이다. 그는 사회적 가치 창출과 환원의 주인공이며 또한 국가의 주인이다. 이와 같은 이념추구로서의 민재지어지선(民在止於至善)에 대한 의미는 다음과 같이 부연 설명할 수 있다.

모든 국민이 선을 실행하기 위해 노력하다 보면 지극한 선(善)에 이르고 또 그 안에 머물 수 있다. 그렇게 선의(善意)가 실행되어야만 국가와 국민의 진정한 행복과 평화도 함께 깃든다. 이러하듯 유가의 이상세계 추구가 덕치(德治)사회라는 것을 파악해 볼 수 있다. 민(民)을 중심으로 도(道)와 덕(德)이 실현되는 공동체 사회, 그 사회의 질서유지를 위한 중심축은

---

[36] 혈구지도(有絜矩之道): 군자는 자신에 미루어 남을 헤아리는 도가 있다. 이로써 윗사람에게 당하여 싫은 것으로 아랫사람을 부리지 말며, 아랫사람에게 당하여 싫은 것으로 윗사람을 섬기지 말며, 앞사람에게 당하여 싫은 것으로 뒷사람 앞서 하지 말며, 뒷사람에게 당하여 싫은 것으로 앞사람 뒤에서 하지 말며, 오른쪽 사람에게 당하여 싫은 것으로 왼쪽 사람과 사귀지 말며, 왼쪽 사람에게 당하여 싫은 것으로 오른쪽 사람과 사귀지 말라. 이것을 일러 자신을 미루어 남을 헤아리는 도라 하는 것이다. "是以君子有絜矩之道也. 所惡於上毋以使下. 所惡於下毋以事上. 所惡於前毋以先後. 所惡於後毋以從前. 所惡於右毋以交於左. 所惡於左毋以交於右. 此之謂絜矩之道." 대학(大學)

덕이다. 국민이 선덕(善德)을 쌓아갈 수 있도록 추구된 도덕(道德) 사회의 지상 평화를 위해 노력한 실천 사상은 도(道)·덕(德)·민(民) 삼강령(三綱領)이다.

또한 대학 1장에 나오는 도(道), 명명(明明), 덕재신(德在新), 민재지어지선(民在止於至善)의 개념들은 교육적인 차원에서 방향을 제시하고 목적지에 도달하며 또 선한 곳에 머물도록 실천하는 당위성을 함축적으로 표현했다. 그와 같은 삼강령에 관한 교육 방법론을 제시한 사람은 공자 이후 약 108년 만에 역사의 무대에 등장한 맹자(孟子)였다.

3. 중용 1장과 대학 1장 - 그 사상적 배경과 의의

맹자(孟子)는 공자(孔子)의 손자인 자사(子思)의 문하에서 수학(修學)했다고 알려져 있다. 맹자가 대학(大學) 편 대학 1장 대학지도(大學之道)의 뜻을 이해하고 그 내용의 본질을 분석하여 숙고한 다음 부연설명으로 제기된 것이 바로 중용 1장이라고 볼 수 있다. 대학지도가 무엇인지 자세한 설명 없이 위에서 제시한 압축된 주제어로 표현되었기 때문이다. 그래서 맹자는 함축적으로 표현된 대학지도의 의의를 천지인(天地人)의 합일(合一) 사상과 연계시켜 풀어 나아가고자 중용 1장을 제시한 것으로 유추된다. 이에 대해 중용 1장과 대학 1장을 비교해 어떠한 연관성이 있는지 분석해 본다.

1) 중용(中庸) 1장 해석

천명지위성(天命之謂性) : 하늘(天)이 명(命)한 것을 성(性)이라 하며
솔성지위도(率性之謂道) : 그 성(=本性)을 따르는 것을 도(道)라 하고
수도지위교(修道之謂敎) : 그 도를 닦는 것을 교(敎)라고 한다.

천명(天命)의 의미는 성(性), 솔성(率性)의 의미는 도(道), 수도(修道)의 의미는 교(敎)로 귀결되었음을 발견할 수 있다. 결론적으로 교(敎)의 대의명분(大義名分)과 중요성이 집중되었고 그 의미가 강조된 것이다. 일반적으로 유가(儒家)에서 중용 1장은 공맹 사상의 출발점이자 지향점이라고 한다.

그 목표지향점은 과연 어디에 있는가? 그 답이 교육(敎育)에 있다는 것을 알 수 있다. 다만 출발점에서 최선의 지향점에 이르는 데 필요한 순차적인 단계와 과정에 대한 설명이 대학 편 제1장에 나오는 대학지도(大學之道)로 판단되어 서로 간의 대의를 비교해보면 아래와 같이 상호연관성이 있다.

대학(大學) 1장: 大學之道(대학지도):

　　　　在明明(재명명)

　　　　德在新(덕재신)

　　　　民在止於至善(민재지어지선)

중용(中庸) 1장: 天命之謂性(천명지위성)

　　　　率性之謂道(솔성지위도)

　　　　修道之謂敎(수도지위교)

2) 대학(大學) 1장 해석

① 대학지도(大學之道): 큰 학문을 학습(學習)하고 연마(練磨)한 후 사회로 진출할 수 있는 (인재의) 길(이라는 것)은

② 재명명(在明明): 천명(天命)의 성(性)과 연계된 선천의 밝았던 성품(性稟)을 후천에 수행하여 다시 밝히는 것이며

③ 덕재신(德在新): 절차탁마(切磋琢磨) 과정을 거쳐 사람다운 사람으로 인품과 위격을 갖추어야 할 솔성(率性)의 길은 그 시대에 적합한 새로운 형태로서의 선덕(善德)을 베풀게 하는 것이며

④ 민재지어지선(民在止於至善): 국민은 (덕재신의 대의가 함께 이루어지기를 바라며) 서로서로 덕을 베풀고자 노력하며 성실하게 살아가므로 지극한 선(善)에 머문다는 것이다. 그러한 것은 수도지위교(修道之謂敎)라는 교육의 법도를 통해 이루어질 수 있어 백년지대계(百年之大計)를 추구하는 교육 방향은 물론 교육의 지향점과 맥락을 함께한다.

그러면 민재지어지선(民在止於至善)으로 이끄는 사람은 누구인가? 그는 하늘(天) 아래 땅(地)에서 살아가면서 학습(學習)과 자력 수행(修行), 그리고 절차탁마 과정을 이수(履修)한 사람(人)이다. 그는 후천의 다양한 교육을 통해 순수 자아(=씨알·)를 찾아 발견하고 선천의 타고난 밝은 성품을 후천에 다시 밝혀(在明明, 재명명) 사람다운 사람, 사회의 인재로 거듭난 사람이라고 본다. 학습하고 수행(修行)한 다음 만인에게 가르친다는 궁극의 의미로 사용되는 교(敎)자는 언급된 키워드 중 가장 눈에 띈다.

학습(學習)의 중요성은 논어(論語)에서 설명되고 있다. 공자가 "배우고 때때로 그것을 익히면 또한 기쁘지 아니한가?"[37]라고 했다(논어 1장, 학이(學而)편). 교육(敎育)의 필요성과 반복적인 학습을 통한 절차탁마의 과정이 강조된 것이다. 따라서 교육은 현세대와 차세대를 위한 백년지대계(百年之大計)라는 선현들의 말씀을 오늘도 자숙(自肅)하는 마음으로 되새겨야 할 것이다.

결론적으로 중용 1장의 핵심은 천하의 도(道)가 만인을 위한 교(敎)에 집결되어 지향점(=修道之謂敎)이 명명백백해졌다. 여기서 필자는 중요한 개념 중 가르치고 선도(先導)하며 계도(啓導)하는 차원에서 필수 불가결의 대명제인 교(敎)자를 다시 발견했다. 대학(大學)과 중용(中庸) 1

---

[37] 子曰 "學而時習之, 不亦說乎? 有朋自遠方來, 不亦樂乎? 人不知而不慍, 不亦君子乎?"
자왈 "학이시습지, 불역열호? 유붕자원방래, 불역락호? 인부지이불온, 불역군자호?"(논어 학이(學而)). 공자가 "배우고 때때로 그것을 익히면 또한 기쁘지 아니한가? 친구가 먼 곳으로부터 찾아온다면 또한 즐겁지 아니한가? 남들이 알아주지 않더라도 성내지 않는다면 또한 군자답지 아니한가?"라고 했다.

장 내용을 살펴보면 둘 다 마찬가지로 천지인(天地人) 삼재(三才; 天 ·, 地 _, 人 ㅣ)로 시작하여 다시 그 본래 하나의 자리, 즉 주재주(·)의 자리로 귀결되었다는 것을 알 수 있다.[38] 주재주(·)는 저마다의 씨알이며 순수 자아로서의 주체를 의미한다.

4. 유가에서 종·교(宗·敎)의 의의

한옥에 대청마루가 있다. 대개 마당에서 두세 개의 섬돌계단을 올라가면 봉당이 있고, 봉당에서 방으로 들어가기 전에 나무로 만든 평상(平床) 같은 대청마루가 있다. 이는 방안으로 들어오는 겨울의 찬바람과 땅의 습기를 최대한 줄여주기 위해 설치한 것이다. 선현(先賢)들이 여러 질병의 원인 중 풍한(風寒) 서습(暑濕)을 먼저 손꼽았는지 미루어 짐작할 수 있다.

대청마루에도 위와 아래가 있다. '마루 밑'이라는 말은 마루 종(宗)자의 반대 개념이다. 유가(儒家)에서 종(宗)자는 만사(萬事)의 근원이며 생활 중 가장 으뜸이고 최고의 정점으로 이해·인식되어 그런 의미가 담겨 있으면 조종(祖宗)이라고 표현됐다. 선인(先人)들은 성현들의 가르침에 따라 실행하는 것을 깨우침으로 이끄는 삶의 철학으로 보았고 그들의 사상이 담긴 경전(經典)공부를 통해서 그들의 자태와 언행을 본받을 수 있다고 생각했다. 성현의 가르침이란 천명(天命)으로 부여받은 본래의 밝은 성품 즉 천성(天性)을 깨달아 다시 밝혀 올바르게 행하는 것이다. 그것은 절차탁마의 과정을 거쳐 차례로 가야 하는 길(天命의 道), 국민과 더불어 민재지어 지선(民在止於至善)으로 이끄는 사람의 길을 의미한다.

정신적으로 차원 높은 성현들의 가르침과 깊은 깨우침을 주는 그들의 어록(語錄)을 집대성(集大成)한 것이 경전(經典)이다. 경전의 주요 부분과 핵심 요체를 설명할 때 종(宗) 자(字)·교(敎) 자(字)가 사용되었다. 역사

---

[38] 주재주(·)에 대한 설명은 이 책의 제2장 문화와 Culture II. 문화(文化) 2. 문화의 개념분석과 의미 ①, 제3장 하늘(天)사상과 종교성 I. 종교성(宗敎性) 참조 바람

적 관점에서 종·교의 의미는 고조선 시대에 거행된 천제(天祭)의 대례(大禮)에서 찾아볼 수 있다. 천제는 천상에서 이루어지는 대자연(大自然)의 신비로운 기운과 연관된 하늘님 숭배(崇拜) 사상에서 비롯되었다. 조상들에 대한 제의(祭儀)는 추모적인 차원에서 행해졌고 또한 삶 속에 교의(敎義)가 되었다.

유가에서 후손들이 조묘(祖廟, 조상의 사당)를 위하는 것은 효(孝) 사상으로 다루었다. 국가의 대사(大事) 중 종묘사직(宗廟社稷)의 보존과 관리는 엄격했다. 그뿐만 아니라 교육적으로 어진 사람(仁)을 중요시하는 사회에서 제시된 종·교의 의의는 충·서(忠·恕)·효(孝)·예·의(禮·義)와 도·덕(道·德) 등을 사상체계로 정립하여 종교사회문화로 발전했다. 그러한 사상체계는 공동체 사회의 생활문화 양식이자 종교문화경영의 요체(要諦)가 되었다.

5. 불가(佛家)에서 종(宗)·교(敎)와 그 의의

불가(佛家)에서 종(宗)자와 교(敎)자의 개념은 그 '어떤 궁극적(宗)인 가르침(敎)'임을 설명한 것이며, 불교 문화지역에서의 학파(學派)들을 분류하는 데 사용되었다. '종(宗)'자(字)의 개념은 불교의 교의학을 연구하는 데 활용되었다. 그의 개념은 중국의 남북조시대(南北朝時代: 221~589) 말기부터 사용되었음을 발견할 수 있다. 수(隋)·당(唐)시대에 불가(佛家) 교리의 요지(要旨)를 함축(含蓄)적이고 함의(含意)적인 용어로 종(宗)자(字)를 썼다. 종(宗)자의 의미 대신 교(敎)로 표현한 것도 있으나 아주 한정적이었다.

가) 인도 불가(佛家) 경전 중에는 '랑카바타라 수트라(Lankavatara-Sutra)'가 있다. 랑카바타라는 석가(釋迦)의 가르침이라는 뜻이고 '수트라'는 경(經)으로 번역된다. 경(經)의 의미는 비록 간결하고 짧은 문장이나 가

르침(敎)을 꿰뚫는 요점이 포함되어 있다. 단어 '랑카(Lanka)'는 땅(地)이라는 뜻으로 현재 스리랑카(Sri Lanka= 아름다운 땅)의 국명이기도 하다. '바타라(vatara)'의 어원은 아바타라(avatara)이며 그 의미는 분신(分身) 또는 화신(化身)이다. 필리핀의 고대 타갈로그어(Tagalog language)로 최고의 신은 바타라(vatara 또는 Bathala)이며 바타라 신앙은 아직도 존재한다.

랑카바타라 수트라(Lankavatara-Sutra)는 후기 대승불교(佛敎)의 경전이며 서력기원 400년경에 세상에 알려졌다. 이 경전은 중국에서 '능가경(楞伽經)'의 이름으로 한역(漢譯)되었다. 능가경은 석가모니가 능가성(楞伽城)에서 설법한 것을 기록하여 후세에 전해진 경전을 말하며, 불가의 여래장사상(如來藏思想) 형성에 큰 영향을 주었다.[39] 그 후 당나라의 실차난타(實叉難陀)가 서력기원 700년부터 능가경을 번역해 704년 완역한 후 '대승입능가경(大乘入楞伽經)'이라고 불렀다.

능가경에는 '궁극의 진리(宗, siddhanta)에 대한 가르침(敎, desana)'이 포함되었다고 설명함으로써 종(宗)과 교(敎)자가 분리되어 있다. 종·교라는 단어와 의미가 불교의 학습(學習)용어이자 교의학 연구용어의 핵심단어로 사용되었음을 살펴보았다.

나) 중국의 수(隋)나라 시대 때 지의(智顗: 본명 陳德安, 538~597)는 천태종(天台宗)을 개창(開創)했다. 그가 세상을 떠나기 전 지방(地方)의 옥천사(玉泉寺)에서 저술한 책이 묘법연화경현의(妙法蓮華經玄義)이다. 묘법연화경현의에 대한 학습·해석방법론은 ①석명(釋名) ②변체(辯體) ③명종(明宗) ④논용(論用) ⑤교판(敎判)으로 구분되어 오중현의(五重玄義)라고 한다. 오중현의의 다섯 가지 키워드는 명(名)·체(體)·종(宗)·용(用)·교(敎)이다. 경전의 올바른 이해와 해석을 위해 문답은 오중현의로 이

---

[39] 한국에 있는 한역본(漢譯本) 『능가아발타라보경(楞伽阿跋陀羅寶經)』 4권은 443년에 구나발타라(求那跋陀羅)가, 『입능가경(入楞伽經)』 10권은 513년에 보리유지(菩提留支)가 그리고 『대승입능가경(大乘入楞伽經)』 7권은 704년에 실차난타(實叉難陀)가 번역한 것이다. 신라 때에는 『입능가경』이 널리 알려졌고, 오늘날에는 『대승입능가경』이 많이 유통되고 있다.

루어져 중요하게 다루어졌다.

예컨대 팔만대장경의 핵심을 찾아내고 불가(佛家)의 교의가 무엇인지 이해하고 설명하려면 체계적인 학습방법론이 필요하다. 불교의 팔만대장경은 현재 사용하는 그리스도교 바이블의 200여 권 분량에 해당한다고 한다. 그런 방대한 경전(經典)에 대한 객관적인 학습과 통찰력, 그리고 더욱 쉽고 명백하게 분석하고 이해한 내용을 함축(含蓄)시켜 교의를 다시 설명할 때 오중현의를 사용했다. 불교 전공자들은 그 방법론을 활용하여 금강경[金剛經; 금강반야바라밀경(金剛般若波羅蜜經)의 약자]의 요체를 분석하고 그에 대한 논증과 핵심 교의를 대체로 아래처럼 설명하였다.

① 경전의 이름(名); 금강경(Vajracchedika-Prajnaparamita-Sutra)
② 경전의 구성체(體); 마음은 어디에도 머무는 곳이 없다.
③ 경전의 종지(宗指); 일상(一相)도 본래 상(相)이 없는 것이니 아상(我相)에 서 벗어나야 항상 동요가 없다((如如不動)
④ 경전의 활용(用); 진공묘유[眞空妙有, 만유의 이치; 진공(眞空) 가운데 묘(妙)한 이치가 있음]
⑤ 경전의 가르침(敎); 마음을 비우고 가다듬어 다스림에 있다.

명(名), 체(體), 종(宗), 용(用), 교(敎) 5가지 키워드 중 종(宗)자와 교(敎)자가 합쳐져 종교(宗敎)의 개념이 되었다. 일반적으로 어떤 책 또는 경전(經典)을 대할 때 제일 먼저 알아야 할 것은 책명(名)이다. 책 내용의 구성(體), 내용상의 핵심, 즉 주제어로서 으뜸이 되는 것[宗]을 명백히 파악해야 한다. 그다음에 그러한 의미는 어느 분야에서 어떻게 실생활에 적용해 사용(使用)할 수 있는지 찾아내는 것이다.

그 용도는 대중적으로 널리 교육(敎育)시켜 깨닫고 실천하도록 계도(啓導)하므로 매우 중요하다. 이처럼 통찰적인 안목을 길러주는 것은 기초적인 학습 단계, 절차탁마라는 수행, 인격도야(人格陶冶)의 과정과 직결되었다. 경전으로 주요 핵심을 파악하는 것과 그와 연계된 교육의 의의는 실생활(實生活)에 연동시켜 활용하는 데 궁극적인 목적을 두었다.

따라서 불가(佛家)에서 사용하는 논리학 체계는 궁금증에 대한 물음의 시작이자 아상(我相)에서 발생한 잘못된 집착(執着)에서 먼저 벗어나야 한다. 그래야 물음에 대한 올바른 답을 구하는 것으로 귀결된다. 이와 같은 자세가 금강경에서 '불취어상여여부동〔(不取於相如如不動); 상(相) 취하지 않으니 한결같고 변함이 없다는 것)〕으로 표현되었다. 불취어상여여부동(不取於相如如不動)은 차후 중국 선종(禪宗)의 개조(開祖) 달마대사(達磨大師)가 남긴 화두참선(話頭參禪)에서도 발견됐다.

㈐ 불가(佛家)의 교육적인 측면에서 사용된 경론(經論)과 교의(敎義)에 대한 사전적 개념과 의미는 눈여겨볼 필요가 있다. 방대한 불경(佛經)을 바르게 이해하기 위해 종(宗)·교(敎)라는 핵심개념이 사용된 것을 다음 설명에 유의해보자.

① 경론(經論)일 경우 그 교설(敎說)의 중심이 교의(敎義)가 되며 교의에 의한 종요(宗要)·종지(宗旨) 등의 뜻이 그의 요체가 된다.

② 한 사원(찰)에서 여러 스님이 모여 경전(經典)·교의(敎義) 등을 연구하고 그의 중핵 사상을 밝혀내면 종(宗)·교(敎)의 핵심을 도출(導出)해 낼 수 있다.

③ 인명(因明)[40]에서 논증하고자 하는 명제(命題)일 경우 인(因)·유(喩, 깨우칠 유)·합(合)을 통해 논증의 근거와 논증을 성립시키는 근본적인 이유가 설명되어야 핵심 교의를 발견할 수 있다.

④ 경론(經論) 가운데 그 중심 요소(要素)로서의 교의(敎義)가 무엇

---

[40] 인명(因明, 범어 hetu-vidya)은 불교 논리학이다. 인(因 hetu)은 원인·이유 등을 뜻한다. 불교의 논증 형식에서 원인과 이유에 대한 결론을 끌어내 그것을 밝히는 것(明)이 인명(因明)이다. 인명이 불교의 다섯 가지 논리학 체계 중에 가장 중요한 부분이다. 그것은 내명(內明, 불교의 일반 교학), 성명(聲明, 문법 음운에 관한 학문), 의방명(醫方明, 의술에 관한 학문), 공교명(工巧明, 공업 공예에 대한 학문), 인명(因明) 분야로 나뉘어졌다.

인지 명확히 인식하고 재조명한다.

불경의 방대하고 심원(深遠)한 뜻을 이해하기 위한 경론(經論)은 종요(宗要)·종지(宗旨)가 무엇인지 확인하는 것이다. 수행과 중생교화를 위한 교의(敎義)는 중요하게 다루어졌다. 사회생활에 제시된 가르침의 대의가 무엇인지 발견하고, 또 그 가르침을(敎) 받들어 다시 사회적 가치 창출과 환원으로 이끄는 실천적인 교육이 참된 교육이다.

6. 종경록(宗鏡錄)에서 종(宗)·교(敎)와 그 의의

중국의 불가(佛家)는 천태(天台)·화엄(華嚴)·법상(法相)·교종(敎宗)·선종(禪宗)으로 분류되었다. 북송(北宋)시대 선종(禪宗)의 선사(禪師)로 알려진 영명연수(永明延壽 904~975)는 선종의 5가(禪宗五家)[41] 중 법안종(法眼宗)에 속하며 교선일치(敎禪一致)를 주장했다. 그는 마음의 중심을 불심종(佛心宗)이라고 하면서 이심전심(以心傳心)의 이치를 설파했다.

영명 연수의 저술로 알려진 『종경록(宗鏡錄)』은 총 100권으로 구성되었다. 시중에서 구입(購入)한 단행본 종경록(宗鏡錄, 세계사, 서울, 1994)을 살펴보면, 수행과 깨우침의 단계와 길에 종(宗)·교(敎)·지(智)의 용어가 사용되었다. 종경(宗鏡)의 의미는 만법을 비추어 볼 수 있는 '거울과 같은 근본이념(宗本)[42]이며 그것은 일심(一心)을 닦아 그러한 경지로 들어가 깨닫는 것이라고 할 수 있다. 종경록(宗鏡錄)은 일심에 관한 경론(經論)을 기록하고 심법(心法)을 설명한 것이다.

---

[41]   중국의 선종 5가(禪宗五家)는 임제종(臨濟宗), 위앙종(潙仰宗), 조동종(曹洞宗), 운문종(雲門宗) 그리고 법안종(法眼宗)이다. 선종 오가는 또한 석씨오가종(釋氏五家宗)이라고 한다.

[42]   연수(延壽) 지음(송찬우 옮김), 종경록(宗鏡錄), 세계사, 서울, 1994, 75쪽, 95쪽

종경록(宗鏡錄)에서 종(宗)자는 부처가 직접 설법해 놓은 것 중에 중요 핵심을, 교(敎)자는 그것을 가르치는 것을 의미한다는 차원에서 사용된 개념이 종(宗)과 교(敎)[43]자였다.

IV. 특수 개념으로서의 Religion
- 그리스도교의 역사적 사례와 시사점

서구 그리스도교는 신앙문화와 사회문화의 바탕을 이뤄 공동체 사회문화를 일궈내는 데 중추적 역할을 담당했다. 그리스도교의 religion 교리와 신조는 절대적 신념 가치로 정치·종교문화경영과 신앙교육의 핵심이자 삶의 이정표가 되었다.

많은 학자가 중세유럽 시대는 암흑시대였다고 하는 이유는 무엇인가? 중세유럽 시대는 서로마가톨릭 교황청을 중심으로 그리스도교 대제국의 공동체 사회문화를 이루었고 교황은 신성화(神聖化)되었다. 그 당시 그리스도교의 제도화된 절대적 권위와 교권은 하늘같이 높은 권능(權能)으로 그리스도교 대제국의 신앙인들을 통치·통제했다. religion 교리와 신조에 어긋난 언행이 혐의가 있다는 제보가 들어오면 피의자나 혐의자를 체포하여 심문·조사하고 그들을 재판에 회부시켰다. 죄의 유무를 가르는 특별 재판소가 '인퀴지션(inquisition)'이다. '인퀴지터(inquistor)'는 그러한 사람을 잡아 조사·심문하는 자(者)를 뜻한다. 그들은 '인퀴지터(inquistor)'에 의해 마녀(魔女)로 낙인찍혀 무차별하게 사냥당했고 다양한 유형의 고문과 악독한 심문으로 참혹하게 처형되었다. 마녀사냥에 사용된 고문은 교황 인노켄티우스 4세(Innocentius IV, 재위 1243~54)가 허용했다.

---

[43]   연수(延壽) 지음(송찬우 옮김), 종경록(宗鏡錄), 세계사, 서울, 1994, 95쪽, 114쪽, 143쪽

16세기 그리스도교제국의 세력이 팽창하면서 그의 식민주의정책이 주로 남아메리카와 동양에서 펼쳐져 마녀사냥보다 더욱 잔인하게 원주민을 학살했다. 서양 그리스도교 신앙의 대명사로 사용된 예수와 religion의 신(神) 이름으로 수많은 원주민이 떼죽음을 당했다. 인류문화사에 큰 죄악을 저질렀던 주요 국가는 영국, 프랑스, 네덜란드(Nederland), 스페인, 포르투갈, 미국 등이다. 이들은 막강한 화력(火力)과 함께 근대화 시기에 식민제국주의 야욕과 탐욕으로 온갖 수단 방법을 가리지 않고 유일신 religion 이름으로 약소국가를 침략했다. 그들의 원주민 대학살은 천인공노(天人共怒)할 악행 중 악행이며 인류문화사에 지워지지 않는 흔적을 남겼으나 널리 공론화되지 못한 상태이다.

그리스도교에서 religion은 유일신 특수신앙공동체를 의미한다. religion은 그리스도 대제국의 대명사이자 그 제국문화의 신학적 전문용어로 널리 사용되고 있다. 그리스도교 religion의 특징은 유일신에게 의지하는 타력 신앙이자 기복신앙이며, 우상타파, 그리스도교화를 위한 선교정책 등을 강조한다. 이미 위에서 분석하고 설명하였듯이 religion의 용어와 의미는 종교(宗敎)의 개념과 다르다. 따라서 원어 그대로 religion(릴리전)이라 말하고 그렇게 표현하는 것이 religion의 본질을 상하지 않게 하며 언어정보처리의 관점에서도 타당하다.

그리스도교의 유일신관(唯一神觀)에서 표현된 religion의 개념에는 절대적 신관과 신념체계, 신앙사상과 신앙고백, 의례와 신앙의 내재적·외재적 가치 등이 포함되어 있다. 세계 교회사의 안목에서 살펴봐도 religion의 개념은 그리스도교의 유일신 신앙단체를 의미한다. 유일신 사상과 신앙으로 교육받은 서구인들은 자신들의 신앙단체를 유일한 religion이라고 하였으나 그 밖의 신앙단체는 비(非) religion(non-religion, Nichtreligion)으로 분리했다. 그들은 자신들이 판단한 비(非) religion을 어떠한 사상(思想)이나 이념(理念)으로 구성된 단체(~ism)로 분석했다. 그들은 동양의 무교(巫敎), 유교(儒敎), 불교(佛敎), 도교(道敎) 그리고 힌두교 등을 무속주의(Shamanism), 공자주의(Confucianism), 붓다주의(Buddhism), 노자주의(Taoism) 그리고 힌두주의(Hinduism)라고 호칭했다. religion과 사상적 이념주의(~ism) 단체와의 한계선이 분명하게 존재한다. 그와 같은 어떠어떠한 주의(~ism)는 비(非) religion이라고 명백히 제시한 것이다. 그들은 지금도 그렇게 구분해 기록하고, 말하고, 교육용으로 사용하며 유일신관의 religion이 우월하다는 것을 암암리에 드러내고 있다. 종교(宗敎)와 religion의 개념이 동일하지 않다는 것이 또다시 설명된 셈이다.

유럽의 고대 교회사를 살펴보면, 그리스도교주의(Christianism)가 차후 로마제국의 황제문화권에서 오직 유일신을 숭상하는 religion이자 단일공동체 교명의 의미에서 가톨릭주의(Catholicism)[44]가 공표되었다. 그 후 가톨릭주의에서 분파된 단체가 프로테스탄티즘(protestantism)이다. 그리스도교는 조선의 근대화 시기에 야소교(耶蘇敎)라 하였고 그 후 예수교로 불렀다.

그리스도교의 본래 개념에는 유일신을 숭배하는 religion으로서의 Catholicism과 Protestantism(개신교, 改新敎) 그리고 Orthodoxy(정교회, 正敎會) 모두를 포함하고 있다. 그와 같이 서구에서 사용된 용어는 정확하게 인식하고 바르게 사용해야 서구인도 그의 정당성과 타당성을 수용하고 인정한다. 결과적으로 바이블에서 전해지는 그리스도교 신앙단체는 본연의 의미 그대로 Christianism, Catholicism 그리고 Protestantism(또는 Evangelicalism, 복음주의 福音主義)으로 구분하여 기록하고, 그렇게 말하고, 교육하고, 사용하는 것이 가장 합리적이고 보편타당(普遍妥當)하다.

religion의 개념이 그리스도교의 신앙을 상징하는 특수용어로 사용되었고 신앙 고백적인 차원에서 유일한 religion 단체의 신앙사상을 강조한 유명한 사례가 있어 소개한다. 미국의 프랭클린 델러노 루스벨트(Franklin

---

[44]   Catholicism은 모든 것이 보편적 실천이며 우주적이라는 의미이며 Catholicismus는 라틴어다. 서로마가톨릭은 보편적인 religion을 천명했으나 유일신을 숭상하는 신앙 단체이다.

Delano Roosevelt, 1882~1945) 대통령은 1941년 1월 6일 연두교서(年頭教書)에서 그 유명한 4가지 자유 즉 언론의 자유, 신앙의 자유, 결핍으로부터 자유, 공포로부터의 자유를 언급했다. 이 4가지 자유는 세계적으로 주목받았고 수용·인정되고 있다. freedom of religion은 '종교(宗教)의 자유'로 번역하는 것보다 'religion의 자유' 또는 '신앙의 자유'로 표현하는 것이 연두교서의 전체적 문맥이나 그리스도교 사상에서 보아도 적합하다.

그러므로 religion은 원론적으로 그리스도교 신앙단체의 고유 신앙의 개념으로 사용되었다는 것을 다시 확인할 수 있다. 우리가 사용하고 있는 종교(宗教)와 religion의 차이점은 위의 여러 단락에서 그들의 개념분석을 통해 살펴보았듯이 정리하면 다음과 같다.

종교는 사상단체를, religion은 신앙단체를 의미한다. 전자는 수행을 통해 스스로 내재적 신성을 찾아 깨달음의 길을, 후자는 교리로 설정된 신을 신앙하고 신께 의지하고 따르는 믿음의 길을 추구한다. 따라서 종교(宗教)의 개념에는 신앙의 대상으로서의 유일신, 그 신에 의존한 구원과 부활 등의 요소들이 없다는 것이 분명해졌다. 그런데도 religion을 종교로 처음 번역한 자는 religion의 개념에는 인류의 보편적 정신문화(정치, 철학, 사회, 문화 예술적)가 포함된 것으로 파악한 듯하다.

특수 개념으로서 religion과 religion의 culture를 제대로 숙지(熟知)하지 못한 상황에서 religion을 종교(宗教)로 번역한 것은 오역(誤譯)이자 내용상 부적합하다. 다만 그리스도교 신앙공동체가 남긴 문화가 보편적이고 세계적인 메시지를 담고 있다면 그것은 religion 문화의 일부이자 또한 객관적인 종교(宗教)문화의 유형으로도 비교·분류할 수 있어야 한다. 종교(宗教)사상에는 유일신(唯一神) 사상이나 신앙대상도 없고 지역과 인종을 초월하고 있기 때문이다. 그러므로 종교의 대의는 인류 문화사적 차원에서 세계의 모든 사람에게 유익하고 종교성을 함양시켜 화평과 화목을 일깨워 주고 공동선을 실천할 수 있도록 지도하고 이끌어 간다.

인류의 종교(심)성은 유일신(唯一神)론에 좌우되지 않고 고대로부터 현재에 이르기까지 변함없는 공통성이 있다. 그것은 다신론적 사상이며 인류의 문화와 문화재에 투영(投影)되어 문화가치와 미래 지향적인 연구와 보존이 중시되고 있다. 지금도 미스터리로 남겨진 그리스·로마문화에서 발견되는 천제 문화, 이집트의 피라미드문화, 잉카 문화, 마야문화, 아스텍 문화, 동북아시아의 홍산문화(紅山文化), 용산문화(龍山文化) 등은 인류의 종교성이 내재한 종교(宗敎)문화의 실상을 보여주는 것이다. 그러한 종교문화 가운데 고대로부터 이어져 내려온 제천사상은 사상적 원천과 근간을 연구하게 하고 인류의 종교문화사를 새롭게 이해하는 동력이 된다.

문화(文化)와 Culture

2

고대 서구문화(文化)의 원형은 그리스-로마문화에서 찾을 수 있고 그 문화는 유럽문화형성에 큰 영향을 주었다. 그리스문화를 승계한 로마제국이 강성해졌고 그리스도교 대제국을 통치하기 위해 동·서로마로 분리되었다. 476년 서로마제국이 무너졌으나 서로마 교황청은 로마의 통치권과 통치문화의 원형을 접목해 교황문화를 만들어냈다. 서로마제국이 멸망한 뒤에도 약 1000년 동안 유지된 동로마제국(395~1453)은 독특한 비잔티움제국(Byzantine Empire)의 문화를 발전시켰다.

그러한 신앙문화가 그리스도교 대제국의 문화이자 교황문화이며, 특히 유럽의 문화사로 기록되었다. 교회사를 빼놓고는 유럽사와 유럽문화사를 제대로 파악할 수 없는 것은 분명한 사실이다. 로마 황제 콘스탄티누스가 그리스도인이 된 후 유럽지역의 대부분이 그리스도교의 통치권역으로 확장되면서 그리스도교 외의 다른 타문화는 우상타파의 대상으로 파괴되었다.

culture(라틴어=cultura)와 문화(文化)의 개념이 원론적(原論的)으로 동일하다고 생각하지만, 사실은 그러하지 않으나 일반적으로 그러하다고 수용되어 지금은 고착화한 상태이다. 하지만 그들은 어떠한 연원(淵源)에서부터 사용되었고 무엇이 서로 다른지 분석해 봐야 서구의 의식구조에서 벗어나 우리의 가치와 진면모를 바로 볼 수 있다.

I. Culture

culture의 어원, 개념, 그리고 의미는 무엇이며 그 개념은 언제부터 사용되기 시작하였는가? culture의 번역이 우리가 사용하는 문화(文化)의 개념과 같아야 상호 간의 인식과 이해가 막힘없이 소통되고 개념분석과 정의에 이견이 없을 것이다. 하지만 문화(文化)와 culture의 개념과 어원적 의미에 큰 차이가 있어 다루어 본다.

1. Culture의 어원과 의미 분석

그리스-로마문화를 분석하며 그 의미를 설명하는 전문가들에 의하면 고대 유럽사는 미노스문명(BC 3650~1170), 키클라데스문명(BC 3300~2000), 미케네문명(BC 1600~1100), 에게 문명(BC 3650~1100)을 포함하고 있다. 고대 그리스문화 시대(Ancient Greece; BC 1100~146)에는 최소한도 문자가 사용되었다고 알려졌으나 그에 대한 구체적인 근거자료와 설명이 미진하다.

고대 로마의 철학자 키케로(Marcus Tullius Cicero, BC 106~43)가 '콜에레'(colere), '쿨투라'(cultura) 등의 문자를 사용하였고 그 용례를 설명했다. 'culture'(독일어 Kultur)의 어원은 라틴어 'colere'에서 유래되었다. 동사(動詞) colere는 '가꾸다, 키우다, 육성하다, 경작하다'라는 뜻이며, colere의 명사형은 'cultura'이다.

colere의 본래 의미는 '자연(natura)의 선물인 땅을 인간이 인위적으로 경작'(耕作)하면서 작물을 재배하고 생육시킨다'는 뜻이다. 즉 농경지에 작물을 재배한다는 의미에서 '쿨투라'(cultura 영어 culture)의 개념이 사용되었다. '쿨투라 아그리'(cultura agri)는 밭을 경작한다는 뜻이다. 또한 그것은 정착된 생활환경문화에서 성장·발전시킨 분야 중 농업 분야를 의미한다. 그 개념은 영어로 agriculture로 표현되었다.

바이블 신약(新約)에 포도원 농장에서 일한 일꾼의 품삯이 비유(比喩)적인 차원에서 설명되었다. 예수가 포도원의 주인이 일을 일찍 시작했거나 늦게 시작한 일꾼들에게 동일하게 품삯을 지급했다고 설명했다. 이에 대해 예수의 제자가 의문을 제기하니 예수는 '주인의 뜻'이라고 답했다. 이를 통해 그 시대의 사회상황을 유추해 볼 수 있다. 농장 주인으로서 정착(定着)된 지배계급과 품을 팔아 살아가는 일꾼들의 생활 모습이다. 과거 유럽에서 포도재배(cultura vitis)를 통해 포도주의 맛과 향을 즐기는 귀족(貴族)층이 형성되었다. 포도원 농장의 주인, 일꾼 그리고 포도주는 신분 계급을 상징하는 것으로 표현되었다.

따라서 정착된 농경문화 가운데 포도재배(cultura vitis)와 포도주의 향유는 귀족(貴族)의 생활문화였다는 것을 알 수 있다. 유럽의 religion 문화와 문화철학에서도 흔히 발견되는 용어 가운데 농경문화, 포도재배문화, 그리고 포도주의 향유문화를 분석해 볼 필요가 있다. 그러한 용어들은 유럽인의 지배계급형성과 생활 풍경, 공동체 사회의 의식과 구조 등을 이해하고 분석하는 데 도움을 주기 때문이다.

culture의 개념에는 인위적인 culture와 자연적인 culture가 있다. 앞에 있는 것은 자연(natura)을 그대로 두지 않고, 인위적 행위를 통해 인간의 실질적이고 물질적인 삶에 변화와 도움을 주는 것이다. 지역적 환경과 특성에 따라 저마다 독특한 생활양식과 공유가치가 존재한다. 그와 같은 생활양식으로서의 공유가치는 특히 정착 생활을 통해 더욱 적극적인 인생관과 세계관을 형성시키며, 사회구성원에게 전달되고 승계된다. 그것은 언어·문자·의식주를 포함한 풍습, 사상, 의례, 제례, 예술 등의 기술적인 학문 세계와 연결되어 있다. 따라서 유럽의 정착된 농경(農耕)사회가 cultura agri(농작물 재배)와 cultura vitis(포도 재배) 시대로 분석되었고, 그 시대를 cultura(영어 culture)라고 이해하여 표현했음을 직시할 수 있다.

2. 정신영역에서의 culture(라틴어 cultura)

고대 로마 시대의 키케로(BC 106~43)는 정치, 문학, 철학, 수사학 분야 등에서 활동했고 뛰어난 웅변가로 알려졌다. 그는 cultura의 개념을 은유적이며 철학적인 궁구(窮究)와 정신적인 영역으로 확대하여 사용했다. 그는 철학을 정신의 밭을 가는 일(cultura animi), 정신적 밭을 경작(耕作)하는 과정, 마음의 밭을 경작(=心耕)하는 과정으로서 '영혼의 도야(陶冶)'라는 의미로 비유했다. 그 이후로부터 cultura의 개념은 점차 물질적인 측면보다 정신적 영역의 용어로 사용하고 정착되어 오늘에 이르고 있다.[1]

특히 '쿨투라 아니미'(cultura animi)는 마음과 정신(영혼)을 청결하게 하고 도덕적 정신을 함양시키는 사유세계와 행동세계의 매개체로 표현되었다. cultura의 개념이 서구의 고대, 중세, 근대철학자는 물론 현대 학자에 의해 정신과학 분야의 용어로 널리 활용되고 있다. cultura의 다양한 의미가 인간이 사회의 구성원으로서 가지고 있는 생물학적, 즉 혈육의 관계에서 나온 산물만이 아님을 설명한 것이다. 따라서 cultura의 객관적인 개념이 비유전적이며 오직 신앙적인 것만은 아니므로 국경을 초월한 형이상학적 삶의 세계를 의미한다.

유럽의 지식인들은 2차 세계대전 이후 신앙의 범주에서 벗어나 culture에 대한 보다 성숙한 이해와 인식의 폭을 넓히고자 노력했고, 자

---

[1]   Galling, Kurt(Hrsg.). 『Die Religion in Geschichte und Gegenwart(RGG)』 (3.Auflage. Tuebingen: J.C.B. Mohr(Pauls Siebeck). 1962), S. 94-95 참조.

국의 religion과 타국의 religion, 신앙·사상단체의 속성을 심도(深到) 있게 분석했다. 그들은 공동체 사회에 삶의 변화를 일으키는 것이 시대적 culture라고 보았다. 그리고 인간의 모든 언행과 여러 분야에서의 변화가 인간 삶의 자리에서, 정신적 차원에서 이루어지고 생활에 반영되는 요소가 보편적인 culture라고 확대하여 해석되었다.

그들은 culture가 혁신적이고 발전적인 새로운 변화의 바람을 일으키고 사회현상을 이끄는 핵심 에너지라고 설명했다. 그들은 근대사에 이르러 culture의 개념이 religion의 culture뿐만 아니라 지구촌 시대의 변화를 일으키는 새로운 동력(動力)임을 인지하는 데 1000년 이상의 세월이 필요했다. 신앙단체에서의 신앙 culture와 사회 culture가 절대적이며 유일한 것이 아니고 인류 보편적인 culture가 세계인의 정신적 물질적 자산임을 제대로 파악했다. culture에 대한 새로운 그들의 이해와 인식은 우리가 사용하는 문화(文化)의 본래 개념과 본질에 더 가깝게 접근했다.

II. 문화(文化)

문화(文化)는 글자 그대로 그 문자(文字)에 내재한 의미처럼 지속적인 변화(變化)와 창조적 속성(=새로운 변화의 모습)을 가지고 있다. 우선 이를 규명하기 위해 문화의 개념분석과 의의가 필요하다. 서구의 일부 학자들은 문화에 대한 보편적 의미, 문화의 영향력과 범위를 설정하고 문화권을 주장했다. 그들은 자신의 안목으로 서구인의 문화권(Kulturkreis, culture-areas)과 문화상대주의, 문화 절대주의와 상대주의를 설명하고 평가한다.

그들의 주장과 평가는 지역적 특수성과 문화의 형평성을 고려하지 않았기에 비판적 안목으로 분석되어야 마땅하다. 그뿐만 아니라 우리는 어떠한 지역문화권에서 어떠한 문화학습으로 문화 속의 문화인이 되었고 그 의미가 무엇인지 설명할 수 있어야 한다.

1. 문화의 개념과 의미 분석

우리가 말하는 문화는 자연 세계에서 인간의 정신세계와 물질세계의 영역을 포함해 하나의 통합된 세계로 인식하고 지속해서 변화시켜 새로운 성장과 발전을 도모(圖謀)하는 것을 의미한다. 문화에는 인류가 유구한 역사를 이어가면서 쌓아 놓은 다양한 양식과 형태가 함축적으로 표현되어 있다. 생물학적 가계(家系)의 과정을 초월하여 의식·관례를 형성할 뿐만 아니라 정신적 차원에서 여러 방면에서 승계·전수되고 있다. 그러므로 인류문화에는 유형(有形)과 무형(無形)의 문화가 있고 그에 대한 해석학적 유형(類型)도 다양하다.

보편적으로 사용되는 문화(文化)의 개념은 '글월 문(文)'자와 '화할 화(化)'자가 합쳐진 글자다. 2차 세계대전 이후 문화에 대한 의견은 학자들의 관점에 따라 천태만상이었다. 신앙문화가 인류의 보편적 문화를 규명하고 정의한다는 것은 한계가 있기 때문이다. 그러므로 우선 '문화(文化)'의 글자는 어떻게 구성되었는지 파자(破字)하고, 또 그것이 무엇을 의미하는지 분석해 본다.

'글월 문(文)'자는 돼지 해머리 두(亠) 변 밑에 예(乂)가 합체(合體)된 것이다. 돼지 해(亥)자에서 2획으로 단순화시킨 것이 돼지해머리 두(亠) 변이다. 돼지 해(亥)는 12지지(地支) 중 마지막 열두 번째 지지(地支)를 뜻한다. 그 의미는 오행 사상에 따라 수(水)이며 방위로는 북북서(北北西)이다.

돼지해머리 두(亠) 변은 점주(丶)와 한 일자(一)가 합쳐졌다. 점주(丶)는 심지 주(炷), 등불 주, 점찍을 주, 자아, 알(=씨알) 등을 의미하며 한일(一)자는 하나이자 전체를 뜻한다. 예(乂)자는 삐침 별 부(丿)와 파임 불

(乀)이 합쳐져 형성되었다. 예(乂)자는 '(풀을)베다, 깎다, 다스리다, 평온, 안정되다, 어질다' 등으로 설명된다.

'화할 화(化)'자는 사람인 변(亻)과 비수 비(匕)가 합쳐져 구성되었다. 비수 비(匕)는 숨을 은(乚)에 상우(上右)에서 하좌(下左)로 굽게 삐친다 (丿)는 획이 결합한 것이다. 화(化)의 개념은 위에서 설명된 예(乂)자의 의미를 구체화한다. 고대시대의 인간은 몸에 지니고 다닐 수 있는 날카롭고 뾰쪽한 단도(短刀), 즉 비수(匕首) 등을 도구로 사용했다. 어떠한 물건이나 형체와 자연현상을 돌(石), 뼈(骨), 나무(木) 등에 그림으로 새겨넣어 형상화(形象化)시켰다.

그것은 바위나 암벽에서 발견할 수 있고 일부는 사자(死者)의 묘 내부 벽면에 그려진 그림과 유품 등으로 발견된다. 형상화된 그림글자는 삶과 동물, 천문지리(天文地理)에 관한 이해와 의식 등을 표현한 것으로 상형문자(象形文字) 사용의 실마리가 되었다. 상형문자 사용은 인간의 정신세계와 삶의 세계를 표현한 것으로 인류문화사의 흔적과 전개·발전을 살펴볼 수 있는 중요한 매개체가 되었다.

문화 시대가 언제부터 시작되었는지 검토해 본다. 오늘날 많은 한학자(漢學者)가 주장하기를, 한자문화권에서 상형문자의 사용시대는 최소한 서력기원 약 3000년 전의 태호(太皞) 복희(伏犧) 시대부터라고 한다. 그 당시 사용된 복희 팔괘(八卦)가 인류 문화사적 사료이자 증거자료로 제시되면서 한민족의 문화형성 시기가 타진(打診)되었다. 복희씨(伏羲氏) 이전의 시대에도 사람들은 공동체 사회를 이루어 살면서 여러 가지 삶의 모습을 형상화해 남겼다.

형상화한 그림의 의미는 표의문자(表意文字)와 같은 기능을 가져 인류문화사에 관심의 대상이 되었다. 그러한 차원에서 우리가 사용하는 문화(文化)의 개념과 용어는 인간이 언어 외에도 도구와 문자를 사용하였고, 그 시대의 삶의 형태와 사회적·국가적 문화경영시스템으로 국가공동체 사회를 이끌었다고 유추할 수 있다.

문화(文化)는 이문교화(以文敎化, 문으로 가르쳐 변화시키다)의 준말이며 발전을 위한 긍정적인 변화(變化)가 그 개념의 핵심이다. 그것은 인류문화의 자연스러운 현상과 생성적 가치이자 보편타당성(普遍妥當性)으로 간주한다. 문화는 언어·관념·행동 양식 등으로 지역적 의식과 관습을 형성하면서 신앙·의례·예술·규범·제도·기술 등을 융화시켜 발전시킨다. 개개인의 삶의 문화는 가족사회에서부터 영향을 받아 생물학적 관계를 형성한다.

공동체 사회문화는 생물학적 유전에만 의존하지 않고 시대 상황과 변화에 따라 그에 맞는 문화가 형성되고 사회적 약속이자 관례로 행해진다. 인류문화는 인간의 차원 높은 시대정신과 물질적 세계를 조화시켜 전수되고 새로운 변화과정을 거듭 반복하면서 성장·발전한다. 개인적 삶과 더불어 인간사회에 조금 더 가까이 접근하고 이해하는 데 필요한 요소가 문화이다. 우리가 살아가고 있는 사방팔방(四方八方) 곳곳에서, 모태에서부터 죽음에 이르기까지는 순간마다 다양한 문화와 친소(親疏)관계가 형성되어 관례에 따라 삶의 모습이 형성·유지되고 있다.

삶과 연계된 다양한 영역과 대상에는 그 각각의 문화가 형성되어 생명의 호흡처럼 중요하다. 그것은 현대사회에 만물상이 되어 여러 형태의 사회 분야에서 다채롭게 사용되고 있다. 이처럼 문화의 개념과 의의는 삶의 각 부분과 사회 계층에서 다양하게 쓰이고 있다. 공동체 사회문화에서 다양성의 존재는 공생적 차원에서 공유와 공존 가치에 의미를 둬 소통과 배려를 지향하는 문화의 속성이기도 하다.

유형(有形)과 무형의 세계에서도 연계된 것이 문화의 속성이다. 무형의 세계에서 발현되는 다양한 사상, 의식, 감정 등이 일상생활문화의 틀에서 벗어나 다른 차원에서 승화된 통과의례로 표현된다. 그것은 예를 들면, 여러 형태의 기도(祈禱)와 심신안정의 차원에서 이어지는 매개체로 작용하지만 항상(恒常)적인 것이 아니므로 상황에 따라 충분히 인식하지 못하거나 표현하지 못하고 순간마다 흘러가듯 넘어갈 뿐이다.

삶 속에 스쳐 가는 통과의례는 사회문화와 시대정신과 함께 호흡하며 생명의식을 통해 존재와 존재자의 모습이 혼용되어 새로운 변화를 주도한다. 함께 어우러져 생존하는 문화가 그 사회의 생명수라고 비유한다면, 삶은 그 생명수를 마시며 문화의 활력소를 영위하는 생철학의 문화로 표현할 수 있다.

다만 그러한 문화는 독자적으로 발생하거나 성장·발전하지 않았고 홀로 남겨진 것이 아님은 확실하다. 오늘의 존재자인 인간이 승계하여 발전시킨 유구한 유무(有無)형의 문화는 정신적·사회적 존재가치이자 공동체 사회의 생명 호흡과 같아 정신적 생명수로 존재하고 전승(傳承)되고 있다.

공동체 사회의 구성원은 의식주를 포함한 삶의 긍정·부정적인 다양한 경험과 체험, 여러 특색과 유형에 대한 공생(共生), 공유(共有), 공존(共存), 공영(共榮)을 위해 보존가치를 분석하고 분류하여 다음 세대를 위해 남긴다. 이와 같은 형태와 가치들은 공동체 문화로서 언어, 학문, 도덕, 풍습, 종교적 의미, 각종 예술, 제도·관례를 포함하고 있으므로 상호 간에 밀접한 친화력과 생명력을 가지고 있다. 공동체 문화의 가치는 시대적 변화와 창의성을 가지고 사회에서 함께 정신적으로 교감하며 호흡할 수 있어 조화롭게 잘 전달되고 승계되어 한층 더 성장 발전된 공동체 사회문화와 함께 공영의 가치·고유성 등을 지속시킨다.

인간의 삶과 관련된 대부분 영역과 대상에는 각각의 고유문화뿐만 아니라 토착화과정에서 형성된 공유문화가 있다. 공유문화는 공동체 사회문화의 순기능적 매개체가 되어 그의 영향력이 향상된다. 인간의 문화에는 인간의 사상체계와 행위뿐만 아니라 그 결과물에 따른 가치관, 신념, 인식 등이 함께 반영되어 인생관과 세계관을 형성하는 핵심요소로 작용한다. 그러한 요소들이 사회의 다른 구성원에게도 받아들여져 사회의 대다수가 그것을 함께 공유할 때, 우리는 공동체 사회문화라고 설명할 수 있으며 문화를 공유한 문화인이 된다. 따라서 문화인은 문화의 광장에서 공유문화의 가치와 의의 등을 여러 방면에서 설명하고 표현할 수 있다.

2. 문화학습과 의의

　문화학습은 문화유형에 따라 학습과정이 다르고 그 의의 또한 다양하다. 문화의 유형에는 크게 자연문화와 인간문화가 있다. 이 단락에서는 인간문화(이하 문화로 약칭함)에 중점을 두고 그 의의를 다루어 본다.

　문화는 정신과학(언어, 문자, 그림, 문학, 철학, 예술, 건축, 관례 등)과 자연과학(수학, 물리학, 화학, 생물학, 천문학, 지학, 생명과학 등의 분야)에 대한 성숙한 이해와 행위를 각양각색으로 표현한다. 그것은 현재의 문화인과 차세대의 삶에 영향을 주지만 시대성에 적합하지 않은 문화는 도태(淘汰)되기도 한다. 인간이 공동체 사회에서 핵심적으로 궁구하고 생산하며 발전시킨 것은 삶의 세계와 생활양식을 풍요롭게 만들고, 고유 문화유산과 자산 등은 가치관의 상징으로 오늘날까지 승계되고 있다.

　고유문화와 타지역문화가 함께 공유할 수 있는 대중적 문화는 미래의 문화 얼굴을 관조해 볼 수 있는 세계인의 문화이자 인류문화의 거울이 된다. 그러한 문화는 생명 세계의 본질을 설명하고 더 발전된 공동체 사회를 형성할 수 있는 핵심으로 작용해 지속적인 변화를 일으키는 속성이 있다. 그러므로 변화를 잉태하는 성장문화의 요소는 상호 간에 영향을 주고받으며 새로운 생성·변화의 이치를 공유·발전하고 있다. 이와 같은 관점에서 문화의 의의는 다음과 같이 설명할 수 있다.

　문화의 체(體)와 용(用)이 인간이며 인간은 문화 용도의 주체(主體)가 된다. 인간은 정신·자연과학문화를 발전시키면서 그와 함께 뒤따르는 올바른 행실(行實)에 주목하고 문화의 성숙과 결실을 부단히 형성시키며 인류문화사에 발자국을 남긴다. 그 반면 인류문화사는 후대에 남겨진 삶의 과제 풀이와 기대감을 심어줌으로써 온고이지신(溫故而知新)의 성찰 기회와 희망을 선사하고 승계된다.

　문화는 삶과 직결되어 상호 간의 작용과 반작용, 의존과 협조라는 상생적 관계를 유지하며 개체의 질서는 물론 단체를 융화시키고 통합시켜주는 조화로운 기능이 있다. 오늘날 긍정적인 기능은 지역적 풍토와 특색에 걸맞은 생명의 존중과 배려, 그리고 안전을 보장하기 위해 내면세계의 소통·갈망과 물질적 욕구충족을 오늘날 인도주의적인 차원에서 공유한다. 인간은 공동체 사회를 형성함으로써 그 안에서 어우러져 호흡하며 살아가면서 문화의 꽃을 피우고, 그 사회문화 안에서 존재하므로 문화인이라는 상징성과 계승성을 부여받고 있다.

문화기능의 매개체는 언어, 문자, 상징, 규범, 사회가치, 예술, 기술 등이다. 문화의 특징은 다양한 도구로 여러 방면의 학습과 전달과정에서 사회적 공유과정을 함께함으로써 사회구성의 핵심요소가 된다. 그것은 대표적인 사회문화융합의 기능요소로 상호 간 구조적 역할을 조화롭게 심화시켜 나아가기 때문에 공동체 사회문화의 얼굴이자 품격이 된다. 그러므로 문화의 용모와 품격은 공동체 사회의 구성과 질서를 유지하기 위한 윤리 도덕적 규범을 수반한다.

성숙·발전되어 유구히 승계되고 있는 문화인의 문화는 국가라는 하나의 공동체 사회와 유기적(有機的)이고 통합적인 기능을 발휘하고 있다. 그는 그 시대의 법과 질서 그리고 가치를 공유한다. 문화의 성격을 규정할 수 있는 지역적 특성과 보편적이고 객관적인 가치는 다양한 삶의 연결망을 이루고 있어 사회적 관계와 사상적 체계를 구축한다. 그리고 사회구성의 복합적인 요소들이 여러 분야에서 신기술과 접목되어 새로운 문화학습과 발전적인 변화를 일으킨다. 신기술은 문화의 전파와 영향력을 증대시켜 나아간다.

공유된 문화는 문화의 광장에서 통합적인 형태(configuration)나 지역적 성격에 따라 동질성의 차이는 다소 분리되어 존재한다. 동질성(同質性)이 내포된 유사한 문화의 패턴은 독일어로 문화권(文化圈: Kulturkreis)이라고 한다. 문화권에서 장기간 형성된 것이 그 지역문화의 본질이며 속성이지만 공동체 사회의 상징적 요소도 함께 포함되어 있다. 그것은 인종과 영토와 민족을 이루고 나아가 국가공동체형성에 구심점이 된다.

현대과학의 기술적인 매개체가 수많은 것을 변화시킬 수 있을지라도 단순하고 쉽게 변화시킬 수 없는 것이 있다. 그것은 지역문화의 고유성이며, 그 지역의 공동체 문화가 지닌 무형의 용모와 품격이자 또한 특성이다. 하지만 문화의 속성은 변화이며 그 기능은 역사의 흐름에 따라 점차 그 어떠한 문화와 융화되어 그 시대 국내·국제사회문화의 패러다임을 이끌어가므로 새로운 형태의 바람직한 매개체는 내재해 있다.

21세기 현대문화의 동질성과 이질성은 문화변화의 역할과 기능에 화답하며 어떠한 형국으로 탄생할지 귀추가 주목된다. 다양한 학설들이 더욱 합리적이고 객관적인 문화연구의 결과로 거듭날 것으로 기대된다.

3. 문화권(文化圈: culture-areas, 독일어: Kulturkreis)

문화권이란 어떤 문화가 각기 다른 여러 지역에 지역문화와의 동질성과 유사성(인종, 언어, 관습, 종교 등)을 가지고 분포된 것을 말한다. 분포된 지역의 범위에 공통으로 존재하는 특징은 나름의 사상문화다. 문화권 논리는 그 어떤 문화가 최초로 발원된 인류문화이며, 그 문화는 각기 다른 시기에 또 여러 지역에 전파되어 그 지역문화와 복합적으로 형성되었다는 것이다. 그 어떤 문화라고 전제한 것은 그리스도교문화였다.

이와 같은 문화권 이론을 발전시킨 학자는 20세기 초 독일 인류학자 프리츠 그레브너(Fritz Gräbner, 1877~1934)와 빌헬름 슈미트(Wilhelm Schmidt, 1868~1954)이다. 그들은 서구의 religion과 religion 문화가 세계문화로서의 공유성과 잠재적인 배경을 지녀 시원문화가 되고, 그 문화는 지역문화와의 공유성과 색다른 차이가 있음을 설명했다. 그리스도 대제국의 문화권에서 보면 그레브너와 슈미트의 주장이 가능할 수 있다. 비록 그들이 주장한 문화권 이론이 일정 부분 나름의 의미를 제공했더라도, 각기 독자적 근원을 갖지 못할 것이라는 전제가 배경설명의 바탕에 깔려 다른 인류학자들에게 비판받았다. 다양한 세계적인 문화 현상들은 소수 문화권에서 발생하는 상호작용만으로는 설명할 수 없기 때문이다.

인종과 언어, 사상단체들이 포함된 문화권은 지리적 분포와 자연조건에 의하여 경계지역이 구분되기도 한다. 대부분이 그 경계지역에 점이지대(漸移地帶)가 존재하며 지역문화의 특성에 따라 정신적·물질적 차원의 독특한 문화권이 존재한다. 그것은 동아시아 문화지역, 동남아시아 문화지역, 인도 문화지역, 유럽 문화권[북서부의 게르만 문화지역, 남부의 라틴 문화지역, 동부의 슬라브(Slav) 문화지역(주로 러시아인·우크라이나인·벨라루스인 포함)][2], 건조 문화권, 아프리카 문화권, 앵글로아메리카 문화권, 라틴 아메리카 문화권, 오세아니아 문화권, 북극 문화권이다. 그러한 문화권에서 지역적 생활양식으로서의 문화는 사회구성의 요체이자 전통적인 가치와 질서, 규범 등을 반영하는 상징성과 대중성을 대표하고 있다.

문화권의 다양성과 독특성은 인류문화의 꽃들이며 그 열매를 다문화 정신(der multikulturelle Geist)이라고 한다. 그 정신을 통해 발견된 문화다원주의(der kulturelle Pluralismus)는 이미 서구 학자들의 관심 속에 연구되었다. 그들 중 일부는 그들의 유일신 religion 공동체문화권 형성은 세계적이고 진리의 religion이자 고등 religion이라는 것을 밝히는 데 초점을 두었다. 그들은 그리스도교 religion의 문화권을 인류문화적인 차원으로 확대하려는 의도가 있다. 그것은 과거와 현재에도 진행 중인 세계의 그리스도교화를 위한 선교정책과 무관하지 않다.

그리스도교 religion의 특징 가운데 과거의 잘못으로 남겨진 인류의 죄악사는 이미 위에서 밝혔듯이 세계적인 religion 전쟁, 식민지정책, 우상

---

[2]   선사시대 아시아에서 발원한 슬라브족은 BC 3000~2000년 동유럽에 이주했으며 인도유럽어족에 속하는 언어를 사용한다. 동슬라브족 외에도 서슬라브족(주로 폴란드인·체크인·슬로바키아인 및 벤드인 또는 소르비아인)·남슬라브족(주로 세르비아인·크로아티아인·슬로베니아인·마케도니아인)으로 분류된다.

타파, 타문화 배척, 인종차별, 노예제도, 노예매매, 인디언 대학살 등이다. 그와 같은 그리스도교의 사상과 그에 근거한 정책적 논리와 행위는 동양 종교 사상과 경전에서는 찾아볼 수 없고, 그러한 문화권을 형성하지 않았다는 것이 동양문화의 특징이다.

오늘날 다문화(Multikulturalität, Multiculturalism)주의는 국제적 추세에 따라 지구촌 시대의 흐름이 되었다. 국제적인 인도주의 사상과 실천, 인류평화를 지향하는 세계정신문화의 본질은 특정 문화권의 굴레에서 벗어나 상호공존과 상생의 패러다임을 이끌어 가고 있다.

4. 문화 속의 문화인

삶의 영역과 생활방식에는 사회적 상징과 가치체계, 그리고 법과 질서라는 규범 등의 문화가 포함되어 공동체 사회를 유지해주는 시금석으로 귀감(龜鑑)이 된다. 이는 사람답게 살아야 할 문화인의 길을 제시한 것이다. 문화인이 사회에 필요한 기본적인 학습과정으로 인격을 바르게 갖추고 인성을 함양하는 것은 동서고금에서 동일하다. 인성교육은 문화 속의 문화인으로서 갖추어야 할 덕목을 함양시키는 길이다.

인성교육은 마음의 자리에서 발동(發動)되어 나온 부당하고 불필요한 언행을 삼가고 신독(愼獨)할 자세를 평상시에 잘 관리하는 데 그 의의가 있다. 순수한 마음을 거울로 비유하면 마음의 거울, 즉 심경(心鏡)이라고 말할 수 있다. 같은 맥락에서 세상의 삶 속에 악영향을 주는 수많은 요소가 먼지로 비유될 수 있다. 그러한 요소가 발생하면 자신의 심경에 먼지가 쌓여 적체되어 본래의 순수한 마음을 가려 어둡게 만들고 악행을 저질러도 부끄러움을 모르고 버려두거나 반성하지 않는다.

인간 내면세계에서 발생하는 원초적인 본능으로서의 오욕칠정(五慾七情) 등은 다듬어지지 않은 자연성(自然性)이다. 윤리 도덕적인 인간으로 성장하기 위해 순차적인 절차탁마 과정은 인격 수행의 길이자 정신세계의 문화인을 양성하는 교육적 가치로 널리 알려져 있다.

성숙한 인격과 품위를 갖추기 위한 숙련(熟練)의 길은 선덕(善德)을 베풀고 살아가는 지혜로운 삶의 여정과 같다. 이에 대한 교육은 사회적 가치로 환원할 수 있는 공동선(共同善)의 실천을 목표로 삼고 있어 공동선은 도·덕(道·德) 문화의 열매로 귀결된다. 여기서 도(道)의 문화는 유심론(唯心論)으로서 형이상학(形而上學), 즉 정신과학을 말한다. 덕(德)의 문화는 유물론(唯物論)으로서 문명의 이기(利器)를 발전시켜 삶의 질을 더 새롭고 풍요롭게 하는 형이하학(形而下學), 즉 자연과학을 뜻한다. 도와 덕, 즉 순수한 정신과학과 자연과학의 조화와 융화는 별개의 영역이 아니고 본래 하나의 영역이기에 인류문화를 창조적으로 변화·발전시켜 행복과 평화의 세계가 안정적으로 형성되게 유도한다. 그렇게 이끌어 가는 힘은 문화인에 주어진 각자의 역할과 기능을 통해 창출된다.

문화인은 현세의 올바른 가치판단과 보편적 가치추구를 중요시하며 부단한 학습으로 새로운 성장 동력의 주체가 되는 미래 세대에게 평화의 세계를 남겨주려고 한다. 그러므로 문화 속의 문화인은 선천적으로 타고난 윤리 도덕적 성품을 지속적인 문화교육을 통해 성장·발전해 나아간다. 따라서 교육의 목적과 방향은 인간이 만물의 주체이자 영장으로서 윤리, 도덕적인 삶을 통해 공동선을 실천하여 문화 속의 문화인이 되어 사회적 가치 환원과 창출에 참여하고 공유하는 데 있다.

올바른 문화인은 이성적이고 지성적인 사회문화에 역행하지 않는다. 외형적으로 문화인이나 문화인답지 못한 행위를 하면 그는 오히려 사회문화의 악영향을 주고받는다. 따라서 인간 본연의 성품까지 흔들리고 고유의 자아정체성을 잃어버리거나 방황하지 않도록 부단한 노력이 필요하다. 문화인은 공동체 사회에서 형성된 여러 형태의 문화를 취사 선택할 수 있는 인지능력과 판단, 실천력이 있다. 문화인은 윤리 도덕적인 차원에서 자아성찰로 자아정화(自我淨化)를 할 수 있어 성숙한 사람, 현명한 사람, 사람다운 사람이 되기 위해 문화 속의 문화인으로 거듭나고자 노력한다.

　　문화 속의 문화인은 가정공동체에서부터 시작하여 국가공동체에 이르기까지 현명한 존재로 살아가기 위해 노력하는 주체가 된다. 그러한 존재자가 사회의 일원으로 건재(健在)하기 위해 정신적으로 꼭 필요한 것이 올바른 자아(自我)의식이다. 그 의식의 주체는 자기 자신임을 깨닫게 하고 다시 현명한 문화인으로 성장하여 더욱 발전된 변화의 세계를 이끈다. 모두가 문화 속의 문화인처럼 보이나 우리가 말하는 문화인은 성숙하고 주체적이고 사람을 사랑할 줄 아는 사람다운 사람이다.

　　그러므로 보편적 다수가 그렇게 사람다운 사람을 원하고 또 그와 같이 되기를 희망한다. 그러한 희망교육의 원천은 국가적 차원에서 우선 선행되어야 하므로 국가교육은 백년지대계(百年之大計)의 인재(人材), 즉 문화 속의 문화인을 양성하는 것이다. 또한 그러한 문화인은 교육 경영을 통해 소통경영과 인재경영에 필요한 노력을 아끼지 않는다.

　　세계의 문화인으로서 사람이 사람답게 살아갈 수 있는, 아름다운 감동을 주는, 참다운 사람 모습으로 남을 수 있게 하는 길이 윤리·도덕적인 삶이다. 그러한 길은 법적인 규범과 질서를 뛰어넘어 내면의 세계를 밝히고 정신세계의 생명 사상을 창출한다.

5. Homo Ethicus, Homo Academicus

　　Homo Ethicus(호모 에티쿠스)는 윤리·도덕적인 인간, Homo Academicus(호모 아카데미쿠스)는 교육적인 인간임을 뜻한다. 그러한 개념들은 인간이 인간답게 살아가기 위한 후천적 교육의 필요성을 함축적으로 설명한 것이다. 이 세상에서 인간만이 가지는 독특한 능력 중의 하나가 도덕적 능력이다. 그것은 선(善)을 지향하고 구현(具顯)하는 것으로 도덕성(道德性)이라고도 한다. 선의 행위가 삶 속에 끊임없이 유지되도록 선도

(先導)하는 것이 중요하다.

예컨대 어떻게 하는 것이 양심적으로 선하고 좋은가? 이에 대한 현실적인 질문과 선택의 길이 제시되어야 윤리, 도덕 문화의 가치에 화답한다. 현실문제로 자주 부딪치는 것은 인간만이 풀어 나아가야 할 과제이기 때문이다. 따라서 인간이 왜 선하게 살려고 애쓰며 노력해야 하는가에 대한 질문에 대답하지 않을 수 없다. 인간의 도덕성과 선의 추구가 본질적으로 무엇인지 설명이 필요하다.

서력기원 550여 년 전에 출생한 동양의 공부자(孔夫子, K'ungtzu, Confucius, BC 551~479)는 천하를 주유(周遊)하면서 왕도정치(王道政治)를 주장하며 윤리·도덕교육의 중요성을 설파(說破)했다. 그의 정치철학과 국가경영의 목적은 국민의 진정한 행복과 평화를 이루는 데 대의를 두었다. 그는 일관성 있게 윤리·도덕적 행위가 정치적 상황에서도 전제되고 실천될 때 분열과 분쟁 등을 더욱 빠르게 종식한다고 했다. 공자는 사람이 사람답게, 도덕적 의지로 각자 제자리에서 일상적인 삶에 옳고 선한 것이 무엇인지 아래와 같이 설명했다.

"임금은 임금답고 신하는 신하답고 아버지는 아버지답고 자식은 자식다워야 한다(君君 臣臣 父父 子子, 논어 안연(顔淵)편 11장)."

위와 같이 공자는 예(禮)에 관한 윤리 도덕적 품격과 법도를 제시했다. 법도는 국가가 모든 사람에게 각자의 자리에서 제 역할을 하도록 만들어 놓고 행하라고 한 공자의 정명(正名)사상이며, 예(禮)로서 지켜야 할 덕목이다. 공자의 인(仁)과 윤리, 도덕 사상, 사람다운 사람(=군자 君子)의 도리(道理)와 법도(法道)는 훗날 유가(儒家)의 정치적 이념이자 정신적 지주로 국가경영철학이 되었다. 공자의 왕도정치와 사상은 현실과 직결된 사람 사랑과 도덕성을 중요시했다.

기원전 5세기에 사회관습과 규범이 더 자연적인 것이 아니라고 생각한 반항적 사유가(思惟家)가 고대 그리스의 소피스트(sophistes)였다. 소피스트는 '지혜를 가진 사람들'을 뜻한다.[3] 소피스트의 어원은 그리스어의 소피아(sophia) 또는 소피아의 형용사인 소포스(sophos)에서 유래했다. 소피스트들은 '잘사는 것'(eu zen; to live well)이 무엇인가에 대한 지혜를 팔고 다녔다. 수많은 인간이 돈을 싸 들고 그들에게 모여들었다.[4]

결과적으로 오직 욕망을 위한 자기주장이 넘쳐흘렀고 자발적 행위의 선택과 가치 기준이 무너져서 윤리적 인간의 모습이 상실되었다. 이는 결국 도덕의 기초가 철저히 파괴된 것을 뜻했다. 그 당시 현철(賢哲)로 잘 알려진 소크라테스(Socrates, BC 470~399)가 있었다. 그는 인간의 삶을 철저히 궁구하고 들여다보는 철학자였다. 그가 최초로 도덕의 가치와 선의 의미를 되물었다는 것은 동양의 공자 이후 참으로 유명하다.

소크라테스는 소피스트들에게 자연적 욕망과 충돌하는 도덕적 정직함을 되묻게 했다. 도대체 어떤 삶이 잘사는 것인가? 삶에서 무엇이 '우리에게 진정 좋은 것인가?'[5]라고 되물은 것이다. 무엇이 삶에서 좋은 것인가는 선의 본질에 관한 적극적 관심과 질문이다. 그 질문에 대한 답은 윤리적인 차원에서 선의 추구가 삶의 보편적 가치와 참된 행복을 이룬다는 것이다.

소크라테스는 육체가 인간의 주체가 아니고 오로지 순수한 영혼(= 정신)이라고 했다. 육체에 깃들어 있는 영혼이 인간이며 영혼의 존재가 인간의 삶에서 더없이 중요한 것으로 생각했다. 나아가 우리 자신이 누구인가를 왜 알아야 하며, 우리가 왜 윤리 도덕적으로 살아야 하는가에 대한 되물음이 소크라테스에서 플라톤(Plátōn, BC 427~347)으로 승계되며 윤리학의 기초가 되었다. 플라톤의 제자 아리스토텔레스(Aristoteles, BC 384~322)에 의해 윤리학(ethics)의 용어가 처음 사용되었다. 윤리학은 '에

[3] 김상봉, 『호모 에티쿠스 윤리적 인간의 탄생』, 한길사, 경기도 파주시, 2011년, 23쪽

[4] 김상봉, 위의 같은 책 24~25쪽 참조

[5] 김상봉, 위의 같은 책 30쪽 참조

티케 테오리아(ethike theoria)'라고 하였는데, 그 의미는 "에토스(ethos)에 대한 이론(theoria)이며 에토스라는 말은 습관이나 관습이라는 뜻"[6]이다.

　　바이블 창세기에 나오는 신(神)은 자신의 형상대로 인간을 만들었고(창 1:26), "그 인간의 코에 생기(生氣)를 불어넣어 인간이 생령(生靈)이 되었다"(창 2:7)고 한다. 인간의 몸에 신의 영이 거(居)하면서 신의 기운(氣運)이 발동(發動)하여 살아있는 생령이 되었다는 설명이다. 또한 인간은 선천적으로 신의 영(靈)을 받아 태어난 신성(神性)과 같은 존재라는 뜻이다. 신성은 유가에서 천성(天性)이라고 했다. 인간은 태어날 때 본래 하늘에서 부여(賦與)한 성(性)을 가지고 태어났다는 것이다. 신성(神性)이나 천성(天性)은 불가(佛家)에서 말하는 불성(佛性)과 같은 의미다. 누구나 스스로 불성을 찾아 깨닫고 밝히면 붓다(buddha, 佛陀 불타)가 된다고 한다.

　　유가(儒家)에서 중요하게 다루고 있는 개념 가운데 하나가 솔성(率性)이다. 솔성의 의의는 천명(天命)으로 태어난 인간은 선천적으로 하늘같이 밝은 성품, 즉 하느님과 같은 마음(天性)을 잃어버리지 않도록 스스로 지키고 이끌어 가야 한다는 것이다(率性之謂道, 대학 편 대학 1장).[7] 그렇게 본래 지닌 천성(天性)은 유가에서 본연지성(本然之性)이라고 한다. 하지만 인간이 부모의 정(精)과 혈(血), 기질(氣質)과 가정과 주변 환경에 의해 많이 영향받아 후천적으로 성장한다는 것이 기질지성(氣質之性)의 특징을 설명한 것이다. 인간이 올바른 교육과정을 통해 사회적 존재로 훈육(訓育)받지 못하면, 악영향을 받아 형성된 기질 지성이 본래 타고난 천성을 가린다. 마치 맑은 거울에 먼지가 쌓이면 그 거울로 자신을 들여다봐도 자신의 모습이 잘 보이지 않는 것과 같다. 따라서 인간은 본래 천성을 유지하기 위해 절차탁마(切磋琢磨)와 같은 교육과정이 필요하다. 그것은 공동체 사회의 도덕과 질서 확립을 위해 아무리 강조해도 부족함이 없듯이 동서양 모

6 　김상봉, 위의 같은 책 23쪽

[7] 　더욱 자세한 설명은 이 책의 제1장 종교(宗敎)와 Religion III. 종(宗)·교(敎)자의 분석 3. 중용 제1장과 대학 1장 -그 사상적 배경과 의미 참조 바람

제2장 문화(文化)와 Culture · 93

두 공감하고 있다.

국가 미래의 전략적 교육 경영에서 사회경영, 인재경영, 소통경영 등은 더불어 중요한 요소로 다루어지고 있다. 국가교육의 목적은 국민을 올바르게 교화(敎化)시켜 국민 스스로 여러 분야에서 선과 덕의 가치로 열매 맺도록 이끌고 그의 가치가 사회에 환원되도록 계도(啓導)하는 데 있다. 선과 덕을 지향하는 진솔한 선진문화(先進文化)의 공교육과 학습은 자아정체성 확립은 물론 국가공동체 문화경영의 목적에서도 중요한 기능과 역할을 담지(擔持)하고 있다. 국가가 도덕적 가치관과 자연과학적인 창출 등을 관리·유지하고 공동문화의 자산으로 유구하게 전래시키는 것은 국가 정체성 함양이자 교육문화경영의 실체를 선도(先導)하는 셈이다.

6. 문화학습의 의의

자연(自然)의 순환적 이치는 모든 것을 자연스럽게 생성(生成)과 생멸(生滅)의 변화를 이끌어 나아가면서 인간의 문화형성에 영향을 준다. 자연과 공존할 수 있는 지속적인 인간의 문화학습과정은 자연생명의 원리에 순응하고자 진행되고 있다. 지혜로운 인간은 자연의 변화, 이치, 법칙 등을 궁리(窮理)하고 깨달아 가면서 반복적으로 학습하고 체득하면서 무엇인가 만들어 제시한다.

학습효과로 이어지는 공동체 생활과 자신의 자제능력과 함양에서 깨달은 것은 생활법에도 접목시켜 그 시대에 적합한 문화로 창출된다. 문화학습의 의의는 인간의 삶과 연관된 자연의 순환적 섭리와 법칙에도 생명의 네트워크처럼 활성화(活性化)하여 시공간(視空間)의 원리처럼 무한하게 열린다는 것을 밝혀주는 데 있다.

계속 변하는 것이 자연의 순환적 섭리이자 이치인 것처럼 새로운 우주의 생명 에너지가 활기(活氣)를 불어넣어 음양(陰陽)의 동정(動靜)과 율려(律呂) 작용을 일으킨다. 인간문화의 율려 작용은 새 생명의 잉태(孕胎)와 출생(出生)에서부터 가시적으로 시작된다. 출생한 유아(乳兒)는 적합한 영양분과 인간의 체온, 체취, 음성(音聲), 감성(感聲) 등을 통해 발육(發育)되고 점차 인지능력이 향상되어가면서 단계적인 언어교육과 생활 법도를 배우는 과정을 거친다.

그로 인해 수반된 자연적인 생리작용의 충족과 성장단계에 따라 원초적 본능에 대한 적절한 억제능력함양과 통제방법은 조기(早期) 교육으로 하나하나씩 습득(習得)된다. 보편적인 공동체 문화 학습(學習)과 공감의 식으로 형성된 경험의식이 체득(體得)되어 사람다운 사람으로 성장할 수 있는 발판과 자질을 다지게 한다.

올바른 생활교육의 지도는 가족과 사회의 건강한 일원으로 문화인을 양성한다. 인간은 장기간의 세월 속에 문화인으로 거듭나기 때문에 국가적인 교육시스템이 필요하다. 그 시스템은 전통문화와의 현대문화가 서로 교류될 수 있는지, 상호 호혜적인 차원에서 사회적 국가적 가치와 효율성 등이 재고(再考)되고 제시될 수 있는지 등에 대한 문답은 공개적으로 이루어져야 더욱 나은 길이 선택된다.

돌이켜보면 시대의 흐름에 따라 뒤처지고 퇴색된 과거의 문화가 비록 전통문화의 한 부분에 존재할지라도 현재 생활 속에 보편적으로 사용되지 않으면 흔적만 남거나 사라지는 경우가 발생한다. 지금의 시대 상황과 이치에 맞지 않기 때문에 과거의 문화가 모두 다 학습되어 승계(承繼)되지 않는다. 그러나 생명력을 가지고 존재하는 전통문화는 여러 형태의 사회적 가치와 관습, 나아가 실용성, 유용성, 보존성 등의 대의를 포함하고 있다.

공동체 사회문화가 시간과 역사적 통과의례를 거쳐 전승된 유산임은 틀림없다. 하지만 그 또한 국제적 경향과 감각, 시대성에 미흡하거나 부적합하면 변화를 이끄는 문화 원리에 따라 일정 부분 사라지거나 새로운 형태로 거듭나야 한다. 문화 속의 문화인은 인간과 생활문화가 하나의 유기체적 생명을 가지고 있음을 이해하고 자신의 정체성을 표현하며, 창조적 변화와 변화의 가치를 사회적 공익으로 성장시킬 수 있다. 인간은 문화를 만들고 문화는 인간에게 큰 영향을 주어 다시 문화인을 만들기 때문이다.

문화인은 가정과 사회, 유구한 역사와 전통, 환경과 시대 상황, 사상적 이해와 배려 등을 학습하고 체험하면서 더욱 성장한 문화의 장르를 만들어낸다. 또한 그는 미래지향적이고 보편적인 인류 문화유형을 지도하고 이끌어 나아간다.

전통문화는 공동체 사회의 생활공간이자 생명 문화의 광장으로 확산하여야 객관적으로 통용될 수 있고 그의 존재가치가 빛난다. 국가와 사회적인 유무형의 문화와 문화재는 현재의 문화 속에 반추(反芻)해야 한다. 그의 공적(功績)과 다양한 연구 가치로 발견되고 역사적 거울로 활용되어야 거시적인 차원에서 보존되고 발전된다.

시대 문화의 학습은 비유전적(非遺傳的)이며 상호호혜적인 보편타당성과 가치선도를 분별할 기회가 된다. 전통문화에서 국제화 시대에 따르는 문화매개체의 발견과 활용은 문화 성장의 동력으로 그의 추동력과 함께 국제사회의 패러다임에 동참할 수 있다. 따라서 문화 속의 문화인은 발전적인 미래 사회문화를 위해 깨달은 소중한 경험의 가치를 공익사회를 위해 환원시킨다.

인간에 의해 문화가 창조되고 그 문화가 다시 인간에게 영향을 주어 문화 속의 문화인이 양성된다. 문화의 기능과 역할은 공동체 사회의 결집력(結集力)을 발휘하고 사상적 구심력(求心力)과 원심력(遠心力)을 일으키며, 그에 상응하는 결속력(結束力)을 형성한다. 사회결집력을 보편화시키기 위한 법과 질서가 제도화되었고 도덕성과 법규가 병행해 실시된다.

같은 언어 사용, 역사적 문화와 의례·사상을 소유한 사람은 서로 친근감과 동질성을 가져 사상적 구심력을 형성한다. 사상적 구심력은 자아정체성과 공동체 사회형성에 상호 영향을 줘 국가공동체 문화에 무형의 힘을 발휘하지만, 단결하는 결속력을 배가(倍加)시킨다.

그러한 문화의 결속력은 역사적 토대(土臺) 위에 형성된 민족문화 사상과 민족혼(民族魂), 문화의 얼굴과 정서가 되어 조국(祖國)이라는 의미와 국가의 정체성을 구체화하는 원심력으로 작동한다. 원심력은 다시 보편적인 윤리 도덕적인 차원에서 국가 정체성을, 구심력은 자아정체성을 조명하고 발견하도록 한다. 그와 같은 상호연계성과 사회적 국가적 공동체의 핵심가치 환원과 창출은 지속적인 문화학습 때문에 이루어진다.

그 반면 사상적 의식과 문화가 서로 상충(相衝)되면 이질감이 발생하고 대립과 갈등이 형성되어 사회적 반목과 분열이 초래되기 쉽다. 가장 가까운 예로 한국전통문화와 서양 근대문화의 만남에서부터 발생한 문화충돌은 이미 시작되었다. 문화학습은 한국에서 외래문화가 전통문화와의 조화(調和)를 위해, 또 공동체의 동질성과 결속력·구심력을 잃어버리지 않기 위해 발전적인 변화가 필요하며 모두 그와 버금가는 책무를 직시하고 실천해야 한다.

7. 문화상대주의

문화상대주의(文化相對主義)는 그리스도교문화가 타문화보다 우월하다는 생각과 인식에서 벗어나지 못한 이념에서 사용되었다. 그 용어는 세계 그리스도교화(Christianization)라는 뒷배경 속에 사용되어 비(非)그리스도 국가의 문화와 사상을 천대시하는 내심(內心)이 반영된 것이다.

문화상대주의와 문화상대론(文化相對論)의 개념은 주로 문화인류학에서 사용된 적이 있다. 그 의미는 "어떤 특정한 사회의 관습과 문화를 그 사회의 특수한 환경과 상황, 역사적 맥락에서 이해하고 평가[8]한다. 그러나 인류문화는 자연스러운 현상으로 드러나고 그에 따라 맺어진 결과이지 어떤 특수한 유일신 문화가 주체로 세계적인 보편문화를 만들어내지 않았다.

---

[8] 한상복·이문웅·김광억(공저), 『문화인류학 개론』, 서울, 서울대학교 출판부, 1996, 21쪽

문화상대주의(cultural relativism)라는 개념이 별다른 생각 없이 사용되고 있으나 가능한 한 자제해야 한다. 그러한 개념에는 서구의 주도적(主導的)인 문화 패권의식, 백인 우월사상이 내재하여 상대방과 이방인의 문화에 대한 비하(卑下)적인 의미로 표현된 것이다.

　　서구 국가들은 고대로부터 시작하여 근대문화에 이르기까지 그들 스스로 타국문화를 비판하는 자문화중심주의(自文化中心主義)나 문화국수주의(文化國粹主義)를 펼쳐본 적이 없으며, 그러한 역사가 있지도 않다. 1776년 영국 지배에서 벗어나 독립을 선언한 아메리카합중국, 미국문화의 형성은 세계문화사의 관점에서 보면 오래되지 않았다. 미국의 유구한 전통문화(고유 인종, 언어, 문자, 사상, 문화재 등 포함)라고 내세울 만한 것이 없다. 미국은 자국의 고유한 전통문화로서의 고대사, 중세사, 근대사가 없고 인류 문화사적 가치를 보유하고 있지 않다. 오직 그리스도 교회사와 연계된 그리스도교제국문화, 식민지문화, 전쟁사, 무기생산과 판매 등이 자국문화의 중심이 되었다. 그리스도교 사상과 그리스도교 대제국 문화를 중요시하는 자들은 동양문화, 예컨대 한국문화를 문화사대주의(文化事大主義)와 타문화중심주의(他文化中心主義) 또는 자민족중심주의(自民族中心主義; ethnocentrism)라고 혹평하며 문화상대주의를 논하고 있다.

　　서구 그리스도교제국문화는 유일신을 중심으로 신본주의(神本主義)를 주장했으나 지금으로부터 약 200년 전에 신본주의(神本主義)에서 인본주의(人本主義)로 전환되는 시기를 맞이했다. 여러 분야에서 연구하고 체득한 경험과 인식이 성장하여 과거의 신조와 신앙고백에서 벗어나 과학사상이 발전했다. 과학적 경험과 인식론은 기존의 서구문화를 크게 변화시켰다. 서구의 과학사상은 성공적인 산업화과정을 끌어냈고 물질문명을 발달시켰다.

　　그 와중에 생산된 대량파괴 무기는 세계를 제패할 수 있다는 자부심을 고취해 서구문화가 세계의 선진문화라며 자칭하고 있다. 오늘날 서구의 첨단 과학기술과 접목하여 제조된 강력한 신무기들은 세계평화를 위한 것이 아닌 살생, 착취, 자국의 경제적 이익과 창출을 극대화하기 위해 사용되고 있다.

병 주고 약 주는 식의 비인도적(非人道的)인 선교(宣敎) 사상과 식민지정책은 예수 사상과 아주 먼 물질 만능시대를 추구했고, 인류 문화사를 파괴하며 지구를 병들게 하는 데 선구자 역할을 해왔다. 그뿐만 아니라 서양의 핵무기는 새로운 유일무이(唯一無二)하고 전능한 신적 존재와 대상으로 세계평화를 유지시켜 준다는 병기(兵器)로 등극했다.

그 뒤에 예수의 일부 후계자들은 여전히 사랑과 평화를 외치며 신의 이름으로 합장(合掌)하고 있다. 그들이 동양문화가 원시(미개) 문화라고 단언하는 것은 동양문화에 대한 지식의 빈곤과 물질만능주의에서 비롯됐다고 할 수 있다. 하지만 동양의 정신문화, 예컨대 동북아시아 지역의 문화가 누천년 간 선진문화였다는 것은 인류 문화사가 증명하고 있다. 서양문화는 바이블 사상에 근간을 두고 형성되었지만 특히 한자문화권의 동양문화는 자연과 친화적인 천지인 합일 사상을 바탕으로 발전하였다.

서구의 산업화시대가 발전하면서 세계에 문명의 이기를 제공한 것은 사실이다. 그런데도 서구인의 산업문화와 그리스도교문화가 모든 면에서 세계인류문화를 대표한다는 발상은 문제점으로 지적된다. 서양의 유일신 사상과 통치이념, 중세 암흑시대의 참혹한 유럽 사회의 실상, 18~20세기 초에 이르기까지 극성(極盛)이었던 식민지정책, 약소국가의 약탈과 무력침공이 절정에 이르렀다.

세계 그리스도교화(Christianisierung: Christianization)란 개념은 그리스도교 대제국문화로의 회귀와 별로 차이가 없다. 현대 그리스도인의 신앙이 그와 유관(有關)함은 역사적 아이러니이다. 지금도 그리스도교가 행한 인류의 죄악사에 대한 문제의식 없이 묵인하거나 간과하는 문화상대주의 개념은 우물 안의 개구리와 같은 모습으로 집단 무의식에 도취한 언어도단이다.

서구의 많은 신학자, 철학자, 심리학자, 사회학자, 문화 인류학자, 민족학자도 문화상대주의의 개념을 공개적으로 사용하지 않는다. 비록 그들이 유일신 사상이나 신앙단체가 다른 단체보다 본질적으로 우월하다는 의식을 가졌다고 가정하더라도 우회적으로 피하고 있다. 그들은 타국의 문화가 그리스도교문화보다 열등하고 야만적이라고 판단할 역사적 사료와 과학적 근거자료를 제출하지 못하고 있다. 그들은 오직 그리스도교제국의 religion 과 culture가 세계문화의 기준이라고 말해서는 안 되고, 그렇게 주장할 수 없음을 이미 주지(周知)했다.

프랑스 인류학자 클로드 레비스트로스(Claude Levi- Strauss, 1908~2009)는 프랑스의 대표적인 구조주의로 알려졌다. 레비스트로스는 인간사회와 문화를 이해하는 방법으로 구조주의(構造主義, Structuralism)를 주장하면서 문화를 하나의 체계로 파악했다. 그는 문화의 구조가 하나의 공동체 사회를 이루는 구성체계로 보았고 문화체계의 보편적 유형은 인간 정신의 불변적 구조가 낳은 산물로 설명했다. 그는 인간이 주체로 이성적 사회와 역사의 발전 등을 이루었다는 것은 신화와 허구라고 분석하여 사회적 충격을 안겨주었고, 그에 따라 비판의 대상이 되었다.

그의 연구방법론은 철학, 언어(분석)학, 문화인류학, 정신분석학, 사회학, 정치학과 미학(美學) 등에 영향을 주었다. 레비스트로스가 자기 집단과 다른 집단, 사회구조와 문화체계 등의 차이를 분석할 때 문화적 상대주의라는 개념을 사용했으나 그에 대한 부정적인 판단은 보류해야 한다고 밝혔다. 그는 그러한 언어사용의 가치에 절대적인 판단기준이 없다는 것도 알았다. 사실적 관계만 서술하고 판단은 독자에게 맡기는 방법론이라고도 할 수 있다.

한 문화의 구성원은 그 문화 안에서 행위와 관찰을 동시에 하는 존재이기도 하다. 생활양식, 풍습, 관례에 의해 형성된 도덕적 책임과 한계 등에 대한 판단 근거와 기준은 사회적 관습에 의해 반영된다. 하지만 그러한 요소들이 정당하거나 부당하다는 주장은 개인과 지역에 따라 상대적이며 시대적 경향에 따라 변화되므로 보편타당하지 않다. 오늘날 한국의 많은 학자가 레비스트로스의 이론과 사상에 의존하지 않는 주체성의 연구 모습은 고무적이다.

8. 문화 절대주의와 상대주의 관점

문화 절대주의의 개념은 그리스-로마문화의 영향으로 형성된 그리스도교의 절대성과 그리스도교 대제국의 통치문화에서 파생된 용어로 보인다. 유일신 신앙을 중심으로 발전된 그리스도교문화는 서구문화사상의 절대적 우월성으로 인식되었고, 그와 상반되는 사상과 문화는 상대주의로 분석되었다. 그러므로 서구문화사상의 원류(源流)와 역사적 맥락을 진단하려면 먼저 고대 그리스문화의 흐름과 영향을 요약적으로 살펴봐야 한다.

고대 그리스문화는 마케도니아제국의 알렉산드로스(Alexandros, BC 356~323)왕 시대(재위 BC 336~323)에 꽃을 피웠고 유럽문화의 바탕을 이루었다. 그는 페르시아와 인도의 인더스강까지 정복하여 대제국을 건설했다. 정복지역에는 여러 형태의 도시가 형성되어 동서교통이 활발해졌다. 그로 인해 그리스문화와 오리엔트문화가 융합된 헬레니즘(Hellenism) 문화가 탄생하였고, 그 문화는 유럽의 다양한 지역에 많은 영향을 주었다.

헬렌(Helen)의 개념은 한 시대의 축을 담당한 그리스인의 후계자라는 의미이다. 고대 그리스인은 자국(自國)을 헬라스(Hellas, 영어 Greece)라고 했다. 헬레니즘의 용어는 1863년 독일의 역사학자 드로이젠(Johns Gustav Droysen, 1808-1884)의 저서 『헬레니즘사(史)』에서 사용되었다. 그리스인이 아니면서도 그리스인보다 언어 구사력(驅使力)과 어휘력이 뛰어나고 그리스인과 같은 생활양식을 영위했던 고대 유럽인 생활과 문화가 헬레니즘으로 표현된 것이다.

로마제국이 강성해지면서 헬레니즘 문화는 쇠태(衰態)하였으나 로마제국은 그리스문화를 수용하여 로마문화를 발전시켰고, 그 후 그리스로마문화라는 용어가 사용되었다. 그 문화는 유럽의 고대사를 대변하지만 그리스도교의 문화는 아니다. 로마문화는 로마 황제체제에 의해 장기간 공고히 지속하였다.[9] 로마제국의 황제문화(皇帝文化)가 태동한 것이다. 로마 황제는 신의 대리자로서 그의 위상(位相)은 존귀했고 그의 위엄(威嚴)은 천상을 찌르고도 남았다.

　로마의 황제문화가 예수 이후 유일신 사상과 정치적으로 접목하면서 유럽의 여러 국가와 민족을 하나의 사상으로 묶을 수 있는 로마 대제국의 통치 사상을 창출해 냈다. 그것은 황제 정치문화와 그리스도교의 신앙 단체문화가 합쳐 그리스도교 대제국을 다스릴 수 있다는 정교(政敎) 일치였다. 정교일치가 확고해지면서 로마 황제의 통치체제와 황제문화는 탄력을 받았다. 황제는 살아 있는 유일한 신적 존재이자 통치이념의 상징이 되었다. 하지만 세월의 부침 속에 로마의 황제문화가 무너졌으나 황제문화의 모델을 그대로 받아들여 형성된 신앙문화가 그리스도교의 교황문화(敎皇文化)이다.

　교황문화는 그리스도교 신앙과 사상을 발전시키는 데 큰 역할을 하며 다방면에 영향을 주었고, 그의 파급력은 교황체제문화의 성장 동력이 되었다. 그리스도교(교황) 문화 사상의 본질은 가톨릭주의(Catholicism)에서 시작되었다. 그의 본질과 의미에 대한 분석은 가톨릭 문화의 참모습을 살펴보는 것이다. 서구 고대 교회사를 살펴보면, 313년 로마제국의 황제 콘스탄티누스가 밀라노칙령(Edict of Milan)으로 그리스도교를 공인(公認)했다. 밀라노칙령 이전의 그리스도교 시대가 초대 가톨릭 또는 고대 그리스도교, 공인 이후가 콘스탄티누스의 전환점이라고 구분하였다. 고대 그리스도교문화와 로마제국의 황제문화를 접목해 발전한 것이 가톨릭주의(Catholicism, Catholicisms)의 실마리가 되었다. 가톨릭주의의 대표적 인물

---

[9]　로마제국은 기원전 27년부터 시작되었으나 관점에 따라 제국의 멸망 시기를 다르게 볼 수 있다. 단일 로마제국이 395년 동·서로마로 분할되었고, 476년 서로마제국, 1453년 비잔티움제국이 멸망했다.

가운데 한 사람이 아우구스티누스이다.

아우구스티누스는 젊은 시절 소아시아지역에서 번성한 신플라톤주의에 심취했고 마니교(摩尼敎, Manicheism)[10]에서 10년 동안 생활했으나 깨달음이 없어 방황하다가 제도권 종교로 자리매김한 그리스도교로 전향했다. 그는 당시의 범종교(汎宗敎)사상인 그리스-로마문화를 가톨릭 교리에 접목시켰고, 삼위일체론(三位一體論)을 정립했다. Catholicism의 어원은 그리스어 카톨리코스((καθολικός, katholikos)에서 나왔다. '카톨리코스'는 공동의, 일반적인, 보편적인, 우주적인 의미를 뜻한다.

여기서 주목할 점은 가톨리시즘이 본래 그리스도교의 유일한 문화가 아니고 그리스-로마의 문화사상을 수용하고 조화롭게 융화시켜 신앙의 전체성을 제시한 교리문화였다는 것이다. 따라서 본래의 가톨릭주의는 동·서로마로 분열되기 이전에 하나의 보편(普遍)교회주의[11] 또는 공교회(公敎會)주의를 주장한 사상단체(~ism)였다는 것이 확연해졌다.

차후 서로마가톨릭에서 중요하게 다루고 있는 에클레시아 가톨리카(ecclesia Catholics)라는 개념은 '우주적'이라는 뜻이며, '과거에 그리스도를 숭상했고, 현재 신앙하며 장래에도 예정대로 신앙할 사람들의 총수'라는 의미가 있다.[12] 가톨릭 신앙인들의 총수라는 의미에는 선민(選民)사상이 들어있다는 것이 색다르다. 그러한 교리문화가 교황문화로 급성장하면서

---

[10] 이원론적 사상이 있는 마니교는 고대 페르시아 지역에서 발생한 조로아스터교의 영향을 받았고 태양신을 숭배한다. 자세한 것은 저자 안병로, 『그리스도교의 검과 평화』, 지성사, 2016. 제1장, 24쪽 참조 바람

[11] 초기 그리스도교는 보편교회주의를 표방했다. 그것은 그리스도교의 보편적 신앙구성요소, 하나의 신앙조직체, 신학과 교리, 전례와 윤리, 사상적, 실천적인 특징을 포함하고 있다. 11세기 하나의 로마교회가 동·서로 분열되면서 동방정교회와 서방 가톨릭의 보편교회 사상은 다르게 발전했다. 그리고 16세기 서로마가톨릭에서 개신교가 분파되면서 보편교회에 대한 정의는 여러 형태로 정의되었다.

[12] 안병로, 『그리스도교의 검과 평화』, 지성사, 2016. 제1장. 3) 아우구스티누스와 종교전쟁, 29쪽

유일신과 예수 (그리스도)를 신앙하는 절대적 신앙단체로 발전하였다.

　교황문화는 유일신 사상을 그리스도교 대제국의 통치이념으로 삼았다. 교황청은 세계 그리스도 대제국의 영성적 중심지가 되었고 신의 이름으로 그리스도교의 정신문화와 정치문화의 중핵을 담당하게 되었다. 교황문화가 신의 통치문화의 상징으로 더욱 확대하여 해석되었고, 신앙고백에 의해 작성된 교의학(敎義學)과 접목되면서 유일신 문화이자 문화 절대주의 그리고 문화전체주의(全體主義, totalitarianism)라는 개념이 나왔다. 그와 같은 신앙 고백적인 문화개념은 상대적(相對的) 우월감을 가지고 타국 문화를 배척하며 타국의 사람을 야만인(野蠻人)으로 생각하고 야만인의 문화라는 용어를 잉태시켰다.

　이처럼 문화 절대주의 개념 저변에 숨겨져 있는 당혹스러운 의미와 황당하고 불편한 진실이 밝혀진 것이다. 그러한 용어를 18~20세기에 등장시킨 서구 학자들은 물론 근·현대사를 이끄는 정치인들까지 사용하고 있다. 이와 큰 차이가 없는 것으로 판단되는 것이 20세기 후반에 사용된 극단적인 문화상대주의라는 개념이다. 그러한 개념들이 세계적인 국제변화와 사상적 변화 때문에 다소 완화된 표현이라고도 하지만 의미상으로는 별로 차이가 없다. 따라서 문화 절대주의와 문화상대주의라는 용어는 사용하지 않아야 인류문화(사)의 보편성을 기대할 수 있다. 오늘날 세계문화의 다양성은 자연스럽게 각각의 독특성과 역사적 가치가 승계되고 일정 부분 보존되고 있어 인류문화를 풍요롭게 했다.

III. 종교문화와 공동체 문화

종교문화는 정신문화의 얼개가 되어 공동체 사회문화를 형성하는 흡인력이 있다. 이는 공동체 문화와 상생의 길을 지향하는 데 일조할 수 있어야 한다.

1. 종교적 현상과 공동체형성

종교적 현상에서 바라본 공동체 사회문화에는 각 지역의 풍토와 환경에 따라 고유의 관습, 역사의식, 사상, 의례 등이 생활문화 양식과 복합적으로 융화되어 있다. 공동체 문화의 특징은 전통문화와 더불어 호흡하고 사회적 학습과 언행에 영향을 주어 보편적 가치와 삶의 얼굴로 설명된다.

1) 종교적 현상

현대 자연과학도 대자연의 변화무쌍한 현상과 재난(災難)에 속수무책이듯 고대의 인간은 그런 대자연을 신적 현상으로 보았을 것이다. 그것은 인류문화의 자연적 요인이자 인류의 내재적 공감으로 드러난 것이며 자연숭배사상에서 실마리를 찾아볼 수 있다. 그 사상을 토대로 인간은 자연과 함께 생활하는 것에서부터 시작하여 만물에 대한 궁리와 축적된 사상을 바탕으로 공동체를 형성해가면서 문화를 발전시켰다.

특히 광명(光明)은 생명의 힘과 새 생명의 원천으로 이해하면서 태양숭배 사상으로 전개되었다. 하늘은 우주 자연의 초월적 존재 즉 무한자로,

태양은 무한한 우주의 생명 에너지로, 광명의 빛은 생명의 산실로 거듭 인식되었고 땅은 풍요와 다산의 상징이 되었다. 이에 광명의 하늘에 고(告)하고 올리는 기원(祈願)의식은 제천(祭天)사상으로 발전하였다. 그 의식은 고대(古代)공동체 사회문화의 생활양식이자 관례(冠禮)로 하늘을 경외(敬畏)하는 천 사상의 바탕을 이루고 있었다. 고대시대의 사상적 출발은 자연현상의 관찰에서 비롯되었다는 것을 미루어 짐작할 수 있다. 자연숭배가 종교적 현상으로 이어지면서 천제를 올리는 공동체 문화가 형성되었고 그것은 다시 종교적 성향에 영향을 주었다.

인간은 자연의 초월적 섭리와 이치를 경험하면서 신비롭고 비가시적인 신의 존재와 가치에 대해 생각하였고 깊은(畏敬) 존경심으로 그를 존숭(尊崇)했다. 존숭의 표현과정과 절차가 제천의례(儀禮)로 제도화하면서 종교적 사상으로 발전되었다. 동서의 제천(祭天)사상이 제의(祭儀)하는 차원에서 인류문화의 토대를 이루었다. 각 지역의 기후와 풍토, 관습에 따라 생활문화가 형성되면서 초월자에 대한 의식은 종교적 의례와 종교문화의 자양분이 되었다. 각 지역의 종교사상이 다양한 종교적 문화행사로 펼쳐지면서 지역적 공동체 문화는 사상문화로 자리 잡아 토착화를 이루었다. 그와 같은 종교적 현상은 각양각색의 종교문화의 꽃이 되었고, 그러한 꽃이 상생의 시대를 맞이하여 오늘날 인류 문화사에 만개(滿開)하였다.

2) 공동체 형성

종교문화와 인류 문화사의 토대가 지구(地球)의 자연환경과 직결되어 있다는 깨달음과 그와 연계된 상호 호혜적인 동양 철학사상은 다음과 같이 전개·발전되었다.

지구의 본래 자연환경은 만물의 생명을 잉태하고 양육·성장시키는 근원지다. 우리 선조들은 대자연의 질서와 지구환경의 법칙을 오래전부터 깨우쳐 자연 친화적인 삶을 살아왔다. 하늘을 아버지, 땅을 어머니로 비유했고 천지부모(天地父母)라는 인생철학과 일월성신(日月星辰)을 가족공동체, 사회공동체 나아가 국가공동체의 형성과 질서 등으로 생각하면서 하나가 전체이자 전체가 하나라는 세계관을 가지고 살았다. 이처럼 우주·자연현상과 일월성신(日月星辰)에 관한 관심과 호기심, 궁구와 신비로움, 이해력과 상상력, 소우주(小宇宙, microcosm)적인 삶과 더불어 던져진 현실성 등은 우리에게 항상 새로운 탐구의 대상으로 존재하고 있다.

그러한 대상 속에 존재와 비존재라는 상호관계가 암묵적으로 공존하며 인식의 세계와 호기심의 세계, 미증유의 세계가 무한한 상상력과 색다른 사상의 세계를 펼쳐주고 있다. 이처럼 상호연관성을 이어가고 있는 삶속에 시간과 공간의 세계가 존재하고 정신세계가 성장 발전된다.

인간은 시공의 세계를 넘나들면서 생각하고 반복적으로 생각하면서 궁리한다. 삶의 환경과 모습, 기존의 정신사상과 무한한 마음의 상상 세계가 아우러져 의식 또는 무의식적으로, 심리적 현상으로 드러난 것이 종교성이다. 종교성이 때로는 사상적 중핵이 되지만 때로는 신앙(信仰) 사상으로 발현된다. 따라서 성현들은 스스로 자신의 신격화를 모두에게 엄격히 금했다.

그런데도 신앙 사상은 저마다의 신비로운 체험과 경외감 등이 합쳐진 논리적 비약과 함께 비전을 제시하는 신앙공동체를 형성한다. 그 단체는 점차 공동체형성에 영향을 주면서 종교성을 심화시켜 나름의 신앙문화를 성장시킨다. 공동체 사회에 토착화된 종교적 언어, 이념, 사상, 의례 및 제의 등이 조화롭게 융화되고 스스럼없이 공유되고 있어 공동체 사회문화의 요소가 되었다.

3) 보편적 공동체(사회) 문화

국내·외의 시대적 흐름 속에 또 다른 사상이 전파되어 소정의 기간을 통해 형성되고 성장 발전과정을 거쳐 생활양식에 동화된 부분은 부가적으로 공동체 사회문화에 포함되어 있다. 공동체 문화는 개인, 집단의식, 의례와 생철학적 삶과 호흡을 함께하므로 사회문화의 얼굴이며 인생관과 세계관의 일정 부분도 유추해볼 수 있다. 또한 그 문화는 사회와 국가적 차원에서의 공익과 공존, 상호배려, 보편성과 공공성을 위한 도덕적 판단력, 융화력, 법적 영향력, 구속력 등에 영향을 주고 있다.

공동체 사회문화의 근원과 형상적 본질은 종교문화와 불가분의 관계이다. 사상단체와 신앙단체의 의식과 의례 등은 생활문화의 양식으로 성장, 발전되어 공동체 사회문화의 틀을 구성하는 요소로 작용하였다. 고대시대에 변화무쌍한 자연의 변화 현상은 공포와 외경(畏敬)의 마음을 넘어 성스러움과 신비스러움, 경외(敬畏)의 대상으로 신적 존재감을 불러일으켰을 것이다. 자연현상과 종교적 현상, 종교문화와 공동체 사회문화는 어떠한 관계를 유지하고 있는지 설명이 필요하므로 요약해 본다.

보편적 공동체 문화는 종교현상을 일구어내는 산실(産室)과 같은 역할을 한다. 그것은 여러 경험을 바탕으로 하므로 장기간의 세월 속에 성숙한 이해와 사상적 정립 과정을 거치면서 고유의 의례를 형성한다. 삶에 드러나는 종교적 의례와 사상은 독특한 신비체험과 그를 뒷받침해주는 이론적 배경을 통해 이루어졌다. 그러한 의미를 사회적 병리현상(病理現象)의 입장에서 관찰하고 과학적 안목에서 다시 분석하여 논리적 타당성과 당면과제를 제시하는 것이 종교 현상학의 역할 가운데 하나이기도 하다.

여러 공동체의 문화를 다양한 방향에서 언급할 수 있는 것은 공동체 사회구성요소를 직시하는 것뿐만 아니라 종교 현상학의 본질을 다루는 것이다. 공동체 문화가 사회구성원 다수에게 다양한 각도에서 영향력을 행사하는 것도 공동체 사회문화의 현상이자 속성이다.

2. 종교문화구성의 세 가지 기본요소

공동체 사회문화는 종교적 사상과 삶의 전체 또는 일정 부분에 영향을 줘 종교문화 형성에 뿌리 깊은 연관성을 가지고 있다. 그러한 관계 형성에서 종교문화구성은 크게 세 가지의 자연현상(自然現象)을 포함한다. 그것은 인간사회에 자연스럽게 펼쳐지고 전개(展開)되는 크라토파니(Kratophany; 성력, 聖力), 테오파니(Theophany; 신현, 神顯) 그리고 히에로파니(Hierophany; 성현, 聖顯)이다.[13]

이처럼 자연의 신비로운 세 가지 요소는 비가시적((非可視的)인 것에서 시작되어 점차 가시적(可視的)으로 전개되고 펼쳐져 드러난다는 현상(現想)을 설명한 것이다. 이 세 가지로 드러난 현상학적 요소가 다시 자연 속에 환원되면, 평상시에는 없음(無)으로 보인다. 따라서 없음에서 가시적인 하나의 현상이 생성되고 그 하나에서 셋으로, 셋이 변하여 다시 본래의 무(無)로 회귀한다. 자연의 순환적 이치와 현상학적 섭리가 종교문화 현상이자 종교문화구성의 핵심요소가 되었다.

Kratophany는 우주 에너지의 근원으로 성주괴공(成住壞空)의 변화를 일으키는 힘, 천지자연(天地自然)의 변화를 일으키는 성스러운 힘(聖力)이자 초인간적인 힘 즉 역현(力顯)을 말한다. 그러한 힘이 만유 생명체에 영향을 주어 초월적 생생(生生)의 변화를 일으키고 신적 현상으로 드러나는 것을 신현(神顯, Theophany)이라고 한다. Theophany 현상이 외경(畏敬)과 경외(敬畏)감을 가지게 하고 때로는 성스럽고 거룩하다는 의미에서 표현된 것이 성현(聖顯, Hierophany)이다. 여기서 신현(Theophany)은

---

[13] 비가시적인 현상으로 표기된 역현(力顯), 신현(神顯), 성현(聖顯)의 개념이 가시적인 현상세계를 강조하기 위해 역현(力現), 신현(神現), 성현(聖現)으로 설명할 때도 있다. 종교문화이해의 세 가지 기본요소에 대한 자세한 내용은 안병로, 『그리스도교의 검과 평화』, 지성사, 서울, 2016, 278쪽 참조 바람

모든 자연현상을 변화시키는 성력(聖力)이자 성현을 유발하는 기운(=에너지)으로 이해되었고 그 기운은 여러 학문 분야에서 아 프리오리(a priories)라고 설명된다. 종교문화 구성의 세 가지 기본요소에 대한 상호작용과 변화 현상은 다음과 같이 요약할 수 있다.

자연현상에서 발현되는 성스러운 힘[성력(聖力)과 성현(聖顯)]은 신적 존재의 뜻과 의지를 드러내는 현상(現想)으로 인식되었고 그 힘은 종교문화형성의 자양분이 되어 종교적 사유와 사상에 영향을 주었다. 종교사상과 정신은 다시 종교사회문화의 기저(基底)층을 이루고 있다. 종교사회문화는 지역적 풍토와 특색에 따라 인간의 종교적 심성 또는 종교적 성향에 영향을 주어 인생관은 물론 세계관과 밀접한 관계를 유지하고 있다. 그러므로 여러 유형의 신적인 현상(現想)은 각양각색의 문화발전에 촉매제의 역할과 응집력을 주도하고 있다.

먼저 성현(聖顯 Hierophany)은 신비로움의 극치로서 특히 신앙공동체 문화와 종교사회문화를 거쳐 인류 문화사에 불가사의한 힘, 역현[力顯, 즉 신현(神顯) Kratophany]으로 작용한다. 정신적 또는 영성적 에너지, 즉 영성의 불꽃으로 드러난 신현[神現 즉 역현(力現), Theophany]은 어느덧 생생(生生)의 변화작용으로 드러난 성현(聖現, Hierophany)의 모습이다.[14] 성현(聖現)의 흔적은 정신과학문화의 결정체인 사상문화와 그의 문화재로 새롭게 구현(具現)된 모습으로 인류의 다양한 문화와 문화재로 남겨져 있다.

그와 같은 작품은 세계인에게 감동을 선사하고 영감(靈感)의 세계가 열리게 하여 신비로움과 경외감 등을 일으킨다. 종교문화구성의 세 가지 기본요소를 종교(현상)학적 안목에서 직시하고 차례로 진행되는 종교문화경영의 단계와 과정[15]을 분석하는 것은 직·간접적인 경험뿐만 아니라 과학철

---

[14] 한문(漢文)으로 표현된 성현(聖顯 Hierophant)과 성현(聖現), 역현(力顯)과 역현(力現), 신현(神顯)과 신현(神現)은 비가시적인 측면과 가시적인 측면을 동시에 강조하되 분리하여 사용되었다.

[15] 이 책의 제8장 종교문화 경영(지도자)학의 단계와 과정 참조 바람

학적인 분석과 이해의 세계를 넓혀주는 데 필수불가결(必須不可缺)이다.

3. 종교현상학적 차원

고대 인간의 정신세계는 자연현상에 의해 많은 영향을 받았고 그것은 다시 인간의 정신과 삶의 세계를 지배했다. 자연과 인간의 세계는 신적 존재와 영향력에 의해 종교문화 현상의 광장이 되었다. 그러나 인간의 정신세계와 문화가 발전함에 따라 인간은 자연재해를 극복하고자 대응했고 상호공존에 대한 인간의 부단한 노력은 진행 중이다. 정신문화발전과 그에 따르는 문화형성과정과 전개 현상을 순리적인 안목에서 궁구하는 것이 종교현상학적 차원에서 요청된다. 그 가운데 성현(聖賢)들의 지혜와 차원 높은 가르침으로 인류의 종교문화가 발전했음을 주목해야 한다.

자연 섭리에 순응하고 지역적 풍토에 적응된 현명한 인간, 과학적인 문답(問答)을 구하는 현대인은 지구가 스스로 자정(自淨) 시스템을 가지고 있음을 이해했다. 그는 또 순환적 자정 과정을 반복하는 자연과의 공존을 수많은 경험과 궁리로 체득(體得)했다. 인류의 궁극적인 가르침(=宗敎)이 지역적 풍토와 특색에 따라 발생하였고, 풍성한 생명력을 발현시키는 대자연의 섭리는 인류의 정신과학과 문화를 성장 발전시키는 데 큰 역할을 했다. 인류가 남긴 유·무형의 문화와 문화재, 지속해서 승계하고 발전시키는 문화는 다양하게 발현(發現)되었다.

인류 문화사는 정신과학과 자연과학과의 조화로 일구어낸 결과물이며, 종교문화 현상의 차원에서 보면 사회적 성숙도에 따른 열매다. 그러므로 종교와 문화, 종교문화의 상호연관성이 언제, 어디서, 어떻게 형성되었는지 큰 틀에서 먼저 통찰해야 한다. 그다음에 종교현상의 변화와 진화 모습을 분석하고 현 사회의 실상과 역할에 주목해야 한다. 그것은 종교와 religion의 본질과 속성이 어디에 있는지 더욱 쉽게 발견할 수 있기 때문이다. 그러므로 정신문화로 발전된 사상 세계와 인생관, 세계관, 우주관 등이 정신세계의 영역이자 종교문화로 전개되었다는 것을 분석해야 한다. 다만 객관적인 입장에서 합리적인 설명과 이해, 보편타당성, 대중성, 공공성, 유구성 등의 유무가 제시되어야 한다.

영국의 인류학자 에드워드 타일러(Edward B. Tylor 1832~1917))는 religion 현상을 인간이 갖는 영적(靈的) 존재(存在)에 대한 지적(知的) 관심(關心)의 결과로 보았다. 먼저 에드워드 타일러가 진화론적 관점을 가지고 원시시대의 인간이 공동체를 형성하면서 영혼(靈魂)에 관한 관심과 인식, 숭배(animism, animatism)와 의례에서 religion 현상이 시작되었다는 것을 설명했다. 타일러가 원시 문화(Primitive Culture), 하등 민족의 신앙 등의 범주(category)화된 용어를 사용했다. 그가 그 시대의 그리스도교의 우월적인 입장을 직·간접적으로 표명한 것으로 생각되나 부적절한 표현이었다고 생각된다.

그 외에 심리학적 해석을 시도한 폴란드의 말리노프스키(Malinowski 1884~1942), 사회학적 기능의 관점에서 집합표상(collective representation)으로 제시한 프랑스 사회학자 에밀 뒤르켐(Emile Durkheim 1858~1917)이 대표적 인물이었다. 자연생태학의 과학적 관찰, 지식의 체계화, 문화의 상징체계의 안목에서 접근할 때 종교현상이 연구되었다.[16]

오늘날 종교 현상학은 사상단체와 신앙단체의 형성적 배경과 공동체 사회문화와의 연계성을 밝히는 학문으로 그의 연구영역이 넓혀졌고, 종교(宗敎)[17]의 본질과 속성 등을 다루고 있다. 합목적성(合目的性)이 담긴 인류의 보편적 진리와 사상은 종교현상학적 차원에서 궁구된 유일신·신앙단

---

[16] 한상복·이문웅·김광억(공저), 『문화인류학 개론』, 서울, 서울대학교 출판부, 1996, 285~295쪽 참조

[17] 종교의 개념에 대한 자세한 설명은 이 책의 제1장 종교(宗敎)와 Religion II. 종교(宗敎)의 개념과 의의, III. 종(宗)·교(敎)자의 분석 그리고 제3장 하늘(天) 사상과 종교성 I. 종교성 참조 바람

체의 경전에서도 발견할 수 있어 세계적인 종교문화경영의 논제와 사회적 가치 창출의 대상이 된다.

4. 종교문화의 근간(根幹)에 대하여

대자연 속의 인간이 자신의 한계상황(限界狀況)을 바르게 직시할 때 삶과 존재에 대한 의문과 문제의식은 진솔해진다. 의문의 수레바퀴를 돌려가며 궁금증을 해소할 방법을 찾아내는 것이 또한 인간의 정신세계이자 탐구능력의 영역이다. 그러나 인간의 통상적인 방법으로는 해결할 수 없는 그 어떤 불안, 고민, 죽음과 내세의 문제 등은 삶의 전선(前線)에 또 다른 비가시적인 현상이자 그에 대한 진솔한 물음이지만 미증유의 사안으로 남는다.

그뿐만 아니라 초월적 존재에 대한 인식과 비(非)인식의 세계, 경험과 비(非) 경험의 세계, 희망과 절망의 세계 등이 생활 속에 혼재되어 존재와 비존재에 대한 은유적인 문화 수레바퀴는 오늘도 소리 없이 종교문화와 함께 돌아가고 있다. 따라서 종교·문화(宗敎·文化)의 근간과 상호관계는 역설적으로 무한과 유한세계의 문화 수레바퀴라고 할 수 있다.

유한의 존재이면서도 무한한 세계를 동경하고 그 뜻이 이루어지기를 희망하고 바라는 것은 인간의 마음이다. 마음만큼은 한없이 무한하기에 유한한 육신의 굴레에서 벗어난 정신세계를 추구하는 것은 소우주(小宇宙)를 대표하는 정신문화 순례자의 길과 같다. 그것은 인간의 종교적 성향이자 마음에서 우러나오는 내세에 관한 관심에서 비롯되어 사상단체와 신앙단체의 초석으로 나름의 문화를 잉태한다. 자연적이고 보편적인 삶과 사상을 가르친 동양 종교(宗敎)는 사상단체와 공동체 사회문화형성에 초석을 다졌다. 불교사찰의 성격은 공동체 수도원으로서 많은 사람의 안식처가 되어 특히 한국종교문화의 바탕을 이루고 있다.

유일신 신앙단체는 religion 문화를 제도화시키고 신앙공동체의 삶은 수도원 문화를 양성했다. 그 문화는 오늘날 그리스도교의 종교적 요소로서 공동체 사회에 일정 부분 정신적 영향을 주고 있다. 모든 종교 현상들은 인류 문화사의 자양분을 제공하지만 종교문화의 형성은 보편적 현상인 습합(習合) 사상과 무관하지 않기 때문에 어느 특정한 신앙단체의 religion에 국한되지 않는 것이 특징이다.

따라서 종교는 그 어떤 특수한 형태로서의 유일성을 의미하는 것이 아니고, 일반적인 경향으로서의 합목적성을 지향하는 다양성과 보편성 등을 동시에 포함하고 있다. 생활문화의 보편성과 다양성은 인류 문화사의 범종교적 성향으로 성장 발전되었고, 그의 열매는 인류종교문화의 본질이자 속성으로 분석된다. 그것은 대체로 선악(善惡)을 권계(勸誡)하고 일상생활의 안녕과 행복을 추구하는 사상적 의식과 기능이 있어 정신문화의 보고(寶庫)가 된다. 그러나 어떤 신앙단체의 입장에서 특유의 교리이자 기능으로 설명한다면, 그는 어쩌면 영성적 슈퍼은행으로 비유될 수 있어 현실의 안녕과 내세의 구원 그리고 죽음에서 부활이라는 미증유의 세계를 담지(擔持)하는 것과 같다.

지상에서 마음의 평안과 행복 그리고 미래지향적인 희망을 추구하는 것이 인류의 보편정신이며 그 정신 또한 종교적인 요소이므로 종교문화의 본질을 이루고 있다. 종교(宗敎)문화가 객관적이고 보편적 삶의 길을 제시하고 인류사회의 대중성, 합목적성 그리고 상생의 가치 등을 보유하고 있을 때 세계적인 종교문화이자 인류의 정신문화라고 할 수 있다. 그러한 문화는 또한 종교문화의 바탕을 이뤄 종교와 문화, 종교문화는 실생활에 다양한 역할과 기능을 담지하고 있다. 그중에 특히 신앙단체로서 religion의 순기능과 역기능은 여러 각도에서 이성적이고 과학적 안목에서 분석되어야 한다. 그 단체의 사회적 가치 환원과 창출은 공익을 위한 공동체 사회문화와의 긍정적인 역할로 이어져 그 결과물이 순기능으로 드러나야 세계적인 종교문화의 근간에 대한 평가가 이루어진다.

종교적 삶과 세계관이 시대적 상황에 따라 발전하여 생활문화로 안착하면, 종교적 사상은 인간의 가치와 존엄성을 창출시키는 데 큰 가르침이 되어야 한다. 그러한 보편적 종교(宗敎)사상은 영성적 문화 수레바퀴를 돌리고 한없이 돌아가게 함으로써 생활 속에 정신과학으로 성장 발전되었고, 인류의 종교문화(文化)로 계승되고 있다. 결과적으로 종교는 문화의 원형(原形)이며 또한 문화는 종교의 소산(所産)이 된다.

5. 공동체문화란 무엇인가?

공동체 문화는 역사 민족학(Historische Ethnologie)의 관점에서 국가 정체성의 확립이 왜 필요한지 직간접적으로 묻는 것에서부터 시작된다. 그것은 나라마다 고유한 민족정신과 역사에 관심과 긍지를 가지고 윤리, 도덕(道德)적인 교육과 정체성에 대한 의식함양을 중요하게 다루기 때문이다. 확고한 사상 정립은 국가교육의 이념과 방향, 공동체 문화의 목적의식을 위해 중요하게 다루어져야 한다. 인간의 기본생명권을 보호하고 행복을 추구하기 위한 덕목(德目)은 인도주의 사상을 펼치기 위한 최소한의 규범으로 간주한다. 따라서 자국의 공동체 문화는 물론 인류공동체 문화의 지향점은 인간의 생명을 존중하고 살리는 데 있다. 그것은 모두가 최고(最高)의 선(善)으로 알아 인간의 존엄성을 보호하는 데 이견은 없을 것이다.

지역적 풍토와 생활양식은 공동체 문화에 특징적으로 담겨 통상적 삶의 일상이자 사회적 삶의 거울이 되었다. 국내외의 시대적 흐름에 따라 변화된 생활문화 현상은 성숙의 과정을 통해 새로운 공동체 문화로 발전된다. 공동체 문화는 집단적 삶의 양식이며 전통문화사상에 대한 이해와 인식의 경향에 의해 조화롭게 융화되어 인생관과 세계관을 형성하는 데 일조한다. 그 문화는 나아가 사회와 국가적 차원에서의 공익과 공존, 상호배려, 공공질서를 위한 직간접적인 관례에 생명력을 부여한다. 공동체 문화는 행동반경의 범위에 영향을 줌으로써 정치적 사상과 국정경영은 물론 개인의 도덕적 의지, 언행, 실천 등과 연관성을 가진다. 그러므로 지역마다 고유성과 특수성이 공동체 문화에 내재되었음을 인정하는 것은 문화적인 개성을 배려하는 것이자 범세계적인 공동체 문화의 정신이다.

조선 시대의 공동체 문화를 유지하며 발전시킨 사상은 유가의 선비정신이었다. 선비정신에 대한 부정적인 의견도 물론 없지 않으나 그나마 그 정신이 살아 있었기에 민중의 지팡이가 되었다. 그러나 일제식민지 시대를 거치면서 선비정신이 제자리에 설 곳이 없어지고 사상적 구심력도 잃어버려 혼란의 시기에 빠졌다. 이로 인해 발생한 사회적 현상은 외국사상과 문화에 민감하게 반응하였고 그 문화사상에 의지하면서 선비정신은 무기력해지고 쇠퇴(衰退)하기 시작했다. 지금도 국가적 차원에서 추구할 수 있는 대한민국의 정신적 가치관과 정체성, 통합되고 통찰된 미래비전의 자아의식과 국정철학이 부재하다. 양분화된 진영논리와 논리의 적대적(敵對的) 싸움이 과다하게 발생하고 있다. 공동체 사회문화를 이끌어갈 수 있는 국민총화의 길이 없거나 제시되지 않았기 때문이다. 국정철학으로서 국가경영의 길, 민족의 대과제, 이정표가 제대로 설정되어 공표되기를 진솔한 마음으로 기대한다. 온고지신(溫故知新)하는 자세에서 공동체 문화의 특징과 발전에 대해 중점적으로 밝혀본다.

민족의 공동체 문화가 가진 특징은 전통종교문화 사상의 높은 이해와 관심에서 비롯된다는 것이다. 그의 사상적 성숙과 사회에서 토착화의 진행과정을 통해 다양한 의례형태와 관습으로 성장·발전된 것은 유구한 정신문화의 유산으로 승계(承繼)되었다. 공동체 문화는 하나의 가족(家族) 공동체(共同體)에서 시작되어 국가공동체의 차원으로 발전되었다. 가족공동체로서 본연의 성(姓)이 대대손손 계승되고 있어 가계(家系)라고 한다. 그러므로 가족의 개념은 성(姓)의 승계가 분명하므로 자녀가 고유의 성을 이어받고 함자(銜字), 즉 이름(名)을 가진다.

따라서 우리는 성(姓)과 명(名)이 있어 성명(姓名)이라고 말한다. 가계의 혈통을 잇는 성(姓)에도 성씨(姓氏)의 기원을 찾아가도록 유도(誘導)하는 본관(本貫)이 있다. 부모를 중심으로 형성된 사회의 가장 작은 혈연공동체가 성과 명을 통해 이루어졌고 가계가 이어져 부모와 자식은 한 가족(家族)이 된다. 가정(家庭)과 가족(家族)의 개념과 차이는 별로 없다. 하지만 결혼한 가정에서 후세의 대(代)를 이어갈 수 있는 자식(子息)이 없을 때는 가족의 개념이 퇴색된다. 따라서 우리가 사용하는 가족과 가정의 개념은 때로는 명백히 분리·구분하여 적합하게 사용되어야 마땅하다.

다양한 씨족(氏族)과 부족(部族)의 공동체가 성장하여 사회공동체를 이룬다. 이에 사회적 통합사상으로 일구어낸 공동체 문화가 국가경영의 차원에서 민족(民族)의 공동체 문화를 형성한다. 그러므로 서로 간에 잘 알려진 관습적이며 나름의 전통적인 것과 이질적인 새로운 성향을 조화롭게 국가적 차원에서 융화시켜 보편화시키는 것 또한 공동체 사회문화의 특징이다. 이것을 종교학적인 용어로 표현된 것이 공동체 문화의 습합(習合) 사상이다. 대자연의 섭리에 따라 형성된 지구촌의 문화는 지정학적 차이에 따라 독특하지만 상호보완적이다.

따라서 그 문화는 지방(地方)간의 사상적 완충재 역할을 하며 절충과정을 통해 새로운 변화와 발전을 도모(圖謀)한다. 세계적인 문화도 장기간의 세월 속에 지역문화와 상호 간의 영향을 주고받으면서 발전되었다. 그러므로 그 어떤 문화가 습합 사상과 과정 없이 오직 유일하다고 하는 것은 오만(傲慢)이며 인류 문화사 이해에 대한 사상적 빈곤에 불과하다.

공동체 문화의 발전은 자연의 법칙을 이해하고 실생활에 접목해 도움을 줘야 모두에게 각광(脚光)받을 수 있다. 중국의 북송(北宋)시대에 활약한 인물 중에 정호(程顥) 정명도(程明道, 1032~1085)와 정이(程頤) 정이천(程伊川, 1033~1107)이 있었다. 이 두 형제를 정자(程子)라고도 한다. 정자는 자연의 이치를 설명할 때 자연변화의 원리가 방위(方位)의 기운(=에너지)과 연동되었다고 보았다.

음양오행(陰陽五行) 사상 중에 방위의 중심은 토(土)의 자리다. 그 자리는 동서남북과 상하, 즉 여섯 방향에서 흐르는 아주 조밀하고 초극세한 기운들이 토의 자리로 욱여들어 뭉쳐진 곳이자 육합(六合)의 원리가 태동하는 곳이다. 그들은 토(土)의 자리에서 다시 위, 아래 그리고 전후좌우(前後左右)로 팽창하여 먼저 여섯 방향으로 분산되다가 사방팔방으로 흩어진다. 육합은 방위(方位)로서 육방(六方)이며 육방은 위, 아래 그리고 사방위(四方位, 동서남북)를 말한다.

대자연의 무형 변화 기운처럼 처음에는 무(無)라는 없음에서 시작해 하나가(一 = ●) 생(生)한다. 따라서 유형으로 드러난 세상의 모든 만사만물(萬事萬物)의 시작은 하나(●)에서 비롯되었다. 그러한 변화의 기운이 원래 보이지 않는 무의 세계에서 시작되어 천지사방(天地四方)에 분산되어 펼쳐지면 육방에 가득하여 무궁(無窮)한 조화를 이룬다. 하지만 그 기운이 다시 본원의 자리로 합쳐지면 하나(一)가 되고 그 하나 또한 무(無)로 돌아간다.

그러하듯이 공동체 문화의 보편성은 자연의 신비스러운 섭리(攝理)처럼 육합과 육방의 원리에 의해 습합(褶合) 과정을 이루고 펼쳐진다. 따라서 공동체(사회) 문화의 보편성은 습합(褶合) 사상과 관계를 유지하면서 조화 속에 융화된 종교문화다. 그 문화는 비물질적의 영역, 즉 정신의 영역이라는 무한세계와 물질의 영역인 현실사회라는 유한세계가 합쳐져 하나의 공조적인 변화 이치에 의해 조화의 섭리를 넘나들며 사상문화와 문화재로서의 가치를 남긴다. 그와 같은 보편적 정신사상과 정신문화의 원리는 그리스도교 신앙단체에도 활용되어 신앙공동체의 문화가 형성되었다.

하늘(天) 사상과 종교성

3

I. 종교성(宗敎性)

　　하늘 아래 인간의 종교성이라는 단어는 인간에게 제시된 가르침 중 으뜸이 되는 가르침인 종교(宗敎)와 성품(性稟) 성(性) 자(字)가 합쳐져 하나의 명사가 되었다. 먼저 종교(宗敎)의 개념은 종(宗)과 교(敎)자로 분리된다. 종(宗)자와 연동된 여러 용어 중 하나가 종묘(宗廟)이며 종묘제례(祭禮)는 한(韓)민족의 천제(天祭)사상과 맥락을 같이 한다. 백성과 관료들에게 수천 권의 책을 통해 교육(敎育)시키는 것보다 실행으로 보여주었던 것이 바로 천제였다. 근대화 시기를 맞이한 조선의 26대 왕 고종(高宗)은 원구단(圜丘壇)을 설치하고 천제를 올린 다음 1897년 10월 12일 대한제국(大韓帝國)의 수립을 선포하고 황제(皇帝)임을 만천하에 알렸다. 천제(天祭)를 올리는 제단(祭壇)의 모양은 종(宗)자의 상형(象形)과 유사하다. 종(宗) 자(字)를 분석하기 위해 전래하고 있는 설해문자(說解文字)와 파자법(破字法)이 다음과 같이 사용되었다.

　　종(宗) 자(字)는 갓머리 부(宀)와 보일 시(示)자가 합쳐져 구성되었다. 먼저 갓머리 부(宀)부터 설명한다. 한없이 높고 끝없이 넓은 둥근 하늘 (天)을 뜻하고 숫자로는 무한대로 표시된 것이 원(圓)이다. 그러한 원(圓) 을 최대한 작게 축소한 것이 ○으로 상형화(象形化)되었다. ○은 무형(無 形)이나 대자연의 에너지로 인해 ○에서 변화의 동인(動因)이 형성되어 유 형으로 드러나기 전까지를 하나의 도형(圖形)으로 형상화(形象化)시킨 것 이다. ○에서 하나의 유형으로 처음 드러난 것이 씨알이다. 그 씨알이 하나 의 점(●)으로 표시되었고 그 점(●)은 천상천하에 하나밖에 없는 각각의 주 재주(主宰主)로 통칭하였다. 그 점(•) 바로 아래 반원(半圓)의 모습으로 표기된 것이 한문의 민간 머리 宀 부수 형상이다. 둥근 하늘을 뜻하는 것은 원형(圓形)이지만 지구(地球)상의 사람(人)이 가시적(可視的)으로 볼 수 있는 것은 최대 180도 형태의 반원(⌒)이기 때문일 것이다. 따라서 하나의 점(•)이 민간 머리(⌒)부 위에 찍히면 갓머리 부(宀)가 된다.

갓머리 부(宀) 정중앙(正中央)의 아래에 표시된 보일 시(示)자를 분석 해 보자. 시(示)자는 상(床)자의 상형(象形)이다. 세 개의 다리로 만들어진 형상이 상(床)자로 표기되었다. 그 상 위에 오(伍)와 열(列)이 맞게 맞추어 놓은 모습(亠), 즉 다양한 제물(祭物)을 종(縱)과 횡(橫)이 맞게 일렬(一列) 로 가지런하게 소량(小量)이나 성심(誠心)을 다하여 올려놓은 형상이 합쳐 져(二 + 亅 또는 二 + 小) 구성된 문자가 보일 시(示)자라고 분석된다.

그와 같은 의미에서 종(宗) 자(字)를 파자(破字)해 보면 宀 + 示 자 (字)로 구성되어 종(宗)자가 고대시대에 천제(天祭)의 의미를 포함하고 있 다고 본다. 宀 + 示 자(字)의 형상(形象)은 하늘(圓 ○ •)에서 내려다보 면 천체(天體)의 방위(方位)로서 방(方 □)의 형상이며 민간 머리 ⌒부수 는 지붕의 형상 또는 아래가 터진 삼각형(∧)으로 볼 수 있어 각(角, ⌒ 또는 ∧)으로 분석된다. 그래서 종(宗)자가 의미하는 또 다른 형상은 원(圓) 방 (方) 각(角)이 하나로 합쳐진 형국(形局)이다. 그리고 원(○)·방(□)·각(△) 삼묘(三妙)의 합일이라는 삼일(三一) 사상의 의의가 함축적으로 내포된 것이라고 할 수 있다.

그러므로 종교(宗敎)의 개념에는 하늘을 경외하고 숭상하는 것으로 으뜸인 제례(=천제), 삼재(三才) 사상, 원방각 사상과 이치 등의 가르침이 담겨 있다고 판단된다.[1] 그 외 종(宗)자에 대한 세부적이고 포괄적인 분석과 해석은 이 책의 제1장 II. 종교(宗敎)의 개념과 의의 III. 종(宗)·교(敎)자의 분석에서 설명되었기에 이 단락에서는 생략한다.

종교성은 종교적 성향이 인간의 내면세계에 포함되어 있음을 뜻한다. 종교성은 개인과 공동체 사회의 윤리와 도덕의식과 언행의 요소로 존재한다.[2] 행위로 드러나기 이전의 내면세계에 존재하지만 볼 수 없는 것이 종교(심)성이다. 하지만 종교성이 삶의 이해와 인식 과정에서 내면세계에 자리를 잡으면 사상적 체계와 언행으로 자연스럽게 드러난다. 그다음에 외적 행동으로 나타나는 것은 마음의 발로(發露)와 학습된 사상적 영향으로 이어진 것이기 때문에 종교적·사상적 언행이 포함된 것으로 분석된다. 따라서 최소한 이 두 가지 요인을 동시에 포함하는 것이 종교성의 개념이므로 다양하고 복합적인 문화관점에서 설명해야 폭넓은 이해력과 인식의 스펙트럼을 확대·발전시킬 수 있다. 서구의 이원론적인 관점에서 한국인의 종교성을 이해하기 어려운 점이 바로 여기에 있다. 그러므로 한국인의 종교성에 관한 바른 이해는 민족 고유의 제천(祭天)사상과 문화에서부터 현대(종교)문화에 이르기까지 통찰해야 한다. 그래야 비교적인 안목에서 다른 종교와 종교성에 대한 분석이 수월해진다.

각자의 내면세계에 형성된 종교성은 외부의 영향을 지속해서 받는다. 인류의 종교성은 시대 문화에 따라 때로는 현대적(現代的)으로 적응한다. 하지만 자연스러운 문화 현상에 대한 반응과 이해는 인간의 나약함이 포

---

[1] 삼국유사(三國遺事)와 대종교의 한단고사(桓檀古史)에 의하면, 단군의 개국이념과 천부삼인(天符三印)에 관한 기록이 나온다. 민족 고유의 삼일(三一) 사상에는 삼재(三才), 삼묘(三妙) 외에도 삼진(三眞; 성(性)·명(命)·정(精)), 삼달(三達; 인(仁)·지(智)·용(勇)) 등이 있다. 그러한 사상은 천부삼인의 표상(表象)으로 유추된다.

[2] 종교성에 대한 자세한 설명은 이 책의 제3장 하늘(天) 사상과 종교성 II. 한국인의 종교(심)성 참조 바람

함되어 고전적(古典的)이다. 고대사회에서의 질서와 안정 그리고 풍요로
움을 추구하는 기원(祈願)이 종교적 성향의 밑그림으로 승화되었고, 공동
체 사회의 의례로 발전된 것이 제천(祭天)문화였음을 발견할 수 있다. 세계
의 모든 제천의식(祭天儀式)은 종교적 의례(儀禮)이자 사상적 행위로 종교
(宗敎)문화의 토대를 이루었다. 널리 알려진 그리스-로마신화에 나오는 제
천사상과 신(神)에 대한 의식세계는 동서의 종교문화와 종교성을 비교·검
토해 보는 차원에서 살펴볼 필요가 있다.

1. 제천(祭天)사상과 문화

그리스-로마신화의 원형과 출처는 아직 학술적으로 명백히 밝혀지지
않았으나 동서양의 수많은 학자와 일반인들이 그러한 신화를 많이 인용하
고 있다. 그들 중 다수가 고대 그리스어와 라틴어를 학습(學習)하였고 나
름대로 학문적 업적을 일궈낸 지식인도 많다. 한국의 많은 대학교에서 그
리스-로마신화 이야기는 교양과목으로 다루어져 그 문화적 소양과 의미는
크다. 그중에 이 단락에서 주목하려는 것은 올림포스(Olympus) 신전과 12
신이다.[3] 제우스(Zeus)와 마이아(Maia) 사이에서 태어난 아들이 헤르메스
(Hermes)다. 그가 서자(庶子)로 태어나 아버지 제우스의 얼굴도 모르는 채
외진 곳에서 성장했다. 헤르메스가 어느 날 소(牛)를 잡아 12등분으로 나
누어 올림포스 신전(神殿)을 향해 제례(祭禮)를 올렸다. 그의 제례 행위는
그 당시 천상의 최고의 신(神)이자 광명(光明)의 신으로 알려진 제우스에
게 천제(天祭)를 올린 것이다.[4] 올림포스 신전에는 11명의 신이 있었다. 헤

---

[3]   12신: 제우스(Zeus), 헤라(Hera), 포세이돈(Poseidon) 데메테르(Demeter), 헤스티
아(Hestia), 아레스(Ares), 헤르메스(Hermes), 헤파이스토스(Hepaestos), 아프로디테
(Aphrodite), 아테나(Athena), 아폴론(Apollon), 아르테미스(Artemis), 헤스티아(Hestia)

[4]   이채윤, 『그리스 로마신화 1』, 추수 밭, 경기도, 2007, 185쪽

르메스는 천제를 통해 아버지 제우스를 찾았고, 그의 신임을 받은 후 헤르메스는 올림포스 신전에 참여했으며, 최종적으로 12명의 신이 있었다.

헤르메스의 제천의식은 농경사회에서 소의 가치를 상징적으로 알려주고 있다. 소를 희생제의 제물(祭物)로 12등분 한 것과 제우스를 중심으로 한 올림포스 신전의 12신은 차후 그리스도교에 영향을 주었다. 바이블에 예수 외 예수의 열두 제자와 12지파가 등장한다. 동양에서 최고의 신(神)은 천상의 신으로 천신, 하늘님, 상제 등으로 불렸다. 숫자 12와 연관된 십이지지(地支)[5]는 예로부터 동양철학이나 민간사상에도 쉽게 발견할 수 있다. 천상(天上)의 태양신에게 제례(祭禮)를 올렸다고 알려진 올림피아(Olympia)의 제우스상 외에도 에페수스(Ephesus)의 아미테리스(Artemis) 신전, 페루 잉카문명의 유적지인 마추픽추(Machu Picchu), 멕시코 칸쿤(Cancun)에 있는 치첸이사(Chichèn-Itzá) 등이 있다.

지정학적인 측면에서 대한민국과 특히 동북아시아 한자문화권(文化圈)의 나라와 인접된 국가들은 상호 간에 다양한 방면에서 문화교류로 영향을 주고받았다. 그러한 관점에서 종교(宗敎)의 개념과 종교문화, 종교 철학사상이 검토되면 서구의 religion과 religion의 사상, 그리고 문화가 어떻게 다르고 유사한지 발견할 수 있다.

예수 탄생 이전의 서구 유럽문화는 고대 그리스-로마문화가 주종을 이루었고 예수 이후에는 그리스도교 대제국문화로 통합되었다. 그로 인해 유럽인은 무엇이 자국의 고대사문화인지 제대로 숙지할 수 없고 그에 대한 역사교육 과정이 없다. 고대 그리스-로마문화에서 발견되는 제천문화는 고대 동양의 한자문화권의 나라에서도 찾아볼 수 있다. 고대 동서(東西)문화의 근간이자 공동체 사상문화로 드러난 것이 제천(祭天)사상이자 천제

---

[5]   동아시아의 달력은 12 지지(地支)를 사용하고 있어 출생연도의 '띠'로 구분된다. 12 지지(地支)는 子(자, 쥐) 丑(축, 소) 寅(인, 호랑이) 卯(묘, 토끼) 辰(진, 용) 巳(사, 뱀) 午(오, 말) 未(미, 양) 申(신, 원숭이) 酉(유, 닭) 戌(술, 개) 亥(해, 돼지)이다. 각 지지에 열두 동물의 상을 대응시켜 놓았다고 하여 십이지신상(十二支神像), 중국에서는 '십이지생초(十二支生肖)'라고 한다.

(天祭) 문화였다는 것을 알 수 있다. 한국에는 천제(天祭)를 올렸던, 지금도 올리고 있는 강화도 마니산에 참성단(摩尼山 塹星壇)이 있다. 그것은 종교적 성향과 역사적 의미를 현대 과학적 관찰을 통해 새롭게 조명되어야 할 가치를 가지고 있다. 국가적인 제례 차원에서 거행된 천제가 어떠한 맥락에서 종교성을 포함하고 있는지 밝혀본다.

천제의 대상은 하늘님이었다. 한국민족문화대백과사전에 의하면, 고대 은나라 시대(殷代)에 하늘님이 상제(上帝)로 표현되었고 상제는 천상(天上)과 지상(地上)의 지배자로 비유되었다. 삼국유사에는 상제가 천상에서 조정 대신들을 거느리고 지상으로 내려와서 지상의 만물을 감독하는 자로 설명되고 있다. 상제라는 용어가 차후 천(天)의 개념과 혼용되어 사용되다가 점차 천(天)으로 통일되었다. 그 개념에 대한 이해와 합리적 사유 세계에 의해 천(天)사상이 천명사상(天命思想)으로 발전되었다. 그 사상은 하늘의 뜻과 인간의 마음에 내재한 본성과 일치됨을 의미한다. 하늘이 사람에게 명령(命令)을 내려 주었다는 것이 천명이기 때문이다. 그 외에 천명받을 수 있는 사람은 어떤 특정한 사람에게만 계속 주어지는 것이 아니라 덕(德)의 유무(有無)를 판단하여 덕이 있는 사람에게 옮겨간다. 천명사상은 공자(孔子)에 의해 천인합일사상(天人合一思想)으로 창출되었다.[6]

고려 시대의 이색(李穡)은 천명사상을 '천인무간(天人無間)'이라고 했다. 하늘과 사람을 연결하는 일체의 매개자가 없다는 뜻이다. 따라서 하늘과 사람이 직접 연결되어 있다고 보는 사상이 '천인무간'의 사상이다. 그 사상은 사람이 곧 하늘이라는 '인내천사상(人乃天思想)'과 일맥상통한다.

동양의 고대(古代)사상에서 자연(自然) 천(天)사상, 도덕(道德) 천(天)사상, 인격적 천(天)사상이 동시에 수용된 것은 공자의 사상에서 나타난다. 공자는 "하늘에 죄를 지으면 다른 데 가서 빌 곳이 없다."[7]고 했다.

---

6 http://100.daum.net/encyclopedia/view/14XXE0027286

7 『論語』八佾, 13. " 唯天爲大, "獲罪於天, 無所禱祈也".

그와 같은 하늘 천(天)은 우주론적 관점에서 무엇보다도 크고 위대한 존재, 곧 '으뜸'이 되는 지극히 존귀해 비인격적 존재이기도 하지만 때로는 인격적 존재로 비유(隱喩, metaphor)되었다. 하늘님이 윤리적 존재이자 인격적 존재로서 천지의 지고지선(至高至善)의 존재이며 통치자이며, 하늘에서 가장 높으신 곳에 계시는 인격적 통치자 하늘님, 한울님(上帝)으로 설명되었다. 동북아시아 지역에서 비친 하늘(天)은 우주 자연의 질서와 조화, 경이로운 생명의 신비를 간직한 최고의 신적 존재로 인식되었다. 고대 동서양의 제천(祭天)문화에서 하늘은 초월적인 형상이자 외경(畏敬)의 대상으로 숭배되었고 차후 민간사상에서 인격 신(옥황상제 玉皇上帝)으로 형상화되었다.

그리스-로마신화는 서양의 고대사문화연구 분야에서 다양하게 사용된다. 그 신화에 등장하는 천신(天神) 중 최고(最高)의 천신이 제우스다. 그는 하늘과 땅의 지엄한 통치자이자 인격적 존재로 등장한다.[8] 그 신화는 Chaos(혼돈)의 세계에서부터 시작하여 조화로운 Cosmology(宇宙論)에 이르기까지 사상적 논리를 전개했다. 그리스-로마신화와 문화는 유럽문화의 근간이 되었고 서구 그리스도교 사상에 폭넓게 지대한 영향을 주었다. 그 사상은 로마의 황제문화와 조화를 이루어 그리스도교 대제국 탄생의 근간이 되었고, 그리스도교 대제국의 통치문화를 확립했다.

예수 사후 약 400년경에도 유럽의 통치문화에서 으뜸인 문화가 로마제국의 황제(黃帝)문화였다. 황제가 살아 있는 신적 존재로 등극(登極)하고 제국의 통치자로 군림(君臨)했다. 하지만 황제문화가 무너지면서 황제문화의 시스템을 승계한 교황(敎皇)제도와 문화가 시작되었다. 교황은 예수에게 '천국의 열쇠'(마 16:19)를 받은 베드로의 후계자이자 신적 존재로서 천지의 통치자, 그리스도교 대제국의 통치자라는 위력을 지녔다. 체계적인 교황제도와 교황문화는 무엇보다도 그리스도교 대제국을 통치할 수 있는

---

[8] 이채윤, 『그리스 로마신화 이야기 1』, 21쪽

정치사상과 이념이 필요했다.

　그 당시의 그리스도교 신앙공동체가 정치적으로 필요한 것들을 온전히 제공하기에는 역부족이었다. 교황은 교부신학자, 황실 학교의 수사학(修辭學)자를 통해 통치 사상에 필요한 이념과 신념체계를 연구할 수 있도록 지원했다. 그들은 그리스-로마신화와 문화를 학습했고 그리스도교의 교리작업에 그 문화를 조화롭게 융화시켜가면서 교리체계를 만드는데 적극적으로 활용했고 제국의 통치 사상을 정립하는데 박차를 가했다. 그중에 가장 유명한 교리 가운데 하나가 아우구스티누스(Augustinus ~? 604/605)[9]의 삼위일체론(三位一體論)이다. 삼위일체론에 반대하는 그리스도교의 신학자, 예컨대 아리우스파는 이단(異端, haeresis)으로 정죄(定罪)되어 처단되었다. 오늘날 이슬람교와 유대교는 삼위일체론을 거부한다.

　그리스-로마신화에 영향받았다고 추정되는 그리스도교의 삼위일체론은 국조 단군 시대의 삼신일체〔三神一體, 조화(造化), 교화(敎化), 치화(治化)〕 사상과 근접해 있다. 그리스도교의 신관이 동양의 도덕적 천(天), 인격적 천으로서의 하늘님(=하느님) 문화와의 교류가 있었을 것으로 추정된다. 삼신일체 사상과 삼위일체 사상을 동·서 수행관의 관점에서보다 지근 거리로 끌어내는 새로운 작업도 필요하다. 삼위일체론에서 나오는 성부(聖父), 즉 천부(天父)는 하늘님이며 성자(聖子)는 천자(天子)와 성신(聖神)이 원론적으로 하나이자 그와 동일체(同一體)라는 것이다. 여기서 성신은 선가(仙家)나 도가(道家)사상[10]에서 다루는 삼화(三火) 사상의 관점에서 보면 동양의 수행 사상과 해석학적 의미는 같은 방향이다.

　삼화는 수행자가 부단(不斷)하게 정신수련에 집중하고 성심을 다해 노력하여 수행의 경지에 오르면 정신의 밝은 기운이 점차 응집되고 빛으로 기화(氣化)되어 발광(發光)한다고 한다. 발광한 빛의 에너지가 머리 부

---

[9]　안병로, 『그리스도교의 검과 평화』, 지성사, 서울, 2016, 23~31쪽 참조

[10]　자세한 내용은 이 책의 제3장 하늘(天) 사상과 종교성 II. 한국인의 종교(심)성, 5. 도교(道敎)적이다. 참조 바람.

분인 정수리의 두정(頭頂)에서 세 갈래로 불꽃처럼 솟아 나오는 광선(光線)을 정상삼화(頂上三火)라고 한다. 그 광선은 정신적 밝은 기운이기에 일반적으로 오로라(aurora)라고 알려져 있다. 성인들의 초상화에서 그들의 머리 주변에 후광(後光)으로 처리해 놓은 것은 성(聖)스러운 신(神)적 기운(聖神)과 같은 맥락으로 접근할 수 있다.

2. 하늘(天) 사상 - 하늘님과 최고신(最高神)

동양의 하늘(天) 사상과 그리스도교 최고신(God)의 관계는 어떻게 이해되고 설명되었는가를 다루어 본다.

1) 천상의 하늘님과 상제(上帝)

천상의 지고(至高)의 신(神)이자 하늘님(=하느님)이 상제로 표현되었다. 선현들은 하늘(天)을 아버지(父), 땅(地)을 어머니(母)라고 비유하면서 천지부모(天地父母)라는 용어가 사용되었다. 그러한 전언(傳言)을 생각하며 천부(天父)의 의미를 찾아보고자 한다.

동양의 한자문화권에서 천부사상과 문화가 발달한 곳은 대체로 농경문화가 정착된 지역이다. 그 지역에 정주(定住)한 사람들은 삶과 직결된 자연현상을 관찰하면서 순환적으로 변화되는 주기(週期)를 발견했고 축적된 다양한 경험을 토대로 어둠과 광명을 제공하는 하늘(天)께 감사함과 경외감을 가졌다. 그들은 하늘을 자연의 순환 반복운동과 시간의 항상성(恒常性)을 주관하는 초자연적 신이자 가장 큰 하나의 존재, 또는 하나의 초월적 인격 신의 존재로 이해하기에 이르렀다.

하늘은 기후변화의 주체이자 변화의 기운을 양성시키는 무한의 형상이자 때로는 신앙의 대상이 되었음을 알 수 있다. 하늘은 무형상(無形象)

적 존재이나 형상적 변화와 생성의 요인을 유도하는 신적 존재로 여겨졌고, 만물을 생성하는 생원(生元)의 근간으로 보았다. 하늘이 만물의 생성과 변화 현상을 일으키는 모든 시간과 공간의 중심이자 우주 생명의 본원적 주체로 파악되었다. 하늘의 신비로운 에너지, 즉 영성적 존재에게 제례(祭禮)를 올려 지상의 풍요로움을 기원한 것이 제천의례(祭天儀禮)다. 그 의례는 하늘 숭배 사상으로 성장·발전되어 세계적인 의례의 대례(大禮)로 자리 잡았다. 특히 하늘 숭배 사상은 고대 동북아시아 지역에서 천제(天祭) 문화로 활성화되었고 그리스-로마신화에도 천제 문화가 다루어지고 있다. 동양에서 천제의 대상은 상제(上帝)였으나 상제가 때로는 천부(天父)로 불렸다.

2) 하늘(天)과 상제(上帝)의 관계

유가(儒家)에서 상제(上帝) 또는 천(天)이란 개념이 기록된 것은 『서경(書經)』에서 찾을 수 있다. 『서경(書經)』의 「요전(堯典)」, 「순전(舜典)」, 「익직(益稷)」에서 상제의 개념이 사용되었다. 그 개념은 요전(堯典)의 '흠약호천(欽若昊天: 昊天을 공경하고 순응하여)', 「순전(舜典)」의 '사유우상제(肆類于上帝: 드디어 상제께 군대가 주둔한 곳에서 제사를 올리며)' 그리고 「익직 益稷」의 하우(夏禹)가 순(堯)에게 올린 말 "이소수상제(以昭受上帝, 상제께 밝음을 받으면), 천기신명용휴(天其申命用休, 하늘이 다시 명을 내리시어 아름답게 하도다)"라고 설명한 부분에서 발견할 수 있다. 그 후 공자는 '교사지례 소이사상제(郊祀之禮 所以事上帝)'[11] 즉 교사(郊祀)의 예(禮)는 하늘님 즉 상제를 섬기기 위함이라고 했다. 교사(郊祀)의 예는 천신(天神)과 소도(蘇塗) 사상이며 유가(儒家)에서는 국가적 종묘제례를 뜻한다.

위에서 살펴보았듯이 유가(儒家)에서의 하늘(天)은 숭경(崇敬)과 외

---

[11]   중용(中庸) 19장 주공달효장(周公達孝章)

경(畏敬)의 대상인 동시에 인격적 대상으로 비유되었다. 하늘은 우주 만물의 생성변화가 이루어지는 근원적 존재로, 인간사(人間事)를 관장(管掌)하는 인격적 존재로 존숭(尊崇)되었다. 유가에서 하늘(天)이 모든 창조적 존재 근거와 관련지어 천도(天道) 혹은 천리(天理)로 파악되었고, 때로는 선·악의 가치론적 기준(criterion)을 마름질하는 인격적 존재(=상제)의 모습으로 설명되었다. 하늘과 같은 초월자에 대한 존숭이 바로 인간의 윤리이자 하늘의 뜻에 부응하는 것으로 보았다. 유가의 하늘 숭배 사상에는 자연 천(天)사상, 도덕(道德) 천(天), 인격적 천(天) 사상이 포함되었다.

3) 하늘(天)님 사상과 그리스도교의 최고신(The God)

서로마가톨릭이 처음 중국으로 전파될 때 가톨릭 선교사들은 유일한 신(God)의 의미가 하늘(天) 사상에 포함되어 있다고 보았다. 그들은 "한일(一)자와 큰대(大)자의 합성어(一大卽天)로서의 하늘(天)을 최고의 유일신(Unicum Magnum)"[12]으로 생각했다. 동양의 하늘님 숭배 사상이 유일무이(唯一無二)한 천주(天主: Deus)님 신앙과 같다고 분석한 것이다. 그러한 개념이 오늘날 가톨릭에서는 하늘님을 천주(天主)님 또는 하느님으로, 개신교에서는 하나님으로 호칭(呼稱)되고 있다. 그리스도인이 기도할 때 부르는 '하늘에 계신 아버지(天父)'와 유사하다. '하늘에 계신 아버지'는 하늘(天)의 주재자, 인격이 부여된 하늘님, 유가에서 말하는 상제(上帝)이며 도덕적 천 사상을 내포하고 있다.

신부 마테오 리치(Matteo Ricci, 利瑪寶; 1552~1610)[13]가 주장한 천

---

[12] 주재용, 『선유의 천주사상과 제사문제』, 가톨릭출판사, 서울, 1988, 36쪽

[13] 이탈리아 출신인 마테오 리치는 서로마가톨릭의 사제였으며, 스페인 귀족 출신인 이그나티우스 로욜라(Ignatius Loyola, 1491-1556)가 설립한 예수회의 일원이었다. 534년 리치는 로욜라와 함께 예수회를 파리에서 창립하였고, 1603년 한문으로 저술한 책 '천주실의(天主實義)'를 공개했다.

(天)사상은 유일신 신앙단체(religion)의 하늘의 아버지(天父) 사상이다. 서로마가톨릭 religion 사상이 마테오 리치 신부를 통해 중국에 유입(流入)되었고, 그 후 조선왕조로 전파되면서 천부(天父)가 하늘의 최고 신(神)이자 오직 하나뿐인 주인(主人)이라는 의미에서 천주(天主)의 개념으로 대용(代用)되었다. 천주가 유일신 개념으로서 점차 하늘님과 같은 신앙적인 의미로 설명되면서 만유의 통치자이자 도덕(道德) 천(天)의 형상이 되었다.

주지하고 있듯이 조선에 주자학(朱子學)이 고려 말경 안향(安珦, 1243~1306)에 의해 전래하면서 자연 천 사상이 도덕적 천 사상과 합일되어 성리학(性理學)으로 발전되었다. 이런 맥락에서 검토할 수 있는 것은 천 사상에 대한 여러 가지의 호칭(呼稱)이다. 인격적 측면·존재론적 측면에서 살펴보아도 최고의 궁극적 존재는 하늘로 보았고 하늘에 두었으며, 하늘은 바로 하늘님인 상제가 계시는 곳으로 자리매김해 전래되었다. 하늘에 대한 정명(正名)은 바로 하늘님이자 비인격적 형상의 존재이지만 오늘날 그리스도교에서 일반적으로 널리 사용하고 있는 신(The God)의 개념과 유사하다. 하늘님은 천상의 가장 높은 곳에 있는 인격적 형상을 가지신 분으로 비유되었고, 삼위일체론에서 성자 예수가 또한 그렇게 존엄한 분으로 논리화와 체계화를 거쳐 그리스도교의 유일신이자 그리스도론으로 정립되었다. 하지만 공자의 '천 사상'과 이색(李穡)의 '천인무간(天人無間)' 사상, 천도교의 '인내천사상'에는 그리스도교의 삼위일체론에 등장하는 중보자(仲保者), 구원자, 메시아와 같은 존재가 없다.

천(天)이 하늘의 정명(正名)으로 설명된 것처럼 오래전부터 하늘님이 만물의 주재자로 호칭되었다. 천의 개념은 사상적 체계가 정립된 유가(儒家)의 경전(經典)에서 주로 발견되고 있다. 불가(佛家)에서는 천(天) 대신 제석(帝釋)과 제석천(帝釋天)의 개념이 등장한다. 제석(帝釋)에서의 석(釋) 자가 석가(釋迦)를 의미한다. 제석은 하늘님을 불교적 용어이자 문화로 전환해 사용되었다. 하늘(天)의 개념이 선·유·도(仙·儒·道)교에서 (옥황) 상제, 하늘님, 한울님 그리고 그리스도교인 서교(西敎)에서는 신 또는 하늘(天)에 계시는 아버지(父)로 설명되었다.

3. 종교(심)성과 종교·사회문화

종교(심)성을 이해하려면 먼저 지역 사회의 역사성, 정신문화와 생활문화, 대중성, 가치 환원성 등에 대한 설명이 필요하다. 종교성 연구는 지역적 풍습, 관례, 의식, 사상적 영향요소, 문화사상, (문화) 심리적 구조 등을 객관적이고 통찰(洞察)적인 안목으로 분석해야 한다. 다양한 종교적 성향과 유형을 찾아 체계적으로 분류하는 목적은 드러나는 내면세계의 정서와 사상적 구조와의 연관성을 밝혀내는 데 있다. 사회문화의 저변(底邊)에서 흐르는 심층적 요소가 생활문화로 작용하고 있다. 그것은 종교사회 및 종교(교육·문화)심리학 연구의 매개체가 된다. 나아가 지역 사회와 국가의 문화경영(철학)은 어떠한 국민적 정서와 의미를 제시하고 있는지 파악할 수 있어야 한다. 종교적 사상과 문화는 공동체 사회를 일구어 나아가는 데 교육적 핵심기반이 되었고 시대 문화의 종교성(宗敎性)을 담지(擔持)하고 있다.

종교성을 연구하는 목적은 공동체 사회의 문화적 정서와 사상적 연계성을 찾아 밝혀내는 것이다. 그것은 종교문화경영(宗敎文化經營)[14]의 차원에서도 비중 있게 다루고 있다. 종교문화경영은 정치, 교육적인 차원에서도 시대 상황과 유연한 관계를 유지해 국가와 사회의 가치 환원과 창출을 위해 현실적 참여의식과 공익성을 비중(比重) 있게 다루고 있다.

샤머니즘 사상은 인류문화의 사상적 기반과 토대를 이루었다. 인간의 두뇌에 선천적으로 입력된 무속 사상은 생활문화의 속성으로 자연스럽게

---

[14] 제8장 종교문화 경영(지도자)학의 단계와 과정 참조 바람

삶의 현상으로 드러난다. 샤머니즘의 세계는 인류가 공통으로 가지고 있는 생철학적 구조 현상이기 때문에 그에 연계된 종교성은 인지능력과 경험 등을 통해 복합적인 구조로 되어 있다.

예컨대 한국인의 종교성은 선가(仙家), 유가(儒家), 불가(佛家), 도가(道家) 그리고 서교(西敎) 사상에서 발견된다. 서구 그리스도교 역시 그러한 삶의 현장과 현상에서 탈피하지 못하고 있다. 인류의 가장 보편적인 종교 심성이 샤머니즘이며, 문화의 습합 사상이 삶의 중핵(中核)을 이루고 있다. 습합 문화가 삶의 의식세계를 형성하고 그 안에 종교성이 존재하고 있다.[15] 그것은 의식세계의 중층 구조(重層構造)를 이루고 있으며, 상호호혜적인 관계를 유지하려는 승화한 생활문화로 연결되기도 한다.

하지만 무분별한 무속 사상을 자제시키고 이성적 사고와 합리적인 인식을 추구하도록 이끄는 교육이 선현들의 가르침이다. 가정에서부터 시작된 밥상머리 교육과 공동체 사회에서의 공교육과정은 필수(必修)이며, 수신제가(修身齊家)의 과정은 올바른 인간으로 성장할 수 있는 덕목으로 평가되었다. 그와 같은 교육과정은 오늘날에도 인성함양과 절차탁마 과정을 통해 더욱 발전된 재능계발과 개성, 자질을 키우는 것이다.

국가사회의 법과 질서를 준수하기 위해 사회적 윤리, 도덕성, 도덕적 삶과 정체성, 문화 속의 문화인, 사람다운 사람의 모습을 추구하는 것은 유교 이념이자 인류의 보편적 성향으로 표현된다. 그러한 이념추구는 모든 인류가 공감하고 내재적으로 가지고 있는 종교성과 종교(사상)의 핵심과 밀접한 관계를 가져 국제적 교육 가치로 중요하게 여기고 있다.

호국불교이자 민중불교로서의 연기론(緣起論)적 사유세계는 지극히 불교적이다. 전생에 무슨 죄가 있다고, 무슨 인연이기에 그런가 하는 일상적인 말은 무의식적으로 사용해 대표적인 한국인의 용어에 포함된다. 비(非)신앙인들 가운데 일부는 스스로 깨달음을 추구하며 나 자신의 마음

---

15   자세한 설명은 이 책의 제3장 하늘(天) 사상과 종교성 II. 한국인의 종교(심)성, '1. 샤머니즘(Shamanism) 적(的)이다' 참조 바람

에 불성(佛性)을 발견하려는 것은 유가의 수행 덕목인 솔성(率性)과 그 맥락을 같이한다. 고난을 극복하고 내세 즉 영생을 추구하는 사상적 세계, 신선 세계를 설명하는 정신문화는 선가(仙家) 사상이다.

민간신앙에서 발견되는 칠성신(七星神), 관운장과 산신(山神) 사상, 고산 숭배 사상 및 주문들은 도교적인 요소와 선가 사상이 혼재되어 있다. 불교와 민간사상에 내재한 도교 사상과 신선 사상이 한국 고대문화, 즉 상고사문화연구에 보탬이 될 수 있는 기초자료가 될 수 있다. 선가(仙家)와 도가(道家) 문화를 접목한 중국의 도교(道敎) 사상은 한국의 민간문화와 불교 문화에 전파되었고, 장시간에 걸쳐 민간문화에 스며들어 조화롭게 문화융화 및 문화토착화과정을 거쳤다. 문화전파에서 문화토착화과정에 대한 상세한 설명은 '제8장 종교문화 경영(지도자)학의 단계와 과정'에서 다루었기에 이 단락에서는 생략한다.

II. 한국인의 종교(심)성

종교심성(宗敎心性)은 종교성(宗敎性)이라고도 한다. 인간의 종교성은 선천적 문화요인과 후천적 문화요인을 통해 형성된다. 전자는 가정환경과 주변의 환경요소에 영향을 받았고 상황에 따라 본능적인 감각, 자기방어의식, 적응능력이 반영된 것을 말한다. 후자는 전자의 성향을 가지고 있으나 공동체 사회에서의 생활과 공교육과정을 통해 의식세계가 향상된다. 그것은 여러 형태의 사상과 문화가 상호 간에 생명의 네트워크가 조성되었음을 이해하며 생활하는 것이다. 따라서 인간의 종교성은 복합적인 양상으로 드러난다.

종교성은 마음에 내재한 무형의 존재이며 정서적인 성향에 영향을 미치기 때문에 외적으로 드러나는 언행과 연계되어 있다. 그 반면 후천적인 교육과 학습경험으로 형성된 종교성은 이성적 판단과 절제를 하고 내면의 종교적 성향을 가능한 한 드러내지 않고 어느 정도 통제할 수 있다. 인간의 마음에 원천적으로 잠재된 요소가 샤머니즘이다. 그것은 인류 모두가 공통적인 생리적 욕구의 형태로 마음에 담겨 완전히 배제할 수 없을 정도다. 따라서 종교성의 개념은 크게 세 가지의 형태로 분류된다.

첫째, 인간의 내재적 심정(心情)과 성향(性向)이다.

둘째, 전통문화와 공동체 사회문화의 통합적 특징(特徵)과 속성(俗性)이다.

셋째, 첫째와 둘째가 서로 융합(融合)되어 형성된 사회적 삶과 문화의 상징성이다.

그러한 것들은 사람의 심적 상황과 언행 등을 통해 표출되고, 각자의 인식능력과 생활문화와 밀착되어 승계된 문화의 관습, 공동체 문화 그리고 문화재 등에서 찾아볼 수 있다. 문화와 문화재의 숨결은 보편적이고 객관적인 공감 형성과 타당성을 추구하고 있으나 한편으로는 비합리적이고 비이성적인 신비로움의 세계, 영감의 세계와 예술성이 함께 포함되어 있음을 묵과(默過)하면 안 된다.

한국인(韓國人)의 역사적 종교성향은 고대 단군사관(檀君史觀)에서 찾아볼 수 있다. 그 사관은 최소한 서력기원 2600여 년 전에 개천(開天)사상과 홍익인간(弘益人間), 제세이화(濟世理化)의 이념을 가지고 개국(開國)했음을 널리 알려주고 있다. 그와 같은 개천사상과 개국이념을 가지고 개국한 나라는 대한민국 외에 세계 그 어느 나라에서도 찾아볼 수 없다.

하지만 고대 단군사가 단군신화로 평가절하되었다. 고대사와 고대신화가 분리된 것 같이 생각하지만 둘 다 하나의 역사적 사건 바탕 위에서 형성된 것이다. 많은 사람이 국가에 큰 문제가 발생하면 단군 이래 최대의 사건 또는 이슈라는 표현을 주저하지 않는다. 그러한 발상과 표현들은 의식 또는 무의식 속에 단군사관과 민족혼으로 상징되는 한국인의 민족정신이 국민에게 유구히 승계되고 있다는 증거이자 문화유전자로 내재한 종교

(심)성이다.

한국인의 종교성이라는 언급에서 '한국(韓國)'이라는 용어는 어디서 나왔는가에 대해 생각해 볼 필요가 있다. 많은 학자의 연구결과와 의견을 종합해 보면 핵심은 하나로 모아진다. 그것은 바로 반도(半島) 사관이 아니라 고대 단군 시대부터 이어져 내려온 천손(天孫)의 나라이자 광활한 대륙(大陸) 사관을 승계(承繼)한다는 뜻이다. 한국의 국민(國民)은 한반도라는 용어 대신 대한민국(大韓民國)이라고 말해야 한다. 반도 사관에서 벗어나 대륙 사관에 관심을 가지고 고대사를 연구해야 새로운 역사의식이 조명될 수 있다.

그와 같은 관점에서 고종 임금은 1897년 8월 14일 조선(朝鮮)의 연호를 광무(光武)로 정했다. 고종은 동년 9월에 오늘날 시청역 부근에 '천원지방'(天圓地方) 형태의 원구단(圜丘壇)[16]을 조성했다. 그는 같은 해 10월 12일 천손의 후예로 풍년 기원과 감사 천제(天祭)의 대례(大禮)를 올렸고 금색 곤룡포를 입고 황제(皇帝) 즉위식을 거행했다. 이어 고종황제(高宗皇帝)가 국호를 대한제국(大韓帝國)이라고 선포한 것은 반도 사관이 아니라 대륙 사관에 입각한 웅비하는 자주독립국임을 만천하에 천명(闡明)한 것이다. 원구단과 같은 제천단(祭天壇)에서의 대례는 고려사(高麗史)와 조선 성종 17년(1486)에 완성된 당시의 인문지리서로 작성된 『동국여지승람(東國輿地勝覽)』에서 찾아볼 수 있다. 1919년 상해임시정부는 국호를 대한제국(大韓帝國)에서 대한민국(大韓民國)으로 정하였다. 한국(韓國)은 대한민국의 약칭이다.

신무기로 무장된 일본제국은 1905년 을사늑약(乙巳勒約)을 통해 대한제국의 외교권을 강제로 박탈했고 대한제국을 일본에 병합시켰다. 일제는 대한제국의 외교권을 송두리째 강탈했고 고종황제를 강압적으로 퇴위(退

---

[16] 천제 문화의 상징인 원구단은 사적 157호로 지정되었으나 그의 원형은 1914년 9월 조선호텔이 준공될 때 축소되어 현재 조선호텔(서울 중구 소공동) 옆에 초라한 모습으로 역사의 뒤안길에 남아있다.

位)시켜 1910년 8월 22일 대한제국(大韓帝國)이 몰락했다. 고종황제 이후 일제에 의해 순종(1874~1926)이 즉위(卽位)되었으나 일제의 영향력에서 벗어나지 못해 국권(國權)을 상실한 대한제국은 역사 속에 사라졌다.[17]

이로 인해 한국인은 정신적 허탈감과 좌절감 그리고 시대적 위기상황에서 빠져나오기 위해 여러 방면에서 노력하고 분투(奮鬪)했다. 국권 회복과 광복(光復)을 염원하는 수많은 의인이 일제 만행에 온몸으로 항거(抗拒)했다. 1919년 3월 1일 대한 독립 만세운동 이후 4월 11일 중화인민공화국(中華人民共和國) 상하이(上海)에서 대한민국(大韓民國)의 임시정부(臨時政府)가 수립(樹立)되었다. 임시정부는 대한(大韓) 제국(帝國)에서 국민이 주인 되는 대한민국(民國)의 시대를 천하에 선포했고, 수많은 독립 운동가들을 양성하여 대한민국(大韓民國)의 광복을 위한 중추적인 역할을 했다.

1945년 8월 15일 대한민국은 일제의 식민지통치에서 해방되었다. 그날은 모든 국민이 염원한 광복절(光復節)이 되었다. 대한민국은 헌법전문에 3·1운동으로 건립된 대한민국임시정부의 법통과 불의에 항거한 4·19 민주이념을 계승한다고 명시되었다. 그러므로 대한민국 건국의 시작은 1919년으로 보는 것이 타당하고 당연한 역사적 귀결이다. 2019년은 대한민국 독립운동 100년, 건국 100년이 된다.

아직 헤아릴 수없이 많은 무명 독립 운동가의 신원이 밝혀지지 않은 상태에 있어 안타까운 상황이다. 외세에 의해 국가와 민족·민족혼이 상처(傷處)받고 소멸위기에 있는 역사적 사건과 문화·문화재는 진실규명, 정의 구현, 반성과 사죄, 그리고 그에 따르는 실천사항 등을 통해 안정과 평화를 되찾아야 한다. 피해자의 관점에서 상혼(傷魂)과 상처가 치유되도록 협조하고 본래의 모습으로 복원되어 제자리로 되돌아가거나 찾아갈 수 있도록 국민과 정부가 함께 노력해야 한다. 그와 같은 부단한 관심과 행정적 처리는 국가경영철학과 문화경영을 공고히 하는 것이며 빛나는 겨레의 민족혼

---

[17] 일설에 의하면, 고종의 황태자 순종이 독살되었다고 하지만 그에 대한 진위 파악은 미진하다.

을 유구히 승계하는 데 일조한다.

필자가 오랫동안 유럽에 살면서 학습하며 느끼고 경험한 것을 토대로 인간의 종교적 심리와 유형에 대해 분석해 보았다. 한국인(韓國人)의 종교(심)성은 유구한 정신문화의 상징체계를 대변하는 사상체계이기도 하다. 그래서 한국인의 종교심성은 누천년(累千年) 간 다방면의 문화에 큰 영향을 주고받아 주어진 상황에 따라 복합적인 성향으로 드러나지만, 상호호혜적인 융화(融和)과정을 거쳐 조화롭게 문화의 토착화과정을 수용했다. 우리가 사용하는 국명(國名), 국가(國家)의 이념, 국민주권, 전통문화 등은 문화토착화과정을 거쳐 더욱 성숙·발전된 사상적 이념이자 정신세계의 상징으로 표현(表現)된 것이다.

인간의 종교성은 동서양의 구분 없이 모두 중층적인 성향, 습합(褶合)사상(思想)과 밀접한 관계를 이루고 있다. 유일신 사상이 성립되기 이전의 유럽문화는 그리스-로마 시대의 문화였다. 그리스도교의 사상과 문화는 고대 그리스-로마 시대의 문화와 신화에 큰 영향을 받아 논리적으로, 제도적으로 체계화되어 그리스도교의 종교성이 순수하고 유일하다고 볼 수 없다.

인간의 생활습관은 계절의 변화에 따라 적응하기 위해 철 따라 옷을 갈아입듯이 인간의 문화도 시대 상황에 맞게 변한다. 타국의 문화라고 할지라도 실생활에 유익하고 건강에 도움을 준다면 대다수가 마다할 이유가 없다고 한다. 동·서양인의 종교성은 그때그때의 한계 내(內) 상황에 부닥쳐 있을 때 반응하는 모습에서 민낯을 알 수 있다. 그와 같이 인간의 생활욕구와 성향은 본질에서 모두 같아 문화의 원형의식을 발견할 수 있다. 같은 맥락에서 한국인의 종교성은 다양성이 포함된 문화의 중층적 구조에서 바라봐야 그의 전체를 파악할 수 있다.

다양한 종교문화와 문화재는 시대적 상황과 종교적 영향 등을 받아 형성된 것이므로 종교성을 탐구하는 데 도움이 된다. 어떠한 특정 신앙이 있지 않은 사람들도 전통문화의 정신적 토양과 자양분을 통해 형성된 종교적인 성향을 가지고 있다. 내면의 가치 세계와 정체성, 현실성 등이 두루 포함된 것이 종교성이므로 간단명료하게 설명하기가 어렵다. 인간의 종교적 심성과 성향은 단순성이 아니고 복잡(複雜)한 심리적인 층을 형성하고 있기 때문이다.

그러므로 종교(심)성의 연구는 폭넓은 관찰과 이해가 전제되어야 한다. 이에 종교심리학(宗敎心理學)과 종교 문화심리학 등은 종교문화경영의 차원에서 종교성을 연구하는 데 필요하며 사회문화 심리를 이해하고 접목해 새로운 가치 창출과 목표설정에 기능과 역할을 해야 한다. 시대적 경향과 변화의 섭리에 따라 문화의 본질은 상생의 섭리에 따라 상호 간의 조화과정을 이루고 있듯이 종교성도 마찬가지이다. 종교성은 종교문화를 발전시키고 공동체 사회문화의 근간(根幹)을 형성한다. 종교적인 문화유전자는 새로운 문화 창출의 동력(動力)이자 미래 성장 동력의 에너지다. 종교문화는 다시 종교(심)성을 심화시키며 유·무형의 문화 코드로 남겨진다.

한국의 종교성과 정신문화 사상은 다양한 종교적 요소를 포함하고 있다. 인류의 보편적 종교성은 먼저 종교문화의 원형으로 알려진 샤머니즘(Shamanism)에서 쉽게 찾을 수 있다. 각양각색의 꽃향기와 꽃의 열매가 다양하고 풍성하듯이 한국의 종교문화, 종교사상, 그리고 성향은 다양성을 조화롭게 융화시켜 토착화시켰다. 한국인의 종교성을 모두 이해하면 세계인의 심성을 이해할 수 있다. 그의 종교성은 인류의 종교(심)성을 대표한다고 볼 수 있어 다음과 같이 분류하여 분석해 보았다.

1. 샤머니즘(Shamanism)적(的)이다

태고부터 내려오는 인류의 원초적 종교성이자 가장 오래(最古)된 구복신앙의 대표적인 현상으로 알려진 것이 샤머니즘이다. 인간의 내면세계에 존재하는 종교적(宗敎的) 심성(心性)은 가장 오래된 종교 심리이며, 인간에게 초월적인 존재를 궁구하게 하였고, 경외(敬畏)하는 자세와 의례뿐만 아니라 종교문화의 유산을 잉태하게 했다. 문화의 다양성과 특수성이 삶의 의식세계에 존재하고 정체성의 가치를 드러내는 까닭은 무엇인가? 문화는 사회공동체와 활동영역에 정신적 소산이자 사상적 기반이 되어 종교(심)성 형성에 영향을 주었기 때문이다.

〈그림 1〉

  오늘날에도 한국 샤머니즘의 특징 가운데 하나인 강신무(降神巫)는 이어지고 있다. 방송 매체를 통해 잘 알려진 엘리트 중의 몇 사람이 오랫동안 방송에 출연하지 않았다. 그들은 수많은 우여곡절의 과정을 거치면서 본인 스스로가 원하지도 않은 무당(巫堂)이 되었고 무당의 길이 피할 수 없는 그들의 운명이자 천명으로 받아들였고 한다. 그들은 몇 년 전부터 자신들의 근황(近況)을 공개하면서 무당에 대한 잘못된 인식을 바로 잡고 싶다고 한다. 그들은 무당의 올바른 길이 민간인의 심리상담사로서 안정과 위안을 제공하는 것이기 때문에 사회적으로 긍정적인 역할을 한다고 설명한다.
  2014년 한국갤럽의 한국종교인구조사를 살펴보면, 무속인의 인구는 타 종교인보다 거의 노출되지 않고 기타 종교로 처리되었다. 한국무속협회에 의하면 무속인은 전국적으로 약 30만 명으로 추정되고 있다. 한국의 샤머니즘의 네 가지 특성은 ①세습무(世襲巫), ②강신무(降神巫), ③예언

(豫言), ④예능(藝能)의 기능이다. ④의 기능은 무당 본인 스스로가 노래하고 춤추며 악기를 다루는 것으로 한국 샤머니즘에서만 발견되는 독특성으로 세계적이다. 남자 무당(男巫)을 박수(拍手)라고 한다.

많은 사람이 운세(運勢)와 길흉화복(吉凶禍福)에 관심이 있다. 상황에 따라서는 복채(卜債)를 내고 자신의 문제점과 해결점 등을 알아보고 미래지향적인 희망을 구하는 사람들도 많다. 그들에게 부적(符籍)과 주문사용, 굿 그리고 치성 등의 행위는 널리 알려져 있다. 사주카페를 차려놓고 인간의 심리를 상담하는 풍경도 쉽게 발견할 수 있다. 서양에서 들어온 점성술(占星術)이 여러 형태로 발전되었고 많은 사람이 그에 관심이 있다. 그러한 호기심과 행태들은 심리적 상황을 반영하는 종교적 성향이자 자아 만족의 심리경영이라고 할 수 있겠으나 세계 공통의 샤머니즘 속성이라고 해도 과언은 아니다.

2. 선교(仙敎, 禮敎)적이다

사람(人)이 산(山)에서 수행(修行)을 통해 득도(得道)하여 깨우친 사람을 선인(仙人)이라고 한다. 선인의 사상과 가르침(敎)을 선교(仙敎)라고 하며, 선교를 승계한 사상적 계통(系統)은 선가(仙家)라고 불렀다. 선가사상에서 신선(神仙)은 수행을 통해 장생불사(長生不死)한다는 의미에서 신적 존재로 설명되었다. 많은 학자가 선사(先史)시대의 선가(仙家)의 가르침을 선교(仙敎), 신선도(神仙道) 또는 선도(仙道)라고 호칭(呼稱)한다. 선가(仙家)에서 선도 공부가 도학(道學)이라고도 한다.

봉우 권태훈(鳳宇 權泰勳, 1900~1994) 선생의 선도(仙道) 사상에 의하면, 인간이 지상에서 고력수행(苦力修行)을 통해 취득할 수 있는 선계(仙界)의 계제(階梯)가 있다. 누구나 인간의 도(道)인 충·효·서(忠·孝·恕)를 다하고 선덕(善德) 등을 많이 베풀고 쌓으면 선계(仙界)에서 계제 받을 수 있다. 선계에서 정신계(精神界)의 수뇌부(首腦部)는 북극성(北極星)이며 그곳에서 원단군(元檀君) 인황씨[人皇氏: 대황조(大黃祖) 한배검]가 인간세계를 주재하고 있다. 정신계의 도서관이 금부(金府)이며, 금부에는 세계 각국의 선인들의 명단과 계제가 기록되어 금부비록(金府祕錄) 또는 금방(金榜)이라고 한다.

수행자가 끊임없이 고력수행의 과정을 통해 하나하나씩 깨달아 가며 전진하면 차원 높은 혜안이 생기고, 정신적 에너지가 모이고 쌓여서 밝아지면 자기 스스로 금부비록을 볼 수 있고 또 자신의 계제가 어느 계제에 도달했는지 알 수 있다. 그에 대한 증표로서 드러나는 영성적 밝음의 형체(에너지)가 어떠한 빛의 형태인가 볼 수 있다. 그리고 깨우침으로 주어지는 선계의 계제는 증표가 있다. 그 증표는 여러 가지 형태의 메달처럼 분류되었고, 그의 조도(照度)가 각기 달라 계제마다 서광(曙光)이 또한 다르다고 한다.

계제를 획득한 사람도 확인(學人)이라고 하지만 일반 사람은 그를 도인(道人) 또는 선인(仙人)이라고 부른다. 신선설(神仙說)에 의하면 그는 지상의 신선(神仙) 즉 지상선(地上仙)이 된다. 그 반면에 수행에 전념한 학인이 수명(壽命)을 다하여 이 세상을 떠나면, 그의 영혼은 불사(不死)하기에 계제에 따라 산신(山神)이 된다는 설(說)과 불가에서 말하는 각자(覺者)가 되어 윤회의 굴레에서 벗어난 니르바나[nirvāna, 열반(涅槃)]의 세계에 이른다고 한다.

그러한 설을 역(逆)으로 분석해 보면, 인간이 절차탁마의 과정인 수행과 깨우침을 통해 선인이 된다는 것은 신인 합일(神人合一) 사상이다. 한국 고대 선가(仙家)의 가르침은 유·불·도(儒·彿·道) 삼교(三敎)를 태동시켰다. 선교(仙敎)는 삼국(고구려, 백제, 신라)시대 이전부터 한민족의 고유한 신선 사상의 계통을 이어가 선가나 선도(仙道)라고 한다. 위의 삼교가 삼국시대에 들어오기 전에 선도(仙道)가 단군(檀君)[18] 고조선사(古朝鮮史)에 존

---

[18]   사용되고 있는 단군기원은 서력기원에 2333년을 합산하여 사용한다. 하지만 기원전 2333년이라는 연대는 요순시대를 의미하는 것으로 알려져 요순시대 이전의 역사가 설명

재했다고 신라 시대의 고운(孤雲) 최치원(崔致遠, 857~?)은 설명했다.

최치원의 난랑비서문(鸞郎碑序文)[19]에 따르면, 고대로부터 우리나라에 현묘(玄妙)한 도가 있으니(國有玄妙之道) 이를 풍류(風流)라고 한다(日風流). 그의 가르침의 근원(說敎之源)에 대해서는 선사(仙史)에 자세히 갖추어져 있으며(備詳仙史), 실로 이는 삼교(三敎)를 포함해(實內包含三敎), 뭇 백성들과 접(接)하여 교화(接化群生)한다. 예컨대 들어와서는 집안에서 효를 행하고(且如入則孝於家) 나가서는 나라에 충성하는 것(出則忠於國)은 노나라 사구(司寇)의 가르침(魯司寇之旨也)이고 매사에 무위로 대하고(處無爲之事) 말없는 가르침을 행함(行不言之敎)은 주주사의 종지(周柱史之宗也)이며, 모든 악을 짓지 말고(諸惡莫作) 모든 선을 받들어 행하라(諸善奉行)함은 축건태자(竺乾太子)의 교화(竺乾太子之化也)이다.

최치원의 풍류(風流)는 풍류사상, 즉 풍류도(風流道)이며 신선도(神仙道)는 선도(仙道)사상을 의미한다. 그 사상은 고조선 상고사(古朝鮮上古史)[20] 중에 선사(先史)시대를 지칭하는 것으로 생각된다.

되고 규명되어야 마땅하다. 중국의 역사에 따라 현재 한국에서 사용되고 있는 단군기원에 대한 타당성 검토는 필요하다. 그것은 한국 고대사연구를 위해 국가적 차원에서 필요하다고 본다.

[19]　國有玄妙之道 日風流 設敎之源 備詳仙史
　　　국유현묘지도 왈풍유 설교지원 비상선사
　　　實內包含三敎 接化群生 且如入則孝於家
　　　실내포함삼교 접화군생 차여입즉효어가
　　　出則忠於國 魯司寇之旨也 處無爲之事
　　　출즉충어국 노사구지지야 처무위지사
　　　行不言之敎 周柱史之宗也 諸惡莫作
　　　행불언지교 주주사지종야 제악막작
　　　諸善奉行 竺乾太子之化也
　　　제선봉행 축건태자지화야
　　　http://blog.daum.net/

[20]　고조선(古朝鮮)의 상고사는 복희(伏羲)시대 이전의 역사를 의미한다. 필자는 복희시대 이전을 상원고사(上元古史), 복희 시대에서부터 삼국시대 전까지를 중원고사(中元

노나라 사구(司寇)의 종지(宗旨)는 공자(孔子), 매사에 무위(無爲)로 대하고 말 없는 가르침을 행함은 주주사(周柱史)의 노자(老子), 악한 일을 하지 말고 오로지 착한 일을 받들어 실행함은 축건태자 석가(釋迦)의 가르침이다. 그러므로 선도(仙道)는 최고운의 결론처럼 유·불·도 삼교(三敎)를 포함하고 있어 삼교조화론(三敎調和論) 또는 삼교동일론(三敎同一論)의 근본원리가 된다고 하겠다. 삼(三)수(數) 원리와 삼수(三數) 사상은 보편적 삶의 전반에 깊숙이 녹아내려 한민족정신문화의 바탕을 이루었다. 뭇 백성들과 함께 화합하고 조화를 이루는 접화군생(接化群生)의 도와 무관하지 않은 것이 선도(仙道)다. 그 도는 그 당시 국가경영의 중심축을 이루었고 종교문화와의 소통과 융화과정을 거쳐 토착화시킬 수 있는 동력의 원천이 되었다고 본다.

한국인의 종교(심)성에는 인생관과 세계관이 동시에 포함되어 철학적 사유(思惟) 저변에는 삼수(三數) 사상이 내재하여 있다. 그 사상은 합죽선(合竹扇)의 부채처럼 펼쳐지면 너·나 그리고 우리가 셋으로 분리되어 존재하나 접히면 융화되어 하나가 된다고 하여 삼일(三·一) 사상이라고 한다. 삼수와 삼일 사상은 한국의 유구한 전통문화와 함께 문화유전자처럼 승계되고 있다.

선도(仙道) 사상의 영향을 받아 학문적으로 정리되었다고 여겨지는 화랑세기(花郞世紀)[21]와 해동고승전(海東高僧傳)은 고구려·백제·신라·외국의 전래승려(傳來僧侶)에 관해 설명하고 있다. 그것은 삼국(고구려·백제·신라)시대 이전의 국가 시대가 존재했고 신선 사상과의 교류가 있

古史), 그 이후를 하원고사(下元古史)라고 구분하고자 한다.

[21] 『화랑세기(花郞世紀)』의 저자는 김대문(金大問)이다. 그는 신라 진골귀족(眞骨貴族) 출신으로 704년(성덕왕 3) 한산주(漢山州) 도독(都督)이 되었고, 『고승전(高僧傳)』·『악본(樂本)』·『한산기(漢山記)』·『계림잡전(鷄林雜傳)』을 저술하였지만 오늘날에는 그의 원본 모두 전해지고 있지 않다. 다만 1989년에 필사본 『화랑세기』가 발견되었다고 하나 박창화(朴昌和)에 의한 위작설(僞作說)이 제기되면서 그 사실 여부에 휩싸였다. http://100.daum.net/encyclopedia/view/14XXE0064592

었다는 것을 살펴볼 수 있다. 신선 사상은 '유불도' 삼교(三敎)의 조화와 융화를 통해 생명 사상으로 발전된 선도(仙道)인 풍류도이다. 풍류도의 사상은 전통문화의 토양과 자양분을 형성했고 삶의 깊숙한 내면세계에 잠재되어 심심산곡(深深山谷)에서 흐르는 물과 같다.

따라서 유·불·도 삼교(三敎)의 뿌리는 선도(仙道)인 신선도(神仙道)이다. 그 삼교가 이국(異國)땅에서 성장해 다시 고조선에 회귀되어 유입된 종교로 알려졌다. 하지만 그 삼교는 다시 한국의 환경과 풍토, 정서라는 문화토양에서 문화의 자양분을 섭취하고 변화의 과정을 거치면서 뿌리를 내렸다.

삼국사기가 찬술(撰述)되었던 고려 시대까지 화랑세기(花郎世紀)는 존재했던 것으로 추정된다. 단재(丹齋) 신채호(申采浩, 1880~1936)는 1920년대 한국 고대사연구를 통해 민족사상을 고취했다. 그의 낭가사상(郎家思想)에 의하면, 고구려 시대의 국선(國仙)계통으로 이어지는 조의선인(皁衣先人)과 신라 시대에 삼교(三敎)를 두루 포함한 풍류도(風流道), 즉 선도(仙道)가 사람들을 교화시켰다. 선도를 배우고 따르는 무리를 화랑(花郎), 그들의 정신을 화랑도(花郎道)라고 했다. 선도(仙道) 사상의 세 가지 특징으로 분석되는 것은 삼신일체(환인, 환웅, 단군)와 신인 합일(神人合一) 사상이다. 신인 합일 사상은 인간에게 내재한 신성(神性)을 중요시한다.

고조선을 건국한 초대 단군은 신인합일(神人合一)을 이룬 존재자이며, 역사적 사건의 동참자로서 선인(仙人) 또는 신인(神人)으로 설명되었다. 신인합일의 초월적 존재가 천상의 존재만 아니라 지상에 강림한 형체로 존재한다는 것을 알려준다. 단군(檀君)의 세계적 교육이념은 홍익(弘益)·홍제(弘濟) 사상이며, 그 사상을 이 세상에서 펼치고자 제시된 조화(造化), 교화(敎化), 치화(治化) 이념은 국가경영(철학)의 중심이 되었다. 단군상고사시대의 정신수련 사상이 풍류도(風流道)인 선도(仙道) 공부였고, 선도는 선가(仙家)의 계통이자 가르침으로 선교(仙敎)라고 표현되었으며, 종교문화경영의 차원에서 국선(國仙)으로 이어졌음을 살펴보았다.

한국 고대사에 불가(佛家)와 유가(儒家)가 공식적으로 전파되었으나 중국에서 발생한 도교(道教)가 공식적으로 공인되지 않은 이유는 무엇인가? 그 당시 중국의 도교는 장도릉에 의해 창교(創教)되었다.[22] 도교는 중국인의 사상이자 신앙으로 자리를 잡았다. 그 반면 한국 고유의 선교(仙教)가 도교 사상을 포함하고 있었다며 최치원은 설명했다. 그의 주장처럼 풍류도인 선도(仙道)가 고대국가의 통치이념이자 중추적 역할을 하였기 때문에 도교가 백관회의(百官會議)를 통해 공식적으로 수입되지 않았다는 것을 미루어 짐작할 수 있다.

주지하고 있듯이 고구려의 연개소문(淵蓋蘇文)이 제26대 영양왕(嬰陽王 ?~618)을 폐위시키고 보장왕(寶藏王, ? ~ 682)을 추대했다. 개소문(蓋蘇文)에 의해 당나라의 도교가 고구려에 전파되면서 노자도덕경(老子道德經)이 유입되었다. 고구려의 위정자들 사이에 도가에 대한 논쟁이 심하다 못해 서로 간의 파열음이 궁중(宮中)에 끊이지 않았다. 그 당시 불교계의 고승(高僧)으로 알려진 보덕(普德)이 보장왕 9년(650)에 백제로 망명했다는 점에서도 파열음의 상황을 유추해 볼 수 있다. 고구려 시대가 무너지면서 도교 사상은 종교적 정치적 면모와 위상을 드러내지 못하고 민간신앙문화의 요소로 스며들었다.

그 반면 삼국시대에 불가(佛家)가 전파되어 국교(國教)가 되면서 그 위상이 높아졌다. 불교(佛教)와 신선도(神仙道) 사상에서 상호 간에 융화되어 승계된 선불교(仙佛教) 사상이 독특한 한국불교(韓國佛教)를 탄생시켰다. 한국불교가 변화의 과정을 거듭하면서 호국불교(護國佛教)로 거듭 태어났다. 불교사찰(寺刹)에 한국에만 존재하는 것이 대웅전(大雄殿)이다. 대웅전 안에 모셔진 삼존불(三尊佛)은 세계불교사에서 찾아볼 수 없는 유일무이(唯一無二)하며 독보적이고 독특한 형상으로 유명하다. 삼존불은 석가모니여래·약사여래·아미타불이며 삼불(三佛)이다.[23]

---

22 도교에 대한 자세한 내용은 이 책의 제3장 하늘(天) 사상과 종교성 3. 종교(심)성과 종교·사회문화 II. 한국인의 종교(심)성 5. 도교(道教)적이다. 참조 바람

23 삼존불에 관해 더욱 자세한 설명은 이 책의 9. 종교문화경영의 9단계 – 문화동화

불교사찰을 살펴보면, 대웅전 주변에 산신(山神)을 모시는 산신각(山神閣)과 삼성조(三聖祖; 환인, 환웅, 단군)를 모시는 삼성각(三聖閣)이 있다. 삼성각의 존재와 의의는 불교가 고대국가의 삼성조를 존숭하고 종교적 행사로서의 제천문화를 수용했음을 무언(無言)으로 전하는 것이다. 그 문화는 고구려의 동맹(同盟), 부여의 영고(迎鼓), 동예의 무천(舞天), 삼한의 계절제(季節祭), 고려불교의 팔관회(八關會)와 연등회로 이어졌다. 그 외에도 조정(朝政)에서 호국을 염원하기 위하여 인왕경(仁王經)을 독송하던 법회, 즉 인왕회(仁王會)가 있었다. 선가 사상의 맥락이 깃들어 있다는 암묵적인 반증이기도 하다.

고조선 시대의 천신교(天神敎), 부여의 대천교(代天敎), 고구려의 경천교(敬天敎), 신라의 숭천교(崇天敎), 발해의 진종교(眞倧敎), 요(遼)와 금(金)국의 배천교(拜天敎), 만주에서의 주신교(主神敎), 고려의 왕검교(王儉敎) 등이 있었다. 그들은 모두 선교(仙敎)와 연계된 종교적 사상과 제천의식을 이어온 국가적 행사였다.

선가 사상의 맥락은 고대로부터 현대에 이르기까지 면면히 전해지다가 새로운 하원갑자시대의 첫해를 알리는 1984년 그 모습을 드러냈다. 1984년 하반기(下半期)에 출간된 장편선도소설(長篇仙道小說) 『단(丹)』[24]에 등장하는 우학도인은 실제로 존재했던 대종교 전 총전교이자 대한민국의 독립운동에 젊음을 바친 봉우(鳳宇) 권태훈 옹(翁)으로 확인되었다. 그는 선가의 계통으로 이어지는 연정원(研精院)을 창립하여 조식 수련을 지도했고 후학을 양성했다. 그를 통해 선도(仙道)의 열풍이 단학(丹學)이라는 이름으로 세상에 널리 알려졌고 단군 고조선문화와 연관된 선사(先史)시대연구의 실마리가 주어졌다.

그로 인해 반도 사관에서 대륙 사관으로 바라보는 민족문화의 창달

(文化同化, culture assimilation) 1) 문화동화(불교 대웅전) 참조 바람

[24] 장편선도소설 『단(丹)』은 1984년 '정신세계사'에서 출판되어 널리 알려졌고 민족소설 『단(丹)』으로 개정 신판 되었다.

(暢達)과 정체성, 웅비(雄飛)함, 한국 고대사의 재조명, 민족의 자존감, 자긍심 등이 형성되었다. 그 후 연정원 외에도 여러 유형의 단학(丹學) 수련 단체가 형성되었다. 단학가(丹學家)의 정신수련은 많은 사람의 심신안정과 정서에 도움을 주는 것으로 활용되고 있으며, 선도(仙道) 사상을 이어받은 단학 수련의 계보도 일정 부분 세상에 알려졌다. 대한민국 상고시대의 단군문화, 단군 고조선의 역사는 민족혼의 상징이 되었다.

일제식민지 통치가 절정에 이르렀음에도 불구하고 민족혼의 구심점을 담당한 두 가지 유형의 단체가 상해임시정부와 대종교였다. 전자는 특히 정치적 측면, 후자는 선가의 단군(檀君) 대황조(大皇祖) 사상을 이어받아 발족한 민간단체로 민족정신의 구심점이 되었고 수많은 독립 운동가를 배출했다. 해방 이후 대종교는 민족종교 1호로 등록되었다.

상고시대의 사상이자 문화가 암각화(岩刻畵)로 남겨졌다. 그것은 고대 사람들이 자신들의 생활문화와 정신세계를 바위에 그림 같이 새겨넣은 것을 말한다. 울산 남구 대곡리 반구대 암각화와 전북 대산면 대곡리 암각화는 그림글자로 표현되었다. 그것은 고대문화의 생활 흔적으로 알려져 각계의 이목이 쏠렸고 국보로 지정되었다. 유네스코 세계문화유산(UNESCO World Heritage)으로 지정된 고인돌(dolmen)은 전 세계인의 관심 속에 보존·관리되고 있다. 그중에서 한국의 강화도, 전북 고창, 전남 화순 등에서 고인돌이 집중적으로 발견되어 세계적인 제단문화(祭壇文化)의 관심사로 주목받았다. 한국 고대사문화의 연구와 새로운 조명이 더욱 촉구되고 있는 현실이다.

제단(祭壇)을 쌓아 천제(天祭)를 지냈다는 증거는 세계제단문화로 큰 의미를 부여하고 있다. 최근 고고학자들의 연구에 의하면 한국의 제단(祭壇)문화는 이미 7000여 년 전부터 시작되었다고 한다. 고대 흉노(匈奴)족이 살던 통완청(統万城)에서 제단이 발굴되어 세상의 이목이 쏠렸다. 땅을 다져 만든 대형 제단의 형태가 천원지방(天圓地方)의 형상을 하고 있다. 한(漢)족에게 제례의식이 수용되었다는 증거가 된다. 제단문화는 제국의 황실 또는 왕실에 접목되어 새롭게 탄생한 것이 정원(庭園)문화이며 정원문화의 시원이 되었다. 빛·물·바람(風)이 아우러진 동양(東洋)문화가 한국의 정원문화다. 그 문화는 자연과 함께 호흡하는 영성적의 뜰로 만물과 공생을 중요시한 것으로 평가받고 있다.

중국의 수신기(搜神記)나 중국사전사화(中國史前史話) 등 여러 기록을 살펴본 전문가에 의하면, 기원전 500년경 천단의식형(天壇儀式型)의 신교(神教)가 음양(陰陽)·삼재(三才) 사상의 기초를 거친 후 풍류적인 선교(仙教)로 널리 보급되었다고 한다. 그러나 역으로 보면 신교(神教)사상의 원형은 풍류도이며, 그 도는 신선도로서 선교(仙教)의 선도(仙道) 사상이다. 중국의 신선 사상은 장도릉의 도교 사상에서 찾아보아야 마땅하다.[25]

유교, 불교, 도교에도 없는 서낭당, 장승, 솟대 등은 유구한 선도(仙道) 문화의 잔상(殘像)이자 선교(仙教) 정신문화의 소산(所産)이다. 예컨대 전통문화유산의 사례 가운데 하나인 천제단(天祭壇)은 강화도 마니산 정상에 쌓아 올린 참성단(塹星壇)[26]이다. 참성단은 단군이 천제(天祭)를 올리기 위하여 쌓았다고 한다.

오랜 세월의 부침 속에 참성단 주변 지반에 변화가 생겨 1639(인조 17)년과 1700(숙종 26)년에 중수(重修)하여 오늘에 이르고 있다. 참성단에서 전국체육대회의 성화 불이 채화(菜火)된다. 이러하듯 국가와 사회가 민족 고유문화의 원류를 더듬어가며 한민족의 고대사와 유물, 유적지 등을 발굴하고 그 의의를 설명하고 있다.

그에 대해 우리가 다소나마 이해할 수 있고 그러한 문화적 요소들을 승계받아 보존 발전시키고 있듯이 한국인의 종교성은 선교(仙教)적이라고 아니할 수 없다. 참성단이 국가적 문화 차원에서 관리되고 있으며 국조 단군

---

[25] 도교의 신선 사상에 대해 더욱 자세한 내용은 이 책의 제3장 하늘(天) 사상과 종교성 3. 종교(심)성과 종교·사회문화 II. 한국인의 종교(심)성 5. 도교(道敎)적이다. 참조 바람

[26] 참성단의 소재는 인천광역시 강화군 화도면 마니산 산정에 있으며 사적 제136호로 지정되었다.

의 홍익(弘益)·홍제(弘濟) 사상은 국가교육과 국가경영철학뿐만 아니라 세계종교문화경영의 핵심으로 평가된다. 그 사상의 유구성, 보편성, 공공성, 대중성은 지금도 다방면의 문화광장에서 생명의 호흡으로 존재하고 있다.

3. 유교(儒敎)적이다

　유교의 특징은 여러 신앙단체에서 주장하는 신앙대상이 없고 유일신 religion 단체처럼 유일신 신앙에 관한 교리, 신조, 제도적 조직 체제, 수도원도 없다. 유교는 스스로 자신의 마음을 이성적으로 다스리는 솔성(率性)의 도(道)를 추구한다. 그의 도는 유가에서 지향하는 도덕군자(道德君子)와 맥락을 같이한다. 도덕군자는 사회생활에 필요한 덕목(德目)을 실천하는 사람다운 사람을 뜻한다. 성격의 도가 유가의 자력 수행이자 핵심교육사상이 되었다. 유교는 공동체 사회에서 사람이 스스로 선덕을 쌓아가며 윤리·도덕적으로 살아가도록 학습시키고 지도하며 이끌어가는 생활문화의 도(道)를 주지시켰다.

　유가(儒家)의 가르침은 이미 중국 춘추시대(BC 770~403)에도 있었다. 그 시대의 말기에 공자(孔子, BC 551~479)가 출생했다. 그는 자신이 출생하기 이전의 여러 가르침이 구전(口傳)으로 전해오는 것을 수집하여 문헌(文獻)으로 체계화해 집대성(集大成)시켰다. 그의 사상이 후대에 하나의 정신계통의 계보로 이어져 유가(儒家)로, 학문적 차원에는 유학(儒學)으로, 종교적인 관점에는 공자의 이름을 따서 공교(孔敎) 또는 유교(儒敎)라고 호칭되었다.

　공자는 10철(十哲)·72현(七十二賢)·3000명의 많은 문도(門徒)를 배출했으나 신앙단체(=religion)의 창교자(創敎者)로, 신앙의 대상으로 호칭되지 않았다. 그는 오늘날까지도 유가(儒家)의 '만세종사(萬世宗師)'로서 숭앙받고 있다. 특히 유가 사상은 정치, 종교, 사회, 문화, 예술 등의 교육 경영과 공동체 사회문화경영에 구심점을 이루고 있었다. 예(禮)와 군자(君子)의 도(道)는 유가의 선비 사상이자 실천덕목으로 잘 알려져 있다.

대자연의 이치를 설명한 음양오행(陰陽五行) 사상은 유가에도 영향을 주었다. 그 사상은 태초부터 우주의 질서를 유지하고 성주괴공(成住壞空)으로 변화시키는 자연의 섭리를 밝힌 것이다. 음양오행의 원리는 우주의 기운(氣運)이자 율려(律呂)를 설명한 것으로 천지자연의 동정(動靜)이라고 한다. 우리의 선현들은 음양보다 오행을 주장했고 오행 사상은 동양 철학에서 빠질 수 없는 부동의 자리를 차지하고 있다. 국내 인문·사회과학 대학교에서 동양사상, 공맹 사상은 부분적으로 인용되며 서구의 학자들에 의해 연구의 대상이 된 지 오래되었다.

공자의 사상적 배경은 상고시대(上古時代)로 알려진 하·은·주(夏·殷·周)시대였다. 그 사상은 인간의 내면과 외면 그리고 경험적인 것들을 종합적인 안목에서 통찰(洞察)적으로 다루어졌다. 하·은·주 시대에 종교적인 문화로 조상신과 범신론 등이 등장한다. 그 가운데 하늘(天)의 개념이자 초월적이며 인격 신의 형상으로 묘사된 개념이 상제(上帝), 하늘님과 한울님 등이었다. 그는 만사만물을 주재하고 길흉화복을 점지하는 궁극의 근원, 초월적 존재자이자 경외(敬畏)의 대상으로 알려졌다.

공자의 '천(天)' 또는 '천명(天命)'에 대해 교설(教說)과 신념은 신앙(信仰)이 아니라 경외(敬畏)하는 마음을 표현한 것이다. 천명사상(天命思想)은 인간이 하늘의 이치와 법도에 따르는 것이다. 그 사상은 역사의식과 문화의식의 근거이자 도덕성의 가치가 되었고, 종교문화로서 예제문화(禮制文化)를 형성했다. 하지만 공자는 초월적 존재자에 관해 설명하지 않았고, 또 특정한 예배의 형식을 요구하지도 않았다. 그는 천인관계(天人關係)에서 초월(超越)과 내재(內在)를 동시에 파악했다.

천(天) 속에 수렴(收斂)된 개념이 상제(上帝)다. 그것은 다시 인격 속에 있는 신의 형상처럼 삶과 직접 연계되었다. '하늘'의 문제가 인간의 삶의 행태 속에 수렴함으로써 비가시적인 상념의 세계가 건설되지 않도록 했다.

공자는 합리주의적인 관점에서 군자(君子)라는 사회적 인물을 등장시켜 예(禮)와 도덕(道德)을 가르치면서 왕도정치(王道政治)를 주장했다. 그것은 사회적 가치와 실질적인 삶에 필요한 요소를 인식하고 인간의 주도적이고 주체적인 각성(覺醒)을 통해 천사상과 천명사상을 실현한 것이다.

공자의 인간관은 인(仁) 사상(思想)이다. 그에 관한 관심과 실천은 어진 마음을 가지고 사람을 사랑하고 사람의 생명을 중요하게 여기는 것이다. 사람다운 사람으로 살아갈 수 있는 길, 그 길은 공동체 사회의 법도이자 인간과 국가경영철학의 시금석이 되어 도덕성, 객관성, 보편타당성, 공공성, 유구성 등을 포함하고 있다. 공자의 가르침은 2500년이 지난 오늘날에도 국내는 물론 국제사회에서도 널리 회자(膾炙)되고 있다. 그 가운데 논어와 공자의 사상은 서구권의 언어로 번역되었다. 지금도 공자가 만세종사로 존경받는 이유를 알 수 있다.

유가의 종교적 측면은 은·주(殷·周: 서력기원전 11세기 말까지의) 왕조시대에 걸쳐 하늘님 숭배의 대상으로 '상제'와 '천사상이다. 그 사상은 이미 위에서 언급한 대로 경천(敬天)사상이며 유가의 오경(五經) 가운데 특히 시경(詩經)과 서경(書經)에서 많이 발견된다.

유가의 제의(祭儀)는 신앙 또는 구복(求福) 행위로 보지 않고 자신의 존재 근원에 대해 되돌아봄과(報本追遠) 자각(自覺)하는 데 목적을 두고 있다. 초인간적 존재나 내생에 대한 공자의 직접적인 언급은 없다. 보본추원(報本追遠)과 자각은 인간의 윤리와 도덕적 차원에서의 효제(孝悌)와 충서(忠恕)의 진행 과정이자 실천 방향으로 보았다. 주술적 구복 행위가 배격(排擊)되었고 현실적 삶에 충실함을 보다 중요시하며 왕도정치(王道政治)를 통해 사람다운 사람의 사회가 구현되도록 했다. 널리 알려진 공자와 제자와의 문답에서 충실한 현실적 삶이 직시 되고 있음을 아래와 같이 살펴볼 수 있다.

"계로(자로)가 공자에게 귀신 섬김을 질문하니, 공자가 능히 사람을 섬기지 못하면서 어찌 능히 귀신을 섬기느냐? 네티즌수사대 자로가 감히 죽음을 여쭙나이다. 라고 하니 공자가 아직 삶을 알지 못하면서 어찌 죽음을 알겠는가?"라고 했다.(논어(論語) 11 선진(先進) 편 11장: 季路問事鬼神 子曰未能事人 焉能事鬼 敢問死 曰 未知生 焉知死)

귀신보다는 사람을, 죽음보다는 먼저 삶을 생각하고 삶의 실존적 깊이를 궁구하며 그에 대한 현실참여는 공자의 적극적인 현실참여의식을 고취한 실천 사상이다. 하지만 공자가 신의 세계, 신적 존재에 대해 부정했다는 결론은 없다는 것도 특징이다.

유가의 종교적 수행관은 신에게 의탁하고 귀의하여 내생을 추구하는 것이 아니라 현실 세계관과 직결되어 있다.

"수행은 자기 자신을 갈고닦아 겸손할 줄 알아야 하며, 남을 편안케 해야 하며, 백성을 편안케 해야 한다. 오직 그렇게 실천하기 위해 요임금과 순임금도 오직 고심하였던 것(修己以敬, 修己以安人, 修己而安百姓 修己而安百姓 堯舜 其猶病諸 논어 44장)"이라고 했다.

공자는 먼저 수기안인(修己 安人, 자신을 닦아 사람을 편하게 하고) 안백성(安百姓, 백성을 편안하게 하는 것)을 중요시했다. 사람과 백성을 편하게 하는 것은 유교의 정치이념이자 교육사상의 정점이다. 또 그를 이루기 위해 수행이 필요하고 나아가 사회의 발전적인 변화를 위한 실천이 병진(竝進)되어야 함을 공자는 가르쳤다. 그는 속물(俗物)주의를 거부하고 마음을 바르게 하여(誠意正心) 도덕성 회복과 현실참여, 백성을 편안하고 이롭게 하는 사회적 가치 환원이 수행의 목표라는 것을 제자 자로를 통해 널리 주지시켰다. 여기서 주목하고자 하는 성(誠)은 존재가치의 원형이며 존재 방식의 이치로서 자타완성(自他完成), 즉 내외합일(內外合一)의 원리를 이루게 하는 귀한 덕목이 되었다. 그러한 유가(儒家)의 가르침(敎)을 '시중지도

(時中之道)'라고 했다. 조선 시대의 선비정신은 유가의 상징성이자 유생(儒生)의 길이 되었고 보편적 공동체 사회문화경영의 시금석이 되었다.

공자의 왕도정치와 윤리(倫理) 사상은 맹자(BC 371~289)가 승계하여 더욱 구체적으로 논리화하고 체계화하였다. 맹자의 사덕(四德; 仁·義·禮·智)과 사단지심[四端之心; 측은(惻隱)·수오(羞惡)·사양(辭讓)·시비(是非)]은 후세의 성리학파에 지대한 영향을 끼쳤다. 중국 송나라 시대의 회암(晦庵) 주희(朱熹, 1130~1200)가 유교의 사서오경((四書五經)[27]을 근거로 성리학(性理學)을 집대성시켰다. 그의 업적을 반영하는 차원에서 주자학(朱子學)이라고도 한다. 주자학은 고려 시대 말경에 안향(安珦, 1243년~1306년)에 의해 도입되었다. 주자학은 정몽주, 이색(李穡), 길재(吉再), 권근, 조광조(趙光祖)로 이어지다가 이퇴계(李退溪)에 이르러 집대성되었다.

1392년 이성계(李成桂, 재위 1392~1398년)가 유교(儒敎)의 이념을 수용하고 조선(朝鮮)왕조를 창업했다. 그의 창업은 단군 시대의 고조선(古朝鮮)을 승계한다는 차원에서 시작되었다. 유가(儒家) 사상이 조선의 국교(國敎)가 되었다. 국교로서의 유교(儒敎)는 국가통치이념이자 국정경영철학이 되었다. 조선은 유교(儒敎)를 숭상하고 불교(佛敎)를 배척한다는 차원에서 숭유배불(崇儒排佛) 정책을 단행했다. 유교 사상이 공동체 사회의 교육이념이자 통치체제로 자리 잡으면서 그의 사상은 국가경영의 중추적 역할을 하였고 공동체 사회문화의 근간이 되었다.

경제정책으로 농본(農本) 민생주의(民生主義)가 시행되었고 유가의 왕도정치를 추구하고자 민심(民心)은 천심(天心)이라는 대의를 이어받아 만백성의 삶을 중요시하는 민본주의(民本主義)가 형성되었다. 조선의 법전으로 널리 알려진 경국대전(經國大典)에 민본주의와 법치주의가 포함되어 있다. 그 당시의 유럽정치와 문화를 누차 살펴봐도 조선의 국정경영철학이 '민본정치 民本政治'를 실행하는 것은 세계사에 유례없는 조선(朝鮮)

---

[27] 사서(四書): 논어(論語), 맹자(孟子), 중용(中庸), 대학(大學). 오경(五經): 시경(詩經), 서경(書經), 역경(易經), 예기(禮記), 춘추(春秋)

만의 역사였다고 평가된다. 조선의 제왕(帝王)은 스스로 자신을 낮추어 과인(寡人)이라 말하였고, 신하의 충언을 간과하지 않았으며 민의(民意)를 중요시함으로써 어진 성군(聖君)으로 기록되기를 기대했다.

민의를 중요시하는 조선왕조 시대의 민본정치(民本政治)와는 본질에서 다르게 서양의 왕 또는 황제는 신의 뜻에 따라 백성을 다스린다는 의미로 '신정정치(神政政治)'를 했다. 신정(神政)정치는 왕권신수설(王權神授說)을 강화하기 위해 유일신 사상으로 무장된 religion의 교리와 신조를 연계시켜 황제의 통치권이 형성되었다. 그의 통치권은 하늘과 같이 드높아 무한하고 절대적이었다.

특히 중세(中世)시대에 만행된 '마녀사냥'으로 인해 헤아릴 수 없이 많은 사람이 목숨을 잃었다. 오죽하면 유럽의 학자들이 중세시대의 상황을 스스로 '암흑시대'(暗黑時代; the Dark Ages)라고 한 이유를 이해할 만하다. 중세유럽의 암흑시대와 다르게 조선 시대는 성리학이 발전되었다. 성리학이라는 용어는 성명의리지학(性命義理之學)의 준말이다. 성리(性理)·의리(義理)·이기(理氣)를 주제어로 제시한 것이 이기설(理氣說)과 심성론(心性論)이다. 그것은 인격함양과 도덕적 실천과 성취를 위한 인성교육의 학문으로 격물치지(格物致知; 모든 사물의 이치를 끝까지 파고들어 앎에 이르게 하는 것)가 활용되었다.

조선 시대의 성리학자 가운데 이황(李滉) 이퇴계(李退溪, 1501~1570)와 이이(李珥) 이율곡(李栗谷, 1536~1584)의 학문적 논쟁은 유명하다. 율곡(栗谷)이 퇴계(退溪)의 이기이원론(理氣二元論)에 대립하는 이기일원론(理氣一元論)을 주장하면서 성리학의 양대 산맥이 형성되었다. 퇴계의 이기이원론(理氣二元論)의 핵심은 우주의 생성과 변화가 이(理)와 기(氣)로 구성되어 있다, 만물은 이기(理氣)의 결합(理氣合體說)에 의하여 생성된다(理通氣局)고 했다.

그의 이기설(理氣說)에서 현상계 이전의 근원 세계에서는 이(理)가 먼저고 기(氣)가 나중(理先氣後)이라고 주장했다. 그 반면에 율곡의 이기

일원론(理氣一元論), 즉 기발이승일도설(氣發理乘一途說)을 주장하면서 이황의 이기이원론(理氣二元論)에 대립각을 세웠다. 그에 대한 설명은 다음과 같다.

발동(發動)하는 것은 기(氣)이고 발동하게 하는 것은 이(理)이다. 기(氣)가 아니면 발동(發動)할 수 없고 이(理)가 아니면 발(發)할 수 없다. 그러므로 선후(先後)도 없고 이합(離合)도 없으므로 호발(互發)이라고 해서도 안 된다. 율곡은 이기호발(理氣互發), 이기묘합(理氣妙合)의 원리를 적용하여 해석했다. 만물의 생생(生生)과 변화(變化)를 이끌어 가는 기(氣)는 본래 하나(一)이지만 변화과정에서는 (음양으로서) 둘(二)로 드러나지만 그 둘은 하나라는 것이 율곡의 입장이다.

율곡(栗谷)의 존재론적 관점에서 이기일원론(理氣一元論)에서의 이(理)는 기(氣)의 바탕이며 기는 이의 머무르는 곳이라고 해석된다. 그것은 또한 주자 이기론의 기본명제인 불리부잡(不離不雜)에 대해 매우 치밀하면서도 독창적인 분석방법으로 발전된 것이다. 이(理)와 기(氣)는 상호 분리되거나(不相離) 섞일 수가 없다는 것을 충실하게 강조한 것이며, 인간의 속된 욕망과 형색 자체를 부정하지 않고 과정상 과불급(過不及)으로 발생한 것으로 설명하였다. 즉 선과 악은 원리적 대립물로 보지 않고 악은 선에 이르지 못한 부차적인 개념임을 분명히 했다. 율곡의 이기일원론은 성리학(性理學)의 관점에서 주자학(朱子學)의 난해한 해석을 극복할 수 있어 탁월하면서도 차원 높게 해석되었다고 전문가들은 논평한다.

이퇴계와 이율곡의 학문적 논쟁은 발전되어 어느덧 주자학의 범주를 뛰어넘었다. 이율곡과 이퇴계의 성리학연구는 자연과 인간과의 관계와 삶의 원리를 통찰(洞察)하고 종합적인 격물치지(格物致知)의 안목을 가지게 이끌었다. 그러한 학습 태도는 만사를 끊임없이 궁리(窮理)하는 데 요체(要諦)가 되어 창의적인 논리와 실제를 심도 있게 분석할 수 있도록 제시된 것이다. 조선 시대에 성리학이 학문의 꽃으로 만개되었다. 그 꽃은 조선 시대 유가의 정치이념이자 윤리 도덕을 기반으로 한 충(忠)·서(恕)·효(孝)

의 결실로 이어졌다. 성리학이 정치적인 관점에서는 국가경영철학이자 공동체 사회의 근간이 되어 민생문제와 직결되었고 민본주의(民本主義) 사상이 발전했다.

조선 시대에 유가의 시중지도(時中之道)는 정치사상과 선비정신이 하나로 융화되어 큰 의미를 부여했다. 선비정신은 보편적 공동체 사회문화경영의 시금석이 되었다. 유가의 경전 중용(中庸)에 나오는 시중지도는 상황에 맞는 적절한 판단과 행동을 뜻한다. 유교(儒敎)의 정치·교육적인 이념을 연마하고 널리 실천하기 위해 전국에 서원(書院)과 향교(鄕校)가 설립되었다. 유교의 서원과 향교의 기능이 조선의 근대화 시기에 개신교의 선교정책에 의해 상실되어가면서 선비정신이 퇴색되어 오늘날 사라졌다고 봐야 할 듯하다. 유교의 가르침이나 이념에는 서구의 religion 형태와 유사한 교조(敎條)와 신앙교육을 위한 제도적 장치나 체계적인 교리과정과 신앙고백과 같은 방법이 존재하지 않는다.

인간의 희로애락(喜怒哀樂)이라는 정서와 그에 대한 중용적인 자제의식이 교육되었고, 도덕적으로 인간을 사랑하며 배려하고 존중하는 데 활용되었다. 사람다운 사람은 삶의 현장에서 예의와 법도에 어긋난 감정을 스스로 절제했다. 인(仁)을 실천하기 위해 자신의 감정을 극복하고 예를 지켜(克己復禮) 알맞게 조절(致中和)하는 것은 조화로운 삶을 추구하는 것이다. 그것은 이상세계와 현실 세계가 분리되지 않은 이원적(二元的) 세계, 즉 성(聖)과 속(俗)이 분리되지 않고(聖俗一如) 하나의 중화(中和) 상태로 보았다.

유교 문화의 사상과 언행은 한국인의 생활문화에 중추적 기능으로 존재하고 있다. 비록 조선 시대에 통용된 유교의 윤리 사상이 일정 부분 퇴색되었으나 아직도 사회생활의 근저(根柢)에는 유교의 기능과 역할이 살아 있어 생명력을 발휘하고 있다. 유교의 기능 중에 사회적 인식력과 분석력, 새로운 변화를 시도하고 촉구하는 창의력은 성리학의 대가로 존숭(尊崇)받고 있는 이황과 이율곡의 이기설(理氣說)을 이어받아 연구방법론적 차원에서 병행되고 있다.

　정신과학으로서 드높게 발전된 조선의 성리학과 그의 문화는 오늘날 다양한 학문 분야의 차원에서도 손색이 없는 세계적인 정신문화의 백미(白眉)라고 할 수 있다. 성리학의 안목에서 이(理)는 드러난 것이기에 형이하학, 즉 자연과학적인 측면을 의미한다. 기(氣)는 드러나지 않거나 비가시적인 형이상학의 부분, 즉 정신과학을 지칭하는 것이다. 이와 같은 유교의 학문 정신과 자연의 이치를 궁구하고 근간(根幹)을 분석하여 실생활에 접목하는 방법은 한국인의 독특한 삶의 철학과 문화가 되었다.

　유교가 조선 시대에 국교(國敎)가 되었으나 불교도 함께 국민을 위해 존재했고 난세(亂世)에는 서로 힘을 합쳐 당면한 국난(國難)을 슬기롭게 잘 극복했다.

　신라의 고승 원효(元曉, 617~686)가 주장한 화쟁사상(和諍思想)[28]은 조선 시대에도 상호 소통과 연계성, 포섭성, 통일성 등을 일심(一心)의 차원에서 돌아보는 고유문화의 역할을 했다. 원효는 "전체(總)는 즉(卽) 개별(別)이자 개별은 전체에 즉 한다"고 했다. 역(逆)으로 개별적인 특수성(別)이 존재해야 전체(總)의 존재가 가능하다는 것이다. 그것은 '전체 속의 개별, 개별 속의 전체'라는 상호 연계성과 통일성을 설명한 것으로 원효의 일심화쟁사상(一心和諍思想)의 중핵을 다룬 것이다. 그 사상은 유교 철학사상과 이기묘합(理氣妙合)이라는 해석학적 차원에 다시 조명될 수 있어 국민이 하나되게 하는 실마리를 제공했다고 본다. 유교 문화의 인식론적 차원에서 불교사상에서의 일심(一心)은 국가와 통치자에 대한 충(忠)과 애국심으로 비유할 수 있다. 조선의 유생(儒生)은 성리학을 바탕으로 불교의 철학적 사유세계를 공유하였고 상호 간의 문화조화 사회문화를 발전시켰다.

　조선의 성리학자는 학문교류, 토론, 학습, 교육문화 등을 다룰 때는 위에

---

[28]　10. 종교문화경영의 10단계 - 문화조화(文化調化 culture harmonization) 2) 다이어그램(diagram) 14 - ~문화조화(文化調和) (마) 화쟁사상(和諍思想)과 문화융화(融和) 참조 바람

서 선비정신을 가져 숙련되고 세련된 지식인으로 유교 문화를 승계하고 발전시켰다. 그가 중요시한 전통문화 가운데 조상께 올리는 제사(祭祀)가 포함되었다. 제사는 신앙 행위가 아니라 보본추원(報本追遠)의 의미에서 저마다의 존재 근원을 찾아 조상께 감사하고 추모하는 효(孝) 사상에서 다루어졌다. 그러한 추모 행사가 그리스도교의 십계명에 따라 우상숭배라고 배척하는 것은 유교 문화에 대한 지식과 지혜의 절대적 빈곤에서 나온 것이다.

유일신을 숭배하는 그리스도교 국가의 신앙인들은 고인(故人)이 된 가족·친지와 지인의 묘소(墓所)를 방문할 때 주로 꽃을 들고 찾아간다. 그들은 묘소 앞에 꽃을 놓고 죽은 자의 이름을 불러가면서 사자(死者)와 대화하듯이 말하며 비문에 입맞춤도 하며, 때로는 등불도 달아주고 꽃나무도 심고 묘소주위를 단장(丹粧)한다. 추모 행사로서의 제례 행위에는 동·서간에 문화적 차이가 있지만 심리적이자 의례적 공통점은 가족과 친지(親知)들의 사자를 신(神)으로 생각하지도 않고 사자에 대한 여러 행위를 우상숭배로 이해하거나 받아들이지도 않는다.

하지만 일부 개신교의 소수 학자와 신앙인이 오늘날에도 조상 제례 행위가 샤머니즘의 세계관으로 규정하고 우상숭배라고 주장한다. 그들의 조상도 거슬러 올라가면 조선 시대에 백성이었을 것이다. 하지만 우상숭배타파를 외치는 그들의 주장에 따르면 그 당시 유생, 학자, 조선인 그리고 조선왕조의 국정철학과 문화경영 등이 샤머니즘을 숭상하고 우상숭배의 민족이었다는 것과 다를 바 없다. 그들은 개신교 근본주의 사상과 세계관, 인식의 틀 속이라는 족쇄(足鎖)에서 벗어나지 못했다. 또한 자아정체성, 주체성, 민족성까지 소속된 신앙단체의 문화에 잠식되어 자신의 조국이자 분신(分身)인 한국전통문화 사상을 비하(卑下)하며 살아가고 있다.

조선의 지식인은 서구학문과 사상을 서학(西學)이라고 표현했다. 성리학을 중심으로 발전된 예(禮)와 정신세계의 대의명분이 근대화 시기에 서학으로부터 도전(挑戰)받은 것으로 분석되었다. 그에 대한 반작용으로 서학에 버금간다는 차원에서 발생한 것이 최수운의 동학(東學)이다. 동학사상과 세력은 전라·경상·충청도 지역에 이르기까지 확장되었고 농민들도 가세했다. 동학운동이 조선(朝鮮) 근대사의 민중혁명으로 평가되고 있다.

일본과 청나라는 동학농민혁명[29]을 진압하고자 조선에 병력을 투입했다. 동학농민혁명이 와해(瓦解)된 후 일본은 조선에 진출할 계기와 발판을 마련했다. 지속한 서구열강의 조선 침략은 결국 청일전쟁(淸日戰爭)과 노일전쟁(露日戰爭, 1904~1905)으로 이어졌다. 1905년 11월 17일 전쟁의 승자가 된 일본은 강압적인 을사늑약(乙巳勒約)을 체결한 후 조선의 외교권을 강제로 박탈(剝奪)해 갔다. 일본 세력과 서양세력이 근대화 시기에 조선에 공존하면서 한국인의 문화와 사상 세계를 송두리째 흔들어 놓았고 일본 제국주의의 조선 내정간섭이 진행되었다.

한편 서구 그리스도교의 문화는 테오스(theos) 세계, 예수 신앙, 천당과 지옥, 구원론과 부활론을 앞세워 조선의 그리스도교 신앙단체를 구축하는 한편 유교공동체 사회문화의 체제를 붕괴시키면서 사상적 변혁과 사

---

[29] 전라도 고부의 동학 접주 전봉준(全琫準, 1854~1895)이 총지휘하는 동학의 세력에 전라도·충청도 일대의 농민이 참가하여 그 세력은 왕성해졌고, 탐관오리(貪官汚吏) 척결을 위한 순수 농민운동으로 번졌으나 복잡한 정치적인 문제로 커졌다. 근대사회의 변혁기를 맞이한 조선의 정치적 당면과제는 동학 세력을 잠재우는 것 외에도 열강세력과의 대립 관계를 풀어 나아가는 것이었다. 이로써 전통문화와 서구 근대문화의 충돌(衝突)은 보수문화의 존치(存置)와 병존(竝存) 과정을 넘어 왕조시대의 국난(國難)으로 번져가면서 위기(危機)상황에 봉착하게 되었다. 조선의 유교 정치이념과 체제가 서구 나라의 무력도발과 일본의 조선 침략이 구체화하면서 격랑(激浪)의 세월을 맞이한다. 조선은 정치적으로 수습할 기회를 상실하자 국력 또한 쇠약(衰弱)해지면서 외세에 의한 급격한 체제변화가 일어나기 시작했다. 결국 청나라와 일본의 군대가 동학 세력을 진압하기 위해 조선에 진주(進駐)하게 되었다. 동학농민혁명은 결과적으로 최수운이 참형되고 전봉준이 죽임을 당하면서 수포가 되었다. 동학혁명 이후 동양의 패권을 차지하기 위해 청·일 전쟁(1894~1895)이 일어났고 일본이 승자(勝者)가 되었다. 그로 인해 일본은 조선에 동학 농민운동 저지비용과 전쟁자금 지급을 강요했다. 경제력과 군사력이 미미한 조선은 점점 더 깊게 노골적으로 침투하는 일본 세력에 적극적으로 대응하고자 하였으나 역부족(力不足)이었다. 을사늑약으로 외교권이 박탈당한 조선의 국가경영능력이 무력해지면서 외세에 의존하다 보니 조선의 땅은 외세의 격전지가 되었고 국가 통치권까지 몰수당해 1910년 조선왕조가 몰락했다.

회체제의 변화를 일으켰다. 그와 더불어 병행된 일제(日帝)의 식민지정책과 그의 목적으로 진행된 강제적인 문화 이식(移植)은 결국 유교의 몰락(沒落)을 가속했다.

열강의 식민지정책은 문호개방정책(門戶開放政策, Open Door Policy)[30]이라는 미명(美名) 아래 감추어졌다. 문호개방정책의 시행은 급격하게 몰아닥친 근대화 시기에 한국 전통문화와 서구 근대문화의 충돌을 발생시켜 사회적 혼란을 가중했고 또 부추겼다. 그러한 급격하고 혹독한 변화시대의 와중(渦中)에도 불구하고 조선의 수많은 백성은 정체성을 지키고자 노력했다.

오늘날 유교의 의례와 윤리 도덕적 사회체제, 제례 문화는 공동체 사회문화에서 발견된다. 조선의 수도였던 한양(漢陽)은 지금도 500여 년의 옛 모습을 복원시켜가며 향후 미래 500년의 수도를 지향하기 위한 문화행사가 진행되고 있다. 세계의 다양한 여행객들이 역동적인 서울의 문화와 풍경을 관광하고 있다.

현대 한국 사회에서 가족과 여러 집단에서의 인간관계와 질서체제는 유교의 윤리, 도덕적인 삶의 바탕에 있으며 서로 존중하고 배려하는 문화로 성장하고 있다. 유교의 덕치(德治)로 불리는 충효(忠孝)와 충서(忠恕) 사상 그리고 보편화한 조상 제례는 한국 사회에 유구히 전래하고, 한국불교뿐만 아니라 다른 신앙단체도 조상 제례를 미풍양속의 이름으로 수용하고 있다. 유교적인 사회체제와 질서를 한국 그리스도교가 수용했다고 하나 유교를 모르는 서구 그리스도교의 사회문화에도 유교 사회질서의 핵심인 충서(忠恕)와 효(孝)가 존재한다. 예수의 박애(博愛) 사상과 원수사랑 그리고 "네 부모를 공경하라"(출 20, 12)라는 것은 동서고금에도 같은 가르침으로 제시된 보편적 차원의 진리다.

한국 그리스도교 가운데 서로마가톨릭이 1970년대부터 기존 토착문

---

[30] 중국에 대한 문호개방촉구는 1899년 미국의 국무장관 헤이(Hay, John Milton)가 주장했고, 결과적으로 미국의 동아시아 정책의 기본원칙을 수립하는 데 목적을 둔 것이었다.

화와의 동화를 위해 유교의 관혼상제(冠婚喪祭)를 수용하기 시작했다. 그것은 제사풍습으로서 삼일장, 결혼식 때 폐백(幣帛)의례, 개신교의 추도(追悼)예배, 가톨릭의 상·제례(喪·祭禮) 등으로 구분되었다.[31] 개신교와 가톨릭은 제례 때 바이블의 구약과 신약에서 적합한 내용의 구절을 찾아 인용하면서 부활의 믿음을 설명하고 주님, 주 예수 그리스도의 이름으로 기도한다.

그 기도는 가톨릭에서 위령기도[32]라고 하며 참석한 사람 중에 가장(家長) 또는 선임(先任)자가 대표로 향을 피우고 난 후 함께 큰절을 두 번 한다. 한국의 서로마가톨릭 차원에서 행하고자 하는 다양한 의례 등이 한국문화와 비교 검토되고 접목되어 가톨릭 사목(司牧)의 방향이 설정되었다. 한국 서로마가톨릭은 1990년도에 개신교의 추도식에 버금가는 조상 제례를 주님의 이름으로 단행하면서 신앙인은 물론 국민과 함께 호흡하고자 노력하고 있다. 시대적 변화와 상황이 종교문화 경영학의 차원에서 그리스도교의 제례 문화가 외연적인 확보 차원에서 문화동화의 과정을 이끌었다고 본다.

오늘날 조상제례가 한국의 사회와 그리스도교 및 그리스도인에게 어떠한 모습으로 이해되었는지 밝혀 본다.

1990년대 필자가 유럽에서 조상제례에 대해 교민들과 인터뷰나 설문지를 통해 분석해 보았고, 그 후 2000년도에도 한국에서 그에 대해 다시 연구해 보았다. 많은 사람이 조상제례가 우상숭배가 아니라고 생각한다. 한국 개신교의 신자 중 일부는 유교식 제례를 지내기도 하며, 일부는 제사에 참여하지만 개신교의 추도식순(追悼式順)에 따라 고인(故人)이나 조상에게 절하지 않고 목례(目禮)로 대신한다. 그들은 조상 제례를 단순히 우

---

[31] 개신교와 가톨릭과의 상·제례(喪·祭禮)에 대해 더욱 상세한 설명은 이 책의 제8장 13. 종교문화경영의 13단계 – 문화토착화(文化土着化, culture indigenization, culture indigenization), 2) 한국 개신교의 토착화에 대한 논쟁과 문제, 3) 한국가톨릭의 토착화와 문제점 참조 바람

[32] '위령기도서'는 현재 임종기도, 사자(死者)를 위한 기도, 기일, 위령 기도, 차례 예식 등에 사용되고 있다. 부록에 병자방문기도와 장례미사, 이장예식 등이 들어 있다.

상숭배로 생각하고 금기할 사항이 아니라 십계명(十誡命)에 나오는 '부모를 공경하라'라는 차원에서 이해하고 있다. 한국 개신교의 많은 목사와 신도가 민족전통의 명절을 지키는 것과 조상제례에 대해 부정적인 생각하고 있지 않으며, 개신교의 토착화를 위해 필요하다고 한다.

유교의 관혼상제뿐만 아니라 공동체 사회와 정치, 교육문화에서도 유교의 긍정적인 가르침과 사회적 덕목의 요소는 한국인의 일상생활문화에 자리 잡고 있다. 한국인의 종교(심)성은 유교적이며 특히 유교의 종묘제례(宗廟祭禮), 종묘제례악(宗廟祭禮樂), 조선왕조실록(朝鮮王朝實錄), 훈민정음(訓民正音) 등은 유네스코 세계문화유산에 등재되어 세계적으로 널리 알려졌다. 이와 같은 사례는 한국인의 종교성이 유교 문화와 융화되어 있다는 방증이며, 국가 차원에서의 종교문화 경영학은 세계적인 유네스코 이념과 무관하지 않아 폭넓은 연구 분야로 발전되어야 한다.

4. 불교(佛敎)적이다

선가(仙家)의 선교(仙敎)만큼이나 한국인들의 정신사상과 선(禪)적인 삶에 많은 영향을 끼친 것이 불교사상이다. 불교는 선사시대(先史時代)에서부터 한민족의 전통문화사상으로 유구히 전승되는 삼수(三數) 사상을 수용했다. 한국불교의 삼수 사상은 한국불교의 특징이자 호국불교·민족불교·대중(大衆)불교로 발전하면서 문화토착화를 이루었다.

고조선 단군 시대의 삼신일체[조화(造化)·교화(敎化)·치화(治化)] 사상이 불교의 삼신 사상[三身思想: 법신法身·보신報身·화신化身]으로 자리 잡았다. 그와 연계된 삼불(三佛) 사상은 법신불(法身佛), 응신불(應神佛) 그리고 화신불(報身佛)이다. 불교의 삼세불(三世佛)은 석가불(釋迦佛), 약사불(藥師佛)과 아미타불(阿彌陀佛)이다. 한국불교의 삼불(三佛)은 삼신일체 사상, 그리고 삼세불(三世佛) 사상은 삼수(三數) 사상과 맥락을 같이한다. 한국불교 문화가 고대의 선교 사상을 수용했고 그의 맥이 살아 있음을 간접적으로 증거가 되고 있다.

불교에서 깨우침으로 이끄는 삼학(三學) 수행은 계·정·혜(戒·定·慧)이며 대승(大乘)불교나 소승(小乘)불교 모두 그를 중요시하고 있다. 불교의 삼보(三寶)는 불보(佛寶)·법보(法寶)·승보(僧寶)이자 세 가지 귀의처(歸依處)를 뜻한다. 자연과 인간과의 관계법을 설명한 것이 연기론(緣起論)이다. 연기론은 과거(過去), 현재(現在), 미래(未來)가 하나로 연관되어 있다는 설명으로 삼생(三生)의 인연 즉 삼세(三世) 사상을 구체화했다. 삼세 사상과 관련지어 표현되는 인연(因緣)이라는 용어는 우리 주변에서 스스럼없이 많이 사용되고 있다. 그러한 불교사상이 한국불교 문화의 생명력을 향상시켜 오늘날 대중(大衆)불교로 공동체 사회문화의 광장에서 호흡하고 있다.

고대불교의 기록으로 전해지는 '고승전(高僧傳)'은 신라 선덕여왕 때의 학자 김대문(金大問)의 작품으로 알려졌으나 현재 남아 있지 않다. 그러나 그의 저서 『화랑세기(花郎世紀)』의 필사본과 고려 시대 고종 2년(1215)에 각훈(覺訓)에 의해 편찬된 『해동고승전(海東高僧傳)』이 전해지고 있다. 그러한 자료들은 삼국시대에 활약했던 승려들의 열전을 집대성한 것으로 화랑과 승려의 삶, 그리고 그들의 세계관을 살펴볼 수 있다.

삼국시대에 고구려와 백제의 전쟁은 형제의 난(亂)으로 분석된다. 371년 고구려 제16대 고국원왕(故國原王, 재위 331~371)과 백제의 제13대 근초고왕(近肖古王, 재위 346~375)의 전투가 발생했다. 그 전투의 성격은 중원패권의 쟁탈전이며 대륙 제왕의 꿈을 이루려는 결전이었기에 더욱 치열했다. 고구려의 고국원왕은 북쪽 변방 지역의 타국세력을 누르고 방어태세를 갖추었지만, 백제의 융성에 불안감을 가지고 있었다. 그는 대군을 이끌고 백제를 침공했다. 하지만 백제의 근초고왕은 평양성에서 접전 끝에 고구려왕을 죽이고 승리했다. 그러나 양쪽 모두 전쟁으로 수많은 백성의 인명피해와 재산피해는 상상(想像)을 초월했다. 전쟁의 결과는 양국의 백성들을 크나큰 파탄(破綻)과 도탄(塗炭), 그리고 한없는 시름에 빠지게 했다. 그로 인해 양국의 국가운영과 국가경영정책은 국가안정을 위해 대대적인 변화와 혁신이 필요했다.

고국원왕의 뒤를 이은 고구려 소수림왕(小獸林王)은 전쟁으로 발생한 사회적 불안과 위기 그리고 피해를 극복하기 위해 백제와의 전쟁을 뒤로 미루고 내부의 개혁으로 국가체제를 정비하고 중흥을 시도했다. 그러한 시기에 중국에는 '오호란화(五胡亂華)'가 일어났다. 오호(五胡)는 중국 고대의 동진(東晉, 317~420) 시대에 중원지역으로 침입한 다섯 종족[흉노(匈奴), 선비(鮮卑), 저(氐), 갈(羯), 강(羌)]을 의미하며, 그 종족들이 오랑캐로 비하(卑下)되어 호칭된 것이다. 란화(亂華)란 그들이 난리를 일으켜 혼란하다는 뜻이다. 오호란화 이후 오호 십육국 시대(五胡十六國時代; 316~439)가 되었다. 그 시대는 4세기 동북아시아 제왕의 패권쟁탈전이자 재편과정이었기에 그들은 고구려의 북진정책에 민감한 반응을 불러일으켰다.

소수림왕은 국내, 국제적인 여러 상황을 파악하고 372년 전연(前燕)을 멸망시킨 전진(前秦, 351~394)[33]과 우호 관계를 맺는다. 그는 전진(前秦)에 유입된 불교를 수입하여 국가와 종교문화경영의 이념으로 삼았다. 그는 같은 해(同年)에 국가통치철학과 안정을 확고히 다지기 위해 유학(儒學)교육기관이자 국립교육 기관인 태학(太學)을 설치하고 율령(律令)을 반포하여 중앙집권적 국가통치조직을 새롭게 확립했다. 태학에 귀족자제들이 입학하여 경학(經學)·문학(文學)·무예(武藝) 등을 배웠고 유교적 정치이념에 충실한 인재로 양성되었다. 이는 고구려 시대의 국가경영철학과 전문적인 인재양성은 유교 사상이었음을 방증(傍證)한다. 고구려 시대 이전의 유교·문화 사상이 동북아시아 지역의 역사적 차원에서 연구되어야 상고시대의 종교문화경영이 어떠하였는지 한 걸음 더 가까이 접근해 볼 수 있다.

고구려의 불교 전파는 정치적 차원에서 주도적으로 이루어졌다. 불교

---

[33] 전진(前秦)은 간쑤성(甘肅省) 일대에 거주하던 티베트계 저족(氐族)에 의해 건국된 나라이다. 진(秦) 나라 중에 가장 먼저 건국된 국가였기에 구별하는 차원에서 전진이라고 했다.

가 고구려의 국정과 민심을 안정시키는 데 큰 역할을 하였고 국교(國敎)가 되었다. 불교의 연기론과 삼생의 인연, 업보, 자비, 불성, 깨달음, 해탈 등의 사상은 새로운 정신문화의 요소로 백성들의 원성(怨聲)을 가라앉히며 위로와 희망을 안겨주는 매개체가 되었을 것이다. 왕세자(王世子)들 또한 불교도로 득도(得度)하여 점차 귀족(貴族)불교가 되었고 그 불교는 차후 호국불교(護國佛敎)로 발전하였다. 불교 문화는 기존의 전통문화의 토양에 뿌리를 내리면서 종교문화경영의 토착화단계가 시작되었다.

나당(羅唐)연합군에 의해 고구려, 백제 시대의 찬란한 문화와 문화재가 초토화되었고 백제와 고구려의 고대 문헌 자료들이 소각되었다. 사라진 고대불교의 문화와 '고대의 역사적 문헌 자료 등을 발굴 및 연구'하기[34] 위해 고려의 불교는 퍼즐 맞추듯이 중요한 위치를 차지하고 있다. 고려가 원(元)나라의 정치적 간섭과 영향을 받기 시작한 시기는 13세기 고려 중엽(中葉) 이후부터다. 그 이전의 고려문화는 선사(先史)시대의 고대문화와 조화롭게 융화된 불교 문화의 제도와 문헌들을 보유하고 있었을 것으로 판단된다.

예컨대 삼국시대의 왕사제도(王師制度)는 국가경영철학과 종교문화경영에 큰 역할을 했다. 국가 통치자 임금이 덕망(德望)이 높고 훌륭한 고승(高僧)을 국가의 스승으로 모시는 제도가 왕사제도다. 그러한 고승은 왕사(王師) 또는 국사(國師)라고 호칭되었다. 임금이 국정운영, 행사 및 경영 등에 왕사를 참여시킨 사례가 문헌으로 남아 있다.

『삼국사기』와 『삼국유사』에 의하면, 신라 진흥왕 12년(551)에 혜량(惠亮) 스님이 국통(國統)이 되었다. 혜량의 뒤를 이어 국통이 된 자장(慈藏, 590~658)은 국권과 왕권 강화를 밑받침해 주는 대표적인 정신적 인물이었다. 고려를 건국한 왕건은 경유(慶猷, 871~921) 스님을 스승으로 모셨고, 그 이후 이언(利言, ?~?)이 왕사가 되었다. 고려 시대 광종은 혜거(惠居, 899~974)를 국사로 모셨다. 고려불교가 호국불교이자 정신적으로 국가

---

34   제9장 종교문화 경영(지도자)학 – 보편적 사회 가치 창출과 환원 2. 역사 인식과 종교문화경영 – 종교(심)성 탐구에서부터 1) 선도(仙道)문화 참조 바람

경영을 통섭(統攝)할 수 있는 사상이 되었고, 정치적으로는 종교문화경영의 철학이 되었다. 고려 시대에 27명의 왕사가 초빙되었다. 한국의 유명한 불교사찰 가운데 하나인 송광사는 승보사찰(僧寶寺刹)이라고 한다. 그곳에서 고려 시대의 보조국사 지눌(知訥, 1158~1210)을 포함한 16명의 국사(國師) 외에도 많은 왕사가 배출되었기 때문이다. 국사제도(國師制度)는 고려 시대를 거쳐 조선 시대 초기에 무학(無學, 1327~1405)대사로 이어졌으나 그 이후 성리학자들에 의해 그 제도가 완전히 사라졌다. 전남 순천의 송광사(松廣寺 사적 제506호)는 효봉(1888~1996), 취봉(1898~1983), 구산(1910~1983), 일각(1922~1996) 선승(禪僧)들을 배출(輩出)했다.

불교는 조선시대의 숭유억불(崇儒抑佛) 정책으로 배척(排斥)당했다. 그러한 배불(排佛)정책으로 호국불교가 산중불교(山中佛教)로 전락했다. 산중불교는 한양에 있던 불교가 정치적 탄압을 받아 속세(俗世)를 떠나 깊은 산속으로 밀려들어 갔다는 것을 의미한다. 승려(僧侶)는 한양(漢陽) 진입이 금지되었다.

근대화 시기에 백담사 승려였던 한용운(1879~1944)의 조선불교유신론(朝鮮佛教維新論)은 유명하다. 그의 주장은 한국불교가 산중불교라는 굴레에서 벗어나 대중(大衆)불교로서의 변화를 이끄는 실마리를 마련했다. 그의 불교 유신론 중에 역사적인 석가(釋迦)만 모시자는 제안은 불교계의 호응을 받지 못했다. 하지만 사찰 내에서 할 수 있는 자구책(自救責) 실시는 탁발승(托鉢僧)을 감소시키는 효과를 거두었고 오늘날 민가(民家)에서 탁발승의 모습은 찾아보기 어렵다. 자구책이란 승려가 직접 텃밭이나 산을 개간(開墾)하여 먹거리 등을 자급자족하는 것이다. 땀 흘리는 노동의 신성함과 생명의 빛에 감사하며 마음 밭(심전 心田)을 경작(耕作)하는 정신은 수도 정진에 박차를 가했다.

불교의 혁신경영이 시대적 변화에 따라 진일보되었다. 1980년대에 불교의 대중화와 사회참여운동은 민중(民衆)불교라는 새로운 용어를 창출시켰다. 그것은 한국 개신교 단체에서 발생한 민중 신학과 맥락을 같이하는 것으로 가난하고 소외된 계층과 함께한다는 보살(菩薩) 정신의 구현과 다름없었다. 그 의미는 또한 민중과 함께 호흡한다는 차원에서 소통 불교의 모습이었다. 산중불교 문화가 소통문화경영의 불교로서 공동체 사회문화의 광장으로 나아간다는 것은 혁신적인 불교경영의 길로 제시되었다. 국가가 누란지세(累卵之勢)와 같은 상황에 처해 있을 때는 많은 불교의 승려가 자진하여 승병(僧兵)이 되어 전쟁에 참여했고 국난타개(國難打開)에 일조했다. 한국불교가 호국불교라는 역사적 대의명분을 잊지 않고 시대 상황에 적극적으로 참여했다. 불교가 당면한 시대적 국난 상황을 외면하지 않은 것은 호국불교로서 종교문화 경영학[35]의 한 부분인 문화상황화(文化狀況化)[36]에 충실한 시기였다.

한국불교는 1000년 동안 국교로 존재했고 그 후 600여 년간 서민의 품으로 돌아가 낮은 자세에서 국민과 함께 호흡하고 있다. 결과적으로 한국불교문화는 1600여 년간 한국인의 정신세계를 관통하였다. 불교의 문화재는 다양한 차원에서 국가로부터 보호받고 있으며 그중에 7개의 산사(山寺)는 유네스코 세계문화 유산으로 등재되었다.[37]

한국불교의 특징은 토착화를 이룬 호국불교이자 민중불교다. 한국불교가 한국인의 정신세계에 많은 영향을 주었고 고대로부터 내려오는 선교(仙敎) 사상과 전통문화를 수렴(收斂)해 보유하고 있어 역사적 가치 또한 크다. 불교 문화에는 유구한 선교(仙敎)문화와 선사(先史)시대의 문화가 조화롭게 융화되어 있기 때문이다. 불교는 시대적 국난 상황에도 참여하여 호국불교의 과정을 거치고 이수하여 민족(民族)불교로 호칭(互稱)되었

---

[35] 「종교문화 경영학」은 제9장 종교문화 경영(지도자)학 – 보편적 사회 가치 창출과 환원과 연계성이 있으니 참조 바람.

[36] 제8장 종교문화 경영(지도자)학의 단계와 과정 III. 종교문화경영의 13단계와 과정 11. 종교문화경영의 11단계 참조 바람

[37] 제9장 종교문화 경영(지도자)학 – 보편적 사회 가치 창출과 환원 II. 종교문화 경영학의 길, 공동선(共同善)의 실천(實踐)으로 2. 역사 인식과 종교문화경영 – 종교(심)성 탐구에서부터 2) 불교 참조 바람

다. 대승적 차원에서 토착화된 한국불교가 1980년대에 민중불교로 보편화하였고 전통문화예술의 한 부분이 되어 국가적 행사에 불교 문화가 빠지지 않고 등장한다.

한국의 크고 작은 불교사찰(寺刹)은 명승지로 꼽힐 만큼 경치가 수려한 산세(山勢)의 산속에 자리 잡고 있으며 전국적으로 분포되었다. 불자(佛子)는 물론 수많은 행락객이 전국의 유명한 산사(山寺)를 방문한다. 불교가 그만큼 한국인의 인생관과 세계관에 지대한 영향을 주었다는 것은 분명하다. 한국인의 철학적 사고와 인식의 스펙트럼은 불교의 영향권을 벗어날 수가 없을 정도다. 불교철학과 문화에 큰 영향을 받았다는 인식론이 일상생활 가운데 스스럼없이 사용되는 언어에서 발견된다. '전생', '업보', '인연', '삼생의 인연', '자업자득', '대승적 차원', '보살행', '극락세계', '화두(話頭)' 등의 용어가 그것이다.

많은 사람이 개인적인 신앙과 무관하게 49일제, 100일 기도, 절 공부(Temple Stay)와 불교 문화행사인 석가탄신일(음력 4월 8일), 탑돌이, 연등행사 등에 참여하고 있다. 그와 같은 문화행사는 한국인의 종교적 성향과 철학사상이 불교적이며, 고대의 전통문화와 조화롭게 융화된 한국불교가 토착화(土着化)되었다는 것을 조명해주고 있다.

5. 도교(道教)적이다

도교(道教)와 도가(道家)사상은 일맥상통하는 점은 있으나 전자는 기복(祈福)적인 성격과 신앙이 가미된 신앙단체이고 후자는 자력 수행과 사상단체로 구분된다. 도교 이전에 형성된 도가사상의 핵심이 무엇인지 고찰해본다.

사람이 속세를 초월하여 산에서 도를 닦아 높은 정신적 계제에 오르면 선인(仙人)이 될 수 있다. 선인(仙人)은 불로불사(不老不死)의 존재가

되어 천상계(天上界)와 지상계(地上界)를 자유롭게 왕래하며 때로는 인간계(人間界)에 나타나서 인간과 교섭(交涉)한다고 한다. 그러한 신선설(神仙說)은 도가 피안(彼岸)의 관념이자 신선사상(神仙思想)으로 노자(老子)의 『도덕경(道德經)』·『장자(莊子)』·『열자(列子)』·『황제내경(黃帝內經)』 등에서 찾아볼 수 있다. 도가사상은 고대 한국의 선가(仙家)사상과 유사해 선가(仙家)의 선(仙)자와 도가의 선(仙)의 개념과 의의에는 별다른 차이점이 없다.

중국의 도교(道敎)는 역사적인 관점에서 살펴봐도 선가(仙家), 도가(道家), 불가(佛家)의 영향을 받아 형성되었다. 고구려 시대에 전파된 도교는 고구려의 멸망과 함께 한국민간사상에 흡수되었고, 민속신앙의 한 형태로 잔상이 남아 있을 뿐이다. 도교는 불교 문화의 접촉결합 과정을 거쳐 민간신앙이자 구복(求福) 신앙으로 폭넓게 퍼져 있으며 중국인의 일상생활에 다채로운 영향을 주었다.

도교의 창교자(創敎者)는 중국 후한(25~220) 시대의 장도릉(張道陵, 34/85(?)~156(?))이다. 도교 교리를 집대성한 사람은 구겸지(365~448)다. 『삼국유사』 보장봉로조(寶藏奉老條)의 고려본기(高麗本記)에 따르면, 도교 교단의 창시(創始)자이자 초대 교주(敎主)가 장릉(張陵; 85?~157?)으로 확인된다. 장도릉의 이름이 『삼국유사』에 장릉(張陵, Chang Ling)으로 기록되었으나 같은 사람(同名人)이다. 그는 만년(晩年)에 유교(儒敎)를 버리고 도가(道家)의 장생(長生)법을 배웠으며 중국 쓰촨(四川)의 학명산(鶴鳴山)에서 수도에 전념했다. 그가 저술한 도서(道書)가 신출정일맹위법(新出正一盟威法)[38]이라고 한다.

장도릉은 그의 종도(宗徒)에게 육체의 불멸(不滅)과 장수(長壽)를 약

---

[38] 장릉이 수도(修道)에 정진하여 어느 경지에 올랐을 때, 많은 신이 그에게 강림해서 질병을 고쳐 주는 법을 가르쳐 주었다고 한다. 장릉이 그 법을 정리하여 내놓은 책이 신출정일맹위법(新出正一盟威法)이라고 한다. 그는 그 법을 활용하여 교단조직과 체제를 만들고 종도(宗徒)에게 직책을 부여했으며, 종도는 쌀과 비단을 바치는 제도를 만들었다고 전해지고 있다.

속하면서 도가(道家)와 달리 교리를 체계화시켜 신앙단체를 구성했고 조직체를 강화했다. 장도릉이 창설한 최초의 도교 신앙단체가 천사도(天師道)며 그의 의미는 기도(祈禱)로 치료해 준다는 것이다. 천사도가 치료사례비용의 명목으로 1년에 쌀 다섯(5) 말을 받았다고 하여 세간(世間)에서는 '오두미도교'(五斗米道敎)로 더 잘 알려져 있다. 도교의 경전은 『도장(道藏)』이며 일반적으로 도장경(道藏經)이라고 한다.

도교의 특징은 여러 종교사상과 문화, 예술, 풍속 등을 자연스럽게 받아들여 조화롭게 융화시키는 성향이 있다. 도교 연구에서 눈에 띄는 것이 삼청(三淸) 사상이다. 하나인 도(道)에 옥청(玉淸: 원시천존)·상청(上淸: 영보천존)·태청(太淸: 도덕천존)이라는 삼신(三神)의 형상이 들어 있다. 하나의 도(道)로 발현(發顯)된 삼신의 형상을 삼청이라고 한다. 삼청의 신이 최고(最高)신이며 그 신이 다시 신선(神仙)의 기운으로 드러나는 것을 '일기화삼청(一炁化三淸: 하나의 기운이 세 가지 맑음으로 나타나다)'이라고 한다. 고대의 전통사상으로 이어지는 선교(仙敎)의 삼수(三數)사상이 차후 장도릉의 도교 형성에 끼친 영향을 역사적 안목에서 살펴보았다.

『삼국사기』에 의하면, 중국의 도교는 서기 624년 고구려 영류왕(재위 618~642) 때 당나라에서 파견된 도사(道士)를 통해 시작되었다. 그는 영류왕이 참여한 가운데 노자(老子)의 도법(道法)을 강의하였다. 625년에는 고구려의 학인(學人)들이 당나라로 파견되어 불교와 도교의 교법을 배워왔다고 한다.

643년(고구려 보장왕 2)에 연개소문(淵蓋蘇文)의 건의로 당나라의 숙달(叔達)을 포함한 도사 8명이 『노자도덕경(老子道德經)』을 가지고 고구려에 입국했다. 고구려는 그들에게 궁전 안에 있는 불교의 한 사찰을 도교의 사원인 도관(道觀)으로 사용하도록 허락했다. 고구려의 도교가 고구려 보장왕 시대에 일시적으로 흥행했다. 하지만 불교 사찰에서 도교의 의례적인 소리가 퍼져 나오자 상호 간에 파열음이 골 깊게 발생했다. 그로 인해 650년 평양 반룡사(盤龍寺)의 승려 보덕(普德)이 백제로 떠나갔다. 그 이유는 고구려의 도교 숭상과 불교경시에 대한 개탄과 반발이 주요 원인이 었다고 전해진다. 보덕은 지금의 전주 고대산(孤大山)에 경복사(景福寺) 를 창건하고 열반종(涅槃宗)의 교의를 강론하여 열반종(涅槃宗)의 개조 (開祖)가 되었다. 고구려가 보장왕 이후 나당연합군(羅唐聯合軍)에 의해 멸망했다. 고구려 정부로부터 정치적 지원을 받지 못하게 된 도교는 결국 민간신앙으로 흡수되었다. 장릉 사후 대략 500년이 지나 고구려에 전파된 도교는 본래 장릉의 도교(道敎)인지 그 사실 여부는 도교 연구 분야뿐만 아니라 종교문화 경영학의 차원에서 다루어져야 할 것이다.

도교(道敎)의 특색인 고산숭배(高山崇拜)와 여선(女仙)으로서의 국 모신(國母神) 숭배 등이 있다. 한국의 선가(仙家) 사상에서 한국의 오악 산(五岳山: 금강산, 묘향산, 지리산, 백두산, 삼각산)[39]은 신성시되어 도교의 고산숭배와 유사하다. 신라 시대에 유명한 오악산은 동(東)쪽의 토함산·서 (西)의 계룡산·남(南)의 지리산·북(北)의 태백산·중앙(中央)의 부악(父 岳)산을 뜻한다. 충남 계룡산(鷄龍山) 신원사(新元寺)에 1394년 조선의 태조 이성계가 세웠다는 중악단(中嶽壇)이 있다. 중악단(충청남도 유형문화 재 제7호)은 기우제·산신제를 지냈던 곳이며, 민족정기를 고양하고 만백성 들의 단결과 번영을 기원하였던 장소로 유일하게 현존하고 있다.

조선의 고종황제 때 묘향산의 산신각을 상악단(上嶽壇), 지리산의 산 신각을 하악단(下嶽壇)이라고 했다. 하지만 상악단과 하악단은 멸실(滅 失)되었다. 전자는 겨우 터만 남아 있고 후자의 터는 흔적조차 발견하기 어 렵다. 그들이 쓰라린 역사의 파란 속에 자취를 감추었으나 모두 선가(仙 家)의 신선 사상을 중심으로 형성된 산악(山岳)숭배 사상과 관계가 깊다.

도가·신선 사상과 관련이 깊은 인물로 신라 시대의 김가기(金可紀, ?~859)와 최치원(崔致遠, 857~?) 등이 있다. 최치원은 조선상고사 시대의

---

[39]   중국의 오악산은 동쪽의 태산(泰山), 서의 화산(華山), 남의 형산(衡山), 북의 항 산(恒山), 중앙의 숭산(嵩山)이다. 사람의 얼굴에서 오악으로 비유되는 부분은 이 마, 코, 턱, 좌우 광대뼈이다.

고대어(古代語)로 기록된 천부경(天符經)을 한문으로 번역하여 옮긴 인물로 알려졌다. 그의 비문(碑文) 즉 낙랑비서(鸞郞碑序)에 고대 조선의 선사(仙史) 내용이 기록되어 있다. 그 내용 중에 선(仙)·유(儒)·불교(佛敎)를 포함한 종교(宗敎)가 풍류(風流)라고 설명되었다.

도가사상은 삼국시대를 거쳐 고려, 조선 시대에도 그 명맥이 천제(天祭)의 한 의례요소로 포함되어 이어졌다. 고려의 삼청상(三淸像), 재초(齋醮; 제사 및 기도 의식)의 기능을 담당한 정사색(淨事色), 조선의 경복궁 북쪽에 소격서(昭格署) 등이 그것이다. 그와 같은 문화유적의 흔적은 지금 서울의 종로구 삼청동·성제정(星祭井)·소격동(昭格洞)의 지역 이름에서도 찾아볼 수 있다.

1831년 묘향산 보현사(普賢寺)에서 간행된 책이 『옥추경(玉樞經)』이며 옥추경을 또한 『옥추보경(玉樞寶經)』[40]이라고도 한다. 그 책의 서두에서부터 신선들의 모습이 나오는데 모두 44개의 신상(神像)이 있고, 책 끝에는 부적(符籍)이 실려 있다. 『경국대전』에 도류(道流)가 『옥추경』을 읽는다고 해서 도서(道書)라고 전해지고 있다. 도류의 근간이 선도(仙道) 사상에서 나온 것으로 이해되어 한국의 선객(仙客)들이 옥추경을 읽었음을 알 수 있다. 일부 학자들은 옥추경이 민간신앙의 경문(經文)이라고 단언하지만 그들의 주장에 역사적 설명과 논리적 근거가 빈약하다. 옥추보경은 선가의 신선계통과 신선들의 역할과 선도(仙道)문화라는 큰 틀에서, 종교문화 경영학의 안목에서 재조명할 가치가 있다고 생각한다.

불교사찰에서 관찰되는 삼신당(三神堂)은 도교 문화의 잔영이지만 선사(先史)시대의 선도(仙道)문화이자 민간신앙으로 승계된 전통문화로 이해하고 불교가 수용했다. 다만 그에 대한 문화사적 의식과 국민의 관심사, 그리고 정부의 관리 차원은 불교 문화보다 빈약하기만 하다.

제례 문화로서 도교의 49일제는 불교의 49일제와 거의 유사하다. 사

---

[40] 옥추경에 대한 보다 상세한 설명은 제6장 상생법도(相生法道) - 자연생태학의 관점에서 3. '법(法)·도(道)의 개념과 의미'에서 제시한 내용과 각주 참조 바람

자(死者)를 관(棺)에 모시고 장지(葬地)에 입관할 때 그 관 위에 7개의 판자(板子)를 얹어 놓는다. 7개의 판자(칠성판)는 북두칠성(北斗七星)을 의미한다. 한국 전통문화에 의하면 옛 선현들은 북두칠성이 인간의 수명과 복록을 관장한다고 했다. 그들은 만인이 사용할 수 있는 제수(祭需)로서의 으뜸이 청수(淸水)라고 했다.

치성(致誠)을 올리는 사람은 장독대 위에 청수를 모시고 간절한 마음으로 북두칠성에 소원을 빌었다. 장독대는 집안의 음식자재와 건강을 제공하는 장소로 신성시되었다. 청수치성은 지금도 한국의 종교문화에서 빠지지 않고 등장하며 민간신앙의 차원에서 그 맥이 이어지고 있다. 도교가 수용했던 선가 사상이 한국에서 민간신앙과 함께 호흡하고 있음을 살펴볼수 있다. 그와 같은 연장선에서 한국인의 종교(심)성을 분석하고 살펴보아도 한국인의 종교(심)성은 또한 도교적이다.

6. 서교(西敎; 그리스도교)적이다

한국의 그리스도교가 출판한 『한국교회사』를 살펴보면, 임진왜란(壬辰倭亂, 1592~1598)이 일어날 때 그레고리오 데 세스페데스(Gregorio de Céspedes) 신부가 등장한다. 그는 포르투갈 예수회 소속의 선교사로 임진왜란 이전에 일본에 파송되었다. 세스페데스가 일본군 장수 고시니 유키나가(小西行長)의 뒤를 따라 나가사키(長崎)와 쓰시마 섬(對馬島)을 거쳐 1593년 12월 28일 조선의 남해안(진해 근처 웅천)에 도착했다. 그는 조선의 땅을 밟은 최초의 외국인이 되었다.

1) 한국의 역사적 사건과 연관된 그리스도 교회사

임진왜란(壬辰倭亂) 때 가톨릭 예수회가 가담(加擔)했다는 근거자료가 있어 제시한다.

"명나라가 파군을 결의하고 명군의 총사령관이 마테오 리치(Matteo Ricci 1552~1610)를 방문하고 조선 내에서의 군사 작전을 포괄적으로 진단한 바 있었다. 한쪽에서는 일본 주재 예수회가, 다른 쪽에서는 명 주재 예수회가 각각 작전 교사를 하고 있었다."[41]

세스페데스가 조선에서 조선인에게 가톨릭 세례를 주었다는 기록은 찾을 수 없다. 다만 한국 서로마가톨릭교회사에 의하면, 일본 군인이 임진왜란 때 조선인들을 전쟁포로로 삼아 일본 나가사키(Nagasaki)로 데려 갔다. 그곳에서 세스페데스가 그들에게 최초로 세례를 주었다고 기록되었다.[42] 이러한 사건을 통해 서로마가톨릭이 조선에 전파되었다고 보는 것이 또한 한국 개신교와 가톨릭교회사의 공통된 설명이다. 가톨릭이 전파된 시대의 조선사(朝鮮史)와 한국 교회사를 통해 한국인의 종교(심)성이 어떠한 관점과 이유에서 서교(西敎)적인가를 다루어 본다.

① De Deo Verax Disputatio

임진왜란 이후 중국에서 활동했던 신부 마테오 리치(Matteo Ricci, 이마두(利瑪竇) 1552~1610)는 한국 교회사에서도 언급되고 있는 중요한 인물이다. 그는 De Deo Verax Disputatio(='하느님에 대한 참된 토론: 한역서학서(漢譯西學書: 변증법적 천주에 대한 교의 문답서))를 작성했다. 그의 교의문답서는 1603년과 1607년 『천주실의(天主實義)』라는 책명으로 중국에서 간행되었다. 그 후 조선의 유학(儒學)자 유몽인(柳夢寅: 1559~1623)의 저서 『어우야담(於于野譚)』과 이수광(李晬光: 1563~1628)의 『지봉유설(芝峯類

---

[41] 민경배, 『한국기독교회사』, 대한기독교출판사, 서울, 1989. 44~45쪽

[42] 민경배, 『한국기독교회사』, 대한기독교출판사, 서울, 1989, 46쪽
유홍렬, 『增補 한국천주교회사 上卷』, 가톨릭출판사, 서울, 1991, 33~34쪽 참조 바람

說)』은『천주실의』내용을 널리 알렸다. 지봉(芝峯) 이수광은『천주실의』를 읽어보고 1614(광해군 6)년『지봉유설(芝峯類說)』에서 논평하기를, 가톨릭의 하느님 사상이 조선의 상제(上帝) 사상과 유사하다고 보았다.[43] 그의 지봉유설은 일종의 백과사전과 같은 유형의 책으로 유명하다. 그 책은 가톨릭 외에도 중국·일본·동남아시아(베트남·타이·인도네시아·말레이시아) 및 프랑스·영국의 군사적 상황까지 소개하였고, 다양한 내용에 따르는 고증과 비평이 함께 곁들어 있다. 서구의 과학문화에 관심을 가진 조선의 신진(新進) 유학자들이 있었다. 그들은 당리당략(黨利黨略)과 탁상행정(卓上行政)의 문제점을 지적하고 새로운 변화를 주기 위해 실질적으로 생활에 도움되는 학문과 정책을 추구하여 실학파(實學派, Pragmatism)로 호칭되었다.

② 서로마가톨릭의 조선선교(宣敎)정책 - 십자가의 순교 정신으로

서로마가톨릭의 조선 선교(朝鮮宣敎)정책은 1791(신해 辛亥)년을 필두로 1801(신유 辛酉)년에도 조선왕조와 사회를 경악(驚愕)하게 만들었고, 고유전통문화와의 충돌을 수차례 발생시켰다. 그런 사건들은 선교와 통상(通商)문화의 시작으로 미화시킬 수 있으나 결과적으로 식민지정책의 탐색과 그리스도 제국화의 타진(打診)으로 이어졌다. 1866(병인 丙寅)년 프랑스 함대는 조선을 침공(병인양요 丙寅洋擾)했고 조선은 방어(防禦)했다.

서로마가톨릭은 십자가의 정신, 순교 정신으로 무장된 선교(宣敎) 정책을 조선에 펼쳤다. 1794년 중국 베이징 교구장 구베아(Alexandre de Gouvea) 프랑스 주교는 중국인 신부 주문모(周文謨, 1752~1801; 세례명은 야고보)를 조선의 선교사로 파견했다. 주문모는 1795년 조선인의 복장을 하고 서울 북촌(北村 : 지금의 계동)으로 밀입국(密入國)하여 6년간 선교활동을 했다. 조선의 전통사상과 서로마가톨릭 사상이 극렬(極烈)하게 대립하였던 시대에 조선 가톨릭 신자들의 단체가 형성되었다.

---

[43] 민경배,『한국기독교회사』, 대한기독교출판사, 서울, 1989, 56쪽

그들 가운데 서로마가톨릭의 신앙문화와 교리에 심취한 조선의 신앙인 중에 한 사람이 이승훈(李承薰, 1756~1801, 세례명 베드로)이었다. 이승훈은 유교를 국교로 하는 조선의 통치 사상에 반기(反旗)를 들고 가톨릭 신앙고백을 고수(固守)했다. 그의 언행은 조선왕조의 근간을 흔든 사건으로 지목되어 1801(신유, 辛酉)년 4월 약 100명의 신자와 함께 형장(刑場)의 이슬로 사라졌다.

하지만 그는 한국 교회사에 첫 번째 순교자로 기록되었다. 1801(신유辛酉)년 5월 31일 잠입 선교 활동을 하고 있던 주문모 신부가 발각되어 조선의 가톨릭 신자와 함께 처형당했다. 그러한 사건들이 조선사(朝鮮史)에 신유사옥(辛酉邪獄)[44]으로 기록되었다. 신유사옥은 조선사에서 경악(驚愕)을 금할 수 없는 서곡(序曲)의 시작이었다.

그 이후에도 여러 차례 조선의 가톨릭 신자들이 극비(極祕)의 선교 활동을 하면서 전통문화이자 국가문화경영의 차원에서 중요시한 조상 제례를 집단으로 거부(拒否)했다. 그들의 행위가 사회적인 문제로 커지면서 가톨릭에 대한 부정적인 인식이 고조되었다. 조선시대의 전통문화와 서양의 신앙문화와의 정면충돌이 가시적으로 발생했다. 그런데도 조선의 가톨릭 신자는 한 치의 양보도 없이 가톨릭 교리와 신조, 절대적 유일신 신앙고백을 통해 성장하는 추세였고 "교우 수는 자그마치 1만 명을 헤아리게 되었음을 알 수 있다."[45]

---

[44] 신유사옥은 조선의 서로마가톨릭(=천주교)이 교리와 신앙고백에 따라 혈연과 군신의 관계를 부정하고 인륜(人倫)을 무너뜨려 백성을 금수의 상태에 빠지도록 유혹하는 사학(邪學)단체로 보고 조선의 가톨릭 신앙인을 처형한 사건이다. 신유사옥에 대해 제8장 종교문화 경영(지도자)학의 단계와 과정 3. 종교문화경영의 3단계 - 문화접변(文化接變, cultural acculturation, culture acculturation) (가) 조선의 전통문화와 서로마가톨릭 문화와의 충돌 참조 바람

[45] 유홍렬, 『增補 한국천주교회사 上卷』, 가톨릭출판사, 서울, 1991, 118쪽

③ 황사영 백서(黃嗣永 帛書)

이승훈은 황사영(黃嗣永, 1775~1801)에게 세례를 주었다.[46] 서로마가톨릭 신앙인이 된 황사영(세례명 알렉시오 Alexius)은 신앙의 자유를 위해 중국인 주문모(周文謨) 신부와 상의했다. 황사영은 1801년 음력 9월 22일 서로마교황청에 보내는 탄원서를 작성했다. 탄원서의 내용은 조선에 서양의 선교사파견요청과 함께 군선(軍船)과 군사(軍士)를 동원하여 조선을 공격해줄 것을 촉구했다. 그의 탄원서가 우선 북경(北京) 교구의 프랑스 주교에게 은밀하게 전달되기를 기대했으나 "황해도 앞바다에서 뜨기 전에 포졸에게 발각되었다."[47] 그 사건은 조선사(朝鮮史)에 황사영 백서(黃嗣永 帛書)[48]로 기록되었다. 황사영은 1801년 11월 5일 조선왕조의 전복(顚覆)을 꾀하는 반역자이자 역모(逆謀)죄로 능지처참의 형벌(刑罰)을 받았다. '백서사건'에 대해서는 이 책의 '3. 종교문화경영의 3단계'에서 상세히 다루었다.

④ 서구 그리스도교와 병인양요(丙寅洋擾) – 조선 침략의 시작

식민지 사상과 정책에 일찍이 눈을 뜬 서구의 열강들은 동방의 해 뜨는 나라 조선(朝鮮)에 강제적으로 개항(開港)을 촉구하였고 선교사를 보내 조선의 상황을 살펴보았다. 서로마가톨릭의 조선 선교정책은 강압적이었고 무력적 행위를 동원하여 조선의 국권침탈행위까지도 서슴지 않고 불사하다가 상호 간에 큰 충돌이 발생했다. 그뿐만 아니라 무력을 동원한 미국의 조선 침략사가 시작되었다.

1866년 8월 미국이 상선 제너럴셔먼호(General Sherman號)를 이끌고

---

[46] 황사영(본관은 나주)은 정약종의 조카사위다. 정약종은 정약용의 형(兄)이며 이승훈에게 세례를 받았다. 정약종(세례명 아우구스티노)은 황사영에게 가톨릭 교리를 가르쳐 주었다.

[47] 민경배, 『한국기독교회사』, 대한기독교출판사, 서울, 1989, 73쪽

[48] 3. 종교문화경영의 3단계 – 문화접변(文化接變, cultural acculturation, culture acculturation) 3) 다이어그램(diagram) 6 – 문화접변 과정에서의 문화충돌(文化衝突) (가) 조선의 전통문화와 서로마가톨릭 문화와의 충돌 (나) 황사영 백서(黃嗣永帛書) 참조 바람

대동강을 거슬러 평양까지 올라와 해적 떼처럼 온갖 행패를 부렸고, 무력시위를 벌여가면서 통상을 강요했다. 이에 대해 조선 군민(軍民)은 화공(火攻)으로 반격하여 제너럴셔면호를 불태워 버렸다.

미국 제너럴셔면호 사건 이후 약 1개월 만에 1866(병인 丙寅)년 9월 프랑스 제독(提督) 피에르 구스타브 로즈(Pierre-Gustave Roze; 1812~1882)가 함대 7척을 이끌고 총과 대포를 앞세워 조선을 위협했다. 로즈는 프랑스 신부를 처형한 조선인에 대한 처벌과 통상조약 체결을 요구했으나 흥선대원군은 그의 요구를 수용하지 않았다. 로즈는 조선가톨릭 선교라는 이름으로 펠리스 클레르 리델[Felix Clair Ridel, 1830-1884, 한국명: 이복명(李福明)] 종군신부와 조선인 가톨릭 신자를 대동하여 한강을 봉쇄하고 강화도를 불법 점령했다.

로즈는 리델(Ridel, Felix Clair; 1830~1884)과 함께 1866년 10월 13일 강화읍 물치도(勿淄島)를 공격했다. 수많은 조선의 양민들이 무참하게 짓밟혔고 살상(殺傷) 당했다. 헤아릴 수 없는 국보급 문화재와 보물, 금괴 등이 약탈당했다. 그들의 주목적은 금은보화와 희귀한 문화재를 강탈(强奪)하는 데 있었다.[49] 조선군의 완강한 저항으로 로즈는 약 40여 일 만에 물러갔다. 병인(丙寅)년 서양인이 일으킨 조선침탈의 사건을 조선사 학자는 병인양요(丙寅洋擾)라고 기록했다. 세계적으로 널리 알려진 세계 최고(最古)의 금속활자본인 직지심체요절(直指心體要節)이 병인양요 때 약탈(掠奪)당했다. 리델 신부는 그 당시 강화읍 물치도(勿淄島) 공격의 상황을 아래와 같이 기록했다.

"… 대포와 총으로 조선군사 4명을 죽이고 군기 창고에서 화살, 좋은 군도, 투구, 갑옷, 대소의 대포 80여 문, 총, 화약 등을 불 지르니 지진이 일어나는 소리와 같았다. 그 밖의 물건으로는 귀한 재목, 삼베, 구리그릇, 가위, 부채, 쇠

---

[49] 문화재 약탈 등에 대한 자세한 내용은 이 책의 제3장 하늘(天) 사상과 종교성 II. 한국인의 종교(심)성 6. 서교(西敎, 그리스도교)적이다, 서로마가톨릭 참조 바람

가죽, 돼지가죽, 청국 비단, 밀덩이, 밀초, 구리 광석, 백반, 사기그릇, 생선포, 말굽의 편자 등이 많이 있었는데, 그들 중에 말편자는 여러 궤짝이 있어서 대략 18만 프랑이나 될 만했다. 그리고 2, 3천 권의 한문책, 60권으로 된 조선 역사책, 얇은 옥돌로 겉장을 만들고 그 위에 글자를 새기고 금을 넣어서 병풍 모양으로 열두 폭을 만든 것. … 한 번도 사용하지 않은 거북 모양의 임금 옥새가 있었다. … 배 몇을 부수고 수 명을 거꾸러지게 한 후 … 문수산성(文殊山城)까지 올라갔다.”[50]

위와 같은 역사적 침략 사실을 발견한 민경배 신학자는 다음과 같이 논평했다.

“강화도 상륙과 살상, 귀중한 사고(史庫)의 소각과 그 일부의 약탈은 서양제국의 악랄한 근대사의 죄악을 웅변적으로 입증했다.”[51]

그리고 그는 리델이 기록한 일기를 공개했다.

“조선 병사를 다량 쏘아 죽였다, 몰살시켰다고 하는 말의 반복은 예사였고, 강화도에서 불군(佛軍, 프랑스군)의 퇴각은 분하고 슬픈 일”[52]이다.

한국인에게 The Hermit Nation Corea(은둔의 나라 한국, 隱遁一韓國)의 저자로 널리 알려진 그리피스(W.E. Griffis, 1843~1928)는 병인양요의 강화도 포격 사건을 아래와 같이 서술했다.

“프랑스 선교사들이 그 나라 침략군의 주구였으며, 포함(砲艦)의 수로(水路) 안내인 및 첩자로 활약했다는 것은 상상만이 아니라, 사실로 입증되었다. 1908년의 The Catholic Encyclopedia만 보아도, 프랑스군의 강화도 침공을

---

[50] 유홍렬,『增補 한국천주교회사 하권』, 가톨릭출판사, 서울, 1990, 125~127쪽

[51] 민경배,『한국기독교회사』, 대한기독교출판사, 서울, 1989, 101쪽

[52] 민경배,『한국기독교회사』, 대한기독교출판사, 서울, 1989, 101쪽

언급하면서 강화도 침공은 적절하고 충분한 세력으로 수행되지 못했다고 분석하고 있다."[53]

여기서 우리는 선교사들의 문화 간자(間者, 간첩)[54] 역할을 발견할 수 있다. 그 당시 서구 그리스도교의 문화전파는 문화 이식이자 선교정책의 미명(美名)아래 식민지정책이 뒤따르고 있을 때였고 전쟁도 불사하면서 금은보화와 온갖 보물들을 약탈해가던 시기였다. 그리스도교의 문화 이식은 주님, 예수 그리스도의 이름으로 인류의 죄악사를 남겼다.

⑤ 에른스트 오페르트 도굴사건(Ernst Oppert 盜掘事件)과
신미양요(辛未洋擾) – 통상 수교 강요 시기

1866(병인 丙寅)년 유대계 독일 상인 에른스트 야곱 오페르트(Ernst Jacob Oppert)는 3월과 8월 조선과의 통상(通商)을 요구했으나 거절당했다. 그러자 1868년 5월 그는 선장 묄러(Möller), 프랑스 선교사 페롱신부 1명, 미국인 젠킨스(Jenkins,F.), 조선 가톨릭 신자 2명과 총 140명의 도굴단(유럽·필리핀·중국·말레이인 선원 포함)을 구성했다.[55]

그들은 흥선 대원군의 아버지인 남연군의 시체(死體)와 부장품을 볼모로 잡고 대원군과 통상 문제를 흥정하고자 계획했다. 도굴(盜掘)단은 5월 10일 충남 홍성군(洪城郡) 덕산 군청을 습격하여 군기(軍旗)를 탈취했고 흥선(興宣) 대원군(大院君)의 아버지 남연군(南延君)의 무덤을 찾아가 파헤쳤으나 미수에 그친 사건이었다.

그들의 비문화적이고 야만적인 범죄행위가 그대로 드러난 것이자 조선사의 치욕으로 알려졌다. 그 사건은 조선사에 남연군분묘도굴사건(南延君

---

[53] 민경배, 『한국기독교회사』, 대한기독교출판사, 서울, 1989, 102쪽

[54] 문화의 간자(間者)에 관해서는 이 책 제8장 종교문화경영(지도자학)의 단계와 과정 II. 1. 종교문화경영의 1단계 – 문화전파 참조 바람

[55] http://100.daum.net/encyclopedia/view/14XXE0038589

墳墓盗掘事件) 또는 에른스트 오페르트 도굴사건(Ernst Oppert 盗掘事件)으로 기록되었다. 그것은 서로마 조선의 가톨릭이 사학(邪學)단체로 지목된 여러 원인 중에 하나로 손꼽힌다. 흥선 대원군은 가톨릭 신자들이 일으킨 여러 사건이 조선왕조를 무너뜨리려고 계획한 반역사건이자 국권침탈이며 심각한 국제적 침략행위라고 판단했다.

병인양요(丙寅洋擾)사건 이후 대원군은 국가 보호 및 국가 질서를 위해 조선의 가톨릭 금압령(禁壓令)을 반포(頒布)했다. 즉 가톨릭의 모든 신앙 행위가 국가적 차원에서 금지되었다. 그의 정책적 결단은 1871년 신미양요(辛未洋擾) 이후 더욱 강경해졌다. 서울 종로 네거리를 포함하여 전국 각지에 척화비(斥和碑)를 세워졌다. 척화비에 새겨져 있는 글은 다음과 같다.

> "서양 오랑캐가 침범하는데 싸우지 아니하면 화친하는 것이고, 화친을 주장하는 것은 나라를 파는 것이다(洋夷侵犯 非戰則和 主和賣國)."[56]

척화비는 조선의 서로마가톨릭 선교와 신앙인이 시대적 상황내존재임을 자각하지 못해 발생한 역사적 흔적을 증거가 되고 있다. 척화비는 서양 제국주의의 세력과 침략을 경계하기 위해 세운 비석(碑石)이자 그에 대응하기 위한 중장기 전략적 국가경영의 한 부분이었을 것으로 유추된다. 그것은 또한 당시 조선의 가톨릭선교금지 및 서교(西敎) 문화와의 교류를 불허(不許)하는 정책의 하나로 경각심을 일깨우기 위해 후세에게 남긴 유훈이기도 하다.

⑥ 신미양요(辛未洋擾)의 결과 – 조미수호통상조약(朝美修好通商條約)

조선의 대원군은 1866년 발생한 프랑스의 침략[=병인양요(丙寅洋擾)]과 약탈 및 무고한 백성의 인명 살상 등을 살펴보고 그에 대응하고자 하는 준

---

[56] http://100.daum.net/encyclopedia/view/b20c2058a

제3장 하늘(天) 사상과 종교성 · 181

비의 시간이 절실히 필요했을 것이다. 하지만 그러한 전쟁의 상처가 치유되기도 전에 1871년(辛未年: 고종 8년)에 미국함대가 무력으로 강화도를 점령한 사건 즉 신미양요(辛未洋擾)[57]가 발생했다. 그 사건은 제너럴셔먼호(General Sherman號) 사건에 대한 보복 조치로 감행된 미국의 침략행위였다. 전쟁에 패배한 조선은 1882년 불평등한 조미수호통상조약(朝美修好通商條約)을 체결했고 그 이후 조선왕조는 외세에 의해 급격히 무너지기 시작했다.

조미통상조약을 통해 그리스도교의 전파가 국가적으로 공인되었고 서구 근대문화의 유입은 문화 이식으로 전개되면서 열강들도 호시탐탐(虎視眈眈) 조선을 넘보게 되었다. 서구의 식민지정책을 주의 깊게 살펴본 일제는 조선을 식민지로 삼아 만주진출을 통해 동양을 정복하려는 야욕을 펼치기 시작했다. 하지만 군사력이 턱없이 열악한 조선은 글자 그대로 누란지세(累卵之勢)였다. 조선의 역사현장에 점차 검은 먹구름이 끼기 시작하면서 조선의 정국은 외세의 회오리바람에 휩싸였다. 그러한 시기에 신앙(信仰)의 자유는 서구 그리스도교의 문화정책을 유도해 냈고, 일제의 조선식민지경제 수탈정책은 무력을 통해 실시되었다.

이로 인해 조선의 근대화 물결은 강압적으로 급격히 진행되었고 일제의 문화 이식은 황국 시민, 일본식 성명 강요 등을 통해 상상을 초월하는 사회적 파란(波瀾)을 일으켰다. 반상(班常)의 구별이 깨지기 시작하면서 조선의 선비정신을 길러내는 향교와 서원의 기능이 구시대의 산물로 취급당했다.[58] 민간사상과 전통풍습은 저속한 미신으로 몰리면서 우상타파, 미

---

[57] 양요(洋擾)라는 것은 서양(西洋) 사람들이 일으킨 난리를 일으켜 나라가 어지럽고 시끄럽다(擾)는 말이다.

[58] 2019년 7월 6일(현지시각) 아제르바이잔 수도 바쿠에서 유네스코 세계유산위원회는 한국의 그리스도인에게 구시대의 산물로 취급당했던 한국의 서원'(Seowon, Korean Neo-Confucian Academies) 총 9곳을 탁월한 보편적 가치'(Outstanding Universal Value, OUV)로 인정하고 세계유산으로 등재하였다. 그것은 소수서원(경북 영주), 도산서원(경북 안동), 병산서원(경북 안동), 옥산서원(경북 경주), 도동서원(대구 달성), 남계서원(경남 함양), 필암서원(전남 장성), 무성서원(전북 정읍), 돈암서원(충남 논산)이다.

신타파 운동에 그간 음성적으로 활동한 그리스도교단체가 어느덧 앞장섰다. 교육과 의료사업에 중점을 둔 그리스도교 선교정책은 종교문화 경영학에서 논하는 문화전파를 거쳐 사회학습화과정에서 성공을 거두었고 성장 발판의 기초를 마련했다.

⑦ 그리스도교화(Christianization, Christianisierung)의 진행

서구 그리스도교의 신앙단체가 조선의 근대화 시기에 새로운 서구문화를 전파했다. 그 반면 한민족의 유구한 고유문화와 사상은 좌초(坐礁)의 위기를 맞이했다. 고대 단군 시대부터 이어져 내려온 홍익(弘益)·홍제(弘濟) 사상이 천제(天祭)사상과 더불어 발전되었고, 천제 문화는 유교의 천(天)사상과 제천사상으로 승계되었으나 서구 그리스도의 선교정책에 뒷전으로 밀려났다. 조선의 종교문화경영정책의 핵심인 하늘님(天) 사상과 요순지치(堯舜之治)의 태평성대, 수신제가, 인애(仁愛)한 도덕군자, 국가적 환원 가치로서의 충(忠)·서(恕)·효(孝), 예와 실천 등은 퇴색되기 시작했다. 그러한 사상은 국가교육이념으로 학습(學習)되었고, 공동체 사회의 가치관(價値觀)이자 덕목(德目)으로 정립되었으나 근대화라는 소용돌이 속에 흔들렸다. 유가의 안목에서 선비 사상은 그러한 시대적 절망의 늪에서 허우적거렸다. 그 반면에 조선의 그리스도교화(Christianization, Christianisierung)는 수많은 외국 선교사의 도움으로 진행되었다.

조선의 유교 사상이나 정치사회의 이념에는 천명·경천사상은 있으나 신의 중보자(仲保者 Mediator, Intercessor), 구원(救援), 부활(復活), 영생(永生), 천국(天國) 등의 용어가 없다. 조선의 그리스도인이 교의학을 통해 하늘님 숭배 사상이 그리스도교의 신앙사상과 같다는 의미로 이해했고 색다른 테오스(그리스어 Τέως, Theos 신) 세계를 발견했다. 그 신은 유일신이며 생명의 구원으로 인도하고 부활과 영생을 주장하는 그리스도교 신앙단체의 절대 사상이자 유일신 신앙관을 대표하고 있다.

새로운 Theos 사상과 세계관의 특징은 신(=하나님)의 아들인 예수를 구

세주로 믿는 데 있다. 예수는 신과 인간의 관계를 연결해 주는 중보자(中保者)이자 신의 아들 성자(聖子)로 알려졌다. 예수 신앙을 통해 누구나 다 구원(救援)받을 수 있다고 교육되었다. 그러한 메시지는 조선시대의 신분 사회로 굳어진 반상(班常)의 구별을 타파하는 매개체가 되었고, 지상과 천상의 세계에 대한 새로운 인식과 호감·희망을 찾았다. 신앙인이 모이고 그의 단체가 성장하면서 그리스도교의 신비주의적 요소가 가미(加味)되어 발전했다.

　신의 아들 예수를 믿음으로써 하나님의 자녀가 된다는 것과 죽어서도 부활(復活)되어 천국에서 영생을 얻어 행복을 누릴 수 있다는 교리는 구한말 시대의 신앙인에게 문자 그대로 복음이었을 것이다. 예수 신앙으로 차별 없는 하나님의 자녀가 되어 새로운 세계의 복음을 찾아 그 복음을 또한 누리는 것은 희소식이자 인간 평등심을 심어주는 계기가 되었을 것이다.

　그리스도인의 신앙심은 모임과 기도장소를 바꾸게 했다. 예전부터 장독대 위에 정화수(井華水, 일명 청수淸水)를 떠놓고 북두칠성(北斗七星)에게 가화만사성(家和萬事成)을 염원하며 치성(致誠)을 올렸던 신앙심이 점차 교회로 옮겨졌다. 희구(希求)하고 갈구(渴求)하며 빌고 빌었던 기원(祈願)의 범위와 내용은 큰 틀에서 변하지 않았으나, 오직 기도의 대상이 예수의 이름으로 구하고 찬송하며 새로운 시대를 맞이하려고 몸부림친 것은 또 하나의 사회적 현상이 되었다. 그와 같은 시대를 거쳐 성장한 한국 개신교는 일반인에게 긍정적이었고 사회적 반응은 폭발적이었다.

　그러나 일제의 야욕으로 희생된 수많은 양민(良民)과 부지기수의 유명, 무명의 독립 운동가들, 강제노동으로 징병 된 조선의 청년들, 위안부(慰安婦) 할머니들의 한 맺힌 탄원 소리는 천지를 진동시키고 있다. 그들의 영혼들은 구천(九天)을 떠돌며 맴돌고 있을 것이다. 이에 대한 국민정부의 차원 높은 이해, 피해자의 관점에서 할 수 있는 관심, 배려, 진실규명 운동과 사회적 참여의식 등은 한국사회의 미래를 보다 건강하고 밝게 할 것으로 기대된다.

⑧ 남북분단과 한국전쟁 - 친미(親美)주의 태동

1945년 광복(光復)을 맞이한 한국은 국권(國權) 회복의 기회를 맞이하였고 일제로부터 해방이라는 기쁨을 잠시 누렸다. 하지만 남한에는 미군군정(軍政)이, 북한에는 구(舊)소련 군정이 주둔(駐屯)하고 있었다. 군정은 그자 그대로 군(軍)부가 정(政)치한다는 것이다. 결국 대한민국은 남한의 이승만 정권과 북한의 김일성 정권으로 분리되었다. 남한은 대한민국(Republic of Korea)의 국명으로, 북한은 조선민주주의인민공화국(朝鮮民主主義人民共和國, Democratic People's Republic of Korea, DPRK) 이름으로 분단되었다.

강대국의 정치개입으로 발생한 남북한의 극단적인 이념논쟁은 국가경영철학을 하나로 통합시키지 못했고, 국내 정치인들의 야욕은 국가보다 개인의 안위를 챙기는 데 혈안이 되었다. 이승만 정권은 친일파청산을 제대로 하지 못했고 오히려 친일파를 등용시켰다. 그로 인해 수많은 독립운동가(獨立運動家)와 그의 가족들이 국가와 사회에서 배척당하고 소외되는 불운의 시기를 가슴에 안고 살았다.

엎친 데 덮친다는 말처럼 한국전쟁(1950~1953)의 참혹사(慘酷史)는 세계사에 유례없는 전쟁사로 기록되어 있다. 수많은 피난민이 도중에 사망했고 굶주림에 허덕이다가 아사(餓死)한 사람들도 부지기수였다. 수백만 명이 처참하게 희생당했고 황무지처럼 파괴된 국토는 복구의 손길을 한없이 기다리고 있었다. 전쟁피해복구가 미국의 원조 때문에 진행되었으나 문제가 발생했다. 일제식민사관과 친일파도 제대로 청산하지 못한 상태에서 또다시 새로운 미국문화의 이식(移植)이 미 군정과 이승만 정권의 친미주의의 배경 속에 진행되면서 또다시 새로운 문화식민사관이 태동했다.

북한과 달리 친일파청산에 미온적인 남한의 이승만 정부는 미군 군정에 협조적이었고 대한민국의 독립을 위해 헌신한 독립 운동가 중에 많은 사람이 배척당했다. 왜 그러한 상황이 전개되었고, 그들 중에 일부는 왜 월북(越北)했는가? 그에 대해 진실을 밝히려는 국민의 열망에 따라 전문가의 연구결과물이 나오고 있으나 아직도 미흡한 상황에 부닥쳐 있어 통합적인 정신으로 이끄는 화해와 평화는 시대적 과제다.

1950년 7월 14일 이승만 전 대통령이 맥아더 극동 사령관 겸 UN군 사령관에 한국군의 지휘권을 위임하면서부터 대한민국의 전시작전통제권(약칭, 전작권; Wartime Operational Control; OPCON)은 미국으로 넘어갔다. 1979년 창설된 한미연합사령부(ROK-US Combined Forces Command; CFC)가 전작권을 행사하고 있다. 2017년 문재인 대통령이 국군의 날 기념행사에서 전작권을 조기 환수하겠다고 했다. 국가경영에서 빠지지 않는 것이 전시작전통제권이며 이는 자주적인 국가 위상과 국민의 생명과 안위를 지켜주는 데 필수 불가결이다.

⑨ 산업화와 그리스도교화

1960년 4월 19일 학생혁명은 결과적으로 이승만 정권을 타도시켰고 제2공화국인 장면(張勉)의 내각제가 수립되었다. 하지만 1961년 5월 16일 새벽 3시 박정희 소장에 의해 군사 쿠데타(coup d'Etat)가 일어났고 군사혁명위원회'(軍事革命委員會)가 조직되었다. 그 조직은 국가재건최고회의(國家再建最高會議)로 개칭되었고 제2공화국의 시대는 역사 속에 사라지면서 제3공화국이 시작되었다.

제3공화국에서 새로운 정치적 공학 관계로 추진된 범사회적 운동이 새마을 운동이었다. 새마을 운동이 국가경영시스템과 서로 맞물려 돌아가면서 농경문화의 체제를 산업화시대로 전환하는 계기가 되면서 생활문화의 양상(pattern)이 점차 바뀌었다. 산업화시대를 맞이하여 농촌 사람들이 보다 잘살아 보자는 희망과 새로운 일자리를 구하기 위해 도시로, 대도시 서울로 집중되었다.

산업화시대의 도시인구집중은 대표적 사회현상이자 문화 현상이다. 그 시대의 사회문화 현상으로서 빠질 수 없는 것이 여러 신앙단체의 등장이었다. 신앙단체는 무엇보다도 먼저 고향을 등진 사람들의 슬픔을 달래

주는 장소가 되었다. 그 가운데 대도시에 형성된 그리스도교회는 고향 사람들과 만남과 대화의 장소, 타향사람들과의 사교의 장소, 사업과 사회진출 및 정보교환 등의 기능을 담당했다. 그와 같은 역할은 그들에게 용기와 희망을 안겨주는 정신적 매개체가 되었다.

그 당시 삶의 현장문화를 중요시한 그리스도교의 소통경영은 사람들의 호응 속에 성공적이었다. 미국과 유럽진출을 안내하는 해외창구의 역할도 그리스도교가 담당하였고 그와 더불어 활성화되었다. 농촌에 남은 어르신들 가운데 많은 분이 마을 곳곳마다 세워진 교회에서 자녀들의 건강, 안위, 성공 등을 염원하며 빌었다.

한국 그리스도교 교회는 스스로 탈(脫) 유교문화권의 상징이자 서구 신문화와 사상을 이끌어가는 새로운 단체로서 인재교육과 인재발굴의 기능을 발휘했다고 자부한다. 여러 분야에서 신지식인으로 활동하는 한국의 그리스도교인은 인적(人的) 네트워크를 구성하였고 나름의 조직체는 세력화되었다. 1980년대 중반까지 한국교회의 성장과 발전은 세계교회사에서도 눈여겨볼 만큼 경이적이었다. 그 당시 실시한 종교인구조사에 의하면, 국민의 30%가 그리스도인이었다.[59]

⑩ 서로마 한국가톨릭 – 문화상황화 속의 정치화

기미(己未, 1919)년 3월 1일 비폭력 평화시위가 거족적(擧族的)이고 구국적(救國的)인 차원에서 대한 독립 만세운동으로 전개되었다. 그 운동은 일제강점기에서 벗어나려는 염원에서 대한민국의 자주독립 선언으로

---

[59] 시대의 변화와 부침(浮沈) 속에 한국 그리스도교인의 숫자도 큰 편차를 보인다. 2000년도 초부터 신자 수가 정체기에서 벗어나지 못하고 하락하기 시작했다. 2015년 모 신앙단체의 조사에 의하면, 한국 크리스천의 인구가 약 1300만 명(가톨릭 560만 명, 개신교 약 780만 명) 이상이다. 하지만 오늘날 젊은이들이 교회에 환멸을 느끼고 이탈하는 수가 갈수록 늘어나고 있으며 무종교인의 숫자가 급증하고 있다. 향후 10년 후에는 특히 개신교인의 숫자가 400만 명 미만으로 감소할 것이라는 어떤 단체의 분석은 교인 인구 조사와 크게 대조적이다.

이어졌고 차후 삼일운동(三一運動)으로 약칭되었다. 삼일만세운동 때 여러 단체와 인물들이 참여했으나 한국의 서로마가톨릭은 동참하지 않았다.

이로 인해 한국가톨릭은 한국사회의 외면 속에 장기간 침체기에서 벗어나지 못했다. 가톨릭 신자 수는 1960년대 종교인구조사통계에 의하면 총인구의 0.4%였다. 1963년 한국의 가톨릭은 그동안 난해한 문제로 대두(擡頭)되어 왔던 조상숭배를 지역적 특수성으로 인정하고 허용하라는 로마교황청의 특별교지를 받았다. 서로마가톨릭교황청이 세계적 시대 상황변화와 종교문화의 조화와 동화의 과정이 한국 사회에 필요한 것을 인식한 셈이다. 그 당시 한국가톨릭이 미사(missa)를 올릴 때, 중요한 원어를 사용할 때는 라틴어가 종종 사용되었으나 지금은 라틴어 사용이 현저하게 줄었다.

1974년 사회와 정치에 참여하고자 형성된 가톨릭 단체가 '정의사제구현단(正義司祭具現團)'이다. 이는 한국의 가톨릭교회 사제들로 구성된 단체이나 한국가톨릭교회의 하위조직으로 평가받아 한국가톨릭의 입장을 공식적으로 대변하지 않는 것으로 알려져 있다.

⑪ 역사와 교회사의 관계

대한민국은 1960년 4월 19일 학생혁명, 1980년 5월 18일 광주민주화운동, 그리고 1987년 6월 항쟁을 통해 자유민주주의 국가로 한 걸음 더 성장하였다. 한국의 그리스도교인도 광주시민과 함께 민주화운동에 참여했다.

1984년 5월 한국가톨릭교회가 선교 200주년 기념행사를 할 때 교황 요한 바오로 2세(Papst Johannes Paul II, 본명 Karol Jozef Wojtyla, 1920~2005)가 참여했다. 그는 서울 여의도광장에서 김대건 신부(복자; 福者, 안드레아)와 정하상(세례명 바오로)[60] 외 101명의 한국가톨릭 신자를 성인(聖人)의 명부에 올리는 예식을 집행했다. 그 예식은 약 100만 명이 운집

---

[60] 이 책의 11. 종교문화경영의 11단계 - 문화상황화(文化狀況化, culturae contextualisation, culture contextualization) 2) 다이어그램(diagram) 15 - 문화상황화(文化狀況化) 시대의 무대응·(가) 가톨릭 참조 바람

한 가운데 진행되었고 세계인의 이목이 쏠렸다. 고인이 된 103명의 한국가톨릭 신앙인이 성인으로 추대되었으며 한국가톨릭의 교회사와 세계 가톨릭교회사에 이름을 올렸다.[61] 하지만 그들은 조선 시대의 역적이자 죄인의 이름으로 형장의 이슬로 사라졌던 인물이었다. 그들의 이름과 사건은 조선의 역사기록에 변함이 없으나 가톨릭교회사의 기록은 자체 내 새로운 국면을 맞이하는 변화의 시간이 되었다.

⑫ 독립 운동가 안중근과 서로마 한국가톨릭

1990년도 말경에 한국가톨릭 신자 수는 전체 국민의 4.5%에 이르렀다. 가톨릭 사제들은 광주시민과 함께 민주화운동에 적극적으로 참여했다. 그 결과는 문화 경영학에서 논하는 문화의 조화와 동화과정을 뛰어넘어 문화상황화(contextualisation)의 과정에 도달했다. 그러나 한국가톨릭교회사의 부정적인 사회적 인식과 문제점은 아직 남아 있다. 그것은 문화조화와 동화과정에서 거쳐야 할 민족역사에 대한 반성과 화해, 그리고 그에 따르는 조치가 상투적(常套的)이고 미흡했다는 것이다.

예컨대 1890년 조선교구장으로 임명된 프랑스 신부 뮈텔(Mutel, Gustave Charles Marie, 1854-1933) 주교는 구한말 한국 서로마가톨릭 부흥을 끌어낸 일등공신으로 가톨릭교회사에 알려진 인물이다. 하지만 그의 친일(親日)행위는 정치문화의 간자(間者)라는 의혹을 지울 수가 없다.

1909년 10월 안중근(安重根, 1879~1910, 세례명 도마)이 중국 하얼빈에서 초대 조선 통감 이토 히로부미를 저격한 사건은 역사적 의거로 높이 평가되었다. 그러나 뮈텔 신부는 안중근을 살인자로 규정하였고, 가톨릭 교단에서 출교(黜敎)시키면서 그의 세례명도 박탈했다. 뮈텔은 안중근에게 해줄 수 있는 가톨릭의 종부성사(終傅聖事, Sacrament of Extreme Unction)도 거절했다. 종부성사는 죽기 전에 행하는 의식을 말한다.

---

[61]   유홍렬, 『增補 한국천주교회사 下卷』, 가톨릭출판사, 서울, 1990, 559~561쪽

뮈텔은 프랑스 신부 요셉 빌헬름(Joshep Wilhelm, 1860~1938, 한국 이름 홍석구)에게 업무정지처분이라는 징계를 내렸다. 그의 징계 사유는 빌헬름 신부가 안중근에게 세례를 주었고 1910년 3월 10일 뤼순 감옥(旅順監獄)에 있는 안중근을 면회했다는 것이다. 뮈텔 주교는 교세를 확장하기 위해 정교분리(政敎分離)를 주장했다. 뮈텔은 선교정책을 최우선으로 삼았으며 일본제국과의 충돌을 피하고자 일제 정치세력과 연계되어 있었다.[62]

요셉 빌헬름 신부의 이름은 안중근과 함께 삼일운동기념회를 맞이하면 서울의 여러 광장에서 홍보 차원으로 설치된 사진 전시회와 설명을 통해 잘 알려진 인물이다. 하지만 그의 행적에 대해 조금 더 자세히 살펴보아야 진상(眞相)을 발견할 수 있다.

⑬ 가톨릭의 친일행위와 일제의 105인 허위조작사건

안중근은 형장의 이슬로 사라졌으나 그의 사촌 동생 안명근(安明根, 1879~1927, 세례명 야고보) 또한 한국의 독립운동에 큰 발자국을 남겼다. 안명근은 만주(滿洲)지역에 항일독립운동기지가 설립되도록 온 힘을 쏟아 부었다. 그가 마련한 독립운동자금은 1911년 6월 신흥중학(=신흥무관학교의 전신)을 세우는 데 사용되었다. 하지만 그가 일본군에 체포당한 것은 그 당시 조선가톨릭의 친일행위에서 비롯되었다. 조선 그리스도교의 반민족 행위에 관한 객관적인 연구는 역사적 차원에서 다루어야 할 사안이다.

안명근은 빌헬름 신부를 믿고 그에게 신앙고백을 했다. 빌헬름 신부가 안명근과 조선인들이 테라우치 마사타케(寺內正毅, Terauchi Masatake, 1852~1919) 총독을 척살(擲殺)하려는 계획을 파악했다. 그는 즉시 그러한 정보를 서신으로 대주교 뮈텔에 보냈다. 뮈텔이 급히 총독부 경무청장(짐

---

[62] 더욱 구체적인 보완설명은 이 책의 제3장 하늘(天) 사상과 종교성 II. 한국인의 종교(심)성 6. 서교(西敎)적이다 ⑫, 제8장. II. 종교문화 경영(지도자)학의 단계와 과정 11. 종교문화경영의 11단계 –문화의 상황화 2) 다이어그램(diagram) 15 – 문화상황화 시대의 무대응 참조 바람

꾼 장군)을 찾아가 안명근의 거사계획을 알려주었다. 안명근은 체포되어 처형당했으며 일제는 독립 운동가와 민족지도자들을 색출하고자 혈안이었고 많은 사람이 잡혀갔다.

일제는 1911년 9월 전국적으로 무고한 백성 600여 명을 검거하면서 비밀 항일단체 신민회(新民會)[63]의 실체를 파악했다. 그중에 123명이 심한 고문을 당했고 재판에 부쳐지었다. 동년 9월 28일 제1심 공판 판결에서 18명은 풀려났고 나머지 105명은 검사 측의 구형한 형량 그대로 징역 5~10년의 유죄판결을 받은 일명 '105인 사건'[64]이 되었다. 일제에 의해 허위로 조작된 105인 사건으로 국내에서 펼쳐진 독립운동조직이 와해(瓦解)되었다.

⑭ 선민(選民)의식과 한국 샤머니즘 사상과의 혼재성

허락된 신앙의 자유가 정치와 무관해야 한다는 서구 식민지 사상과 지배세력의 입장은 보편적인 행위인 것처럼 보인다. 그러나 일제식민지 시대에 암묵적인 정치적 후원을 등에 업은 그리스도교의 단체와 세력은 사회 전반에 대단히 큰 영향력을 행사하고 있었다. 서구 그리스도교의 선교정책은 한국에서 그리스도교화를 이루는 것이었다.

한국 그리스도교연합회가 그리스도교화의 선교정책은 어느 정도 성공했다고 자평한다. 그 당시 많은 한국 사람들이 선민(選民)의식과 우월감을 지닌 신지식인의 길로 그리스도인이 되었고, 오늘날에도 그러한 형국은 다양한 부분에서도 드러나고 있다. 비록 그들의 '엘리트 의식'은 오늘에 이르러 많이 퇴색되었으나 한국 그리스도교의 존재감과 사회적 영향력, 그

---

[63] 신민회는 1907년 4월에 안창호의 발기에 의해 형성된 전국적 규모의 비밀결사 조직체이며 국권 회복 운동과 자유 독립국의 정치체제를 목적으로 창건된 비밀 항일단체였다.

[64] 일제가 허위로 조작한 105인(人) 사건(事件)에 대해 민족단체와 한국 교회사의 관점과 입장은 다소 차이가 있지만 서로 중요하게 다루고 있는 것은 사실이다. 고등법원에 항소한 105명 중의 99명이 무죄판결을 받았으나 신민회의 윤치호 외 5명은 5~6년 유죄판결을 받았다. 민경배, 『한국기독교회사』, 대한기독교출판사, 서울, 1989, 282~292쪽 참조 바람

리고 순기능적 역할은 과소평가할 수 없을 정도로 다양해졌으며 그들만의 선민(選民) 공동체 의식은 존재하고 있다.

서구 근대문화의 물결은 그리스도교회의 미신타파 운동, 전통문화 배격과 서양문화 옹호 등으로 이어졌다. 누천년 동안 찬란하게 빛난 민족의 역사와 문화가 말살되어가는 과정에서 일제의 온갖 만행과 조선 총독부의 폭정은 커져 갔다. 조선 총독부의 촉탁(囑託) 직원으로 임명된 일본인 무라야마 지준(村山智順, 1891~1968)은 『조선(朝鮮)의 귀신(鬼神)』이라는 책을 썼다. 그 책의 내용을 살펴보면, 한국의 민간사상과 문화가 미신이라고 단정(斷定)되었다. 일제식민주의 정책과 연관된 문화정책이 그를 통해 본격화되었다. 유구한 전통문화가 구한말의 조선 시대에 샤머니즘이라는 오명(汚名)을 뒤집어쓰고 끝없는 나락(奈落)으로 굴러 떨어졌다.

그리스도교는 한국의 전통문화가 샤머니즘과 연관성이 있다고 판단하여 미신타파 운동을 전개했다. 그 운동은 서구 근대문화를 취사 선택 없이 전폭적으로 받아들인 한국 그리스도교의 슬로건(slogan)이었고 그 운동에 한국 그리스도교의 교인이 앞장섰다. 한국의 전통문화가 근대화 시기에 불운의 시기를 맞이했다. 장기간의 세월 동안 한국의 고유문화가 미신으로 전락(轉落)되어 저속하고 가치 없는 것으로 치부(置簿)되어 문화의 저변으로 내팽겨졌고 외면당하고 있었다.

하지만 그렇게 외면당하고 있던 한국문화가 선별과정을 거쳐 1984년 아시안 게임, LA 올림픽, 88년 한국 서울올림픽, 2002년 월드컵 유치 등을 통해 한국의 전통문화로 세계인들에게 안내되었다. 한국 그리스도교의 문화가 한국의 대표적인 문화로 소개된 것은 하나도 없었다. 그 당시는 물론 지금도 한국 그리스도교의 문화가 한국은 물론 세계인에게도 한국의 고유문화로 평가받지 못하고 있다.

한국 그리스도교가 한국을 대표하는 신앙단체라고 국제사회에 알려지지 않은 까닭은 사회적으로 그 역사성이 짧고 한국문화토양에 아직 뿌리를 내리지 못한 상황에 있기 때문이다. 또한 그리스도교문화가 오늘날 세계적으로 공감을 줄 수 있는 혁신적이고 새로운 요소가 없거나 미진하다고 본다. 그리스도교문화의 원류가 유럽인데, 유럽인이 한국 그리스도교문화에서 배울 것은 물론 없겠으나 독특한 점으로 발견한 것이 한국 샤머니즘 사상과의 혼재성이다.

2) 한국인의 종교성 – 세계문화의 보고(寶庫)

오늘날 한국의 정치와 신앙단체, 사회와 교육 그리고 전통문화와 서구문화가 충돌할 수 있는 여지가 많음에도 불구하고 물리적으로 충돌하지 않는 것은 기이한 현상이다. 문화조화의 철학과 종교 문화적인 융화성향이 한국인의 종교심성에 깃들어 있어 가능하다고 본다. 그러한 가능성은 역(逆)의 합일(合一)로서 상생 문화를 이끄는 한국종교문화의 특색이자 사회와 국가를 위하는 종교문화경영의 대의가 활성화되었기 때문이다.

새로운 현대사회의 공리적 기능이 문화융화의 길과 무관하지 않아 때로는 한계 상황극복을 위해 요청되기도 한다. 그것은 한국의 선·유·불·도(仙·儒·佛·道)에서 이미 인간이 영성적 존재라는 공동의 가르침이자 생철학사상으로 다시 하나로 귀일(歸一) 된다는 일심(一心) 사상을 설명한 것이다. 그러한 사상은 서구의 중세교회사에 등장하는 신비주의 사상가(= 마이스터 엑하르트, 하인리시 수소, 요한네스 타울러 등)[65]에서도 일정 부분 발견된다. 한국 그리스도인들의 종교성은 서교(西敎, 그리스도교)적이나 그들은 선유불도(仙儒佛道)의 사상을 그리스도교의 사상에 접목해 융화과정을 거쳐 한국 그리스도교의 교인이 되었다. 한국의 많은 비(非)그리스도인이 바이블을 읽고 예수의 사상을 이해하며 회개에 합당한 열매를 맺어 한국 그리스도교회가 발전되기를 기대하고 있다.

한국인의 종교성이 담긴 여러 형태의 문화재가 세계문화의 보고(寶

---

[65] 안병로, 『그리스도교의 검과 평화』, 지성사, 서울, 2016, 156~165쪽 참조

庫)로 유네스코 세계문화 유산으로 등재되어 인정받고 있다. 세계문화재 속에는 인류의 종교심성을 압축적으로 묘사한 정신과학 세계의 문화가 생동하고 있다. 그 안에 깃들어 있는 여러 형태의 종교적 사상과 문화는 상호 보완적인 영향과 기능, 역할 등을 가지고 있어 재발견되어야 한다. 그래야 한국종교문화가 세계종교문화의 보고(寶庫)이자 그의 진면모가 바르게 드러나고 승계된다. 다양한 현대 과학기술과 접목해 한국종교문화를 연구 분석하는 것은 바람직하다. 세계의 많은 연구자는 지역적 풍토와 관습, 언어와 문자, 예술, 다양한 문화재 등을 접할 수 있고 현장경험도 쌓아가며 폭넓은 노력과 이해가 중요하다는 것을 알았다. 그러한 계기는 다른 신앙단체와 종교(宗敎)사상을 더욱 가까이 알게 하는 촉매제가 되었다.

상호비교적인 문화 심리 분석을 통해 긍정적인 것과 부정적인 것을 지역적 특징과 사상에 맞게 취사 선택하여 발전시키는 각각의 문화는 공동체 사회와 국가를 이끄는 탄력적인 기능이 되었다. 상호 간의 동질성, 유사성, 보편성, 대중성, 공공성, 합목적성(合目的性), 근접성 등은 자율적인 연구의 대상이 되었다. 제종교(諸宗敎) 문화의 영성은 타 종교문화와의 만남과 대화하는 과정에서 객관적으로 발견되어야 하므로 문화경영의 대의를 되돌아볼 수 있다. 한국의 많은 사람이 신앙인 못지않게 그리스도교 사상과 논리를 이해하고 본질을 파악하고 있다. 그들은 예수 사상을 설명하며 한국 그리스도교의 바람직한 혁신과 발전을 눈여겨보고 있다. 이 모든 사람의 종교성이 가히 서교적(西敎的)이라고 아니 할 수 없다.

종교와 문화의 습합(첩合) 사상

4

일부 신앙단체는 종교(宗敎)와 문화(文化) 사이에 신(God)의 섭리(攝理)가 존재하므로 독특하고 유일성이 있다고 설명한다. 그러나 동양의 한자문화권 지역에서 신의 섭리는 유일신의 개념이 아닌 자연의 이치로 보았다. 인간의 종교와 문화는 유일성보다는 상호 간에 끊임없이 새로운 변화를 추구하는 습합 사상과 조력(助力)적인 기능과의 밀착 관계를 유지하며 인류문화를 발전시켰다.

종교와 문화라는 것이 외형적으로 두(2) 개의 개체로 생각할 수 있으나 현상세계에서는 서로 조화롭게 융화되어 하나(1)의 형체로 드러난다. 그것은 그러한 것(其然)과 그렇지 않은 것(不然)의 논리 즉 '불연기연(不然其然)'[1]의 논리에 의해 형성된다. 불연기연의 논리는 패러독소(paradox)적인 상관관계(相關關係, correlation)를 이뤄 상생(相生)과 상극(相克)이라는 변화의 에너지로 작용한다. 그 에너지는 끊임없이 만물을 새롭게 생(生)하고 생(生)하게 하는 모습을 일구어 나아가기 때문에 과학과 종교문화의

---

[1] 불연기연의 개념은 동학의 교조 최제우의 동경대전(東經大全)에서 찾아볼 수 있다. 그 개념은 사물에 대한 고찰 방법론이다. 동학과 천도교의 관계가 상호 간에 반대 입장 같으나 역설적으로 반대일치(反對一致)라는 현상학적 모습을 설명한 논리이다.

발전에 영향을 준다.

　모든 신앙단체가 교리(dogma)와 신조(credo)라는 교의학적 틀과 조직체계를 가지고 진리의 세계와 특징적인 고유성, religion(신앙) 문화 등을 주장하고 있다. 하지만 그러한 것들은 사람이 만든 문자로 무지개의 빛처럼 포장되었으나 그 문화의 속성은 속세와 밀접한 관계를 유지하고 있다. 승화된 '신앙의 힘'은 절대적 신념체계를 형성해 자아정체성은 물론 민족혼까지도 신앙의 범주 안에 끌어들여 그 나름대로 변화시킨다. 그것은 외부자적 입장에서는 사상적 변질로 볼 수 있겠지만 신앙단체의 관점에서는 신앙인의 세계를 열어가는 기본요건의 충족이자 새로운 자세로 실천할 수 있는 마중물로 여겨진다.

　신앙의 힘은 공동체 사회에서 대의(大義)를 펼치는 '종교의 힘'으로 작용할 수 있지만 절대적 힘의 논리로 악용되면 자의적인 '힘의 종교'로, 신앙단체의 독주(獨走)로 변질하여 본래 종교의 보편적 기능을 상실한다.[2] 여기서 힘의 종교는 유일신 신앙단체의 물리적인 힘을 뜻하는 것이다. 그 힘은 약탈과 파괴 그리고 포장된 전쟁의 두 얼굴의 모습이 담긴 야누스(Janus)와 같은 의미로 작용한다. 인류의 평화를 지향하는 종교의 보편적 힘과 제도화된 특수적인 힘의 종교가 존재한다.

　이들은 종교사회문화에 어떠한 형태로 영향을 주고 있으며 어떻게 작용하고 있는가? 이에 관한 연구가 종교문화 경영학에서 다루어져야 더욱 정교한 분석이 나올 수 있다. 창교자에 대한 올바른 정보는 외부자적 시각에서 들여다보아야 그의 잔상(殘像)까지 알 수 있으나 신앙인은 그를 비판적 논의대상에서 제외한다. 그를 숭상하는 신앙(信仰)단체는 교단 자체(自體) 내 신앙 운동과 신앙문화를 형성하고 신앙인을 양성하기 위해 신앙의 독특성과 고유성, 그리고 타(他) 단체와의 차별성을 지속해서 교육시키며 사상적 우월감을 고취한다.

---

[2]　안병로, 『그리스도교의 검과 평화』, (지성사, 서울, 2016), 제11장 종교의 힘과 힘의 종교 참조 바람

그렇게 함으로써 교의(敎義)적 절대성, 신앙인의 존재 이유와 신앙문화의 가치 등이 교단 차원에서 보존되고 유지될 수 있다고 생각하기 때문이다. 하지만 그러한 신앙문화가 공동체 사회문화의 합목적 가치와 실용적인 측면에서 공존하지 못하면 교단 자체내의 신앙 생활문화가 된다. 그와 같은 신앙문화는 사회에서 수용될 수 없는 격리된 상태에 있으므로 비공개된 신앙인의 문화로 음지(陰地)의 영역에 남겨지게 된다.

종교문화는 '세상에 빛과 소금'(마 5:13-16)의 역할을 발휘할 수 있어 공개된 양지(陽地)의 영역, 즉 우리가 사는 공동체 사회에서 공익을 위해 존재한다. 보편적이고 실용적인 가치를 공동체 사회에서 널리 활용될 수 있도록 실천하게 하는 것이 종교(宗敎)적인 운동이다. 그 운동은 공동체 사회의 생활문화로 성장 발전되어 의식의 변화를 일으키고 자연스러운 삶의 문화로 인식된다. 유의적(有意的) 또는 무의적(無意的)으로 유지되는 공동체 사회문화는 삶의 유익함과 공통분모를 찾아 발전적인 변화과정을 거친다. 그 과정에서 새로운 모습으로 거듭나기 위해 문화심리학적인 발상, 새로운 지혜와 창조적 가치와 환원성, 국가적 관심사와 문화경영이 병진(竝進)되어야 한다.

심리학에서 사용된 사회적 집단무의식(集團無意識, collective unconscious)에는 크게 두 가지의 요소가 들어 있다. 하나는 선덕(善德)을 실천하고 지향하는 것과 또 다른 하나는 생리적 본능에 의해 드러나는 언행이다. 그러므로 어릴 때부터 훈육(訓育)적인 조치가 필요하다. 고대로부터 오늘에 이르기까지 호모 에티쿠스(Homo Ethicus)와 호모 아카데미쿠스(Homo Academicus)는 교육 철학사상에서 다루어지고 있다. 후자는 사람다운 사람으로 성장할 수 있도록 이끌어가는 절차탁마의 교육과정이 필요하다. 그것은 학·습(學·習)과 도·덕(道·德)실천(實踐)의 중요성을 인식하고 실행하여 체득하는 것이다. 전자는 윤리, 도덕적인 차원에서 개인적인 신앙과 문화의 속성을 초월하여 공공의 선(善) 추구와 사회적 가치 환원으로 이어지는 자연스러운 현상이다. 전자와 후자의 자연스럽고 조화로운 합치(合致)는 인도주의적 차원에서 인류 문화사의 열매로 맺어진다. 어쩌면 그와 같은 관점에서 미국 하버드대학의 비교종교학 교수였던 스미스 (Wilfred Cantwell Smith, 1916~1973)가 인류는 공통으로 선(善)을 지향한다고 하였을 것이다.

스미스는 그리스도교의 신학적 논리와 이해, 사상적 차원에서 지속하는 신중심주의(theocentrism), 그리스도 중심주의(christocentrism), 교회 중심주의(ecclesiasticism)라는 배타적 입장과 한계를 극복해야 한다고 주장했다. 그의 주장은 바로 신의 초월성(超越性)의 문제를 제기한 것이며, 신앙적인 것이 아닌 종교적인 것이 또한 신의 초월성을 내포한다는 의미를 알려주고 있다. 그래서 초월적이고 종교적인 것은 본래 종교성의 내면세계를 설명한 것이기 때문에 종교문화 전체이자 본질로서 어떤 획일적이고 유일하다는 religion 유형에 갇혀 있지 않다고 분석된다.

스미스는 다문화사회에서 형성된 종교 다원주의는 그리스도교를 절대적이고 고유(固有)한 신앙단체로 여기지 않고, 다양한 형태의 여러 신앙단체 가운데 하나라고 했다. 여러 신앙단체 가운데 하나라는 것은 전체 속의 하나라는 것을 의미하고 인류 문화사라는 큰 틀에서 하나의 개체를 바라본 것이다.

어느 일부분이라고 생각하는 하나가 전체이며 전체가 또한 하나라는 '일즉다(一卽多), 다즉일(多卽一)'이라는 사상은 불가(佛家)의 화엄(華嚴) 사상과 맥락을 함께한다. 지구촌 시대를 맞이하여 종교문화 세계의 다원성과 공공성이 또한 하나로 연계되어 있음을 알 수 있다.

스미스는 유일신 그리스도교 신앙단체의 문화를 비판적으로 설명하면서 다원주의 사상과 변화되는 시대 문화와 패러다임에 주목했다. 그러한 경향을 수용한 그의 주장은 종교문화경영의 현실적 차원에서 시사(示唆)하는 바가 크다.

I. 종교문화(宗教文化)의 본질(本質)

　　종교문화의 본질은 지역적 풍토와 특색에 따라 다양하며 나름의 전통적 가치와 역사적 의의를 추구한다. 하지만 그 문화는 시대적 상황과 패러다임에 의해 복합적인 영향을 받았고 성장과 발전의 과정을 거치면서 다양한 생활문화와 연계되어 문화의 습합(褶合) 사상을 이루고 있다.

　　한국 그리스도교 신앙인의 일부가 습합 사상을 혼합(混合)주의라고 생각하고 그것을 저속한 문화행태라고 비하(卑下)하면서 선진국의 문화가 어떠하다고 스스럼없이 설명한다. 한국문화가 역사성과 유구성이 없는 후진 문화라고 여기는 것은 자국의 역사 인식보다 서구의 그리스도 교회사와 교리에 따른 신앙고백에 충실한 결과다. 역설적으로 한국 그리스도교 신앙인이 한국의 저속하고 후진 문화에서 태어났기 때문에 그 굴레를 벗어나기 위해 그리스도교의 신앙인이 되었다는 의미로 본다면, 스스로가 문제점을 파악하지 못하고 키우는 것과 같다.

　　선진문화와 후진 문화를 구별하는 기준은 무엇이며 언제, 누가, 어디서, 왜, 어떻게 이해하고 판단하도록 인식의 구조를 만들어 놓았는가에 대한 설명이 공개적으로 필요하다. 판단의 기준은 어떻게 세계적으로 보편적이며 객관적인 시금석으로 공인되었는가에 대해 분명한 검토가 필요하다. 그런데도 어느 신앙공동체가 우월적인 사상과 신념체계를 가지고 그 나름의 자의적 판단기준과 논리를 만들어 놓고 다른 단체를 배타적으로 판단하기도 한다. 그러한 경우는 21세기 시대정신에 역행하는 것이며 스스로 서구 중세유럽문화의 암흑시대로, 서로마 그리스도대제국의 통치문화로 회귀하는 것과 다를 바가 없다.

　　서구문화의 발생지는 동유럽이다. 역사적으로 극동아시아 팔레스타인지역을 중심으로 고대 무역상권이 왕성하여 아랍문화권이 형성되었고 점차 다양한 문화로 발전하여 그리스-로마지역으로 전파되었다. 그리스-로마지역과 문화는 알렉산더 왕 이후에 인도의 불교사상을 접하면서 헬레니즘 문화가 융성했다. 그리스도교의 교리, 도그마 그리고 문화의 원형 등은 그리스-로마 사상과 문화의 영향을 많이 받았고 그 영향력은 다시 중세 교부철학과 문화로 이어져 신본주의 문화를 태동시켰다. 그러한 사상과 문화는 또한 그리스도대제국의 통치문화로 통합시키는 데 핵심적인 역할을 했다는 것을 분석하고 드러난 객관적 사실과 문제점은 제기할 필요가 있다.

예컨대 그리스문화를 승계한 로마는 거대한 신성로마제국(神聖羅馬帝國; Sacrum Romanum Imperium, Heiliges Römisches Reich)을 세워 유럽의 그리스도교 국가들을 약 1200년간 통치했다. 그러나 신성로마제국은 단일 왕조(王朝 dynasty)가 아니라 그리스도교의 제국(帝國 Empire)이었다. 신성로마제국의 통치적 이념과 본질은 그리스도교의 제국화(帝國化)였다. 그리스도교의 제국화가 지향했던 것은 세계 그리스도교화(Christianization)였다. 그것은 바로 로마 황제의 제도적 기능과 문화시스템을 그리스도교 교리와 체제에 접목해 황제(皇帝)문화를 형성시켰다. 그 후 황제문화의 제도적 요소와 통치 권한 등이 교황(敎皇) 중심주의, 즉 교황문화로 승계·발전되어 유럽문화를 사상적으로, 정치적으로 통합시키고 다스리는 데 크게 작용하였다. 유럽문화의 본질이자 핵심은 그리스-로마문화와 지역적 고유풍습 외에 교황문화가 상호 간에 접촉결합 과정을 거치면서 또 다른 변화와 발전의 과정을 통해 형성된 것이다. 하지만 오늘날 완전히 사라지지 않은 유럽의 지역적 민간신앙과 의례, 언어와 풍습은 아직도 토착민의 정취를 느끼게 한다. 누가, 언제부터, 어디서, 왜, 무엇을, 그렇게 만들어 놓았을까? 한 번 정도는 숙고해 볼 필요가 있다.

그리스도교 문화는 서구 신앙공동체 사회의 문화이자 교회사를, 교회사는 또한 유럽 역사와 문화사를 대변하고 있다. 그러나 그 이면에는 참혹한 전쟁사로 점철되어 있어 유럽의 그리스도인으로부터 평화 사상과 평화주의자가 형성되었고 평화운동이 전개되었다.[3] 따라서 그리스도교 제국문화와 다른 한국의 역사문화는 서로 간에 본질에서 큰 차이점이 있어 다른 각도에서 재조명되어야 종교문화의 본질을 바르게 직시할 수 있다.

조선왕조(1392~1910)가 단일 집권체제로서 500여 년 이상 지속하였다. 하지만 세계 역사 속에 500년 이상 지속한 단일왕조는 하나도 없을 것이다. 그나마 에스파냐 왕국(Reino da Espanha)이 500년째 이어가고 있으나 한 집권체제가 500년을 지배한 것은 물론 아니다. 나폴레옹의 형 조셉 보나파르트(Joseph Bonaparte)가 에스파냐에서 왕위에 올랐기 때문이다. 굳이 더 찾아본다면 오스만 투르크(Osman Turk)가 600년째 지속하고 있었으나, 이 또한 제국일 뿐 단일왕조는 분명히 아니다. 그런데도 세계 역사상 찾아볼 수 없는 단일 집권체제의 왕조가 한국 역사에 존재했다는 사실이다. 그것은 700여 년의 고구려와 백제의 왕조 그리고 일반적으로 말하는 1000여 년의 통일신라왕조가 있었다. 그 어느 누가 집권 왕조시대의 수많은 한국의 위인들이 그 당시의 세계적인 인물들보다 뒤떨어진다고 감히 말할 수 있겠는가?

단군 고조선사로부터 이어져 온 한민족의 정착문화와 지역적 특색과 풍토를 바탕으로 성장한 토착문화는 역사적 연원이 포함되어 있다. 그 문화를 나무로 비유한다면 '문화나무'의 뿌리가 문화토양에 깊고 넓게 활착되어 사상적으로 고유성과 유구성이 존재한다. 그와 더불어 천지인(天地人) 합일 사상은 삼수(三數) 사상과 함께 세계적으로 독특하며 일심(一心)의 세계에서 합리적인 정신세계와 자연관을 형성했다. 그러한 사상체계를 바탕으로 한 정신문화가 세계적인 문화와 문화재를 탄생시킨다는 것은 자연스럽고 당연한 귀결이다.

유구한 역사적 환경과 토착문화에서 잉태된 문화는 양질의 문화토양을 일구어낸다. 좋은 문화토양에서 형성된 정신적 물질적 자양분은 더욱

---

[3]   안병로, 『그리스도교의 검과 평화』, 지성사, 서울, 2016, 91~142, 239~256쪽 참조 바람

창조적인 문화를 만들고 다듬어 나아가면서 국가와 국민의 다채로운 삶과 의식의 세계를 풍요롭게 했다. 그러한 문화의 융성함과 웅비함은 비유하건 대 정신과학과 자연과학의 꽃들을 조화롭게 만개(滿開)시켜 풍성한 열매들을 맺게 했다. 찬란한 역사적 문화와 문화재들이 대한민국의 역사에 존재한다는 것을 세계가 인정하여 유네스코 세계문화유산으로 등재되었다. 그 외에 고인돌 문화, 제단문화(祭壇文化)뿐만 아니라 1935년 랴오닝성(遼寧省) 츠펑 시(赤峯市) 홍산(紅山)에서 발견된 유물들은 홍산문화(紅山文化, Hung-shan culture, 약 7000~8000년 전)로 분석되었다. 홍산문화가 전문가들에 의해 선사(先史)시대의 문화로 분석되면서 세계인의 이목이 쏠렸다. 홍산문화가 또한 동이족의 문화로 알려지면서 고조선 상고사연구에도 중요한 부분을 차지하고 있다.

'가장 한국적인 것이 가장 세계적이라는 것'이라고 하였던 강의내용과 왜 그러한가에 대한 자유로운 문답의 과정이 더욱 바람직하다고 보았다. 그것은 유구한 역사와 전통문화를 계승하여 더욱 성장 발전시킨 민족은 어떤 민족이며, 세계화 시대에 문화강국으로서 선도할 수 있는 국가와 민족의 역할이 무엇인가를 바르게 직시해야 한다는 뜻이다. 조선시대의 과학문화 가운데 문화강국의 입지를 보여주는 사례를 들어보면, 천상열차분야지도(天象列次分野之圖), 세종대왕의 한글 창제, 해시계, 물시계, 자격루, 신기전(神機箭), 거북선, 동의보감, 성리학 등이 있다. 한글은 오늘날 세계인들이 배우고 있다.

그뿐만 아니라 유네스코 세계문화유산에 등재된 유형, 무형의 문화재들은 가히 세계적이라고 아니할 수 없다. 그와 같은 문화에는 열성조(列聖朝)님들의 지혜와 선현들의 숨결이 담겨 있어 국가와 문화인에게 생명의 활력소를 제공한다. 그것은 다양성 속에 일원성, 일원성 속에 다양성을 동시에 아우르는 합리적이고 과학적인 한국의 고유문화다. 정신과학과 자연과학이 조화롭게 융화되어 민족의 유산이자 자산으로 재탄생한 것이 한국의 문화이며 문화재이다. 한국 종교문화의 본질이 부분적으로나마 설명되었다. 이 모두가 종교문화의 토착화를 이루었고 한국인의 종교(심)성[4]을 조화롭게 융화시켰다.

문화는 보이지 않는 공기와 같은 생명(生命)의 요소이기 때문에 공동체 사회에서 상생의 문화로 진화하고 발전되어야 한다. 문화의 본질이 생명체와 같아 생물(生物)의 모습으로 비유한다면 문화나무라고 할 수 있다. 그가 성장 발전을 도모하는 데 필요한 것은 자연환경의 조건과 인간의 관심사다. 종교문화경영(학)에서 사용된 문화나무의 개념은 이해를 돕기 위해 비유적인 차원에서 공동체 사회의 생물과 같은 모습으로 자주 설명되고 있다.

〈그림 2〉

---

4 이 책의 제3장 하늘(天) 사상과 종교성 II. 한국인의 종교(심)성 참조 바람.

II. 종교문화의 습합(褶合) 사상

종교문화의 속성이자 특색은 지역적 고유 풍토와 관례 등을 자양분으로 삼아 성장하고 주변의 문화와 교류하며 학습과 접촉결합 과정을 거치면서 상호 간에 영향을 주고받는다. 문화의 습합 사상이 형성되어 발전하는 것은 자연스러운 종교문화의 본질이자 보편성이다. 종교문화의 습합 사상이 한국 그리스도교의 신앙단체와 한국토양에서 자생(自生)한 새로운 신앙단체에도 영향을 주어 발전되었다는 것을 다루고자 한다. 그와 함께 이미 위에서 설명된 'II. 한국인의 종교(심)성' 단락에서 다소 미진했던 부분은 이 단락에서 보완한다.

1. 한국 개신교

개신교에서 행하는 새벽기도는 세계적으로 유명하다. 보통 새벽 4시경 교회의 새벽 제단에 신자들이 모여 각자 나름대로 원하는 것을 기도한다. 그뿐만 아니라 성직자의 새벽 설교는 새벽의 문을 열고 일과의 시작을 알린다.

옛날 선현(先賢)들의 말씀에 의하면, 사람은 인시(寅時, 새벽 3시 30분에서 5시 30분 사이)에 일어난다(人起於寅 인기어인)고 했다. 그래서 그런지는 불분명하나 세계의 종교사원(寺院)은 대부분 새벽 4시경에 타종(打鐘) 소리로 새벽을 깨운다. 그와 마찬가지로 한국불교의 산사(山寺)에서 울려 퍼져 나오는 타종 소리, 목탁 소리, 법고 소리처럼 교회의 새벽종 소리, 새벽 설교 등은 널리 알려져 있다. 동서양의 시차를 구별해 보아도 서구 그리스도교 교회에서 새벽을 깨우는 종소리와 예배(禮拜)를 올리고 찬송하는 소리가 새벽 4시경에 시작된다는 것이 우연의 일치라기보다는 경이롭다고 하겠다. 지방뿐만 아니라 특히 서울의 여러 지역, 여러 곳에서 새벽종 소리가 거의 같은 시간대에 울려 퍼져서 공식적인 민원이 발생했다. 그 민원은 대략 2000년대부터 수용되어 교회의 종(차임벨)소리가 소음(騷音)이라는 차원에서 자제해야 한다는 자치단체의 권고에 따라 점차 감소하고 있다.

한국 개신교의 부흥회(復興會)가 부흥(復興) 성회(聖會)라는 의미로 승화되어 일제식민지 시대에서부터 시작되었다. 찬송가 중에 '요단강 건너서' 다시 만난다는 것은 암울한 시기에 사후세계에 대한 은유적 표현이지만 신앙적이고 상징적인 의미에서 종교성을 자극했다. 내세(來世)를 추구하는 신비주의적인 설교와 기도 그리고 축복 등은 염세주의적인 측면이 강했다. 그 당시 '세상에 빛과 소금이 되라'는 의미는 적극적인 현실참여와 극복에서 이루어지는 현실경영의 차원에서 이루어진 부분도 있었다.

그 반면 내세를 위한, 부활과 영생을 위한 신앙경영이 주축이 된 경우가 많았다. 성령강림과 은혜, 축복, 치유 등의 구복적인 설교유형과 행위들은 일제(日帝)시대의 압박과 서러움에서 해방되었음에도 1990년대에 이르기까지 성행했다. 하나님, 주 예수의 영성 강림 기대와 외침이 신비주의적인 차원에서 성대한 부흥회 성회를 통해 지속하였다. 많은 사람이 주지하고 지적하고 있듯이, 성령부흥회는 유일신, 성자 예수와 성령 강림체험을 강조하고 주장하고 있으나 그러한 자체가 샤머니즘의 요소를 포함하고 있다. 부흥회에서 볼 수 있는 광경은 직접 참여는 물론 신앙인들의 경험담과 여러 유형의 부흥회 설교가 녹음된 카세트 청취, 녹화된 비디오 영상 등을 종합하여 아래와 같이 요약한다.

부흥강사가 주 예수의 이름으로 하나님의 성령강림을 설명하면서 바이블 신약에 나오는 구절을 암송하면서 눈을 감고 기도한다. 그는 "수고하고 무거운 짐 진 자들아 다 내게로 오라, 내가 너희를 쉬게 하리라"(마

11:28), 육신(肉身)이 병든 자와 영(靈)이 병든 자들이여! 그들 모두 다 하나님 앞으로 나오라고 외치면서 운집한 사람들을 향해 양손을 들어 올려 축수(祝手)하고 죄의 회개와 회개의 합당한 열매를 맺어야 한다고 촉구한다.

그에 대한 반응으로 그곳에 모인 사람들은 두 손을 머리 위로 들고 머리는 정면(正面)이나 하늘을 향하고 눈물을 흘리며 안타까운 몸짓을 하면서 외치는 기도, 통성기도가 이어진다. 하나님의 음성을 간절히 듣기 원하고 울면서 몸부림치는 참석자들의 모습, 때로는 구마(驅魔, Exorcism)의례(儀禮)가 부흥사를 통해 실행되고 있다. 그들에게는 그 시간이 성령강림이자 성령의 감동이며 성스러운 신의 축복을 맞이하는 것으로 생각한다.

그러한 여러 가지의 형태의 모습과 기원 그리고 희망의 요소들은 운집한 군중들의 열기를 통해 용광로의 불꽃처럼 타오르고 있다. 그들 중에 대부분이 성령의 은혜가 그들에게 감응하여 성령의 불꽃처럼 두루 퍼지는 성령의 축복을 감지했고 그들의 마음을 감동시켰다고 생각한다. 그들은 부흥회를 통해 회개할 기회를 포착했고 그들의 감성적인 마음은 예수 믿음을 통해 신의 축복과 은혜를 갈구한다. 개신교의 부흥회나 설교, 교리에 의하면 예수가 성자(聖子)이자 바로 성령(聖靈)의 신(神)으로 여기고 있다. 그들은 그러한 신비스러운 신의 감응을 받아 체험했다고 믿어 신의 축복으로 의심치 않고 간증(干證)하고, 하나님이 내려 주신 성령의 축복을 감사하게 생각하며 감사함의 마음을 다양한 방법을 통해 전하고자 한다. 기도와 간구함의 내용 가운데 건강, 치병, 신의 돌보심과 구원, 축복, 행복 추구, 개인적인 문제해결 요청과 기대감 등은 구복(求福) 행위로 기복(祈福)신앙과 별다른 차이가 없다.

교회의 성직자는 바이블의 권위를 중심 삼아 유일신 이름으로 예수 신앙과 여러 형태의 죄 사함의 은혜, 하나님의 자녀, 사랑, 천국 등을 외친다. 그 반면 무속인은 주어진 교재와 제도적 장치 없이 퇴마(退魔) 의례와 구복 행위를 다신(多神)의 이름으로 신들을 불러 모시고 굿하기에 여념이 없다. 이와 같은 사실에 유의하면, 부흥회의 형상이 석가모니와 예수가 수많은 군중을 향하여 설법하거나 복음의 메시지를 전하는 모습과 유사하게 보인다. 불교에서 크게 집행하는 야단법석(野壇法席)은 깨우침을 전하기 위해 자력적인 노력이 왜 중요한지 설명할 때 논리적이고 이성적이다. 다만 불교의 석가모니는 창조주의 아들(성자)이거나 성령도 유일신도 아니다. 그는 정신세계의 깨달음(覺)과 각자의 내재적 불성(佛性)이 있음을 설파했다. 그 불성은 내 안에 있기에 스스로 찾아 깨우치는 자가 성불(成佛)한 자가 된다고 했다. 예수 역시 물과 성령으로 거듭남(=중생)을 촉구하며 박애사상을 넓게 펼쳤고 회개와 용서 등을 가르쳤다.

오늘날 성령부흥회 운동은 점차 감소하는 형국이나 여러 신앙단체에 여전히 존재하고 있다. 하지만 부흥회 운동의 성격은 시대성이 참작되어 외형적으로 새롭게 단장(丹粧)되었다. 신앙인의 (감사) 성금은 신앙단체의 부(富)와 초대형교회를 이루었으나 지금도 세금이 부과되지 않고 있는 것이 목회자의 사례비(謝禮費) 즉 급여다. 특히 목회자들의 과도한 사례비와 부유함이 도를 넘었다. 예수의 청빈 생활과 너무나도 배치(背馳)된다. 많은 사람은 이들의 생활상이 공익사회의 가치로 환원되지 않고 있다고 진단한다. 비록 한국 그리스도교의 일부는 초대형교회에서 예수 사상을 전파하고 생활 속의 축복과 구원을 외치고 있으나 교회의 피라미드조직과 금권(金權)형(形)의 카르텔추구 및 교회 세습화는 교회부패의 첩경이 되고 있다.

바이블에 소개된 예수의 삶은 청빈(淸貧)한 생활이었다. 후대 수도사들이 예수의 청빈 사상을 진솔하게 재현시킨 것이 수도원이다. 그중에 베네딕트 수도원과 프란체스카 수도원은 세계적으로 유명하다. 세계 그리스도교가 한국 그리스도교의 성장과 추세를 주목한다고 할지라도 한국교회와 수도원의 사회적 기능과 역할이 베네딕트와 프란체스카 수도원과 비교할 수 없는 것은 유념해야 한다. 그렇지만 세월의 부침(浮沈) 속에 예수가 외친 '빛과 소금의 역할'과 '만민이 기도하는 하나님의 성회(막 11:7)'로서의 기능과 역할을 하고 있는지 되짚어 보아야 할 것이다.

그 안에 한국 개신교회도 포함되어 깨어 있는 목회자들의 개혁 소리가 점점 높아지고 있다. 감사헌금의 유형은 무지개의 빛보다 더 다양하고 화려하며 또한 그 빛 찬란하고 영롱(玲瓏)하기만 하다. 교인들이 의무적으로 행하고 있는 십일조(금액)를 제외하고 감사예배금과 감사헌금 가운데 100일 잔치와 100일 기도, 돌잔치 등은 한국전통문화에서 찾아 답습(踏襲)한 것이다. 그러한 행위는 일정 부분 문화의 습합 현상으로 드러난 한국 그리스도교의 만들어 낸 가르침이자 한국 그리스도인의 종교심성 일부이기도 하다. 한국 개신교 목회자들의 일부분은 자신의 자녀가 목회자가 되어 자신의 자리와 교회를 물려받기를 원한다. 그러한 현상을 어찌 보면 샤머니즘의 세습무의 형태와 유사하지 않는가 하는 의문이 들기도 한다.

한국 개신교 신학에서 알레르기 반응을 일으키는 용어가 샤머니즘, 혼합(混合)사상 그리고 혼합주의(syncretism)다. 그러한 용어들이 종교(철)학적인 관점으로서는 습합(褶合) 사상으로 표현되고 있다. 다른 문화와 조화롭게 융합을 주장하는 것이 습합 주의(독일어 Synkretismus)다. 습합 사상이 개신교 근본 신학에서 거부되고 있으나 의미적인 차원에서 보아도 문화의 혼합 및 융화 사상과 같은 맥락이다. 과거에서 현재에 이르기까지 습합 사상은 인류(종교) 문화사의 자연스러운 본질이자 생활문화의 속성으로 이어지고 있다. 서구 그리스도교의 교의학과 신앙사상이 그리스-로마문화와 혼합되고 융화되어 그리스도교문화를 형성했듯이 한국 그리스도교는 한국 고유전통문화와의 조화와 융화를 거쳐 오늘의 모습이 되었다.

한국의 교회는 국사와 교회사가 함께 시대적 상황을 공유했다. 그러한 사실은 불가항력의 접촉결합 과정이었고 습합 사상을 통해 종교와 신앙문화를 발전시켰기 때문에 신앙문화에 혼합사상이 내재하였다. 이에 대해 감추거나 신앙의 무기로 에둘러서 부인할 필요도 없고 신앙인의 생활문화와 그 자체가 원하든 원하지 않든 습합 사상과 유관(有關)하다. 가증(加增)된 신앙의 상징성이 모호한 가치와 역설(paradox)에 빠져 허우적거릴 이유가 없다. 미화되어 가중(加重)된 십자가는 오히려 신학 사상발전에 저해요소로 작용하여 새로운 동력을 상실케 한다. 종교문화경영의 차원에서 습합 사상은 시대가 요구하는 종교문화를 발전시키고 시대적 패러다임에 동참하게 하는 요소가 된다.

2. 한국 서로마가톨릭

조선(朝鮮)시대의 한국 서로마가톨릭은 유일신사상과 절대적 신념체계의 도그마와 신조를 고수(固守)했다. 조선의 가톨릭 신앙인은 천주(天主)님의 이름으로 죽음도 불사하며 자국의 고유문화인 제례와 국가·사회체제의 역할과 기능을 거부했다. 가톨릭 신앙을 고수하기 위해서 조선을 당시의 청국(淸國)에 넘겨주기를 원했던 황사영(黃嗣永)의 백서(帛書)는 가톨릭 신앙고백서로서 유명하다. 자국의 신앙인이 타국인으로 귀화하지 않으면, 국가는 그를 버리지 않으나 한국의 religion 단체 소속의 일부 성직자들은 상황에 따라 국가관을 버린다. 그래도 그들은 사후에 교회사에 위인 또는 성인으로 기록되고 추앙받는다.

유구한 한국 역사 가운데 한국가톨릭교회사가 존재하고 있지만 가톨릭교회는 국가와 민족보다 교회 우선주의의 길을 고수하고 있다. 그러한 한국가톨릭의 길은 2차세계대전 이후 잘못된 교회의 행위를 고백하며 화해와 평화를 주장한 '독일의 고백교회'와는 정반대의 길이었다. 비교 자체가 비록 적절하지 못하다는 지적은 있겠으나 서로마 한국가톨릭과 교회사가 대한민국 국사와 국민 위에 존재하지는 않을 것이다. 한국 서로마가톨릭교회사에 정하상(丁夏祥, 세례명 바오로)의 상제상서(上帝相書)[5], 황사영(세례명 알렉시오)의 백서사건 등은 신앙 차원에서 아름답게 포장되어 때로는 신앙의 범주를 넘어 교육용으로 설명되고 있다. 대학생들의 일부는 오

---

[5] 이 책의 11. 종교문화경영의 11단계 - 문화상황화(文化狀況化, culturae contextualisation, culture contextualization) 2) 다이어그램(diagram) 15 - 문화상황화(文化狀況化) 시대의 무대응 (가) 가톨릭 참조 바람

늘날 신앙의 자유라는 관점에서 과거 한국가톨릭 교회사를 진단하고 있다. 그것은 역사적 사건으로 바르게 조명되지 않고 있는 한국의 교육상황이라고 할 수 있다. 그 당시의 조선뿐만 아니라 동양의 어느 국가에서도 국제적 협약에 의한 신앙의 자유는 주어지지 않았다. 시대 문화의 격차가 크다는 것은 이해할 수 있으나 국가적 역사교육의 문제점이 무엇인가를 돌이켜보고 무엇을 바르게 유념하고 객관적으로 진단해야 할 점이 있는가 주시하고 분석하는 것은 또한 만인을 위해 필요하다.

조선의 가톨릭 신앙인들과 그들을 이끄는 인물들은 서로마가톨릭의 신앙에 심취하여 자신들의 정체성을 상실하였고, 그들의 선조와 부모, 지인 그리고 전통과 국가의식을 버렸다. 그들은 결국 조선왕조사에 반역죄로 다스려졌다. 서양 그리스도교의 악행으로 기록된 침략과 도굴, 약탈 사건은 한국 교회사에서도 기록되었으나 학교에서 제대로 다루어지지 않아 사건의 본질과 진실이 은폐된 상황에 놓여있다. 그에 대해 많은 사람이 알고 있음에도 불구하고 공개적인 발언은 삼가고 있으나 회개에 합당한 열매를 맺는 것은 예수의 핵심사상 가운데 하나라는 것을 설명한다. 진정성이 담긴 반성과 화해가 국가와 국제적인 측면에서 이루어져야 마땅하다.

대한민국의 역사는 국가와 국민의 국사(國史)로서 그 연원과 정통성이 누천년 동안 지속하여 오늘에 이르고 있다. 한국의 그리스도 교회사는 신앙 차원에서의 교회사(敎會史)일 뿐 한국의 역사와 국민 등을 대신하거나 대표할 수 없는 것은 당연하다. 한국사에 조선가톨릭 교인들의 사회적, 국가적 신앙 행위에 대해 어떠어떠한 사옥(邪獄)과 양요(洋擾)라는 객관적인 개념이 조선사 학자들에 의해 기록되고 그렇게 사용되었다.

하지만 한국 교회사는 그 개념을 신앙적이고 교회사적인 입장에서 주관적으로 박해(迫害)라고 규정하고 신앙교육을 하고 있다. 이에 일부 지식인들과 방송 매체 그리고 가톨릭 신앙과 무관한 일반인들까지 역사적 비판의식 없이 또한 '박해'라고 앵무새처럼 말하고 있어 참으로 안타까운 현실이다. 그러한 상황은 결과적으로 한국 근대사의 일정 부분이 교회사의 안목에서 일방적으로 다루어져 역사적 논쟁과 언어표현의 선별문제가 제기될 수밖에 없다. 한국 교회사가 유구한 민족사를 대표하거나 과거와 현재의 국가적 민심을 온전히 대변한다는 것은 천부당만부당(千不當萬不當)하다. 유골도 발견되지 않은 유·무명의 수많은 독립 운동가들이 국민과 국가의 기억에서 사라지지 않도록 국가적 발굴사업과 예우는 역사교육의 차원에서 진행되어야 마땅하다. 따라서 국사(國史)와 교회사(敎會史)가 명명백백히 구별되어야 하는 이유가 바로 여기에 있으며, 그에 연관된 특수개념의 사용도 특히 유의하고 구분하여 설명해야 정명(正名) 사용과 정명 사상이 이루어진다..

한국가톨릭의 과거사 정리가 제대로 되지 않았고 가톨릭 우선주의라는 틀에서 벗어나지 못해 상황에서 문화토착화의 길을 가지 못하고 있다. 민족문제연구소에서 편찬한 친일(親日)인명사전에 노기남(바오로, 1902~1984)[6] 한국가톨릭 신부가 나온다. 노기남 신부는 1936년 신사참배를 하고 일제를 위한 미사 진행과 매월 1일 남산의 조선 신궁에서 신사참배에 앞장섰다. 그의 행위는 서로마 교황청의 지시 없이 독단적으로 할 수 없을 것으로 생각된다. 노기남 신부는 1938년 조선 총독부가 조직한 '국민정신총동원조선연맹'의 가톨릭 실무책임자였고, 1940년 '한국가톨릭 국민 총력 경성연맹 교구 이사'가 되었다. 1942년 그는 일본제국에 대한 충성심을 가지고 군용기 헌납을 위한 '1인 1전 헌금 모으기 운동'을 주도했고 1943년 '조선전시종교보국회(朝鮮戰時宗敎報國會)의 대표의원'으로 징병과 학도병참여를 독려했다.

더욱이 그는 전선(戰線)으로 나가는 가톨릭 신자를 위한 미사성제 거

---

[6] "노기남의 일제강점기 활동은 「일제강점하 반민족행위 진상규명에 관한 특별법」 제2조 제11·13·17호에 해당하는 친일반민족행위로 규정되어 『친일반민족행위 진상규명 보고서』IV-5: 친일반민족행위자 결정이유서(pp. 51~85)에 관련 행적이 상세하게 채록되었다." (한국민족문화대백과사전) http://100.daum.net/encyclopedia/view/14XXE0012661

행과 축복기도(=강복 降福, blessing)를 했다.[7] 노기남 신부의 친일행적이 한국 사회에 알려지면서 부정적인 여론이 거세졌다. 그뿐만 아니라 일제강점기 시대에 프랑스 가톨릭 신부의 밀고 때문에 처형된 독립 운동가 안명근 그리고 사회적 공포를 불러일으킨 일제의 날조된 105인사건의 원인 등에 관해 한국가톨릭 단체는 침묵하고 있다.

2000년 12월 3일 한국 서로마가톨릭 주교회의 발표문 '쇄신과 화해'가 가톨릭평화신문을 통해 알려졌다. 근대화 시기 이후 200여 년간의 잘못을 반성하고 참회한다는 발표문이다. 그 발표문은 외세를 통해 가톨릭을 보호하고 해방 이후 냉전체제를 일방적으로 옹호한 점을 반성하며, 독립운동을 홀대(忽待)한 과오(過誤) 등이 있음을 우회적으로 인정하는 듯 두루뭉술하게 나열되어 있다.

하지만 한국가톨릭의 친일행위에 대한 사과는 한마디도 없었다. 그 발표문이 한국 서로마가톨릭교회의 회개내용이자 모습이라고 할지라도 많은 사람이 불분명한 회개내용을 지적하면서 소극적이었다고 평가했다. '쇄신과 화해' 발표문은 지금도 인터넷에서도 그 전문을 확인할 수 있다.

2004년 3월 일제강점 시기에 친일반민족행위 진상규명에 관한 특별법(법률 제07203호)이 국회 본회의에서 통과되었고 2004년 12월 29일 '일제강점하 반민족행위 진상규명에 관한 특별법(법률 제07361호)'으로 전면 개정되었다. 2005년 민족문제연구소가 노기남, 장면, 김성수의 친일 의혹을 제기하며 친일파로 다시 지목하자 김수환 추기경은 특별담화(donga.com 뉴스- '정체성 혼란' 한국호 어디로 가나)에서 자신의 견해를 밝혔다. 김 추기경은 노기남 신부가 어쩔 수 없는 일제강점기 시대 상황에서 한국가톨릭교회를 온전히 유지하기 위한 자구책으로 선택한 행위가 포함되어 있다고 변

---

[7] 노기남 신부는 1959년 프랑스 최고 문화훈장, 1963년 대한민국 국민훈장 1965년 2월 이탈리아 문화훈장을 받았다. https://ko.wikipedia.org/wiki/%EB%85%B8%EA%B8%B0%EB%82%A8. 그가 세상을 떠난 후 그의 업적을 기리는 여러 행사가 있었고 2015년 충북 음성 꽃동네에 어린아이를 위한 시설로서 '노기남 바오로 대주교센터'가 준공되었다.

론했다. 그는 또 피상적으로 언론이 그렇게 부정적으로 판단하면 '그분들에 대한 모독'이라고 하면서 유감을 표명했다. 역시 국가보다 가톨릭 우선주의가 추기경 김수환의 입에서 재생되었다.

그의 신념과 입장표명은 그 당시 시대 상황에 부닥친 한국가톨릭의 관점에서 이해되어야 한다는 것이다. 국가나 국민의 관점보다 자신의 신앙단체인 가톨릭 religion이 우선시되어 노기남 신부와 그 외 인물의 친일반민족행위에 대해 두둔하거나 축소·은폐시켜 덮으려는 의도가 적나라하게 드러났다. '그분들에게 모독'이라는 김 추기경의 공식적인 표현은 대한민국의 독립 운동가들에 대한 모독이자 국가모독이며 '일제강점하 반민족행위 진상규명'에 관한 특별법(법률 제07361호)을 무력화시키는 저의가 포함되었다고 하는 의구심이 든다.

근대화 시기에 한국의 독립 운동가로 유명한 안중근(安重根, 1879~1910)은 빼놓을 수 없는 역사적 인물 중의 한 명이다. 하지만 안중근의 의거(義擧)가 가톨릭교회사에서는 살인죄로 규정되었다. 그는 교단에서 추방당했고 그의 세례명(토마스 또는 도마)은 박탈당했다. 그 후 그의 죄명은 한국가톨릭교회사에 80여 년 동안 그렇게 인정되었고 한국가톨릭교회사에 묻힌 안중근의 영혼은 자유를 찾지 못하고 구천에서 맴돌고 있었을 것이다.

그러나 1990년 이후 많은 한국인은 그러한 가톨릭의 반민족, 반역사적 행위와 신앙관에 대해 더 침묵하지 않고 큰 의문을 제기하면서 반기(反旗)를 들었다. 그들은 안중근의 역사적 의거를 바로 세우고자 하는 범국민적 서명운동을 펼쳤다. 그러한 운동 전개 과정에 참여한 시민의식을 지켜본 한국 서로마가톨릭은 좌불안석이었다. 사회적 큰 이슈이자 민족의 정체성으로 주목받은 서명운동의 결과는 한국가톨릭의 입장표명으로 이어져 국민의 큰 관심사로 떠올랐다.

1993년 당시 김수환 추기경은 안중근에 대한 평가(評價)를 공식적으로 발표했다. 그는 안 의사(義士)의 의거(義擧)가 살인(殺人)이 아니라 민족의 존엄과 국권을 지키기 위해 노력한 모든 행위는 정당방위였다. 그러한 행위는 가톨릭 신앙과 상치(相馳)된 것이 아니라 오히려 그 안에서 우러나온 것이며, 신앙심(信仰心)과 조국애(祖國愛)는 분리될 수 없는 것이라고 했다. 김 추기경은 대한민국의 한 사람이자 한국 서로마가톨릭교회를 대표하는 한 성직자로 일제(日帝) 시대의 한국가톨릭이 친일행각을 한 점에 대해 마음 아파한다고 말했다. 그의 직접적인 대국민 사과는 그동안 안중근의 의거가 잘못 평가된 것에 대한 반성이었으나 우회적이었고 사후조치 또한 소홀(疏忽)했다.

2010년 한국의 서로마가톨릭은 안중근을 가톨릭 신자로 공식적으로 복권(復權)시켰다. 한국가톨릭이 대처한 시대 상황은 공동체 사회문화의 분위기에 편승한 것이었다. 한국가톨릭이 살인자로 규정했던 안중근을 국가적 인재이자 가톨릭의 인재로 부각해 불붙는 민심을 진화(鎭火)시켜 가며 새로운 소통경영의 경로를 찾아 운신의 폭을 넓히고자 했다. 여기서 우리는 한국가톨릭의 두 가지 흐름을 다음과 같이 엿볼 수가 있었다.

2010년 3월 26일 안중근의 명예는 명동교회의 추도식을 통해 그의 사후 100년 만에 복권되었다. 이에 대해 분석해 보면, 안중근의 의거가 국가적 차원에서 애국자로 판단된 것처럼 한국가톨릭은 그를 살인자에서 애국자로 정정하여 표명했다. 하지만 미사를 집전한 정진석 추기경은 '뮈텔 주교가 최선을 다했다'라고 했다. 결과적으로 교회사적 관점에서 서로마가톨릭의 주교였던 뮈텔에 대한 신앙적 신뢰는 변함없다. 그의 행위는 정당했었고 무엇보다도 가톨릭교회 우선주의는 견고하다는 것을 확인할 수 있다. 그 반면 시대적 상황과 시대 문화의 습합 사상에 의해 교회의 외부적 입장 표명과 교회사 인식이 수정·보완되어 다소 변화될 수 있겠으나 역사적 사실은 변함이 없다. 안중근과 뮈텔 주교에 대해서는 이미 다루었던 이 책의 '제3장 하늘(天) 사상과 종교성 II.한국인의 종교(심)성 6) 서교(西敎, 그리스도교)적이다 ⑫'를 참조해 주길 바란다.

2차세계대전 이후 서로마 교황청도 예외 없이 격변(激變)의 시대를 맞이하여 변화하기 시작했다. 타국문화에 대한 배려와 습합 문화의 일정 부분을 인정하는 교황청의 의결이 있었다. 그에 관한 교황청의 문건이 1963년 한국가톨릭에 전달됐다. 그 이후 여러 과제와 토의 그리고 연구 과정을 거쳐 오늘날 한국가톨릭은 자국의 풍토와 국민과 함께 그리고 전통문화와 더불어 협력하고 조력(助力)하는 차원에서 소통의 폭을 넓혀 가며 노력하고 있다. 과거 획일적인 가톨릭 문화경영에 소통과 배려문화가 반영되어 긍정적인 사회적 분위기와 가치 환원에 참여하고자 한 것이다. 한국 서로마가톨릭에 불어온 성령 운동과 신비주의적인 마리아 숭배 사상이 있었다.

하지만 1980년도 서로마 한국가톨릭의 전형적인 질서체제가 재정비되었고 제도교회로서 입장을 공고히 하면서 강력한 쇄신 운동이 일어났다. 그의 성령 운동을 포함한 신비주의 사상이 통제·정리되었다. 그러나 서양이나 한국이나 예수보다 마리아상 앞에 염원하며 기도하는 신앙인의 경건한 모습은 여전히 존재한다. 그러한 행위가 때로는 구복(求福)적이며 신비적인 범주에 속한다는 것은 신앙적인 안목에서 봐도 이해될 수 있는 부분이기도 하다. 한국 그리스도교의 새벽기도가 새벽 치성을 드리는 유형과 같고 사찰(寺刹)에서 새벽예불을 올리는 것은 다른 신앙단체의 경건함과 무엇이 특별하게 다른 것이라고 할 수는 없다.

서로마가톨릭 이탈리아 예수회 소속인 마태오 리치의 선교방법은 습합 사상과 일치한다. 서로마가톨릭은 그가 세상을 떠난 후 그의 선교방법을 엄격히 규제했으나 시대적 변화와 시대정신에 따라 문화 습합의 과정과 선교정책을 안정적인 교세 확장과 이웃과의 소통이라는 문화경영의 차원에서 재해석했다. 그로 인해 한국 서로마가톨릭은 1980년대부터 전통문화인 관혼상제(冠婚喪祭)를 수용하되 가톨릭 신앙인을 돌보는 대중적 사목(司牧)으로 접목하기 시작했다.

그 가운데 특히 눈에 띄는 것이 죽은 자에 대한 미사(Missa)로서 49일제다. 불교에서 행하는 49일 천도제(遷度祭)처럼 사자(死者)의 신위(神

位)를 가톨릭교회에 모신다.[8] 신부(神父)가 대표로 한국가톨릭이 제정한 제례의식에 따라 참석한 고인의 유가족과 함께 위령제(慰靈祭)를 올린다. 유가족이 참석하지 못할 때도 사자를 위한 미사는 진행된다. 사자를 위한 미사 행위는 불교와 도교의 천도재와 다를 바 없고 장례미사의례는 유가의 장례문화를 본받아 한국가톨릭제례(문)화로 전환(轉換)시켰다.

3. 동학(東學)운동의 영향과 신종교 문화의 태동(胎動)

한국문화토양에서 자생(自生)한 새로운 사상단체와 신종교 문화는 동서(東西)문화의 교류를 통해, 때로는 민족사상 고취와 함양을 위해 태동하였다.

서세동점(西勢東漸)하는 시대적 상황 속에서부터 생애를 마감할 때까지 동학사상(東學思想)을 고취하기 위해 활동한 인물이 조선 말기 수운(水雲) 최제우(崔濟愚, 1824~1864)였다. 최제우는 동학(東學)의 창교자(創敎者)가 되었다. 그는 서학(西學)의 이치를 간파(看破)한 후 서학과 버금가는 것이 동학(東學)이라고 설명하면서 천명(天命)을 받들어 상제(上帝)의 뜻이 무엇인가 설파(說破)했다. 최제우가 동학의 시천주(侍天主)를 교지(敎旨)로 정하고 보국안민(保國安民)과 광제창생(廣濟蒼生)을 주장하며 반상(班常)의 구별을 없애고 신분 평등을 주장했다. 탐관오리(貪官汚

---

[8] 과거 가톨릭은 신위(神位)를 모시는 것은 우상숭배로 규정했다. 신위(神位)를 불태우고 조상 제례를 거부하며 가톨릭 신앙을 고수한 정하상은 1839(기해 己亥)년 3월에 오늘날 탄원서형태의 상제상서(上帝上書)라는 상소문을 작성하여 조정(朝廷)이 발칵 뒤집혔다. 그의 사건으로 인해 가톨릭 신자들이 옥살이하고 일부는 처형당했다. 그 사건은 조선사에 기해사옥(己亥邪獄)으로 기록되었다. 더욱 자세한 내용은 이 책의 11. 종교문화경영의 11단계 − 문화상황화(文化狀況化, culturae contextualisation, culture contextualization) 2) 다이어그램(diagram) 15 − 문화상황화(文化狀況化) 시대의 무대응 (개 한국의 서로마가톨릭 참조 바람

吏)의 언행에 분노한 수많은 백성이 동학운동에 참여했다.

동학의 신도는 3000여 명에 달했다. 동학의 세력은 전라·경상·충청도에 이르기까지 확장되었다. 농민이 주축을 이룬 동학운동은 사회개혁운동으로 발전되었으나 조선의 승인 아래 입국한 러시아와 일본의 군부세력에 의해 진압되어 결국 와해하였다. 그 운동의 지도자 최제우가 혹세무민(惑世誣民) 죄로 대구 감영에서 처형당했다. 외세(外勢)는 조선왕조의 숨통을 조이기 시작했고 정치적 사회적 혼란은 더욱 증폭되었다. 19세기 중반은 서구 열강의 식민지 쟁탈전시대였고 식민지정책에 그리스도교의 성직자가 동참(同參)했다.

서로마가톨릭의 도발적인 선교(宣敎)정책과 서양세력의 통상압력 그리고 물리적 조선(朝鮮) 침공(侵攻) 등은 조선사(朝鮮史)에 2대 양요(洋擾)로 기록되었다. 그것은 병인양요(丙寅洋擾, 1866년 1월 초 프랑스 함대의 강화도 침범사건)와 신미양요(辛未洋擾, 1871년 미국의 강화도 침공 사건)이다. 국제적인 문화 간자(間者)의 시스템을 가동하고 있는 프랑스와 미국은 조선의 온갖 보물이 감춰진 곳이 강화도라고 판단했을 것이다. 이 두 나라의 조선 침략행위를 종합해 분석해 보면, 양국(兩國)은 17세기에 영국이 인도·동아시아 지역과의 무역 촉진을 위해 설립한 동인도회사(東印度會社 East India Company)의 기능과 역할 등을 잘 알고 있었다고 생각된다.

프랑스의 뒤를 이어 미국의 물리적인 통상압력과 국정 간섭 등은 조선의 국력을 점차 쇠약해지게 만들었다. 미국이 군사력을 동원하여 조선(朝鮮)을 압박했으나 거절당하자 중국 상하이에서 활동했던 유대계 독일상인 오페르트에게 1868(병인 丙寅)년 흥선 대원군 아버지의 묘를 도굴(盜掘)하라고 시켰다. 그 도굴사건이 조선사에 '남연군 묘 도굴사건' 또는 '오페르트 도굴사건'으로 기록되었다.[9] 병인양요(丙寅洋擾)의 상처가 아물지도 않은 상태에서 엎친 데 덮친 격으로 발생한 사건이 신미양요(辛未洋

---

[9] 이 책 제8장 II.종교문화경영의 13단계와 과정 7. 종교문화경영의 7단계 – 문화의 소외 참조 바람

擾)다. 신미양요를 직역하면 신미(辛未, 1871)년에 서양(西洋)세력이 난리를 일으켜 세상을 어지럽게 했다(擾)는 뜻이다. 즉 미국이 1871(辛未)년 조선을 침공한 사건이 신미(辛未)양요다. 사건에 대한 객관성 확보와 유지를 위해 노력한 조선사학자의 언어선택은 신중하였고 그의 역사적 기록은 반면교사로서의 가치를 부여하고 있다고 본다.

1871년 5월 미국 극동함대 사령관 소장 로저스(John Rodgers) 제독은 기함 콜로라도호(Colorado號)를 포함하여 총 군함 5척[10]과 수해병 1230명, 함재대포 85문을 적재하고 일본 나가사키(長崎)를 거쳐 6월 1일 조선 원정을 강행했다. 로저스는 사전 통보나 양해 없이 조선의 강화해협(江華海峽)을 탐측(探測)하기 위해 강화도(江華島) 부근의 손돌목(孫乭項)을 거쳐 광성진 앞까지 침공(侵攻)했다. 그때까지 조선의 연안 강화포대는 방어 전술을 펼치다가 기함 콜로라도호(Colorado號)에게 기습공격을 가했다. 최초로 조(朝)·미(美)간에 군사적 충돌사건이자 문화적 충돌이 벌어졌다. 그러나 전세를 재정비한 미국은 6월 10일 24척의 배와 651명의 해군을 거느리고 함상(艦上) 함포사격(艦砲射擊)으로 강화도의 초지진(草芝鎭)을 초토화했다.[11] 미군은 그 여세를 몰아 6월 11일 덕진진(德津鎭)을 전쟁 없이 점거했다. 마지막으로 미국은 수륙 양면 포격을 전개하여 광성보(廣城堡)를 함락시킨 후 미국의 성조기(星條旗)를 게양하면서 전승(戰勝)을 자축했다.

"미군은 8시간 동안 싸워서 240명의 조선군을 죽이고, 1백여 명의 조선군을 물에 빠져 죽게 하는 한편, 그의 장교 1명과 병졸 2명을 죽게 하고, 10명을 부상하게 한 후, 20명의 조선 군인을 사로잡아서 물치도(=작약도 芍藥島)로 돌아가게 되었다."[12]

---

[10] 민경배, 『한국기독교회사』, 대한기독교출판사, 서울, 1989, 110쪽 참조

[11] 유홍렬, 『增補 한국천주교회사 하권』, 가톨릭출판사, 서울, 1990, 181쪽~183쪽 참조

[12] 유홍렬, 『增補 한국천주교회사 하권』, 가톨릭출판사, 서울, 1990, 183쪽~184쪽

신미양요는 조선 해전사(海戰史)의 수치로 기록된 사건이다. 그리스 도교의 조선 선교정책은 강압적이었고 물리적 행위를 동원하여 조선의 국권침탈행위까지도 서슴지 않았다. 수많은 양민을 죽이고 문화재까지 약탈한 미국의 신미침공(辛未侵攻)은 흥성 대원군의 정책 방향에 큰 영향을 주었다. 그는 서양 오랑캐와 화친(和親)을 주장하는 것은 나라를 팔아먹는 것이라고 했다. 그러한 그의 정치적 결단으로 서울 종로 네거리를 포함하여 전국 각지에 척화비(斥和碑)가 세워졌다. 그것은 서양 제국주의의 세력과 침략을 경계하기 위해 세워진 비석(碑石)이자 서양세력에 대응하기 위한 중장기 전략적 국가경영 차원의 한 부분이었을 것으로 유추된다. 그와 같은 국제적인 침탈(侵奪)과 심각성 그리고 조선 가톨릭 인의 정체성 상실에 대한 경고문이 척화비(斥和碑)에 함축적으로 새겨져 있다. 척화비는 조선의 가톨릭선교금지 및 서교(西敎) 문화와의 교류를 불허(不許)한다는 정책적 조치이자 경각심을 일깨우기 위해 후세에게 남긴 유훈이기도 하다. 하지만『增補(증보) 한국천주교회 하권』에 "이 비석은 대원군의 어리석은 통상수교 거부정책을 그려낸 기념물이었다."[13]라고 기록되었다.

서구세력의 조선 침략과 최제우의 동학사상 및 시대적 개화사상의 의미는 무엇인가에 대한 다방면의 분석은 먼저 역사적 시대 상황에 초점을 두고 조명할 필요가 있다. 다만 이 단락에서는 동학을 다루는 것이 주목적이 아니고 동학이 역사적 안목에서 사회적으로 새로운 사상단체와 신앙단체들의 형성에 큰 영향을 주었다는 데 초점을 두고자 한다. 먼저 그의 동학 사상은 조선 시대 실학파(實學派, 17~19세기)가 주장한 이용후생(利用厚生)의 경제정책의 맥락에서 살펴볼 필요가 있다.

실학파는 국정쇄신(國政刷新)을 주장한 신진학자들 가운데 북학파로 알려진 홍대용·박지원(朴趾源)·박제가(朴齊家) 등이 주축을 이루었다. 북학파의 이용후생(利用厚生)·부국강병 사상은 동도서기론(東道西器論)

---

[13] 　유홍렬,『增補 한국천주교회사 하권』, 가톨릭출판사, 서울, 1990, 183쪽

으로 이어진다. 동도서기론은 1880년대 초 김윤식(金允植)·신기선(申箕善) 등이 주창했다. 그 이론은 전통적인 유교의 정치사회제도는 고수하고 서양의 군사·과학기술을 수용하자는 것이며, 그 시대적 상황을 고려할 때 개화사상(開化思想) 전후와 연관성을 가지고 있다.

최제우의 동학 이념과 활동은 또 다른 분야에서 새로운 신앙단체를 탄생시키는 신호탄이 되었다. 증산(甑山) 강일순(姜一淳, 1871~1909)을 중심으로 다양한 계파와 신앙단체가 형성되었다. 강증산의 뒤를 이어 여러 형태의 새로운 신앙단체가 역사의 전당(殿堂)에 등장했다. 1915년 일본의 조선 총독부는 정치와 종교 분리라는 명제로 불교, 그리스도교, 일본의 신도(神道)만 종교(宗敎)로 인정했다. 그 외의 단체들은 압박과 감시의 대상이 되었다. 이에 홍암 나철(1863~1913)이 민족의 혼을 살리고자 주창한 단군 사상을 종교로 신고하였으나 조선 총독부는 항일운동단체로 보고 승인하지 않았다. 나철은 다시 대종교(大倧敎)의 이름으로 신고서를 제출했으나 거절당했다. 대종교의 의미는 일반인이 생각하는 신앙단체(religion)가 아니라 상고(上古)시대의 선인들(倧)의 가르침을 받드는 사상단체다. 즉 국조 단군의 홍익(弘益)사상과 홍제(弘濟) 이념을 추구하는 교육단체라는 뜻이다. 대종교는 항일운동을 이끄는 정신적 매개체가 되었고 수많은 독립 운동가를 배출했다.

일본의 신도(神道) 사상과 신사참배, 일본식 성명 강요 등은 일본문화를 강제적으로 한국인에 이식시키는 매개체가 되었다. 한국 전통문화의 초토화 작업이 시작된 것이다. 한민족의 얼을 빠지게 하는 일제의 문화 이식은 다방면에 영향을 주었다. 유교의 몰락과 함께 그 외의 민족종교 활동은 사실상 엄격한 통제 속에 금지되었다. 그리스도교의 신앙과 선교(宣敎)의 자유는 결과적으로 일제의 승인(承認)하에 일정 부분 보장되었다.

그 반면 한국의 유구한 전통종교사상과 문화가 점차 사회적 기능을 상실하면서 급격하게 퇴색하는 과정을 밟았다. 향교(鄕校)와 서당(書堂)은 찬밥신세가 되었고 전통문화사상으로 승계된 민족문화도 미신으로 취급당했다. 한국 그리스도교의 미신타파 운동은 더욱 기세를 올렸다. 그러한 기세에 힘입어 특히 개신교의 선교정책은 활발하게 진행되었고 개신교의 신앙단체와 사상을 이어가는 학교와 병원 등이 설립되었다.

일제강점기 이후 선가, 유가, 불가, 도가, 개신교의 사상과 교리·이념을 적절히 수용하여 형성된 새로운 신앙단체들이 우후죽순처럼 발생했다. 그들은 한국 전통문화와 풍습 및 제도를 적절하게 활용하여 그들의 교리서와 신앙문화를 만들었고 그러한 문화적 요소들을 일상생활에 접목해 나름의 세력을 키우고 있다. 오늘날 한국의 수많은 사람이 서구문화에 익숙해졌고 실용적이고 좋은 것으로 판단한 부분은 생활문화로 받아들여 사용하고 있다.

하지만 그 어떤 신앙단체도 한국의 전통문화의 풍토와 습합 되지 않은 것이 하나도 없고 그 토양에서 성장했다. 한국 종교문화와 접목한 또 다른 유형의 단체들은 습합 사상을 마다하지 않고 수용했다. 그 단체들에서 다시 분파(分派)된 신앙단체 또한 다양하다. 습합 사상의 프로세스(process)는 모든 종교문화의 속성이기 때문에 변화와 발전의 기반이 되었고 공생의 차원에서 문화 생명의 매개체로 기능하고 있다. 인류종교문화의 상생 정신은 역설적으로 또한 그러하다. 옛날부터 전해져 내려오는 해원(解冤)과 상생(相生)의 개념이 여러 종단뿐만 아니라 정치, 사회, 문화교육 등의 분야에서도 사용되고 있다. 그 개념은 생명의 호흡처럼 모든 경계를 초월할 수 있는 종교적 성향이자 인도주의 사상을 이끄는 국제적 실천개념으로 전개되고 있다.

근대화 시기의 역사를 돌이켜 보면 조선은 특히 프랑스와 미국의 물리적인 압박과 침략을 받았고, 일제강점기에 약탈과 수탈 그리고 온갖 수모를 처참하게 당했다. 무고한 사람들이 목숨을 잃었고 남모르는 쓰라린 상처들이 역사의 뒤안길에 남겨져 있다. 그런데도 오늘날 그 어느 하나 제대로 해명되고 치유된 것도 없을 뿐만 아니라 국가적 교육 차원, 국제적 정책 차원에서 해결하고자 하는 국가경영철학도 오리무중(五里霧中)이다. 민간단체 또는 협의회의 역할은 대부분 미진하고 어떤 분야에는 없다고 보아도 무방할 것이다. 역사의식이 병행된 종교문화 경영학의 차원에서 한국의 현 상황을 파악하고 차세대를 위한 교육프로그램 발견과 운영이 시급하다.

디지털시대와 종교문화

5

현대 기술은 아날로그(analog)에서 디지털(digital) 문화 시대로 전환되도록 이끌었다. 각양각색의 분야와 계층에서 세계 공동체를 지향하는 패러다임은 신기술과 접목되어 종교문화의 변화를 촉구하고 성장 동력을 제공하고 있다. 디지털시대의 신(新)공동체 사상과 문화의 형성은 4차 산업 시대와 맞물려 전개되고 있다.

그것은 또 과학적인 문화 성장과 아울러 폭넓은 종교문화경영시대가 예고한다. 종교문화에 대한 다양한 특징분석과 이해 그리고 사회적 가치를 분석하고 그를 활용하기 위한 시민참여의식은 종교와 신앙단체는 물론 국가적인 문화경영의 차원에서도 중요하게 다루어져야 할 것이다.

I. 디지털시대와 종교문화의 이해

아날로그 시대의 종교문화는 널리 공개되지 않은 범위에 있어 이해하는 데 한계가 있었다. 하지만 오늘날 디지털시대의 사회는 세계적으로 문화를 함께 공유하게 되었다. 종교문화의 이해와 경영에 대한 국제적인 관심과 이해가 유네스코를 통해 한층 더 성숙하고 깊어졌다. 그뿐만 아니라 인류의 공익성과 공영을 위한 생명의 존엄성·평등성 등에 연관된 생명 문화는 세계인에게 공감을 선사하고 주목받고 있다.

디지털시대의 사회문화는 다변화 시대에 부응하기 위해 다문화와 다양성을 수용하고 국제화 시대를 주도하고 있다. 교통문화와 정보통신 시대가 발전하면서 이동수단이 빨라지고 정보화와 정보공유시대가 쉽게 이루어지면서 다문화사회와 다문화가정은 세계적인 이슈로 다루어지고 있다. 그와 연동된 다양성은 종교문화 심리와 종교(사회)문화경영의 폭을 더욱 다채롭게 발전적으로 연구할 계기를 만들어 주고 있다. 그러므로 보다 통찰적인 종교문화를 이해할 수 있는 큰 안목과 통찰력, 그와 밀접한 핵심 키워드의 발굴은 종교문화 경영(지도자)학의 연구 분야에 중요하게 활용되어야 한다.

현시대에서 바라보는 종교문화이해는 과거의 종교문화이해와 차이는 있으나 그의 본질과 핵심주제, 대의는 지속해서 연계되어 있다는 것을 간과해서는 안 된다. 종교문화의 이해는 진리추구라는 목적의식이 포함되어 있기 때문이다. 시대변화와 시사성에 부응하는 사상적 발전을 주목해야 합리적인 가치와 시사성 등이 무엇인가를 분석할 수 있다. 종교문화 사상과 의례 및 문화재 등은 역사적인 안목에서 반추(反芻)해 보아야 문화의 힘을 이해할 수 있고 그 힘을 배가시킬 수 있다. 그것은 새로운 시대적 안목에서 재조명할 수 있는 학문적 통찰과 기술을 발전시킨다.

1. 종교적 사상과 의례적인 행위

오늘날 다양한 사상단체, 신앙단체, 이슬람교와 그리스도교계통의 신앙단체가 공존하고 있다. 그들은 그들의 지역적 전통문화를 이해하고 상호 간에 필요한 문화 성장의 단계와 절차과정을 거쳐 안착(安着)된 상태에 있다. 하지만 공동체 사회문화에서 신앙단체의 교리와 신앙 생활문화는 별도의 영역이기에 두 개의 상징성이 존재하고 있다. 객관적인 차원에서 그를 타진하고 가까운 거리에서 다시 들여다봐야 전체를 이해할 수 있다. 사상 단체의 문화뿐만 아니라 신앙 단체문화의 발자국과 가치 및 열매 등을 만인이 체감(體感)할 수 있도록 제시하는 것은 다소나마 한계가 있으나 상식적이고 보편적인 대의는 간추려볼 수 있어야 한다.

현대사회에서 공유되고 있는 동서양의 종교와 종교사회문화가 사람들의 이해수준을 높여주고 있다. 그들은 과학적 탐구 정신을 통해 합목적성을 추구하는 종교문화의 실용성, 실생활에 유익함과 정신세계의 풍요로움을 제공하고, 차세대의 승계(承繼) 등을 고려하면서 인류문화의 가치에 눈을 돌리고 있다. 변화와 발전을 거듭하는 문화 현상은 세속적이고, 전통사회문화의 실용적인 요소는 취사선택되면서 그 문화의 가치가 무엇인가에 관한 연구가 문화홍보와 관광의 차원에서 진행되고 있다. 전통의식과 의례 속에 다루어진 과거의 독특한 각 지역의 사회적 통과의례가 지구촌 시대를 맞이하여 단순한 의례 행위를 초월하여 고유사상이자 모델로 때로는 세계적인 문화콘텐츠로 인식하게 되었다.

다문화사회에서 다양성의 이해와 배려 및 포용성은 촉구되었고, 공존과 공생 및 공영문화 등은 지역별 문화관광상품의 공유자원으로 개발되고 있다. 전통문화의 고유성, 대중성, 그리고 특징은 유네스코 세계문화유산으로 등재되어 민속학, 민족학, 문화 통계학, 문화심리학 등이 국가적 관심의 대상이 되었다. 그와 같은 관조의 세계와 실존의 세계가 함께 참여하도록 이끄는 시대정신은 종교사회문화의 보편적이고 합리적인 이성과 가치를 추구한다.

국제화 시대의 공동체 사회문화와 질서 및 사상적 공유가치를 유지하기 위해 변화를 이끄는 시대사조는 종교문화경영의 실용성을 구가(謳歌)한다. 그러므로 간과해서는 안 될 것이 종교사회문화와 직결된 신앙문화의 속성이다. 신앙문화와 사회문화의 속성은 시기와 시대에 따라 각각 변화의 양태가 다양하고 경향에 따라 잣대의 기능처럼 생물학적 굴곡(屈曲)도 천차만별이다. 구체적으로 우리 주변에 드러난 각각의 신앙단체와 공동체 사회문화가 성숙, 발전되기 이전에는 어떠했는지 심도 있게 생각해야 한다. 모든 삶의 질곡(桎梏)과 의례적인 행위는 자연스러운 현상이나 사상적 행위와 주어진 한계상황에 따라 틈의 차이는 발생하기 마련이다. 따라서 현실문화에 대한 적극적인 이해와 인식은 내면의 세계를 폭넓게 구성할 수 있는 기능과 능력을 보유하도록 자극할 것이다.

인간의 종교적 사상과 관례, 신앙 행위는 어디에 근간을 두고 어떤 형태로 발전했는가? 지금의 다양한 가시적인 모습과 현상 등은 우리에게 무엇을 제시하고, 또 무슨 문제점들을 던져주고 있으며, 어떠한 배경 속에 무엇을 궁극적으로 추구하고 있는가? 특히 이러한 문제 제기에 대한 숙고(熟考)는 현상학적 차원에서 바라보아야 종교문화와 신앙문화의 의례적 행위를 보다 깊이 있게 분석할 수 있다. 이 세상에 변하지 않는 것은 없으며, 변해야 새로워지고 새로워져야 다시 새로운 변화의 기회를 성공적으로 맞이할 수 있다. 그러므로 모든 종교사상과 모든 의례 행위를 바르게 이해하고 분석하기 위해 종교(철)학적 통찰의식이 필요하며, 그와 더불어 종교문화 경영학의 주목적과 방향은 온고지신의 대의(大意)가 뒤따른다.

2. 종교문화의 현상학적 배경과 특색

종교문화(宗敎文化)의 현상학적 요소와 특징은 비(非) 규범성(規範性)이며, 기존의 사회적 이해, 사상적 인식체계와 충돌하는 성질을 가지고 있다. 그의 주요소는 자연현상의 변화, 주어진 시대 상황, 사회적 배경, 생활환경과 경험, 신비체험 등을 통해 형성된다. 하지만 그에 대한 설명이 천태만상처럼 색다르게 느끼고 때에 따라 탈(脫) 형상화(形象化)의 형식이 제기되었다고 할지라도 생활문화의 범주를 벗어나지 못하고 있다.

비록 공동체 사회가 과학사상과 더불어 발달했어도 인간의 한계와 기존 신앙단체의 행태에 대한 실망, 영적 측면의 갈구와 희망 등은 새로운 종교적 현상을 불러일으키는 조력자가 된다. 이성적이고 합목적성(合目的性)이 담긴 이해와 판단은 과거와 현재의 삶의 모습을 다양한 모습으로 스크랩(scrap)해볼 수 있는 시간과 공간문화의 여유를 발견하게 해준다. 그러한 문화적 사유세계의 산책은 다시 사회공동체와 신앙공동체의 특색을 되돌려보면서 연상할 수 있도록 기회를 제공해 준다. 그것은 다시 지금 이 시간에 미래지향적으로 주시하고 연구할 수 있어 사회적 가치 창출과 환원으로 이끄는 데 도움을 주기도 한다.

이 단락에서 제기된 종교와 religion의 문화 그리고 종교와 religion의 본질과 속성이 어디에 있는가에 대한 설명은 종교문화 현상을 이해하는 데 도움을 줄 것이다. 그것은 또한 보다 쉽게 상호 간의 차이점과 동질성 그리고 이질성 등을 발견할 수 있도록 하는 데 주력하고자 한다.

현대종교사회는 더욱 나은 삶의 질적 향상과 현실성, 법과 질서, 안전과 보편적 가치 등을 추구하는 공동체문화의 현상과 직결되어 있고 과학적 사상을 공유하며 주어진 범위 한도에서 활용한다. 그러므로 그는 국제사회와 유리(遊離)되지 않았다는 것은 확실하다. 그러나 신앙문화가 기복사상을 온전히 배제하지 못한 상태에서 현대사회문화(심리)에 따라 변용된 신앙생활을 구시대의 교리와 신조에 적용하고자 하지만 한계점에 도달한다. 그것은 그 나름의 교리적 한계상황에 봉착(逢着)했음을 인정하는 것과 다름이 없다.

이러한 복합적이고 습합적인 문화 현상이 신앙단체의 본질이며 생활문화의 속성이지만 만들어진 교리와 신조 그리고 신앙문화와의 과학적 괴리(乖離)는 늘 존재한다. 세계적인 religion은 변화된 사회에 적응하기 위해, 상황극복을 위해, 그 시대의 주어진 상황에 적합하게 신앙사상과 생활문화를 검토하고 연구하여 새로운 해석학적 논리와 지침서 등을 다시 만들어낸다. 그것이 또한 religion의 속성이자 민낯이다. 신앙인이 신앙심으로 만들어낸 모든 것이 규범적이라고 하나 변해가는 시대 상황에 따라 시대정신에 부적합하면 어느 날 비(比) 규범성이 되어 그를 수정(修訂) 또는 폐기(廢棄)시킨다.

사상단체와 신앙단체의 문화 가운데 으뜸(宗)이 되고 세계적인 가르침(敎)의 요소가 글자 그대로 인류 문화사의 종·교(宗·敎)이다. 인류에게 지속해서 공감을 줄 수 있는 정신문화가 종·교(宗·敎)다. 그것은 시대 상황에 따라 변하는 개념이 아니고 상황극복에 따라 다르게 사용되는 개념 또한 아니다. 종·교(宗·敎)의 대의는 정신과학과 자연과학 세계에 사회적 공감을 불러일으키고, 신선한 가르침과 깨달음을 주고 있다. 발전된 문명의 이기와 영향력을 제공한 자연과학과 정신과학은 공동체 사회문화와 삶의 세계를 풍요롭게 성장시킨다.

이 두 가지의 과학은 인류에게 폭넓게 공감하고 공유할 수 있는 물질적, 정신적 자원과 자산을 제공하고 종교문화의 현상학적 배경을 형성시켜 주기도 한다. 그것은 생활문화의 공존과 공영을 함께 유지하도록 이끄는 합리적인 과학 정신과 현상학적 가치를 다루는 것이기 때문에 보편적이고 실용적인 현 종교사회문화의 본질이다.

합리적인 과학 정신과 현상학적 가치 창출은 생존의 능력이며 공동체 사회문화로 계승되고 발전된다. 태초의 자연 섭리와 변화에 순응하고 지역적 풍토와 관례에 적응된 인간은 그와 연계된 공동체 사회를 형성하였고, 인지능력이 향상됨에 따라 지구가 스스로 자정(自淨) 시스템을 가지고 있음을 이해했다. 인간은 자연과의 공존을 유지하면서 자연의 자정 과정이 순환적으로 반복한다는 것을 수많은 세월의 흐름을 통해 관찰했고 학습하며 궁리를 통해 과학적 의식세계를 체득했다. 풍성하고 풍요로운 생명력을 발현시키는 대자연의 섭리는 인류의 정신과학과 문화를 점진적으로 발전시키는 데 중요한 매개체가 되었다.

인류가 문화를 남기고 문화는 인류의 정신적 자산을 풍요롭게 했다.

그것을 승계하고 있는 인류는 자연과학의 발전을 통해 또한 다양한 문화와 문명의 이기를 다시 남겼다. 다양한 인류문화는 거듭 새롭게 변화되었고 발전된 창조적 변화로 현대문화에 이르렀다. 그러므로 현대문화는 종교문화 현상의 사회적 열매이자 정신과학과 자연과학이 하나로 합치(合致)된 결과물이다.

종교문화 현상은 자연현상과 인간의 내면세계와 직접적인 접촉과 각양각색의 경험 등을 통해 구체화한다. 인간 내면세계에 형성된 종교성과 신앙문화는 대체로 세 가지로 구성되었다. 그것은 신앙의 대상, 신념체계, 그리고 신앙공동체이다. 이 삼대 요소에 사상적 교리에 따른 독특한 의례와 계율 등을 구체화하고 형상적 모습을 갖추면 신앙 공동체문화가 생성된다. 유일신 사상을 중심으로 형성된 특수 신앙단체의 교리와 신조가 내외(內外)의 결속력을 다져 오늘과 내일의 비전과 희망을 제시할 때 religion 현상은 제도화되어 더욱 뚜렷하게 절대적 신념 가치로 진행된다.

하지만 일반적인 신앙단체의 문화 현상에는 최고의 신과 다신(多神) 숭배 사상이 동시에 포함되어 있다. 보편적이며 대중적인 가치를 추구하는 종교(宗敎)문화는 인류 역사와 함께 공존하였고 지역적 종교문화의 역사는 모든 민족과 민족 문화사에서 그 흔적을 남겨놓고 있다. 이를 연구하는 학문이 역사 민족학이다. 고대시대의 문화연구에 접근할수록 문화가치와 체계는 다신(多神) 사상에서, 천제사상에서 출발했음을 누구나 감지하고 그의 실체를 이해할 수 있다. 그와 같은 관점을 가지고 종교문화 현상학에서 논하는 종교의 일반적 순기능은 현 상황의 가치와 체제를 조명하는 것이다.

종교적 순기능은 합리적인 방법으로 해결할 수 없는 문제로 발생한 긴장과 갈등 및 분쟁들을 여러 방면에서 완화·해소하고, 남겨진 과제들을 풀어나간다. 그것은 사회적, 국제적인 중재와 협력을 이끌어가는 역할에 충실하게 이행하고자 한다. 따라서 종교문화의 사회적 역할이 삶의 활력소를 제공하고 종교문화의 기능이 윤리 도덕적인 삶의 가치와 질서유지에 유·무형으로 바람직한 영향을 줄 수 있다면 문화의 소산(所産)이라고 말할 수 있다. 그것은 또한 국제적인 관점에서는 인류문화의 자산(資産)이 된다.

오늘날 전문가들은 종교문화의 현상학적 배경과 정신문화의 관점에서 수많은 현철(賢哲)·정신지도자의 사상과 특징을 현실사회문화라는 시대적 거울에 그 가치성 등을 여러 방면에서 조명해보고 있다. 공자, 석가, 노자, 소크라테스(Socrates), 예수, 마호메트와 그 외 성현들의 이념과 사상이 인류문화의 상생적인 차원에서 다루어져서 보편적 가치가 도출되길 기대해 본다.

3. 종교문화의 소산(所産)에 대하여

종교문화의 소산(所産)은 시대 문화와 사회문화가 상호 공유하고 있는 공동체 사회문화를 의미하며 그 문화 안에서 문화인의 사상체계와 주요 핵심을 발견할 수 있다.

태초에서부터 인간의 정신세계와 삶 전체가 점진적으로 발전하면서 생활문화가 조성되었고 이웃과의 문화교류 및 공유가 활발해지면서 오늘날의 공동체 사회문화를 형성했다. 인간이 남긴 특별한 문화는 유구하게 전승(傳承)되고 그 문화는 전통문화의 소산이 되었다. 그 사상적 배경과 행동반경은 교육을 통해 종교(심)성을 함양시켜 광범위하게 담긴 정신적 물질적 삶의 흔적이 또한 시대 문화의 얼굴이자 소산이 된다. 시대 문화 속의 인간은 유·무형의 제도와 공동체 사회라는 조직망에 연결되어 있다. 인간의 삶에 대한 흔적은 그 시대의 문화를 통해 곳곳에서 찾아볼 수 있다. 순간마다 삶이 어떤 식으로든 시대 문화와 관계를 맺고 유지하고 있다.

시대 문화와 사회문화의 분석은 상호 간에 활성화되는 생명 문화와의 호흡으로부터 시작된다. 생명 문화는 대부분 삶의 승계를 위한 인간의 본능적인 행동과 생각, 느낌과 감정의식 등을 포함한다. 그러한 유형들의 보편성은 평상시 모두 사회문화의 바탕 위에 불연기연(不然其然)의 관계에서 이루어지고 또 그렇게 상호호혜적인 관계로 이어져 공기의 존재같이 잘 의식하지 못할 뿐이다. 인간의 다양한 종교적 성향이 함께 어우러져 형성된 것이 또한 공동체 사회문화이다.

공동체 사회문화는 함께 공유할 수 있는 문화와 문화인의 공간으로서 종교문화의 사회적 소산이 되었다. 그러한 소산은 문화의 광장에서 생명의 호흡으로 생동(生動)한다. 그러므로 종교문화의 소산은 인간의 생각과 행동, 느낌과 감정, 의지와 사상적 성향 등을 통해 공동체 사회라는 문화의 영역을 창출시켜 다시 문화광장으로 끌어낸다. 그 광장에는 다양한 유·무형의 문화와 문화재가 대자연 속에 활짝 핀 꽃들의 색상처럼 아름답게 어우러져 생명의 호흡으로 답하고 정신세계의 풍요로운 영역을 제공하고 나름의 향기를 발하고 있다.

인생관과 세계관 대부분이 모두 공동체 사회문화의 바탕 위에 바탕을 이루고 있다. 하지만 그것은 또한 시대적 경향과 소용돌이 속에 더 나은 변화의 순환 반복과정을 생성하므로 공기의 존재같이 잘 의식하지 못할 뿐이다. 그래서 인생관과 세계관은 시대 상황과 시대 문화에 의해 변하고 바뀔 수도 있고, 사회문화에 영향을 주기도 한다. 그 시대의 변화와 새로운 현상을 이루는 중심축은 사회문화의 성향(性向)과 경향(傾向)이 되어 정신문화의 생명력을 활성화하고 지속시켜주는 효과가 발생한다.

그러므로 공동체 사회문화는 주어진 상황에 따라 새로운 현상에 반응하기 위해 다양한 요소를 취사 선택하여 조화롭게 동화되고 한층 더 깊게 융화되어 종교사회문화를 형성한다. 국제화 시대의 종교사회문화는 다양한 문화수용과 배려의 공간 그리고 문화영역을 확대해가면서 공동체 질서유지에 일조할 수 있도록 상호 간의 협력관계를 유지한다. 그러므로 사회문화가 그 시대의 공동체 사회에 현실적 가치와 의미로 드러나면 시대 문화라고 할 수 있다. 시대 문화가 사회의 공동체문화로서 공기와 같은 임무를 수행하고 사회적 삶은 그것을 생명 문화의 영양소, 즉 사상적 자양분의 일부라고 생각하고 받아들여 종교문화의 광장에서 함께 호흡하는 것과 같다.

시대정신의 한 핵심축을 이루고 있는 사회문화와 그의 발전은 또한 생명의 호흡처럼 자연스럽게 기존문화와 동화·융화되어 차원 높게 심화시킨다. 심화한 문화는 양질의 생명력을 보존하기 위해 건강하고 윤택하게 하는 매개체가 된다. 문화인은 그러한 시대의 사회문화를 수용하고 승계한다. 시대 문화가 공동체 사회의 공기와 같은 역할을 하고 있어 사회적 삶과 보편문화는 그것을 호흡하는 것과 같다. 인간의 의식세계와 공동체 사회문화 그리고 일상생활이 함께 어우러져 상호연관성을 가지고 형성된 문화 심리가 종교(심)성이다. 그것은 (공동체 사회) 문화의 광장에서 드러난 종교문화의 영역이자 소산이다.

II. 종교문화와 공동체 사회문화

종교(宗敎)문화와 공동체(共同體) 사회문화는 상호관계를 유지하지만 보편적인 종교문화는 공동체 사회문화의 규범과 질서를 형성하는 데 주춧돌이 된다. 그 문화 안에는 '공익사회와 이익사회'[1]가 있고 사상단체와 신앙(信仰)공동체도 함께 공존하고 있다. 어떤 신앙공동체가 그들만의 한정된 집단문화에 머물고 있으면, 사회적으로 호응받지 못하고 소외(Entfremdung)되거나 격리된 상태다. 비록 각자의 신앙 행위는 자기 자신의 생활유형에 대한 이해와 인식, 가치관과 신념, 신앙 사상과 이상향 등이 함께 반영된 것이라 할지라도 보편적 종교문화라고 할 수 없다.

신앙인의 삶과 연계된 대부분의 신앙단체와 조직은 절대적 신념체계

---

[1] 이 책의 제5장 디지털시대와 종교문화 II. 종교문화와 공동체 사회문화 2. 공동체 사회문화 참조 바람

로 구성되었으나 공동체 사회문화에서 그를 일반적으로 수용되지 않는 경우가 많다. 하나의 신앙문화이지 함께 하는 공동체 사회문화가 아니라는 것을 바르게 각성할 때 인류문화의 보편성, 실용성, 과학적 가치성에 등에 눈을 뜰 수 있다. 민족정신 고취, 공공성·합목적성 등이 담긴 사상과 문화는 공동체 사회문화로 승계되어 공동체 사회의 종교문화가 된다. 그러한 문화적인 요소들이 사회의 다른 구성원들에게도 받아들여져 사회 전체가 함께 공유할 때 우리는 비로소 어떠한 종교문화와 공동체 사회문화의 구성요소들을 비교분석하고 그 의의를 바르게 구분하여 설명할 수 있다.

따라서 특수성이 강조된 신앙 단체문화와 보편성을 추구하는 공동체 사회의 종교문화를 시대정신과 국제화 시대의 패러다임에 걸맞게 구분하고 세분화시켜 사용하는 것이 필요하다. 공동체 사회의 종교문화는 종교사회문화라는 개념으로 사용할 수 있으나 그 개념은 신앙단체들을 지칭하는 것은 아니라 그들의 가르침이 공동체 사회에 어떠한 문화적 요소를 가지고 함께 호흡하느냐를 설명하는 것이다. 그러한 종교적 기능과 역할이 있으면 신앙단체에서의 종교문화가 생성되고 활성화된다. 하지만 그러한 기능과 역할이 없으면 사회와 동떨어진 보편성과 적합성 등이 모자란 신앙단체이거나 어떤 신앙단체의 소속에 포함되지 않았다면 비정상적인 신앙단체일 것이다. 그와 같은 신앙단체는 공동체 사회연결망에 존재하지 않는 사적인 집단이 되기 때문에 여러 형태의 사회적 물의를 일으키는 경우가 종종 발생한다.

따라서 종교문화와 관계없는 소수 신앙단체의 신앙문화는 정상적인 기능을 상실하여 종교와 종교사회문화에 악영향을 끼치는 경우가 발생한다. 설사 공동체 사회연결망에 존재하는 신앙단체라고 할지라도 사회적 악이 발생하지 않도록 상호 간에 견제하고 감시하는 것은 성숙한 국가와 국민의 도덕적 책무가 될 수 있다는 개연성(蓋然性)이 존재한다.

1. 종교적인 문화 현상

종교적이라는 것은 어떤 사상단체와 신앙단체에 있는 의식(儀式)과 의례적 관습(慣習) 행위를 뜻하는 것과 그러한 모든 것이 삶의 요소로 아우러져 포함된 인류의 보편적 감성과 언행 및 작품 등으로 남긴 것을 말한다. 생활문화의 요소는 삶과 직결되어 있어 나름의 문화풍토와 관례가 형성되고 활용될 때 종교적인 것과 종교문화 현상이 뒤따른다. 학자마다 제각기 다양한 관점에서 문화의 정의를 내리지만 지역적 풍토와 특색, 의례, 풍속(風俗) 및 관례(冠禮)와 연계(連繫)된 고유문화와 공유문화에 대한 분석은 필수적이다.

그만큼 유형·무형의 문화를 폭넓게 이해한다는 것은 종교(宗敎)와 문화(文化)가 서로 동떨어져 있지 않다는 것을 의미한다. 그러므로 종교·문화를 쉽게 요약하여 설명한다는 것도 쉽지는 않을 것이며 종교(宗敎)의 개념이 오직 신앙단체의 고유성이나 상징으로 사용할 수 없다. 신앙단체의 교리, 신조, 의식, 교리서 등은 인간이 만든 것이라 변할 수 있으나 종교(宗敎)의 원론적인 개념과 보편적 의의[2]는 변하지 않으며, 신앙단체의 상위개념이다.

인간의 생명과 생활양식, 존재의식과 사상은 정신세계와 연관성이 깊다. 그것은 원초적인 감각, 경험, 주변 상황, 성장 과정, 지적인 이해와 인식 등을 토대로 의례를 형성하게 된다. 이에 단체적인 의례가 관습적으로 동반되면 지역문화 현상의 모태가 되고 관례가 된다. 신비롭고 경외감을 가지게 하는 자연현상과 생활문화 그리고 그를 뒷받침해 주는 정신세계와 세련된 사상적 배경이 종교적인 문화 현상을 일으킨다. 그 문화 현상이 종교현상학의 본질이며 공동체 사회와 밀접하게 연계되어 있어 종교사회문화의

---

[2] 이 책의 제1장 종교(宗敎)와 Religion. II. 종교(宗敎)의 개념과 의의와 III. 종·교(宗·敎)자의 분석 참조 바람

실상을 들여다보면 종교문화 현상이 무엇인가 살펴볼 수 있다. 그러한 관찰력과 통찰력을 함양하는 학문이 종교학이며, 그의 학습과정에서 주어진 연구영역은 다채로운 경험과 인식력을 향상해준다. 따라서 종교학과 종교 현상학은 동전의 양면과 같은 속성이자 종교적인 문화 현상을 탐구한다.

인간의 문화는 우주·자연의 세계에서 펼쳐진 형이상학(=정신과학)과 형이하학(=자연과학)과의 상호 보완적이며 때로는 일체적인 사상적 통찰을 통해 생명 문화의 실상으로 발전되었다. 우주의 신비는 과학적 안목에서 생명의 네트워크(network)처럼 정교하다고 알려졌다. 자연현상에 관한 과학적인 관심과 상상력, 이해능력, 현실과의 연계성, 다양한 연구 분석 등은 우리에게 항상 새로운 탐구의 대상이자 영역으로 존재하고 있다.

유형과 무형, 존재와 비존재라는 상호관계가 공존한다. 인식의 세계와 호기심의 세계, 미증유의 세계와 시·공간의 세계가 무한한 상상력과 색다른 사상의 세계를 펼쳐주고 있어 현대공동체 사회문화에서 촉구된 과학적 관심과 이해도가 크게 증폭되었다. 그것은 인류에게 전할 수 있는 성숙한 종교(宗敎)적인 문화 현상과 다르지 않을 것이다. 이와 연계된 동양사상과 과학과의 만남은 '제6장 상생법도(相生法道) — 자연생태학의 관점'에서 다루었기에 생략한다.

2. 공동체 사회문화

고대시대의 가족(家族)이나 씨족(氏族)이 외부의 위험을 방어하고 생존을 유지하기 위해 집단생활(集團生活)을 하면서 공동체(共同體)가 형성되었다. 그들은 그들만의 공동생활영역과 공간에서 함께 공존할 수 있는 유대감을 공유하며 상호작용을 통해 점차 공동체문화를 이루었다. 그보다 더욱 발전된 오늘날의 공동체는 사회집단(社會集團)을 뜻한다. 그것은 특정한 사회적 환경과 문화공간에서 유사한 정체성을 가진 사람들이 공동의 가치와 목적, 상호작용과 연대를 중심으로 이루어졌다.

공동체의 개념은 근대화시기에 독일 사회학자 페르디난트 퇴니스(Ferdinand Töennis, 1855~1936)에 의해 사용되었고 학술적으로 널리 논의되었다. 그는 사회집단을 게마인샤프트(Gemeinschaft, 공동체, 공익사회)와 게젤샤프트(Gesellschaft, 이익사회)로 구분했다. Gemeinschaft의 개념은 국가적 차원과 종교적인 차원에서 많이 사용되고 있다. Gesellschaft는 게마인샤프트와 상반(相反)되는 개념이기도 하지만 상호 보완적인 작용과 의미가 있다. Gesellschaft의 특징은 상호 간의 관심, 이익, 목적을 위해 구성된 단체다. 그의 구성원들은 합리적인 속성에 의해 계약과 선택이 주어지기 때문에 서로 간의 일체감은 미미하다.

공동체문화(共同體文化, Gemeinschaftskultur)는 지역(사회)문화라고 한다. 그 문화는 지역 사회의 구성원들과 유대감을 가지고 생활이념과 사상, 행동과 목적 등을 함께 한다. 그는 또 공존의식과 상호작용을 통해 고유의 도덕성 함양, 법과 질서유지를 위한 사회생활의 문화로 성장하였다. 공동체문화에는 크게 지역적 공동체문화와 국가적 공동체문화로 구분할 수 있다. 하지만 여기서 사용되는 공동체문화와 공동체 사회문화의 개념은 특정 지역을 벗어난 일반적이고 보편적 개념으로 사용되었다.

인간의 생활문화가 자신에게 주어진 영역과 공간에서 한정적으로 존중되고 보장되고 있다. 하지만 그 문화가 공동체 사회문화의 공유영역과 동떨어진 별개의 행위가 아님을 이해하고 성숙한 자세에서 사적인 것을 자제하고 공익성을 준수할 때 공공질서가 유지되어 사회적 안전망을 확보한다. 그러한 윤리, 도덕적인 관계유지는 상호 간에 생명의 그물망처럼 연계되어 생명의 네트워크(network)라고 한다. 공동체 사회에서의 고유문화 가치와 기능은 사회적 이념과 사상적 토대를 이루었고 공동체문화의 승계와 발전을 위한 성장 동력의 중심이 된다. 자연공동체(自然共同體)를 벗 삼아 궁구(窮究)된 인간의 공동체는 정신세계의 문화를 정교하게 다듬고 정리해 나아가면서 종교사회문화를 발전시켰다.

엘리아데(Mircea Eliade, 1907~1986)는 그의 저서 『Das Heilige und Das Profane, 성과 속』에서 성속(聖俗)에 대한 자신의 의견을 종교 사회적인 안목에서 밝혔다. 인간은 자연의 변화를 일으키는 신비 현상을 보고 그와 연계된 보이지 않는 성스러운 힘에 대한 경외감을 가졌고, 때로는 종교적 신비체험을 하면서 종교사회문화를 발전시켰다고 한다. 그러한 그의 의견은 비교종교(철)학적 관점에서 다음과 같이 요약할 수 있다.

천지자연(天地自然)의 무한하고 무형(無形)의 에너지가 유형(有形)으로 드러나게 하는 대자연의 기운이자 변화를 일으키는 기운(=힘)이 성스러운 힘(크라토파니 Kraftophany, 성력 聖力)이다. 그 성력(聖力)은 신비스러운 기운(=영원한 우주의 창조적 에너지)이고 우주 만물을 성주괴공(成住壞空)시키며 인간의 생로병사와 직결되어 있다. 성력(聖力)이 자연의 에너지로 발현(發顯)되어 드러난 것이 히에로파니(Hierophany, 성현 聖顯)이다. 성현으로 드러난 것이 신적인 현상(테오파니 Theophany, 신현 神顯)이라고 표현되었고 경이로움과 외경(畏敬)감을 불러일으킨다고 한다. 그와 같은 자연의 요소들은 비가시적인 무형에서 가시적인 유형으로 드러나는 자연 에너지의 변화 현상(現象)을 설명한 것이다.

즉 대자연의 변화 현상은 본래 무형에서 비롯되어 하나로 드러나고 그 하나가 다시 변화 현상으로 펼쳐지면 세 가지의 형상으로 드러난다. 그것은 변화의 에너지인 크라토파니(Kraftophany), 히에로파니(Hierophany), 테오파니((Theophany)의 현상으로 동시에 전개되었다가 다시 본래의 자리인 없음으로 회귀한다. 다시 요약해 보면, 변화되는 자연현상(自然現象)이 가시적인 측면에서 자연의 요소로 설명될 때 역현(力現), 성현(聖現), 신현(神現)으로 그리고 비가시적인 차원에서 역현(力顯), 성현(聖顯) 그리고 신현(神顯)으로 표현할 수 있다. 역현(力顯), 성현(聖顯) 그리고 신현(神顯)의 개념이 영성적 안목에서 종교적으로 사용될 경우 신비로움의 현상과 영혼 세계를 의미한다. 반복적인 변화를 이끌어 가는 자연현상은 각양각색의 문화발전에 촉매제의 역할을 주도하고 있다. 그 가운데 성현(聖

顯)은 종교문화를 태동시키는 매개체가 되어 정신세계를 심화시키고 정신문화를 발전시켰다. 성현(聖顯)에 대한 외경(畏敬) 또는 경외(敬畏)감은 신앙의 경건성(Frömmigkeit)이 되었고 여러 학문 분야에서 아 프리오리(a priorie)로 사용되고 있다.

유럽의 근대화시기에 독일 개신교 신학자이자 철학자인 슐라이어막허(Friedrich Ernst Daniel Schleiermacher, 1768~1834)는 그리스도교의 신앙단체와 교리 등을 비판하는 지식인들에게 전하는 연설문 "religion에 대하여(Über die Religion)"에서 아 프리오리(a priorie)를 다음과 같이 설명했다.

> "자연신학에서 지속해서 시도됐던 신 증명을 대신한다. 새로운 경험을 가능하게 하는 직관과 감정은 종교적 선험(das religiöse Apriori)이며 직관적 감정을 통해 성현이 존재한다. 무한자에 대한 사변이 형이상학이고 그를 향한 행위의 근본이 도덕이라고 표현한다면, 무한자를 직관하고 느끼는 것이 경건과 종교(성)이다. 경건은 무한자에 대한 인식이 아니며 그를 향한 행위도 아니고 그와 만남에서 일어나는 영혼과 마음의 움직임"[3]이다.

현상학적 관점에서의 성력[聖力, 크라프토파니, Kraftophany]은 독특한 종교적 선험(das religiöse Apriori)을 바탕으로 종교문화 현상의 자양분이 되었다. 종교문화의 발현, 구성요소와 사상적 의미는 이미 위에서 언급한 현상학적(現象學的) 차원에서 세 가지(Theophany, Hierophany, Kraftophany)로 분류되었다. 그 세 가지의 현상이 하나로 합쳐져 일체(一體)가 되었다는 것은 현상학의 속성과 본질을 밝히는 중요한 요소가 된다. 그러므로 그 세 가지 요소를 현대사회문화에서 종교현상학적 안목에서 통찰하고 그 의의를 재조명해볼 필요가 있다. 그것은 직·간접적인 경험과 과학적 분석을 통해 이해와 인식의 폭을 넓혀서 인생관과 세계관을 섭렵(涉獵)하게 하고, 인류

---

[3]   F.D.E. Schleiermacher(최신한 옮김), 『종교론(Über die Religion』, 한들, 서울, 1997, 259 쪽

의 공동체 사회문화를 통섭(統攝, Consilence)할 수 있는 계기를 제공한다.

종교적 정신과 사상적 맥락은 종교문화의 기저(基底)층을 형성하여 공동체 사회문화를 구축하는 데 일조했다. 공동체 사회문화는 다시 인간의 종교적 심성, 종교적 성향에 영향을 주고 있다. 각 국가와 지역의 공동체 사회문화를 아우르는 포괄적 개념이 인류문화다. 인류문화가 지향하는 객관적이고 보편성을 추구하는 것은 세계 공동체문화의 기능이자 역할이다. 세계인이 공유한, 인류사가 내재한 수많은 공동체 사회문화들이 오늘날 다양한 분야에서 재조명되고 있다.

각국의 독특한 문화에 장기간 지속해서 영향을 준 종교문화의 이해는 공동체 사회문화의 속성을 밝히는 데 도움을 준다. 종교문화와 공동체 사회문화에 대한 폭넓은 이해와 통섭(統攝)은 종교문화경영에 대한 기본적인 안목이 필요하다. 현재와 미래의 종교문화경영에 필요조건으로 지도자의 숙지사항과 역할이 포함되어 있기 때문이다. 이에 대한 세부적인 사안은 이 책의 '제7장 디지털시대의 종교문화경영'에서 다루었다.

인류 문화사에서 발견되는 성현들의 말씀과 정신세계의 문화가 문자를 통해 편집되고 정리된 것이 경전(經典)이다. 경전은 인간의 삶과 사상 그리고 삶의 방향과 목적 등에 많은 영향을 준다. 인간이 만들어 낸 문화와 문화재(文化財)는 인간의 삶과 정신세계의 문화를 차원 높게 압축적으로 표현한 작품이기 때문에 문화를 사랑하는 세계인에게 공감대를 형성한다. 그에 대한 창작기법과 영성적 세계는 공감의식을 통해 경이로움을 거쳐 새로운 영감의 세계를 불러일으킨다.

따라서 인류문화의 소산(所産)은 다음 세대에게 물려줄 정신적 보고(寶庫)이자 귀중한 유·무형의 문화재가 되어 세계인과 함께 공유할 수 있는 인류의 자산(資産)이 되었다. 그 자산은 오늘날 디지털시대사회의 문화로 연계되어 세계인과 함께 관찰과 보호, 보존의 가치가 되어 지구촌시대의 공동체 사회문화로서 공유문화재가 되었다. 이와 같은 인류문화와 문화재가 인류 문화사에서 주목받는 것은 바로 사상적 가르침이 학습되었고, 또 그렇게 체험된 종교문화와 직결되었다는 것을 알려주고 있다. 따라서 종교가 무엇이며 종교를 기반으로 형성된 공동체와 공동체 사회문화의 형성과정에 대해 살펴보아야 한다. 그다음에 오늘의 문화현장을 직시하는 것은 종교문화경영의 방향과 핵심을 간파하고 문화경영의 패러다임을 분석하는 데 있다. 같은 맥락에서 인류의 종교문화를 이해하는 데 필요한 것은 그 문화를 구성하고 있는 보편적이고 객관적인 양상(樣相) 모두를 아우르고 있는 것, 그런 공통점이 있는 핵심요소가 무엇인가를 먼저 밝혀내는 것이다.

종교문화경영인에게 다문화사회와 여러 분야에서 다양한 문화에 대한 폭넓은 이해와 배려 그리고 더욱더 나은 문화경영능력과 지도력함양은 국내는 물론 국제사회에서도 아카데미지도자상으로 크게 주목받고 있다. 공동체 사회문화와의 공생, 공존, 공익 그리고 공영의 원리는 옛날부터 전해 내려오는 상생 원리와 법도에 부합된다.

종교문화 경영(지도자)학[4]은 현재 상황을 직시하고 상호존중과 배려 및 소통할 수 있는 상생의 인자(因子)를 발굴해야 한다. 그것은 사람을 사랑하는 가르침에 충실하도록 이끌어 공동의 평화를 정착시키는 데 일조(一助)할 수 있다.

---

[4] 종교문화 경영(지도자)학의 단계와 과정은 제8장에서 상세히 다루었다.

상생법도(相生法道) 6
– 자연생태학의 관점에서

상생(相生)법도의 개념과 의의가 동양사상의 관점에서 많은 사람에 의해 백인백색(百人百色)으로 논구(論究)되었다. 하지만 그 의의를 과학사상과 접목해 풀어보는 것은 신앙단체의 사상적 범주를 뛰어넘어 시대적 연구 상황에 부응하기 위함이다. 상생법도의 글자구성이 어떻게 되어 있는지 하나하나씩 상세하게 해체한 다음 그것을 다시 파자(破字) 풀이로 어떤 의미가 포함되어 있는지 분석해서 설명하는 것 또한 색다른 방법이다. 상생법도의 의의가 서구철학사상과 종교문화 현상학의 관점에서 무엇을 제시하고, 현대 자연생태학과 어떤 연관성이 있는지 다루어 본다.

　　과학적 인식에서 종교적인 논리와 그 반면에 종교적인 논리가 과학적 인식에서 교차적으로 탐구되어 폭넓은 인식의 세계와 사상적으로 풍요롭고 밝은 미래사회가 기대된다. 상호 간에 부합되는 의미와 타당성이 존재하는지 궁구하는 것은 현대인의 의식세계가 반영된 것이다. 그것은 또한 현대사회의 문화가치를 되돌아보고 새로운 문화가치의 창출과 공공성을 이어가는 과정이 된다.

　　따라서 과학적 종교 논리, 종교적 과학 논리, 서로 간의 객관성과 타당성 및 보편성 등은 앞으로도 계속 제기되어야 상호호혜적인 관점에서 상생할 수 있다. 현대사회에서 상생의 개념이 다양한 분야에서 합목적성에 대해 논의되고 경영의 차원에서 다루어지고 있다. 상생 문화는 인류의 공생(共生), 공존(共存), 공유(公有), 공영(共榮)문화를 이끌어가는 인도주의적 대의를 모두 가져 인류문화를 지속해서 성장 발전시키는 동력의 매개체가 된다.

상생 문화와 과학문화는 별개(別個)의 영역이 아니고 하나다. 자연과학문화는 상생 문화의 정신에서 발전되어야 인간과 자연이 공존할 수 있다. 근대화 시기에 과학 문명을 이끌었던 서구사상의 토양과 핵심은 무엇인가? 왜 오늘날 동서의 많은 사람이 자연환경에 관심이 있는가? 이에 대한 문답이 현재와 미래사회를 위해 국제적인 관심사로 주목받았다. 그러한 차원에서, 예컨대 그리스도교 사상과 노장사상의 차이점이 무엇인지 자연생태학적 관점에서 분석하고자 한다. 그 목적은 상생법도의 개념과 의의가 현대과학의 생태학적, 우주 물리학적 차원에서 문제점과 해결할 점, 그리고 되돌아볼 사항이 무엇인지 제시하는 데 있다.

I. 상생법도의 개념분석

우리가 사용하는 한글단어(單語)의 70% 이상은 상형문자인 한문(漢文)에서 나왔다. 상형문자(象形文字)는 자연의 현상과 생명 그리고 다양한 형상적 의미 등을 함축적으로 표현된 것이므로 또한 표의문자(表意文字)라고 한다. 그러한 문자의 뜻을 구체적으로 파악하기 위해 단어가 어떻게 구성되었는지 나누어 구분하고 분석하는 것이 설문해자(說文解字)이다. 설문해자는 단어의 구성 과정을 파악하고 그 단어의 쓰기 순서대로 하나하나씩 세분화시킨 다음 그것을 다시 여러 각도에서 해석하여 적합한 의미를 찾아내는 작업이다.

1. 설문해자(說文解字) 활용에 대하여

예전부터 한자(漢字)에 담긴 함축적인 의미를 보다 구체적으로 파악하기 위해서 설문해자(設文解字) 법이 사용되었다. 문자(文字)의 상형(象形)을 파자(破字)·파해(破解)한 후 파자, 파해된 문자, 변(汲), 부(部) 그리고 그의 형상적 의미가 무엇인가를 발견하거나 유추하는 방법이 상자(相字)·측자(測字)이며 때로는 측자파자(測字破字)라고 한다. 이와 같은 문자의 상형과 형질(形質) 등을 구분하고 분리하여 설명하는 데 한문(漢文)의 육서(六書)[1] 원칙이 사용되었다.

육서 원칙에 따라 상(相)·생(生)·법(法)·도(道)라는 각각의 글자와 글자 쓰기 순서대로 다시 세부적으로 분류하고 그의 의미를 하나하나씩 분석하고자 한다. 그와 같은 의미 분석과정은 한자의 특징인 표의문자(表意文字)에 담긴 뜻을 찾아 자연환경의 이치와 섭리에 따르는 보편적이고 실생활적인 사안에 접목해 보기 위함이다.

그다음에 파자(破子)로 분석된 각각의 부도(部道) 형상은 어떠한 의미에서 어떻게 사용되고 있는지 천착해 보았다. 여러 각도로 사용된 회화

---

[1] 육서(六書)는 상형(象形), 지사(指事), 회의(會意), 형성(形聲), 전주(轉注), 가차(假借)를 말한다. 상형(象形); 물체의 모양을 본떠 그려낸 문자. 지사(指事); 어떤 사물의 성질과 상징이 될 수 있는 형상, 부호, 위치나 수량 추상적인 개념 등의 문자를 보아서 알수 있고 살펴서 그 뜻이 나타나는 것. 상형보다 형상성이 감소하고 부호성이 두드러진 것이 특징이다. 회의(會意); 각기 다른 두세 가지의 기성(旣成) 문자를 조합해서 어떠한 새로운 사물의 뜻을 나타내는 것, 형성(形聲); 사물의 이름 및 의미를 나타내는 형부(形符)와 소리를 나타내는 성부(聲符)를 조합해서 새로운 글자를 만들어 내는 방법, 전주(轉注); 같은 류(類)의 글자를 한 수(首)에 세워 같은 뜻을 서로 주고받는 것(예, '고(考)'와 '노(老)'로 글자의 본래 뜻이 바뀌거나 비슷한 다른 뜻으로 쓰이는 것, 가차(假借); 말로는 존재하나 문자로는 존재하지 않는 것을 발음에 따라 발음과 같거나 비슷한 다른, 기존의 한자로써 표현하는 것이다. 앞의 4종은 구조 범주에 관한 것이고, 뒤의 2종은 활용 범주에 관한 것이다.

문자(繪畵文字=그림문자)와 단어문자(單語文字= 표어문자表語文字)가 내포(內包)하는 의미가 무엇인지 찾아 풀이(解字 해자)했다. 그것은 자연과 사람이 유기적인 개체존재이자 주체로서의 존재임을 형상화시켰기 때문에 하나이자 전체이며 전체 속에 하나의 존재임을 설명하는 데 사용했다. 분석 범위는 자연환경과 인간 생활환경의 연계성 및 유기적인 생명의 네트워크와의 관계유지가 어떠한가에 대해 한정한다. 이와 연관된 자연환경 속의 생명체에 대한 과학적 연구발표가 있어 인용했다. 그것은 자연의 모든 생명체는 유기체(有機體)적 네트워크 시스템으로 구성되었다는 설명이다. 그러한 분리·분석 작업과 의미도출은 자연생태계의 연속성과 항상성이 어떻게 작용하고 인간의 삶에 무슨 영향을 주었는지 살펴보는 데 주안점(主眼點)을 두었다.

2. 상(相)·생(生)의 개념과 의미

상생(相生)의 문자(文字) 구성은 서로 상(相)과 날 생(生)자(字)가 조합(組合)되어 하나의 개념으로 이루어졌다. 그 문자의 구체적인 의미를 분석하고 요약해 보기 위해 파자(破字)한 후(後) 필요에 따라 측자(測字)해 본다.

1) 상(相) 자(字)

① 상(相) 자(字)는 나무 목(木)자와 눈목(目)자의 합성어다. 나무 목(木) 자(字) 쓰기 순서에 의하면 한일(一)자가 먼저다. 한일(一)자는 좌에서 우로, 수평(地)으로, 가로로 곧게 즉 횡(橫)으로 짧게 표기한 글자가 한일(一)자다. 한일(一)자의 보편적 의미는 시작과 끝(始終)의 형상이다.

가로로 쓴 한일(一)자를 세로로 곧추세워 위에서 아래로, 수직으로 곧게 쓰면 하늘(天)에서 땅(地)으로 내리꽂히는 듯한 모양새가 되고, 그 반대로 보면 땅에서 하늘로 곧게 솟구치는 듯한 하나의 형상이 된다. 그 형상은 위(횡 橫)·아래(종 縱)를 가리키는 글자로서 통할 곤(丨) 부(部)가 된다. 종(縱)으로 한일(一)자와 곤(丨)부가 교차하면서 생긴 글자가 열 십(十)자(字)이다. 열십자(十字)는 천간(天干)[2]의 십(十)수로 사용되며, 이미 잘 알려진 대로 완성(完成) 수(數)이다.

열십(十) 자(字)에서 상하좌우(上下左右)가 교차하는 가운데의 정 중앙에 하나의 점 즉 교차점(·)이 형성된다. 열십(十)자의 글자 쓰기 순서에 따라 종(縱)으로 한일(一)자와 횡(橫)으로 곤(丨)부가 교차하면서 생기는 점이 교차점(✛)이다. 교차점은 열십(十)자의 정중앙 자리이며 동서남북(東西南北) 사방(四方)과 팔방위(八方位)의 가운데 중심이 된다.[3] 그 교차점(✛)은 또 우주 기운의 집산(集散)과 이합(離合)이 총체적으로 이루어지는 중심자리로서 동양의 오행(五行) 사상 중에 토(土)로 자리매김하였다. 그러므로 그 자리는 중앙 오토(五土)라고 설명되었다.

나무 목(木)자가 어떻게 구성되었는지 파자해 본다. 열십(十)자의 형상에서 종(縱)과 횡(橫)이 교차한 정중앙(中央)에 하나의 교차점(✛ ·)이 있다. 그 중앙 점(✛)에서 좌측 횡(橫) 바로 아래에 약 45도 각도로 붙여 쓴 삐칠(丿) 변(汃) 부(部) 와 마찬가지로 우측 횡(橫) 바로 아래에 약 45도 각도로 바짝 붙여 쓴 삐칠(乀) 변 부가 합쳐져 나무 목(木)자가 형성되었다. 그러므로 목(木)자의 상형적인 의미는 기존의 설명 외에도 아래와 같이 부연설명을 통해 풀이할 수 있다.

우주의 기운은 만물의 생성변화를 일으킨다. 생성변화의 과정에서 생기(生氣)의 활동은 종횡무진이다. 우주의 육합(六合), 예컨대 사방팔방(四方八方)과 상하(上下)의 활기찬 기운 그리고 상·하의 현묘(玄妙)한 기운

---

[2] 십간(十干)은 십천간(十天干)이라고도 하며 육십(六十)갑자의 윗부분을 이루는 10개의 요소이다. 그것은 갑(甲) · 을(乙) · 병(丙) · 정(丁) · 무(戊) · 기(己) · 경(庚) · 신(辛) · 임(壬) · 계(癸)의 차례로 된 10개의 글자이다.

[3] 김동승(편저), 『易思想辭典』, 부산대 학교출판부, 부산:, 1998, 1388쪽

이 흐르고 있다. 그 기운을 선현들은 혼원일기(混元一氣)라고 했다. 나무 목(木)자는 육합의 기운을 담고 있는 압축된 형상이다. 나무 목(木)자에서 종과 횡이 하나로 합쳐져 교차하는 교차점, 가운데 중앙자리(十, Ｘ)는 우주의 기운이 욱여들어 가면서 밀집된 것을 형상화시킨 것이다. 그 기운은 중앙자리에 아주 조밀(稠密)한 형상(✳, ✳, ✳, ✳, ※, ✳, ✚, ✛, ✢, ✝)이 되어 하나의 아주 극히 미세한 에너지 입자로 뭉쳐져 있다고 궁구 되었다. 그러한 생기(=에너지 입자)는 현대과학에서 말하는 나노입자(nano particle)의 성질이자 유형으로 비유할 수 있다.

니콜라우스 쿠사누스(Nicolaus Cusanus, 1401~1464)는 대자연의 이치와 섭리를 역의 합일(=반대 일치), 즉 대립물의 일치(coincidentia oppositorum)[4]라고 보았다. 현대 물리학적 관점에서 대자연의 기운은 나노입자 형태의 활기찬 최소한의 요소와 같고 음양오행 사상에 의하면, 우주의 육합(六合)기운(✳)이자 변화를 유도하는 생기의 활동이다. 그 기운이 탱천(撑天)하다 못해 충천(衝天)하다가 점차 열십자의 교차점 자리(✚)로 모이고 또 모여서 초극세(超極細)한 형상으로 농축되어 하나의 점(·)과 같은 모습으로 뭉쳐져 있다가 다시 하나하나씩 흩어지는 반전 현상을 일으킨다. 반전 현상을 일으키는 그 변화의 기운은 사방팔방(四方八方) 상하

---

[4] 니콜라우스 쿠사누스(Nicolaus Cusanus)는 독일 쾰른(Köln) 대학에서 교회법의 학위를 받았고 철학자, 신학자, 수학자이자 추기경으로 활동했다. 그는 특히 가톨릭교회 내의 공의회파와 교황파, 후에는 동서가톨릭교회의 화해에 노력했다. 1448년 추기경에 임명된 후에 교회개혁을 위해서 노력했다. 그의 사상적 핵심은 대립물의 일치(coincidentia oppositorum)였다. 예컨대 절대자 신은 초월적이며 알 수 없는 최대인 동시에 최소이다. 신은 세계에서 자신을 현시하기 위해 창조를 이룬다. 창조는 신의 자기 계시이며, 우주는 '축소된 무한자'이기에 무한자를 반영하는 개개의 피조물은 소위 '창조된 신'이며 소우주인 인간이 신적인 대립물의 일치에는 불완전하다. 그러나 일치의 완전한 표현은 '신이면서 인간'인 그리스도에서 발견된다고 했다. 그의 책『보편적 화합에 대해서』에 의하면, 다양한 대립적 요소와의 화해를 추구하는 것은 '전 우주를 반영하는 개체'라는 생각과 성장한 의식에서 비롯된 것이다. 그의 '숨겨진 신'에 대한 탐구는 그리스도 중심주의이지만 한편으로는 신비주의자 에크하르트 사상과의 친근감이 있다고 본다.

(上下)의 다양한 방향으로 왕성하게 널리 퍼져 흘러나가면서 두루 펼쳐진다(米)는 의미로 풀이된다.

그와 같은 변화의 기운은 비가시적, 비물질적 형상이자 축소된 무한자이자 신적인 에너지이며 우주의 생성과 변화를 주도하는 기운이다. 하지만 그 기운은 조화를 이루기 위해 대립물의 일치, 즉 역의 합일(合一)로 작용한다고 니콜라우스 쿠사누스가 설명했다. 그의 주장은 최제우의 동경대전(東經大全)에서 나오는 불연기연(不然其然)의 논리와 음양 사상에서 발견되는 음양(陰陽)의 동정(動靜), 우주의 율려(律呂)라는 의미와 흡사(恰似)하다고 분석된다.

우주 생성·변화의 과정에는 순환적이고 반복적이나 상반적(相反的)인 기운이 공존하고 있다. 또 그 기운에는 '축소된 무한자'라는 음양의 법칙에 따라 활성적인 양(陽)의 에너지와 비 활성적인 음(陰)의 에너지가 동시에 함께 존재하고 있다. 이 두 에너지는 현대과학에서 말하는 영원한 창조 에너지며, 음양오행 사상에서 활성화하는 기운으로서 상생(相生)과 상극(相剋)의 관계로 이루어졌다. 비록 음양의 에너지가 서로 상호 간에 미묘한 관계를 이루고 있으나 점차 다시 상호 보완적인 에너지로 변화되어 우주 생명의 율려(律呂) 작용을 일으킨다. 율려 작용은 동양철학의 역(易)이자 음양오행(陰陽五行) 사상이다.

유일신 개념이나 어떠한 우월주의 사상이 포함되지 않은 동양의 음양(陰陽) 사상은 자연과학적인 동양 철학사상으로 세계적으로 널리 알려져 있다. 음양에서 다시 다섯 가지 자연의 요소로 변화되고 운행되는 것이 오행(五行)이다. 음양오행(陰陽五行) 사상에서 상극(相剋)은 항상 상극(相剋)이 아니며 상생(相生) 또한 영원한 상생(相生)이 아니다. 그 때문에 자연의 순환적인 섭리에는 상생과 상극의 이치가 공존하고 있으나 새로운 변화의 이치는 생명의 순환적 변화를 일으키기 위해 거듭되면서 진화되고 발전된다. 그와 같은 변화는 또한 불연기연(不然其然)의 현상으로 볼 수 있고, 대립물의 일치 즉 역의 합일이며, 음양 원리에 의하면 음양의 합덕(合

德)으로 비유할 수 있다.

음양의 합덕으로 발생하는 기운은 만물을 변화시키며, 현대과학에서 말하는 우주의 창조적 에너지이다. 또한 그 에너지(=기운)는 우주의 반복적인 굴신(屈伸) 작용으로 생성되어 우주의 율려(律呂)라고 했다. 우주의 기운은 우주의 변화와 생성을 주관하는 무형의 존재이자 종교적 신성으로 보았다. 그에 대한 의례가 고대(古代)로부터 전해지고 있는 제천사상이자 천제 문화로 발달했다. 천제 문화는 세계적인 종교(심)성으로 파악되었다. 한국의 강화도 마니산(摩尼山)은 천제(天祭)를 올렸던 역사적 장소로 널리 알려졌다.

음양오행(陰陽五行)의 원리는 동양(東洋)의 정신과학이자 자연철학 사상으로 자리매김하였다. 음양오행 사상에 의하면, 목(木)자는 방위(方位)표시로서 '동(東)쪽'(동방목 東方木)이며 밝음과 생명의 빛을 상징하고, 색깔로 본다면 '청(靑)색'이며 4계절로 비유한다면 '봄(春)'으로 표현한다.[5] 상(相)자(字)는 나무 목(木)자 변 우측에 바로 눈목(目)자를 붙여 쓴 글자가 합쳐져 구성되었다. 눈 목(目)자는 자연의 밝음과 광명을 상징하는 것으로서의 태양(☆, ㅁ, ○) 그리고 인간 눈의 형상을 일(日)과 같은 자태(姿態)가 하나로 합쳐진 것을 표현한 것이다. 그러므로 눈목(目)자는 보는 눈(○)과 눈동자(◎, ◉)의 상형(象形)이라고 설명된다. 다시 말하자면 두 개의 일(日)자가 위아래로 나란히 합쳐져서(目) 하나의 눈 목(目)자가 되었다. 정리해 보면, 천상(天上)의 일월(日月)을 본받은 것이 인간의 양쪽 눈과 눈동자이며 그것은 생명의 빛을 상징한다.

정역(正易)에 의하면, 태아(胎兒)가 태중(胎中)에서 자라는 상(象)이 중앙(中央)의 오토(五土)의 자리에 있다고 봐 생수(生數)의 생명체(生命體)라고 한다. 인간은 우주의 기운이 동서남북 방위의 정중앙(正中央)에 하나의 점으로 모인 그 자리에서, 십자가 형태의 바로 한가운데(❖ ✚ 중앙 오토 中央五土)자리에서 출생한 생명체임을 비유한 것이다.

---

[5]   이상은 감수(監修), 『漢韓大字典』, 민중서관, 서울, 1965. 603쪽
김동승(편저), 같은 책, 1465쪽

"낙서(洛書)의 중앙오토(中央五土)는 동춘(冬春)의 교(交)의 위(位)인 동북(東北)으로 나가서 상생작용(生生作用)을 하는 것이니 이는 물(物)이 동춘(冬春)의 교(交)에 생(生)하기 시작(始作)하는 까닭이다."[6]

인간(人間)은 선천적으로 천상과 지상의 기운 즉 우주의 율려(律呂)와 일월의 동정(動靜)을 본받아 탄생하였고, 태양앙명(太陽昂明)과 같은 밝은 존재이다. 그러므로 선천의 밝은 성품을 후천에서 교육을 통해 다시 밝혀 사람다운 사람으로 거듭나고자 하는 노력하는 것이 솔성(率性)의 도(道)를 추구하는 것이다. 그러한 존재는 진리의 완성을 뜻하는 십 수(十數)를 지향한다. 그러한 대의는 예수가 전하고 설명한 물과 성령으로 거듭남(重生)이자 십자가(十字架)의 도(道)이며 선·유·불·도가(道家) 수련의 중명(重明), 솔성(率性), 성불(性佛), 양성(養性)의 도와 맥락을 같이한다.

2) 생(生) 자(字)

생(生)의 개념과 의미는 대우주의 신비이자 소우주의 신비다. 생(生)의 신비로움이 유형과 무형의 세계에 새로운 활력과 변화를 일으키는 동력으로 작용한다. 유한의 세계에서의 생(生)은 현실과 현상계를 다루고 고 있다. 날 생(生)자의 쓰기 순서는 다음과 같이 표기(表記)하며 파해(破解)할 수 있다.

날 생(生)자에서 제일 먼저 왼쪽 약 45도 각도로 내려그은 것이 삐칠(丿) 별 부다. 삐칠(丿) 별 부에 두이 二 자(字)를 쓴 다음에, 그 二자의 맨 위에서 아래로 통할(뚫을) 곤(丨) 자를 곧게 세로(縱)로 틈새 없이 적어 넣는다. 그다음에 곤(丨) 자 바로 아래 좌에서 우측으로 주어진 글자 크기에 알맞게 한일(一)자로 그어서 갈무리하면 날 생(生)자가 형성된다.

---

[6] https://joojung.wordpress.com/2015/08/07/ 참조

두이 二 자는 一과 丨이 위·아래로 나란히 수평으로 놓여 있는 형(形)이고 구(具)로서는 두 이(貳)가 된다. 두 이(貳)는 우주의 두 기운을 의미한다는 차원에서 이(理)로 설명된다. 따라서 두 이(貳)가 이(理)로서는 음양(陰陽)이고 천간(天干)으로는 갑(甲) 다음 순서인 을(乙)이며 하루하루를 표시하는 일(日)로서는 이틀이 된다. 두이 二 자는 또한 하늘의 광대하고 공허함과 무한함(○) 속에 변화의 작용으로 드러나게 하는 하나의 기운(·)과 유한한 땅(ㅁ) 기운이 함께하여 천지에 만물의 조화로움과 풍성함(·, 一, 丨)을 이루어지게 하는 의미이기도 하다.

지구(地球)의 생명체는 땅에서 하늘로 솟구치는 에너지 즉 상천(上天) 기운[통할 곤 또는 뚫을 곤(丨)]과 하늘에서 땅으로 내려오는 곤(丨)과 같은 하천(下天) 기운이 서로 종횡(縱橫)으로 합쳐져 활기차고 왕성하게 이루어진다. 이로 인해 사방·팔방·상하의 기운이 모두 아주 조밀 조밀하게 합(艹)쳐져서 생명의 율동과 조화가 일어난다. 천지(天地)의 큰 덕은 생(生)이며('天地之大德日生')[7] 끊임없이 생생(生生)하고 생장(生長)하게 하는 것이 역(易; '生生之謂易')[8]이라고 했다. 따라서 생의 본질과 생의 부단한 계승은 역(易)의 핵심이다. 선현들께서 자연의 기운이 시종일관(始終一貫) 조화롭게 융화되어 형성되었다가 흐름의 여정을 거치면서 서서히 소멸과 생성과정의 길을 반복적으로 순환한다고 설명한 것이다.

3) 상생(相生) – 음양오행 사상과 현대 물리학적 의미

상생지리(相生之理)[9]는 상극지리(相剋之理)[10]의 반대개념이지만 이

---

[7] 김상윤(譯解), 『周易』, 한국협동출판사, 서울, 1984, 「繫辭 下傳」 제1장, 322쪽

[8] 김상윤(譯解), 『周易』, 한국협동출판사, 서울, 1984, 「繫辭 上傳」 제5장, 306쪽

[9] 상극의 요소: 목극토(木克土), 토극수(土克水), 수극화(水克化), 화극금(火克金), 금극목(金克木)

[10] 상생의 요소: 목생화(木生火), 화생토(火生土), 토생금(土生金), 금생수(金生水),

두 개의 개념 모두 음양오행의 원리(原理)[11]이자 대자연의 기운과 요소를 의미한다. 그러한 기운은 우주의 순환 현상과 반복 작용 등을 일으키는 비가시적인 원질(原質)이 되지만 그 반면에 드러나게 하는 변화의 요소는 생생(生生)의 매개체가 된다.

오행(五行)은 대자연의 다섯 가지 핵심구성요소로 수(水)·목(木)·화(火)·토(土)·금(金)을 말한다.[12] 오행 간의 성질과 기능 관계 등을 연구하여 학문적으로 체계화시킨 것이 오행(五行) 사상이다. 오행의 구성요소와 핵심명칭은 오행의 기운과 독특성을 최대한 축소해 상형화(象形化)시킨 것이기 때문에 특정개념인 동시에 함축적이며 포괄적인 의미가 있다. 오행의 물질은 추상적인 개념이 아니라 가시적인 것이 특징이다. 그 반면 현대 물리학에서 논하는 질량(質量), 전하량(電荷量) 등의 개념들은 추상적인 개념이지만 생활 속에 특정 요소이자 대표적인 용어로 사용되고 있다. 현실에서는 질량뿐만 아니라 여러 특성이 혼재된 각양각색의 색깔, 모양, 재질 등이 다양하게 존재하기 때문이다.[13]

우리 민족은 음양보다 오행 사상을 강조한다. 오행 사상은 상생과 상극의 순환과정을 통해 새로운 상생의 길로 자연스럽게 연결되어 있어 인간과 밀접한 관계를 유지하고 있다. 오행 가운데 토(土) 자리를 중심으로 한 천지인(天地人)사상은 하나가 전체이자, 그 전체 또한 하나라는 삼재(三才) 사상(天 ·, 地 一, 人 丨)과 맥락을 같이 하고 있어 삼원론(三元論)[14]에 근간을 두고 있다. 삼재 사상의 본질은 '천지의 큰 덕을 생(生)으로 설

수생목(水生木)

[11] 김동승(編著),『易思想辭典』, 부산대학교출판부, 부산, 1998, 715쪽

[12] 김동승(編著),『易思想辭典』, 같은 책, 706쪽

[13] 현대과학에 의하면, 지구상에 발견된 물질은 모두 120여 가지(원소주기율표)이나 우주에는 약 574가지의 물질이 존재하는 것으로 알려져 있다.

[14] 삼원론의 본질과 의의는 이 책의 노장사상에서 더 자세히 재론되었고 민족 고유의 사상임을 제시했다.

명'한 것[천지지대덕일생 '天地之大德日生', 계사전 하(繫辭傳下)]와 '생하고 (또다시 지속해서) 생하는 것을 역'[생생지위역 '生生之謂易', 계사전 상(繫辭傳上)]의 섭리라고 설명한 것이다.

그러한 설명은 우주 생명의 실상을 뜻하며 생명의 실상에는 자연의 이치이자 섭리로서 상생과 상극의 이치가 불가분의 관계를 이어가며 존재한다는 것이다. 그러한 생명의 질서 관계 속에 상호 보완적인 변화의 기운이 조화롭게 형성되고 융화되어 또다시 새로운 생명의 기운을 끌어낸다는 것을 생생지위역(生生之謂易)으로 표현되었다. 즉 상생과 상극의 관계에서 형성된 변화의 기운이 탱천(撑天)하여 서로 극(尅)하다가 어느덧 반전되어 나오는 새로운 변화의 기운은 상생의 기운이 되어 만물을 생(生)하게 한다.

대자연의 기운이 현대과학에서 논하는 우주의 변화에너지이다. 그 기운은 동양사상에서 적극적인 생명의 율려(律呂)와 조화과정을 활성화하는 영원한 창조적인 유·무형의 에너지이자 생명 발현의 끈과 같은 요소가 된다. 또한 상생의 본질은 상극의 이치에서 변화되어 나오는 또 하나의 지속적인 상생의 파동의 입자[15]로 볼 수 있다.

그러한 입자는 우주물리학에서 우주 구성의 '힉스의 입자'(Higgs boson; 일명 '신(神)의 입자')[16]로 비유된다. 힉스의 입자는 과학적 연구와 실험을 거쳐 2013년 3월 발표되었고, 우주물리학의 표준형이 되어 세계적으로 널리 알려졌다.

---

[15] 우주의 파동 입자는 이 책의 제6장 상생법도(相生法道) - 자연생태학의 관점에서 IV. 상생법도의 의의(意義) 2. 법(法)·도(道)의 개념과 의미 3) 도(道)·생(生) 관계 - 우주물리학적 의미 단락에서 보완하여 설명되었으니 참조 바람.

[16] 2013년 10월 스웨덴 노벨상 위원회는 영국의 피터 힉스(Peter Higgs)와 벨기에의 프랑수아 앙글레르(Francois Baron Englert)를 힉스 입자의 존재를 알린 공로로 인해 노벨 물리학상 수상자로 선정했다.

3. 법(法)·도(道)의 개념과 의미

법(法)·도(道)의 개념분석은 설문해자(說文解字)을 활용하여 논리적으로 가능한 차원에서 파자(破字)·파해(破解)한다.

1) 법(法) 자(字)의 구성과 의미

법(法) 자(字) 는 삼수(三水) 변(氵)과 갈 거(去) 자가 합쳐져 구성되었다. 거(去) 자는 일반적으로 가다, 떠난다는 뜻이다. 삼수 변(氵)은 흘러가는 물줄기의 모양(巛, 川)을 의미한다. 삼수 변(氵)과 다르게 표현된 것이 이수(二水) 변, 즉 어름 빙(冫) 부(部)다. 액체인 물(水)과 고체인 얼음(冫, 氷, 冰)을 정확히 구별 및 구체화하기 위해 사용된 것이다.

물은 액체(液體), 고체(固體) 그리고 기체(氣體)의 형상을 하고 있어 물질들의 특성 중의 특성이다. 오늘날 한자 문화에서 사용하고 있는 삼수 변(氵)과 이수 변(冫)의 성질과 기운 그리고 기운 기 밑 气 자(字)의 상형이 서로 간의 문자구별은 물론 다른 기운과 의미의 차이가 있음을 명확히 구분시켰다. 그것은 생명의 본질인 물의 특징과 변화된 모습을 세부적으로 분리해 각각 다르게 형상화시킨 것이다. 예컨대 액체의 물이 기화(氣化)되면 수증기가 되지만, 냉각(冷却)되어 얼면 고체가 된다. 따라서 물의 고유한 세 가지 특성이 액체, 고체, 기체임을 파악하고 물 수(氵)와 얼음 빙(冫)기운 그리고 물이 기화된 형상으로서의 기운 기 밑(气)이라는 상형문자(象形文字)가 형성되었다. 갑골문에 기운 기(气)는 ▨, 금문(金文)에 ☰ 그리고 소전(小篆)에 ▨ 의 상형으로 표시되었는데 그것은 공기의 흐름을 본뜬 것이다.

삼수(三水) 변(氵)은 물 수 '水' 자(字)의 변형이다. 물의 흐름이 그려진 형상(▨, ▨)과 같은 상형문자로 표현되었다. 물 수(水) 자는 골짜기의 물이 흘러(巛) 시냇물이 되고, 시냇물(川)이 모여 강(江)이 형성되며 강물이 흘러 바다를 이룬다. 두 줄기 이상에서 흘러오는 물이 하나로 모여 합수 (合水)된 곳을 합수머리라고 한다. 합수머리 지역에는 어자원(漁資源)이 풍부하여 인류에게 풍요로운 식자재를 제공했다. 그 주변 지역의 토지는 비옥(肥沃)하여 농경문화의 최적지가 되어 사람들이 운집해 살았으며 예로부터 인류문명사의 발달을 일으키고 있는 중요한 장소가 되었다.

오행 사상에서 수(水)의 방위(方位)는 북(北)쪽이며, 계절로는 겨울이다.[17] 하도낙서의 수(河圖洛書之數)[18]에 의하면, 북방(北方)의 하늘에서 본래의 물(水)이 형성(天一生水; 生水, 生數1)된다. 그 물은 지구상에 오행의 기운과 합쳐져서 6수(水)가 형성되어(地六成之; 成水, 成水 6) 이를 북방 1·6수(水)라고 한다. 세상의 물줄기가 수만 가지의 형태로 흐르다가 다시 북쪽으로 강물처럼 나란히 흘러가고 있다("北方之行 象衆水竝流").[19] 이에 북극성(北極星)은 인류 문화사에 있어 천체방위좌표의 중심이 되었다. 북극성의 위치를 알지 못하면 모든 방향과 운행로(運行路)를 알 수 없고, 정확한 위치측량도 할 수 없다. 또한 물의 본질은 높은 곳에서 낮은 곳으로 흐르기 때문에 물의 본질을 군자(君子)의 지혜이자 덕목으로 보았다.

시교(尸校)[20]가 지은 시자서(尸子書)에 의하면, 물의 네 가지 덕목은 '인의용지(仁義勇智)'이다. 여기서 물의 용(勇)은 결단력이자 실천으로 비유되었다. 같은 맥락에서 많은 현철, 성인, 군자가 산천대천(山川大川)을 찾아가서 산과 물에서 배우기를 좋아했다고 하여 요산요수(樂山樂水)라고 한다. 지혜로운 사람은 물을 좋아하고(지자요수 知者樂水) 어진 사람은

---

[17] 이상은 감수(監修),『漢韓大字典』, 민중서관, 서울, 1965, 677~678쪽

[18] 김동승(편저),『易思想辭典』, 부산대학교출판부, 부산, 1998, 1260쪽

[19] 사라 알란(오만종 옮김),『공자와 노자 그들은 물에서 무엇을 보았는가』, 예문서원, 서울, 1999, 67쪽. 設文解字, "北方之行 象衆水竝流(북쪽으로 향하는 물의 흐름은 많은 강물(水)이 나란히 흘러가는 것을 묘사한다)", 223쪽

[20] 시교(尸校)는 중국 춘추(春秋)전국시대의 진(晉)나라 사람. 김동승(편저), 같은 책, 581~582쪽

산을 좋아한다(인자요산 仁者樂山)[21]는 말이 새롭다. 물은 주어진 자연의 섭리에 따라 유속(流速)의 상황도 달라질 수 있으나 낮은 곳으로 흐른다는 것은 변함이 없다.

갈 거(去) 자는 흑토(土)자 밑에 부수의 하나인 마늘 모(厶)를 붙여넣어 이루어진 문자(文字)이다. "마늘 모(厶) 자(字)는 사(私)의 고자(古字)이며 아무, 아무개, 어느 곳, 어느 일 등을 뜻하는 것으로 아무 땅, 어느 땅일 경우 모지(某地)로 표현했다. 마늘 모(厶)의 모양은 세모진 형상(△)과 유사"[22]하며, 운동(겨루기)할 때나 바둑 둘 때 상하좌우(上下左右)의 사선(斜線) 방향으로 놓는 수로 하나의 축(軸)을 의미한다. 그러한 형상과 방향은 지축(地軸)의 형상으로 보았고, 물과 땅의 기운에서 생명력이 용트림하듯이 차례로 솟구쳐 나오는 형상적 기운을 의미한다. 더 나아가 인류문명사적인 측면에서 보면 동서(東西)문화의 방향과 형상적 의미가 있다. 인류문명의 시원이 동양에서 시작하여 서양으로 흘러 들어갔다는 것이다. 그리고 흑토(土)자는 두이 二 자와 통할(뚫을) 곤(丨)이 합쳐져 구성되었고 그에 대한 파해(破解)는 이미 위에서 언급되었기에 생략한다.

2) 도(道) 자(字)의 구성과 의미

도(道) 자는 머리 수(首) 부(部)와 책받침(辶) 변(邊)이 합쳐져 구성(構成)된 글자다.

① 머리 수(首) 자는 머리에 두 개의 뿔(ᵞ)이 달린 짐승의 모습(ㄨ, ㄨ)과 한일(一) 자 그리고 스스로 자(自) 자(字)로 분리된다. 뿔의 의미는 위용(威容)의 상징이자 존엄의 표상으로 여겨졌다. 스스로 자(自) 자(字)는 주재주(主宰主)를 의미하는 하나의 점(ㆍ, •)과 눈 목(目) 자가 합쳐진 글자

---

[21] 논어 옹야편 (子曰, 知者樂水, 仁者樂山. 知者動, 仁者靜. 知者樂, 仁者壽)

[22] 이상은 감수(監修), 『漢韓大字典』, 민중서관, 서울, 1965, 212쪽

다. 주재주(•)와 눈 목(目) 자의 구성과 파해(破解)는 이미 위에서 설명하였기에 생략한다.[23]

수(首) 자는 "우두머리 수(長), 사물의 시작을 알리는 첫 머리 수(年), 칼자루 수(칼의 손잡이), 나타낼 수, 쫓을 수, 향할 수, 근거할 수(근거를 둠)"[24] 등으로 사용되고 있다.

② 책받침(辶) 변은 본디 쉬엄쉬엄 갈 착(辵) 부(部)에서 나왔다. 그 뜻은 한문 사전에 의하면 다음과 같이 사용되었다. 쉬엄쉬엄 갈 착(辵) 부(部)에 대한 표현이다.

"잠시 머무름이며 때로는 달릴 착(辵, 차례를 밟지 않고 뛰어넘거나 질주함)으로도 통용되었다. 착(辵) 부가 글자의 받침으로 사용될 때 그 자체(字體)를 속칭 책받침(辶) 변"[25]이다.

인간의 머리(首)에는 두뇌(頭腦)가 있다. 머리는 착(辵) 부처럼 쉬엄쉬엄 잠시 생각하며 때로는 그 생각의 자리에 머물면서 궁리(窮理)하고 천착(穿鑿)하기도 한다. 하지만 때로는 머릿속에 전광석화(電光石火)같이 떠오르는 생각과 판단 그리고 그에 따르는 전력 질주의 탐구력과 실천적 행위도 뒤따른다. 그런 행위는 학·습(學·習)과 작(作)을 한다는 것과 생활(生活) 속에 도를 닦는다(修道)는 등의 모든 의미를 포함하고 있다. 이와 무관하지 않은 것이 도(道)와 생(生)과 연관된 상생(相生)적 차원에서의 변화 섭리 등이다. 그들은 어떠한 관계적 역할과 의미가 있는지 고찰해 본다.

---

[23] 주재주(•); 제1장 종교(宗敎)와 Religion Ⅲ. 종·교(宗·敎)자의 분석 2. 유가에서 종(宗)과 교(敎) 자(字) 참조. 목(目)자; 제 6장 상생법도(相生法道) – 자연생태학의 관점에서Ⅰ. 상생법도의 개념분석 2. 상(相)·생(生)의 개념 1) 상(相) 자(字) 참조

[24] 이상은 감수(監修), 『漢韓大字典』, 민중서관, 서울, 1965, 1372쪽

[25] 이상은 감수(監修), 『漢韓大字典』, 1372~1373쪽

3) 도(道)·생(生) 관계 – 우주 물리학적 의미

도(道)는 하나를 낳고, 하나는 둘을 낳고, 둘은 셋을 낳고, 셋은 만물을 낳는다(도덕경 42장 道生一, 一生二, 二生三, 三生萬物). 여기서 도의 개념과 생생(生生) 변화(=生生之謂易)의 핵심은 일반적으로 사용하는 대자연의 기운(氣運)이다. 그 기운은 음양의 동정(動靜) 즉 굴신(屈伸)운동으로 이루어지기 때문에 우주의 율려(律呂) 작용이며, 현대과학에서는 자연계의 영원한 창조적 파동에너지[26]라고 한다.

우주물리학에서 우주의 구성 입자이자 구(球)의 형태로 알려진 것이 양성자·중성자·전자 같은 소립자나 쿼크(quark) 등이다. 그러나 오늘날 그러한 구성 입자보다 더욱 세분된 우주의 '초미세적인 끈' 즉 초끈이론(Superstring Theory)[27]이 새롭게 주장되고 있다. 그 주장은 기존에 연구된 구성 입자들보다 훨씬 작으면서도 끊임없이 흐르는 주파수와 같은 파동에너지이며, 진동패턴을 유지하는 아주 가느다란 끈과 같은 미세한 물질을 설명하고 있다. 세계의 과학자들이 비가시적인 초미세적인 끈(super-string theory) 이론에 관심을 가지고 연구하고 있다. '초미세적인 끈'을 형이상학 즉 정신과학의 관점에서 비교 분석해 본다.

인간의 마음이 움직이면서 파동(波動)으로 변할 때 그 마음의 진동패턴을 심파(心波)라고 한다. 심파는 보이지 않으나 과학적인 기구를 통해 측정할 수 있다. 심파는 마음의 주파수이자 생명의 주파수로 표현할 수 있다. 고요하고 맑은 물속은 그의 깊이를 들여다볼 수 있듯이 심파(心波)가

---

[26] 자연계에는 중력, 전자기력, 약력 그리고 강력이라는 네 가지 힘(에너지)이 존재한다. 힘이 중력보다 강하고 전기 기력보다 약하며 물질의 붕괴와 관련된 것이 약력이다. 강력은 원자핵을 붙잡아 두는 힘을 말한다.

[27] 일명 초끈이론(super-string theory, 超—理論)은 1980년대에 발표한 미국의 이론물리학자 J.슈워츠와 영국의 M.그린의 연구결과다. 초-이론은 중력 현상과 양자역학의 불일치를 해결하기 위해서 등장했고 학계에 많은 관심이 집중되어 있다. 피터 보이트(박병철 옮김), 『초끈이론의 진실』, 승산, 서울, 2009, 266~287쪽 참조 바람.

안정되고 잔잔해지고 더욱더 고요해지면 스스로 본래의 참된 나(眞我)를 발견할 수 있다. 심파를 안정시키는 것은 마음공부(心功)의 첫 단계이며 심신 수행의 방법은 하려는 그 수행법에 대한 믿음 즉 신뢰(信賴)가 있어야 성심(誠心)을 다하여 행하고 또 그 결과에 따라 경외심도 발생한다.

예로부터 경외(敬畏)의 대상으로 전개되고 발전되기 위해 심리적 3단계가 필요하며 또 그렇게 순리적으로 진행되어야 한다. 그것은 위에서 설명하였듯이 신(信), 성(誠), 경(敬)의 절차가 있다. 예를 들면, 먼저 상호 간에 신뢰(信賴)가 쌓여야 한다. 신뢰가 쌓이고 진정한 마음의 주파수가 서로 맞으면 어느새 심적 울림으로 다가와 감동(感動)하게 되게 된다. 감동하면 마음이 열려 성심(誠心)이 발생하여 성심을 다하여 천지신명(天地神明)께 지극한 정성(精誠)을 올리게 된다. 정성을 올리는 것은 결론적으로 경외(敬畏)하는 마음이 형성되었기 때문이다. 경외하는 마음이 없으면 신뢰는 물론 성심도 없어지고 도심(道心)도 사라진다.

옥추경(玉樞經)[28]의 원서를 심경(心經)이라고 한다. 그것은 정신수련의 요체를 설명한 것이다. 그의 심경(心經)을 살펴보면, 마음이 도(道)에 들어있는 것이 아니고(心不在道) 도가 심공(心工)에 들어 있다(道在心工)고 하였다. 심공해야 도가 생기고 드러난다는 뜻이다. 즉 마음공부를 바로 해야 신심(信心)이 생기고 신심을 다하고자 하면 성심(誠心)이 발생된다. 성심을 다하고자 노력하면 경외(敬畏)하는 마음과 행위가 뒤따른다. 경외하는 마음이 동반된 정성스러움의 극치가 심화(深化)되어 심신(心身)의

---

[28] 봉우 권태훈(鳳宇 權泰勳, 1900~1994)선생에 의하면, 『옥추경』은 중국에서 『고상옥황심인경(高上玉皇心印經)』 또는 『옥황심인경(玉皇心印經)』이다. 그 책은 조선에 없었으나 1900년도 초기에 봉우 선생의 선친이 그 책의 원서를 조선의 책으로 출간하고자 굵은 목활자(木活字)본으로 만들었다. 그의 선친은 한 100벌을 출판하여 선가(仙家) 즉 선학(仙學) 공부하는 사람들에게 나누어 주었다. 그 책의 전권(全卷)과 목활자본과 필사본이 지금 분실된 상태에 있다. 심인경이나 심경의 내용은 정신 수련하면 된다는 의미로 같은 것이다. 고상옥황(高上玉皇)은 제일 첫 번에 나신 분, 백두산의 대황조(大皇祖)를 의미하며 그는 중국에서 하느님 같이 여긴다고 하였다.

기운이자 파동으로 발현(發顯)되면 신(神)도 그 정성 기운에 감응(感應)하고 정성을 올리는 자에게 응감(應感)한다고 선현들은 전하고 있다.

따라서 수행(修行)된 사람의 덕스럽고 상서(祥瑞)로운 심파(心波)는 인간에게 울림의 파동으로 퍼져서 감동과 환희를 전해주어 인간을 바른길로 나아가도록 변화시킬 수 있다. 그러한 변동(變動)의 힘과 감응하고 응감된 기운(응기 應氣)은 우주물리학에서 논하는 초끈이론의 끝개와 같은 기운, 즉 영원한 창조적 파동에너지와 비유할 수 있다.

II. 자연환경과 생태학에서

풍요로운 환경, 삶의 경험과 지혜 등을 제공하는 자연은 인간 생명의 구조와 법칙에 밀접한 유기체적 관계를 맺고 있다. 자연환경을 보호하고 오염된 생태계를 복원하고자 노력하고 친환경적인 삶을 추구하는 것은 지구촌의 평화와 생명 운동으로 전개되고 있다. 보다 적극적이고 과학적 안목에서 주목받는 지구환경 보호와 생태학의 연관성을 다양한 관점에서 밝혀 본다.

1. 환경의 개념

환경(環境)은 생명체의 생존과 생활에 영향을 주는 자연적 조건과 상태를 말한다. 환경의 유형에는 크게 자연환경과 생활환경이 있다. 모든 국민이 건강하고 쾌적한 환경에서 생활할 수 있도록 제정한 법이 환경정책기본법이다. 그 법의 목적은 '환경오염'[29]을 발생시키는 "위해(危害)요소들을 사

---

[29] "환경오염이란 사업 활동 및 그 밖의 사람의 활동에 의하여 발생하는 대기오염, 수질오염, 토양오염, 해양오염, 방사능오염, 소음·진동, 악취, 일조(日照) 방해 등으로서 사

전에 방지하고, 자연환경 및 생활환경을 적정하게 관리·보전"[30]함에 있다. 환경은 상생법도와 어떠한 관계를 유지하고 있는가에 대해 분석해 본다.

자연환경은 "대기, 지하, 지표(해양 포함), 호수, 강, 산악, 삼림 및 지상의 모든 생물과 이들을 둘러싸고 있는 비생물적인 것을 포함한 자연의 상태를(생태계 및 자연경관 포함)"[31] 뜻한다. 자연환경을 지구차원에서 바라보는 관점이 지구환경이며, 각 지역에서 관찰할 때는 지역 환경이 된다. 현대 과학에서 다루는 대자연의 대류권, 성층권, 해양권, 육지권이 '자정능력(自淨能力; self-purification capacity)[32]에 포함된 것은 지구가 환경영역 부분에 중요한 역할을 하고 있다는 설명이다. 대류권에는 산소와 질소로 구성된 공기가 있고, 성층권에는 오존층이 있다. 해양 안에는 염분을 비롯한 수많은 물질이 용해되어 있다. 땅에는 암석과 암석이 풍화된 모래, 흙, 식물 및 동물 등의 부패 분해물, 철이나 망간 같은 금속이 혼합되어 있다.

우리가 논하고자 하는 생활환경[33]은 결국 제일 먼저 인간의 생활환경으로 귀결된다. 생활환경의 기능과 역할은 자연환경과 지속적인 상호관계를 유지하고 있다. 자원의 원천지인 지구, 공기와 식수(食水), 강, 호수, 나무, 꽃 그리고 교통수단 등이 모두 사람의 환경이다. 하지만 그러한 환경은 생산에 필요한 원료와 에너지를 공급함으로써 경제활동을 원활하고 유용하게 해주지만 언젠가 고갈되는 유한한 생산자원이다. 환경은 지구의 모든

람의 건강이나 환경에 피해를 주는 상태를 말한다." 환경정책기본법 제3조, 4항.

[30] "환경보전에 관한 국민의 권리·의무와 국가의 책무를 명확히 하고 환경정책의 기본사항을 정하여 환경오염과 환경훼손을 예방하고 환경을 적정하고 지속가능하게 관리·보전함으로써 모든 국민이 건강하고 쾌적한 삶을 누릴 수 있도록 함을 목적으로 한다." 환경정책기본법 제1조(목적). 환경파괴의 방지 및 주민의 쾌적한 환경을 보호(환경권)하기 위한 환경영향평가제도가 있다.

[31] 환경정책기본법 제3조, 2. 3항.

[32] 곽홍탁·이옥희, 『21세기를 위한 환경학』 (서울: 신광문화사, 2011.), p. 65.

[33] "생활환경이란 대기, 물, 토양, 폐기물, 소음·진동, 악취, 일조(日照) 등 사람의 일상생활과 관계되는 환경을 말한다." 환경정책기본법 제3조 3항.

영역에 유기체적 시스템으로 복잡하게 연결되어 하나의 문제가 발생하면 다른 영역으로 순차적 상승작용을 일으켜 문제를 심화시킨다.[34] 그러므로 환경과 경제가 공생을 이루어가며 함께 지속 가능한 성장이 요청된다.

환경오염문제는 지역적 인간 생활환경의 범주를 넘어서 또 다른 세계시장의 문제가 되었다. 그런 문제를 이해하는 것은 국제적인 감각을 향상한다. 결과적으로 '환경오염의 원인'[35]과 문제의 특성은 상호관련성, 광역성, 시차성, 오염물질 간의 상승성으로 축약된다. 따라서 오늘날 환경을 모르고는 환경문제, 에너지 문제, 물(水) 문제는 물론 사업, 정치, 외교, 과학, 철학, 신앙단체, 종교, 사회문제 등을 해결할 수 없을 정도가 되었다. '환경오염의 유형'[36]과 주원인[37]을 이해하고 그에 대한 다양한 홍보, 교육적 차원에서의 계도 및 실천은 오늘날 지역과 국가 차원을 넘어서 세계의 공동과제가 되었고, '저탄소 녹색성장'[38]이라는 신개념을 탄생시켰다. 자연 친화적이고 지속할 수 있는 녹색 신기술의 발전과 대체 에너지 등의 개발은 새로운 성장 동력의 창출을 위한 패러다임이 되었다. 지구환경학과 자연 환경학은 아래 단락에서 가이아 이론(Gaia theory)을 중심으로 다루어 보고자 한다.

---

[34] 박길용, 『현대 환경학』 (서울: 대영문화사, 2009), pp.41. 환경문제는 광역성이며, 발생에서부터 피해발견까지 상당한 시차가 존재한다. 환경오염물질은 다양한 매체를 통해 지역이나 국경을 가리지 않고 오염원의 제공자가 된다. 그 오염물질간의 시차성과 상승성이 인류에게 경각심을 불러일으키고 있다.

[35] 정명규 외 『환경 공학 개론』 (서울: 동화, 2011), pp. 29~36.

[36] 곽홍탁·이옥희, 『21세기를 위한 환경학』, pp. 115.

[37] 김임순, 『저탄소녹색성장-기후변화를 중심으로』 (서울: 북스 힐, 2010), pp. 14-28. 환경오염의 주원인은 인구증가, 도시 집중화, 공업발달로 인한 삼림의 황폐화, 에너지소비량의 증가 그리고 근시안적 사고방식이다. 인류의 재앙으로 다가올 수 있는 지구온난화(지구표면 온도상승), 오존층 파괴, 쓰나미, 스모그(smog), 황사현상, 수질, 토양, 대기오염, 사막화, 환경호르몬 형성, 인체에 악영향을 주는 무서운 병(이타이이타이병=대표적인 공해병, 미나마타=수은중독) 등이 있다.

[38] 김임순, 『저탄소녹색성장-기후변화를 중심으로』, pp. 27.

2. 지구 환경학

1979년 영국의 대기과학자 제임스 러브록[39]은 자신의 저서 『Gaia: A New Look at Life on Earth』(가이아: 지구상의 생명을 보는 새로운 관점)를 통해 지구를 하나의 생물체로 정의한 '가이아 가설'(gaia hypothesis)을 발표했다.[40] 러브록의 이론은 지구환경의 중요성을 밝혀주고 있다.

오늘날 환경 보호 정책이 범국제적 시스템을 통해 가동되면서 자연과 인간과 조화로운 환경시스템을 강조한 가이아 이론(Gaia theory)이 다시 세계적으로 주목받고 있다. 그 이론은 자연과 사람이 하나의 공동체 생활 속에 유기적인 개체존재이자 또한 주체로서 전체임을 천착(穿鑿)하게 하는 동기를 부여했고, 자연 환경학 연구에서 빠지지 않고 인용되었다. 가이아 이론의 특징은 만유의 존재가 유기체적으로 연결되어 있어 유기적인 생명 사상임을 알려주고 있다. 그러한 생명 사상은 우주 물리학에서도 생명의 네트워크로 주목받고 있다.[41]

그리스 신화에 등장하는 가이아(Gaia)는 천신(天神) 우라노스(Uranus)의 아내로서 '대지의 여신' 즉 지구를 말한다. 지구가 우주 속에 빛나는 '생명체의 별'이라는 뜻도 내포하고 있다. 생명체의 존재 양상은 환경요소와 자체의 생존 법칙 및 지속성이 바탕을 이룬다. 예컨대 지질학(geology), 지리학(geography), 기하학(geometry) 등에서 나오는 'geo'라는 용어는 모두 땅을 의미하는 'gaia'에서 유래했다.

---

[39] 제임스 러브록((James Ephraim Lovelock, 1919~)은 영국의 화학자·의학자·생물물리학자·대기과학자이며, 가이아 이론의 주창자로 유명해졌다.

[40] 青山萮之(청산영지), 김소나(역자), 『환경 생태학 기초와 응용』(BM 성안당, 경기도, 2011), 19쪽

[41] 유기체적 생명의 네트워크는 자연 환경학, 환경공학, 생태(물)학과 우주 물리학에서 물질과의 관계를 설명하기 위해 제기되었다. 이에 연관된 환경학 분야의 자료와 인터넷 웹페이지가 활용되었음을 참고문헌에서 밝혔다.

지구(Gaia)의 본래 순환적 자연환경은 만물의 생명을 잉태하고 양육·성장시키는 근원지다. 우리 선조님들은 대자연의 질서와 지구환경의 법칙을 오래전부터 깨우쳐 자연 친화적인 삶을 살아왔다. 하늘을 아버지, 땅을 어머니로 비유했고 천지부모(天地父母)라는 인생철학과 일월성신(日月星辰)을 가족사회와 국가 등의 질서로 생각하면서 하나가 전체이자, 전체가 하나라는 세계관을 가지고 살았다.

현대과학은 지구를 하나의 생명체로 보고 있다. 오늘날 우리가 말하는 생태학[42]적 환경문제는 대자연의 순환적 '자기제어 시스템'[43] 원리에 배치(背馳)되어 발생하였다. 그에 대한 부메랑의 효과가 우리의 삶의 현상세계에 피할 수 없는 환경의 문제로 드러나기 때문에 단순한 생태학적 환경의 문제뿐만 아니라 결국 인간의 문제로 다시 귀결되고 있다. 자연을 무분별한 개발과 정복의 대상으로 삼았던 과학만능주의 시대의 결과물이 인간의 삶을 위협하고 있다.

인간의 더 많은 편리함과 안락함 추구, 욕구와 만족 등을 충족하기 위해 지구의 생태계는 그러한 인간의 욕심에 의해 파괴되고 있다. 파괴된 생태계의 몸부림은 부메랑(boomerang)이 되어 인간을 위협하고 때로는 생명을 상하게 한다는 것이 가이아 이론의 핵심이다. 그 이론은 지구의 환경을 하나의 질서정연한 유기체적 생명으로 본다. 우주의 범 생명체가 유기적인 연관성을 가지고 있으므로 환경조건이 자동으로 순환·조절·조화·유지되어야 지구생태계를 영속시킨다는 학설이다.

가이아 이론은 2000년도부터 다양한 부분에서 조명되고 주목받고 있는 홀로그램(Hologram)이나 프랙털 현상(Fractal Phenomena)[44]에서 제기된

---

[42] 생태학의 개념을 처음 사용한 사람은 독일의 동물학자 E. 헤켈(E. Haeckel, 1834~1905)이다.

[43] 青山茶之, 김소나(역자), 『환경 생태학 기초와 응용』, BM 성안당, 경기도, 2011, 75쪽

[44] 프랙털은 '파편의', '부서진'이라는 뜻이며 라틴어 fractus에서 유래했다. 어떠한 부분적인 것이 전체구성과 닮았다는 의미에서 자기 유사체라고 한다. 그 용어는 1975년 폴

'부분적 개별존재가 나누어진 개별적 존재가 아니라 전체 속에 하나'라는 주장과 흡사(恰似)하다. 그것은 또한 전통문화사상인 일즉다 다즉일(一卽多 多卽一)이라는 원융(圓融)사상과 연계성이 있는 것으로 하나 속에 전체가, 전체 속에 하나가 들어 있다는 맥락과 같다.

3. 자연생태학

자연생태학은 자연의 생물과 환경을 다루는 학문이며, 자연의 구조와 기능이 자연생태계와 어떠한 유기적인 관계를 맺고 있는지 연구한다. 자연생태학에서 지구는 자연생태계의 조절을 위해 자정 능력(自淨能力)기능과 자기제어(自己制御)시스템을 가지고 있다고 연구되었다. 지구환경이 생명의 네트워크를 형성하고 있는 유기체(有機體)적 존재임을 설명한 가이아 이론이 수용되었다. 가이아 이론에 의하면, 지구의 환경조건은 조화로운 '자기제어시스템'을 통해 지구생태계를 영속시킬 수 있고, 우주의 범 생명체는 유기체적 연관성과 의존성을 가지고 있는 활발한 천연생태계다.

영속적인 자기제어시스템의 조건은 생물, 대기권, 대양, 토양까지의 생물계와 무생물계를 포함하고 있어 서로 상호의존적인 연결망을 통해 또한 다양하다. 하지만 그 연결망 또한 통일된 하나의 유기체적 생명의 네트워크를 이루고 있다는 사실은 또 하나의 과학적 연구결과로 드러났다.

러브록은 지구 대기권의 원소조성과 해양성분이 지난 30억년 동안 일정하게 유지되어 왔음을 주장했다. 그의 주장에 의하면 가이아의 세 가지 특성과 속성은 다음과 같이 요약된다.

란드에서 출생한 프랑스 수학자 베노이트 B. 만델브로트(Benoît B. Mandelbrot)에 의해 처음 사용되었다. 프랙탈의 개념은 수학·물리화학·생리학·유체역학에 큰 영향을 끼쳤으며 새로운 기하학 체계를 형성시켰다.

가) 가이아의 세 가지 특성

대기 중의 산소(O_2) 농도이다. 원시대기에는 산소가 존재하지 않았으나 광합성(光合成) 박테리아의 출현 이후에 산소농도가 증가하였고 현재 상태인 21%가 유지되어 생물체가 살 수 있다. 이러한 생명의 발현 현상은 지구 자체가 하나의 생명처럼 작동하기 때문이다.

오존층의 존재이다. 오존층은 지구의 온도를 적절하게 유지시켜 생물체의 유해한 자외선을 차단해 준다. 오존층은 메탄(CH_4)에 의해 조절된다. 메탄은 바다표면에 서식하는 원생식물(原生生物; protista, 조류藻類; algae)에 의해 생성되는 물질로 알려졌다. 오존층이 형성되면서 자외선의 강도가 약해졌다. 그로 인해 지구 곳곳에 많은 생물이 형성될 수 있는 조건을 갖추었고, 활발한 광합성작용을 통해 대기 중의 산소농도를 현재처럼 기본적으로 21%로 유지해주고 있다.

대기 중의 이산화탄소(CO_2) 용량이다. 대기 중의 CO_2는 지구 대기의 약 0.03%(330ppm) 정도 차지한다. 이산화탄소농도는 화석연료사용, 산불, 화산활동 등에 의해 증가한다. 이산화탄소가 열대우림의 광합성작용을 통해 많이 발생하지만 그 탄소량은 고정적이기 때문에 일정량의 농도를 유지할 수 있다. 그뿐만 아니라 지구 자체의 생물체가 유기적으로 이산화탄소 농도를 조절한다. 해양의 염분농도가 일정하게 유지되는 현상은 가이아 이론을 입증한 결과가 되었다. 따라서 가이아의 세 가지 속성은 과학적 안목에서 정리할 수 있다.

나) 가이아의 세 가지 속성

가이아는 스스로 모든 유·무생물들에게 적합한 환경조건을 만들어 준다. 그러므로 인간이 가이아의 역할에 심각하게 지장 받을 정도로 간섭하지 않는다면, 가이아는 그 속성을 그대로 유지할 것이다.

가이아는 마치 생물처럼 중요한 기관과 부속 기관을 가지고 있어 필요에 따라 신축, 생장, 소멸이 가능하고 장소에 따라 역할이 달라질 수 있다.

가이아는 인공두뇌학(人工頭腦學, cybernetics)[45]의 원리처럼 목적을 가지고 생태계의 생명체를 유지시켜 준다. 가이아는 매우 정교한 자기제어(自己制御)시스템을 가지고 있어 생태계를 조절하고 자정(自淨)시키는 능력을 가지고 있기 때문이다.

위와 같은 생물 현상(biocybernetics)에 대한 이론이 한편으로는 지나치게 목적 지향적 성격을 띠고 있다는 것과 과학적 이론이라기보다는 문화적 은유를 담은 신화에 가깝다, 창조론과 부합되지 않는다는 등의 혹독한 비판이 일부 그리스도인들에게 제기되었다. 그런데도 다른 한편에서는 가이아 이론이 지구온난화현상, 인간의 환경파괴문제, 인류의 생존문제, 지구환경문제와 연관되어 있음을 과학적 논리로 밝혀냄으로써 많은 지식인에게 관심과 공감을 불러일으켰다.[46] 지구시스템이 생태학적 관점에서 순환적이며 지엽적인 시각이 아닌, 전일적이고 종합적인 시각으로 바라보는 안목을 제시했다는 것은 높게 재평가되고 있다.

4. 생태학(ecology)의 유래와 의의

생태학이란 말은 독일의 동물학자 E. 헤켈(Ernst Haeckel, 1834~1905)이 처음 사용했다. 생태학은 자연환경과 밀접한 관계를 유지하는 생태계를 설명하는 데 필요한 과학적 용어이자 인간의 삶과 연계된 개념으로 사용되고 있다.

---

[45]   cybernetics는 미국의 수학자인 Nobert Wiener(1894-1964)가 제창한 「동물과 기계에서 통신과 제어의 이론: Cybernetics or control and communication in the animal and machine」으로 정의되는 학문 분야. 그 후 다양한 인문사회과학 영역에도 사용되었다.

[46]   정금준, 『환경 정책론』 (서울: 대영문화가, 2007.), 429쪽 이하

1) 생태학의 유래

E. 헤켈은 동물과 동물의 무기(無機)·유기(有機) 사이의 환경 관계를 설명하기 위해 독일어로 '외콜로기(Ökologie)'라는 용어를 사용했다. '외콜로기의 어원'[47]은 그리스어 오이코스(oikos)에서 유래되었다. oikos의 개념은 가족, 가정 또는 생활 장소를 의미하며 다방면의 분야에서 사용되고 있다. 환경이라는 포괄적 용어에는 주체가 되는 생물 이외에 다른 생물들과 물리적 환경, 즉 생물 개체들 사이, 개체군 사이 및 생물과 그들의 환경 사이의 상호작용을 통해 생태계가 형성되고 유지된다는 것을 의미한다.

생태학은 생물 상호 간의 공동작용, 생활구조, 사회구조, 천이(遷移), 분포 등을 환경과 관련지어 자연스러운 순환적 원리를 파악하는 학문이다. 생태학은 개체에 대한 습성과 생리를 기재(記載)하고 환경요인을 직접 연관 지어 생물군집 또는 생태계의 조화로운 순환성과 통일성을 강조한다.[48] 그뿐만 아니라 생태학은 자연의 구조에서 육지·해양·담수역(淡水域) 생물군의 기능적인 역할을 파악하는 것이다.

'생태계(ecosystem)'[49]의 중요한 기능적 단위는 개체군이다. 개체군 내의 개체 수가 그 생태계의 허용된 한계치에 도달하면 자기조절을 통해 안정화되어야 한다. 그러나 그 개체 수가 안정화되지 않으면 질병, 기아, 투쟁, 생식률(生殖率) 저하, 또는 기타 행동 및 생리적 반응 때문에 감소한다.[50]

생태학의 발전과 응용은 인간이 자연의 일부라는 재인식을 통해 인간 생태학에 관한 연구를 촉진했다. 그 연구는 자연의 법도인 공존과 공생 원리에 접근되어 오늘날 상생의 의의를 과학적 차원에서 고양(高揚)시켰다.

---

[47] 『Brockhaus-Enzyklopädie』, Bd. 16, Deutschland-F. A. Brockhaus Mannheim, Klambt Druck-GmbH, 1991, S. 148-149.

[48] 『Brockhaus-Enzyklopädie』, Bd. 16, S. 149.

[49] 애른스트 마이어(최재천 외 옮김),『이것이 생물학이다』, 몸과 마음, 서울, 2002, 345쪽

[50] 서광석,『환경학』, 대학서림, 서울, 대학서림, 2013, 18쪽, 65쪽

2) 환경 생태학의 의의

'환경 생태학'[51]은 지구의 환경을 하나의 유기체적 생명으로 보고 환경 문제와 생태계의 상호관계 및 공통분모를 연구하는 학문이다. 환경학자들은 우주의 범 생명체가 유기적인 연관성을 가지고 있어 환경조건이 자동으로 순환·조절·유지되어야 지구생태계를 영속시킨다고 한다. 대자연의 '자기제어시스템'이 환경오염으로 인해 기능이 상실하면 자연의 균형이 파괴되어 결국 인류의 생명을 위협하는 결과를 초래한다. 대자연이 '자기제어시스템'을 가지고 있다는 것을 거듭 설명한 것이다.

21세기 국제사회에서 널리 회자(膾炙)되는 천연생태계의 환경오염문제는 피해갈 수 없는 인간 행위의 문제로 제시되었다. 문제해결방안은 먼저 자연은 정복대상이 아니라 자연과 인간이 조화롭게 공존하는 사회적 공감의식이 필요하다. 이에 친환경 교육을 통해 모두 함께 살아가는 상생 정신을 일깨워 주고 자연 친화적인 생활이 실천되도록 계도(啓導)해야 한다.

선현들의 일즉다(一卽多) 다즉일(多卽一)의 사상은 예로부터 대자연의 법도와 유리되지 않은, 일심(一心)의 경계(境界)를 추구했던 원융회통(圓融會通)[52]의 사상이다. 그 사상의 핵심은 오늘날 세계적으로 가이아 이론과 함께 중요시하고 있는 환경생태학과 별다름이 없다고 본다. 환경생태학에서 발견할 수 있는 통일체적 삶의 조화의식은 동양 철학사상에서 논구된 인간을 소우주로 본 것과 같다. 인간은 생태계의 조직망으로 비유할 수 있는 공동체 사회에서 행할 수 있는 유기체적 환경조건을 만들어야 한다. 그것은 인격을 도야(陶冶)시키는 교육기술개발과 사회적 가치 창출과 가치 환원의 덕목으로 이끄는 상생의 실천이다.

---

[51] 青山茶之, 김소나(역자),『환경생태학 기초와 응용』, 55쪽 참조

[52] 원융회통은 교리나 언어에 집착하지 않으면 서로 소통할 수 있고 조화와 통합을 이룬다는 뜻으로 원효대사의 화쟁사상(和諍思想)을 말한다.

III. 그리스도교와 도가(道家)의 자연관에서

인간의 건강한 삶과 밀접한 관계를 이루고 있는 자연은 조화로운 생태계 환경을 유지시켜 준다. 하지만 인간이 왜 자연의 생태계 환경을 파괴하는 주범이 되었는가에 대해 돌이켜보아야 한다. 서구의 그리스도교와 자연 친화적인 동양사상 가운데 도가(道家)사상은 자연환경을 어떻게 보고 이해하였는지 비교적 안목에서 살펴본다.

도가의 자연사상은 노장(老壯)사상에서 찾을 수 있다. 노장사상의 자연관은 그물망처럼 연결된 만유 생명의 질서가 왜 중요한지 설명하고 있다. 하지만 그리스도교는 자연을 정복의 대상으로 이해했다. 그의 자연관은 서구의 산업혁명을 주도했고 현대과학을 발전시켜 인류에게 문명의 이기를 제공했다. 그 반면 자연환경파괴와 오염은 인류의 생명을 위협해 국제사회에 경종(警鐘)이 되었다. 그러므로 현대사회의 환경문제를 생태학적 안목에서 살펴보는 것은 대자연의 삶이 생명의 네트워크와 연결되어 있음을 밝히며 자연통섭(自然統攝) 사상의 의의를 설명하는 것이다. 그와 같은 분석 작업은 친환경 생활문화 운동을 이끄는 시대정신과 부합된다.

1. 그리스도교의 자연관

그리스도교의 자연관은 신약(新約)의 예수 전하는 말(傳言)과 사상이 아니라 바이블 구약(舊約)에 근간을 두고 있다.

"하나님이 그들에게 복을 주시며 이르시되 생육하고 번성하여 땅에 충만하라, 땅을 정복하라, 바다의 물고기와 하늘의 새와 땅에 움직이는 모든 생물을 다스리라."[53]

"자연이 정복의 대상으로 인식된 역사적 사례"[54]와 그의 결과에 따른 국가적 반응을 다음과 같이 간추려서 밝혀본다.

유럽 중세 그리스도교 시대에 국가와 사회통치의 이념으로 정립된 신정(神政)정치는 '신—인간—자연'이라는 계층적 질서를 형성시켰다. 그리스도교의 교리에 의해 자연과 인간은 신에 의해 창조되었고, 신은 자연과 인간을 완전히 초월하는 성스럽고 존엄(尊嚴)한 지존(至尊)이자 유일한 신앙의 대상이다. 인간과 자연은 살아있는 하나의 통일체적 시스템이라는 의식이 유일신 사상에는 존재하지 않는다.

다만 인간은 자연과의 동격에서 벗어나 자연을 지배하고 이용할 권리를 신에게 부여받았다고 보았다. 그러한 인간의 권리가 기계론적 자연관을 탄생시켰고 중세(中世)자연관[55]이 되었다. 중세자연관은 본질적으로 철저한 이원론의 법칙 하에 근대 서구의 자연관으로 승계되었다. 12~13세기 유럽의 중세(中世)시대에 농업기술이 발전되면서 농지개간이 크게 확장되었다. 그로 인해 숲의 황폐화가 본격적으로 진행되었다.

14세기에는 숲(나무) 부족과 기후변화로 곡물 수확이 감소되었고, 페스트(흑사) 등이 창궐하여 유럽 인구의 1/4 이상이 죽었다. 그들은 혼돈(混沌)과 피폐(疲弊)속에 150년 동안 척박한 환경에서 사투(死鬪)를 벌이면서 살고자 몸부림쳤다.

16세기에는 그간 진행되어온 숲의 파괴로 인해 영국을 중심으로 유럽 전역에 나무 기근(飢饉) 현상이 일어났다. 나무 부족으로 발견된 대체 에

---

[53] 『성경전서』, 대한성서공회, 서울, 1974, 창세기 1장 28절 외, 시편 8장 1~3절 참조 바람.

[54] 박길용, 『현대 환경학』, 대영문화사, 서울, 2009, 21~23쪽, 41쪽

[55] 중세자연관의 기초는 에리우게나에서 시작하여 사르트르 학파로 이어졌고, R. 베이컨((Roger Bacon; 1220~1292)에 의해 실험과학의 경험 정신이 발달했다.

너지가 석탄(石炭)이다. 석탄은 영국에서 산업혁명을 일으키는 천연자원이 되었고 산업혁명은 사회발전의 성장 동력이 됐다. 인접국가인 독일, 프랑스 등에도 석탄이용의 범위가 확대되어 가면서 대기오염과 생활쓰레기가 발생되어 환경오염이 매우 심각해졌다.

비록 14~16세기 유럽에서 사람을 중요시하는 인문주의운동 즉 르네상스(Renaissance) 문화운동이 일어났지만 1527년 로마의 몰락으로 끝났다. 그 후 데카르트(R. Descartes, 1596~1650, F. Bacon, 1561~1626)에 의해 이원론은 존재와 존재자에 대한 철학적 사유세계로 전개되었다. 16~17세기에 과학기술이 발달하면서 문명의 이기(利器)를 극대화하려는 노력이 1차 산업혁명으로 이어졌다. 1차 산업혁명은 산업문명을 일구어내면서 자연을 무차별한 개발의 대상이자 이용의 도구로 삼았다.

18세기 유럽사의 큰 획을 그은 사상이 계몽사상이다. 그 사상은 자연과학의 발전과 더불어 신본주의(神本主義) 사상에서 인간중심주의(人間中心主義) 사상에 눈을 뜨게 했다. 인간중심주의적인 자연 인식은 지속적인 산업화 과정을 통해 과학기술문명을 발전시키면서 인간의 욕망인 물질적 차원을 크게 개선했다. 그러나 19세기 서구 산업혁명의 진행 과정에서부터 눈에 띄게 발생한 것이 그동안 적체(積滯)된 위생환경 및 도시미관의 악화였다. 인구가 산업도시에 집중되면서 사회적인 범죄 또한 급증했고 공업 도시형성에서 나타나는 환경오염이 사회적인 큰 문제로 대두되었다. 이와 같은 현상들은 오늘날 산업국가로 진입하려고 하는 많은 나라에 공통으로 나타난다.

19세기 후반부터 제 2차산업이 발달하면서 농지(農地)의 면적이 줄어들었고 천연자원의 활용이 넓어지면서 공업 도시가 증가했다. 더욱 많은 자원이용의 가속화는 광물(鑛物) 부존량(賦存量)을 고갈시킬 만큼 많은 금속이 채굴되었고, 소비문화가 넓어지면서 쓰레기가 급격히 증가하였다. 대기(大氣)는 석탄이 타는 연기로 오염됐고 주변 환경은 비위생적이었다. 많은 사람이 자연환경 속에 자원보존의 가치 즉 에너지 보존의 법칙, 질량

보존의 법칙, 운동량 보존의 법칙 등이 있다는 것을 점차 깨달았다. 나아가 환경오염의 문제가 금방 복원될 수 있다는 "가역적인 것이 아니라 비(非)가역적이라는 것"[56]도 알았다. 그런데도 20세기에 신(新)산업혁명이 일어났다. 그 혁명은 천연자원과 그간 사용되지 않은 에너지원과 합성원료들(=경금속, 새로운 합금, 플라스틱류의 합성제품 등)을 활용하면서 시작되었다.

한국은 서구의 산업화모델을 받아들였다. 1960년대 말부터 많은 사람들이 더욱 나은 경제적 여건을 만들어 내기 위해 정든 고향을 등지고 도시로 상경했다. 그러한 상황은 지속하여 산업화시대의 도시인구집중으로 이어졌다. 더욱 발전된 도구와 컴퓨터 등의 분야를 통해 기계화되면서 그와 연동된 자동화 공정은 이어졌다. 산업화시대의 사회적 문제는 날로 다양해졌다. 도시나 도시 근교에 있던 숲이 개발이라는 명분으로 점차 황폐해지어 가고 있다. 많은 사람이 공해병(公害病)에 무차별적으로 노출되어 자연의 본래 환경을 동경하게 되었다. 인간과 자연은 하나의 네트워크이며 통일된 생명체이자 유기적인 일원체로서 자연의 시스템과 조화를 이루어야 한다는 천연생태계의 원리를 자각할 기회가 주어졌다.

서구의 기계론적 자연관은 2차 세계대전 이후에 많은 지성인에게 비판을 받으며 새로운 전환기를 맞이했다. 그들은 생태학의 발전과 에코로지(ecology) 운동에 관심을 가졌고 자연과 인간은 하나이자 전체로서 파악해야 하는 상호 간의 작용임을 각성했다. 그러한 운동은 과거의 잘못 인식한 자연관을 혁파(革罷)하고 인간과 자연과의 공생을 일깨워 주었으며, 서로서로가 주체가 된 생명의 역동적인 시스템으로서 재인식하는 혁신경영의 계기가 되었다.

경제학자 제러미 리프킨(Jeremy Rifkin; 1943~) 등이 주장한 제3차산업혁명(第三次産業革命, Third Industrial Revolution)은 미래사회를 예시한 것이었다. 제3차 산업혁명의 요소로 알려진 교통·금융·통신·유통·행

---

56 박길용, 『현대 환경학』, 41쪽

정·국제무역·관광업 등의 서비스업이 발전하면서 삶의 질이 풍요로워졌고 인간의 욕망을 더욱 충족시켜주었다. 과학과 의학의 발전은 산업혁명 이후 급격한 인구증가를 초래했지만 자연환경의 황폐화는 더욱더 가속화되면서 자연환경의 중요성이 부각되었다. 새롭게 각성된 서양의 자연관은 가이아의 가설을 되돌아보는 동기가 되었고, 환경보호의 차원에서 그린피스(Greenpeace) 운동으로 이어졌다. 그 운동은 범세계적으로 확산하였다. 한국에도 지속할 수 있는 녹색 환경문화 운동이 전개되면서 국제적인 패러다임에 동참하고 있다.

국제사회가 함께 참여하는 지속할 수 있는 녹색 환경문화의 운동과 기능 그리고 역할 등은 자연과 상생의 길을 촉구하고 있어 상생의 법도를 자연과학적인 차원에서 새롭게 유념해 볼 필요가 있다. 그 법도는 또한 철학, 과학, 종교, 사회, 국제적 이념과 실천 분야를 광범위하게 포괄적으로 제시하며, 다양하고 유연한 상호작용을 유발 및 촉진하고 있어 현대인에게 주목받고 있다. 그 가운데 과학 분야에서 진행되고 있는 4차 산업혁명은 인공지능(AI, artificial intelligence) 시대와 접목되어 상생의 차원에서 녹색 환경문화 운동의 신기원(新紀元)을 이룰지 기대된다.

2. 도가(道家)의 자연관 – 노장(老莊)사상에서

오늘날 중요시되는 지구생태계의 보전과 환경학적인 논리와 의의는 노장사상(老莊思想)에서 재발견할 수 있다. 그 사상은 현대의 기계론적 자연관에 대한 성찰과 새로운 생태학적 안목을 제시한다. 노장사상은 천지자연과 인간이 함께 조화롭게 생활해야 하는 상생의 길을 제시하고 있다. 상생(相生)의 개념은 노자(老子)의 도덕경 상편 제2장에 유무상생(有無相生)이라는 구절에서 발견할 수 있다. 그는 유무(有無)의 현상 또는 비 현상적 가치가 합쳐져 자연생명의 질서를 조화롭게 이끄는 것으로 보았다. 그의 유무상생은 세상 삶이 갈등과 대립의 구조로 이루어진 세계가 아니라 서로 함께 소통할 수 있는, 발전적인 대화합의 정신을 고취한다. 그러므로 상생의 개념은 현재 사용하는 공생, 공존, 공유 그리고 공영의 개념을 두루 포함하고 있다.

　노자의 자연관은 무위자연(無爲自然)이며 자연통섭 사상이다. 그의 사상적 출발과 핵심은 도(道)이며 도는 만물(萬物)의 근원(根源)이다. 노자가 말하는 도는 포괄적인 개념이며, 무(無)는 천지 만물을 성립·유지한다는 것이다. 도(道)와 무(無)는 동전의 양면과 같은 형국이다. 하지만 이분법의 사고의식에서 나오는 단면만 보는 것은 매우 위험하다는 것을 다음과 같이 설명한다.

　　"도(道)를 도라고 말하면 그것은 늘 그러한 도가 아니다. 이름을 지으면 그것은 늘 그러한 이름이 아니다. 이름 없는 것을 천지의 시작이라 하고, 그 이름이 있는 것을 만물의 어머니라고 한다."(道可道 非常道 名可名, 非常名, 無名, 天地之始, 有名 萬物之母 도덕경 1장).[57]

　여기서 주목할 것은 만물(萬物)이다. 만물이 최하위 개념이지만 생명의 근원으로 소급해 올라가면 만물은 천지에서 나왔다. 천지는 만물의 어머니(母)가 되고, 천지라는 유명(有名)의 차원은 도라는 무명에서 나왔기 때문에 시(始)라고 한다. 즉 노자는 천지의 시초를 무(無)라고 보았다. 그의 그러한 관점과 사상은 아래와 같이 정리되었다.

　자연(自然)이라는 무형의 존재에서 하나의 도(道)가 생(生)하고 그 도가 한 기운을 낳고, 그 기운이 다시 둘로 나누어져 음양이 생겼다. 양기와 음기가 만나 셋으로 불리는 충화(冲化)의 기(氣)가 되었고, 그 충화의 기가 만물을 낳는다. 따라서 만물은 각자의 "음기를 등에 업고 양기를 품에

---

[57]　왕필(王弼)(임채우 옮김), 『왕필의 노자』, 예문서원, 서울, 1998, 49쪽

안고"[58], 충화의 기에 의해 조화롭게 보존하고 유지하고 있다(道生一 一生二, 二生三, 三生萬物. 萬物 負陰而抱陽, 冲氣以爲和 도덕경 42장). 또한 이 하나의 도로 만물이 드러나니, 유무(有無)의 본체가 도이며 도는 우주의 삼라만상을 낳는 최초의 문이자 시원이 되었다.[59]

도(道)가 유·무의 본체이지만 천지 대자연의 조화가 하는 것이 없기에 아니 하는 것이 없다('무위이 무불위' 無爲而 無不爲 도덕경 48장)이다. 도의 본래 속성은 인간(사회계급)과 같은 작위(作爲)가 없기 때문에 하는 것이 없기에(無爲而)면서도 어떠한 큰일도 이루지 못하는 것이 없다는 것을 역설적으로 설명한 것이다. 주지하고 있듯이 '삼생만물(三生萬物)의 청화라는 기운'이 음양을 잘 조화시켜 생명의 이치를 밝히고 생명을 잉태시킨다. 그 기운은 만물의 다양한 모습으로 드러나게 하고 각기 대자연이라는 도(道)로, 인간은 다시 본래 출생지인 땅(地)으로 회귀(回歸)한다.

인간은 땅 위에서 땅의 혜택으로 출생하여 살아가기 때문에 땅의 조화로운 이치를 본받아야 한다. 그뿐만 아니라 땅은 하늘의 혜택으로 만사만물을 양육할 수 있으니 하늘을 본받고, 하늘 또한 천지운행의 생성법칙이라는 도에서 연유된 것이니 도를 본받아야 하므로, 도 역시 자연을 본받아야 한다(人法地, 地法天, 天法道, 道法自然 도덕경 25장).[60]

결론적으로 자연이 위계질서의 최상위에 자리매김하게 된다. 우주 만물의 변화가 자(自: 천지 만물을 포괄한 도)와 연(然: 최고 최선의 공능(功能)이 도에 자존하므로 그 스스로가 갖추고 있는 법]의 관계, 즉 자연스럽게 그렇게 된 것이며, 또 만물이 그렇게 되어가는 것이 바로 자연법칙이다. 그와 같은 유기체적 생명 사상은 자연이 있으므로 인간 세상을 긍정하고 회귀하는 양면성 외에도 부단한 생명의 현상과 질서를 추구한다.

---

[58] 노자 (오강남 풀이), 『도덕경』, 현암사, 서울, 1999, 183쪽

[59] 감산덕청(憨山德淸)(송찬우 옮김), 『老子 그 불교적 이해』, 세계사, 서울, 1990, 149쪽

[60] 박길용, 『현대 환경학』, 대영문화사, 서울, 2009, 318쪽

노자의 사상을 승계한 장자(莊子)는 인간은 천지 정신과 교류하며 자연을 생명향유(生命享有)의 현장으로 생각했다. 장자는 자연과 인간을 동시에 중시(重視)하였고, 자연과 인간이 유기체적有機體)적 조화를 이룬 세계가 도와 하나가 되는 '도통위일(道通爲一)'[61]의 경지로 보았다. 그는 하늘(天)을 자연으로 분석했다. 자연은 인위(人爲)가 가해지지 않은 본래 모습인 '스스로'의 뜻을 포함하고 있다. 그 반면 인간의 과도한 욕망 등은 자연을 목적의식의 상대로 인식하고 인위적인 행위를 남긴다. 장자의 자연사상은 지금도 자연환경과 생태계의 보호를 주장하고 환경오염을 걱정하는 사람들에게 본보기가 되어 다음과 같이 소개한다.

"무이인멸천(無以人滅天) 무이고멸명(無以故滅命) 무이득순명(無以得殉名)"

〔장자(莊子), 추수편(秋水篇)〕

인의(人意)로 자연을 멸하지 말라는 것은 노장사상의 핵심가치인 무위자연(無爲自然)이다. 고의(故意)로 천명(天命)을 멸하지 말라는 것은 인위적인 행위를, 그리고 득의(得意)로 이름을 희생하지 말라는 것은 자신의 명성을 위한 욕망 추구를 하지 말라는 뜻이다.

"거지여고(去知與故) 순천지리(循天之理)
지식과 고의를 버리고 자연의 이치에 따른다."[62]

〔장자(莊子) 각의편(刻意篇)〕

하늘(天) 즉 자연을 따르라는 것은 사물들의 자연스러운 본성에 따르

---

[61] 박길용, 『현대 환경학』, 319쪽

[62] 박길용, 『현대 환경학』, 324쪽

라, 자연스러운 흐름에 따르라는 것이다. 장자가 가르치는 자연은 인간의 개발 욕망에 의한 자연물로서의 자연이 아니라, 만물에 대한 생명의 도가 작용하는 것이 자연이다. 여기서 우리는 생태계 위기의 심각성과 개발의 한계성을 인식하고, 그 위기를 극복할 수 있는 공생과 공유의 지혜를 터득해야 한다. 인위적인 자연훼손을 감수하면서까지 진행한 개발중심의 산업화 문명은 한계점이 있기 때문이다.

자연과학의 발전과 더불어 인간의 개발 욕망과 물질적 충족 및 향유 등이 자연훼손(毁損)을 넘어서 훼멸(毁滅)되었다는 의미가 명확히 제기되었다. 자연의 길을 포기하고 인위(人爲)의 길을 추구한 결과는 자연환경이 파괴되어 본래 생명질서의 형평성과 조화가 깨져 결국 삶의 황폐화를 자초한다. 노·장자가 전한 자연환경은 모든 우주 생명의 조화로운 존재 조건이며 생태계의 유기체적 네트워크로서 생명의 그물망처럼 상생의 법도가 존재한다는 것을 알려주고 있다.

IV. 상생법도(相生法道)의 의의

동양사상에서 자연은 대우주로, 인간은 소우주로 설명되었다. 그것은 자연생태계의 순환시스템 원리가 인간의 삶과 연결되어 있다고 본 것이다. 자연(天)과 인간(人)이 하나 된다는 천인합일 사상은 공동체 문화의 본질이자 상호공존의식으로 발전되었다. 자연의 법도에 의해 발생하는 생명 에너지가 생태계를 이루고, 그 안에 변화와 성숙·발전을 도모하는 이치와 섭리를 상생법도라고 한다. 생성과 소멸이 반복되는 자연의 순환적 과정과 생태계는 거대한 생명의 네트워크를 형성하고 있다.

1. 자연생태학적 생명의 네트워크

만물의 탄생은 생명의 신비이자 우주의 네트워크에서 발현(發顯)된 대자연의 조화로운 음양의 동정(動靜)이자 율려(律呂) 작용이며 그를 통해 만물이 형성되고 소멸하기도 한다. 현대과학은 그러한 작용을 풀어보고자 노력했다. 현대과학에서 우주의 기원, 물리학적 원소, 빅뱅 원리, 변화와 기능 및 역할 등이 다소나마 분석되었다고 할지라도 그것은 빙산(氷山)의 일각(一角)에 불과하다. 우주에는 아직 발견되지 않은 수많은 무명의 행성들과 우주 세계의 신비로움이 존재하고 있기 때문이다. 인류의 정신과학과 자연과학은 겸손한 자세로 더 많은 연구가 필요하다. 인간세계와 우주 세계의 생명의 실상에 대한 과학적 연구발표는 진행되고 있다.

자연 환경학은 동서양의 구분 없이 자연 친화적인 삶을 영위하는 것, 생명을 존중하고 사랑하는 것이 사람답게 사는 길임을 제시한다. 현대인은 자연환경이 생명의 네트워크처럼 유기적으로 연결되어, 자정능력(自淨能力)을 발휘한다는 점을 발견했고, 생태학적 순환시스템에 큰 관심이 있다. 자연 환경학에서 논하고 있는 생태학(生態學)은 지구의 모든 자연 생명체에게 생존 환경의 법칙과 존재의 가치를 설명한다. 자연환경이 인간의 삶과 유기적으로 연결되었다는 것은 널리 알려져 있다. 그것은 대자연의 모든 존재가 생명의 네트워크를 이루고 있어 생명의 고귀함을 일깨워 주고 있다. 현대 환경학의 연구가 상생법도에서 논하는 순환적 생명 사상과 일치하는 자연생태계의 생존환경을 주목하면서 무분별한 자연개발의 위험성을 경고하고 있다.

자연과학에 의한 문명의 이기(利器)가 성장 발전되면서 인류의 생활문화와 삶의 질은 풍요로워졌고, 더욱더 나은 편리함과 안락함을 추구하는 인간의 욕망은 자연을 정복의 대상으로 삼았다. 자연환경이 파괴되면서 발생한 심각한 환경문제는 수많은 공해병을 발생시켰고 인류의 생명을 위협하고 있다. 과도한 화석연료사용과 소비 생활문화가 지구환경의 순환시스템을 교란하고 환경오염을 가중(加重)시키고 있다. 인간의 잘못된 욕망을 깨달아 자제하고 자연환경을 살리고자 하는 새로운 자세가 촉구되었다. 자연과 인간이 함께 쾌적한 환경에서, 인간이 공동체 사회와 문화에서 사람답게 살아갈 수 있도록 노력하는 것은 환경보호 운동에 함께 참여하는 것이다. 그 운동은 기후변화의 대응 차원에서 세계인의 관심사로 해결해야 할 공동과제로 선정되었다. 하지만 환경보호 운동이 인류의 보편적 사상이자 생명의 법도로 온존하게 안착(安着)하거나 활착(活着)되지 않은 상태에 놓여있다.

생태학적 관점에서 자연환경과 인간 환경의 연계성을 제시한 것은 현대과학에서 관심의 대상이 되었다. 그에 관한 실천의 과제가 상생 문화의 차원에서 다양한 각도에서 조명되고 있다. 상생 문화는 정신과학과 자연과학을 아우르고 있다. 그 문화는 상호 간에 유기체적인 환경을 조성하고 공유(共有)할 수 있는 원리와 법도를 제공하며, 공동체 삶의 의식을 함양시키는 자양분의 역할과 인류의 화목(和睦)을 고취한다. 상생 문화는 자연환경의 가치를 등가적(等價的) 차원에서 생명의 질서를 분석한다. 그에 관한 연구의 필요성과 타당성, 가치, 기대효과는 합리적 이성과 과학적 차원에서 보편성을 추구하므로 실용적인 차원에서 국제적인 인도주의 사상으로 발전될 수 있다. 만물에 대한 과학적 통찰의식은 세계적인 진리탐구이자 한국인의 정신과학문화로 자연과학사상으로 발전된다.

환경보호의 길이 오염된 자연환경을 살리고 인간의 생명을 보호하는 상생의 길이다. 상생 문화가 국제화(global) 시대의 인도주의(人道主義) 사상을 이끄는 시대정신과 유기체적 관계를 맺고 있다.

2. 인도주의 사상과 공동체 문화의식

인도주의사상(人道主義思想 Humanitarianism)에서 경청(傾聽)은 상호 간의 간극(間隙)을 좁히거나 장벽을 허물게 하는 요소이자 배려의 차원에서 중요한 자세로 설명되고 있다. 경청은 상호 간의 의식과 이해의 세계를 알 수 있고, 그에 따르는 공감 속에 발견된 합리적 의식을 공유할 수 있는 사회적 발판을 만든다. 그러한 계기는 다시 정신적 소통공간으로 이어지고 공동체 문화의식을 확대한다.

유일신 사상과 이원론(二元論)에서 출발한 신(神)중심주의, 즉 신본주의(神本主義 Theocentrism)와 그의 제도적 체제와 경영은 신정정치(神政政治 theocracy)를 탄생시켰다.

신본주의는 르네상스 시대를 맞이하여 그간 적체된 삶의 문제점이자 병폐(病弊)로 부각(浮刻)되어 혁파(革罷)의 대상이 되었다. 서구의 세계적인 석학들이 이원론적 신본주의 사상에서 탈피하여 인간중심주의(人間中心主義 Anthropocentrism)를 주장하며 시대변화를 촉구했다. 그 사상은 인간의 속성(俗性)도 고려하면서 추구되었으나 글로벌(Global) 시대에 필요한 선의(善意)의 통합정신을 이끌어 갈 수 있게 하는 세계적인 이념으로 성장하지는 못했다. 국제사회의 법과 질서유지, 사회적 가치 창출 및 환원가치 등을 추구하는 세계적 사상과 실천적 대의가 부족했기 때문이다. 인간중심주의 사상을 극복하고 보다 성장·발전된 개념으로 사용되고 있는 것이 인도주의(人道主義) 사상이다. 인도주의 사상은 모든 인간의 기본 생존권을 중요하게 다뤄 인류의 시대정신이 되었다. 그 사상은 상생의 차원에서 다방면에 주목(脚光)받고 있다.

인간은 천(天)의 도(道 기운)와 지(地)의 후덕(厚德)함을 본받아 태어났다고 하여 천도지후(天道地厚)라고 한다. 인간은 소우주로서 대자연의 질서 속에 공존하고 있는 하나의 유기체적 존재다. 하늘의 길을 천도(天道), 땅의 길을 지도(地道), 그리고 사람의 길을 인도(人道)라고 하였듯이 생명의 실상에는 그와 같은 길이 존재하며 그에 따르는 법과 질서가 존재한다. 천지인의 질서와 법도는 천지인 삼재 사상을 모두 아우르고 있다. 그 사상은 천지인의 합일 사상으로 발전되어 '생생지위역(生生之謂易, 생하고

생하는 것을 역이라 일컫는다)[63]의 본질인 상생의 원리, 즉 상생법도의 중요
성을 누누이 일깨워 주고 있다. 하지만 인간이 비록 천지의 법도와 질서의
모습을 본받아 출생되었다고 할지라도 올바른 삶의 길을 갈 수 있도록 이
끄는 상생교육과 계도(啓導) 없이 불가능하므로 윤리, 도덕의식과 준법(遵
法)정신이 고취되어야 한다. 사람다운 사람의 모습으로 활동할 수 있도록
후천적인 절차탁마라는 교육과정이 필요하다.

　　법은 사회질서를 유지하는 데 필요한 최소한의 물리적 수단이자 도덕
성 판단의 기준이 되고, 인간의 내면세계를 들여다보는 자아 성찰의 대상
이 된다. 법(法)의 개념[64]은 예로부터 흐르는 물의 성질과 같다고 했다. 물
이 고이거나 부패하지 않도록 자연스럽게 지속해서 흘러가야 탁수(濁水)
나 폐수(廢水)가 되지 않고 만물에 생명수가 되듯이 법도(法道) 또한 만인
에게 공평한 생명의 길이 되어야 한다. 그 길은 법과 질서를 준수하는 길이
자 사람이 사람과 함께 평화롭게 공생할 수 있는 상생(相生)의 길이며 사
람답게 살아야 할 길(人道)과 무관하지 않다. 상생에 대한 통섭적인 실천
행위는 뭇 생명과 법(法)질서를 존중하고 덕행(德行)을 좋아하며 인성을
함양시키는 길(道)로 귀결된다. 그 길은 또한 자신의 행실(行實)을 반성하
는 차원에서 되돌아보는 성찰의 기회를 제공해 준다.

　　자연의 순환적 이치와 섭리 그리고 질서가 생생(生生)의 변화(變化)
와 조화(調和)를 통해 이루어지듯이 상생의 의의는 상호 간의 생명을 존
중하고 화평(和平)하게 살아가는 데 있다. 그러한 대의를 다 함께 실천할
수 있도록 만든 제도적 규범이 법(法)이다. 같은 맥락에서 대자연의 이법
(理法)인 역(易)은 음양(陰陽)의 굴신(屈伸)으로, 율려(律呂) 작용으로 만
물을 새롭게 변화시켜 순환적 반복을 설명한다. 그와 같은 동양의 형이상
학(정신과학)사상에서 나온 상생법도는 이원론의 문제점을 극복하고, 부

---

[63]　주역(周易), 계사(繫辭) 5장

[64]　법(法)이라는 문자구성과 의미에 대한 설명은 이 책의 제6장 상생법도(相生法道)
－ 자연생태학의 관점에서 Ⅰ.상생법도의 개념분석 3. '법(法)·도(道)의 개념' 참조 바람.

족함을 채워주는 천지인(天地人)의 유기체적 합일 사상에 근간을 두고 있다. 그 법도의 실천은 사람을 사랑하고 이웃과 인류를 화목하게 만들어 화평을 조성하게 하며 나아가 세계평화의 길을 지향한다.

그 길은 또 국제적인 협력과 교류를 통해 오늘보다 더 발전된 미래의 길을 기대할 수 있게 한다. 예컨대 인도주의의 차원에서 참여하는 세계적인 구호사업(救護事業)과 지원 운동은 상생의 법도를 실천하는 것이다. 그러한 사례들은 종교문화경영의 차원에서 국제사회의 공조를 통해 인류 공동선이라는 가치 창출을 일구어내 생명존중과 선덕(善德)을 베푸는 국제적 모범사례로 자리 잡았다. 공동선추구는 인류의 생명존중과 안전, 행복과 화목을 추구하기 위한 자연스러운 국제적인 문화경영이자 소통경영의 이치와 화평의 길이 되었고 세계인에게 주목받고 있다.

천지인 합일 사상은 삼재(三才) 사상과 맥락을 함께한다. 삼재 사상은 한국전통문화의 토양에서 유구하게 계승(繼承)된 한국 사상이자 인본주의(humanism) 또는 인도주의의 실천개념으로서 토착화되었다. 삼재 사상은 우주물리학에서 연구하는 자연의 물질과 존재에 대한 논리 분석과 규명 등에서도 활용될 수 있다. 그 사상은 정신과학과 자연과학의 중요성을 합목적(合目的)으로 다루는 데 세계적인 매개체가 될 수 있다. 그러므로 상생법도는 널리 알려진 이원론적 사상배경과 체제 등의 부족함을 보완하고 너, 나 그리고 우리가 함께할 수 있는 도덕성과 인류애를 함양시켜 줘 상호호혜적인 대안이 된다. 인도주의 사상에서 탐구된 인간의 생명존중과 배려는 21세기 지구촌 시대가 당면한 다양한 정신문화와 공동체 문화에서 지속해서 유지되어야 한다. 그것은 또한 덕성 함양교육과 공동체 의식 고취, 사회적 시스템 구성의 본질이 된다. 문화 속 문화인의 길은 사회적 안전망인 법과 질서를 준수하기 위해 도덕적 삶과 사회질서 유지와 직결되어 있다. 동서고금(東西古今)을 막론하고 공동체 사회의 도덕성은 가치평가의 기준이자 국가경쟁력으로 손꼽히고 있다.

생명의 활력소를 되찾게 해주고 증진하는 '생생지위역(生生之謂易)'의 섭리처럼 생명의 부단한 승계(承繼)는 이루어지고 있다. 그와 같은 섭리는 사물을 궁구(窮究)하게 하고 신비스러운 생명의 네트워크와 실상을 통찰하게 하는 생명 사상을 고양한다. 그 사상은 공동체 사회의 의식을 함양시켜 공감의식을 가지고 인류의 공익과 공존을 위해 화평(和平)을 조성하게 하는 담지(擔持)자의 기능과 역할을 담당한다.

21세기 국가사회질서는 소통문화의 공간에서 공감의식을 공유하고 미래지향적인 상생의 길을 추구한다. 그 길은 공동가치를 추구하는 데 사회적 질서와 배려를 고귀하게 여기게 하는 사람의 덕목이자 가치 환원의 기능과 역할을 담당한다. 현대인은 인문과학과 자연과학과의 소통과 융합의 시대에 살고 있다. 과학적인 논리와 근거를 가지고 범 인류의 상생 정신을 고양하고 실천의 덕목을 재조명하는 것은 시대정신과 일치한다. 그것은 새로운 연구 분야에서의 목적과 방향을 타당성 있게, 그리고 합리적인 가치를 제시하는 것과 같다. 세계적 패러다임으로 주목받는 상생(문화)의 길은 인류가 공동체 문화의식을 가지고 창조적인 가치로 재인식되어 통용되고 있다.

3. 인류(종교)문화경영의 길
– 생생(生生)의 섭리와 상생의 가치

상생법도의 섭리와 자연환경의 생태계 시스템 구성은 어떠한 연관성이 있는가에 대해서는 가이아 이론을 통해 이미 앞에서 비교·검토되었다. 상·생·법·도의 각각의 글자는 설문해자를 통하여 그 의의가 어디에 있는지 분석해 보았다. 이 단락에서는 음양 사상, 노·장자의 자연사상, 현대 자연생태학과 우주물리학에서 논하는 생명의 네트워크, 초끈이론, 힉스입자 등의 논리가 상생법도와 유관함을 설명해 본다.

1) 생생(生生)의 섭리는 만물의 상생지리(相生之理)의 법도

환경학자는 대우주(macrocosmos)는 일정한 유기체적 네트워크를 통해 자연의 순환질서가 유지되고 있다고 말한다. 지구환경은 자기제어시스템 기능과 자정(自淨)능력을 가지고, 만물을 생(生)하게 하고 살리며 생명의 질서를 보호하고 유지한다. 대자연의 이치이자 섭리로 설명된 음양오행의 원리는 궁극적으로 상생을 추구하는 것으로 특히 동북아시아의 한자문화권 지역에서 누천년 동안 유구하게 사용되고 있다.

주역의 계사전(繫辭傳)에 우주 만물을 끊임없이 '생하고 생하게 하는 것이 역'(生生之謂易)이라고 한 것은 음양의 이치이자 본질인 생성변화를 통해 생(生)의 섭리를 설명한 것이다. 천지의 큰 덕이 생(生)으로 표현된 것(天地之大德日生)은 생생(生生)의 섭리 즉 만물의 상생지리(相生之理)를 요약한 것이다. 상생은 천지의 합덕(合德)으로 상극지리(相剋之理)를 극복하고 새롭게 생성(生成)되는 상서로운 기운(에너지)이다. 그 기운의 흐름과 길은 자연의 법도에 순응하며 인간의 생명에 영향을 준다.

그러므로 인간(人)은 천지(天地)의 합덕(合德)으로 출생했고 천도지후(天道地厚)의 형상을 닮았다는 설명이 도출된 것이다. 나아가 인간이 천지와 유기체적 존재이자 합일될 수 있는 하나의 영성적 존재인 동시에 또한 자연 일부라는 관점에서 소우주(microcosmos)라고 본 것이다. 그와 같은 사상은 성장·발전되어 천지인의 합일(合一)이라는 삼재(三才) 사상과 함께 세계관과 우주관을 형성했다. 선현들의 인생관, 세계관 그리고 우주관은 우주 만물의 생성변화원리와 이치에 조화를 이루고 자 하였다. 그들의 일즉다 다즉일(一卽多 多卽一)의 사상과 원융회통(圓融會通)이라는 삶의 양식은 상생철학(相生哲學)으로 승화되었다. 상생철학은 상생지리(相生之理)라는 법도를 계승했다. 상생 사상과 상생의 가치는 현대과학에서 조명되고 있는 자연생태학, 가이아 이론, 노·장자의 생명 통섭 사상과 맥락을 함께한다고 분석된다.

2) 시대정신으로서 상생의 가치

　자연 환경학 및 생태학에서 상생의 가치는 시대정신이자 시대 문화경영의 차원으로 널리 알려졌다. 그러한 의미는 오늘날 개인과 사회 그리고 국가사회의 환원 가치이자 덕목으로 높이 평가되고 있다. 상생의 가치를 준수하고 보호하며 승계하기 위해 국제적인 규약과 공조시스템이 환경오염 저감 및 방지 차원에서 가동되고 있다. 따라서 보호되고 있는 자연환경과 쾌적한 인간 환경의 중요성, 그와 연계된 현대사회의 문제점을 되돌아보는 관점에서 지속적인 관심과 검토가 요청된다. 그래야 우리 사회의 오염된 환경이 자연 친화적인 환경의 방향으로 나아갈 길을 찾을 수 있다. 친환경적인 삶이 공동체 사회의 오늘과 내일의 상생 가치와 문화가 된다는 것은 상생법도의 의미를 일정 부분 실천하는 것과 같다.

　시대정신으로서 상생의 가치가 오늘날 세계의 정신사조(精神思潮)인 인도주의 사상으로 전개되었고 공동선을 이끄는 실천이념으로 발전되었다. 그 사상은 사회적 공생 가치이자 환원이라는 대의로 주목받고, 생명존중 사상과 사람 사랑을 고취하고 갈등에서 화해 그리고 화목으로 전향할 수 있도록 분위기를 조성시켜 준다. 모든 인류가 서로 화평(和平)을 이루고 공영(共榮)을 지향하며 인류평화를 이끌어 갈 수 있는 길을 추구한다. 그 길은 범세계적인 공유(共有)개념이자 함께 갈 수 있는 상생의 길이자 상생 문화를 추구한다. 우주과학과 자연생태학의 시스템에서 모든 생명체가 유기체적 네트워크를 형성하고 있다는 것을 인식한 것은 자연환경의 질서가 존재한다는 것을 재발견한 것이다.

　모든 생명체가 하나의 생명 사상으로 귀결(歸結)된다는 이치도 학습되어 생명존중 운동과 실천이 세계적인 관심 속에 이루어지고 있다. 그와 같은 상생의 정신, 생명의 질서와 법도가 인도주의의 본질로서 지속 가능한 인류 문명사를 계승하고 공존의 길을 제시한다. 그러므로 지구촌 시대의 패러다임과 이상향추구는 고대 그리스문화의 꽃과 같은 개념으로 비유되는 코스모폴리탄이즘(cosmopolitanism)의 현실화와 다를 바가 없다. 코스모폴리탄이즘은 유가(儒家)의 대동사상(大同思想)과 유사하다. 그 사상은 사해동포주의(四海同胞主義)를 뜻한다. 불가(佛家)의 연기론에 의하면 자비와 만물 평등의 상생관이며, 그리스도교의 용서와 박애(博愛) 사상 등이 상생법도의 실천 사상과 맥락을 같이 한다. 노장사상(老莊思想)에서 말하는 삼생만물(三生萬物)의 충화(冲化)가 또한 그것이다. 삼생만물의 충화가 현실에서 이루어지기 위해 상생법도에 대한 다양한 방면에서의 연구와 시스템 구성이 필요하다. 그 법도는 자연스럽지 못한 것으로부터 발생한 문제점들을 하나하나씩 풀어 나아가는 정신적 물질적인 매개체로서 동력의 추동력이 될 수 있다.

현대물리학의 중력(重力)과 다른 힘들을 통합하기 위한 이상형에서의 존재이자 주목받는 것이 '초미세적인 끈(super-string theory)' 이론인 '초끈이론'이다. 그 이론은 표준형에서는 검증된 '힉스입자(Higgs boson)'로 전개되었다. 상생법도의 핵심원리는 초끈이론이자 힉스입자와 같은 의미가 있다고 본다. 힉스입자는 그간 우주 구성의 '표준모형' 가운데 존재하지 않았으나 2012년 물리학자들에 의해 발견되면서 세계과학에서 중요한 사건으로 보았다. 초끈이론이나 '힉스입자'는 우주과학의 발전적 연구대상이 되었다.

상생 문화와 가치는 그간 이원론적 발상으로부터 오염된 사상적 공해와 환경오염 등을 정화할 수 있고, 인도주의와 화평의 질서를 일구어내는 정신적 지주가 될 수 있다. 상생 문화의 길은 인류 정신의 청정에너지이자 신재생에너지로 비유될 수 있으며 인류문명사의 시대정신(時代精神, Zeitgeist)이자 불가변적(不可變的)인 세계정신을 촉구한다. 세계의 정신·과학문화가 상생법도의 관점에서 현대사회에 유익함을 제공하고 참여해 여러 문화 가운데 공생할 수 있는 문화, 공유문화를 알리는 것으로 올바른 문화경영의 이해와 의의를 제공하고 있다. 문화경영의 본질은 세계 각국의 종교·사상·문화와 밀접한 관계를 유지하고 있다.

그러므로 가능한 분란과 충돌을 멀리하고 상호호혜적인 관계를 유지하면서 상생의 과정을 통해 다 함께 성장 발전하는 길이 모색된다. 그러한 종교문화경영의 길은 현대사회문화교육권에서는 물론 정치권에서도 특히 유의하여 다루어지고 있다. 인문과학과 자연과학의 만남과 통섭을 통해 상생법도의 우주성과 불가변성을 조명하고 입증하는 것은 또 다른 새로운 연구 방향이 되고 있다.

　　디지털시대의 세계종교문화경영에서 배려와 소통 그리고 상생의 문화 공간이 왜 생명을 살리는 길이며, 과학적 의식을 통해 발전해야 하는가? 그와 같은 발전적인 의문점 등에 대한 지속적인 관심과 분석은 시대정신으로 요청된다.

7

디지털시대의 종교문화경영

경영의 유형 중에 오늘날에도 중요하게 손꼽히는 네 가지의 경영이 있다. 그것은 한비자(韓非子)에서 발견되는 혁신경영(經營), 손자병법(孫子兵法)에서 찾을 수 있는 전략경영, 사마천의 '사기(史記)'에서 주목되는 인재경영 그리고 오긍(吳兢)의 '정관정요(貞觀政要)'에서 공감을 일으키는 소통경영이다. 그러한 경영의 유형들은 이 책의 종교문화 경영학의 장과 여러 단락에서 다양한 사례를 들어가며 사용될 것이다. 종교문화경영에 대한 접근방법과 분석양식은 문화경영에 관심을 가진 모든 사람에게 학습과 실천(praxis)에 도움을 줄 수 있다고 판단된다.

I. 문화경영의 관점

문화경영 가운데 종교문화경영에 관한 연구는 어려운 연구영역이지만 도외시할 수도 없다. 종교문화경영의 연구는 종교문화 경영학으로 발전되어야 한다. 그것은 역사적 사건을 주시하고 그에 따르는 기능과 역할, 진실규명과 반성, 시대 상황 인식, 사회적 가치 창출과 환원, 바람직한 지도자와 학습자의 자세 등을 21세기 디지털 사회문화에서 조명하는 데 목적을 두었다.

현대종교문화의 공존과 공영, 영성추구와 도덕적 삶을 구현하는 선의적인 경쟁은 현실적인 문화경영과 밀접한 관계를 유지하고 있다. 문화경영은 종교문화와의 융합(融合)이라는 인류 문화사적 차원에서 역동성과 다양성, 합목적성, 보편성과 객관성 등의 일정부분과 맞물려 있어 회광반조(回光返照)하는 차원에서 다루어져야 할 것이다. 그러한 목적지향을 위해 온고이지신(溫故而知新)의 정신과 자세는 늘 필요하다. 현대사회의 문화를 주도하고 있는 문화인이 그 문화에서 무엇인가를 의미(意味)해 보고, 과거의 문화를 돌이켜볼 수 있는 자세는 문화경영의 관점에서 필수불가결(必須不可缺)이다. 주어진 실제상황을 객관적으로 명백하게 파악해야 더욱더 새롭고 유익한 목표가 설정되기 때문이다.

혁신적이며 소통할 수 있고 창조적인 방향으로 나아가는 것이 문화경영(文化經營)의 핵심이 된다. 먼저 경영(經營)의 개념이 무엇인가부터 살펴본다. 경영(經營)의 어원은 시경(詩經) 대아편(大雅篇)에 경지영지(經之營之)라는 구절에서 나왔다. 경영의 의미는 본래 함께 설계하고 측량하여 궁구(窮究)한 점을 공유하면서 여러 사람과 함께 문화적 공간을 만들고 (집을) 짓는다는 뜻이다.

세월의 흐름에 따라 경(經)이 국가적 안목에서는 국가경영의 철학, 교육 및 사회문화시스템의 목표로, 기업에서는 기업의 실천목표 등으로 사용되었다. 국가경영철학 및 교육이념으로서 사용된 경(經)은 사람을 계도(啓導)하고 공동체 사회를 다스린다는 차원에서 정치(政治)와 교육(敎育)문화로 발달했다. 따라서 정(政)자(字)가 곧바른(正) 것과 글월 문(攵)자로 구성되었다는 점에서도 알 수 있듯이, 올바른 가르침을 언어와 책(攵)을 통해 숙지하고 깨달아야 한다는 뜻이다.

따라서 정(政)은 정(正)의 의미와 방향을 제시하는 길이자 백년대계를 이끄는 올바른 교육이념과 같다. 치(治)는 올바른 가르침의 교육문화와 만유의 생명을 살리는 흐르는 물의 본질과 이치(理致)처럼 다스린다(治)고 하는 정도(正道)의 범주를 벗어날 수 없는 것이 분명하다. 그와 마찬가지로 어떠한 것을 정신적으로 사유하고 또 궁구(窮究)하여 그 이치(理致)를 과학적인 의식에서 발견하고 이해하여 노력의 결과물을 만들어낸다는 것 또한 영(營)의 개념에 포함된다. 영(營)의 개념 속에는 다시 사회적 가치 창출과 환원에 목적을 두고 다스린다는 차원에서 치(治)와 같은 의미가 뒤따른다. 따라서 경영의 본래 이상적 이념은 순리(順理)를 바탕으로 공동체를 조직화시키고 구체화해 이끌어 간다는 것으로 요약된다.

경영의 실제적 의미는 여러 차원에서 학습되고 깨달은 전문분야를 일정한 시스템을 통해 온고지신의 자세로 오늘과 미래가치의 창출을 위해 끊임없이 탐구하고 분석하여 열매 맺도록 하는 것이다. 그러한 경영의 자세는 시대적 패러다임은 물론 시대정신과 함께하여 공동체의 성장과 발전을 이끌어 갈 수 있다.

종교와 종교문화는 인류문화의 경영철학에 필요한 핵심요소를 포함하고 있다. 그러한 요소가 현대문화에서 사회통합 차원이나 국정경영철학의 핵심 부분으로 다루어질 수 있는가에 대한 선별의식도 필요하다. 모든 종·교(宗·敎)는 지역적 풍토와 전통문화와의 조화를 이룰 수 있는 사상적 기능과 사회적 역할이 있어야 한다. 시대적 상황에 걸맞게 실질적인 차원에서 부응하는 것은 문화적 충돌을 최소화하며 성장의 발판을 견고히 하는 것이다. 따라서 종교문화경영에 관심을 가진 사람이 사전에 학습하며 가야 할 길은 무엇인가를 다음 단락에서 검토해 보고자 한다.

II. 종교문화경영인의 길

　　디지털시대의 종교문화경영인은 정신수련과 학문의 세계를 가까이하고 그 의의를 즐겁게 실천하면서 삶의 기쁨을 가져야 한다. 그는 현대 과학의 경향과 세계적인 종교의 대의를 직접 또는 간접경험 등을 통해서라도 각(覺)과 체득(體得)의 경계를 이해해야 한다. 그렇게 함으로써 그는 절차탁마라는 학·습·행(學·習·行)의 과정을 거쳐서 나름의 작(作)을 이룬다. 이에 신앙인은 참된 종교인으로서의 성찰과 영성적 부활의 기회를, 비(非)신앙인은 참된 종교인의 이해와 달관(達觀)의 세계를 포착할 수 있다.

　　그들은 어떠한 형태로든 과학적 안목에서 종교문화에 대한 사회적 이해와 인식의 폭을 넓힐 수 있는 통찰력(洞察力)을 가지고 통섭(統攝)의 힘을 발휘하며 문화 속의 문화인과 함께 갈 수 있는 길을 제시할 수 있다. 그의 힘은 종교문화 경영(지도자)학을 통해 동조적인 사회참여의 독려와 창발적인 문화의 공간과 광장을 조성하는 데 일조하여 상호호혜적인 공생(共生)의 관계를 지속해서 유지해준다. 공생(共生), 공존(共存), 공유(公有)의식 그리고 공영(公營) 등의 세계 즉, 상생의 길을 추구하여 인류평화(平和)를 정착시키는데 담지자 역할을 하는 것이 종교문화경영인의 길이다.

　　종교문화경영에 관심이 있는 사람은 먼저 종교문화 경영(지도자)학에 대한 근간(根幹)을 이해할 수 있는 학습 과정을 거쳐야 한다. 그는 또 긍정적인 차원에서 동행할 수 있는 중요한 요소들을 발굴하기 위해 체험학습, 즉 경험의 세계를 가져야 한다. 그것은 종교와 신앙단체의 경전과 교리에 제시되어 있고 때로는 실생활에 접목해 활용할 수 있도록 설명되어 있어 비교분석이 가능하다. 다양한 논리와 비전을 실용적 차원에서 실천하기 위해 각 단체문화의 본질과 속성을 파악해야 한다. 그다음에 사회적 공익가치로 활용할 수 있는 메시지와 매개체가 무엇인가를 먼저 분석할 수 있어야 하고 소통할 수 있는 인재 확보가 중요하다.

사회적 가치 창출과 환원에 대비할 수 있는 프로그램을 작성하고 필요할 경우를 예상하여 사전에 시뮬레이션(simulation)을 통해 적용된 사안과 훈련은 어떠한 형태로든 검토되고 분류되어야 한다. 심사숙고하여 나온 결과는 무엇이 공익사회의 가치에 부합하는가를 설명·제시되어야 한다. 종교문화경영인이 문제의식과 궁금증 등을 발견하면 이를 해소하기 위해 스스로 자신에게 먼저 구(求)하고 행(行)해야 한다. 스스로 구하지도 않고 행하지 않는 자(者)에게는 발전적인 변화를 위한 문화경영(학)의 생성요인과 그에 따르는 그림자조차도 다가오지 않는다.

디지털시대의 국제사회는 공유가치문화(=유네스코 세계문화유산 등재)를 중요하게 다루고 있다. 세계적으로 공유할 수 있는 문화가치는 과학적 차원에서 보편성, 객관성, 공공성, 공유성, 유구성 등이 검토되어 인류의 정신문화이자 문화재로 지정되고 있다. 그러한 진행 상황들 가운데 국제적 공유가치문화는 한편으로는 국제의료, 경제, 교육, 철학, 체육, 예술 등의 다양한 분야에서 큰 의미를 제공하여 지구촌의 미래사회에 밝은 모습을 기대하게 되었다. 유네스코 세계문화유산으로 등재된 문화재 가운데 종교적인 문화재도 다수 포함되어 있다.

따라서 종교문화경영인(宗敎文化經營人)은 과학은 물론 미증유의 영역으로 여겨진 다양한 영성 문화사상 – 함께 참여하고 소통하며 공유할 수 있는 감성과 영성의 공간, 영성훈련과 극기 훈련 – 관습(예) 등에 관해 관심을 가져야 한다. 그렇게 함으로써 그는 종교문화의 과학적 안목과 의지를 갖추고 함께 통합적이고 통찰적인 연구를 하도록 계도(啓導)할 수 있다. 21세기 인류 문화사의 패러다임은 글자 그대로 종교문화경영을 바탕으로 세계인의 인도주의적 정신을 선도(先導)하고 화평과 지상 평화의 길을 제시하며 실천을 촉구하고 있다.

구태의연(舊態依然)한 도그마와 신조, 통상적(通常的)인 것과 비통상적(非通常的)인 것에 관하여 분석해 보는 것은 오늘과 내일을 위한 애증(愛憎)의 표현이다. 교의(教義) 적 사상과 신앙생활이 현실사회의 삶과 사상에 부조리하거나 격리되어 생명 존엄의 실상이 부정되고 사회적 가치로서 실용성이 부재(不在)하다면 문제의 요소는 커지기만 한다. 따라서 과학적인 안목으로 문제점들을 명백하게 진단하고 지적하여 비이성적이고 비영성적인 사안을 보편적 의식을 통해 밝혀낼 수 있어야 한다. 그것은 그 어떠한 단체뿐만 아니라 밝은 오늘과 미래사회를 조성하기 위해, 세계평화의 공존과 세계문화의 공영과 질서를 유지하는 데 필요하다.

상호 간의 관용과 배려 속에 통섭할 수 있으며, 진솔하게 소통하고 사회적 공유가치, 공동선의 가치로 환원할 수 있도록 발판을 제공하는 것은 참으로 중요하다. 이분법적 신앙관과 그에 따르는 우월적인 신앙의식, 인생관 및 세계관을 주장하고 고수하는 신앙단체와 음지(陰地)에서 은밀하게 활동하는 단체는 시대적 존재의 명분과 기능 및 역할 등을 이미 공동체 사회에서 상실 또는 포기한 것과 다름없다. 그러한 신앙단체의 간판은 날로 퇴색되어 가면서 어느 날 떨어지거나 아침 풀잎의 이슬처럼 사라질 수도 있다.

현대 최첨단과학문화는 모든 사람에게 유익함을 제공하고자 하는 보편적 의식을 가지고 발전하고 있다. 보다 실용적이고 광명의 문화 세계를 지향하는 시대를 맞이하여 열린 종교문화경영의 과학적 정신과 실천은 신앙단체의 간판을 유지할 수 있도록 도움을 줄 것이다. 역으로 현대판 문화식민지 사관의 행태에서 탈피한 사회공동체로서의 과학화가 시급하다. 과학적인 종교(宗教)로 성찰되고 발전되어야 종교문화경영의 주체가 될 수 있고 그러한 진행 과정에서 문화경영인이 양성되어야 세계적인 종교문화경영의 지도자로 거듭날 수 있다.

종교적 또는 신앙단체의 합리적이고 객관적인 인생관, 세계관, 그리고 우주관 등에 관한 비교연구는 이미 현대적 안목에서 폭넓게 진행되고 있다. 과학자의 관점에서 종교와 religion(신앙단체 포함)을 바라보고, 종교인

(또는 종교지도자)의 입장에서 과학을 바라보는 객관적인 계기가 여러 형태로 주어졌고 그에 대한 합목적성은 인류가 공감할 수 있으므로 세계적인 종교문화로 남는다.

> "religion과 과학은 제각각의 영역이 있으나, religion이 자연의 원리에 개입하여 과학의 영역에 대해 왈가왈부(曰可曰否)하면 문제가 생긴다. 과학의 처지에서 보면 과학은 분수를 알기 때문이다."[1]

종교와 religion(신앙단체 포함)의 문화는 과학적 영역과 입장과 달라서 상호 간의 분수를 알아야 각자가 제 모습을 바로 볼 수 있다. religion의 입장에서 종교와 religion의 정신문화의 배경과 이해, 종교 행위, 신앙 행위 그리고 사회적 종교 정신 등에 관한 연구와 분석결과는 주관적이고 신비적이다. 또한 그것은 신앙 고백적인 차원에서 어느 정도 공개적이나 때로는 비공개적으로 바라보는 경향도 포함되어 있다.

하지만 과학적 입장에서 종교와 religion의 정신문화의 배경과 이해, 종교 행위, 신앙 행위 그리고 사회적 종교 정신 등에 관한 연구와 분석결과는 객관적인 차원에서 공개적으로 제시하고 바라보는 것이다. 그것은 역의 합일(=반대의 일치, coincidentia oppositorum)이자 불연기연(不然期然)의 이치로 볼 수 있으므로 실용적인 통찰과 기술적인 통섭을 일구어 나아가는 데 필요로 하는 "종교문화 경영(지도자)학"[2]의 원리에서도 중요시되고 있다.

---

[1] 최재천(엮음), 『과학 종교 윤리의 대화』, 궁리, 서울, 2001, 162쪽. 필자가 인용한 원문에 나오는 '종교'를 religion으로 바꾼 것은 내용상 그 의미가 합당하다고 보았기 때문이다.

[2] 이 책의 제8장 종교문화 경영(지도자)학의 단계와 과정 참조 바람

III. 종교성과 종교문화의 가치발견
  – 종교문화경영의 핵심

종교(宗敎)와 신앙(信仰 religion)단체, 종교와 과학(科學) 그리고 신앙 단체와 과학과의 만남과 대화(對話)는 인간의 궁극적인 관심사를 다루고 있다. 그들은 상호 간에 연계성을 가지고 있어 진리탐구의 차원에서 연구 되고 그들의 사회적 가치는 공익을 위해 발휘되어야 한다. 성현들의 가르침 은 만고의 진리를 깨우쳐 주고 있으므로 시간과 공간을 초월한다. 시대성 에 뒤떨어진 신앙적인 부분은 과감히 혁파(革罷)되어야 새로운 모습으로 거듭날 수 있다.

유일신 신앙단체에서 발견할 수 있는 보편적이고 으뜸이 되는 세계적 인 가르침은 만인에게 공감을 불러일으켜 만인의 가슴에 큰 울림을 전한 다. 사상단체인 종교와 유일신 신앙단체인 religion의 가르침은 자연과학 과의 만남과 대화를 통해 성숙해지고 발전되어야 한다. 인류의 정신문화와 과학문화는 21세기 상생의 차원에서 상호 간에 친숙해질 수 있는 학문을 필요로 한다. 그것은 여러 학문 분야 중에 종교학이 감당해야 할 일이다. 과거의 종교학에서 벗어나 시대정신에 귀 기울여야 한다.

현대 종교학은 종교문화경영의 원리인 상생과 융화의 법칙을 깨닫게 하며 첨단과학문화와 기술 그리고 과학적 인식세계와 합목적성을 융합시 켜 종교문화 경영학을 체계화시켜야 하는 시대를 맞이했다. 인류 모두에게 내재한 종교(심)성과 종교적 삶은 생명을 존중하고 상생 문화와 자신에 대 한 현재와 미래가치를 저버리지 않고 있다. 이에 종교학은 종교사회문화의 가치 탐구, 가치 창출, 가치 환원을 선도하는 종교문화 경영학을 발전시켜 문화인과 신앙인을 상생 문화경영의 광장으로 이끌어 나아가야 한다.

그러므로 적재적소에 필요한 종교문화경영인(宗敎文化經營人)의 양성은 현 종교학이 감당할 수 있도록 교육체제와 학습방법의 큰 혁신(革新)과 개혁(改革)이 단행되어야 한다. 종교문화의 학습자와 경영인이 지역사회는 물론 인류평화에 이바지할 수 있도록, 아카데미지도자상으로 거듭날 수 있도록 지도해야 할 종교학은 새로워져야 한다. 그래야 그는 끊임없이 시대정신을 제시하고 문화인으로서 자아 성찰과 실천할 수 있도록 협조하며 동참한다. 종교학이 시대정신에 따라 새로운 비전과 책무를 가지고 있다는 것을 결코 간과하면 안 된다.

종교문화경영인과 종교문화경영의 학습자는 기존의 편협(偏狹)되고 아전인수격(我田引水格)인 논리와 입장, 어떠한 단체나 신앙단체의 절대적 신념체계와 범주에서 탈피해야 더 큰 세계를 볼 수 있다. 유일하고 절대적 진리로 믿고 숭앙하는 신앙의식과 신념체계 그리고 그들만의 범주(範疇)를 고수하는 신앙단체는 존재한다. 하지만 인류문화에는 객관적이고 보편적인 진리가 추구되고 있어 신앙단체의 문화는 한정적이다. 특히 종교문화경영의 학습자는 세계의 종교사상과 문화를 이해하고 통찰의식을 가지고 주요 핵심을 발견해야 한다. 그래야 그는 사회적 공익성을 위해 여러모로 연구하고 노력할 수 있고, 종교의 과학화(科學化)가 이루어진다는 것을 심도(深度) 있게 살펴 가면서 심화한 이해력과 공감의 세계를 체득할 수 있다.

종교의 과학적 메시지를 검토하고 그 의의를 밝힐 수 있도록 하는 것은 지속해서 생생(生生)의 변화와 가치 창출에 충실(忠實)한 데 있다. 그것은 현대사회에 새로운 도덕적 실천으로 환원할 수 있도록 발굴하여 조명해야 한다. 과학(적인) 종교는 세계적인 영성과 도덕적 권위를 회복하고 공동의 선을 추구하는 국제사회의 이념과 실천에 일조할 수 있도록 권면한다. 유교의 경전 중용 1장에 의하면, 인간 본래의 성(性)은 선천적으로 천명(天命)을 받아 태어났고, 본디부터 타고난 천성(天性) 즉 어진 마음(仁心)에 따르도록 가르치는 길이 교육의 목적이자 방향이 되었다. 따라서 종(宗)·교(敎)가 지향하는 것은 천성적으로 타고난 어진 마음을 후천에서 수행과 교육을 통해 다시 밝혀서 밝은 마음, 도덕적 양심을 가지도록 하는 데 있다.

모든 종교사상의 본질이 국제사회의 도덕적 질서와 평화를 추구하고 그러한 길을 지향하는 것은 인도주의(人道主義)를 실천하자는 데 있다. 그 것은 사람에게 널리 유익함과 공동의 가치를 제공할 수 있는 것으로 공동선의 실천이다. 공동선의 실천이 지구촌에서 활성화되게 하는 것은 인류에게 내재한 도덕적 양심을 함양하여 영성을 밝히는 것과 같아 세계인의 염원인 생명존중과 평화를 안겨줄 수 있는 첩경이 된다. 공동선의 실천은 종교성과 연계된 인류의 공통적인 생명 사상을 중요하게 다루는 것으로 인성과 성품을 함양시키는 것과 직결되어 있다.

종교문화경영인은 종교문화 사상에서 대중적으로 널리 수용할 수 있는 종교성을 발굴하여 문화경영에 접목해 활용할 수 있어야 한다. 유구한 한국종교문화에 영향을 받아 형성된 종교문화 심성이 종교성이다. 종교성과 연관된 문화경영의 사례가 이 책의 '제3장 하늘(天) 사상과 종교성 II. 한국인의 종교(심)성에서 설명되었지만 다소 미진한 부분은 이 단락에서 보완하고자 한다.

1) 선가(仙家)

개천(開天)과 개국(開國) 사상이 있는 나라, 개국 사상이 홍익인간(弘益人間)·제세이화(濟世理化)라고 천명한 나라, 그러한 교육사상과 이념을 국가의 개천절(開天節)로 정하고 경축(慶祝)하는 나라는 대한민국 외 전 세계 어디에서도 찾아볼 수 없다. 국조 단군의 개국이념이 홍익(弘益)·홍제(弘濟) 사상이라는 것은 차원 높은 정신세계 문화와 국가경영의 본질을 설명한 것이다. 누구나 다 쉽게 실천할 수 없는 것이 그와 같은 개국이념이자 사상이지만 누구나 다 할 수 있는 것이 마음을 밝혀 자신의 정신세계를 고양(高揚)시키는 것이다. 그것은 홍익·홍제 사상을 실천하기 위한 공부이기에 도덕성 발달을 중요시하는 인성 함양교육에서부터 시작한다.

따라서 마음을 밝히는 공부부터 시작해야 자타이리(自他以利)의 대의를 이해하고 실천할 수 있다. 국조(國祖) 단군의 사상은 선사(先史)시대에서부터 내려온 정신과학이며 그의 맥락은 선가(仙家)의 도(道)로 이어졌다. 선가의 중명(重明)의 도(道)는 인간이 천명(天命)으로 부여받은 밝은 성품을 후천에서도 다시 밝힌다는 뜻이다. 그 성품은 마음의 거울(심경, 心鏡)로 비유된다. 예수가 니고데모에게 '물과 성령으로 거듭나라'(요 3: 4-5)고 설명한 것은 중생(重生)을 의미한다. 물과 성령은 선가(仙家) 사상에서 말하는 수승화강(水昇火降)이라는 맥락에서 검토해 볼 수 있다. 물은 고대로부터 생명수이자 육신을 정화하는 비유적인 매개체로 설명되었다. 정화의례 중에 물세례가 있듯이 마음의 정화는 자기 자신의 내면을 스스로 들여다볼 수 있도록 본래의 밝은 심경(心鏡)을 되찾는 것이다. 그것은 인성함양을 위한 교육과 수행을 통해 이루어질 수 있다.

인성교육의 목적은 천부적(天賦的)인 밝은 성품을 후천에 다시 밝혀서 사람다운 사람을 양성하는 데 있다. 선가 사상은 심신을 다스리고 연정(研精)한다는 차원에서 수행의 길을 설명하고 있다. 수행은 내면세계의 밝은 영성을 회복시켜가며 스스로 깨달음을 통해 순수자아의식 즉 신성(神性)을 함양하는 것이다. 여기서 신성은 성령과 같은 의미가 있다. 불가(佛家)에서는 후천의 여러 부정적인 생활환경과 주변의 영향에 의해 가려진 본래의 성품을 다시 밝힐 수 있도록 내재적 불성을 깨달아야 한다고 설명한다.

2) 불가(佛家)

불교가 삼국시대에 전파되기 이전에 중명(重明)의 도를 깨우치고 득도한 칠불(七佛)이 존재했다는 야사(野史)가 민간사상으로 전래하고 있다. 그 칠불은 석가모니 이전(以前)의 현철(賢哲)로 알려진 불가(佛家)의 사상이다. 칠불의 모습이 불교의 탱화(幀畵) 형태로 전해지고 있으며 그 탱화는 현재 송광사에 보관되어 있다. 과거칠불(過去七佛)은 삼국시대에 전파된 불교와 어떠한 연관성이 있는가에 대한 다양한 연구가 필요하다.

과거칠불 (過去七佛) - 송광사 〈그림 3〉

불가(佛家)에서 수행의 도(道)는 불성(佛性)을 깨닫는 것이다. 즉 각자의 마음에 부처의 마음(佛性)이 들어 있다는 것을 인식하고 자력 수행을 통해 내재적 불성을 바르게 직시하여 스스로 각성(覺性)하라는 것이다. 불성은 견성(見性)이라는 뜻으로 설명되고 있다. 불성 함양과 깨달음의 경지에 이르기 위해서 불량(不良)한 마음의 때를 청소하듯이 벗겨내고 아집(我執)을 버리고 비우고 또 비우는 것이 자력 수행과정에서 이루어진다. 그다음에 부처의 마음과 같은 순수자아의식으로서의 참나(眞我)를 찾아서 깨달아(覺) 성불(性佛)하라는 것이다. 깨달음을 통해 성불하면 니르바나(Nirvana, 涅槃 열반)의 세계에 이른다는 것이 불가의 핵심교리이다.

불성의 세계를 구현하기 위해 구도의 정신과 실천과정이 뒤따른다. 그와 같은 과정을 통해 시방세계(十▽方世界: 온 세계)를 맑고 깨끗이 해야 한다는 이념이 불가의 정토(淨土) 세계다. 정토 세계를 펼치기 위해 세 분의 부처 즉 약사여래불(藥師如來佛 bhaiṣajyaguru, Medicine Buddha), 무량광불(無量光佛 Amitabha Buddha) 그리고 나무아미타불(南無阿彌陀佛)이 있다.

약사여래불은 중생(衆生)의 질병을 치료하고 재앙에서 구원해 준다는 부처, 무량광불은 부처의 광명 덕을 온 세계의 중생에게 비추게 하는 부처 그리고 나무아미타불은 깨달은 자의 회귀(回歸)처로서 부처의 세계인 부처님께 귀의한다는 의미로 사용되었다. 무량광불을 아미타불(阿彌陀佛, Amitabha Buddha)이라고 하는데 그 의미는 모든 중생을 구제한다는 차원에서 대승불교의 미래불(未來佛)이다. 미래불은 미래 희망의 세계를 상징하는 부처로 알려졌다.

부차적으로 관세음보살(觀世音菩薩)은 대자비심을 베푸는 보살이라는 뜻으로 나무아미타불과 관세음보살이 합쳐져 나무아미타불 관세음보살이라고 한다. 이러한 부처의 유형들은 모두 인간이 스스로 수행을 통해 성불할 수 있으며 고차원의 도를 깨우쳐 정토의 사회와 세계를 구현한다는데 대의(大儀)를 같이한다. 따라서 불가(佛家)에서의 성불(成佛)은 내면세계의 불성(佛性)을 깨닫는 것으로 요약된다. 성불의 도(道)는 선가의 중명(重明)의 도, 유가의 솔성(率性)의 도와 그 궤를 같이한다.

3) 유가(儒家)

유가의 도(道)는 솔성(率性)이다. 솔성의 개념은 중용 1장 솔성지위도(率性之謂道)에서 찾아볼 수 있다. 솔성의 의미는 인간이 본디 하늘로부터 부여받은 본래의 밝은 성질(性質) 즉 성품(性稟)을 뜻한다. 그것은 사람의 도리(道理)를 실천할 수 있는 원동력이 된다. 그의 도리를 학습하고 체득하기 위해 절차탁마의 과정이 뒤따른다. 그러한 과정은 사회에 진출하여 도덕적인 사람, 사람다운 사람으로 살아가기 위해 거쳐야 할 인성 함양 교육의 시간, 체험의 시간이 된다.

자신의 몸과 마음을 닦는 것(修身)과 집안을 바르게 다스리는 것(齊家)은 오늘날에도 지도자의 덕목으로 손꼽힌다. 하지만 국민이 개나 돼지와 같다고 언급했던 교육부의 한 사람, 국민을 레밍(Lemming; 들쥐의 일종)이라고 비유한 자, 의원들의 구타 및 범법(犯法)행위 그리고 법과 질서를 무너뜨리는 망언을 하는 인간도 있다. 모두 수신(修身)이 되지 않은 도덕성이 모자란 존재들이다. 그들의 언행과 갑(甲)질이 국민에게 불쾌하고 불편한 마음을 일으킨다.

수기안인(修己安人)이라는 말처럼 수행은 사람을 편하게 해주는 것이다. 그러므로 교육과정의 순서로서 학·습(學·習)과 수기안인(修己安人)은 사람다운 사람으로 성장할 수 있는 도리(道理)이자 사람의 덕목을 함양하는 첩경이 된다. 교육은 국가와 국민의 품격을 바르게 형성시켜 주기 때문에 국가의 백년지대계(百年之大計)라는 차원에서 모든 분야에 바탕을 이루고 있다.

오늘날 널리 회자하는 인성(人性)함양 교육은 사람의 도리를 밝히는 것이다. 윤리, 도덕적인 교육을 통해 스스로 자기 자신을 되돌아보고 부족한 부분을 느끼거나 좋은 것, 선한 것은 공감을 갖게 하고 발전적으로 나아가게 하는 순서가 필요하다. 중용 1장에서 제시된 것처럼, 천명(天命)으로 부여받은 사람의 밝은 천성(天性)이 성장 과정에서 가정환경과 주변 환경의 악영향을 받으면, 마음의 거울에 먼지가 쌓이듯이 가려지게 되게 된다. 따라서 인성함양교육과 수행은 본래의 밝은 성품을 다시 찾아 밝히는 것(在明明 재명명)에 주안점을 두고 있다.

유가에서 최우선으로 선정한 절차 중의 하나가 수신(修身)이다. 수신을 통해 올바른 사람의 길(正道)과 덕목(德目)을 알게 하고 성품(性稟)을 바르게 하여 실천하라는 것은 가정에서, 밥상머리 교육에서부터 시작되었다. 학교의 공교육은 도덕성을 중요시하며 공동체 사회에서의 행실로 이어지도록 동서를 막론하고 엄중하게 다루고 있다. 현대사회에 인성교육이 공교육의 차원에서 강조되고 실천되어야 함은 세계적인 공감대를 이루고 있다. 유가에서 수행의 목적은 솔성(率性)이며 솔성은 도가(道家)에서 명성(明性), 양성(養性)으로 표현되었다. 그와 같은 설명은 모든 분야에서 사람다운 사람으로 문화 속의 진정한 문화인으로 거듭나게 하는 의의가 고 있다.

4) 도가(道家)

도가에서 말하는 도(道)의 방향과 목적은 명성(明性)이라는 용어로 함축되었다. 명성(明性)으로 들어가는 수행과정을 양성(養性)으로 보았고 양성이 또한 명성과 같은 맥락에서 사용되었다. 그 의의는 선천적으로 타고난 인간의 본래 밝은 천성을 좇아 성품을 밝힌다는 뜻이다. 사람의 천성이 비록 후천적 생활환경과 악영향으로 본래의 모습이 가려졌더라도 성찰과 수행을 통해 밝게 함양할 수 있다는 것이다.

인간의 본래 밝은 성품을 추구하는 것은 교육과 수행의 목적이 분리되지 않았음을 알 수 있다. 동양의 큰 종교(宗敎)들이 전하는 공통의 메시지는 인격도야(人格陶冶)이다. 그것은 만인에게 도움이 될 수 있는 사람으로서 갖추어야 할 기본자세와 사람의 본분을 설명한 것이며, 선천적으로 타고난 밝은 성품을 후천에서 다시 함양하는 데 초점을 두고 있다.

주지하고 있듯이 중명(重明), 솔성(率性), 불성(佛性), 양성(養性) 및 명성(明性) 사상은 서로 용어만 다를 뿐 모두 다 수행의 궁극적인 목적을 설명한 것으로 그 의의는 같다.

5) 그리스도교(=西敎)

서양의 유일신 신앙단체 가운데 세계적으로 널리 알려진 가르침(敎)은 그리스도교의 예수 사상이다. 근대화 시기에 예수의 사상과 가르침이 한국에서 야소교(耶蘇敎), 그 이후에는 예수교로 표현되었다. 니고데모(Nicodemus)가 예수에게 구원에 대해 질문하니 예수가 "물과 성령으로 거듭나라"(요 3:5~7)고 했다. 예수는 왜 니고데모에게 "물과 성령으로 거듭나라"고 했을까? 그것은 예수의 수행 사상이자 자아 수행의 필요성을 강조한 것으로 그의 제자와 신앙인들에게 전한 실천 강령(實踐) 중에 하나라고 분석된다. 물(水)은 생명 유지에 꼭 필요한 물질이자 다양한 용도로 사용되지만, 종교적이고 은유적인 차원에서 육신과 영혼을 정화하는 수행의 매개체로 표현되었다. 따라서 예수가 전한 거듭(重) 태어남(生)의 말씀은 동양의 한문(漢文) 문화권에서 중생(重生)으로 표현된다. 따라서 예수가 주장한 그리스도교의 수행의 도(道)는 중생(重生)이다.

예수교의 성령(聖靈)은 불가의 불성처럼 내재적 신성(神性), 즉 신과 같은 성품을 의미하는 것으로 본래 순수자아의식의 발현(發顯)을 뜻한다. 예컨대 액체인 물이 수증기로 기화(氣化)하듯이 신성(神性)을 회복하여 영성의 불꽃이 발광(發光)하면 광채(光彩)로 퍼진다. 그것은 과학적 용어로 아우라(Aura)이며, 수행을 통해 깨닫고 계제(階梯)를 받은 자는 맑고 밝은 후광(後光)이 뜬다고 하여 그의 초상화의 머리 주변에는 원광(圓光)으로 묘사되었다.

예수가 가르친 수행의 정도(正道) 가운데 실천의 도가 있다. 그것은 바로 십자가(十字架)의 도(道)다. 주지하고 있듯이 열십자(十字)는 완성을 의미한다. 십자가의 도에 이르기 위해 심신을 단련하는 수행의 길은 먼저 자기 자신을 다스릴 수 있어야 한다. 그래야 타인의 생명을 살리는 길이된다고 예수는 설파했다. 그 길에 대한 설명이자 실천덕목으로 제시된 것이 산상수훈(山上垂訓) 팔(八) 복음이다.

팔(八) 복음은 예수의 지상 평화선언(宣言)이자 실천(實踐) 강령(綱領)이다. 그 선언이 이루어지도록 만인에게 설파한 복음이 바이블 신약에 기록되어 있다. 그 복음의 성격은 그리스도교의 후예들이 사회에 '빛과 소금'의 기능과 역할을 다하기 위해 공표(公表)된 것으로 특히 성직자는 수행자로서 솔선수범하며 걸어가야 할 길이자 덕목이며 표상이다. 그와 같은 공인(公人)의 길은 또한 예수가 다 이루었다고 말한 십자가(十字架)의 도(道)이자 실천의 도라고 분석된다. 따라서 신약에서 산상수훈 팔 복음[3]은 예수가 전한 십자가의 도이자 구도자, 즉 성직자의 길을 제시한 것이라

---

[3] 산상수훈 팔 복음에 대한 해석은 안병로, 『그리스도교의 검과 평화』, 지성사, 서울, 2016, 37~46쪽 참조 바람

는 점이 더욱 분명해졌고 예수가 남긴 세계적 명언(名言)이자 유훈(遺訓)이다. 그와 같은 예수의 사상적 지표(指標)는 사회적 가치 환원의 정수(精髓)로 중요시되는 공동체 사회에서의 빛과 소금의 역할이다. 빛과 소금의 역할과 기능은 인류에게 공감과 감동을 불러일으키는 압축된 전언(傳言)이며, 중생(重生)의 도와 생명존중의 실상이자 주체가 될 수 있어 공동체 사회에 가치 환원과 창출의 대의를 다시금 일깨워 주고 있다.

1962년부터 40여 년간 전남 고흥군 소록도(少鹿島)의 한센병〔나병(癩病, 일명 문둥병) Leprosy〕 환자들과 동고동락했던 파란 눈의 두 할머니가 있었다. 그들은 예수의 가르침을 몸소 실천한 인물이다. 2017년 그들의 정신과 평생의 삶이 영화 「마리안느와 마거릿」으로 상영되었고 『소록도의 마리안네와 마거릿』이라는 단행본이 출간되어 한국에서도 널리 알려졌다.[4] 그리스도인이 예수의 말씀과 수행 사상을 바르게 이해하고 실천하는 것은 후계자로서의 책무이며 그 대의를 따르고자 노력하는 사람이 진정한 그리스도교의 교인이다.

최수운이 주장한 동학사상은 서구의 학문 즉 서학 사상의 반대개념이며 그 이후 서구의 가르침을 서교(西敎)라고 했다. 그리스도교가 야소교(耶蘇敎), 예수교 그리고 서교로 표현되었듯이 한국 그리스도인의 종교성은 예수 사상과 바이블을 중요시하고 있어 원론적으로 서교(西敎)적이다.

6) 이슬람교

이슬람(Islam)의 어근(語根)은 아랍어(Arabic language)의 동사

---

[4] 마리안네(Marianne Stöger)의 한국명은 고지순 그리고 마가레트(Margareth Pissarek)은 백수선이다. 마리안네는 고향 오스트리아(Austria)로 돌아가 대장암으로 투병 중이고, 마거릿은 치매가 발생하여 인스브루크의 양로원에서 요양 중이다. 두 수녀 간호사에 대한 삶의 행적은 예수의 가르침을 따른 것으로 만인에게 칭송받고 있다. 노벨평화상 후보 추천 운동이 전남도에서 추진 중이다.

aslama(복종하다)에서 기원(起源)한다. 이슬람의 개념은 교리적 차원에서 자신의 모든 것을 인도하는 천상의 유일신인 알라(Allah)에 대한 절대적인 복종한다는 뜻이다. 이슬람(Islam)의 용어에도 천상의 신(神)이라는 의미가 내포되어 있다는 것을 알 수 있다. 이슬람교에서 유일신의 개념으로 주장되고 있는 알라는 '신 중에 유일한 신' 즉 '천상의 최고의 신'을 뜻한다.

이슬람 단체는 이슬람(Islam)이 아랍어로 '안전하다(salaam)'는 뜻에서 평화(salaam)의 의미를 포함한다고 분석하며 평화의 종교라고 주장한다. 이슬람은 아랍어로 알 이슬람(الإسلام al-islām)이며, 모든 사람은 알라신 앞에 평등하며 형제애(兄弟愛)를 통해 평화를 이룬다고 한다. 이슬람교가 평화를 추구하는 religion 단체라고 설명되어 이슬람교의 도(道)는 평화에 중점을 두고 있다고 본다.

이슬람교의 신앙인은 아라비아어(Arabia語)로 모슬렘(Muslim)이라고 한다. 남자 신앙인은 모슬렘, 여자 신앙인은 무슬리마(Muslimah)이며 복수형은 무슬리문(muslim-un)라고 한다. 신앙인은 이슬람교의 창교자(創敎者) 마호메트(Muhammad, 570~632)가 사후(死後) 부활하여 하늘로 승천했다고 믿는다. 승천한 장소에 검은 돌이 놓여있다. 그 검은 돌의 주변과 장소는 모슬렘에게 성역(聖域)이자 부활의 상징이 되었고 순례의 의무를 줬다.

〈그림 4〉   〈그림 5〉

이슬람교 신앙인은 모스크(mosque 이슬람사원)에서 예배를 올린다. 모스크의 성직자는 이슬람사원 지붕 상부로 진입하는 계단을 따라 올라간다. 그는 그곳에 타원형으로 설치된 길을 따라 천천히 수차례 빙빙(回回) 돌면서 신(神) 알라의 이름을 정성과 경외함이 담긴 마음으로 소리 내어 불러 동양의 선진(先進)학자들은 이슬람교를 회회교(回回敎)라고 기록했다.

〈그림 6〉

예수 사후 570년경에 출생한 마호메트에 의해 이슬람교가 세계사의 무대에 등장했다. 세계인구(2018년 기준) 약 76억 중 17억의 인구가 이슬람교인이다.

이슬람교의 뿌리는 어디에 두고 있는가? 유대교의 한 뿌리에서 그리스도교와 이슬람교(마호메트교)가 나왔다. 이슬람교의 교리는 신앙인이 지켜야 할 율법을 중요시해 율법 종교라고 한다. 이슬람교의 신조는 다섯 가지의 기둥(五柱)으로 구성되어 있다. 오주(五柱)는 의무적으로 실천해야 하는 율법의 대상이기 때문에 오행(五行)이라고 한다. 신앙인으로서 지켜야 할 오행의 의무는 다음처럼 요약할 수 있다.

① 유일신 알라 신앙고백(shahadah)

② 1일 5회(일출·정오·하오·일몰·심야) 개인(기도) 예배(salat)를 통해 신앙 고백, 금요일에는 모스크에서 집단예배

③ 희사(喜捨) 또는 천과(天課) - 잉여재산의 2.5%를 국가(사회)에 환원

④ 단식과 금욕- 라마단(Ramadan; 뜨거운 무더위 또는 타오르는 메마름) 기간: 이슬람 달력으로 9월 한 달 동안 해가 떠 있을 때 실행(sawm),

⑤ 가능한 한 일생에 한 번 또는 연 1회 (이슬람 달력 제12월에) 성지순례(hajj)

오주(五柱) 외에 육신(六信)이 있다. 알라신, 천사, 선지자(예언자), 경전(Qur'an), 최후 심판 그리고 천명에 대한 믿음이 그것이다. 천명이 운명 또는 숙명과 같은 의미로 사용되고 있다.

이슬람교의 기본신조는 '알 이슬람'이다. 그것은 평화의 의미 외에도 알라의 가르침에 자신의 몸을 맡긴다는 뜻으로 유일신 알라에 '귀의(歸依)'함에 있다. 귀의함이라는 용어에만 한정시켜 보면, 불교에서 사용되는 나무아미타불(南無阿彌陀佛)의 개념과 비유될 수 있다. 다만 불교에는 유일신의 개념이 없다.

이슬람 교리에 따르면 만물을 창조한 조물주에게 귀의한다는 것은 그리스도교의 교의와 같은 차원이다. 이슬람 교리에서 중요 천사로 알려진 가브리엘(Gabriel) 천사장(天使長)과 천사론(天使論)은 그리스도교의 천사론과 같은 맥락으로 파악된다.

〈그림 7〉

　이슬람교의 유일신 Allah와 그리스도교의 유일신 God의 의미는 교리적인 측면에서 보면 신 중의 신, 최고신이며, 신앙인의 절대적 신념체계이자 성스럽고 존엄의 대상으로 숭상(崇尙)된다. 하지만 이슬람교는 신 알라가 예수와 마호메트를 선지자로 보냈고, 알라가 보낸 마지막 선지자가 마호메트라고 설명한다. 이슬람교는 예수를 하나님의 아들 성자(聖子)로 보지 않고 그리스도교의 삼위 일체론을 인정하지 않는다. 오직 유일신 알라만이 최고의 신이자 신앙의 대상으로 존숭(尊崇)된다.

　선지자 마호메트의 유언대로 이슬람교의 모스크에는 마호메트의 초상화(肖像畵)나 조형물(造形物) 등이 없다. 이슬람교는 마호메트가 그리스도교의 삼위 일체론에서 논하는 성자의 위격(位格)도 아니고 구원의 중보자도 아니므로 그를 신앙의 대상으로 신격화하거나 설명하지도 않는다.

7) 힌두(Hindū)교

힌두교(Hinduism)는 페르시아지역에서 인도로 넘어온 아리안족 계열의 바라문(婆羅門, Brahmanism)과 장기간의 융화과정을 통해 형성된 사상단체이나 개조(開祖)가 없다. 서구 그리스도교의 선교정책이 인도에서 실패한 원인은 토착민의 풍토와 정서 등을 제대로 이해하지 못했고 그의 고유사상과 생활문화를 무시했기 때문이다.

독단적이고 배타적인 유일신 사상과 식민지정책은 인도인의 마음을 사로잡지 못했다. 그리스도교의 고압적인 의식과 교리 우월주의는 그 당시나 현실의 세계에서도 문제시되고 있다. 따라서 그리스도교의 유일신 사상은 힌두교의 다신 사상과 조화로운 문화융화의 길은 없게 되었다.

(1) 힌두교의 도(道)

힌두교의 도(道)는 해탈(解脫)하는 데 초점을 줬다. 해탈하기 위해 윤회(輪廻)와 업(業)은 자신의 노력과 수행을 통해 소멸시켜야 할 과제가 되었다. 이는 불가에서 논하는 니르바나(nirvāna 열반 涅槃)를 지향하는 해탈법과 같다. 윤회와 업이라는 말은 고대 인도의 베다(veda) 문헌과 브라만교의 여러 문헌 속에서 사용되고 있는 다르마(dharma, 법)와 같은 의미다.

다르마는 대자연의 질서를 유지하는 영원한 이법(理法)이자 포괄적인 사회규범으로 알려졌다. 다르마의 사상적 논리가 사회신분제도로 제도화(制度化)된 것이 힌두교의 카스트제도(Caste 制度)다. 그 제도는 불교(佛教)의 연기론(緣起論)적 사유세계와 유사한 논리임을 발견할 수 있으나 불교에서는 카스트제도가 없다.

인도 사회에 뿌리 깊게 내린 카스트제도에는 사성계급제도(四姓階級制度, varna)가 있다. 브라만(Brahman: 사제계급), 크샤트리아(Ksatriya; 무사계급), 바이샤(Vaisya; 농업이나 상공업인), 수드라(Sudra; 하층계급인)가 그것이다. 그러한 제도는 인도인의 사회적 행위와 활동에 대한 포괄적인 규범

(dharma)과 의무와 직접 연계되어 있다. 힌두교에서 해탈에 이르는 세 가지의 길(道)은 다음과 같다.

① 업(karma, 행동)의 길: 욕망(=카르마 생성요인), 집착에서 벗어나서 윤회의 고리 탈피
② 지혜(jñāna)의 길: 직관적 통찰의 진아(眞我)는 불변의 아트만브라만
③ 신애(信愛 bhakti)의 길: 인격 신(비슈누 또는 시바)에 대한 헌신과 사랑의 길

힌두교도의 종교적 관행·의식·규정준수는 현세(現世) 행복의 길로 가는 것으로 이해되고 있다. 그들은 내세(來世)에 보다 상승한 신분 계급으로 태어나길 기원하고 추구한다. 서양의 지식인들이 힌두교를 religion으로 파악하지 않고 힌두이즘(Hiduism)이라고 설명한 것은 유일신의 신앙단체가 아니라 인도민족의 이념집단이나 사상단체로 분석한 것이다.[5] 힌두교는 불교처럼 해탈의 길을 추구하기 위해 자력 수행과 행위를 강조하지만 유일신 사상이나 믿음을 설명하지 않는다.

오늘날 약 9억 5천만 명의 신자를 보유한 힌두교(Hinduism)는 기원전 2500년경 브라만교(Brahmanism)에서 시작되었다. 브라만교는 인도(印度) 원주민 지역의 고유풍속과 해탈을 중요시한다. 힌두교의 사상체계는 기원전 15세기 무렵 비(非)원주민인 아리아인들(Aryans; 고귀하다는 뜻)에 의해 주도적으로 형성되었다. 그들은 인도 북서부로부터 현재의 인도로 이동한 인도-유럽어족(Indo-European languages, 독일어로 indogermanische Sprachen)에 속한다.

힌두교의 어원은 산스크리트어(Sanskrit, 梵語) 신두(Sindhu, 大河)에서 유래되었다. 신두는 인더스강(Indus River)을 뜻한다. 힌두교를 또한 인

---

[5] 더욱 지세한 분석은 제1장 종교(宗教)와 Religion, IV. Religion이 종교(宗教)로 번역되어 사용된 시기와 시사점 참조 바람

도교(印度敎)라고 하는 것은 인도(印度)의 다양한 사회적 문화가 융화된 복합체적인 범민족 가르침 즉 종교이기 때문이다. 인도의 종교사상 및 문화에는 삼신(三神; Trimūrti 三神一體)으로 숭배되는 브라만(Brahman)·시바(Siva)·비슈누(Vishnu)신이 있다.

신 브라만은 우주의 창조(創造)원리로서의 일자(一者)이다. 그러나 사제계급으로서의 브라만은 의례를 주도하는 제사(祭詞)장을 의미한다.

시바(Siva) 신은 묵은 것을 버리고 새롭게 다시 창조하기 위해 동쪽 하늘(東天)의 서광처럼 어둠을 파괴(破壞)하는 신이다.

비슈누(Vishnu)는 우주를 보존(保存)하는 신이자 자애로운 진리를 통해 정의와 평화를 회복하고 인류의 구원을 위해 존재하는 현재와 미래의 신으로 전해지고 있다.

〈그림 8〉

(2) 힌두교의 특징

힌두교의 특징은 그리스도교나 이슬람교와 다르게 창교자(創敎者), 유일신 사상, 교리체계 그리고 제도화된 신앙조직 등이 없다. 하지만 인도에서 다양한 이질적인 문화요소들이 서로 충돌하지 않고 조화와 융화를 이루며 존재하고 있다. 그러한 존재 양상은 다양성 속에 하나의 통합성을 이루는 것이며, 하나의 통합성 속에 다양성이 함께 공존하고 있다는 것을 의미하고 있다. 색다른 문화에 대한 관용과 수용은 또한 인도인들의 종교적 성향이다. 그것은 한국인의 종교적 성향과 크게 다름이 없다. 고대 인도 인이 생각하는 전쟁과 영혼의 세계는 고대 한국인과 유사하여 다음의 그림으로 대신한다.

〈그림 9〉

힌두교도는 현실적 고통의 원인을 먼저 발견하고 이해한 다음 주어진 자신의 현 상황을 다르마(dharma)로 받아들인다. 그에게 다르마는 자연과 사회의 조화를 이루는 질서체계로 이해되었고, 또한 그는 사상계급체계를 감내하고 준수하는 행동 규범의 요소가 되었다. 그들은 현실적 상황과 연관된 윤회와 업의 굴레에서 벗어나기 위해 자신의 한계상황을 인정하고 주어진 삶에 충실히 하고자 노력한다. 그러한 인식과 행위는 더욱 나은 내생(來生)을 위해 해결할 수 있는 삶의 길이자 삶의 최고 목표와 궁극적인 진리에 도달하기 위해 실천하는 것으로 받아들인다는 뜻이다.

힌두교는 인간의 삶과 고통의 주요 원인을 무엇으로 보았는가? 그것은 참된 자신의 실제(實在), 즉 참 자아(眞我; purusa, 精神)를 제대로 알지 못한 것과 우주적인 차원에서 바르게 깨닫지 못하는 것이라고 한다. 힌두교의 경전 가운데 우파니샤드에 의하면, 인간 내면의 진아(眞我)가 소우주(小宇宙)로서 아트만(ātman – 我)이며 아트만과 브라만(Brahman – 梵)이 동격으로 생각하여 '범아일여(梵我一如)'라고 한다. 그러한 의미를 숙명적으로 받아들인 힌두교도는 스스로 자신들의 종교(宗教)를 때로는 '사다나(Sadhana)'라고 한다. 사다나의 최종적 목표가 업(Karma)과 윤회(saṁsāra)로부터의 해탈(mukti 또는 mokśa)이라고 믿기 때문이다.

힌두교사상이 불교와 일정 부분 연관성이 있다고 판단된 부분은 불교 이해의 차원에서 설명되었으나 힌두교 단체는 한국에 없다. 다만 힌두교사상을 가진 소수의 초월명상단체가 있다. 요가와 명상을 즐기는 사람이 많아졌고 2000년도 캔 윌버(Ken Wilber)의 저서 『감각과 영혼과의 만남』이 번역되어 널리 알려지면서 초월명상학회도 활기를 띠었다. 초월명상학회는 말 그대로 학회이지 기도원이나 수도원과 같은 신앙단체가 아니다. 한국인의 종교적 심성이 힌두(Hindū)교적이라고는 말할 수 없으나 불교적인 용어와 색채가 많이 복합적으로 내재하여 있기에 종교문화의 접촉결합 사상 및 비교적인 차원에서 핵심을 찾아보았다.

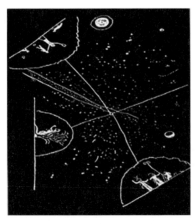

〈그림 10〉

끝으로 위의 〈그림 10〉처럼 서양인들이 생각하고 믿는 영혼의 세계, 원초적인 영성의 세계가 동양인과 너무나 흡사(恰似)하다. 그것은 작가 미상의 서양인이 그린 추상적 그림이지만 철학적 사유세계가 담겨 있다. 그 그림은 지상의 인간세계와 천상의 영혼의 세계, 지상에서 바라본 나의 별과 천상에 펼쳐진 별 중에 나와 너의 별이 하나로 이어진다.

천지인(天地人)의 세계가 하나의 유기체적인 사상 세계로 표현되어 있다. 천지인(天地人) 삼재(三才) 사상은 한국(韓國)의 고유사상이며 삶의 철학과 우주관을 동시에 내포하고 있는 전통문화사상이다. 오늘날 종교적 의미와 논리의 대상인 전생(前生)과 현생(現生), 그리고 내생(來生)에 대한 문답(問答)은 수레바퀴처럼 항상 반복되어 그 의의를 간략히 고찰해 보았다.

종교문화 경영(지도자)학의 단계와 과정 8

종교문화경영의 단계와 과정은 종교문화의 학습과 실전경험, 시대 상황 인식과 문제점, 그리고 성찰적 과제를 발견한 후 해결하는 보편적이고 객관적인 자세를 다루고 있다. 그러한 자세는 종교문화 경영학을 숙지할 연구방법론을 인지하고 터득하여 각 단체의 현주소와 혁신 사항 등을 제시할 수 있다. 그 방법론은 먼저 공동체 사회와 상호연관성을 가지는 다양한 종교문화 현상과 본질, 생명 사상, 그의 성장단계, 현실적 상황과 입지, 주어진 사안 처리, 미처리 과정과 관련된 정황 등을 다루는 것이다.

이에 역사적 이해와 국제적 통찰의식을 가지고 과학적 안목에서 국내외의 종교사회의 실상이 진단되어야 한다. 각 종교문화단체의 특성을 분야별의 주제어로 분리하고 그의 카테고리(category)를 분석해서 정리해야 한다. 그 다음 단계와 과정은 각 단체의 종교문화경영의 현 상황을 상세히 진단하며 문제점으로 파악된 사안들을 풀어 가기 위해 공동체 사회에 이바지할 수 있는 오늘과 내일의 방향과 실천적인 프로그램을 타진하고 활성화해야 한다. 긍정적인 것은 사회적 가치 환원과 창출을 이끄는 선도(先導)의 대상이자 공동선실천의 지렛대가 된다.

I. 종교문화 경영(지도자)학의 포괄적 요소
– 성속일여(聖俗一如)

서구의 그리스도교 사상은 이원론(二元論) 관점에서 인간사회를 성(聖)과 속(俗)의 두 영역으로 구분되었고 그리스도교의 성역은 절대시하였다. 하지만 동양 즉 한국사상은 성속을 통합적 관점(統合的 觀點)에서 하나의 세계로 분석했다.

종교문화경영(지도자)학 가운데 보편적으로 널리 알려진 삶과 죽음은 생명 사상을 다루는 것이다. 그 사상은 자연스러운 인생의 과정으로 수용되고 있으나 한편으로는 신비적인 요소로 알려져 다양한 분야에서 설명되고 있다. 존엄하게 출생한 모든 인간이 존엄하게 돌아갈 길은 어찌 보면 성속일여(聖俗一如)의 과정으로 보고 세계적인 관심사로 주목받았다. 하지만 나라마다 그에 대한 이해와 인식의 차이가 현존하고 있어 법적 조치 또한 색다르다.

인류에게 가장 가까운 곳이나 먼 그곳, 가장 먼 곳 같으나 가까운 그곳이 가시적인 삶의 현장과 비가시적인 죽음의 세계다. 전자를 성(聖)스러움, 후자를 속(俗)됨으로, 아니면 그 반대로 설명할지라도 삶과 죽음 또는 죽음과 삶의 세계는 결과적으로 성(聖)과 속(俗)이 하나로 연결되었기에 예로부터 성속일여(聖俗一如)라고 한다. 그것은 집안의 문지방을 넘나드는 것과 같으며 진리의 문을 향해 건너야 할 교각(橋脚) 위의 순례 다리(=길)와 같다. 그래서 우리가 당면하고 있는 현실과 사후세계에 대한의 문은 열려 있고 그 의문의 꼬리가 따라다닌다.

그러한 다리 위를 걸어가야 할 삶의 여정은 항상 개방되어 아직 가보지 못한 곳은 직접 가봐야 궁금증이 해소될 수 있다. 하지만 죽은 자는 말이 없고 죽음 이후, 즉 사후세계의 길은 살아생전에 가볼 수 없는 길이다. 따라서 그 길이 어떠하다고 만인에게 이해되도록 설명할 수 없고, 그 누구도 그 길을 보여주며 어떠하다고 증명할 수 없어 그저 신비의 세계로 남겨져 있다. 그러므로 삶의 과정에는 삶과 죽음에 대한 신비적인 요소가 다분히 있어 각양각색의 통과의례가 존재한다. 그 의례 또한 일상생활 속에 자연스러운 행위로 펼쳐지면서 전개되어 삶의 현실 속에 인식될 수 있는 지역적 관례, 풍습 등은 숙명처럼 받아들여졌다. 그와 같은 의식과 사상적 행위는 세계 공통의 종교성으로 알려진 샤머니즘(shamanism)에서부터 시작되었다.

샤머니즘이 인류의 가장 오래된(最古) 종교적 현상으로 알려졌고 지역적 풍토와 특색에 따라 종교(적 심)성 형성에 영향을 주어 종교문화경영 요소에 포함되어 있다. 샤머니즘의 요소가 신앙단체의 문화에 내재하여 그의 유형 또한 다양하다. 그러한 요소는 애달프고 간절한 염원과 한 가닥 희망이라도 붙잡고 싶은 심정과 연동되어 문화적 정서 또는 매개체로 여러 분야에서 표현되고 있다. 샤머니즘 중 건전한 샤머니즘은 현대인의 삶에 도움을 주는 심리상담 역할을 하며 민간사상과 신앙문화의 기저(基底)층을 이루고 있다.

II. 종교문화경영의 현 상황파악과 시대성과의 조우(遭遇)

현대사회는 과학발전과 더불어 종교문화의 이해를 실용적이고 국가적 가치차원에서 접근하는 경향이 두드러졌다. 신앙단체와 신앙생활이 개인의 안정과 평화, 행복 등을 위한 것 외에 공동체사회에 어떠한 역할과 기여를 했고, 또 할 수 있는가 등에 대한 문답은 종교문화경영학의 핵심주제가 된다. 그러한 문답은 종교문화경영의 현 상황파악과 직결되어 시대성과 연관된, 그리고 모두를 위한 상생문화의 길인 공동선(共同善)실천에 모아진다.

1. 종교문화경영의 단계와 과정에 대한 요약

종교문화경영에 관한 연구는 어떤 단체문화의 잉태(孕胎) 단계에서부터 성장·발전, 문화전파과정, 사회적 관계, 현재 상황, 기능과 역할 등을 객관적이고 통찰 적인 안목으로 분석하는 것이다. 국내·국제사회에 어떠한 기능과 역할을 했는가에 대한 역사적 진단은 반드시 분석결과에 포함되어야 한다. 만약 그 단체의 결실이 범사회적 국가적 안목에서 살펴봐도 없거나 빈약하고 그에 대한 사회적 문제의식이 잔재 또는 왜곡되어 있다면 상식적으로 그의 현주소와 현황(現況)은 어떠한 형태로든 밝혀져야 한다. 그와 같은 정당성과 보편성이 유지된 일관적인 판단은 주어진 문제의식을 풀어 나아가기 위해 국가사회의 공익적인 관점에서 조명 또는 재조명의 필요성을 지적하고 있다.

자국의 종교문화사 또는 신앙공동체(religion)사가 역사의 무대 위에 어떠한 형태의 모습인가에 대한 문답에 자주 직면한다. 그것은 공공성과 대중성을 확보하고 진실규명을 위한 길을 보다 넓게 확보하는 사회적 계기(契機)이자 만인에게 공감대를 형성할 수 있는 소명의 기회와 같다. 그러므로 어떤 외래 신앙단체와 자국에서 자생(自生)하여 성장한 새로운 신앙단체는 기존의 토착문화(土着文化)에 적응하기 위해 귀 기울이고 노력해야 한다. 우선 토착문화의 특징과 정수(精髓)를 제대로 이해하고 그와 상응(相應)하는 방향을 내부로 잡아 실천해 나아가는 시험단계가 자발적으로 이루어져야 한다. 이와 같은 단계와 과정을 분리·분석하고 진단하여 일목요연(一目瞭然)하게 정리한 것은 종교문화 경영(지도자)학의 연구 분야 가운데 하나의 특성이다.

사상단체나 신앙공동체의 문화 씨앗이 기존의 문화토양에 어떠한 형태로든지 현 사회에 파종(播種)되었다. 그들의 성장 발전하는 단계와 과정에 관한 연구가 신앙단체의 안목에서 다루어지면 그 단체의 신앙사(信仰史, 예컨대 교회사)가 되지만 역사적 관점에서 관찰하면 종교(문화)사 속의 신앙사가 된다. 자국의 역사적 관점에서 다루어져야 공정성과 신뢰성을 확보할 수 있다.

예컨대 문화전파가 어떠한 지역적 상황과 맥락에서 어떠한 유형의 성격과 모습으로 어떻게 진행되었고, 현재는 어떤 문화단계에서 공동체 사회에 존재하고 있는지, 아니면 문화토착화의 과정이 어떠한 형태로 이루어졌는지, 그러한 의문점에 대한 분석이 역사적 통찰의식을 통해 접근되어야 기존의 여러 신앙사(信仰史)나 교회사 등에서 밝힌 다양한 사안과 주장의 진위가 파악된다.

모(某) 단체의 문화토착화 과정은 기존의 사회문화와 함께할 수 있는 방향을 외부영역으로 확대해 나름의 계획을 세울 수 있다. 그로 인해 외연(外緣)의 확장이 이루어지지만 불어오는 거친 바람은 극복의 대상이다. 그 단체의 문화를 문화나무로 비유하자면, 그 나무는 스스로 기존 토착문화의 토양에 더욱 깊고 넓게 뿌리 내려야 한다.

하지만 그렇게 성장한 만큼 언젠가는 생명의 호흡을 함께 하는 문화광장(廣場)에서 시대 상황에 따라 더 큰 풍파와 종교문화의 이종(移種)시기를 맞이한다.[1] 이때 어느 정도 기존 토착문화의 토양과 환경에 적응하고 그 토양에서 잔뿌리와 굵은 뿌리가 잘 활착(活着)하도록 자양분을 스스로 흡수하면서 노력해야 그에 따르는 생기(生氣)가 일어나고 생명력이 강해진다.

정리해 보면, 문화 전파의 초기단계는 자국 또는 타국의 독특하게 계발(啓發)된 정서적 또는 다양한 감성적, 이지적(理智的)인 문화와 종교 철

---

[1] 이 책의 제8장 종교문화 경영(지도자)학의 단계와 과정 13. 종교문화경영의 13단계 - '문화토착화(文化土着化; cultural indigenization, culture indigenization)' 및 4) '문화토착화과정에 대한 소고' 참고 바람

학적인 요소들을 모두 압축적으로 동원해 나름의 관계를 형성한다. 그러므로 타국의 문화와 시대적 경향을 연구 분석한 후 자국의 문화를 가미(加味)시켜 전파해야 더욱 효과적이다. 이와 같은 제종교문화의 전파가 성공적으로 이루어졌고 그 문화가 비록 자국(自國)과 타국(他國) 문화권에 알려졌더라도 기존의 토착 사회문화와 서로 적극적이고 실제적인 접촉상태에 놓여 있는 것은 아니다.

그러므로 자타(自他)의 문화전파가 대체로 어떠한 경로와 상황 등을 통해 이루어졌는가에 관한 연구는 종교사학(宗教史學)적인 관점에서 먼저 분석되어야 한다. 그다음에 각각의 종교문화가 어떻게 삶의 일부(一部)에 융화되었고 공동체 사회에 어떠한 존재이거나 영역을 담당하고 있는지 파악해야 한다.

문화의 전파단계에서부터 시작하여 문화의 토착화단계를 거쳐 기존 공동체 사회문화에 일정 부분 토착화되어가면서 자리매김하는 절차과정에는 장구한 세월이 필요하다. 그와 같은 세월의 부침 속에 새로운 종교문화는 순차적이고 발전적인 모습으로 지역적 환경에 적응하고자 거듭 변화되어 간다.

따라서 변화와 성숙의 단계 그리고 그에 상응하는 순차적인 과정이 필요하다는 것을 숙지해야 할 것이다. 단계적 변화와 시대적 추이는 지향하는 방향과 목표설정에 도달할 수 있도록 자연스럽게 이루어져야 기존 전통문화의 역사와 종교사(宗教史), 신앙사(信仰史)가 함께 편안하게 호흡할 수 있다.

문화는 보이지 않는 공기와 같은 생명(生命)의 요소다. 그 문화가 삶의 공동체 문화로 재탄생할때 생명의 호흡으로, 생명(生命)의 문화로, 상생의 문화로 진화하고 발전한다. 하지만 역사적 문화의 흐름을 되새겨보지 않으면 민족문화의 미래는 암울하다.

2. 종교문화 경영학의 길[2]

상생 문화의 단계와 과정을 이해할 수 있게 학습과 경험을 병행시켜 체득(體得)하고 종교문화의 세계적인 안목과 지도자의 자질을 함양하여 능력을 발휘할 수 있도록 이끄는 길이 종교문화 경영학의 역할이다.

종교문화 경영학의 길은 각각의 단체가 인류 문화사에 동참하게 생명사상을 고취하고 과학적 안목에서 세계의 정신문화를 통찰하도록 이끌고 통섭 능력을 함양시켜야 한다. 과학적 의식은 혁신과 새로운 변화, 발전에 대응하기 위해 현대사회의 시대정신과 맥락을 같이한다. 정신문화는 사회적 가치 창출과 환원을 지향하는 것, 즉 공동선을 실천하도록 종교문화 영성과 합리적인 종교문화경영철학을 학습하고 지도할 수 있어야 한다.

세계의 모든 사상·신앙 단체가 제각각 사람과 인류를 위한 단체라고 주장한다. 그 단체의 유형과 속성을 분석해 보면 유일성과 유일함 등이 없고, 타 종교문화와의 교류로 서로 영향을 주고 받아가면서 성장·발전했음을 발견할 수 있다. 그들은 여러 형태의 문화단계를 거쳐 조화롭게 융화되었고 세속화(secularization)의 과정을 피할 수 없었다. 그 과정은 과거로부터 오늘날에 이르기까지 기존의 종교문화와 이질감을 최소화해 가며 자연스럽게 공동체 사회문화에 안착한 상황에 이르렀다.

따라서 사상·신앙단체의 지속적이고 상시적인 문화의 변화과정이 영역별로 분리해 상세히 분석돼야 한다. 과거의 어떠한 종교문화경영의 역사적 잘못과 근황(近況), 실태(實態) 등을 바르게 파악하는 것은 향후 발전적인 차원에서 재조명할 필요가 있다. 그러한 조명작업은 다종교사회문화와 다원주의 사회에서 상호 간의 모순과 맹점을 파악하고 장점을 취하여 종교문화(경영)의 본질을 제대로 인식하는 데 도움을 줄 수 있다. 특히 신

---

[2] '종교문화경영의 길'은 제9장 종교문화 경영(지도자)학 단락에서 재론되었으니 참조바람.

앙단체의 보편적 문화상황(文化狀況)과 사회적 위치, 국제적 위상 등은 종교문화 경영학의 관점에서 평가되어야 객관적으로 바라볼 수 있다. 현 종교사회문화에 대한 상황파악은 종교문화경영의 실제를 분석하고 그에 대한 통찰력을 함양시킬 수 있는 계기를 마련해 그 의미는 크다고 본다.

신앙단체의 새로운 유형들이 간혹 가시적인 혁신경영으로 합리적인 의식을 가지고 사회공동체의 순방향으로 틀을 잡아 나아가고자 노력한다. 그래야 그들은 종교문화경영의 차원에서 순차적인 단계와 절차과정에 따라 활로(活路)를 개척할 수 있다. 하지만 그렇지 못할 경우 정신적 나침판과 시대정신을 상실하여 방위와 목적 지향점을 잃어버리기 때문에 그나마 그간 남겨둔 발자취(足跡)마저 다양한 풍상우로(風霜雨露)에 의해 분간하기 어려워지기도 한다. 따라서 종교문화 경영학에서 논하는 종교적 사상과 이념은 역사적 관점에서 신앙단체의 교리와 도그마가 담긴 신앙사(信仰史)와 명확히 구별되어야 한다. 문화전파에서부터 시작하여 각 단체에 주어진 종교문화경영의 현주소에 이르기까지의 모든 분석은 현대사상과 과학적 지식이 겸비(兼備)된 합리적인 안목을 가지고 철저히 규명되어야 한다.

공동체 사회문화의 경영은 국가의 책임이 일정 부분 수반(隨伴)되기 때문에 국가경영철학의 분야에서 종교문화경영이 다루어져야 한다. 종교문화경영이 사회와 국가의 관심과 참여가 공조(共助)적으로 이루어지면 더 나은 건강한 사회문화와 질서를 형성할 수 있다. 세계적인 종교문화경영 상황이 다양한 분야에서 분석되고 상호호혜적인 국제(문화)교류는 인류문화발전에 이바지할 수 있다.

3. 시대성과의 조우(遭遇) – 공동선실천여부

사상단체, 신앙단체 그리고 종교문화경영인은 주어진 현(現)시대상황을 국제적인 안목에서 바르게 인식하고 파악하고 있는가? 공동체사회에

선(善)을 추구하는 상생(相生) 문화실천에 동참하고 있는가? 사회적 가치 창출과 환원에 동참한 것 등이 있는가?

이러한 문제 제기에 대한 분석은 보편성과 적합성 등이 담긴 현실 차원에서 실시되어야 신뢰감을 구축할 수 있다. 이 분석 작업은 먼저 종교문화경영에 관한 현 상황과 실태를 파악하여 공동체 사회의 발전을 위해 모두 공유할 수 있도록 진행되어야 한다.

그와 함께 단체와 사회의 협조가 필요한 부분은 공개적인 과정을 거쳐 공익사회에 이바지하는 것을 주목적으로 한다. 비협조적인 단체가 발생하면 그 사유를 작성하여 그 단체명을 또한 공개하는 것이 공정성과 공익성 등을 위해 바람직하다. 신앙의 자유는 국가적 차원에서 공동체 사회의 법과 질서를 위해 균형적으로 다루어져야 한다. 대한민국에서 개별적 신앙의 자유가 국가의식과 국가 정체성, 그리고 공동체 사회의 대표적인 상위개념이 될 수 없다. 모든 나라가 자국의 국법(國法) 안에서 개별적 신앙의 자유가 보장된다. 세계적으로 같이 통용되지 않고 무한하지도 않은 것이 또한 신앙의 자유다. 그것은 또한 법과 질서 안에서 통용되는 행위이자 그 범주를 이탈할 수는 없다.

종교문화경영지도자는 지구촌 시대의 인류문화가 하나의 영성 문화실천에 대한 결실이자 시간과 공간에서 활성화되고 상호보완적 가치로 공존과 공영을 이루고 있다는 것을 이해하고 체득할 수 있어야 한다. 그와 같은 보편적인 대의가 신앙단체에 없거나 부족(不足)하여 공동체사회에서 격리되고 공동체의 순기능이 실족(失足)되면 자연스럽게 음지(陰地)의 신앙단체로 전락한다. 그와 같은 유형의 신앙단체는 신앙문화의 내재적 특성에 따라 다양한 모습으로 정체(停滯)되었다가 어느 날 그의 간판도 떨어져 소리 없이 퇴색되어 사라지기도 한다. 그 반면 개혁 또는 기존의 종교문화와 유사한 형태로 변용(變容)된 신앙단체가 종교적인 문화를 가슴에 안고 역사의 무대 앞에 다시 등장하기도 한다.

이 책에서 다루는 종교문화경영지도자학은 종교문화경영의 13단계와 과정을 이수하도록 구성되었다. 종교문화경영의 학습자와 지도자는 지구 촌 시대의 인류문화가 하나의 영성 문화실천에 대한 공동선의 결실이자 시 간과 공간에서 이루어지는 상호보완적 존재로 공존과 공영을 이룬다는 것 을 이해하고 체득할 수 있어야 한다.

III. 종교문화경영의 13단계와 과정

　　종교(宗敎)문화경영에 관한 논리와 입증은 역사적 사건을 바탕으로 한 국내, 국제적인 문화(文化)의 전파단계에서부터 토착화과정에 이르기 까지 총괄적으로 다루고 있다. 그러한 단계와 과정에서 사용되는 종교문화 경영의 학습, 분석, 경험, 기능, 역할 등은 총괄적으로 종교문화 경영(지도 자)학이라고 불렸다. 종교문화 경영학에서 사용되는 다양한 개념들은 자국 과 타국과의 문화 관계가 어떤 상황과 결과로 이어졌는지 등에 관한 설명 과 사례를 포함하고 있다. 세계문화경영의 사례를 통해 종교(宗敎)와 신앙 단체(religion), 그리고 신앙단체에서 발견된 종교문화(宗敎文化)의 단계적 변화와 여러 형태의 발전적 과정은 중요시되어 문화(文化)라는 보편적 개 념사용이 폭넓은 관찰과 이해에 적합하다.

　　다양한 종교문화가 국내외로 전파되어 기존의 종교문화와의 공생과 공존, 공영을 추구하기 위해 순차적인 종교문화경영의 단계를 거쳐 성장 발전하는 과정이 있다. 그 과정은 다음과 같이 총 13단계로 분류되었고, 단계마다 설정된 문화개념의 설명과 그에 관한 역사적 문화경영사례와 의 의는 여러 각도에서 분석되었다.

1. 종교문화경영의 1단계 – 문화전파
(文化傳播, cultura diffusion, culture diffusion, Kultur Diffusion)

문화전파는 오랜 세월 동안 성장·발전을 거듭했던 지역사회의 문화요소가 타(他)지역 사회로 전파되는 것을 말한다. 즉 지역사회의 문화요소가 직·간접적으로 여러 형태의 매개체를 통해 외부 지역으로 확산하는 현상이다. 그러므로 문화전파는 상호 간에 보편적으로 자연스럽게 이루어지는 생활, 사상문화와의 교류 현상이다.

문화의 매개체가 자국의 지역과 지역 간에, 그리고 자국과 타국과의 교류를 통해 개인과 사회 생활문화에 근접하게 한다. 다른 지역으로 전파된 문화가 기존문화와 비교해 볼 때 이색적이고 때로는 이해하기 어려운 부분이 있다는 것을 스스로 발견하면 그러한 것을 희석하기 위해 자체적으로 노력한다. 그 노력은 점진적(漸進的)으로 기존문화와의 상호작용을 통해 긍정적인 문화교류를 이끌어내고 있다. 문화전파는 자국과 타국에서 여러 형태의 교류로 이루어지나 대체로 지형적인 장애(산, 강, 바다, 사막 등)에 의해 영향을 받는다. 문화전파에는 직접전파와 간접전파가 있다.

1) 직접전파

외래문화의 직접전파는 오래전부터 자국의 문화(A)와 타국의 문화(B)가 직접적인 접촉(선교사, 교육자, 여행자, 무역중개인)이나 교역(농·축산물, 초기의 금속화폐 등)으로 이루어졌다. 하지만 국제화(Global) 시대를 맞이한 오늘날의 통신매체는 더욱 신속하고 정확하게 자국과 타국의 지형적인 장애와 경계선을 허물고 각양각색의 정신과학문화와 자연과학문화를 전파하는 기능과 장점 등을 가지고 있다. 그 외에 정보화시대에 부응하는 신지식과 문화(상품)교류, 국제결혼 등이 자연스러운 직접전파에 속한다.

그런데도 문화의 직접전파가 과거에는 식민주의정책과 통치를 위해 물리적이고 편파적인 강제적 수단으로 이루어진 역사적 사례가 있다. 그것은 전형적인 제국주의적 문화경영이자 문화침탈의 유형이었다. 강제적인 문화전파의 수단은 타국문화와 충돌·마찰을 발생시키므로 보편적이고 정상적인 문화전파라고 볼 수 없다. 따라서 그러한 전파는 '문화 이식(移植)'으로 분류되기에 별도의 단락에서 상세히 재론한다.

2) 간접전파

대중매체, 서적, 과학기구, 예술문화 교류 등은 간접전파의 매개체에 속한다. 유럽에서 활동했던 과거 무역(貿易)인들의 구성원은 셈족이며 고대 페니키아(Phoenicia)문화를 발전시켰다. 그리스-로마 신화에 등장하는 페니키아문화 유산인 알파벳이 고대 그리스로 전해진 것과 십자군 전쟁을 통해 서구(西歐) 그리스도교문화와 동구(東歐)의 아랍문화가 교류된 것 등은 문화의 간접전파라고 분석된다.

어떤 사람들은 문화전파의 유형에 자극전파가 있다고 설명한다. 물론 기존의 문화가 다른 문화의 장점을 발견하고 자극을 받아 자체적으로 연구해서 더 나은 기법과 신기술을 문화에 접목하는 때도 있다. 그러므로 문화는 직접·간접전파를 통해 자연스럽게 자극받아 새롭게 변화되고, 또 성장·발전하는 특징적인 요소를 가지고 있기 때문에 이 글에서는 자극전파를 별도로 논하지 않았다.

문화전파가 이루어지면 곧 다음 단계로 이어질 주변 문화와의 긴밀한 접촉과 기존 공동체 사회문화와의 접변(接變) 현상이 서서히 이루어지면서 종교문화경영의 시야가 형성된다. 그 시야가 객관적이고 열린 상태라면 전파된 문화는 성장할 기회를 탐색할 수 있다. 그것은 문화접변 과정에서 시작되지만, 그 진행 과정 속에는 긍정적인 것과 부정적인 요소를 만나는 강력한 요인들이 잠재(潛在)해 상황에 따라서는 기존문화와 대치국면을 이루기도 한다. 문화의 접변 과정에서 특히 신앙(信仰)단체의 사상과 문화는 다양한 분야에서 관찰과 궁구, 호기심, 비평의 대상이 된다. 종교(宗敎)문화뿐만 아니라 사상과 교리가 담긴 신앙문화는 인간의 보편적 삶과 영적 세계를 아우르는 영향력을 가지고 있기 때문이다.

종교문화와 신앙문화의 상호관계는 생활철학의 이해와 인생관 그리고 세계관이 함축적으로 시간과 공간 속에 융해되어 있다. 오늘날 국가적 차원에서의 종교사회문화는 실용주의적 범주에서 다루어지고 있다. 그 문화가 시대정신에 부합할 가능성과 활용성의 대상이 되면 국가경영철학을 뒷받침하기도 한다. 따라서 이색적인 문화전파가 기존의 고유문화와 어떠한 맥락에서 마찰과 충돌의 여부는 있는지, 어떤 상호관계를 유지하고 있는지, 어떠한 사회적 결과로 드러났는지 등에 대한 분석은 현 상황을 직시하며 파악하는 것이다. 나아가 새로운 종교문화 현상의 한 축이 형성되면 그것은 그 시대에 어떤 기능과 역할 등을 담당하고 있는지 역사적(歷史的) 안목으로 진단해봐야 사적(私的)인 모든 것을 배제하므로 보다 명백하게 조명할 수 있다. 그에 관한 역사적 사례로 한국의 불교 문화전파가 국내에 어떻게 이루어졌는지 파악하기 위해 보조적인 측면에서 벤 다이어그램(venn diagram)이 사용되었다.

3) 벤 다이어그램(이하 '다이어그램'으로 표시) 1 – 문화전파

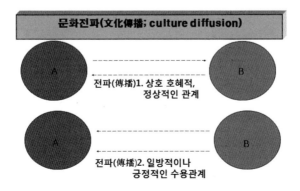

㈎기호 A 설명

① 자국의 문화

② 자국(=한국)의 유구한 전통문화를 누천년간 계승하며 성장·발전시키고 있다. 선(仙)·유(儒)·불(佛)·도(道) 가(家) 등의 학문과 사상이 조화롭게 융화되어 생활 속의 사상문화, 공동체사회의 문화로 자리 잡고 있다.

③ 자국의 유구한 전통·전승문화(종교문화 포함)·예술 등을 통해 형성된 한국인의 종교성, 인생관, 세계관, 생활문화의 근간을 이루고 있다.

④ 기호 A와 B 사이에 형성된 문화전파(傳播)1의 관계는 국내 또는 국제적인 문화교류로서 지극히 보편적이며 상호호혜적인 관계를 유지하고 있다. 정치적인 관점에서는 국가 간의 문화교류와 협력관계가 이루어진 상태에 서 나타나는 정상적인 현상이다.

나 기호 B의 설명

① 타국의 문화

② 타국의 문화요소가 자국의 현실적인 대안, 문제점 타결에 도움을 줄 수 있는 역할

③ 타국의 문화가 자국의 문화와 조화롭게 융화될 수 있는 문화적 기능

기호 A와 B 사이에서 이루어지는 문화전파(傳播) 2는 상생적인 측면에서 보면 민간차원에서의 문화교류는 아니다. 하지만 그는 자국의 정치적 이념으로 유입된 타국의 B 문화가 먼저 기존(=자국)의 고유문화(=A)를 수용하는 데 사회적으로 큰 거부감 없이 진행되는 절차과정을 말한다. 아래에 제시된 문화전파의 사례에서 그 의미가 어디에 있었는지 역사적 관점에서 다음과 같이 분석해 본다.

4) 역사적 사례 – 불교와 유교 문화전파의 의미

㈎고구려(高句麗)

불교[3]는 고구려 소수림왕 372년 만주(滿洲) 이북에서 건국된 나라 전진(前秦 351~394)과의 외교를 통해 정식적으로 유입되었다. 전진왕(前秦王)의 사신 부견(符堅 337~385)[4]이 고구려를 방문했다. 그 후 불교 승려 순도(順道, ?~?)가 고구려에 입국했고 그다음에 아도(阿道, ?~?)를 통해 불상과 불경을 보냄으로써 불교 전파는 정치적으로 공인되었다.

국제적인 관계에서 살펴볼 때, 그 당시의 중국은 북방(北方)을 정복한 다음에 남방(南方)의 동진(東晉)과 대치한 상황에서 동북방(東北方)의 정치적 견제가 필요한 상황이었다. 그 대상국인 고구려와의 관계를 개선하기 위해 상호 간의 불교 문화교류가 한 방편이 되었다. 그뿐만 아니라 고구려에 불교가 전파된 것은 고구려 자체 내의 정치적인 관점과 영향력이 작용하였다고 본다. 고구려는 백제와의 오랜 형제 전쟁의 후유증으로 발생한 정치 사회적인 문제점 해결과 정신문화경영에 불교의 기능과 역할을 기대했을 것이다. 불교 문화가 그간 전쟁에 시달리고 상처받은 백성들을 위로할 수 있는 새로운 정신적 기반으로 활용되었기 때문이다.

불교가 왕실에도 영향을 주어 왕실불교의 역할을 하였고 왕권을 강화하는 데 도움을 주었다. 왕실불교의 기능은 중앙집권체제 정비와 강화, 특히 정신 문화적인 영향력을 행사했다. 불교사상이 고구려의 정치 사회적인 문제점을 타개할 대안으로 주목받았고, 불교가 혁신경영의 일환이자 대체문화로 자리 잡았다. 고구려의 불교 문화경영은 전략적으로 국가를 통치하고 민심을 다스리는 차원에서도 성공적이었다. 불교는 정치적 안정을 도모한 후 융

---

[3] 불교에 대한 설명은 이 책의 제3장 하늘(天) 사상과 종교성 II. 한국인의 종교(심)성 4. 불교(佛敎)적이다. 참조 바람

[4] 부견은 357년 진 세조 선소황제(秦 世祖 宣昭皇帝, 재위 357~385년)가 되었고 376년 고구려와 우호 관계를 맺었다. https://ko.wikipedia.org/wiki/ 참조

성해졌고, 그 시대의 문화를 변화시키고 발전시키는 중심축이 되었다.

양고승전(梁高僧傳)[5]과 해동고승전(海東高僧傳)에 의하면, 동진(東晋)의 승려 도림(道林 ?~?)이 고구려 승려에게 법심(法深)이라는 불교 대표자를 소개하는 서신을 보냈다는 기록이 있다. 372년 이전(以前)에 불교가 이미 문화교류의 방편으로 민간경로를 통해 고구려로 전파되었음을 알게 한다. 고구려는 불교사상에 대한 백성들의 반응을 사전에 정치·사회·문화·교육적인 관점에서 분석되었다는 것을 유추해보고, 불교 문화를 수입하는 데 국가경영(철학)의 차원에서 적극적이었다고 할 수 있다.

따라서 고구려가 기존의 종교적 사상을 대처하기 위해 정치적으로 불교를 수용한 것은 종교문화경영의 전략적 차원에서 활용되었음을 자연스럽게 추정해 볼 수 있다. 불교가 고구려의 국교(國敎)가 되었고 장기간에 걸쳐 기존의 토착문화와 조화롭게 융화되어가면서 번창(繁昌)했다. 그 후에도 불교는 역사적 흐름에 동참하면서 한국불교 문화의 토착화를 일구어냈고, 한국인의 철학사상과 이념에 큰 영향을 주어 불교 문화와의 공감과 소통의식은 공동체 사회문화에서, 문화의 광장에서 체감할 수 있다.

나 백제(百濟)

371년 백제 근초고왕(近肖古王)과 고구려 고국원왕(故國原王)의 전쟁이 전개되었다. 근초고왕이 이끈 군대가 고구려의 평양성 전투에서 승리하였고 고국원왕은 사망했다. 치열한 전쟁의 원인 중의 하나가 중원세력 지배와 대륙지배를 위한 제왕의 시대였다. 장기간에 걸쳐 지속한 고구려와 백제의 형제 전쟁은 양쪽 모두 백성들의 비참(悲慘)한 모습이 담긴 사회적 현상으로 드러났다. 비록 전쟁에 승리한 백제국가의 처참(悽慘)하고 고

---

[5] 중국 양(梁)나라 혜교(慧皎)가 양고승전(梁高僧傳)은 총 14권으로 구성되었고, 후한(後漢) 영평(永平) 시대(67)부터 양(梁)나라 519년에 이르기까지 고승 257명 중에 승려 243명의 행적이 간략히 기록되어 있다. 「네이버 지식백과」 고승전 〔高僧傳〕 (시공 불교 사전, 시공사, 2003. 7. 30.)

달픈 국내 사정은 고구려 국가와 별반 다르지 않았다. 양국의 전쟁결과는 참혹(慘酷)한 전쟁의 상혼(傷魂) 그 자체였다. 그 참담(慘憺)한 현실을 극복하고 백성들의 애환(哀歡)을 먼저 보듬어주고 달래주기 위한 논리와 시간이 절실히 필요했다. 그들의 마음을 위로하고 격려하며 그들의 안위(安慰)를 위해 새롭게 내세울 수 있는 사상과 혁신적 이념체계가 또한 절박했을 것이다. 특히 사회적 문제점들을 해결하고 정치적 배경을 공고하게 만들기 위한 새로운 통치이념도 요청되었을 것이다. 또한 그렇게 희구(希求)된 이념이 기존의 종교문화를 승계할 수 있다고 판단된 것이 불교사상이었다. 백제의 나라에 새롭게 등장한 불교가 정치 사회적인 상황과 조화롭게 접목되어 시대적 난국을 타개할 국가문화경영의 동력이 되었다고 판단된다.

한국 불교사에 의하면, 백제 15대 침류왕(枕流王 ?~385)은 정치 외교적인 시스템을 가동해 불교 수도승과 접촉을 시도했다. 384년 침류왕은 기다렸다는 듯이 교외까지 나아가 수도승 마라난타(摩羅難陀, ?~?)를 반갑게 맞이하여 궁궐 안에 머무르게 했다. 그뿐만 아니라 백제의 불교가 고구려보다 12년 늦은 384년 백제에 공식적으로 전파되었음에도 단기간에 백제의 왕실불교가 되었다.

동국대학교의 학술고증에 의하면, 인도의 승려 마라난타가 고대 중국의 동진(東晉)에서 불상을 가지고 백제에 들어와 불교를 전했다고 한다. 백제 침류왕이 마라난타를 교외까지 나아가 반갑게 맞이했다는 것은 기존 학설과 같다. 마라난타가 백제에 첫발을 내디딘 곳은 전라남도 영광군 법성포였다. 그의 처소는 임금의 호의와 배려 속에 궁궐 안에 있었다. 그 이듬해 385년 마라난타가 한산(漢山)에 처음으로 절을 지었고, 전남 영광군 모악산(母岳山)에 불갑사(佛甲寺)를 개창(開創)하여 백제불교가 시작되었다. 백제는 국가경영철학과 국가 정비체제를 도모하기 위해 전략적 문화경영방법으로 불교를 수용했고, 불교사상이 통치이념으로 공식화되어 국가경영의 차원에서 추진되었다. 백제는 불교를 공식적으로 공인(公認)하였고 불교는 백제의 국교가 되었다. 백제의 불교가 사회적 소통문화이자 혁신경영에 참여하는 새로운 정신문화이자 국가경영철학이 되었다.

백제불교는 어느덧 왕실의 배려와 관심 속에 사회적으로 크게 성장·발전하였고, 전쟁의 상흔을 감싸주며 정신적으로 치유할 수 있는 종교로 혁신경영의 기능을 담당하면서 융성해졌다. 백제불교는 찬란한 백제문화의 정수(精髓)로 손꼽힐 만큼 섬세하고 정교한 백제불교 문화의 꽃을 피웠다. 고구려와 백제가 불교를 국교로 공인한 것은 국가적인 차원에서 실행된 종교문화경영이었고, 그 결과는 실용적 차원에서 성공적이었으며 불교 문화의 토착화를 이루는 실마리가 되었다.

고구려와 백제의 종교문화경영은 수많은 불사(佛寺) 건축에 도움을 주며 고승을 배출하였고 명실공(名實共)히 국가적 인재발굴과 인재경영에도 큰 영향을 주었다. 하지만 일부 사람들은 불교사상이 한민족의 대륙적이고 웅비(雄飛)하는 본래의 기상과 전투력을 약화했다고 지적하기도 한다.

㈐ 고려(高麗)

고구려를 승계(承繼)한 고려(918~1392) 왕조는 기존의 불교를 다시 국교와 호국불교로 수용했다. 고려의 팔만대장경(八萬大藏經)은 현존하는 대표적인 문화재 가운데 하나이며 호국불교로서의 이념과 백성들의 성심이 투영된 것으로 세계적인 보물이다. 그것은 고려가 원(元)나라의 침공을 방어할 때 고려 군관민(軍官民)이 하나 되어 일심의 노력으로 완성되었고 현재 경남 합천 해인사(海印寺)에 보관되어 있다. 팔만대장경은 국보 제32호이자 유네스코(UNESCO, United Nations Educational, Scientific and Cultural Organization)에 의해 세계문화유산에 등재되었다.

고려가 당면한 수난(受難)의 역사는 원(元)나라의 고려 침공에서부터 시작되었다. 1206년 몽골제국을 통일한 테무진(1162·67?~1227)은 칭기즈칸(성길 사한, 成吉思汗)으로 추대되었다. 그의 정복세력은 그 당시 세계 최강이었고 그가 정복한 영토는 세계의 지도를 바꾸어 놓았다. 원나라 몽골군은 총 7차례에 걸쳐 고려를 침략했다(1231~1259). 고려의 대몽항쟁

(對蒙抗爭)은 처절하다 못해 비참했지만 지속하였다. 고려의 항쟁 정신과 방어력은 드높았으나 백성들은 도탄(塗炭)에 빠졌다. 고려는 결국 대몽항 쟁을 거두고 원나라와 정치적 수교(修交)를 단행했다. 원나라는 고려를 정복하지 못했으나 고려 국정에 관한 원나라의 내정간섭은 갈수록 심해졌다. 침체한 불교 문화사상과 함께 정치적 혼란에 빠져 있던 고려는 국가 차원에서 새로운 종교문화경영에 관심을 끌었고 탈출구를 찾기 위해 접근한 것이 불교의 혁신으로 혁신경영에 초점을 두었다.

혁신경영의 실마리는 고려 시대의 유교 사상과 만남에서 시작되었다. 고려 제25대 충렬왕(忠烈王, 1236~1308) 시대 안향(安珦, 1243~1306년)에 의해 유학(儒學)이 전파되었다. 그 당시 불교를 국교로서 신봉하던 정치인들이 유학 사상도 꿰뚫고 있었다. 불가(佛家)사상과 유가(儒家) 사상이 공존하고 있었다는 것을 보여주는 역사적 사례가 있어 요약해 본다.

고려 공민왕(恭愍王: 1330~1374)의 왕후 노국공주(魯國公主, ?~1365)는 난산(難産)으로 태아(胎兒)와 함께 사망했다. 그로 인해 공민왕은 정치에 관심을 잃어버리고 사망한 왕후의 환생(還生)을 기대할 정도로 정신적인 방황과 심리적 타격이 컸다고 한다. 그 당시 왕사(王師) 역할을 담당하였던 신돈(辛旽, ?~1371)이 공민왕의 개혁정치 가운데 하나인 불교개혁, 즉 도첩제(度牒制, 국가의 승려 신분증명서)를 실시했다. 그러나 그는 정적(政敵)에 의해 유배(流配)된 후 사망했다. 여기서 눈여겨볼 것은 공민왕(恭愍王)이 개혁정치를 펼치기 위해 당시 온건한 유가(儒家)의 대학자 이색(李穡, 1328~1396)의 의견을 왜 중요시하였는가에 있다.

공민왕과 신돈이 불교를 숭상했지만 유학 사상도 존중했다는 것은 불가(佛家)와 유가(儒家)의 사상적 맥락에서 국가와 국민을 위한 공통점을 발견했고, 상호 간의 공생과 공존할 길을 모색했다고 본다. 종교학적인 관점에서 보면 그들은 불교와 유교 문화와의 조화 그리고 문화의 융화를 통해 토착화의 길을 연 것이며, 불교개혁을 이루고자 국정쇄신과 인재경영에 뜻을 함께했다고 분석된다.

㈜ 신라(新羅)

신라의 불교 전파는 이 글의 제8장 종교문화 경영(지도자)학의 단계와 과정 II. 6. 종교문화경영의 6단계 – 문화의 지연(文化遲延, culture lag)에서 상세하게 다루었기에 여기서는 생략했다.

㈜ 조선(朝鮮)

1392년 이성계에 의해 창업(創業)된 조선(朝鮮)은 신돈(辛旽, ?~1371)을 왕사로 삼아 국정을 펼쳤던 고려 말의 정치적 상황과 불교 문화의 문제점을 부각하면서 불교를 배격(排擊)했다. 그 반면 조선은 새로운 국정철학이자 국가 관리시스템을 고려 말경에 들어온 유가(儒家)의 이념에서 찾았다. 개국을 선포한 조선은 유학(儒學)을 숭상하는 나라로 유가 사상을 새로운 국가경영철학이자 혁신경영으로서 삼았고 국교(國敎)로 정했다.[6] 다음 단락에서 제기된 긍정적인 문화전파 1의 모델은 불교에 이어 조선의 유교가 국교로 결정된 것을 설명했다. 이와 같은 상황은 위에서 제기된 다이어그램 (diagram) 1에서 문화전파 1과 문화전파 2의 관계를 제시한 것이다.

5) 문화전파의 관계성 분석

문화의 전파 과정은 크게 두 가지의 상반된 성격과 내용이 포함되어 있다. 하나는 상호호혜적인 관계유지와 다른 하나는 비(非)상호적인 관계가 있다. 따라서 문화전파의 시대적 상황이 어떠한지 먼저 분석되어야 한다. 때로는 문화전파가 정치적 배경으로 이용될 수 있다.

문화전파의 정상적인 첫 단계는 상호호혜적인 관계를 유지하면서 점차 성장 발전을 도모하기 위한 변화과정을 맞이하는 것이다. 그 반면 비상호관계성은 강대국의 정치적 영향력과 압력에 의해 일방적이거나 급진적

---

[6] 제3장 하늘(天) 사상과 종교성 II. 한국인의 종교(심)성 3. 유교(儒敎)적이다. 참조 바람

으로 이루어지고 있다. 그와 같은 행위는 물리적인 방법을 통해 타국의 문화를 배척하고 무시하는 식민지정책의 뒷배경으로 악용되었다. 문화전파의 비상호성관계는 결과적으로 인권과 생명을 무시하며 타국의 문화를 강제적으로 해체하고, 타국에 강대국의 문화를 광범위하게 이식시키는 행위였다.

그러한 문화 이식행위가 바로 식민주의정책에서 발생하는 강력한 문화테러리즘이다. 문화테러리즘에는 religion 우월성, 문화 우월주의, 선민의식 등이 포함되어 타국의 문화를 야만 문화, 타국인을 야만인으로 판단하고 업신여긴다. 문화테러리즘을 선교정책의 성과로 평가하고 신의 섭리로 가르치는 서구의 교회사가 그 시대의 정치사와 긴밀하게 연계되었으며, 지금도 소리 없이 진행되고 있다.

열강 식민지정책의 잘못과 죄악사가 널리 드러나면서 현재는 강압적이고 폭력적인 야만 행위로 가시적인 문화테러리즘을 하지 않는 것이 국제적 추세이다. 하지만 그것은 현대기술과 기묘한 전술이 동원되어 비가시적인 얼굴로 하고 있을 수 있으며, 그 실체는 사회적 문화 현상과 어우러져 있어 좀처럼 사라지지 않고 있다.

서구의 문화 우월주의, 문화패권의식은 수그러들지 않고 있다. 세계정치 상황과 문화에 종교문화경영이 서구의 의식에 잘못 활용되어 많은 사람의 각성이 필요하다. 문화전파과정에서 문화 이식이 문화테러리즘이며, 비(非)상호관계에서 일방적이고 무력적인 행위와 특성이 있다는 것을 살펴본다.

6) 다이어그램 2 - 문화전파의 상호관계성 비교

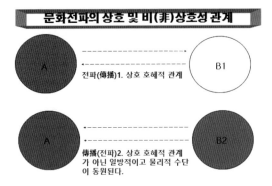

문화전파의 상호 및 비(非)상호성 관계

전파(傳播) 1. 상호 호혜적 관계

傳播(전파) 2. 상호 호혜적 관계
가 아닌 일방적이고 물리적 수단
이 동원된다.

㈎ 기호 B1, 상호호혜적인 관계설명

① 서양 그리스도교의 전승 문화(religion 문화 포함)·예술·과학기술
등의 영향으로 형성된 종교성, 인생관, 세계관은 서구 생활문화의
근간을 이루고 있다.

② 서구의 신앙문화·사회문화·예술·과학기술 등이 한국의 근대화
시기에 한국의 전통사회문화에 유입되어 그 기능의 일부가 성장
발전되었거나 소멸하였다.

③ 그리스도교는 자국(또는 타국)의 유구한 전승 문화·종교·예술·근
대 사회문화·인생관·세계관 등에 많은 영향을 주었다.

나 기호 B2, 비(非) 상호관계 설명

① 서양 그리스도교의 전승 문화(religion 문화 포함)·예술·과학기술
등으로 형성된 서구의 종교성은 인생관, 세계관과 생활문화의 바
탕을 이루고 있다.

② 서구의 신앙문화·사회문화·예술·과학기술 등이 한국의 근대화 시
기에 한국의 전통사회문화에 유입되어 그 기능의 일부가 성장 발
전되었거나 소멸하였다.

③ 자국(또는 타국)의 유구한 전승 문화·종교·예술·근대사회문화·인생관·세계관 등에 많은 영향을 주었다.

④ 서구의 열강(列強)들과 일본(日本)은 제국주의적 식민주의정책을 펼쳤다.

7) 문화전파의 상호호혜적인 관계성 - A와 B1

다이어그램(diagram) 2에서 제시된 '문화전파의 관계성 비교'인 A와 B1 그림에서 '문화전파(傳播) 1. 상호호혜적 관계'를 한국사와 한국의 서로마가톨릭 교회사와 연계시켜 분석해 보면 다음과 같은 역사적 사실이 전해지고 있다.

서로 다른 A와 B1의 문화 사이에서 이루어지는 문화전파는 상호 간에 긍정적인 시스템관리 상태(System Management Mode)로 작동하고 있다. 이 두 문화는 상호 간의 호의와 관심 속에 역사적 만남이 이루어졌다. 문화의 직접전파가 사람, 문물(文物)교환, 다양한 창구(窓口)를 통해 활성화되었다. 그러한 사례는 조선 시대의 실사구시(實事求是)를 주장한 실학(實學)자들과 서로마가톨릭의 선교사 마테오리치와 아담 샬의 만남에서 찾아볼 수 있다.

병자(丙子, 1636)년 12월 청나라가 조선을 침범하여 발생한 사건이 병자호란(丙子胡亂)이다. 이 사건으로 조선(朝鮮) 시대 왕 인조(仁祖, 1595~1649)는 1637년 1월 삼전도(三田渡)의 치욕을 당했다. 전승국(戰勝國)이 된 청국의 태종이 조선(朝鮮)의 왕 인조에게 조선의 세자와 왕자를 볼모로 삼겠다고 했다. 인조의 아들 소현세자(昭顯世子, 1612~1645)가 청나라의 인질(人質)이 되겠다고 자원했다. 1637년 그는 심양[瀋陽 현재의 랴오닝성(遼寧省 선양(沈阳, Shenyang)]으로 떠났다.

소현세자가 청국의 볼모로 생활하고 있을 때였다. 그는 서로마가톨릭 예수회 소속인 독일 신부 아담 샬(Johann Adam Schall von Bell, 1591~1666,

湯若望 탕약망)과의 교류로 천문, 산학(算學), 여러 서적, 천주상(天主象)을 접하였다. 그가 서양의 과학지식과 세계관, 서구문화에 관심을 가지고 아담 샬과 교유(交遊)한 것은 그의 북학(北學)[7] 사상(思想)과 북벌(北伐) 계획이 있어 더욱 호기심을 불러일으켰을 것이다.

그가 그동안 중국에서 고통과 인고(忍苦)의 세월을 장기간 보냈기에 북벌계획은 더욱 간절했다고 본다. 1645년 2월 소현세자가 서울로 귀국하였으나 3개월도 못살고 갑자기 세상을 떠났다. 그의 죽음은 독살(毒殺)이 었다는 의구심(疑懼心)이 나돌아다닐 정도였다. 개혁적인 소현세자와 보수적인 그의 아버지 인조가 정책 방향이 다르다는 것은 잘 알려진 사실이다. 인조는 소현세자의 죽음을 구체적으로 밝히지 않고 의혹을 감추는 데 주력했기 때문에 역사의 한쪽에 의문사(疑問死)로 남겨졌다.

소현세자 이후 조선 시대의 실학자(實學者)들은 정치인들의 탁상공론(卓上空論)을 멀리하고 실용주의적인 정책 방향으로 세 가지를 실현하고자 했다. 그것은 경세치용(經世致用; 세상을 다스리고 실질적인 생활에 이익이 될 수 있는 학문추구), 실사구시(實事求是; 사실적 바탕에 근거를 둔 객관적이고 과학적 학문 태도), 그리고 이용후생(利用厚生; 기구사용이 생활에 이롭고 편리하게 하여 삶을 풍요롭게 한다는 실천적인 학문)이었다.

이 세 가지의 정책 방향과 목적은 고질적인 삼정〔三政; 전정(田政)·군정(軍政)·환정(還政)〕의 문란을 바로잡는 데 있었다. 혁신적이고 개혁적인 변화를 추구하는 실사구시는 과학, 기술, 역사, 문학, 풍습 등을 포함한 문화 부분에 관한 연구가 필요했고, 인재양성으로 실용적인 사회개혁에 힘을 실어주는 데 의의가 있었다.

서양에서 그 당시의 중국으로, 중국에서 다시 조선으로 들어온 서로마가톨릭의 세계관과 과학기기(망원경, 나침반, 화약) 등은 실학자들의 호

---

[7] 북학파는 중국 청(淸)나라의 학술과 문물을 학습하여 삶과 경제에 도움이 되는 실용주의노선을 주장하는 학파(學派)를 뜻하며 조선의 영조와 정조 시대에 형성되었고 실학파(實學派)라고 한다.

기심을 불러일으켰다. 이에 실학자 정약용은 당시 서구의 과학문화에 많은 관심을 가졌다. 유학자였던 이승훈(李承薰, 1756~1801)은 1775년 정약용(丁若鏞, 1762~1836)의 누이와 결혼했다. 1784년 이승훈은 중국에서 가톨릭 신부 서품(세례명 베드로)을 받아왔다. 그는 조선의 최초 서로마가톨릭 신앙인이 되었고, 귀국할 때 수십 종의 교리 서적과 십자고상(十字苦像)·성화·묵주 등을 가지고 왔다.

조선은 지봉(芝峯) 이수광(李睟光, 1563~1628)을 세 차례나 북경의 사신(使臣)으로 보냈다. 그가 북경을 왕래하면서 서양 학술사상을 접하였고 그 사상을 조선으로 소개했다. 그는 가톨릭 문화전파의 간접적인 매개체가 되었다. 이수광은 마테오리치(Ricci,M., 利瑪竇)가 저술한 한역서학서(漢譯西學書) '천주실의(天主實義)'[8]를 읽었다. 그 후 그는 자기 호(號)를 따서 저서(著書)『지봉유설(芝峯類說)』을 남겼다.

그 책은 우리나라의 최초 문화백과사전형태로 알려졌다. 이수광은 지봉유설에서 1602년 마테오 리치와 명나라 학자 이지조(李之藻)와 함께 만들었다는 '곤여만국지도(坤輿萬國全圖)'를 소개하였고, 가톨릭의 신(神; God)관을 동양의 상제(上帝) 사상과 비교해서 평가했다. 즉 가톨릭의 유일신관이 동양의 하늘님(上帝)관과 유사하며 하늘을 공경한다는 의미로 해석되었다. 이수광의 『지봉유설』은 서양의 우주관, 세계관 그리고 인생관 등을 두루 살펴보는 계기를 제공했다.

서로마가톨릭의 조선에 대한 문화전파과정은 초기(初期)에 일방적이 아니고 상호호혜적인 문화교류의 차원에서 이루어졌다. 서양식 곤여만국지도는 1603(선조 36)년 부경사(赴京使; 명과 청나라에 파견된 외교 사신(使臣)으로 정삼품 이상의 당상관급)로 베이징에 갔던 이광정(李光庭)과

---

[8]　마테오리치는 이탈리아의 가톨릭 예수회 소속이었다. 그의 저서는 『De Deo Verax Disputatio(=하느님에 대한 참된 토론)』이었으나 『천주실의(天主實義)』로 한역(漢譯)되었다. 천주실의가 차후 유생(儒生)들에 의해 논란의 대상이 되었으나 그의 한글 번역본은 절두산(切頭山; 마포구 합정동 한강 강가에 있는 산봉우리) 가톨릭 순교자박물관에 보관되어 있다.

권희(權憘)를 통해 조선으로 유입된 최초의 세계지도가 되었다. 조선의 학자들은 서구문화에 대한 호기심이 증폭되었다. 1708년(숙종 34년) 곤여만국전도(坤與萬國全圖)는 조선의 관상감(觀象監)에서 여덟 폭의 병풍도로 제작된 '건상곤여도병'(乾象坤與圖屛)으로 거듭 태어났다. 그 지도를 통해 조선 지식인들의 지리적 정보와 세계관에 큰 변화가 일어났다.

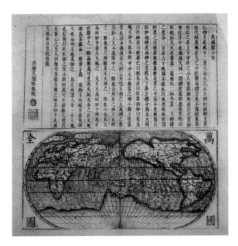

〈그림 11〉

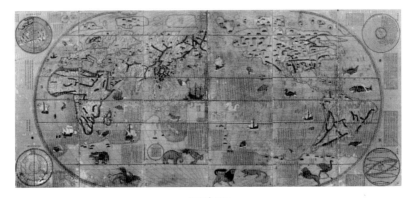

〈그림 12〉

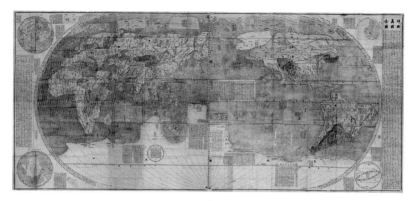

〈그림 13〉

　동서양의 문화가 직·간접적으로 전파되어 상호 간에 새로운 문화를 가까이 접할 수 있었다. 신학문(新學問)을 배우고 서로 간에 삶의 공통성과 유사성을 발견하는 실질적인 접근과정에서 유익성과 가치성 등은 상호 호혜적인 차원에서 찾아볼 수 있었다. 다양한 채널을 통해 또 서로 간의 색다른 고유문화의 독특성과 종교문화도 배우게 되었다. 다만 그러한 보편적인 과정에서 서로 다른 외래문화와 전통문화가 만나 신앙과 교의적인 문제로 정치적, 사회적 충돌과 불화(不和)가 발생하지 않도록 다음 문화의 접변 단계에서 특별히 주의해야 한다. 그것은 종교문화경영 차원에서 신중하게 다루어야 할 사안이기 때문에 중요한 시점이 된다.

2. 종교문화경영의 2단계 − 문화이식
(文化移植 transculturation, culture transplantation)

　종교문화경영의 과정에서 문화이식(transculturation)의 단계 없이 바로 문화의 접변으로 진행되어야 정상적으로 상호 간의 문화교류가 이루어지고 긍정적인 측면에서 인류문화의 보편성을 발견할 수 있다. 문화이식은 오늘날 재현되어서는 안 될 종교문화경영의 부정적인 과정이지만 인류문화의 과거사를 돌이켜보고 경종의 차원에서 성찰과 반성으로 미래지향적인 방향을 찾아보는 관점에서 다루어지고 있다.

문화이식(移植)은 광의적인 차원에서 보면, 문화전파의 카테고리 (category) 중에 문화의 직접전파에 들어 있다. 문화전파의 전개 과정에서 문화이식은 제국주의적 식민주의정책과 밀접한 관계를 유지하고 있다. 과거 그리스도교 제국의 여러 국가가 펼친 선교정책은 신의 이름으로, 예수의 이름으로 약소국을 수탈한 식민지정책과 무관하지 않다. 따라서 문화이식의 행위는 문화테러리즘이라고 본다. 일본 제국주의는 일본 천황의 이름으로 대한제국을 식민지로 만들어 초토화했다. 문화이식은 세계적인 폭정, 악행, 수탈, 착취, 인권유린 등의 만행으로 이어졌다는 것을 역사적 사례를 통해 다음과 같이 밝혀보고자 한다.

1) 문화이식에 관한 역사적 사례

문화이식은 강대국의 문화가 약소국인 나라에 일방적으로 때로는 무력적인 정치와 군사적인 행위를 통해 전파하는 것이기 때문에 비(非) 상호관계에서 진행된 역사적 침공 사건으로 분리된다. 문화이식은 약소국민의 전통문화와 민족의 고유성, 정체성, 자긍심 그리고 그와 연계된 모든 사상적 관례 행위를 와해 또는 말살(抹殺)시킨다. 문화이식은 세계 식민지정책사에서 쉽게 찾아볼 수 있으며, 전형적인 유일신 신앙단체의 선교정책과 연계되어 있어 식민지정책문화의 수단이자 도구로 사용되어 강제적인 선교문화전파의 온상이 되었다.

문화이식의 특징은 물리적인 힘을 동원하여 강압적으로 약소국의 국민을 탄압하고 억압하면서 그들의 문화 일체를 정복하고 약탈하며 점차 소멸시키는 데 있다. 그들에게 가장 낯설고 거부감과 반항의식, 충돌을 일으키는 문화이식의 방법은 강대국에 의해 사용되었다. 그 방법은 신속하게 처리할 수 있는 정치적 수단이자, 특히 경제적 약탈을 단기간에 최대화하는 전략적 식민지문화경영의 매개체로 애용되었다. 강대국은 필요한 다양한 천연원료와 재원충족을 약소국가에서 강탈하여 자국으로 이송시키는 데 혈안이 되었다. 그리스도교를 앞세운 서구의 열강들은 다음과 같은 사상과 논리를 통해 약소국을 침탈했고 오늘의 경제적 부를 이루었다.

> "제국주의적 침략 사상과 전체주의 경제학(全體主義經濟學) 논리가 타국의 문화재를 강제로 약탈하고, 경제적 이익을 극대화해 부의 추구를 이루었다."[9]

서구 경제학 논리로서 강행된 문화이식은 보편적이거나 객관적인 정도(正道)가 아닌 침략적이고 전략적 약탈 경영을 통해 이루어졌기에 수많은 약소국가와 민족에게 씻을 수 없는 고통과 상처를 안겨주었다. 이미 주지하고 있듯이 미국, 영국, 프랑스, 스페인, 포르투갈 등의 국가적 정치적 차원에서 강행된 문화이식(文化移植)의 행위가 인류에 대한 모독이며 야만적인 악행으로서 용서받을 수 없는 큰 죄악 행위임을 역사적인 기록물에 의해 밝혀지고 있다.

수 세기를 걸쳐 동남아 해변 지역에 있는 필리핀은 스페인의 지배하에 식민지로 전락하여 황폐해졌고, 근대화 시기에 반세기 동안 미국의 통치를 받아 미국의 영향을 강하게 받았다. 현재 필리핀 고유의 춤과 노래가 존속되어 전통예술이 되었고, 민간전승의 전설과 신화들 그리고 특산품으로 일부 지방의 목각(木刻) 품이 세계인에게 알려졌다. 하지만 필리핀의 신앙단체는 대부분 서로마가톨릭이다. 신앙문화 이식의 전형적인 사례 중 하나로 그리스도교화(Christianisierung, christianism)가 필리핀에서 이루어졌다. 그리스도교화는 영성적으로 세계그리스도교 대제국의 부활을 지향하는 개념이기 때문에 신중히 사용되어야 한다.

필리핀의 고유 언어는 따갈로어(Tagalog)이지만 영어가 공존하고 있

---

[9] 안병로, 『그리스도교의 검과 평화』, 지성인, 서울 2016, 274쪽

다. 대부분의 국민은 주로 영어를 사용하고 있다. 그들은 필리핀의 고유 언어와 문자가 소멸하지 않도록 노력하고 있으나 영어 사용의 대세를 극복하는 데 분명 한계가 있다. 그와 같은 시대적 문화모델로 남겨진 나라가 인도(印度)이며 인도인은 주로 영어를 사용한다. 마하트마 간디(Mohandas Karamchand Gandhi, 1869~1948년)는 영국에서 법률공부를 하다가 현지인을 통해 힌두교의 경전 바가바드기타(Bhagavadgītā)를 처음 접했다고 한다. 간디는 자국의 고대역사문화를 몰랐던 것에 대해 부끄러움을 느꼈다고 후술(後述)했다. 그는 역사적 문헌과 만남으로 자아 성찰의 시간을 거쳤고, 힌두교도의 자부심과 긍지를 가졌다고 한다. 바가바드기타는 서력기원 전 2세기에서 서력기원 후 5세기경에 산스크리트어로 기록된 것으로 추정되고 있다. 하지만 영국의 식민지통치 영향으로 인도인 대다수가 자국의 고유 언어인 산스크리트어(Sanskrit語) 대신 영어를 사용하고 있다.

인디언들의 언어와 문자 또한 문화이식을 통해 그들의 고유 언어와 글자가 말살되었고, 그들의 생명이 무수히 살해되었다. 모두 식민지정책의 매개체인 문화이식으로 발생한 잔혹한 사건은 세계사의 죄악사로 남겨져 있으나 그에 대한 세계적인 문제 제기는 미진하기 짝이 없다.

종교문화 경영학의 과정에서 살펴본 문화이식이 유일신 신앙단체의 문화전파와 연계성을 가지고 지금도 간접적으로 진행되고 있다. 이에 대한 설명이 불가피하나 앞에서 다루었던 내용과 다소 중복되는 경우가 발생하여 문화이식의 의미를 보다 분명하게 이해하도록 도움을 주기 위해 함축적으로 작성된 것이 다음의 다이어그램 3이다. 다이어그램 3은 문화전파의 비(非)상호적이고 비(非)호혜적 관계에 따르는 문제점뿐만 아니라 물리적인 방법이 동원될 때 발생하는 약소국(또는 자국)의 다양한 피해와 심각성, 그리고 약소국 민족의 정체성 등이 어떠한 상황에 이르렀는지 검토해 본다.

2) 다이어그램 3 문화이식 – 문화전파의 비(非) 상호관계

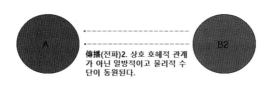

문화傳播(전파)의 비(非)상호성 관계

傳播(전파)2. 상호 호혜적 관계
가 아닌 일방적이고 물리적 수
단이 동원된다.

A

B2

㈎ 기호 A(=자국 문화) 설명

① 근대화 시기의 자국(自國, 대한제국 또는 그 외의 약소국가 포함)의 유구한 전통·전승·사회문화와 다양한 종교·정치·예술 등을 통칭한다.

② 예컨대 한국(韓國)의 유구한 전통문화를 누천년간 계승하며 성장·발전시켰다. 선(仙)·유(儒)·불(佛)·도가(道家) 등의 학문과 사상이 조화롭게 융화되어 생활 속의 사상문화, 공동체 사회의 문화로 자리 잡고 있다.

③ 한국의 유구한 전통·전승 문화(종교문화 포함)·예술 등을 통해 형성된 한국인의 종교성, 인생관, 세계관은 생활문화의 바탕을 이루며 그러한 사상은 상호 간에 조화롭게 융화되어 토착화를 이루고 있다. 일즉다(一卽多) 다즉일(多卽日)의 유형 속에 공공성과 사회적 가치성을 두루 포함하고 있다.

나 기호 B2 설명

① 서양 그리스도교의 전승 문화(religion 문화 포함)·예술·과학기술 등으로 형성된 서구의 종교성은 인생관, 세계관과 생활문화의 바탕을 이루고 있다.

② 서구의 신앙문화·사회문화·예술·과학기술 등이 한국의 근대화

시기에 한국의 전통사회문화에 유입되어 그 기능의 일부가 성장 발전되었거나 소멸하였다.

③ 그리스도교는 자국(또는 타국)의 유구한 전승 문화·종교·예술·근대사회문화·인생관 및 세계관 등에 많은 영향을 주었다.

④ 서구의 열강들과 일본은 제국주의적 식민주의 정책을 펼쳤다.

문화전파가 열강의 정치적 개입과 군사력을 동원해 비(非)상호적 관계로 진행되면, 순식간에 문화이식으로 전개된다. 한국의 근대사를 살펴보아도 강대국에 의해 자국의 전통문화가 말살 위기에 처했다. 처참한 국가적 상황과 그로 인한 사회적 혼란, 그리고 도탄(塗炭)에 빠진 국민의 생사 문제와 비참하게 발생한 수많은 사건은 모두 문화이식과 직접적인 연관성이 있다. 그와 같은 문화전파의 비(非)상호적인 관계는 문화이식(移植)의 결과로 드러난다는 것을 다음의 다이어그램 4는 설명하고 있다.

3) 다이어그램 4 – 문화이식(transculturation)

**강대국(B2)의 문화이식으로 발생된
약소국(A)의 전통문화 말살위기**

강대국의 강력한 정치적 식민지문화정책은 약소국(A)의 전통문화와 민족정신을 제재(制裁)하고 압살(壓殺)시키기 위해 문화이식이라는 강제적인 수단을 동원했다. 문화이식(그림 B2)은 선교정책이라는 미명(美名) 아래 전개되었으나 결국 식민지정책으로 변질하였다. 유럽 교회사를 살펴보면, 선교정책은 파송된 선교사를 통해 각 나라의 수많은 정보를 수집하는 기능과 역할을 담당했다. 그 정책은 식민지정책의 길을 열어주는 다리 역할은 물론 식민지정책의 초석을 다져주었고, 유일신의 이름으로 약소국가의 언어와 민족의 얼을 말살시켜 사회적 혼란을 부추겼다. 예컨대 약소국가와 인디언 부족단체의 다양한 소수언어가 많이 소멸하였고, 지금도 소멸하여 가는 상황에 놓여 있다. 문화이식의 결과는 인류 문화사를 짓밟은 참혹한 흔적과 잔상(殘像)으로 남겨졌다. 또 그런 야만적이고 포악한 사건들은 여러 형태의 매개체로 그의 잔혹함과 죄악사가 고발되고 있다. 하지만 그러한 참담한 문화이식으로 남겨진 역사적 현장이 세계인들의 관광지가 되어 또 다른 한숨을 토해내고 있다. 서로마가톨릭을 신봉하는 스페인이 시대적으로 어떠한 상황에서 어떻게 인디언을 약탈하였고, 왜 학살(虐殺)하였는지 등을 분석해 본다.

① 스페인과 인디언 −선교정책과 식민지정책, 인디언 대학살−

서구 열강들의 야만적인 식민주의정책은 이탈리아 출신 콜럼버스(Christopher Columbus, 1451~1506)에 의해 촉발(觸發)되었다. 그 정책은 무력을 동원한 문화이식이자 인류 문화사의 대재앙임을 극명하게 보여준 것이며, 중세그리스도교의 속성이자 그리스도제국이 보여준 본래의 민낯이었다. 그 정책의 파괴력은 아직도 피정복자의 지역에 남겨진 황폐된 옛 건축물에서 발견된다. 그의 흔적은 사진으로 남겨져 보는 사람의 마음을 황량(荒涼)하고 애잔하게 만든다. 원주민들의 애절(哀切)하고 처량(凄涼)한 피리 소리는 어느덧 한국 땅에도 착륙하여 여러 지역에서 지나가는 사람들의 심금(心琴)을 울려주고 있다.

콜럼버스는 에스파냐(=스페인) 여왕 이사벨라의 후원으로 스페인 군인들과 종군(從軍) 신부를 데리고 인디언들이 사는 아메리카 대륙으로 향했다. 그들은 원주민이 사는 인디언의 대륙을 초토화해 가면서 인디언들의 황금 장신구, '많은 금과 은과 보석',[10] 식물과 농산물(향신료인 후추, 고구마, 마, 야자 등)은 물론 동물(원숭이 포함)들까지 약탈하여 이사벨라에게 선물로 갖다 바쳤다.

다양한 선물 가운데 인디언을 납치하여 '노예'로 상납한 것도 유명하다. 서로마가톨릭 예수회 소속 스페인 군인들은 황금에 눈이 멀어 쿠바의 원주민인 인디언들을 노예로 삼아 지속해서 수단과 방법을 가리지 않고 악랄하게 금을 채취하도록 했다. 원주민들은 그들에게 석 달에 한 번 지정된 일정량의 금을 바쳐야 목숨을 지켜낼 수 있었다. 스페인 군인들은 주어진 의무에 불응하거나 반항하는 인디언들의 '손이나 코'[11] 또는 '귀를 자르고'[12] 그들을 '목매'[13] 살해했으며, 높은 산 바위 위에서 바위 아래로 떨어지게 하여 약 '700명'[14]의 목숨을 앗아 갔다.

〈그림 14〉

[10] 바르똘로메 데 라스 까사스(최권준 옮김), 『인디아스 파괴에 관한 간략한 보고서』, 북스페인, 2007, 121쪽

[11] 바르똘로메 데 라스 까사스(최권준 옮김), 같은 책, 130쪽

[12] 바르똘로메 데 라스 까사스(최권준 옮김), 같은 책, 79쪽

[13] 바르똘로메 데 라스 까사스(최권준 옮김), 같은 책, 79쪽

[14] 바르똘로메 데 라스 까사스(최권준 옮김), 같은 책, 132쪽

〈그림 15〉

　　스페인 군인들과 그들의 집행관은 "남녀노소 가리지 않고 3000명 이
상을 칼로 찔러 죽였고"[15], 일부는 "고문한 후에 개에게 물어 뜯기도록 던
져져 죽게"[16] 만들었다. 그로 인해 "7000명 이상의 어린아이들이 죽었
다."[17] 대략 "4백만 명에서 5백만 명의 인디언들"[18]이 목숨을 잃었다.

〈그림 16〉

---

[15]　바르똘로메 데 라스 까사스(최권준 옮김), 같은 책, 37쪽

[16]　바르똘로메 데 라스 까사스(최권준 옮김), 같은 책, 34, 72, 75, 79, 123쪽, 150쪽

[17]　바르똘로메 데 라스 까사스(최권준 옮김), 같은 책, 38~39쪽

[18]　바르똘로메 데 라스 까사스(최권준 옮김), 같은 책, 105쪽

〈그림 17〉

　　4000여 명의 인디언들이 농노가 되어 착취당했다. 농노(農奴)가 된 인디언들은 쇠사슬에 묶여 있었다.[19] 그들 중에 6명만 살아남아 집으로 돌아왔다.[20] 그 외에도 100명 이상의 인디언이 산채로 화형(火刑)[21]을 당하였고, 바다에 수장되었다.[22] 이러한 잔혹한 대학살 사건으로 인해 4만 명 이상의 인디언들이 목숨을 잃었다.[23]

〈그림 18〉

[19]　바르똘로메 데 라스 까사스(최권준 옮김), 같은 책 46쪽 그리고 존 헤밍(최파일 옮김), 『아마존 정복과 착취, 경외와 공존의 5백 년』, 미지북스, 서울 2013, 488쪽. 그림 17은 존 헤밍(최파일 옮김)의 같은 책 488쪽

[20]　바르똘로메 데 라스 까사스(최권준 옮김), 같은 책, 46쪽

[21]　바르똘로메 데 라스 까사스(최권준 옮김), 같은 책, 23, 24, 30, 36, 38, 54, 66, 76, 120, 122~123, 133쪽

[22]　바르똘로메 데 라스 까사스(최권준 옮김), 같은 책, 100쪽

[23]　바르똘로메 데 라스 까사스(최권준 옮김), 같은 책, 40쪽

〈그림 19〉

〈그림 20〉

　　에스파니아(Espania, 영어 Spain)는 중세 서로마가톨릭 그리스도교제국
의 한 국가였다. 스페인은 선교정책, 식민지정책을 통해 무고한 인디언들의
생명을 무수히 살해했다. 스페인의 군인들과 집행관은 도대체 어떠한 인생
관과 세계관을 가지고 살았을까? 그 당시 서로마가톨릭은 교황 중심 체제로
광대한 그리스도 대제국의 영역을 만들어 통치했다. 유일신으로 무장된 가
톨릭의 사상적 체계는 제도적 religion으로 부상하면서 절대적인 백인 또는
서구우월주의를 형성했다. 그러한 영향을 받은 스페인의 군인들은 인디언들
이 사는 땅 구아띠말라(Guatimala, 오늘날의 구아떼말라 Guatemala) 알따뜰란
(Altartlán) 지방에 침입하여 "어린이, 여자, 노인들을 칼로 쑤셔 두 시간 만에
거의 전멸시켰다."[24] 스페인 군인들은 다음과 같은 악행을 저질렀다.

---

[24]　바르똘로메 데 라스 까사스(최권준 옮김), 같은 책, 65쪽 참조

"불에 그슬린 날카로운 몽둥이들이 가득한 구덩이에 인디언들의 남녀노소를 불문하고 임산부나 산모까지 몰아넣었고, 그 웅덩이가 다 찰 때까지 몰아넣었다. 비인간적인 도살행위는 1524년부터 거의 7년 동안 지속하였다."[25] "그들은 도적질, 파괴, 폭력, 약탈, 학살, 고문, 주민 이출, 성폭력(강간) 등을 서슴지 않고 자행했다."[26]

그들은 인디언들이 자신들의 신(GOD)을 믿지 않기 때문에 이교도이자 "야만인(savage) 또는 짐승 같은 하등동물로 취급"[27]하였고 악마라고 생각했다. 또 스페인 군인은 자신이 믿는 신에게 인디언들을 산 제물로 바칠 수 있다는 믿음과 신앙 행위에 대해 자랑스럽게 여겼고, 십자성호(十字聖號, Sign of the Cross)를 그으면서 예수의 이름으로 자부심을 느꼈다. 그러나 일말의 양심을 가진 가톨릭 종군신부 바르똘로메 데 라스 까사스(Bartolomé De Las Casas, 1474~1566)가 있었다. 그는 당시의 스페인 군인들과 집행관의 극악무도(極惡無道)한 악행과 만행을 고해성사하는 심정으로 『인디아스 파괴에 관한 간략한 보고서(Brevisima Relacion de la Destruccion de ras Ídias』라는 자료를 남겼다.

"채찍질, 몽둥이질, 뺨 때리기, 주먹질, 욕설 등 수많은 고통을 일으키는 일을 시키는 도중에 가해졌으며, 사실은 말하자면 이것들은 많은 시간에 책으로 다 말 못 할 정도로 사람을 놀라게 할 것이며 ··· 1504년 이사벨 여왕이 죽음이 알려진 이후부터 더욱 심해지고 파괴되기 시작했다는 것입니다."[28]
"기독교(=가톨릭) 교인들은 그 천진한 원주민들에게 위에서 언급한 모든 잔혹함과 학살, 폭정, 혐오(嫌惡)스러운 억압을 항상 저질렀습니다. 더욱 많은

---

[25] 바르똘로메 데 라스 까사스(최권준 옮김), 같은 책, 66쪽 참조

[26] 바르똘로메 데 라스 까사스(최권준 옮김), 같은 책, 26, 70, 74쪽

[27] 조찬선, 『기독교 죄악사(하)』, 평단문화사, 2000, 서울, 158쪽

[28] 바르똘로메 데 라스 까사스(최권준 옮김), 같은 책, 33쪽

그리고 커다랗고 새로운 방법의 고통을 가하고 항상 더욱 잔인했습니다."[29]

"에스파냐 인들은 인디언들에게 짐승들처럼, 짐을 나르는 노새처럼 짐을 지워 비통하게 죽였다."[30]

콜럼버스 이후 에스파냐와 포르투갈의 정복자들은 유일신의 이름으로 인디언들의 고유 문명(마야와 아스텍, 잉카 문화 등)을 파괴하였고, 천연자원을 강제로 약탈해 가면서 인종청소와 같은 악독한 죄악을 서슴지 않고 저질렀다.

1519년 스페인 군대가 아스텍(Aztec) 수도인 테노치티틀란(Tenochtitlan, 현 멕시코시티)을 침략하였으나 패퇴(敗退) 당했다. 하지만 그 후 그 지역에 어찌 된 영문인지 모르게 전염병(콜레라, 홍역, 천연두, 폐렴 등)이 발생하여 인디언 24만 명이 떼죽음을 당했다.

> 스페인 군인들은 "왕국들의 왕이었던 잉가(Inga)의 한 왕비를 죽창으로 죽였고 사납고 잔혹한 다른 만행을 저질렀고 사람을 죽여 왔으며 … … … 인류의 거대한 지역을 파괴하였으며 10년 만에 4백만 명을 죽였고 … … … 잔혹한 짓거리들과 학살을 헤아린다면 틀림없이 그 수와 심각함에 있어서 … … … 경악스럽고 많을 것이다."[31]

그뿐만 아니라 그들은 인디언들의 종교와 문화적 삶이 야만적이자 악마의 행위로 생각하였고 살아남은 인디언들에게 '개종'[32]을 강요하며 그리스도교 신앙 단체문화를 강제적으로 이식(移植)시켰다.

---

[29] 바르똘로메 데 라스 까사스(최권준 옮김), 같은 책, 34쪽

[30] 바르똘로메 데 라스 까사스(최권준 옮김), 같은 책, 113쪽

[31] 바르똘로메 데 라스 까사스(최권준 옮김), 같은 책, 125쪽

[32] 바르똘로메 데 라스 까사스(최권준 옮김), 같은 책, 94~95쪽

1521년 스페인 군인 피사로(Francisco Pizarro, 1475~1541)는 잉카의 황제 아타왈타(Atahualpa, 재위 1525~1533)를 생포(生捕)했다. 스페인 군인들은 정예 기마병으로 구성되었다. 그들은 신(新)무기인 총과 대포 그리고 철검을 가지고 있었다. 인디언들은 재래식 무기(활, 화살, 곤봉, 돌도끼 등)로 스페인 군대와 대항했다. 그러한 원주민의 화력(火力)은 스페인 군대의 화기(火器)에 상대가 되지 않았다. 7000여 명의 인디언이 사망했다.

1500년에 북미 인디언들의 숫자는 약 1500만 명으로 추정되었으나 1900년에는 거의 전멸상태인 약 23만7천여 명으로 감소하였다.[33] 그러한 참혹한 역사적 소용돌이 속에 금(金), 천연원료(天然原料) 및 원자재(原資材) 등의 약탈이 강행되었다. 이로 인해 유럽의 무역이 지중해에서 대서양으로 옮기는 계기가 되었지만, 식민지정책의 야욕에 눈이 멀어 인류 문화사의 한 부분에 악독한 죄악사를 잉태한 시기가 되었다. 아메리카 대륙의 발견은 유럽인들에게 새로운 기회와 약속의 땅이 되었다고 한다. 그러나 그 대륙의 원주민 인디언들은 그들에게 자신들의 점유권을 박탈당했고, 통치권·독점권을 넘겨주는 불운의 시기와 인디언들의 왕국이 멸망해가는 암흑기를 맞이했다.

② 포르투갈과 인디언 -선교정책과 식민지정책, 인디언 대학살-
포르투갈 예수회원들에 대한 기록은 다음과 같다.

"아마존강 유역의 정착민 인디오들을 모기를 죽이듯 죽인다. 일을 시킬 때는 마치 숲속의 동물이나 짐승처럼 취급한다. ………신도 두려워하지 않고 부끄러움도 모른 채(동포 남자들 앞에서) 인디오 여인들을 잔인하고 음탕하게, 극악무도하고 추잡하게 욕보인다. ………일부 백인들은 ⋯ (그들이 소유한 인디오들) 일부를 심하게 구타해 죽이고 다른 인디오들을 초주검으로 만든다. 대부분의 포르투갈인은 질병으로 인해 떼죽음에서 살아남거나 숲속으로 도망치는 데 실패

[33] 콜럼버스 https://ko.wikipedia.org/wiki/ 인디언의 학살과 착취 http://blog.naver.com/yjhyjhy/220700703598 참조

한 몇천 명의 인디오를 학대하고 혹사하는 데 아무 거리낌도 없었다."[34]

발생한 질병은 전염병으로서 천연두, 홍역, 페스트, 콜레라, 폐 질환(인플루엔자, 홍막염, 결핵 등)이었다. 그러한 전염병 중에 17세기까지 아마존강 지역에서 언급되지 않은 황열병 즉 말라리아 열병은 그 지역의 원주민과 유럽인 모두에게 사망으로 이르게 하는 재앙이 되었다. 따라서 "이것은 아메리카에서 기원한 것 같다."[35]

1616년 포르투갈국가의 일부 포르투갈 인간들이 아마존강 어귀 벨렝(Belém)에 자리 잡고 살았다. 마누엘 테이셰이라(Manue Teixeira)는 서로마 가톨릭 예수회의 역사학자이자 성당의 참사원(參事院)이었다. 1647년 그는 "혹독한 노동과 고단한 탐험 여행, 불의한 전쟁을 통해서 몇십 년 사이에 2백만 명의 인디오를 말살했다고 추정했다."[36] 그곳에 살고 있던 포르투갈 인간들은 인디언들을 잡아 '노예(奴隷)'[37]로 만들었다. 그래서 그들은 노예 사냥꾼이라고 알려졌다. 그 당시 포르투갈 상인들의 일부가 인디언들의 "무라 죽(Mura)을 붙잡아 노예로 팔았다."[38] 노예사냥과 노예거래가 공조(共助)적으로 이루어졌다.

"인디언들은 몸값이 치러진(ransomed) 후 합법적인 노예가 될 수 있었다. ··· ··· ··· 노예로 만들기(slaving)와 몸값 지급(ransoming)은 동의어가 되었다. 몸값(노예사냥) 원정대는 1620년대부터 매년 아마존강과 그 지류 일대를 들락거렸다."[39]

---

[34] 존 헤밍(최파일 옮김), 같은 책, 148쪽

[35] 존 헤밍(최파일 옮김), 같은 책, 130쪽

[36] 존 헤밍(최파일 옮김), 같은 책, 128쪽

[37] 바르똘로메 데 라스 까사스(최권준 옮김), 같은 책, 30, 74, 94, 100쪽

[38] 존 헤밍(최파일 옮김), 같은 책, 214쪽

[39] 존 헤밍(최파일 옮김), 같은 책, 123~124쪽 참조

포르투갈 서로마가톨릭의 감독 관제가 1757년 실시되었다.

"1757년 3만 명으로 추정되던 인디오들의 인구가 40년 후에 1만9천 명으로 감소했다. 인구감소 주요 원인은 치명적인 작업량과 전염병의 창궐이었다. 사망자들은 집단 매장되었다. 한때 번성한 그리스도교의 선교공동체는 쇠퇴했다. 예수회와 다른 교단의 선교사들도 축출되었다. 게걸스럽게 황금을 탐하고 자신들의 탐욕을 채우는 것 외에는 아무것도 고려하지 않은 감독관 제도는 1798년 폐지되었다."[40]

〈그림 21〉

③ 미국·영국과 인디언 −선교정책과 식민지정책, 인디언 대학살−

미국 문화 인류학자 알프레드 크로버(Alfred Louis Kroeber, 1876~1960)에 의하면, 1859년 미국 캘리포니아(California) 지역에 살고 있던 인디언들이 5000여 명이었으나 1864년에는 약 300명으로 급감(急減)했다. 그 당시 미국에서 갑자기 전염병이 발병하여 인디언들의 75~90%가 사망했고 토지를 확보하기 위해 대량학살이 자행되었다고 한다. 다음과 같은 사례(事例)에서 인디언의 토지강탈과 대량학살이 존재했다는 사실을 찾아볼 수 있다.

---

[40] 존 헤밍(최파일 옮김), 같은 책, 204~206쪽 참조

워드 처칠(Ward LeRoy Churchill)의 저서 『그들이 온 이후-토착민이 쓴 인디언 절멸사』는 2002년 출간되었다. 그는 콜로라도대학(University of Colorado) 아메리칸인디언학과 교수이자 미국 사회의 중견 토착민 권리운동가였다. 워드 처칠은 1837년 다코타(Dakota) 지역의 미군 장교들이 천연두가 묻혀있는 모포를 인디언들에게 배포하여 10만 명의 인디언들이 죽었다고 폭로했다.

> 그리스도교는 선교(宣教)라는 명분으로 "약 350년 동안에 유럽의 네 배가 넘는 광대한 땅과 자원을 빼앗고, 1억2천만의 원주민들을 무차별 학살하고 북중남미를 정복했다. … … … 1500년도 초기에 유럽의 천주교인들은 남미 페루(Peru)지역에서 840~1,350만의 원주민(원주민의 94%)을 학살했다. … … … 16세기 중남미에서 6,000~8,000만의 원주민을 학살하였고 그 학살은 계속되었다."[41]
>
> "청교도(淸敎徒)인들이 자랑스럽게 말하는 가증스러운 신대륙 발견, 그들은 그곳에 도착하여 "제일 먼저 한 일은 식량 도적질이었다. … … … 그리고 평화 교섭을 하자는 명목으로 연합군 부족의 4명의 추장을 특별 만찬회에 초대했다. … … … 잠복했던 청교도 청년들이 그들을 일시에 암살해 버렸다. 그리고 그들의 목을 긴 장대 끝에 달아매서 20년 동안이나 플리머스 청교도 마을 앞에 매달아 주었다. … … … 연합군 추장들을 암살하여 영토를 확장한 청교도들은 자신감을 가지고 내륙으로 침입하여 영토를 확장하기 시작했다."[42]

1838년 5월 청교도 사상을 이어받은 미국은 선교정책을 앞세워 체로키(Cherokee)족[43]의 거주지를 침입하여 무참히 학살했다. 결과적으로 영토

---

[41] 조찬선, 『기독교 죄악사(상)』, 평단문화사, 2000, 서울, 151~152쪽

[42] 조찬선, 『기독교 죄악사(하)』, 평단문화사, 2000, 서울, 134~139쪽

[43] 미국 테네시(Tennessee)남동부지역과 캐롤라이나(Carolina) 서부지역에서 살고 있던 원주민 체로키(Cherokee)족의 총인구수는 1650년에 약 2만 2,500명이었다. 1838년 원주

확장을 위해 원주민의 학살이 이루어진 것이다. 그 가운데 살아남은 원주민은 강제로 서부지역으로 이주시켰다.

청교도인! 끝없이 불타오르는 "토지욕(土地慾)은 원주민을 마귀(魔鬼), 사탄의 앞잡이로 낙인을 찍었고 성전(聖戰)의 이름으로 살인·강간·약탈·방화를 자행했으며 원주민 체로키(Cherokee)족이 살고 있는 지역에 침입하여 여자들의 xx를 무참하게 찌르고 어린아이들의 두 팔을 잘라 어머니의 가슴에 안겨주었다. …… …… 청교도들도 중남미를 침략한 천주교도처럼 살인 강도단으로 돌변했다. 그들은 자기들이 굶주렸을 때 원주민들이 식량을 가져다준 것을 하나님의 은총이며, 자기들이 강해진 후에 원주민을 학살하고 땅을 빼앗은 것은 하나님의 축복 결과라고 감사했다. 청교도는 원주민들을 가능한 한 많이 살상하는 것은 하나님의 축복, 봉사의 길, 신앙 실천의 길"[44]이라고 믿었다.

〈그림 22〉 체로키족의 모습

영국 그리스도교의 식민주의자들은 청교도의 악행 못지않게 북미대

민 체로키족은 대략 6만 명이었다. 체로키(Cherokee)족의 강제이주 시기에 수백 명의 체로키족은 산악지대로 도망갔다. 그들의 후예는 20세기 이후 노스캐롤라이나 서부지역에 약 3,000명이 살고 있다. 체로키족의 후손은 약 4만 7,000명이다. 그들은 오늘날 오클라호마 동부지역에 거주하며, 그중 순수 혈통은 약 1만 5,000명으로 집계(集計)되었다.

[44]   조찬선, 『기독교 조악사(하)』, 평단문화사, 2000, 서울, 161~162쪽

류에서 범죄행위를 저질렀다. 그들 모두의 행위는 또 야만적 침략행위였다.

> "국수주의·제국주의·상업주의·식민주의·모험주의·영웅주의·인종차별주의·기독교 선교사업 등등을 자행한 침략주의자들이었으며, 그들이 주장한 소위 '개척'은 한없는 야욕을 충족시키기 위한 침략행위에 불과했다."[45]

예수가 이웃 사랑과 회개와 용서를 가르쳤고, 십자가의 사랑을 설파(說破)했다. 하지만 그가 영국과 미국의 인디언 대학살을 봤다고 가정하면, 그는 어떻게 말했을까? 그는 이미 예루살렘 성전에서 대답했을 것으로 생각해 본다.

> "화 있을진저 외식하는 서기관과 바리새인들이여 회칠한 무덤 같으니 겉으로는 아름답게 보이나 그 안에는 죽은 사람의 뼈와 더러운 것이 가득하도다"(마 23:27), "뱀들아 독사의 새끼들아"(마 23:29)라고 질타(叱咤)했다.

이와 같은 예수의 말씀이 차후 가톨릭의 예수회를 비롯하여 그리스도교의 교단들에 내린 준엄한 예언적인 경고이거나 범죄에 대한 심판이자 판결이 되었을 것이다. 그들은 인디언들에게 만행을 저질렀고 악행을 넘어 인디언들을 몰살시키려고 시도했고, 그들의 행위는 인류사에 큰 죄악으로 기록됐기 때문이다. 예수가 무엇보다 강조한 '회개에 합당한 열매'는 오늘날 서로마가톨릭과 서구의 개신교 단체에 되묻고 있다. 그들은 자신들이 저질은 인류의 죄악사에 회개하고 그에 따르는 실천을 통해 회개에 합당한 열매를 맺었는지? 지구가 존재하는 한 이 땅의 모든 인류 문화사와 문화재는 지상의 만인경(萬人鏡)이 되어 줄 것이며, 그 문화 속의 참된 문화인은 그리스도교의 회개에 합당한 열매가 맺어 있는지 지켜볼 것이다.

---

[45] 조찬선, 『기독교 죄악사(하)』, 평단문화사, 2000, 서울, 159쪽

인디언들의 사상적 주춧돌까지 황폐해진 오늘날에 이르러서도 가난에 찌든 피정복자인 원주민들의 생활과 그들의 수탈된 처참한 문화와 문화재가 세계인의 구경거리가 된 것은 참으로 역사의 아이러니이다. 미국의 기념일 중 하나인 콜럼버스의 날(10월 12일)은 원주민 인디언들에게는 치욕의 날이자 폐기(廢棄)되어야 마땅한 날이기도 하다. 2015년 JTBC 방송외 여러 보도 매체에 의하면, 미국 국민의 의식이 높아지면서 '콜럼버스의 날' 대신 '원주민의 날'(2008년 제정)로 대체하는 지역이 점차 늘고 있다는 뉴스가 있었다.

캐나다에서 원주민의 과거 땅〔=실코틴 족(the Tsilhqot'in Nation)이자 그들의 거주지 1700㎢〕소유권의 인정과 토지반환청구 소송은 그동안 정부와 원주민 사이에 30년간 지속하였다. 그 지역은 현재 광역 밴쿠버의 절반 남짓한 면적이다. 2014년 6월 26일(캐나다 현지시각) 연합뉴스에 의하면, 캐나다 대법원의 판결은 원주민 조상의 땅에 관한 인디언의 원천소유권을 전면 인정했다.[46]

그리스도교 국가들이 정치적, 물리적으로 진행한 문화이식에 관한 결과는 인디언들에게는 물론 인류의 죄악사이자 인류 문화사에 치유할 수 없을 정도의 깊은 상처로 남아 있다. 식민지정책에 앞장선 그리스도교의 국가들은 더욱 세부적인 진실규명과 역사적 반성 기회에 참여하고 회개에 합당한 진정한 문화인으로서의 실천이 촉구되고 있다. 그래야 예수 사상이 정립될 수 있고, 그의 사상은 다시 올바르게 부활하여 인류 문화사에 빛과 소금의 역할을 할 수 있다.

④ 조선 - 일본과 포르투갈

임진왜란(1592~1598)의 결과는 국력 약화로 인해 발생한 것이다. 외세의 침략과 간섭, 수탈, 수많은 조선(朝鮮) 백성들의 안타까운 죽음(약 1000

---

46 http://www.nocutnews.co.kr/news/4049421

만의 인구 중 200만 명)과 전쟁포로 등이 그를 대변하고 있었다. 그런데도 당시의 조정은 임진왜란이 왜 민족의 국치(國恥)임을 뼈저리게 통감하지 못했는가? 그 후 조선은 병자호란(丙子胡亂), 삼전도(三田渡) 치욕, 병인양요(丙寅洋擾), 신미양요(辛未洋擾), 동학혁명(東學革命), 을사늑약(乙巳勒約) 등을 거쳐 일제 식민지 시대를 맞이했다. 그뿐만 아니라 친일파, 독립운동사와 광복군, 미국의 군정(軍政), 한국전쟁과 대한민국의 정체성 와해 등의 역사적 큰 사안들이 여러 분야에서 제대로 정리되지 않은 상태로 사회적 혼란은 지속하고 있다. 그러한 문제들이 국가경영철학의 차원에서 적극적으로 다루어져야 한국의 종교문화와 민족의 얼을 제대로 재조명할 수 있다.

　　1594년 임진왜란 당시 포르투갈 신부 예수회 소속인 그레고리오 데 세스페데스(Gregorio de Cespedes, 1551~1611)는 종군(從軍) 신부로 고니시 유키나가(小西行長, 1555~1600; 세례명 아우구스티노) 군대를 따라 조선에 들어왔다. 일본인 후칸 에이온(Foucan Eion)은 서로마가톨릭 예수회 회원이 되었고, 수사(修士)의 신분으로 세스페데스와 동행(同行)하였으나 그들의 선교목적은 조선에서 이루어지지 않았다. 한국 그리스도 교회사에 의하면, 비전투원이었던 조선인의 전쟁포로들이 일본 나가사키(Nagasaki, 長崎)의 한 수용소에 있을 때 세스페데스(Cespedes)는 그 영내(營內)에 예배처소(미사 missa 장소)를 만들어 놓았다. 그는 그곳에서 조선 포로인(어린아이 200명 포함)에게 세례를 주었다. 그들이 어떠한 처지와 상황에서 가톨릭으로 개종한 이유는 알려지지 않고 있다. 여러 측면에서 생각해 볼 수 있으나 이에 대한 유추와 논증은 이 단락에서 생략되었다.

　　세스페데스의 기록물이 포르투갈 고서박물관 아쥬마에 남아 있다고 전해진다. 그곳에서 일본이 조선의 양민들을 노예로 만들어 포르투갈로 매매했다는 기록물을 발견할 수 있다. 일본과 포르투갈의 조선인 '노예매매사건'[47]에 대한 역사적 사건은 국제적 해명과 반성이 필요하지만 그들은

47　민경배, 『한국기독교회사』, 대한기독교출판사, 서울, 1989, 47~48쪽
　　유홍렬, 『增補 한국천주교회사 上卷』, 가톨릭출판사, 서울, 1991, 32~34쪽 참조

현재까지 침묵하며 한국 정부도 외교적인 노력을 하지 않고 있다. 오늘날 한국 정부의 안일한 교육정책과 태도에도 문제가 있다고 본다. 역사적 잘못에 대한 반성과 성찰로 새로운 변화와 혁신, 발전을 거듭하지 못하는 국가에는 현대판 문화이식과 식민지정책·사상은 되풀이되어 사라지지 않을 것이다.

문화이식(移植)이라는 단어에서 '이식'이라는 용어가 스스로 명백하게 제시하고 있듯이 물리적인 행위가 내포되어 있다. 그것은 강대국·승전국의 전반적인 문화를 정치적 수단으로 약소국·패전국의 사회에 강제적으로 옮겨놓고 따라 하도록 생활화시킨다. 이식된 문화는 범사회적 문화의 세력으로 확장해서 기존공동체에 뿌리내리도록 종용하고 통치하기 위해 강요된 것이다. 따라서 문화이식은 문화전파의 상호호혜적인 관계가 아님을 여실히 보여주는 것이며, 문화제국주의적 식민주의 사관에서 드러나는 전형적인 군사적·문화적 테러리즘과 같은 맥락이다.

그러므로 자국과 약소국의 문화가 타국이나 강대국의 문화에 의해 정복당한 것이라고 할 수 있다. 그와 같은 그리스도교의 제국주의적 식민지 사관은 약소국 국민의 사상과 삶의 문화를 서서히 변형시켜 가면서 그리스도교의 문화로 대체시키는 것, 즉 그리스도교화로 전환해가는 것이 특징이다. 그러한 사례는 세계사에서, 서구그리스도교 문화사에서 쉽게 찾아볼 수 있다. 이 단락에서는 멕시코와 한국의 어두운 역사적 세계가 어떠했는지 핵심만 추려본다.

이미 위에서 제시된 '다이어그램(diagram) 4'는 제국주의적 문화이식의 결정판이자 열강의 희생물로 전락한 것, 약소국가의 전통문화를 압살(壓殺)시키고자 한 의도를 설명한 것이다. 다이어그램 4와 같은 상황을 맞이하면 상호 간에 문화충돌이 극명하게 발생하고 문화충돌을 저지하기 위해 과거 국제식민주의 사상을 가진 세력들은 정치적인 지배 관계를 형성하여 신속하게 문화이식을 단행한다. 문화이식은 문화전파, 문화접변의 단계와 과정을 순조롭게 거치지 않은 상태에서 진행되었기 때문에 특히 강대국의 경제적 이윤을 극대화하기 위해 무자비한 착취, 갈취, 수탈 그리고 온갖 만행과 악행을 불러일으킨다. 그로 인해 발생한 약소국가의 인권유린(蹂躪), 인명 살상, 문화재강탈, 도굴, 파괴, 문화재 상실, 국가경영철학의 빈곤 그리고 국가적 정체성 상실 등은 더욱 심각해져 치유 기간도 그만큼 늘어날 수밖에 없다.

⑤ 스페인·미국과 멕시코 −선교정책과 식민지정책, 인디언 대학살

서력기원(西曆紀元) 전부터 15세기 말에 이르기까지 멕시코 원주민(인디언)들은 그들의 고유문화를 누리며 평화롭게 살아왔다. 그들의 발달한 마야(Maya)·톨테카(Tolteca)·아스테카(Azteca)의 문명은 16세기 초 스페인에 의해 정복당했다. 원주민 인디언들은 스페인의 군인들에 의해 비참하게 학살(虐殺)당했다. 원주민들의 문화재가 에스파냐(=스페인)의 식민지정책으로 인해 수없이 약탈(掠奪)당했고 그들의 문화와 사상도 일정 부분 초토화(焦土化)되었다. 그들의 문화와 문화재가 스페인의 식민지지배 사상과 탐욕으로 처참하게 황폐(荒廢)되었다. 그렇게 황폐된 지역은 사진 속의 황량(荒凉)한 모습으로 널리 공개되었다.

1521년부터 스페인 정부가 파견한 식민관료가 멕시코 사회의 정치적 권력을 장악하였고 엄정한 계급사회제도를 만들어 실시했다. 그 제도는 식민관료, 멕시코에서 출생한 백인(Criollo), 원주민과 백인의 혼혈(Mestizo), 원주민으로 구분되었다. 이로 인해 메스티소(Mestizo)와 원주민이 노예(奴隷)로 전락하였고 대농장에서 농노(農奴)가 되어 혹사(酷使)당했고 짐승보다 못한 삶을 살다가 처참하게 죽었다. 1821년 멕시코가 비록 스페인으로부터 독립했지만 1846년 미국과의 전쟁에서 패배하여 지금의 뉴멕시코주·텍사스주 등 광대한 땅이 미국의 영토가 되었다.

현재 멕시코 국민의 29%가 본래의 원주민인 인디언이다. 원주민은 고유 언어를 사용하고 있으나 공용어가 스페인어다. 멕시코 국민의 92%가 가톨릭 신자이다. 서로마가톨릭의 세력이 오랫동안 원주민의 토착문화를

누르고 강성해졌다는 것을 알려주고 있다. 그러나 인디언 원주민들에게 강행된 서구 문화이식의 결과는 인류 역사와 문화사에 큰 죄악으로 남겨졌다. 빈곤의 악순환을 벗어나지 못하는 원주민들의 삶과 인권, 재산권, 사회적 신분 등이 그리스도 제국주의에 수탈당했다.

서구의 전문가들에 의해 고대 인디언들의 문명과 문화재가 불가사의(不可思議)한 문화로 밝혀졌다. 그들의 과거 유적지가 유네스코 세계문화유산에 등재되어 세계문화로 보호의 대상이 되었다. 하지만 폐허(廢墟) 속에 남겨진 고대 멕시코 원주민 인디언의 문명 지역이 오늘날 세계인의 유명한 관광지로 변한 것은 역사적 아이러니가 되었다. 그러한 아이러니는 세계문화인에게 별다른 반응 없이 무심코 지나쳐 흘러가고 있다. 동서양 문화인들의 감각과 생각은 각기 다르다고 할지라도 문화와 문화재에 의미에 대한 세계적 이해와 양상(樣相)은 어떠할까? 다만 그들에게 역사적 진실을 규명할 기회와 책임 그리고 역할을 주기를 기대해 본다.

⑥ 한국 – 일본과 미국

세계의 근대화 시기에 조선(=大韓帝國)은 열강의 침략과 외세(外勢)로 국력이 쇠약(衰弱)해졌고 유구한 전통문화와 근대문화와의 충돌을 피할 수 없었다. 1905년 11월 17일 일제(日帝)의 강압으로 체결된 2차 한일협약, 즉 을사늑약(乙巳勒約)이 체결된 후 일제(日帝) 문화이식의 칼날은 대한제국의 심장부를 겨누었다. 일제의 식민지정책에 의해 대한제국의 국권(외교권)이 침탈당했다. 망국(亡國)의 상징인 조선총독부(朝鮮總督府)가 1910년 8월 29일 한양(漢陽, 오늘날 광화문 부근)에 설치되었다. 결국 한민족의 전통문화는 먼저 서로마가톨릭 문화와 충돌을 경험했으나 일제문화와의 충돌을 극복하지 못했다. 일제에 의해 물리적인 문화이식이 전개되어 폭발적인 사회적 혼란과 민족의 통한은 깊어졌다.

일제의 조선총독부는 한민족의 고대사와 근대사를 왜곡(歪曲)하면서 민족문화의 정체성과 생명권을 강탈했고, 생활권과 강토를 무참하게 짓밟았다. 조선총독부에서 실시한 1910~18년에 이르기까지 '조선토지조사사업(朝鮮土地調査事業)'은 토지소유권·토지가격·지형지모(地形地貌)를 조사한 것이었다. 강제성과 물리력이 동원된 일본의 사업정책은 조선의 토지제도와 지세(地稅) 제도를 체계화시켜 식민통치를 원활하여지도록 만들게 하는 기초 작업이 되었다. 그 제도는 결국 조선 지주들의 토지를 약탈했고 토지소유권을 일본인에게 넘겨주도록 만들었다. 토지점유권이 상실된 조선의 농민들은 어느 날 갑자기 소작인(小作人)으로 둔갑하여 참혹하고도 무참하게 착취당했다.

다양하고도 야비한 일본의 약탈(掠奪)행위와 악행은 상상을 초월했다. 혹독한 일제의 압정에 속수무책으로 당하기만 했던 힘없는 조선 백성들의 원성은 하늘을 찌르고도 남았다. 조선총독부는 조선의 여러 사상단체와 신앙단체를 회유(懷柔)하며 겁박(劫迫)하기 시작했다. 가톨릭과 개신교 교단들이 일본의 집요한 신사참배(神社參拜) 강요와 압력, 탄압에 무릎을 꿇었다. 안식 교단과 성결교단은 1935년 12월에 신사참배를 결정했고 가톨릭은 1936년 5월 교황청의 지시에 따라 신사참배를 시행했다. 1938년 2월 6일 조선예수교 장로회 평북 노회가, 9월에는 감리교와 전국 장로회 총회에서 23 노회 중 17 노회가 신사참배를 찬성했다. 그러한 와중에도 개신교단의 일부 신앙인들은 신사참배 거부 운동(=신사참배 강요금지 청원운동)을 하다가 옥고(獄苦)를 치르거나 옥사(獄死)했다.

조선의 민족문화가 일제 식민지 사관에 의해 샤머니즘의 문화로 둔갑하기 시작했다. 무라야마 지쥰(村山智順, 1891~1968)이 쓴 『조선(朝鮮)의 귀신(鬼神)』은 그 당시에 출판된 책이다. 조선의 역사(歷史)왜곡은 물론 조선인이 일본의 강압 때문에 황국신민교육(皇國臣民敎育)을 받았다. 일본은 조선인을 황국신민으로 만들기 위해 창씨개명(創氏改名)을 단행했고 조선인에게 일본어를 구사하도록 강요했다. 한국문화와 한국어 말살 정책이 공동체사회에 깊숙이 침투한 것이다. 어디 그뿐이랴! 헤아릴 수 없이 수많은 문화재가 강탈당했으며 강제로 징병된 사람, 노동 인력으로 차출된 사람, 위안부로 끌려간 사람들은 대부분 죽음을 면치 못했다.

　2015년 처음 개봉된 영화 『귀향(歸鄕)』은 위안부의 진상을 세계적으로 널리 알리는 데 다소나마 역할을 했다. 하지만 오늘도 주도적인 세력을 거머쥐고 있는 일본 정치인들은 위안부의 존재는 없었다고 강조하며 소녀상 철거를 끈질기게 주장하고 있다. 2016년 3월 그 당시 일본에서 사용되는 일본의 검정교과서 77%가 한국 고유의 영토인 독도(獨島)를 일본 땅으로 표시하고 영유권을 주장하고 있다. 일본은 독도영유권분쟁을 국제사회의 이슈로 표면화시키고 있다. 일방적이고 노골적인 일본의 정치·교육문화는 한국 역사를 지속해서 왜곡하고, 특히 일본 학생들에 대한 교육문화 이식의 저변에는 또 다른 야욕과 욕망의 밑그림을 그리게 하고 있다.

　그뿐만 아니라 한국 사회에 아직도 일본문화가 잠재한다는 것은 그동안 장기간의 문화이식의 영향력이 얼마나 다양한 부분에서 막강하였는지 짐작할 수 있다. 다만 문화이식이 수단과 방법을 총동원하여 전통문화와 교묘(巧妙)한 융화를 통해 현대사회의 문화로 존재하는 경우, 그렇게 이식된 문화는 변용(變容)되어 명맥을 이어갈 수는 있겠지만 한정적으로 본다. 그러나 의외로 토착문화와의 융화과정에서 다소 유전자변형과 같은 기형적인 사회문화로 존재할 수 있다는 것도 간과하면 안 된다.

　일본에 의해 무참하게 쓰러진 대한제국(大韓帝國)을 승계한 상해임시정부는 대한민국(大韓民國)의 이름으로 유구한 국가의 혼과 정통성을 이어갔다. 해방 후 한국은 미국의 군정(軍政)이 들어서면서 일본에 이어 또다시 미국문화의 이식을 직·간접적으로 강요당했다. 그리스의 헬레니즘이 번창하였듯이 한국에 아메리카니즘이라는 색다른 문화의 꽃이 피기 시작했다. 일본문화의 흔적이 아직 지워지지도 않은 상태에서 아메리카니즘의 세파가 한민족의 문화와 민족의 정체성을 강타했다.

　한국에 대해 일본과 미국의 다양한 영향력은 아직도 건재하다. 한국인이 한민족이 유구하고 찬란한 문화를 승계하였으나 국치로 기록된 쓰라린 역사적 과거를 국가혁신경영의 차원에서 바르게 이해하고 성찰해야 마땅하다. 국가와 국민이 일본과 미국의 문화이식의 후유증과 잔재를 제대로 이해하지 못하고, 정확히 분별하지 않은 상태에서 잘못된 과거사가 방치되고 있다. 기술적으로 새롭게 변종이 된 문화이식의 바이러스가 항상 대기하고 침투한다는 것을 잊어서는 안 된다. 그와 같은 사례 등에 대한 역사적 자료들이 한국 국민께 교육적인 차원에서 조금씩 제시되고 있는 것은 늦었지만 그나마 다행이며 앞으로 해결할 문제가 태산처럼 산적(散積)되어 있다. 한국 정치와 교육문화의 선진화가 미진하고 통찰적인 국제적 문화경영이 부재하기 때문에 더욱 그러하다고 본다.

한국가톨릭출판사와 대한기독교출판사에서 출간된 책 중에 한국 교회사에 관한 책들이 있다. 그러한 서적에서 누구나 살펴볼 수 있듯이 조선은 서구의 선교사와 조선의 그리스도교 신앙인, 그리고 정치·경제·사회·국제적인 사안을 통해 문화적 충돌과 전쟁 등을 경험했다. 조선의 근대화 시기에 미국의 개신교 교단은 조선의 문화를 여러 분야에서 치밀하게 분석했다. 분석된 자료가 선교(宣敎)정책에 반영되어 다양한 문화경영과 관리의 차원에서 활용되었다.

미국 개신교의 한국선교문화정책은 정치사회문화경영의 차원에서도 성공적이었고, 성장하는 한국의 개신교 세력에 많은 영향력을 주었다. 개신교의 세력은 지금도 미국문화와의 연계성을 일정 부분 가지고 있음은 물론 한국의 여러 분야에서 조직적으로 형성되어 공동체 사회문화의 시간과 공간의 한 부분에서 나름의 역할과 기능을 담당하고 있다.

한국의 교육제도에서부터 정치, 경제, 외교, 군사, 문화적인 상황 등은 미국의 영향력에서 벗어나지 못하는 현실이다. 정치적인 측면에서 한 많은 '구걸 외교'는 벗어나야 할 때가 왔다. 현재 한국인의 생명력 넘치는 활기찬 모습은 장래의 밝은 사회와 국가를 보는 듯하다. 국민의 의식변화에 따라가지 못하는 정치인과 국가적 차원의 행보가 국민이 지향하는 탈식민주의 문화의 수준에 부응하지 못해 비판의 대상이 되기도 한다.

3. 종교문화경영의 3단계 - 문화접변
(文化接變 cultura acculturation, culture acculturation)

문화접촉에서 다음 단계로 이어지는 정상적이면서도 복합적인 과정이 문화접변이다. 문화접변의 과정에 자연스러운 문화변동과 문화변용이 모두 내포되어 있다.

1) 문화접변(culture acculturation)

문화접변은 자국(또는 지역)의 전통문화와 타국(또는 다른 지역)의 이질적인 문화가 자국과 타국의 사회에서 오랫동안 상호 간의 직접적인 접촉으로 자연스럽게 이루어지는 현상이다. 그러한 접촉상황에서 문화가 교류되고 서로 간의 이해·배려·신뢰 등이 생활문화에 조금씩 형성되어가는 단계를 맞이한다. 그 요인들은 공동체사회에 서로 간의 지역적 특성과 관습, 상황을 고려하면서 상대방의 문화가 점차 선택·수용된다.

그 반면 군사적·정치적 지배 관계에 있으면 이미 위에서 설명하였듯이 바로 강압적인 문화이식으로 진행되므로 사회적 통제와 변동 폭이 커져 기존문화와 충돌한다. 따라서 서로 문화접변 과정이 긍정적으로 형성되도록 유의해야 불의의 충돌과 사건을 예방할 수 있다. 또한 그것은 새로운 변화에 대처하는 준비 자세라는 것을 유념해야 한다.

일부에서는 문화접변 과정에서 문화변화가 이루어지는 것을 문화변동이라고 설명해 용어사용에 세부적인 구분이 필요하다. 외래적 문화가 기존 대다수 사회구성원의 삶에 큰 영향을 미칠 만큼 변화하는 현상을 문화변동이라고 한다. 또 새로운 외래문화와의 만남으로 일어나는 기존문화의 외형적 변화 현상을 문화변용(文化變容)이라고 한다. 즉 사회적 가치로 외래 언어와 (생활) 문화를 활용하는 것이 문화변용이다. 문화변용의 진행 과정에서 기존문화가 시대 상황과 정신에 따라 새로운 문화를 학습하며 변화하고 그 가치에 따라 변동되는 것이 일반적이다.

그러므로 문화접변 과정에는 그다음 세부적인 단계로 이행되기 위해 문화변화(變化)와 문화변동(變動)이 동시에 이루어져 그러한 의미들이 모두 포함되어 있다. 문화(文化)의 acculturation는 개념은 19세기 말경 미국의 인류학자들이 상호 간의 문화교환으로 문화변동이 발생한다는 뜻으로 사용되었다. 어떤 단체는 그러한 개념을 신학적 사상으로 수용하여 문화융합으로 표현한다. 하지만 본래의 의미와 멀어 이 책에서는 포괄적인 개념으로서 문화접변이라고 표기(表記)하는 것이 적합하다고 보았다.

문화접변 과정에서 주도적인 역할은 대체로 외교, 신앙(선교)단체, 민간단체(이주, 방문, 초청, 여행, 학술 및 문화교류), 비즈니스 등의 다양한 채널로 이루어진다. 오늘날 첨단과학기술과 융합된 대중매체(mass media), 통신장비들이 활용되어 문화접변 과정이 더욱 쉽고 편리하게 실용적인 차원으로 활성화되고 있다.

다음 다이어그램 5에서 제시된 문화 A와 B와의 만남을 통해 여러 가지 형태의 매개체가 공식 또는 비공식 대화 단계를 성립시킨다. 그 후 문화접변의 긍정적인 변화와 생성과정이 보편적 상호교류 관계로 성숙 발전되려면 국가적 차원이나 다양한 민간단체의 관심과 호응이 이루어진다.

2) 다이어그램 5 – 문화접변 과정에서의 긍정적인 효과

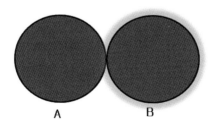

A   B

1882년 5월 22일 조선(朝鮮)과 미국과 공식적인 정치적 외교절차로 조미통상조약(朝美通商條約)이 체결되었다. 그 조약은 조선의 문호개방을 알리는 공식적인 신호탄이 되었고, 일부에서는 근대화 시기의 출발점으로 보고 있다. 서구문화가 국내로 유입되면서 한국 근대사회문화에 커다란 변화가 발생했다. 서구문화와의 문화접변은 대체로 열강들의 정치적 영향에 의해 진행되었다. 나아가 2차세계대전 전후 형성된 동서양의 문화접변은 세계변혁의 시대를 향하는 분수령이 되었고, 한국인의 정신세계도 서양문화에 많은 영향을 받았다.

　　문화접변이 직접적인 문화전파의 경로로 긍정적인 차원에서 이루어지면, 서로 다른 두 문화는 상호호혜적이고 균형적인 차원에서 공유할 수 있는 사회적 가치를 하나씩 발견하여 활용됨으로써 문화변용이 일어난다. 또 여러 방면에서 상생할 수 있는 문화매개체가 형성되면 양쪽 문화권의 소통이 원활해진다. 이로 인해 형성된 다양한 문화적 교류는 사회적·국제적인 마찰을 최소화해가며 상호 협조와 공생 관계를 유지하며 나름의 기능과 역할을 끌어낸다. 결국 A와 B의 두 문화가 정치적·군사적 지배 관계에 있지 않은 상태에서 상호 간에 문화교류를 긍정적으로 지속한다. 그러한 문화접변 과정에서 발견된 유익한 것은 자연스럽게 신(新)문화요소로 받아들여 발전시킬 수 있다. 그러므로 문화접변 과정에서 새로운 (서구의) 문화요소들은 (자국의) 전통문화와 어느 정도 공감대와 공통분모를 발견하면서 가치의 세계이며 주어진 현실의 문화체계로 서서히 흡수된다.

　　문화접변으로 일어난 상호 간의 문화변화〔또는 문화 변이(變異)〕는 지역적 전통과 특성, 고유성에 따라 가감(加減)된다. 문화 변화가 급진적으로 진행되면 전통을 중요시하는 보수(保守)와의 반목과 분란이 일어나 마찰로 이어져 대의명분과 실리에 적합한 소통과 조율과정도 차례로 필요하다. 따라서 특히 유의할 점은 문화접변 과정에서 세련된 종교문화경영의 지식과 안목으로 문화충돌이 유발되지 않도록 절제하고 조화롭게 융화시키는 통섭(統攝) 조치가 필요하다.

3) 다이어그램 6 – 문화접변 과정에서의 문화충돌(文化衝突)

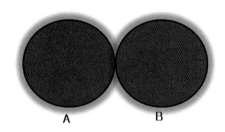

A   B

서로마가톨릭의 조선(朝鮮) 선교정책은 초기(初期)에 정치와 민간차원에서도 호응받았다. 서구 과학문화와의 교류 차원이 주요 관심 대상이 되었다. 그와 같은 상황에서 상호 간의 문화접변은 호의적 관계에서 이루어졌다. 문화접변은 그다음으로 이어지는 문화적응단계를 앞두고 완급(緩急)을 탄력적으로 조절해야 한다. 진행되는 문화접변과 곧 맞이할 문화적응 사이에는 매우 신중하고 조심스럽게 다양한 주변의 정치 문화적인 배경과 사회적 변수 등을 고려하고 배려할 줄 알아야 하는 시기(時期)가 존재하는 탓이다. 이런 사례는 여러 차례 언급된 한국 근대사와 그리스도교(가톨릭과 개신교) 교회사에서 발견할 수 있다.

㈎ 조선의 전통문화와 서로마가톨릭 문화의 충돌

초기 그리스도교가 로마제국에 압박과 수난을 당할 때, 그리스도인이 사람답지 않다고 표현하면서 한결같이 그들에게 내린 죄명은 '인류의 혐오거리'였다. 즉 "인류의 적"(odium humani generis, J. Stevenson ed., A. Eusebius, London, SPCK., 1960. pp3, 58.)[48]이라고 설명한 것으로 힐난(詰難)의 대상이 되었다. 하지만 그 개념이 조선에서 활동했던 서로마가톨릭 선교사가 조선인에게 그런 용어를 사한 것은 황당무계(荒唐無稽)한 표현으로 역사

---

[48] 민경배, 『한국기독교회사』, 대한기독교출판사, 서울, 1989, 70쪽

적 아이러니이다. 그에 대한 설명은 조선사와 조선의 서로마가톨릭 교회사를 비교적 냉철한 안목으로 살펴보아야 바르게 이해할 수 있다.

조선에서 서로마가톨릭의 초기 문화전파와 접변 과정은 과학문물이 매개체로 실학자들의 관심을 유발했다. 하지만 서로마가톨릭의 조선 선교정책은 문화접변에서 그다음 단계로 이어지는 문화적응 단계를 앞두고 교리 중심주의 성향과 순교 정신을 앞세워 급진적이며 저돌적으로 진행되었다. 그의 선교정책은 유교 이념을 존중하는 조선 왕조(王朝)시대의 전통문화와 충돌했으며, 수많은 조선 가톨릭 신앙인들을 순교의 이념과 정신 아래 죽음으로 내몰았다. 서로마가톨릭 선교정책은 조선의 전통문화와 조선왕조의 충돌로 공동체사회에서 더 호응받지 못하였고 적응하는 데 실패했다.

가톨릭 선교정책은 한국 근대사에 이르기까지 소정의 문화접변 단계에 머물러 있었고, 그 이상의 순차적인 단계와 과정을 넘지 못한 상황에서 결국 좌절하여 역사의 뒤안길에 남는 운명에 처해 있었다. 그런데도 조선의 가톨릭 교인은 신앙교육을 받은 그대로 전통문화 가운데 하나인 조상 제례를 목숨 걸고 반대했다. 절대적 신념 차원에서 고수(固守)한 신앙 고백적 행위가 큰 파장을 몰고 왔다. 그러한 행위는 조선의 국가적 이념이자 정치적 차원에서 봐도 이질적 문화와의 충격(culture shock)을 넘어 문화충돌(culture conflict)로 커지면서 더욱 심각한 국가적·사회적 문제이자 사건으로 발전되었다. 조선왕조는 가톨릭 선교사와 신앙인들의 행위를 인륜(人倫)의 패도(悖道)로 판단하고 역모(逆謀)죄로 다스린 사건들이 조선사 기록에 전해지고 있다.

조선의 유생(儒生) 윤지충(세례명 바오로)과 권상연(세례명 야고보)은 가톨릭 신자가 되었다. 1791(신해 辛亥)년 윤지충은 자신의 모친이 고향 전남 진산에서 사망하자 외종사촌 권상연과 함께 제사를 폐(廢)하고 위패(位牌)를 소각(燒却)했다. 그들은 조문(弔問)도 받지 않았고 장례는 서로마가톨릭 예식으로 치러 종친들을 분노시켜 사회적으로 큰 물의를 일으켰다.

이에 대해 조정(朝政)은 그들의 행위를 비인간적인 반인륜(反人倫)으로 보고 패륜외도(悖倫外道)이자 체제 도전이며, 나아가 왕권(王權) 도전으로 분석했다. 정조(正祖, 1752~1800)는 신하들의 주청(奏請)을 받아들여 그들에게 참수형을 내렸다. 그들은 한국의 조선사에 신해사옥(辛亥邪獄)을 일으킨 죄인이 되었으나 한국가톨릭교회사에서 최초의 순교자로 표현되었다.

정조가 이 세상을 떠나기 전 1795년 중국의 주문모(周文謨, Jacques Vellozo, 1752~1801) 신부가 조선의 가톨릭 신앙인들을 지도(指導)하기 위해 조선인 복장을 하고 서울 북촌(北村, 종로구 가회동, 삼청동 마을)으로 밀입국(密入國)했다. 주문모 신부(神父)가 잠입(潛入)해 선교 활동을 하다가 1801년 발각되어 그해 5월 31일 서울 새남터에서 국법으로 처형당했다.[49] 주문모 사건은 또 하나의 정치적 사건으로 지목되었다.

그 당시 조선은 중국, 프랑스 그리고 서로마 교황청과 신앙선택의 자유에 대한 국제적 협약도 체결되지 않은 상태였다. 따라서 서로마가톨릭의 조선 선교정책은 조선왕조체제와 국가경영에 대한 불법행위이자 나라에 큰 위협으로 간주하였다. 나아가 조선가톨릭 교인에 대한 정치적 논쟁은 남인(南人)과의 반목을 이뤄 결국 정쟁(政爭)의 불꽃으로 점화(點火)되었다.

1801(신유 辛酉)년 정순왕후(貞純王后, 1745~1805)[50]는 조선 가톨릭 신앙인들의 신앙 행위에 대해 강력히 비판했다. 그는 서교(西敎, 가톨릭)가 혈연(血緣)관계와 군신(君臣) 관계를 부정한 것은 인륜을 파괴하는 금수(禽獸)와 같다고 질타(叱咤)했다. 이에 대해 조선 가톨릭 신앙인들의 반응은 어떠하였을까? 그들은 "차라리 그렇게 죄지을지언정, 천주(天主)에게 죄지을 수 없다"[51]고 했다. 그들의 최후 진술은 역사적 기록 외에도 한국가톨릭 교회사와 개신교 교회사에서 살펴볼 수 있다.

---

49   민경배, 『한국기독교회사』, 대한기독교출판사, 서울, 1989, 71쪽

50   조선의 21대 왕 영조(英祖)의 계비(繼妃)이며 본관(本貫)은 경주 김씨(慶州 金氏)

51   민경배, 『한국기독교회사』, 대한기독교출판사, 서울, 1989, 71쪽

교회사에서 그들의 죽음은 순교(殉敎)로 묘사되었고 그들은 순교사(殉敎史)의 얼굴이자 순교자(殉敎者)의 표상(表象)이 되었다. 한국 교회사가 신유년(辛酉年)에 발생한 가톨릭 신자들에 대한 처벌을 신유교난(辛酉敎難)이라고 호칭하지만 실제로는 신유박해(辛酉迫害)[52]라고 교육한다. 그 반면 신유(辛酉)년 사건에 연루(連累)된 조선의 가톨릭 교인들을 붙잡아 처형한 사실은 조선사(朝鮮史)에 신유사옥(辛酉邪獄)이라고 기록되었다.

주문모 처형 이후 1801년 9월 조선의 유생 황사영(黃嗣永, 1775~1801))의 백서(帛書)사건이 발생했다. 그 유명한 황사영백서(黃嗣永帛書) 사건은 조선의 가톨릭에 대한 조정의 강력한 제재(制裁)와 처벌을 불러일으키는 원인 가운데 압권(壓卷)이 되었다. 황사영의 행위로 조정(朝政)은 발칵 뒤집혀 조정의 반응은 반 가톨릭 세력으로 더욱 강경해졌으며, 서교(=천주교)를 엄금(嚴禁)하고 반성의 기미가 없는 자는 반역죄를 적용했다. 이처럼 조선왕조가 왜 황사영백서 사건이 서교(西敎)의 반인륜(反人倫), 반충의(反忠義)적인 행위이며, 그들의 신앙조직이 비밀지하조직이자 반상(班常)의 제도 등을 위협하는 것으로 판단했는지 밝혀 본다.

나 황사영백서(黃嗣永帛書)

황사영(1775~1801 세례명 알렉시오 Alexius)은 1790년(正祖 14년) 사마시(司馬試)에 합격하여 진사(進士)가 되었고 정약현(丁若鉉)의 딸(명련 命連, 세례명 마리아)과 결혼했다. 그는 1791년 이승훈이 중국에서 가져온 가톨릭 서적을 보고 영향받았으며 가톨릭이 '세상을 구제하는 좋은 약(救世之良藥)'으로 확신했다. 황사영은 당시 관례이자 고유문화로 여겼던 조상 제례를 행하지 않아 친척들과 지인들에게 배척당했다.

황사영은 신유사옥(辛酉邪獄) 이후 조선의 서로마가톨릭 선교가 크게 위축당했다는 것을 잘 알고 있었다. 그는 세례받은 바로 다음 날 1801

---

[52] 유홍렬, 『增補 한국천주교회사 上卷』, 가톨릭출판사, 서울, 1991, 98쪽, 273쪽, 309쪽, 432쪽, 562쪽

년 음력 9월 22일(양력 1801년 10월 29일) 흰 비단에 탄원서와 같은 문건을 작성했다. 그 문건이 바로 널리 알려진 황사영백서(黃嗣永帛書)다. 백서의 길이는 62cm, 너비는 38cm이며, 한 줄에 110자씩 121행, 모두 1만 3천여 자(字)로 구성되었다. 황사영은 자신이 작성한 백서(帛書)를 조선인 황심(黃沁)과 옥천희(玉千禧)를 통해 청(淸)국의 가톨릭 북경 교구장 구베아(Gouvea) 주교에게 전달하려고 했다. 그러나 9월 26일 청국으로 향하던 그의 백서문건이 발각(發覺)되어 압수당했다.

조선왕조는 긴급수배령을 내렸고 충청북도 제천에 은신(隱身) 중인 황사영을 체포했다. 황심과 옥천희가 먼저 처형당한 후 황사영은 1801년 11월 15일(양력 12월 10일) 서소문에서 반역죄로 참형 되었다. 1801(신유 辛酉, 순조 純祖 1)년 발생한 황사영백서 사건은 조선왕조실록에 신유사옥(辛酉邪獄)[53]으로 기록되었다. 황사영백서 내용의 핵심은 조선의 가톨릭 선교를 위해 프랑스 황제에게 조선정복(征服)의 필요성을 요청한 것이다. 요청 건의 주요 사항은 아래와 같이 요약된다.[54]

① 힘이 없는 조선(경제적 궁핍상이 포함됨)은 서양 제국의 동정(同情)을 얻어 성교(聖敎, 천주교=가톨릭)를 받들고 백성구제를 위해 자본(경제원조)을 얻어야 한다.

② 서양인 천주교 신부를 조선으로 파견할 때 청나라 황제의 동의를 얻어야 하므로 청나라는 청의 종녀(從女)를 공주로 삼아 조선 왕과 결혼시켜 청의 부마국(駙馬國)으로 만들어 종순(從順)하게 한다.

③ 조선을 청국의 한 성(城)으로 편입시켜 관리하도록 한다.

④ 선박 수백 척에 정병(精兵) 5~6만 명과 대포 등 군물(軍物)을 가

---

[53] 신유사옥이 신유교난(辛酉敎難)으로 설명되기도 하나 한국 교회사의 안목에서 신유박해라고 주장하고 그렇게 표기하는 것은 역사의식보다 신앙의식이 강조된 것이다.

[54] 민경배, 『한국기독교회사』, 대한기독교출판사, 서울, 1989, 74쪽 그리고 유홍렬, 『增補 한국천주교회사 上卷』, 가톨릭출판사, 서울, 1991, 168~170쪽 참조

득 싣고 동국(東國, 조선)을 쳐서 선교(宣敎)의 승인을 강력히 요구한다.

⑤ 아국(我國: 조선)이 망하여 없어져도 성교(聖敎)의 표는 남아 있어야 할 것이다.

황사영의 백서는 압수되어 의금부(義禁府)에 보관되었다. 1894년 갑오경장(甲午更張) 이후 고문서(古文書)를 파기할 때 당시 서울교구장인 뮈텔(Gustav Charles Marie Mütel, 1854~1933, 아우구스티노, 한국명 민덕효閔德孝) 주교가 백서를 입수한 다음 서로마 교황청으로 보냈다. 그 후 뮈텔이 밀서(密書)인 황사영의 백서(帛書)를 불역본으로 번역했다. 백서 원본은 최근 한국 가톨릭의 서울 절두산(切頭山)순교자기념관에 이관(移管)되어 보관하고, 사본은 로마교황청 민속박물관에 있다. 황사영의 백서는 200장의 영인(影印)본으로 만들어져 교황청을 통해 세계 주요 가톨릭국가에 배포되었다.

황사영의 백서를 읽어본 뮈텔 주교의 반응은 어떠하였을까? 그는 황사영의 백서가 "음모(陰謀)의 대부분이 공상적이며 위험천만한 것이었다고 시인하고, 그로 인해 제기된 박해도 이해할 수 있다"[55]고 그의 불역본(拂譯本) 서문에서 밝혔다.

미국의 한국학 전문가인 브르스 커밍스(Bruce Cumings)가 황사영의 행동을 '종교적 광기'(religious insanity)라고 표현한 것은 일반인들에게도 널리 알려져 있다. 가톨릭 신앙단체의 세력을 등지고 조선왕조를 무력으로 전복시키려고 했던 황사영의 발상은 신앙심의 발로(發露)였다. 하지만 그의 단순 무지한 '신앙의 힘'은 조국과 조상, 가족 친지들도 헌신짝처럼 버릴 수 있다는 결단으로 이어졌다. 절대적 신념체계로 이어진 신앙이란 때로는 상상이나 감당하지 못할 무서운 일을 벌일 수 있다는 사실을 보여주고 있다. 오늘날 한국사는 황사영의 백서를 어떻게 다루고 있는지 되돌아봐야 할 것이다.

---

[55] 민경배, 『한국기독교회사』, 대한기독교출판사, 서울, 1989, 75쪽

한국의 역사는 국가, 국민, 국제적 정세와 연관된 역사적 사건과 내용의 통찰적인 인식, 객관적 사안과 진실성 등에 충실해야 한다. 한국의 교회사는 신앙단체, 신앙인, 국제적 정세와 연관된 교회사적 사건과 내용의 진실성에 충실해야 하지만 신앙단체와 신앙 고백적인 행위가 그보다 더 우선적이다. 이는 한국 교회사가 한국사보다 상위개념이라는 관점으로 교회사에서 한국사를 들여다보는 경우와 같다.

㈀ 황사영백서 사건 이후

서구 유일신 문화의 선교(宣敎)와 식민지정책은 그리스도교 국가의 국가경영 차원에서 이루어졌다. 그 위력은 한국의 전통문화와 공동체 사회의 많은 부분을 초토화했다. 황사영백서 사건 이후 조선왕조는 그리스도교세력에 의해 침공당했고 조선의 수많은 양민과 군인이 사망했다. 그 대표적인 역사적 사례가 병인양요(丙寅洋擾)와 신미양요(辛未洋擾)이다.

조선의 다양한 서로마가톨릭 신앙 행위와 그리스도교 국가의 조선 침공에 대한 조선왕조 결정과 정책 사항은 한국가톨릭 교회사와 한국개신교사에도 한국가톨릭(=천주교)의 탄압(彈壓)과 박해(迫害)라고 기록하였다. 이 단체들은 그렇게 박해라고 말하며 신앙교육의 차원에서 순교 정신의 숭고함을 가르친다. 황사영이 처형된 자리는 오늘날 서소문의 공원이자 한국가톨릭의 성지로 성역화되었다. 서로마가톨릭의 영향에 힘입은 한국가톨릭의 세력(勢力)과 재력(財力)이 동원되어 한국의 토양에 가톨릭 문화경영을 위한 성역화 작업이 구축되었다. 그곳은 신앙인의 성지참배지로 교육되고 있으며 가톨릭 신자화의 길은 교세와 직결되어 있다.

황사영의 백서사건이 발생할 그 당시 서로마가톨릭의 선교정책은 청나라와 일본에 제재(制裁)를 당하고 있었다. 황사영이 고국(故國) 조선을 정벌해 달라고 청국에 있는 프랑스 신부에게 요청했지만, 그 당시 나폴레옹의 프랑스 군대는 유럽 각지에서 전쟁을 치르는 상황이었다. 외세에 힘입어 자신의 꿈과 희망을 펼치려고 했던 황사영, 그가 참형당한 지 39년이 지난

1840년 청나라는 아편전쟁을 치렀다. 이웃나라 청국(淸國)은 외세의 집요하고 억압적인 정책에 제대로 대응하지 못했고, 아편전쟁에 패하자 홍콩은 99년 동안 영국의 공식적인 조차지(租借地)가 되었다.[56] 그와 같은 국제정세와 국내 상황을 파악한 흥선 대원군의 쇄국정책(鎖國政策)은 기존의 논리처럼 단면으로만 평가할 수 없음을 알게 해준다. 쇄국정치에 대한 국내의 국가경영정책상황과 연계된 국제적 정치 상황, 종교문화경영은 기존의 관점에서 벗어나 다각도로 분석되어야 마땅하다.

㈜ 역사의식과 신앙의식 – 신앙문화의 이중성에 관하여

1978년 에드워드 사이드(Edward W. Said)는 서양인의 관점에서 동양의 언어, 문화, 동양인 등을 비이성적이고 천박한 문화집단으로 이해하고 『오리엔탈리즘(Orientalism)』이라는 책을 발간했다. 그 책은 동양문명의 특징과 의미를 비하(卑下)시켜 서양의식을 대변하는 것으로 볼 수 있다고 분석되어 비판도 많이 받았다. 그에 대한 반작용으로 나온 용어가 옥시덴탈리즘(Occidentalism)이다. 옥시덴탈리즘은 동양인의 관점에서 서양의 문화와 서양인을 비이성적이고 천박한 문화집단으로 설명했다.

그러한 설명은 서양사상과 세계관에 대한 이해 부족으로 드러난 잘못된 인식의 표현이다. 비(非)동양권이나 비(非)서양권 모두 부정적인 의식을 가지고 동서양의 이미지를 왜곡한 것으로 알려져 있다. 역사의식은 지역적 생활문화의 원형과 사상적 이념으로 장기간 상호 간에 심화하여 층층이 형성된 것이다. 그러므로 자국 문화의 근간은 역사적 조명을 통해 들여다보면 그 문화의 원형과 실체가 확연해질 수 있다.

서양의 교회사는 그 나라의 역사와 연관되어 있어 교회사와 사회문

---

[56] 영국에 의한 아편전쟁과 홍콩의 조차지에 대해서는 이 책의 제 9장 II. 종교문화경영의 길, 공동선(共同善)의 실천(實踐)으로 2. 역사인식과 종교문화경영 – 종교(심)성 탐구에서부터 6) 근대화문화의 물결 – 청국(淸國)의 멸망과 중화인민공화국의 태동(胎動)참조

화교육에 나름의 영향을 주었다. 유일신 신앙의식이 신념체계에서 우월의식을 가지고, 교회사와 연계된 신의 뜻이자 선민의식으로 전환될 때 잘못된 역사의식이 형성되어 배타적인 사상이 남용(濫用)된다. 그러한 신앙의식이 타국의 문화와 역사 인식을 어떻게 보고, 어떠한 언행을 하였으며, 그 결과는 어떤 모습으로 드러났는지 관심을 가지고 깊이 들여다보면 나름의 그리스도교의 죄악사와 진상을 파악할 수 있다.

그리스도교의 세계선교정책과 목적은 그 유명한 그리스도교의 세계화에 있다. 오직 그리스도교 신앙의 유일성과 그리스도 대제국의 통치문화가 제도적 권위의식과 우월성을 드높였고, 타문화에 대한 배타적 사상과 신앙고백적인 순교 정신과 순교자를 양성했다. 조선 시대의 서로마가톨릭 선교정책이 교회사적인 차원에서 가톨릭 신앙인의 죽음을 순교와 숭고함으로 승화시켜 교육하고 있다. 그 반면 한국 국민 가운데 일부는 신해사옥, 신유사옥, 병인양요, 신미양요 등을 역사적 차원에서 그들을 역사의 죄인이자 반역자로 생각하며, 그중 병인양요와 신미양요는 조선의 침략사로 보고 있다.

보편적 역사의식에서 사건의 양면성을 분석해야 객관적이며 통찰적인 안목이 도출된다. 비록 타국에서 문화접변 과정이 이질적 문화와 동행하는 길이더라도 한 차원 더 성장한 모습으로 공생·공유할 수 있는 문화의 실체를 발견해야 한다. 장기적인 안목과 합리적인 통찰의식은 다음 단계로 진행될 문화적응 과정과 그 이상의 과정을 맞이한다. 정상적인 종교문화경영(지도자학)의 단계와 과정에서 문화접변은 문화이식과 문화충돌의 단계를 걸러내 문화적 완충효과를 발생시킨다. 그러므로 종교문화경영인의 의식과 자세는 시대적 문화상황을 통찰하고 통섭할 수 있어야 한다.

오늘날 한국의 그리스도교(가톨릭과 개신교 포함) 신자 수는 한국 종교인구조사에서 1위이며 동아시아에서도 1위이다. 비(非)신앙인뿐만 아니라 방송매체들도 사실 확인(Fact Check) 없이 조선 시대에 역적으로 처형된 가톨릭 신앙인들을 박해당한 순교자라고 앵무새처럼 말한다. 새로운 그리스도교제국의 종교문화경영과 통치가 거대한 세력을 가지고 대한민국의 땅에 자리 잡고 있다.

옛날이나 지금이나 신앙단체의 사상과 이념, 절대적 신념체계에 따른 신앙고백과 신앙생활은 기존공동체 사회와 결별한 생활이 아니다. 그 사회는 그 시대의 종교문화경영 기능과 역할에 동참하면서 유구한 전통문화와 생활양식, 정체성과 가치성, 인생관과 세계관 등이 포함된 얼굴인 셈이다. 일정한 공동체 사회의 얼굴이 다문화 시대를 맞아 조화로운 변화가 자연스럽게 전개되기 시작했다. 다문화사회 상황에서 간과할 수 없는 문제는 문화접변 과정에서 발생하는 타국문화의 이중성이다. 그것은 여러 가지 요인이 암묵적으로 포함되어 문화의 흑심(黑心)으로 작용할 수 있다. 주요 핵심으로 제기되는 흑심의 매개체는 다음과 같이 요약된다.

① 개별적, 가정적 요인 ② 지역적 요인 ③ 사회적 요인
④ 공동체적 요인 ⑤ 정치적 요인

문화접변 과정에 타국문화의 이중성 문제는 항상 존재하므로 흑심(黑心) 요인을 제대로 파악해 적절히 해결하는 것도 능력으로 평가된다.

4) 다이어그램 7 - 외래문화의 이중성 문제

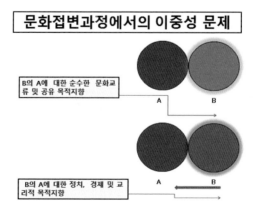

문화접변과정에서의 이중성 문제

B의 A에 대한 순수한 문화교류 및 공유 목적지향   A   B

B의 A에 대한 정치, 경제 및 교리적 목적지향   A   B

문화접변 과정에서 B가 순수한 문화교류와 공유범위를 벗어나 정치, 경제, 선교(宣敎) 등의 목적 지향적인 의도로 A를 대하는 경우가 종종 발생한다. 그러한 상황에서 A 단체(또는 나라)의 여러 가지(비밀) 정보가 B(또는 나라)의 단체로 유출되어 B는 A에 의해 문화의 간자(間者)라는 비난을 받는다. 문화접변 과정에서 발생하는 첫 번째 외래문화의 이중성이 다양한 관점에서 활용되어 조심스러운 관찰과 대응이 필요하다.

외래문화의 이중성은 목적 지향적인 의도가 분명히 담겨 문화의 화장법과 같다고 비유할 수 있다. 외관상 수려하고 때로는 아름답게 보이나 장미에 가시가 있다는 말의 의미도 유념하고 되새겨야 한다. 상호 간의 선입견과 편견이 발생할 수 있다. 그러므로 사회적 참여의식을 높이는 종교문화경영의 차원에서 몇 번은 반드시 직접 참여하여 여러 가지 관계 시스템과 기능, 역할 등을 주의 깊게 관심을 가지고 살펴보아야 한다. 백문이 불여일견(百聞不如一見)이라는 대의는 종교문화 경영학에서 빠질 수 없는 학습 참여방법으로 통섭의 역량을 함양시킨다.

5) 다이어그램 8 - 문화의 간자(間者)

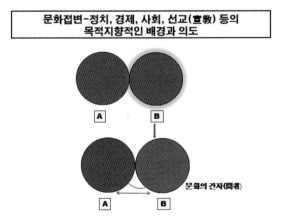

문화접변-정치, 경제, 사회, 선교(宣敎) 등의
목적지향적인 배경과 의도

문화의 간자(間者)는 중세유럽 시대의 제국주의적 식민지 사관에서 부터 시작되어 근대사에 이르기까지 왕성하였고, 현대사회에서도 암암리에 활동하는 것으로 알려졌다. 그리스도교의 교회사를 살펴보면, 선교사와 종군신부는 전쟁 때에도 파견되어 온갖 정보를 수집하여 자국의 윗선과 신앙단체 본부로 보냈다. 서구의 그리스도교는 교리적 목적과 이상세계를 추구하기 위해 수도원에서 많은 수도사를 양성했다. 그들 중 해외 선교사로 파송된 수도사는 죽음도 불사하고 선교의 길을 걸었다. 그들은 필요에 따라 문화의 간자로 사회적 반목 행위를 부추겼고 도굴(盜掘) 행위는 물론 국보급 문화재까지도 해외로 밀반출(密搬出)시켰다.

과거와 달리 시대가 변했더라도 오리엔탈리즘의 큰 틀에서 벗어나지 못하는 백인 우월주의와 식민주의 사상이 본질에서 근절되지 않은 상태에 있고, 문화 간첩의 프로세스가 새로운 기술적인 차원에서 진행 중이다. 이 책에서 언급된 국가들의 과거 국치(國恥)를 반면교사로 삼고 각고(刻苦)의 노력과 성찰로써 미래의 대안이 국가경영의 차원에서 제시되어야 한다. 문화 간첩의 역할이 시대마다 반복되지 않도록 선제 방어할 수 있는 것도 자국 문화의 발전된 능력 함양의 기회임을 한시도 잊으면 안 된다.

4. 종교문화경영의 4단계 – 문화적응
(文化適應 cultura adaptatio, culture adaptation)

문화적응 개념을 일부에서는 Inculturatio(n)이라고 하지만 필자는 cultura adaptatio(n)이라고 표기하였다. inculturatio의 개념은 1962년 프랑스 신학자인 마송(J. Masson)에 의해 처음 사용되었다. 그 개념은 문화에의 삽입(Insertion in a culture), 또는 어떤 한 문화에 이입(移入)한다는 뜻으로 사용되었다. 1979년 교황 요한 바오로 2세가 예수의 성육화를 설명하면서 그리스도교의 신앙이 다른 문화(cultura) '안에(in)' 육화해야 한다는 의미로 'in-culturatio'라는 개념을 제시하였다.

그 후 Inculturatio(n)의 개념이 주로 신학적인 차원에서 문화적응이나 문화토착화라고 번역되어 그 개념 이해에 혼란이 발생할 수 있다. 문화 경영학의 관점에서 살펴보면 Inculturatio(n)의 현상이 때로는 문화접변, 문화적응, 문화상황화 그리고 문화토착화 과정에서 부분적으로, 지역적·시대적 환경과 상황에 따라 집중적으로 일어나기도 한다. 문화적응의 개념은 이 책에서 cultura adaptatio(n)이라고 표현했다.

문화적응은 기존문화의 특징과 나름의 요구 사항을 실질적으로 배우고 해당 문화에서 적절하거나 필요한 가치와 행동을 습득하는 과정이며, 기존사회가 새로운 문화를 학습하고 내면화시키는 바로 전 단계이다. 그러므로 문화적응은 기존 사회문화의 토양에 처음으로 이종(移種)된 형국이라고 비유할 수 있다. 이종된 문화나무의 실뿌리가 어려운 환경을 극복하고 적응하여 왕성하게 활착(活着)하도록 노력해야 한다.

1) 문화적응(cultura adaptation)

문화적응은 새로운 문화가 기존문화와 함께 소통하며 친숙(親熟)해져 서로 잘 어울리는 것이다. 어울림은 상호 공존(共存)하며 더불어 사는 공동체 사회문화의 환경조성이 이루어지고 있다는 뜻이다.

점차 확대된 기존문화와의 적응은 그 어떤 혁신과 변화과정을 거쳐 진행되어야 하므로 첫 번째 실험 무대 위에 놓여 있는 이종된 문화나무의 갈림길로 비유된다. 그러므로 다양한 문화적 환경과 상황이 시대 조건에 걸맞게 스스로 변화(變化)하고 준비되어 기존문화에 적응할 수 있다.

문화적응에 필요한 그 어떠한 변화도 문화접변 과정에서 한 단계 더 진입할 수 있는 총괄적인 시험 대상이 되므로 절차적인 초보 단계와 성숙단계, 그리고 세밀하고 조직적인 사회적 대응과 공조과정이 중요시되고 있다.

문화적응의 절차적 단계와 과정은 그 지역사회의 문화토양과 풍토에 어느 정도 활착(活着)할 수 있는 학습능력의 발휘(發揮)와 저력(底力)이 필요하다. 사방에서 불어오는 바람이 봄바람 아니면 가을바람의 기운인지 분명히 구분해 흔들리지 말고 적절히 대처해야 한다.

전자와 후자 모두 기존 공동체 사회의 전통문화와 문답(問答)이 이루어지는 절차적 단계임을 이해하여야 한다. 그러한 정황은 자연스러운 소통과 공존의식으로 화합할 수 있는가에 대한 경험성의 표출이므로 문화의 양면성이라고 한다.

문화적응단계에서 기존 사회문화의 요소를 일부분 수용하고 소화해 적응하도록 진행시키는 것이 당면과제다. 그렇게 해서 드러난 변화한 외적 모습은 문화접변의 단계보다 한 걸음 더 변용(變容)되었다고 할 수 있다. 따라서 문화적응의 과정에는 문화변용의 의미가 포괄적으로 들어 있어 굳이 분리하여 설명할 필요가 없다.

2) 문화적응 시기의 양면성

문화적응은 기존사회의 문화토양에 새로운 하나의 문화가 활착할 수 있는 시범적인 계기(契機)가 된다. 그러므로 문화적응의 계기는 토착화의 진행단계를 위한 전초 단계이다.

다만 '지금, 여기서'(hic et nunc) 실행되는 자국의 사상단체, 신앙단체, 외래 신앙단체는 공동체 사회문화에서 중요시되는 것이 무엇인지 파악해 다 함께 협조하고 노력해야 한다. 그때 서로 이질감이 생기지 않도록 특히 언행에 유의하고 신중해야 한다.

앞에서도 설명하였듯이 문화적응의 기회가 기존 문화토양에 잔뿌리를 활착시키는 봄바람의 계절이 될지, 아니면 늦가을 서릿바람의 계절이 될지 가늠하는 분수령이 된다. 그러한 문화경영의 양면성을 다시 유념하고 만물을 성장시키는 춘풍(春風)의 때를 구하는 노력이 계속되어야 할 것이다.

공동체 사회문화는 기존의 종교(宗敎)와 종교문화(文化)로 형성된 사상적 토대와 생활양식으로 보편화한 사회문화가 합쳐져 형성되었다. 이질적인 문화가 공동체 사회문화에 적응하고 함께 존재하는 데 필요한 것은 상호 간의 공존의식에 대한 학습(學習)과 부단한 대화이다. 대화는 함께 일보 전진하여 모두 누릴 수 있는 공감의식을 향상해 활달하게 소통할 기회를 만들어 준다.

소통 정신은 사회적 공동의식과 목적을 실천하기 위해 발전적인 계기를 마련한다. 그것은 대체로 긍정적인 문화적응 과정을 거쳐 다음 단계로 연결되는 사회 학습화의 실마리를 자연스럽게 형성시켜 나아가는 길이기도 하다.

5. 종교문화경영의 5단계
- 문화학습화(文化學習化 culture enculturation)

문화 학습화는 기존 사회문화를 학습하면서 상호 간에 하나의 문화로 내면화시키는 과정이므로 사회문화의 공유학습 또는 사회 학습화라고 한다. 따라서 문화 학습화, 문화의 사회 학습화, 사회 학습화의 개념은 같은 의미로 사용되었음을 사전에 밝힌다.

새로운 사상이나 신앙단체의 문화가 기존공동체 사회문화의 한 일원으로 내면화(內面化)되어야 사회적 공동가치이해와 공동의식의 세계를 추구하고 공유할 수 있다. 이에 대한 사회적 검증과 인증절차과정을 필요로 하는 것이 문화의 (사회)학습화이다. 그것은 공동체 사회문화의 질서와 안녕을 위해 새로운 종교적인 요소와 문화를 반복적으로 학습하고 체험해보는 시험단계이자 함께할 공유대상인지 분별하는 통과의례이기도 하다. 따라서 문화 심리(학) 차원에서의 사회적 이해는 현재와 과거의 경험 결과로 기존 공동체 문화와의 유기체적인 관계를 유지하며 상호 간의 교류와 발전에 이바지하는 것이다.

1) 문화 학습화(文化學習化 culture enculturation)

문화의 (사회)학습화는 신앙 차원에서 벗어나 자국의 종교적 문화요소와 자국에서 자생한 새로운 신앙단체 문화, 타국의 종교적 문화요소와 직접 만남으로써 시작된다. 그들은 서로 간의 사상적 이해를 심화시키고 사회문화에서 실용적으로 응용할 수 있는 학습(學習) 과정을 어느 기간 반복적으로 진행해 나아간다. 또한 그 과정은 다양한 차원에서 현 공동체 사회의 상황과 반응을 예의주시해야 한다. 이와 다를 바 없는 것이 자국의 새로운 신앙 단체문화와 공동체 사회문화와의 관계 형성이다. 특히 긍정적인 효과가 발생하도록 새로운 과학기술과 전문영역의 문화 지식 등은 상호 호혜적인 차원에서 사회적 가치 환원으로 가능한 한 제시할 수 있어야 한다. 그것은 서로 간에 탄력적으로 활용하고 협력할 수 있도록 이어주는 매개체가 된다.

그러나 문화의 사회 학습화 단계에서 여러 형태의 사건이 발생하면, 그에 대한 부정적인 이해와 인식의 결과가 초래되어 서로 앙금만 남을 수 있다. 앙금이 깊어지면 사회적 고립이 심화하고, 그러한 질곡에서 벗어나지 못하면 문화의 정체기를 맞아 큰 난관에 봉착한다.

따라서 신앙단체의 특징적인 도그마(Dogma)와 크레도(Credo)의 강조나 유지보다 누구나 자연스럽고 평화로운 공동체 사회질서 유지에 동참하도록 이끄는 공동선이 제시되고 실천되어야 한다.

그것은 사회문화의 가치로 환원할 수 있는 상생적인 단계에 초점을 두어 자체적 입장뿐만 아니라 국내·국제적으로도 무난하다. 그래서 국가 공동체사회에서의 문화학습화단계는 문화적응의 과정을 거친 후 상생 문화 가치를 우선시하므로 공동체 사회문화의 내면화로 이어진다.

공동체 사회문화가 상호 추구하는 사회적 가치와 공존 사상은 호혜적인 이해와 배려는 물론 원활한 소통문화를 창출해야 한다. 그와 같은 소통문화는 문화의 사회학습화단계를 진행해 나름의 긍정적인 결과를 가져온다.

사회학습화단계가 여러 지역에서 지속해서 진행되면 문화적응과정에 대한 성공적인 신호탄을 쏘아올린 것으로 평가되므로 그 의의는 상호 병존(竝存)의 관계에서 크다. 타문화에 대한 사회적 학습화 과정에는 문화지연과 문화 소외의 단계가 동시에 포함되어 다음 단락에서 밝혀 본다.

2) 다이어그램 9 - ~문화의 사회학습화과정

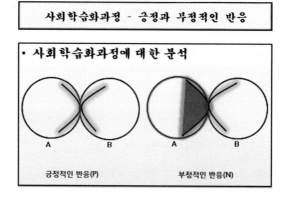

위에서 제시된 '다이어그램(diagram) 9 - 어떠한(~) 문화의 사회적 학습화 과정'에서 긍정적인(positive) 반응과 부정적인(negative) 반응이 일어난다. 자연스러운 A와 B 간의 문화교류는 상호 관심과 호감으로 이루어져 사회적 문화학습은 긍정적인 반응(p)으로 이어진다. 그 반응은 지역이나 공동체 사회가 타문화를 수용하며 내적으로 문화화가 진행되고 있다는 뜻이다. 즉 타문화가 지역주민들에게 호응받아 그 지역사회문화의 일부로 수용되었음을 설명한 것이다.

타문화가 정부와 민간차원에서 관심과 배려가 호의적으로 이루어지면 신뢰감이 형성되어 사회적 호응과 동참이 순조롭고 원활해진다. 상호 간의 협동적인 분위기와 협력관계는 상승세로 이어지고 문화지연의 단계를 뛰어넘어 문화순응(文化順應)[57]의 단계로 진입한다. 그러나 정부가 국가 차원에서 타문

---

[57] 제8장 II. 7. 종교문화경영의 8단계 - 문화순응 참조 바람

화에 대한 승인절차를 미룰 경우 문화지연(文化遲延)[58]의 단계가 형성된다.

부정적인 반응(n)은 기존의 지역이나 공동체 사회와 문화충돌을 일으켜 불안감이 증폭되고 사회적 반감이 형성되므로 문화소외(文化疎外)[59] 기간, 즉 사회에서 격리된 시기를 맞이한다. 절대적 신념체계에서 교리와 신조, 그리고 신앙심의 증표로서의 언행 등이 강조되지만 현실사회는 보편성, 객관성, 실용성, 합목적성, 대중성에 더 많은 관심을 두고 있다. 기존의 사회문화를 무시하거나 배려하지 않는 신앙단체의 문화는 지역적 특색에 따른 다양한 종교문화경영의 과정을 모두 통과할 수 없다. 그러한 단체가 지역사회에서뿐만 아니라 국가적 차원에서도 인정받지 못하고 사회와 민심에서 소외되면, 어느덧 정체기에 머물다가 쇠퇴기를 맞이하여 존립의 위기상황을 맞이할 수도 있다. 타문화에 대한 긍정 또는 부정적인 반응과 그의 결과에 따른 종교문화경영의 유형은 어떠하였는가? 이에 관한 역사적 사례를 찾아 현대적 안목에서 논구해 본다.

서로마가톨릭이 조선에 처음 전파되었을 때 가톨릭 문화는 신진(新進) 유생들에 의해 나름대로 일정부분 긍정적인 반응과 결과를 남겼다. 이미 앞에서 논구하였듯이 서구 과학 문명에 대한 소현세자(昭顯世子 1615~1645; 인조의 장남)의 관심은 그가 추구했던 북벌계획(北伐計劃)[60]에 도움이 될 수 있다고 보았다. 그는 조선의 왕자였으나 1636년(인조 14) 병자호란(丙子胡亂) 이후 청나라의 인질로 심양(瀋陽)에 9년 동안 머물렀다. 그는 서양인이 관리하는 북경(北京)의 천문대를 방문하였고 역법(曆法)에 관심을 가졌다. 소현세자는 독일인 신부 아담 샬(Schall, J.A., 일명 湯若望)

---

[58] 이 책의 제8장 종교 문화(지도자)학의 단계와 과정 II. 6. 종교문화경영의 6단계 – 문화지연 참조 바람

[59] 제8장 II. 7. 종교문화경영의 7단계 – 문화소외 참조 바람

[60] 북벌계획은 조선 시대 효종 임금이 1649년 청나라를 정벌하기 위해 세운 계획을 의미한다. 청나라의 볼모로 잡혀간 소현세자가 돌아왔으나 의문의 죽임을 당한 후 그의 동생 효종(=봉림대군)이 즉위하면서 북벌계획을 시도하였으나 그가 갑자기 사망하면서 10년 만에 중단되었다.

을 만났고 서양 문물들(천문·수학·여지구(輿地球)·가톨릭 서적과 천주상(天主像))을 접하였다. 발전한 서구문물을 본 조선의 학자들은 긍정적인 차원에서 격물치지(格物致知)의 중요성을 다시 인식하였고, 서구문화의 영향력은 차후 실학사상(實學思想)을 태동시키는 실마리가 되었다.

한국의 근대화 시기에서 빼놓을 수 없는 것이 서구그리스도교의 기능과 역할, 사회적 영향력이었다. 구한말 고종황제 시대에 프로테스탄티즘(=개신교)의 선교사는 서구의 의술로 조선왕조와 긴밀한 관계를 유지하면서 조정과 조선 백성들에게 호감을 유발하며 개신교 선교정책에 큰 영향을 주었다. 하지만 한국 근대사에서 자주 회자(膾炙)하는 가톨릭과 개신교의 선교정책이 교회사적 관점에서 때로는 역사적 의식처럼 설명되고 있다. 한국의 역사와 교회사의 명확한 구분이 없으면 한국사의 보편성, 객관성, 공정성, 대중성, 사실성 등은 결여된다.

교회사가 한국의 유구한 역사를 대변할 수 없다. 한국 교회사에 대한 역사적 인식은 그 당시의 시대적 상황, 사회적 역할, 기능, 오늘의 면모, 현주소 등을 통찰적인 안목에서 합리적으로 설명할 수 있어야 객관적인 평가로 남는다.

1882년 조미수호통상조약(朝美修好通商條約)이 체결된 이후 미국의 프로테스탄티즘이 합법적으로 조선에 전파되기 시작했다. 조선의 문호가 구미(歐美)지역에 공식적으로 개항(開港)되었다. 개신교의 선교정책은 기존문화와의 사회적 학습화 과정에서 선교사의 의료사업, 목회 활동과 함께 조선의 크리스천 교육을 병행시켰다. 그 선교정책은 무엇보다 사회적 참여와 동참을 끌어낼 수 있는 소통경영에 방점(傍點)을 찍었다. 한국 근대사의 일정부분과 연관된 한국 교회사는 미국의 한국개신교 선교정책을 사회적 문화학습화과정에서 긍정적인 측면으로 설명하고 있다.

1884년 9월 20일 미국의 북(北) 장로교에서 파견된 의료선교사 앨런(Horace Newton Allen, 1859~1932, 安連)이 제물포 항구에 도착했다. 동년 12월 4일 명성황후의 친정 조카인 개혁파 민영익(閔泳翊, 1860~1914)은 정적(政敵)이 보낸 자객의 칼에 맞아 출혈이 심해 사경(死境)을 헤매고 있었다. 그때 앨런은 그를 치료하여 구사일생으로 살려냈다. 이로 인해 명성황후와 인연을 맺은 앨런은 고종황제에게도 두터운 신임을 받았다.

1885년 고종이 민영익의 생명을 살려낸 고마운 마음의 표시로 앨런에게 감사의 예물을 하사(下賜)하였고, 앨런의 요청대로 의료시술 행위를 할 수 있는 의료원을 제공했다. 고종은 의료원을 광혜원(廣惠院)이라고 했으며, 개원(開院)하도록 윤허(允許)한 후 앨런을 시의(侍醫)로 임명했다. 고종황제가 외국인 앨런을 국가경영의 한 부처(部處)에 등용한 것은 새로운 인재 발굴과 경영을 혁신적으로 단행한 것이다.

앨런 선교사는 광혜원(차후 제중원(濟衆院)으로 개명)에서 서양 의료시술을 했다. 그는 선정된 조선인에게 의료기술을 보급하면서 그들에게 크리스천교육도 병행(竝行)했다. 광혜원이 서양의료원이자 신앙공동체 역할도 함께했다. 그와 같은 개신교의 문화접변, 문화적응, 문화학습화과정은 조선 백성들의 큰 반응과 호응 속에 성공적으로 단기간 이수(履修)되었다. 미국의 개신교가 조선에 개신교를 설립한 것이다. 개신교가 조선에서 문화적응과 문화학습화과정을 마치고 그다음 단계에 진입할 수 있는 계기가 순조롭게 이어졌음을 다음의 설명에서 살펴볼 수 있다.

1885년 4월 5일 미국인 헨리 거하드 아펜젤러[61]는 호러스 그랜트 언더우드[62]와 함께 인천에 입국했다. M. F. 스크랜턴[63]은 5월 3일 인천 제물포(濟物浦)항에 도착했다. 아펜젤러 부부와 스크랜턴 가족은 그해 6월 20일 제물포를 거쳐 서울로 상경했다. 아펜젤러는 1885년 8월 배재학당(培材學堂)을[64], M. F. 스크랜턴은 1886년 이화학당(梨花學堂)을, 그리고 언더

[61]   Henry G. Appenzeller(1858-1902)는 미국 펜실베이니아주(Commonwealth of Pennsylvania) 소더 톤(Souder Ton) 지역, 메노파 가정에서 출생했고 북 감리교 목사.

[62]   Horace Grant Underwood(1859~1916)는 미국의 북 장로교 선교사.

[63]   Mary Flecher Benton Scranton(1832~1909)는 미국 북 감리교 선교사.

[64]   이만열, 『한국 기독교 문화 운동사』, 대한기독교출판사, 서울, 1989, 184~186쪽

우드는 1887년 9월 새문안교회를 설립했다. 언더우드는 1915년 경신학교에 대학부를 설치하면서 그 대학부는 연희전문학교의 설립에 기초가 되었다. 특히 이와 같은 학교사업을 계기로 미국의 여러 교회 단체들이 조선에 선교사들을 속속 파견했다.

1912년 선교사들이 설립한 학교는 '소학교 539, 중학교 25, 대학 2'개를 포함하여 총 566개로 파악되었다.[65] 그들은 암울한 구한말 시대에 한국인에게 희망의 메시지를 주었고 한국인들과 소통하며 동화되도록 노력했다.[66] 선교사들이 당분간 그들의 경제적인 뒷받침을 담당했다. 개신교의 신자가 된 한국인 중 지식인은 한글과 바이블 교육을 함께 시켜가며 크리스천 교육에 전념했다. 그들은 한국의 신지식인이 되어 자신들을 도와준 개신교 교단에 헌신하였고, 신앙인의 숫자가 지속해서 증가했다.

의료와 교육 사업이 병행된 개신교 단체의 선교정책은 사회적 학습화 과정을 무난히 통과하였고 1918년 개신교 "신도수(信徒數)는 160919명"[67]이며 그중에 학생 수(소학교, 중학교 남녀학생포함)는 총 '19726명'[68]이었다. 학생 숫자가 점차 증가하여 1939년 최고 정점에 이르다가 그 후 조금씩 내림세를 보였다. 개신교 단체가 학교와 의료사업으로 백성들과 함께 호흡하며 실행한 소통경영은 서로마가톨릭의 선교정책과 확연히 다른 모습이었다. 그 당시 미국 개신교 선교사들이 사전에 한국사회의 실상을 다방면 연구 분석하고 빠르게 적응할 네비우스 선교(宣敎)정책(Nevius Mission Plan)[69]을 선택했고, 의료와 교육 사업을 병진(竝進)하는 전략적 종

---

[65] 민경배, 『한국기독교 사회 운동사』, 대한기독교출판사, 서울, 1988, 150쪽

[66] 민경배, 『한국기독교 사회 운동사』, 대한기독교출판사, 서울, 1988, 154쪽 참조

[67] 민경배, 『한국기독교 사회 운동사』, 대한기독교출판사, 서울, 1988, 150쪽

[68] 이만열, 『한국기독교 문화 운동사』, 대한기독교출판사, 서울, 1989, 199쪽 참조

[69] 네비우스 선교정책은 중국에서 활동하던 네비우스(Nevius, J. L.)가 서울을 방문하여 세 가지 선교정책의 기본 이념을 제시했다. 그것은 자진 전도, 자력 운영, 자주 치리(治理)이다. 그 정책은 한국 장로교회의 보편적인 선교정책으로 사용되었다.

교문화경영의 방법으로 방점을 찍었다.

미국 북 장로회의 의료선교사 앨런이 사경을 헤매던 민영익을 살려낸 이후 선교사들은 조선 황실과 밀접한 관계를 유지함으로써 선교정책의 활로가 더욱 크게 열렸다. 미국 개신교회 단체의 적극적인 선교정책은 그 당시 한국 개신교인과 함께 사회변화를 일으켰다. 국권과 영토, 주체성까지 일본에 박탈당한 그 당시의 한국인은 선교사들의 의료와 교육 사업 등에 감동받아 개신교 교인이 되었다. 남녀 모두 교육받는 교육 분야의 혁신경영, 교인 중에 인재를 발탁하여 활용한 인재경영이 종교문화경영에 탄력을 주면서 사회적으로 큰 호응을 받았다.

개신교의 사회학습화단계는 순조롭게 진행되면서 문화지연과 소외의 과정을 뛰어넘어 문화의 순응·적응·동화가 자연스럽게 이루어져 문화상황화의 첫 단계에 도달했다. 그 당시 대한제국의 위기상황과 몰락을 지켜보았던 미국의 개신교 선교사와 조선의 개신교 신앙인이 대한민국 국민의 거국적인 삼일 독립 만세운동에 동참했고 독립운동에도 많은 도움을 주었다. 개신교의 참여는 고무적이었다. 암울한 일제강점기에 노력한 개신교의 업적은 분명히 존재하고 그에 따르는 공과(功過)는 평가받고 있다. 독립운동가의 발굴과 그에 대한 검토와 검증시스템은 과거의 잘못된 판단을 바로잡아가며 국가와 범국민적 차원에서 더 폭넓게 심화하여 진행 중이다. 서구의 근대사상과 지식, 종교문화가 한국인의 인생관과 세계관에 영향을 주면서 그 세력은 성장해 오늘날에 이르렀다.

문화의 사회적 학습화 과정은 정치적 분야에서부터 음식·복장문화에 이르기까지 광범위하게 진행되었다. 1945년 8월 15일 일제강점기에서 벗어난 대한민국은 일본군사문화와 식민지문화를 척결(剔抉)하려는 국민적 열의에 부응하지 못했다. 일제식민지문화에서 탈피하려는 정치적 쇄신과 그와 관련된 사회학습화과정이 거의 생략됐다. 민족(民族)의 올바른 정기(精

민경배, 『한국기독교 교회사』, 대한기독교출판사, 서울, 1989, 191~195쪽 참조

민경배, 『한국기독교 사회 운동사』, 대한기독교출판사, 서울, 1988, 18~23쪽 참조

氣)를 되찾아 바로 세우고자 노력하는 국가적 차원의 정화기와 치유기가 턱없이 부족했고, 6·25전쟁으로 다시 사회적 빈곤과 혼동의 소용돌이는 멈추지 않았다. 한국전쟁 이후 남북분단의 정치적 상황은 이분법적 이념 논리로 확대되어 이념분쟁이 지속하였다.

그뿐만 아니라 남한에는 미국의 군정(軍政) 문화가 시작되었다. 군정 문화가 대한민국의 정치사회문화에 영향력을 발휘하면서 한국은 미국 군정 문화의 굴레에서 벗어나지 못한 상황에서 신음했다. 거의 반강제적인 미국문화 이식의 순서가 진행되었다. 한국은 일제 강점기 시대의 착취와 수탈에서 온전히 벗어나지 못하고 당했던 통한(痛恨)의 눈물이 마르기도 전에 다시 가난과 빈곤에 시달렸다. 수많은 한국인이 살아남고자 미군정문화에서, 이승만 정권과 군사독재정권에서 몸부림쳤다. 그들의 한 많은 애환과 깊은 상처, 사연들은 태평양의 바다보다 더 넓고 깊을 수 있다. 그러한 사회적 질곡(桎梏) 속에 미국문화적응에 대한 정치 사회적 접근단계는 근대 산업화추진과정에서 촉박하게 진행되었다.

하지만 그에 대한 사회적 혼란과 피해는 급증하였고 비정상적인 사회적 문화학습화과정에서 국민은 군사독재 정치에 저항했다. 그들 중 민주화를 갈구하며 외치는 사람들과 숨죽여가며 살아가는 사람들은 모두 다 평화롭게 잘살아 보고자 하는 기대는 하나같았다. 그 시대의 사회적 흐름은 시대적 산물로 복잡하게 서로 뒤엉켜 온 국민이 스스로 짊어질 멍에(yoke)가 되었다. 정치문화경영과 연동된 민주화의 국민적 열망과 집념은 사회학습화과정을 거치면서 국민의 투쟁 때문에 이루어졌다. 하지만 오랫동안 적체(積滯)되어 청산의 대상으로 남은 문제점들은 혁신(革新)적이고 혁파(革罷)적인 국가적 조치를 기다리고 있었다. 그것은 무엇보다 먼저 정치사회문화에서부터의 성숙 발전을 위한 국민의 기대였다.

이와 연관된 1950년대부터 1990년대에 발생한 수많은 개인적, 사회적, 국가적 사연들은 그 전 시대의 사연 못지않게 차고 넘쳤다. 또한 국민 스스로가 역사 속에 신화와 같은 존재가 아닌 실제 주인공이 되었고, 이웃의 주인공 이야기로 넘쳐나고 있다. 할 수만 있다면, 그렇게 할 수 있도록 모두 객관적으로 공정하게 진단하고 분석해야 한다. 국제사회의 국익(國益)과 사회적 공익(公益)을 위한, 미래 지향적인 발전을 위한 문제 풀이로서의 문화상황화 시대는 이미 왔고, 대한민국 국민의 성숙한 지혜와 대의를 위한 용단이 그 어느 때 못지않게 필요하다.

먹고사는 문제 중에 한국인의 복장문화와 음식문화가 발전하여 세계화로 진행되면서 서구의 음식문화도 취사선택되어 일정부분 서구화로 변화하고 있다. 그러한 사회적 현상은 복장과 음식문화의 사회학습화단계를 진행했다. 오늘날 한국인의 식단(食單)은 서양의 음식문화를 긍정적으로 받아들여 서양 음식문화에 적응했고, 즉석식(Fast food)은 특히 젊은 사람들에게 인기가 높다. 서양 음식문화가 한국 음식문화로의 변화를 거듭하면서 반응과 호응이 급격히 증가하면서 사회적 학습화 과정을 무난하게 이수했다. 그 문화가 차후 이어질 문화상황화(文化狀況化) 과정을 넘나들면서 오늘날 한국 음식문화와의 퓨전(fusion) 화(化)로 발전하여 그 맛과 의미가 극대화되고 있다.

7세기 덴무 천황(天武天皇)이 불교 윤회(輪廻) 사상에 따라 (肉) 고기 섭취를 금했다. 그 이후 일본인들은 1200년 동안 육류(肉類)는 절대로 입에 대지 않고 살아왔고 육류를 먹는 사람들은 짐승이라고 빗대어 경멸했다. 일본은 메이지 유신(明治維新, Meiji Restoration) 이후 문화의 변혁기를 맞아 타문화의 사회적 적응과 학습기를 보낸 적이 있다. 일본은 2차 세계대전 직후 미국을 위주로 서구문화를 받아들이면서 일본의 식탁문화에 변화의 바람이 불었다. 그중 성공적으로 통과된 사례가 육(肉)고기 소비문화였다. 일본의 육(肉)고기 소비문화는 파격적인 사회적 반응을 일으켰다. 생선 위주의 식품에서 점차 고기 식품의 소비 경향으로 바뀌면서 고기 소비문화가 증가했다. 고기의 수요에 비해 공급이 너무 부족하여 만들어낸 메뉴가 고기를 얇게 썰어 여러 명이 여러 번 먹을 수 있는 샤부샤부(shabu-shabu)이다. 사면이 바다로 둘러싸인 일본인이 동물의 고기를 먹는다는 것은 정말 획기적인 음식문화의 혁신이자 사회학습화과정을 뛰어넘어 어느 덧 서양 음식문화와의 동화가 성공적으로 이루어졌다고 하겠다.

문화의 학습화 과정에서 전통문화와 이질적인 문화는 공동체 사회라는 문화적 시간과 공간에서 도전과 반응이라는 두 가지의 요소가 항상 뒤따른다. 그것은 국민적 문화공간이라는 시험무대에서 시시각각(時時刻刻) 펼쳐지는 문화의 지연(遲延 culture lag)과 문화의 소외(疎外; culture isolate)이다. 이 두 가지 문화가 문화의 학습화 과정에서 공존하고 있다. 그러한 복합적인 의미는 앞으로의 단계별 절차와 과정과 함께 향방(向方)이 좌우되기 때문에 종교문화 경영학에서 유의할 사안으로 다루어진다.

6. 종교문화경영의 6단계 – 문화지연(文化遲延, culture lag)

문화지연(文化遲延)은 다음 문화 순응의 단계로 넘어갈 여건이 준비되지 않았거나 준비되었더라도 정치적 이해관계에 따라 늦어지는 상황에 부닥쳐진 것을 의미한다.

1) 다이어그램 10 – 문화지연(文化遲延)

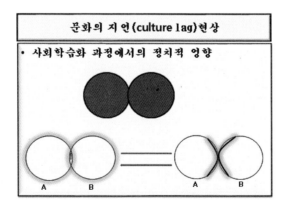

새로운 문화에 대한 사회적 반응과 호응이 긍정적이더라도 문화지연의 상황이 발생할 경우가 있다. 그것은 비록 다음 문화단계로 넘어갈 제반 사항이 준비되었더라도 지역적 한계에 머물러 있거나 더 넓게 외연을 확장하지 못한 상태에서 정체되고 있다. 그 원인의 핵심은 정치적 차원과 무관하지 않다. 예컨대 서구의 나라는 타국에서 전파된 새로운 신앙단체의 독특한 사상과 사회적 행위 등을 여러 분야에서 검토하고 법적으로 자국의 사상과 공익사회에 저촉되면 국가적 관리 대상으로 분류한다. 다만 정부와 사회단체는 그러한 형태로 분류된 신앙단체의 자국인과 타국인들의 신앙 행위를 금지하지 않는다. 하지만 그들의 최고 (정신적) 지도자 등은 자국으로 입국이 불허(不許)되고 있다. 특히 이와 같은 신앙단체의 국가적 검증시스템은 독일과 유럽에서 철저하게 작동되고 있다.

2) 문화지연의 원인

문화지연의 원인은 여러 가지 유형의 문제와 특색이 있다. 이 단락에서는 불교 전파가 신라(新羅)에서 정치적인 문제로 공인과정이 지연된 원인이 무엇인지 고찰해 본다.

삼국시대 불교 유입은 고구려를 비롯해 백제에 이르기까지 정책적 차원에서 이루어져 순조롭게 진행되었다. 하지만 신라는 고구려와 백제의 정치적 상황과 달랐다. 그 당시 신라는 변방(邊方)의 소국(小國)으로 고구려와 백제처럼 중원대륙지배권을 두고 큰 전쟁을 치르지 않았다. 역사적 기록에 의하면, 신라 19대 눌지왕(재위 417~458) 때 고구려의 묵호자(墨胡子, 아도화상 阿道和尙)가 신라에 불교를 전파하였으나 답보(踏步)상태에 머물렀다고 전해진다.

신라에 전파된 불교가 문화의 사회적 학습 과정을 통해 신앙인들이 증가하고 있었으나 신라 귀족문화와 보수성에 막혀 더 다음 단계로 진행되지 않았다. 그와 같은 상황에 처한 문화지연의 원인은 무엇인가? 신라가 사회적으로 호응도가 높은 불교를 공인하지 못한 이유는 무엇인가? 전문가의 일부는 신라의 화백제도(和白制度)에서 그 지연의 원인을 찾을 수 있다고 유추한다. 그런 한계상황에서 등장한 인물이 이차돈(異次頓)이다. 그는 신라 법흥왕과의 대화 속에 법흥왕이 불교를 수용하려는 뜻을 파악한 후 스스로 결단했다. 그는 예로부터 전해져 내려오는 신라의 종교성이자 경외의 상징으로 여겨진 천경림(天鏡林)에서 불사(佛寺)를 창건하다가 참수(斬首)당했다. 이차돈이 불교 전파에 희생제의 어린 양이 되었다는 전설이 있다.

삼국유사 향전(鄕傳)에 의하면, 이차돈의 잘린 목에서 흰 젖과 같은 피가 천상으로 솟구친 후 기묘한 꽃들로 변해 지상으로 떨어져 땅이 크게 진동했다. 이를 목격한 많은 귀족이 불법(佛法)을 받아들여 신라에 불교가 널리 전파되었다. 529년 법흥왕은 불교를 국교로 공인하였고 살생금지 명령을 내렸다. 신라의 불교가 왕권 강화를 위한 통치이념이자 제도적 사상으로 전환되면서 불법(佛法)의 시대가 열렸다. 결과적으로 신라 19대 눌지왕 시대에 승려 묵호자(墨胡子, 아도화상 阿道和尙)에 의해 불교가 전파되었지만 문화지연의 과정을 넘지 못했다. 그 후 약 100년 지난 544년 신라 24대 진흥왕(眞興王 재위 540~576) 때 신라 최초의 불교사찰인 흥륜사(興輪寺)가 완성되어 신라의 불교가 새로운 문화경영의 단계로 진입하는 토대가 마련됐다.

7. 종교문화경영의 7단계 - 문화소외
(文化疎外, culturae isolate, culture isolation)

문화소외는 자국이나 타국에서 발생한 새로운 신앙단체의 문화가 그곳에서 일정부분 신앙단체로서의 세력을 형성하더라도 기존 공동체 사회문화와 적응하지 못하고 사회적으로 격리된 상태를 말한다. 즉 문화 소외는 상호 간에 이질적이고 배타적인 요소들과 충돌해 더 함께할 수 없다는 사회적·국가적 인식의 차원에서 모두 배제(排除)된 상황을 의미한다. '문화의 사회학습화과정 – 다이어그램 9'에서 설명된 것처럼 부정적인 의미(n)가 더욱 사회적으로 확산하여 심각해지면 정치권에서 진상 파악을 하고 사회적 경계대상으로 간주하여 문화의 소외단계가 시작된다. 문화의 소외단계는 서로마가톨릭의 조선 선교에 대한 상황과 사회적 반응을 사례로 제시한다.

1) 다이어그램 11 – 문화소외(文化疎外)

이미 위에서 설명했듯이 서로마가톨릭이 청(淸)나라에서 조선으로 전파되어 조선의 가톨릭 신자들이 점차 많아졌다. 그들은 조선에 신부(神父)가 파견되기를 기대했다.

2) 조선의 서로마가톨릭 선교정책과 가톨릭 신앙인

조선 유생(儒生)들의 일부가 청국(淸國)에서 가톨릭 세례를 받은 후 가톨릭 신앙에 대한 확신으로 절대적 신앙 사상과 신념체계를 고수(固守)했다. 조선 가톨릭 신앙인들은 자국의 정치체제, 사회제도, 전통문화보다 교리교육과 신조로 받아들인 가톨릭의 신앙체제, 신앙조직, 신앙문화를 더 귀중하게 생각했다. 그들은 모든 것을 버리고 순교 정신으로 죽음도 불사(不辭)하는 의지와 집념을 불태웠다. 하지만 그들의 신앙 행위는 서로마가톨릭 교리와 신조에 따라 조선왕조 시대의 국가공동체 사회윤리이자 사람의 도리로 여겼던 조상 제례를 거부하면서 사회적으로 큰 파란(波瀾)을 일으켰다. 그런데도 그들은 기존의 전통관례와 의식을 버리고 자신들의 신앙 행위를 정당화시키고 신앙을 고수하기 위해 죽음도 각오했다.

결국 그들은 조선사회의 경계대상이 되었고 조선왕조의 법도를 어기진 죄로 1801(辛酉)년 체포되어 형장의 이슬로 사라졌다. 그러한 사회적 국가적 상황 속에 이어진 황사영의 백서사건은 화염에 쌓인 정치적 난국에 휘발유를 뿌린 격이 되었다. 그 사건은 조선왕조에 대한 반역(反逆)으로 규정되어 황사영과 연관된 조선의 가톨릭 교인들이 옥사(獄死)하거나 처형(處刑)되면서 역사적 안목에서 신유사옥(辛酉邪獄)으로 기록되었다. 1866년 병인양요(丙寅洋擾, 프랑스 해군이 강화도 일대를 침략한 사건)의 상처가 아물기도 전에 1868년 에른스트 오페르트 도굴 사건, 즉 대원군의 부친 남연군 분묘도굴사건(南延君墳墓盜掘事件)이 발생했다.

그뿐만 아니라 1871년 신미양요(辛未洋擾, 미국의 아시아함대가 강화도를 침략한 사건)가 발생했고 그로 인해 무고한 수많은 백성이 사망했다. 대원군은 병인양요와 신미양요를 국제적 조선 침략 사건으로 판단하였고 1871년 척화비(斥和碑)를 세웠다. 많은 사람은 대원군이 척화비를 세우고 서로마가톨릭 선교정책에 대한 강경한 조처를 한 것이 조선가톨릭의 탄압령(彈壓令)이며, 대외강경책이 되어 쇄국(鎖國) 정치를 했다고 말한다. 그러나 그 당시 조선의 국내·국제적 시대 상황을 종합해 분석해 본 다음 쇄국 정치를 역사적 관점에서, 종교문화경영의 차원에서, 현대적 안목에서 재조명할 필요가 있다. 1868년 대원군의 부친 남연군 분묘도굴사건이 실패했으나 조선의 서로마가톨릭 선교정책은 강경했고, 신미양요 이후 조선의 서로마가톨릭은 문화소외 과정을 더욱 피할 수 없게 되었다.

가톨릭이 일제강점기에 친일행위를 했다는 것은 널리 알려졌다. 해방 이후에도 한국 국민의 관심을 받지 못한 가톨릭의 문화소외가 1960년대에 이르기까지 지속하였다. 그 밖에도 한국가톨릭의 문화 소외상황이 지속한 여러 가지의 이유 중 하나가 1919년 3월 1일 거국적으로 펼쳐진 민족의 대한 독립 만세운동에 한국가톨릭인이 참여하지 않았다는 사실이다.

8. 종교문화경영의 8단계 – 문화순응
(文化順應, cultura accomodation, culture accomodation)

라틴어 accomodatio의 개념은 한국어로 적응, 순응, 조정, 조절 등으로 번역되었고, 그리스도교의 해석학적 관점에서 타문화를 선교정책과 문화에 응용할 수 있다고 보면 적절하게 적응하면서 순응한다는 의미로 사용되었다.

1) 문화순응(文化順應 culture accomodation)

문화순응이란 전파된 문화가 기존 공동체 사회문화와의 생태적 환경이라는 시험무대를 극복하고 주변 상황의 변화에 유연하게 보조를 맞추어 가면서 협력과 공존으로 순응(順應)한다는 뜻이다. 그러므로 문화순응의 길은 기존문화와의 적응단계보다 더 심화한 종교문화경영의 방향이자 공동체 사회와 주어진 신뢰를 구축해 나아가는 단계로 진입하는 것이다. 실사구시 관점에서 중요시되는 사회참여 활동을 통해 봉사와 덕목을 쌓아가는 과정은 필요하다. 그것은 상호 간의 문화영역과 공간을 존중하고 배려하는 기회이자 나름의 기능 함양과 문화적 입지를 공고히 다지는 마중물이 된다. 어떤 새로운 문화가 기존 공동체 사회문화에 순화하고 순응하면 사회진출의 발판이 마련되어 점차 나름의 역할을 담당한다. 스스로 자신의 위치를 적절히 보완하고 행위에 대한 책무와 결실이 주어지므로 문화공간의 영역에 대한 영향력 또한 커진다. 그에 대한 이해를 돕기 위해 다음의 '다이어그램(diagram) 12 – ~ 문화의 순응(順應)'이 제시되었다.

2) 다이어그램 12 - ~ 문화의 순응(順應)

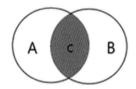

문화순응(順應)에서 문화공존의 영역

A와 B는 상호 간에 사회적 문화학습화과정을 거쳐 서로의 이질감에서 벗어나 공동체 사회문화의 영역 C를 공유하고 있다. 그들은 서로 간에 이해와 공감의식을 높이고 정신문화의 공유가치를 확장하면서 사회적 환원 가치 등을 수용하고 실천할 수 있는 문화의 영역을 넓혀간다. 서로가 공동체 사회의 공익을 위해 함께 참여하다 보면 사회적 순기능으로 펼쳐진 가치 환원의 영역인 C의 문화공간이 차례로 넓혀진다. 위의 '다이어그램(diagram) 12 - ~ 문화의 순응'에 대한 기호 A, B, C에 관한 정신문화영역의 사례를 고조선 역사연구와 연관 지어 보면 다음과 같은 논리적 설명이 도출된다.

A라는 고조선(古朝鮮) 시대의 토착문화가 B라는 불교문화와 새로운 만남을 가졌다. 그 당시 외래(外來)종교였던 불교가 정치적 배려와 국민의 호응 속에 고대 토착문화에 전파되었고 문화경영의 단계와 과정을 거쳐 성장하였다. 그 불교가 어느덧 기존 문화풍토에서 순응하고 민족정신이라는 특유의 자양분을 섭취하여 발전하면서 C라는 정신문화영역과 소통문화의 공간을 형성했다. A와 B는 C의 문화공간과 영역을 함께 공유하고, C는 상호 간에 공감대를 이루는 정신세계의 영역이 되어 공유와 공존의식을 가지고 공생할 수 있는 공동체 사회의 문화영역으로 확대되고 있다. A와 B 그리고 C가 서로 공통으로 포함(包含)하는 사상적 공유문화요소는 인생관의 한 부분으로 순화되어 정신 문화순응의 영역으로 발전되었다. 또한 C는 A와 B의 정신문화영역을 일정부분 아우르는 공존의 문화공간을 확보

하여 사상적 영향이 담긴 종교적 심성으로 존재하지만 비형상적인 정신세계의 집합체가 된다.

A가 B와 C를 두루 내포했던 고조선 시대의 문화를 중원고사(中元古史)[70]로 호칭하고 분류할 수 있으며, 그 이전의 선사(先史)시대는 상원고사(上元古史)라고 할 수 있다. A와 B의 문화사상을 내포하고, C의 영역에서 공존했던 고조선 시대의 사상단체가 풍류도(風流道)라고 널리 알려져 있다. 풍류도의 존재에 대한 역사적 증거는 오래전에 발견되어 설명이 필요하다.

최치원의 난랑비 서문(鸞郎碑序文)에 의하면, 삼국시대(三國時代) 이전(以前)의 고대 한국종교문화는 풍류도(風流道)라고 부른다. 풍류도가 선가(仙家) 사상에서 선도(仙道)라고 불렸고 선도의 가르침을 선교(仙教)라고 했다.[71] 따라서 삼국시대 이전(以前) 고조선 시대의 중원고사 문화를 국가적 차원에서 성장 발전시킨 가르침이 풍류도였다는 것을 알 수 있다. 선가의 사상적 맥락으로 전해지는 천부경(天符經), 삼일신고(三一神誥), 신사기(神事記), 참전계경(參佺戒經) 등은 오늘날 많은 사람이 접하고 있다.

고구려와 백제 간의 형제 전쟁이 끝난 후 서기 372년 고구려 소수림왕 때 인도(印度)의 불교가 중국에서 정책적으로 유입(流入)되었다. 그 불교가 불제자를 통해 백제와 신라로 전파되었다. 인도불교는 고대시대의 기존 토착문화와 성숙한 만남으로 수차례 문화의 학습·성장 과정을 거쳐 한국문화 풍토를 수용했고, 그의 토양에서 자양분을 섭취하여 한국불교로 거듭 태어났다. 삼국시대의 한국불교는 천년 동안 국교로 한국인 삶의 모든 분야에 영향을 주었다.

---

[70] 이 책의 제3장 하늘(天) 사상과 종교성 II. 한국인의 종교(심)성 2. 선교(仙教, 禮教)적이다. 각주 80 참조 바람. 서력기원 약 5천 년 전 복희(伏羲) 시대에서부터 삼국시대이 전까지의 역사가 중원고사로, 삼국시대 이후의 역사를 하원(下元) 고사로 표현되었다.

[71] 풍류도에 대한 설명은 이 책의 제3장 하늘(天) 사상과 종교성 II. 한국인의 종교(심)성 2. 선교(仙教, 禮教)적이다. 참조 바람. 그리고 제8장 종교문화 경영(지도자)학의 단계와 과정 II. 종교문화경영의 13단계와 과정 12. 종교문화경영의 12단계 – 문화의 세속화 5) 종교성의 세속화 참조 바람.

그 불교는 백성들과 함께 호흡하도록 기존 사회문화에 순응하고 소통 경영을 추구하면서 한국인의 내재적 종교성으로 자리 잡았다. 인도불교의 한국 불교화는 정치적 관심사와 국민의 호응에 힘입어 문화순응 단계에 더욱 탄력을 받았다. 불교는 정치적 배려 속에 별다른 문제점 없이 공동체 사회의 정신문화영역을 담당하였고, 그의 기능과 역할은 만인이 함께하는 정신문화 광장에서 더욱 심화하였다.

불교는 문화순응의 단계와 여러 절차과정을 무난히 이수(履修)하였고 정치적·사회적 변화와 국가위기상황으로 번진 내우외환(內憂外患) 시대에도 극난 극복을 위해 공조(共助)적인 모습으로 일관했다. 불교 교리가 윤리·도덕적 책무와 자력 수행으로 불성의 깨달음을 강조하여 활동 범위가 한정적이라는 평가도 없지 않았다. 그러나 한국불교는 그러한 원론적인 불교 문화의 영역에서 벗어나 대승불교로서 실질적인 사안인 사회적 공동 책임의식과 그에 따르는 실천행위를 국가와 함께 노력하며 조력(助力)했다. 그로 인해 한국불교는 사회적·국가적 기능과 역할을 생활문화 공간과 영역에서 그 위치를 감당하고 담당하는 호국불교(護國佛敎)가 되었다.

호국불교로서 공동체 사회문화의 가치를 제공하면서 다음 단계로 진입할 수 있는 한국불교로서의 문화 동화는 순조롭게 활성화되었고 나아가 기존 토착문화와의 융화과정에 진입하여 불교문화의 토착화 과정은 거침없었다. 이에 대한 설명은 다음 단락에서 차례로 살펴본다.

9. 종교문화경영의 9단계 - 문화동화(文化同化)

1) 문화동화(culture assimilation)

문화의 동화(同化)는 기존의 토착(土着) 문화와 사상, 전통양식을 받아들여 지역사회와 국가적인 문화로 심화(深化)되어 공동체 사회문화에 안착(安着)된 것을 뜻한다. 따라서 문화순응의 과정을 한 차원 더 깊게 승화시켜 너와 나 구별 없는 공통분모로 문화영역을 확장하여 함께 공유할 폭넓은 문화 광장을 이룬 것이 문화동화이다. 아래의 '다이어그램 13'에서 제시된 문화동화는 공통분모로 형성한 C를 중요시한다. C는 자국(A)과 타국(B) 또는 자국에서 자생한 단체의 종교문화와 장기간의 교류로 형성된 문화동화의 영역이자 모두 함께 활동할 수 있는 사상적 공유문화의 영역인 동시에 생활문화의 광장이 되었다. 기호 B는 때로 자국에서 자생한 단체로 비유할 수 있다.

2) 다이어그램 13 - 문화동화(文化同化)

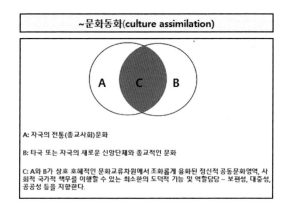

일반적으로 문화적응과 순응 과정을 거친 후 자연스럽게 펼쳐지는 단계가 문화동화이다. 문화동화는 시대적 변천과 사회적 흐름 속에 너·나의 부정적인 관계를 상생의 안목에서 극복하고 너와 나 그리고 너와 내가 함께하는 우리라는 확대된 공동체 문화의 개념을 공유한다. 또 그보다 더 크게 확대된 다문화 시대의 공동체 사회이자 국가·국제적인 공동체조직으로 발전된 문화동화의 공간과 영역이 있다. 그것은 상호 간의 문화교류를 활성화했고 국제적인 다양한 부분에서 주목받아 21세기 세계문화의 소통 공간이자 광장이 되고 있다.

문화공유영역 C 안에는 A와 B와의 사유세계와 정체성 등이 상호 긍정적으로 혼재되어 있으며, 국가공동체라는 민족의식 속에 사상적 일체감을 가지고 있다. 문화공유영역 C는 사회와 국가를 위하는 행위에 대해서는 굳이 너와 나의 구별을 원하지 않은 상태로 형성되어 문화조화의 길로 들어서는 전 단계이며, 그 길을 상호 간에 체험하는 소통과 공유문화의 길이기도 하다. C의 공유영역은 상호 간의 인생관과 세계관에 영향을 주고받아 공존과 공생문화의 사상적 광장으로 확장된다. 나아가 문화동화는 오래전부터 세계 인류 문명사에 존재하고 지금도 종교문화의 동화과정은 일상적인 삶 속에 진행 중이다.

종교문화 사상에서 기호 C는 A와 B가 오랫동안 다양한 문화교류로 형성된 사회적 공유문화이자 상호호혜적인 차원에서 동화된 문화영역이다. 따라서 기호 C는 국가적 차원에서도 공동책무를 이행하는 기능과 역할을 담당한다. 비록 C의 공유문화 부분이 외연적으로 널리 확대되지 않았더라도 그 핵심가치는 함께할 힘이 되어 매우 긍정적이며 사상적 소통도 활기 넘친다. 또 C는 A와 B 사이에 상호 호혜적인 공존과 공유차원에서 동화된 생활문화요소이자 문화 창출의 힘이 포함된 가치영역이므로 공동체 사회영역의 일정부분 주도적인 학습효과를 발생시켜 인생관과 세계관 형성에 큰 영향을 준다. 그래서 C의 최소한 도덕적 기능과 역할은 사회적 가치 환원의 담지자가 된다.

문화 접변과 적응단계에서 A와 B의 문화는 사회적 인식과 양상에 따라 상호 간에 보완적이며 획기적이고 참신한 것을 발견한다. 특히 공동체 사회생활에 도움이 되는 것은 장기간 교류로 변화와 혁신의 과정을 거듭한다. 그로 인해 A와 B의 관계는 서로 본적(本籍)을 잃어버릴 만큼 우리의 정신적 삶에 친숙하게 어우러져 동화된 C의 문화영역과 활성화된 공유공간을 형성했다. 그러한 C는 생활문화의 공유영역에 자리를 잡고 호흡해 하나의 산소와 같은 역할을 한다. 다르게 말하자면, 타국의 이질적인 문화나 서구문화의 전래가 우리 생활문화에 넓고 깊숙이 동화되어 자국의 정체성에 혼란을 일으킬 만큼 무감각한 상태로 자국의 문화인 것처럼 동화된 것이다. 예컨대 세계적으로 가장 대표적인 문화동화의 사례 중에 손꼽는 것이 복장(服裝)문화와 침대문화이다.

우리의 전통 옷과 서양(西洋) 옷을 구별하는 차원에서 전자를 한복(韓服), 후자를 양복(洋服)이라고 한다. 한국인의 양복(洋服)은 현재 전통적인 한복(韓服)보다도 특히 정장용으로 더 많이 사회적 의복문화로 사용되고 있다. 글자 그대로 양복이 한복을 제치고 사회 구석구석의 생활문화에 안착하여 착용되고 있다. 한복(韓服)은 일상생활에서 거의 착용되지 않고 있으나 서양 의복은 자국의 의복처럼 널리 활용되어 문화동화의 대표적인 사례이다. 서양 의복 착용의 편리성도 없지 않으나 의류(衣類)업자가 상품으로 만들어놓은 서양식 기성복을 일반인은 쉽게 사서 입는다. 결혼식장에서 볼 수 있는 신부와 신랑의 예복(禮服)과 축하 행사는 전통혼례의식과 의복을 밀어낸 지 오래되었다. 침대문화는 1980년대까지도 한국에서 그리 대중화되지 않았으나 대략 1990년대부터 온돌방문화에서 침대문화로 전환되어 오늘날 대세를 이루고 있다.

대학교 졸업식 때 착용하는 검은색의 학사복과 학사모는 전형적인 미국의 대학문화를 그대로 수용하여 한국대학문화 일부이자 때로는 전부를 차지해 대학 졸업문화로 동화되었다. 상아탑의 상징으로 만인에게 부러움을 안겨주었던 한국 대학교의 교육제도와 풍경, 졸업식 때 입는 옷은(학사모 포함) 전형적인 미국문화에서 유입된 것이다. 그러나 대부분 그에 대한 거부감이 없으며, 또한 그런 것이 무의식적으로 한국 대학교의 보편문화라고 착각하는 때도 있다. 오늘날 의식주(衣食住) 문화가 점점 발달하면서 생활의 편리함은 동서양을 구별하지 않아 의식주 문화의 동화는 자연스럽지만, 그 이상 변화 단계와 과정은 시대적 경향과 차원에서 조금 더 지켜보아야 한다.

2차 세계대전 이후 독일에 미군정이 들어섰다. 미군정은 독일이 더 무기생산제조 등을 할 수 없도록 각 지역 도시의 넓은 땅에 나무를 심게 하여 큰 숲(Stadtwald)을 이루었다. 그 지역은 오늘날 독일의 각 도시가 자랑하는 휴식공원이 되었다. 비록 독일이 미국문화의 영향을 받은 것을 부인하지 않지만 독일의 전통적인 초등학교 4년, 중고등학교 9년 과정의 교육제도는 유지되고 있다. 초등, 중·고등 학제가 합쳐진 총 13년 과정을 마무리하는 아비튜어(Internationales Abitur) 졸업시험은 변함없이 지켜지고 있다. 아비튜어에 합격한 학생은 각자의 졸업성적에 따라 1년에 2회 실시하는 봄 학기나 가을학기 중 하나를 선택하여 대학교에 입학할 수 있다. 이들 학생은 세계의 모든 대학에 지원할 수 있다. 미국의 영향을 받은 한국 대학교의 입학식과 졸업식과 같은 진풍경은 독일 대학에서 찾아볼 수 없다. 독일의 대학교는 한국대학처럼 대학생의 입학식과 졸업식도 없다. 독일의 대학생은 각자의 학업능력과 성취에 따라 졸업할 수 있어 졸업 연도가 각기 다르고 중도포기(中途抛棄)하는 학생의 숫자도 적지 않다.

어떤 사람은 서구인의 문화에 동화되고 싶은 욕망의 한 부분으로 머리를 서양인들의 머리카락 색으로 물들이며 자신의 개성이자 표현의 자유라고 한다. 양식(洋食, 패스트푸드 포함), 와인, 커피, 서양음악은 기호대상의 첫 번째로 손꼽힌다. 혹자(或者)는 대화 가운데 유식함의 척도를 내보이기 위해 그렇게 하는지 모르나 영어 단어를 종종 섞어 말한다. 또 국어능력 구사도 제대로 하지 못하는 유치원 어린아이에게 조기 영어교육을 시키고 있다.

하지만 독일의 교육학자, 심리학자 등은 만 10세 이하의 아이에게 외국어 교육을 하지 않는다. 모든 학생에게 주어지는 성적표는 있으나 석차등급(席次等級)은 표기되지 않아 서로 간에 위화감이 발생하지 않도록 선제적으로 차단된다. 독일 학생이 대학진학을 할 경우 어떤 대학의 간판과 학부모의 의사를 염두에 두지 않고 본인 스스로 자신의 능력에 맞게 배우고 싶은 대학교의 학과와 학과 교수를 선택한다. 독일 학생은 일류대학이라는 외형보다 세계적인 학과와 교수에게 학습(學習)하는 것을 중요시한다. 이러한 독일의 전통교육문화 풍토 유지에 관한 사례는 시사하는 점이 많다.

어떤 신앙인은 타국의 신앙 단체교리와 신조, 의례에 동화되어 자신의 행위가 정통성을 가진다며 주장하고 타인의 모든 것을 일방적으로 경시하거나 무시한다. 그런 모습은 잘못 심취된 신앙문화 동화의 단면을 신랄(辛辣)하게 보여주는 것이다. 그 반면 수입된 외래문화를 더욱 신선하게 만들고 가치성 있게 재창출해 역수출하는 것은 정신문화의 드높은 단계를 드러내는 것이다.

한국문화는 물론 일본의 애니메이션(animation) 매체와 엔터테인먼트(entertainment)의 힘은 문화전파에 크게 일조하고 두각을 나타내면서 국제적 감각과 독특한 분위기에 고조된 사례도 발생하고 있다. 취사선택과 문화동화의 길은 자연스럽게 열려 있으나 국익에 해악을 끼치는 상황이 발생하면 그런 길도 무한정은 분명 아니다. 한국문화의 장점과 서양문화의 장점을 부드럽고 원만하게 한국문화로 변화시키고 대중성을 위한 문화동화로 격상시킨 여러 형태의 문화예술은 서양인에게 문화의 감동을 선사하기도 한다. 예컨대 2018년 9월 예능계의 BTS(방탄소년단)가 '빌보드(Billboard) 200'에 두 번째 1위를 기록했다. 뿐만 아니라 2019년 5월 아티스트 차트 5주 연속 1위라는 빌보드 신기록을 추가함으로써 기네스북도 유력할 만큼 그 위세가 하늘을 찌르고 있다.

많은 서양인이 수천 년 동안 내려오는 동양의 깊고 심오한 문화에 관심을 가지고 그런 문화에 동화하려는 모습도 발견된다. 그들은 동서 문화의 장벽과 경계를 허물고 사상적 관심과 흥미에 먼저 초점을 두고 있다. 다만 진정한 문화동화는 정신문화의 동화와 함께 장기간에 이루어진다는 사실을 잊으면 안 된다. 한국인의 정신문화를 이해하고 분석하는 데 중요한 요소로 작용하는 것은 문화적 의식구조, 인생관, 세계관이다. 이에 큰 영향을 미치고 있는 외래 종교 가운데 하나가 불교이지만 한국불교가 대웅전(大雄殿)에 삼불(三佛)을 모시고 공동체 사회문화의 영역에 동화를 일구어내면서 호국불교가 되었다. 이처럼 고대시대의 토착문화와 삼불 문화의 동화(同化) 관계를 다음과 같이 요약해 본다.

중국에서 전파된 인도의 불교가 삼국시대(三國時代)의 정치적 관심과 배려 그리고 백성들의 호응 속에 성장하면서 어느덧 기존 토착문화와 동화(同化)되었다. 삼국시대의 신라(新羅)는 백제와 고구려를 무너뜨리기 위해 당나라와 손 잡고 나당연합군을 결성했다. 700년 이상의 역사를 이어온 백제와 고구려가 나당연합군에 의해 멸망하면서 고대시대의 백제와 고구려의 수많은 역사적 고서, 즉 사고(史庫)가 불타버렸고 유물들이 약탈당하고 유적과 유물이 파괴되었다. 이로 인해 오늘날까지 고대 백제(660년)와 고구려(668년)의 사적과 흔적이 없어지면서 역사의 뒤안길에 남았으나 왕족의 무덤에서 발굴된 소수의 유물이 그나마 찬란한 그들의 역사를 유추하게 한다.

　　신라가 외세를 끌어들여 삼국을 통일했다고 주장하나 실제는 반통일도 못 하였다. 당나라는 평양에 안동도호부(安東都護府)를 설치하고 신라의 국정 간섭을 일삼았다. 신라가 고구려 유민들〔거란족, 해족(奚族), 말갈족 포함〕과 합세하여 최종적으로 675년 안동도호부의 당나라 군대를 몰아냈다. 고구려 유민들은 고구려 구강(舊疆)지역〔＝지금의 중국 지린성(吉林省, 만주, 연해주 포함됨〕에 대조영을 중심으로 발해국(渤海國)을 세웠다.

　　역사적 혼란 속에서 불교는 살아남아 정신문화의 한 축(軸)을 담당했다. 신라의 불교 수도승이 당(唐)나라에서 유학(留學) 생활을 하였고 상호 간의 문화교류는 자연스럽게 이루어졌다. 신라의 불교(佛敎)가 기존 토착문화와 동화되어 호국(護國)불교로 발전되었다. 불교가 국교로 약 1000여 년 동안 유지되면서 불교 문화의 영역과 영성적 소통문화의 공간 그리고 생활문화 광장은 크게 확대되었다.

　　한국불교 문화의 동화는 생명력 넘치는 예술적 부드러움의 표현으로 상징화되었다. 한국불교 문화는 지속적으로 성장 발달을 함께할 수 있게 하는 정치·종교·사회·문화·예술 등의 문화영역이 되어 생활문화 공간의 장으로 활성화 되었다. 호국불교로서의 입지와 위치가 공고해지면서 한국 고대사에서 전래하는 토속적인 삼신 일체 사상을 수용하여 대웅전

(大雄殿)에 삼불(三佛; 석가모니여래·약사여래·아미타불)이 모셔졌다. 삼불 가운데 법신불(法身佛)을 상징하는 석가모니여래불(釋迦牟尼如來佛, Śākyamuni, 약칭 석가모니불)은 역사적(歷史的) 인물이자 불교의 교조(敎祖)가 되었다.

약사여래불(藥師如來佛, bhaiṣajyaguru, 약칭 약사여래)은 석가모니의 응신불(應身佛)로 백성들의 상처와 마음을 치유해주고 구제하는 현재(現在)의 부처이다. 아미타여래(阿彌陀如來, 약칭 아미타불 阿彌陀佛, Amitabha)는 보신불(報身佛, sawbohogakaya)이자 미래(未來)의 부처로 삶에 희망과 용기를 불어넣어 주는 역할을 담당했다. 그러므로 삼불은 법신불, 응신불, 보신불로 불리고 있다. 그중 응신불은 화신불(化身佛)이라고 하며 삼불 사상은 토착문화인 삼수(三數), 천지인 삼재(三才) 사상과 내면화하도록 동화되어 더욱 발전했다. 이를테면 극락세계(極樂世界)에 존재하는 것으로 설명되는 삼불(三佛)은 아미타불(阿彌陀佛), 관세음보살(觀世音菩薩), 대세지보살(大勢至菩薩)을 지칭하는 말이다. 불교 교리에서 아미타불을 중심으로 설명된 것이 아미타삼존(阿彌陀三尊)이다. 아미타불 왼쪽에는 관음보살, 오른쪽에는 대세지보살이 수행하는 형태를 묘사한 것이다. 관음보살은 아미타불의 자비문(慈悲門)을 관장하고, 대세지보살은 아미타불의 지혜문(智慧門)을 상징하는 것으로 알려졌다.

외래 종교였던 불교가 기존 토착문화와 동화하면서 한국불교로 발전하기 위해 지속적인 변화와 성장을 거듭했다. 불교가 본연의 정체성과 가치관이 크게 훼손(毁損)되지 않은 범위에서 생활불교 문화로 정착되어 한국의 정치와 공동체 사회의 소통문화영역, 사상적 공유문화의 광장을 확보했다. 불교가 종교문화경영의 차원에서 동력을 활성화하기 위해 사회와 국가적 공동체 윤리, 도덕적 책무(責務)를 성실하게 이행했다. 한국불교는 호국불교로 백성들과 함께 호흡하는 민중(民衆)불교로서 때로는 대중(大衆)불교로 다양한 분야에서 시대적 문화의 문을 열어가면서 정신적·사회적 가치 환원과 창출에 크게 일조했다.

10. 종교문화경영의 10단계
– 문화조화(文化調化 culture harmonization)

조화(調和)와 융화(融和)의 개념은 이 책에서 같은 의미가 있는 용어로 사용되었다. 조화(調和)는 최소한 2개 이상의 다른 요소가 주어진 역할에 적합하게 균형을 이루고 화합(和合)하여 일체가 된다는 뜻이다. 문화조화는 타문화의 요소와 형상이 기존 사회문화에 융화되어 문화의 토착화로 진행되는 현상이다. 문화조화의 상태가 상호 간에 충돌 없이 화목(和睦)하게 유지되려면 각자 여러 공동 책무를 전가(轉嫁)하지 않고 더욱 적극적으로 실행할 수 있는 사상적 논리와 자타이리(自他以利, 나와 남을 이롭게 하는)의 원리가 뒷받침되어야 한다.

조화의 의미와 함께 사용해도 무방한 것, 조화의 의미를 대신할 수 있는, 고대로부터 사용된 정신문화의 개념이 융화이다. 융화는 서로 사이좋게 어울려 화목하게 화합한다는 뜻이다. 조화 없이 융화가 이루어질 수 없고 융화해야 상호 간에 화목(和睦)하게 조화를 이뤄 화평(和平)해진다. 따라서 문화조화는 문화융화와 같은 의미로 사용될 수 있다. 현대과학기술이 학문과 문화의 연계로 발전하면서 통합적인 안목에서 융합(融合)이라는 용어가 사용되고 있다. 하지만 종교사회문화의 전개와 종교문화 경영학의 과정에서 고찰해보면, 문화융합보다 문화융화 또는 문화조화가 원론적이고 본질적인 개념이라고 판단된다.

1) 문화조화(文化調化 culture harmonization)

문화조화의 대상은 지역문화를 대표하는 기존의 토착문화이다. 토착문화와 조화롭게 잘 융화되어 발전된 것이 인류 문화사로 전개된다. 문화의 조화는 시대적 특성과 상황에 따라 보편적인 분야와 특수적인 분야를 포함하고 있다. 보편적인 분야가 유일신 사상에서 나온 문화의 꽃이라고 일부에서 말하고 있으나 세계사적 안목에서 통찰해보면 그렇지만은 않다. 그리스도교 사상과 문화는 다른 지역의 고대 그리스-로마문화와 사상을 받아들여 형성된 신앙단체이기 때문이다.

　따라서 지형적 특색과 풍토에 따라 나라마다 독특한 사상단체와 신앙단체(religion)문화가 인류문화사 안에 존재하지만 유일한 문화는 희박(稀薄)하다. 문화의 본질은 상호 간의 교류를 통해 지속해서 변화하고 혁신을 통해 점차 성장 발전하여 지역적인 상황에 걸맞게 동화되고 융화한다는 특징이 있다. 긍정적인 부분은 수용하여 주어진 여건과 시대적 흐름에 따라 조화로움을 보태 개성과 향토적 특색이 살아 있도록 발전시킨다.

　인류문화사 가운데 국제적인 공인단체로 발전한 세계보건기구((世界保健機構, World Health Organization)는 주목해 볼 필요가 있다. WHO가 노력하는 세계적인 전염병 관리와 치료는 국제적인 협력으로 이루어지고 있다. 그에 대한 정보공유와 공개, 유전자분석은 상호 간의 협업(協業) 속에 점차 확대되고 있다. 인류건강과 생명 문화를 위한 세계적인 책무는 동서 구분 없이 상호 협조적이며 조화롭다.

　따라서 다양한 문화 조화는 인류문화사를 성장·발전시키는 기능과 역할을 담당하였고 상호 간에 영향을 주고받았다. 또한 그 문화사는 스스로 자신의 모습을 되돌아보고 관조할 수 있는 정신적 문화이자 생명 문화의 얼굴로서 더욱 나은 미래의 문화를 이끌어 나아가게 한다. 그와 같은 문화조화의 수많은 사례 중 하나가 이스탄불에 위치한 소피아교회로 손꼽힌다. 그 교회 안에 그리스도교와 이슬람교의 문화가 공존하고 있다. 그 교회는 세계의 많은 관광객이 찾아가는 문화의 명소가 되어 동서 문화가 조화롭게 어우러진 상징성을 대표한다.

<그림 23>　　　　　　　　　　　<그림 24>

　　터키(Türkiye)의 최대 도시로 세계적 문화 관광지인 이스탄불
(İstanbul)의 소피아 교회(Hagia Sophia)는 수많은 여행객의 탐방코스이다.
터키 국민 대다수가 이슬람교를 믿고 있으나 동로마 가톨릭의 대표적인 소
피아교회가 오랜 세월 그곳에서 함께 존재한다는 것이 경이롭다. 소피아교
회의 내부에는 초기 그리스도교 성화(聖畵)가 있고 그 성화는 이슬람교의
독특한 의례적 장식물과 함께 공존하여 있다. 그러한 공존의 모습은 역의
합일(=반대의 일치, coincidentia oppositorum)의 원리에 의해 절묘한 조화의
극치를 이루고 있다. 그러한 문화조화의 모습은 동(東)과 서(西), 그리스도
교와 이슬람교 문화의 접촉을 통해 남겨진 인류문화유산의 공존영역으로
살아 있는 역사의 현장이다.[72]

---

[72] 　소피아교회는 비잔틴(Byzantine)제국의 가톨릭교회이며, 오랜 시일이 지났음에도 그
원형을 유지하고 있고 이슬람문화와 완벽하게 조화를 이룬 건축물로 평가받고 있다. 교회
건축 양식은 현재의 건축기술로 흉내 낼 수 없을 정도로 불가사의하다고 한다. 그 교회는
비잔틴 양식의 견본이자 모델이지만 회교(回敎) 사원 양식의 모델이 되었다. 오늘날 이슬
람 회교 사원을 보면 가운데 거대한 돔(dome)과 보조 돔으로 구성되었음을 알 수 있다.

2) 다이어그램 14 – ~문화조화(文化調和)

~문화조화(culture harmonization)

A: 자국의 전통(종교사회)문화
B: 타국 또는 자국의 새로운 신앙단체와 종교적인 문화
C: A와 B가 상호 호혜적인 문화교류차원에서 조화롭게 융화된 정신적 공동문화영역, 사회적 국가적 책무를 이행할 수 있는 최소한의 도덕적 기능 및 역할을 담당한다. C의 영역은 너, 나 그리고 우리라는 관계적 장벽을 초월하여 하나로 이어지는 역(逆)의 합일(合一)원리를 통해 하나된 정신문화의 광장에서 보편성, 대중성, 공공성 등을 지향한다

위에서 제시된 '다이어그램(diagram) 13 – ~문화의 동화'와 '다이어그램(diagram) 14 – ~문화의 조화'는 같은 모습의 다이어그램이다. 하지만 '다이어그램(diagram) 14의 A, B, C의 세부적인 기능과 역할담당은 다이어그램(diagram) 13과 차이가 있다는 것을 설명한다. 그것은 바로 문화조화의 단계와 영역을 역사적 시·공간의 문화로 승화(昇華)시켜 역(逆)의 합일(合一)이라는 융화과정을 형성한다. 문화조화의 역사적 영역과 광장 C에는 너와 나, 우리라는 사상적 범주와 관계 장벽이 없어 문화소통과 사회적 기능·역할이 원활하게 이루어지고 있다. 그러한 C가 국가경영의 정책이념이 되고 역사 속의 국교로 문화의 보편성·공공성·대중성 등을 지향한다. 이처럼 문화조화에 대한 인류 문화사적 특성은 큰 틀에서 공통성을 가지고 있으나 지역별로 다소 차이점이 발견되어 그의 본질과 속성을 이해하기 위해 다음 종교문화 사례를 통해 밝혀 본다.

㈎ 하나의 뿌리에서 세 종교 – 역의 합일로서의 문화융화

예수가 출생한 그 당시의 지역은 유대국이지만 로마의 식민지였다. 유

대국을 통치했던 로마 총독 빌라도(Pilatus, Pontiu)가 예수를 십자가에 매달아 놓고 심문했다. 그는 예수에게 "네가 유대의 왕이냐"고 질문했다. 이에 예수는 "네 말이 옳도다"(마 27. 11)라고 했다. 예수는 왜 자신이 스스로 유대의 왕이라고 인정했을까? 그 시대 그 지역에서의 예수는 어떠한 인물이었는가?

예수 사후 유대국은 멸망했지만 유대국은 1965년 이스라엘이라는 국명으로 부활했다. 현 이스라엘의 종교문화는 이스라엘 국민의 삶 전체를 대변하는 인생관이자 정체성이며 그들의 공동체 사회문화가 되었다. 이스라엘 국가의 유대민족 또는 유대민족의 이스라엘의 국가라는 용어가 혼용되고 있으나 구약에는 유대인으로 설명되었다.

유대인의 조상 아브라함은 두 아들, 이스마엘과 이삭이 있었다. 전자의 후손들은 번성하여 오늘날 유럽 중동지역의 구성원이 되었고, 후자의 후예들은 이스라엘 민족구성원의 중심이 되었다. 역사적으로 살펴보면, 유대교의 뿌리에서 그리스도교와 이슬람교가 나왔다. 서로가 개성적으로 독특하고 특수한 점은 있으나 알고 보면 한 조상의 뿌리인 아브라함에서 파생되어 나온 형제지간의 문화이다. 이 세 종교문화의 뿌리는 본질에서 같다. 그들은 상호 간의 문화교류와 장기간의 동화과정을 거쳐 서로 간에 여러 형태의 소통이 이루어졌고, 영향을 주고받았다. 또 부분적으로 조화로운 문화 성장 과정과 복합적인 사상적 관계와 생활문화가 유대문화로 융화되어 있다.

예컨대 유대교는 예수를 역사적 인물로, 이슬람교의 창교자(創敎者) 마호메트는 그를 선지자로 인정하고, 본인 마호메트는 스스로 유일신 알라가 보낸 마지막 선지자라고 한다. 바이블 구약에는 수많은 선지자의 충언(忠言)과 예언(豫言)이 나열되어 있고 유대인과 아랍인과의 문물교류와 문화교류로 문화의 동화가 자연스러워지면서 가족관계가 이루어졌다. 역사 민족학, 역사 문화 인류학적 관점에서 유대인과 아랍인과의 혈통 관계

와 문화형성은 흥미롭다.[73]

2000여 년 전에 이스라엘의 가나안(Canaan) 사람들과 대부분 아랍민족은 다신론(多神論)적 세계관을 가졌다. 예수가 탄생하기 직전과 그의 사후 500여 년 후에도 유럽 대부분의 종교적 사상과 문화는 오늘날 그리스도교의 신학에서 문제시하는 샤머니즘(shamanism)의 영향을 받았고, 다신 숭배와 밀접한 관계를 유지하고 있었다. 다신 숭배의 대상 중의 하나가 고대 근동(近東) 지역에서 경외하였던 풍요와 번성의 제신(祭神)인 바알(Ba'al)이었다.

유대의 땅 나사렛에서 출생한 예수가 하늘(天)님 아버지(父)의 이름으로 기도하였고 이웃사랑, 용서, 회개의 합당한 열매를 맺으라고 설파(說破)했다. 그는 사람이 물과 성령으로 거듭나야(重生) 천국에 이르러 영생한다고 하였다. 예수의 언행과 사상 그 당시 율법과 계율을 중요시하던 시대적 상황을 비추어 보면 파천황(破天荒)적이라고 아니할 수 없다. 그의 사상은 팔레스타인지역을 거쳐 그리스·로마국경을 넘어 지중해 연안인 유럽지역으로 전파되었다.

소수민족 유대인은 망국의 한을 가슴에 품고 이곳, 저곳, 이 나라, 저 나라에 흩어져 살았다. 그렇게 사방으로 흩어져 사는 유대인의 지역적 삶의 형태와 형상을 디아스포라(Diaspora)라고 한다. 유대민족이 사는 작은 공동체(共同體) 지역에 예수의 사상이 먼저 전파되었다. 그의 사상은 그 지역의 특색과 문화에 점차 수용되어 가면서 동화되었다. 예수 사상은 그리스-로마지역의 정서와 소통하고 지역문화와 조화를 이루어가면서 성장 발전했고, 그의 사상을 따르는 사람들에 의해 소규모의 정신적 문화공동체가 형성되었다.

313년 로마 콘스탄티누스 대제의 밀라노칙령(=신앙의 자유와 그리스도교의 권리 보장을 발표한 포고령)을 통해 예수의 사상공동체(=초대교회)가 공인되었다. 로마 대제국을 형성한 로마 황제는 각 지역의 제국을 통치하

---

[73] 제9장 종교문화 경영(지도자)학 – 보편적 사회 가치 창출과 환원 II. 종교문화경영(학)의 길, 공동선(共同善)의 실천(實踐)으로 10) 유대인의 정신문화와 예수 참조 바람

는 정치적 수단으로 그리스도교의 사상을 접목해 활용했다. 그리스도교의 사상이 로마 대제국의 황실 문화를 보호하는 황제문화의 상징이 되었다. 그 사상은 제국의 통치이념을 대변하도록 만들어졌고 로마제국을 이끌어가는 세계경영의 정신적 이정표(里程標)가 되었다.

만약 사도 바울이 몽고, 중국, 한국, 일본 등에 교회를 세우고 그곳에 거주하는 신자들에게 편지를 보냈더라면, 아시아에서도 셈족 문화권과 사도 전승(傳承)이 성립되었을까?

유대인 자치주는 하바로프스크(Khabarovsk) 주(州) 비로비잔(Birobidzhan)에 있다. 물론 그 지역이 2000년 전 유대인이 디아스포라(유대인 공동체)로 살았던 곳은 물론 아니었으나 근대화시대에 유대인 자치주가 그곳에 형성되었다. 그 당시 그 지역의 유대인 자치주는 무주공산(無主空山)이었던 만주일대에 유대인 국가가 세워지길 기대하며 유대인이 운집한 곳이다. 국제질서의 관계에서 벌어지는 오늘날의 중동사태와 태평양 시대를 주시해 볼 때 결코 우둔한 질문은 아니었기를 기대해 본다.

나 그리스도교 - 문화동화(文化同化)에서 문화융화(文化融和)로

로마 대제국의 황제는 신적 존재였다. 그의 권좌와 언행은 천상의 명령과 다를 바 없었다. 그 제국의 황제문화와 정치적 위상은 차후 그리스도교 대제국의 통치이념이 되었고 황제문화는 교황문화로 승계되었다. 그리스도교의 교황문화는 전형적인 서구의 종교문화경영으로 발전되었다. 그 문화는 고대 그리스-로마문화와 신화 사상을 접목해 사상적 논리를 개발했고 그와 함께 융화되었다. 그리스-로마문화의 모델(model)은 그리스도론 형성에 많은 영향을 주었다. 그리스도교의 삼위일체로 반대하는 아리우스파는 325년 콘스탄티누스 대제가 소집한 니케아(Nicaea, 현재 터키의 이즈니크) 공의회에서 이단(異端)으로 정죄(定罪)되었다. 그 공의회를 통해 신앙 고백 문인 니체노((Niceno; 신경, 信經)가 선포되면서 아타나시우스파의 삼위일체론이 정통으로 가결됐다. 그 이론은 정치와 신앙경영의 차원에서 권

력자와 성직자의 존재적 위치를 정당화하는 논리적 도구로 사용되었고, 로마 대제국의 정치종교문화 사상과 동화되면서 자연스럽게 융화과정을 거쳤다. 그의 통치이념이자 성스러움의 상징으로 드러난 것이 서로마 바티칸 시의 교황청이자 교황이다.

서력기원 33~150년경에 작성된 초대교회(初代教會)의 전승들과 성문화(成文化)된 교리(教理), 학설(學說), 의례 등은 셈족(Semitic)[74] 문화와 그리스-로마문화와의 융화를 거쳐 형성되었다. 초대교회의 성직자들과 그의 후예들은 그리스도교의 기본적인 교리(원죄론, 교회론, 신조 등)를 작성하는 데 자료가 필요했다. 그들은 자료의 절대적 빈곤을 타개(打開)하기 위해 예수 이전의 그리스-로마문화에 눈을 돌렸다. 그리스-로마문화는 서구 유럽 사회의 정신문화와 융화되어 생활문화에 큰 영향을 주었기 때문이다.

고대 그리스의 헬레니즘 문화를 승계한 로마는 광대한 로마대제국을 형성하였듯이 그리스도교는 고대 희랍과 로마 사상의 문화를 대폭 수용하여 많은 논리적 변화와 성숙기를 맞이했다. 그는 다시 문화동화와 융화의 단계를 밟아가면서 오늘날 유럽 그리스도교문화를 탄생시켰다. 그 문화는 인류문화의 보편적 습합(習合) 사상과 과정을 통해 조성되었다는 것을 알 수 있다. 수많은 그리스도교의 교부 철학자들은 로마 황실과 교황청의 보호·배려 속에 고대 그리스-로마의 언어와 문화를 공부하고 접목해 그리스도교의 교리와 신조·사상의 틀을 만들어냈다. 그러한 사상적 매개체는 그리스도교 대제국의 통치이념이자 선교 정치와 목적을 원활히 이루기 위해 선택한 그 시대의 전략적 종교문화경영이었다. 교리와 사상체계의 정립은 유일신 신앙문화이자 사상적 종교(宗教)문화로 일구어 나아가는 데 혁신경영이 되었다. 그뿐만 아니라 초대교회는 물론 그 이후의 그리스도교는 그리스-로마문화와 필수 불가결의 접촉결합 과정과 문화융화과정을 순리

---

[74] 셈족은 바이블 창세기에 등장하는 노아의 맏아들 계열이자 한 어족(語族)을 가리키는 것이다. 그 용어는 중동지역에서 발원한 다양한 언어학(言語學)과 민족학(民族學)을 연구하고 차이점을 분류하기 위해 사용된 것이다.

적으로 받아들여 그리스도론의 프로세스가 조화롭게 이루어졌다.

325년 니케아 공의회(Councils of Nicaea) 이후 고대 로마제국의 강성한 세력은 유럽의 광활한 영역을 다스렸다. 395년 로마 황제 테오도시우스 1세(Theodosius I, 379~395 재위)는 큰아들 아르카디우스(Flavius Arcadius)에게는 동로마를, 차남 호노리우스(Flavius Honorius)가 서로마를 통치하게 했다. 이로 인해 동·서로마의 분할통치가 시작되었다. 480년 서로마가 몰락하면서 서로마제국의 황제(皇帝)권이 무너졌다. 그 반면 황실의 교부 철학자들에 의해 그리스도교를 대표하는 교황(敎皇)권이 새롭게 형성되었다. 근 천 년 동안 지속한 동로마의 비잔틴제국이 1453년 이슬람 오스만투르크(Osmanı İmparatorluğu) 제국에 의해 와해(瓦解)되었다. 이로 인해 동로마의 교부 철학자들이 그리스와 오늘날의 러시아로 망명하여 그리스, 러시아의 동방정교회(Eastern Orthodox Church, 正敎會)를 조직하였다.

서로마가톨릭 교황청은 먼저 유럽지역을 유일신과 그리스도의 이름으로 사상적 통합을 이루었고 그리스도교문화권을 형성시켜가면서 서로마가톨릭 제국의 교황권을 강화했다. 유럽 각국의 정치, 경제, 사회, 행정, 사법, 입법, 통치 등의 분야가 교황권 행사에 따라 좌우될 만큼 교황의 권좌와 권위는 막강했다. 서로마가톨릭교황청이 서로마제국을 다스리는 통치권과 세계 가톨릭 religion 단체들의 종교문화경영권을 확보했다. 로마제국의 황제체제처럼 피라미드조직을 구축한 서로마 교황은 유일신의 대리자 역할로, 예수의 제자 베드로의 후계자로 추앙받으며 유럽의 통치권을 장악하며 서로마가톨릭 대제국을 만들었다.

가톨릭 대제국을 위한 교황청의 통치권 강화는 유럽 각국의 종교적 사상과 문화를 하나의 그리스도문화권으로 통합하고 융화시켜 나아가는데 지대한 영향을 주었다. 교황의 권력은 예수 그리스도의 이름으로 유럽 그리스도국가의 황제와 임금을 지명(指名)하고 임명하는 데까지 이르러 그의 권위와 절대성은 하늘같이 드높았다. 교황은 가톨릭 대제국의 통치경영권과 종교문화경영권을 동시에 행사했다.

서로마가톨릭 제국이 십자군 원정 전쟁으로 경제적 타격이 심각하고 부패해지면서 사회적 문제가 발생하였다. 1517년 독일의 M. 루터가 서로 마가톨릭교황청에 반기를 들고 개혁을 추진했다. 서로마가톨릭에서 분리되어 새로운 그리스도교의 개혁단체로 형성된 조직이 개신교(protestantism)이다. 그리스도교는 근대화 시기에 아시아, 그리고 한국에 전파되었다.

서로마가톨릭의 교황청은 오늘날 한국가톨릭을 포함한 전 세계 가톨릭을 통치·지도·관리하고 있다. 그리스도교가 유럽에서 유일신의 신앙단체(=religion)로, 세계적인 영성 사상으로 변화될 수 있었던 것은 그리스-로마문화와의 융화에서 비롯된다. 문화융화의 과정에는 네 가지 표본이 있었다. 그것은 그리스도(교)인화(Christianisierung)로 변화시키는 교육의 모델을 담고 있어 다음과 같이 요약할 수 있다.

ⓐ 라틴(로마) 황제 모델문화로서 비(非)그리스도교적인 (교황의) 성 육화[75]

ⓑ 희랍철학 모델로서의 사상적 융화

ⓒ 북유럽 모델로서 비(非)그리스도교 religion에 대한 절충(折衷)

ⓓ 수행의 모델로서 비(非)그리스도교 영성에 대한 참여(參與)

현대 그리스도교의 신학(神學)과 선교(宣敎)학은 희랍-라틴문화의 모델을 문화융화의 척도로 보고 있다. 가톨릭의 유명한 해외선교사(宣敎師) 마태오 리치(1552~1610)와 로베르토 데 노빌리(Roberto de Nobili, 1577-1656)의 선교 방법은 문화융화모델의 범주에 들어 있었다. 하지만 그들은 기존의 희랍-라틴문화의 영역을 넘어 아시아의 문화영역까지 문화융화의 광장으로 확대해 선교 활동을 했다.

로베르토 데 노빌리(Roberto de Nobili)는 1597년 이탈리아 남부 지역

---

[75] 로마가톨릭은 교황을 예수의 대리인으로 살아 있는 '하나님의 아들'이라고 생각한다.

에 있는 나폴리(Napoli) 예수회 수련원에 입문했다. 그는 1605년 인도 마두라이(Madurai)지역에서 해외선교사로 활동했고, 성공적인 선교를 위해 토착화가 이루어져야 한다고 판단했다. 그는 중국의 선교사로 있었던 마테오 리치와 같은 방법으로 아시아문화와의 동화과정을 불가피한 선택으로 분석했다. 노빌리는 인도의 브라만처럼 살고자 브라만 복장을 하였고 인도인의 음식, 교육, 저술, 사상 등의 문화를 수용했다. 그는 지방 언어인 타밀어, 텔루구어와 고전어인 산스크리트어를 학습하고 연구하여 인도의 고대어를 유럽에 널리 알렸다.

노빌리가 힌두교 토착문화와 접촉점을 찾아 50년 동안 펼친 그의 선교 활동은 자신이 지향했던 목적지에 도달하고자 문화동화와 융화과정을 실천하기 위한 노력의 결과였다. 하지만 그의 선교 선임자인 (사제) 후안 페르난데스(Juan Fernández, 1526?~1567)가 주장하는 근본주의적인 신학 논리에 의해 노빌리의 선교방법은 금지(禁止)되었다. 노빌리는 페르난데스의 강력한 비판으로 그의 선교정책으로 실천했던 문화융화의 길이 막혔다. 그의 전략적 문화융화의 선교(宣敎) 활동이 도중에 좌초(坐礁)되면서 열정적인 선교와 탐구정신의 예봉(銳鋒)도 꺾였다. 그러나 역사적 아이러니는 세계적인 시대 문화와 정신에 따라 진리의 상징인 서로마 교황청에서 발생했다. 그곳에서 로베르토 데 노빌리가 재조명되며 기존의 가톨릭 선교정책 이념과 방향이 바뀌었다.

노빌리가 세상을 떠난 지 약 350년 후 1960년대 초반부터 서로마가톨릭이 선교방침으로 제시한 것이 바로 문화융화과정의 수용이다. 문화융화를 기조로 한 선교방침이 시대의 패러다임으로 다시 등장했다. 여러 사례 중 지역문화와의 융화에 대한 수용 결정은 가톨릭 교회사에서 그의 과거와 현재를 반추해보면 진리추구에 대한 패러독스(paradox)와 아이러니(irony)가 아닐 수 없다. 그와 같은 선교방침이 전 세계적으로 새롭게 정리되어 오늘날 노빌리의 선교 활동이 특히 가톨릭 신앙단체에 새롭게 주목받고 실천의 대상이 되었다.

시대사조의 경향과 흐름은 패러독스(paradox) 교리에 변화의 힘이라는 영향을 주고 남는다. 새로운 변화의 시대에 적응하고 동화되기 위해 기존공동체 사회와 조화롭게 변하는 교리는 인간에 의해 만들어졌다. 그 교리는 다시 현시대의 변화속성에 편승하여 시대적 경향과 계절에 따라 적합한 옷으로 갈아입고 그 시대의 패러다임으로 부활하였다. 절대적 교리가 인간에 의해 작성되고 유일신 신앙교육의 진리로 논리화시켜 설명될 수 있다. 그러나 그 진리는 일관성이 없고 올곧은 진리가 아니므로 또한 변하지 않는 진리가 될 수 없다.

라틴-그리스도교 신앙단체, 헬라-그리스도교 철학과 연계된 religion과 문화가 있다. 헬라-라틴전통문화에 융화된 소위 'religion 신학'(theology of religions)이 아시아에서는 관심 밖에 있다. 이는 다른 신앙단체와 반대되는 그리스도교 신앙단체 신학의 일종으로 본 탓이다. 고대 그리스-로마신화의 문화융화모델이 그리스도론 형성에 큰 역할을 했다. 그것은 그리스도교의 도그마와 신조체계와 조직체계를 세우는 데 논리 제공의 원천이 되었지만, 그의 논리는 결국 시대사조의 변천 과정에 합류하는 지능적 곡예(曲藝)에서 벗어나지 못했다. 그리스-로마문화의 생명력이 그리스도론에 융화되었고 그 흐름은 시대적 그리스도교의 처세와 함께 민감하게 반응한다. 그뿐만 아니라 서구의 전체주의적, 경제적 모델로서 religion은 과거 식민주의 사상과 오리엔탈리즘(Orientalism)에서 벗어나지 못하는, 시대에 뒤떨어진 화석화된 서구 그리스도교의 사상이자 우월주의의 상징이다.

㈐ 잘못된 그리스도교의 문화융화 모델

그리스도교 사상과 문화는 그리스-로마문화와의 융화를 말하지 않고는 설명하기가 어렵다. 그리스도제국의 유일신 문화가 로마 황제문화와 교황문화에 융화되어 조직의 제도화가 구체적으로 정립되었다. 교황청과 교황의 권위는 절대적이고 신성불가침(神聖不可侵, sacred and inviolable)의 영역이었다. 잘못된 그리스도교의 문화융화 모델은 로마 황제문화와 교황문화에서부터 시작되었고, 십자군 원정을 통해 그 실체가 널리 알려졌다. 십자군 전쟁의 결과와 그 후유증 등은 유럽국가사회의 큰 혼란으로 이어졌다.

그 후 유일신 신앙의 힘은 선교 정치문화로 포장되었고, 제국주의적 식민주의 사상과 정치에 타당성을 부여했다. 그 힘은 다시 신앙 고백적인 차원에서 순교 정신과 융화되었고, 숭고한 정신을 바탕으로 한 선교행위가 어느 날 식민주의 사상과 결탁하여 침략행위로 돌변했다. 그리스도교 국가의 아메리카 원주민의 살생과 만행, 아시아침략, 식민지정책 등은 가톨릭과 프로테스탄티즘의 선교사(宣敎史)라는 이름 아래 '회칠한 무덤'(마 23:27)처럼 미화의 대상이 되었다.

서구 그리스도교 국가들의 부의 원천은 그들이 자행한 식민지 착취, 특히 남아메리카의 경제적 수탈에서 비롯되었다. 금, 은, 값싼 천연원료는 착취 대상의 우선순위였고, 그들의 악행은 생산품 원료확보, 소비시장 확대, 노예제도(奴隷制度), 농노제도(農奴制度), 토착민 인디언의 대학살 등에서 발견된다. 인류학자 크로버(Afred Kroeber, 1870~1960)에 의하면 그동안 대략 1억 명 이상이 학살되었다고 추정한다. 하지만 그리스도교의 역사적 반성, 공식적인 사죄와 참회의 모습은 찾아볼 수 없다. 가톨릭 교황청, 그리스도교의 지도자들과 그리스도인들은 그러한 천인공노(天人共怒)할 만행을 사죄하지 않았다.

그와 유사한 그들의 행위가 오늘날 지능화, 첨단화, 정보화되어 또 다른 새로운 모습으로 진행되고 있지 않는다고 누가 단언할 수 있겠는가? 그들의 유일신 사상, 서구우월주의 사상과 세계 그리스도교화로 이끄는 문화정책은 지금도 건재하다. 그런 그리스도교의 문화정책은 고대 그리스-로마문화와 융화된 그리스도교 대제국의 통치문화모델에서 비롯되었다. 하지만 그 문화모델의 평가는 도도히 흐르는 역사의 물결 속에 가라앉을 수 있겠으나 인류문화사에는 전쟁사이자 죄악사로 남겨져 있다. 그것은 예수가 전한 세계적인 메시지인 이웃사랑, 빛과 소금의 역할뿐만 아니라 회개에 합당한 열매 맺기와는 아주 먼 거리에 있다.

㈑ 최수운의·동학사상과 그의 종교문화융화와 경영, 그 이후

조선 근대화 시기의 서구 문물과 서학(西學)은 한국 사회에도 큰 영향을 주었다. 밀려오는 외세와 열강의 침략이 동양을 지배한다는 의미에서 서세동점(西勢東漸)이라는 용어까지 등장했다. 근대화 시기에 서학(西學)이 유입되자 최제우(崔濟愚, 1824~1864, 아명은 복술(福述), 호는 수운(水雲)이며, 본관은 경주)는 서학에 버금간다는 차원에서 동학(東學)을 창시했다. 수운은 전략적 종교문화경영 정신으로 동도서기(東道西器)론을 주장하며 반상(班常)의 구별을 혁파(革罷)시키는 사상을 전개했다.

그의 사상은 조선왕조 시대의 체제를 부정하고 만인 평등의 세계를 주장했고, 새로운 패러다임의 시대가 도래할 것을 예고했다. 그가 동학의 이념으로 주창(主唱)한 시천주(侍天主; '하늘님을 내 마음에 모신다') 사상은 '하늘과 같은 내가 주체'가 되는 자아(自我)정체성 경영으로 유명하다. 그 후 1905년 동학의 제3대 지도자 의암(義菴) 손병희(孫秉熙, 1861~1922)가 동학사상을 재편(再編)하면서 새로운 교리와 체제를 확립하고 교명을 천도교(天道教)라고 했다. 그는 수운의 시천주 사상과 동학의 2대 교주 해월(海月) 최시형(1827~1898)의 사인여천(事人如天; '사람을 하늘처럼 섬기라')사상을 계승하고 재해석하여 인내천(人乃天, '사람이 곧 하늘') 사상을 종지(宗旨)로 삼았다.

인내천 사상은 인류에게 널리 알리는 또 하나의 세계적인 메시지가 되었다. 그 사상에는 그리스도교에서 말하는 신과 인간의 중보자(=구세주, 메시아)역할이 없다는 것과 사람이 직접 하늘과 (소)통할 수 있는 신적 존재이자 천주(天主)가 된다는 설명이 들어 있다. 그 설명은 민족의 경전으로 널리 알려진 삼일신고(三一誥)-신훈(神訓)에 나오는 자성구자(自性求子)[76]의 맥락과 같다. religion 단체에서 신(神)이 신앙의 대상이지만 사상 단체인 동학에서 천주(天主)는 자기 자신을 스스로 깨우치는 수행의 대상

76 제1장 종교(宗教)와 Religion, III. 종·교(宗·教)자의 분석 2. 유가에서 종(宗)과 교(教) 자(字) ② 재명명(在明明) 참조 바람

이자 내재적 본래 자아(自我)로서의 신성(神性)이 된다. 선(仙)·유(儒)·불(佛)·도(道)교(敎) 이후 인내천사상은 자성구자의 대의를 조명하며 그와 연관성을 가지는 종교문화경영(지도자학)의 길과 목적지가 사람을 위한 것임을 밝혀주고 있다.

동학사상이 등장한 이후 한국에 새로운 신앙단체들이 자생(自生)했다. 그러한 신앙단체에서 분파된 교파가 다양하게 난립(亂立)되어 있다. 일본에서 국내로 전파된 천리교(天理敎), 남묘호렌게쿄〔南無妙法蓮華經 일명 창가학회(創價學會, Soka Gakkai International, SGI)〕단체도 있다. 1950년대 특히 한국전쟁 이후 개신교 계통의 새로운 신앙단체가 우후죽순(雨後竹筍)처럼 생겨났다. 기도(祈禱)하고 원도(願禱)하며, 정성(精誠)과 성심(誠心)을 다해 치성(致誠)을 올리는 장소가 신앙인 스스로가 선택한 신앙단체로 이동되었다.

새로운 신앙단체들의 공통점은 한국의 고유전통문화를 그들의 교리에 조화롭게 융화시켜 한국인의 정서에 호감을 일으킬 수 있는 신앙단체로 변화되어가면서 기존 고유문화의 요소를 수용하고 활용한다. 그러한 단체들의 특징 중의 하나가 토착문화와의 융화로 상호 간에 조화의 묘수(妙手)를 이루는 것이다. 그것은 토착문화인의 종교적 성향과 밀착 관계를 이뤄 여러모로 친근감을 가지게 한다.

오늘날 동양의 많은 국가는 국가경영의 관점에서 서구의 과학기술과 생활문화와의 적절한 융화를 추구하되 개인과 국가의 정체성, 그리고 주체의식을 가지고 살아갈 수 있도록 노력하고 있다. 최근 아시아의 자력 수행 방법과 영성 문화가 심신의 안정과 평화를 일구는 매개체로 인식되면서 국경을 초월하여 세계인의 마음을 사로잡고 있다. 예컨대 한국인의 명상과 요가, 유교, 불교, 선교(仙敎)문화가 포함된 수행 사상은 내면세계를 관조하고 새로운 자아(自我)를 발견하여 찾아가는 정신세계의 길로 널리 알려졌다.

(마) 화쟁사상(和諍思想)과 문화융화(融和)

한국의 전통문화사상에는 민간사상을 비롯하여 선교(仙敎), 유교(儒敎), 불교(佛敎), 도교(道敎)적인 요소들이 대자연의 조화처럼 자연스럽게 종교성으로 융화되어 토착화를 이루고 있다.

원효(元曉, 617~686)의 대승기신론(大乘起信論)은 한국불교 문화의 융화, 즉 조화(調和) 사상을 대표한다. 대승기신론의 핵심을 세 가지로 축약하면 일심(一心), 화쟁(和諍), 무애(無碍; 어디에도 걸림이 없는 자유인에 대한) 사상이다. 원효가 화합(和合)과 평화가 아우러진 사회를 건설하려고 했던 이념이 화쟁사상(和諍思想)이다. 그의 사상적 특징은 대승기신론에서 살펴볼 수 있듯이 모든 논쟁을 화합(和合)으로 전환하려는 것이며, 중국불교에서 탈피하여 한국 고유의 불교사상을 정립한 것으로 널리 알려져 있다. 그는 승단(僧團) 내에서 쟁론(諍論)으로 발생하는 불화합(不和合)의 문제를 특히 경계해야 한다는 차원에서 국법(國法)이나 속인(俗人)에게 일임하지 않고 일곱 가지 멸쟁법(七滅諍法)[77]을 중요시했다. 승가(僧家) 내 멸쟁법이 인화단결(人和團結)을 위한 소통경영, 인재경영, 문화경영의 차원에서 조화를 이루는 덕목으로 판단되어 아래와 같이 요약해 보았다.

① 쟁론(諍論)을 일으킨 본인이 있는 데서 분쟁을 다스리되,
② 문제의 발단을 정확하게 상기시킨 뒤 분쟁을 없애고,
③ 정신이 혼미한 상태에서 논쟁이 발생하면 맑은 정신이 회복되었다는 것을 확인한 다음 묵인(默認)하고,
④ 마땅히 본인의 자백 때문에 죄를 다스리며,
⑤ 죄상을 추구하여 분쟁을 다스리되 반드시 다수결에 의해 단죄하라,
⑥ 허물의 증거를 찾아 분쟁을 없애며,
⑦ 증거나 기억이 분명하지 않아 오랫동안 가리지 못할 때는 풀로 땅

---

[77] 멸쟁법: http://100.daum.net/encyclopedia/view/14XXE0064858, 본문을 수정 보안을 유지하여 인용함

을 덮듯이 불문에 부쳐라.

　원효는 그 당시 왕세자들과 정치인들이 불교사찰을 많이 왕래하며 불교가 귀족(貴族) 불교의 모습으로 비친 것을 알고 있었다. 그는 귀족불교에서 공동체 사회의 백성들과 함께 호흡하며 살아갈 수 있는 서민불교로 전환하고자 노력했다. 그의 삶과 행적, 그리고 저서 대승기신론은 오늘날 대중불교를 구현(具顯)시키고자 한 것이었다. 그의 사상과 실천은 다문화 시대에 신앙단체나 교파를 초월한 문화융화의 길을 이미 제시했고, 한국 불교의 토착화를 이루고자 하였다.

　한국불교에서 원효의 화쟁 사상(和諍思想)을 살펴보았듯이 한국문화의 융화, 즉 조화사상에 어떤 신앙단체가 기존 공동체 사회문화에 어색함을 느끼고 이질감을 가진다면 한국 정신문화의 공간에서 호흡하기 불편하다는 얘기이다. 문화의 융화과정은 문화의 소통경영을 중요한 핵심으로 보기 때문에 기존문화와 소통이 원만하지 않으면 사실상 한국문화의 토착화과정에 접근하지 못했다는 증거이다. 그러한 문화 상황은 언제든지 누구에게나 찾아오며 새로운 변수가 될 수 있다는 것을 알려주고 있다.

11. 종교문화경영의 11단계 – 문화상황화(文化狀況化 culturae contextualisation, culture contextualization)

　상황화(狀況化)란 개념은 신학 용어로 현장의 문화를 이해하고 문화적 상황을 수용하면서 그리스도교의 토착화를 지향하는 선교정책의 한 방법으로 널리 설명되었다. 하지만 그 개념은 신학적 특수범위에서 벗어나 개인, 사회, 국가, 국제적인 위기와 주어진 다양한 문화 상황 등을 포함해 여러 분야에서 사용된다. 실존적인 관점에서 과거와 현재의 문화 상황은 공동체 사회와 분리되지 않았다.

일반적인 사회적 문화상황화를 가까이 이해하고 분석하는 데 도움이 될 만한 사례로 결혼문화가 있어 그에 대해 몇 가지를 들어본다. 서양의 결혼식 모델이 한국 사회문화와 학습으로 현재 문화상황화 과정에 있다. 하지만 결혼식의 허례허식을 막자는 사회적 비판도 제기되면서 뒤돌아볼 수 있는 분위기가 형성되었다. 특히 비상식적인 과다한 결혼비용 지출을 절감하기 위해 노력하는 신혼부부들이 증가해 새로운 변화의 전환점이 되기를 기대해 본다.

대한민국의 젊은 사람들이 세 가지(연애, 결혼, 출산) 또는 다섯 가지(연애, 결혼, 출산, 인간관계, 주택 구입)를 포기한다는 의미로 3포 세대(三抛世代), 5포 세대라는 용어가 등장했다. 그들의 양어깨에 짊어진 심리적인 무게가 다소나마 감량(減量)되기를 바라는 마음에서 사용한 3포, 5포 세대 신조어는 현대사회의 문제점과 사회적 문화 상황(狀況)을 대변한다. 그러한 상황은 사회적 문화학습화과정에서 발생한 젊은 사람들의 고충이자 반응이며, 홀로 극복할 수 없는 심각한 사회문제이므로 국가적 관심과 공조적인 실천이 필요하다.

5포 세대에 이어 꿈과 희망까지 포함해 포기한다는 7포 세대가 있다. 7포 세대에 다시 몇 가지를 더하여 포기할지 모르는 미지수(n)의 시대를 엔(n)포 세대라고 한다. 엔(n)포 세대의 층이 형성되어 가면서 자아 만족에 목적을 둔 소확행(小確幸; 작지만 확실한 행복)을 추구하는 세대까지 등장했다.

이런 사회적 현상들이 국가적 경종으로 다가왔으나 그에 관한 학문적 연구도 미진하고, 국가적 대안 제시도 불명확하고, 종교문화경영의 차원에서 어떻게 대처할 방안을 제시하지 못하고 있다. 하지만 나름의 역할을 할 수 있는 돌파구를 찾아야 한다. 오늘을 직시하고 미래를 대비해야 하는 공동체 사회의 문화경영이 어느 때 보다 시급한 국정과제로 부상(浮上)했다. 종교(문화경영)학이 그러한 과제를 논구하고 최소한의 방향 제시를 한다면 사회적 가치 환원에 참여하는 셈이다.

종교(철)학적 관점에서 논구되는 문화 상황화(文化狀況化,

contextualization)의 개념은 크게 두 가지의 의미가 있다. 하나는 어떤 시대적 사건이나 공동체 사회의 움직임이 지역이나 국가의 특징적인 상황에 의해 집단으로 일어나는 현상을 뜻한다. 다른 하나는 독일의 실존철학(Existenzphilosophie)에서 다루는 문화 현상에서 저마다의 존재가치가 현재 상황과 밀접한 이해관계를 형성하고 있다는 것이다.

1) 문화상황화(文化狀況化 culture contextualization)

독일의 실존주의 철학자 K. 야스퍼스(Karl Jaspers, 1883~1969)는 '한계상황'(Grenzsituation)이라는 용어를 사용했다. 인간이 한계상황에 도달하면 그 상황에서 벗어나고 대처하려는 반응으로 새로운 생생(生生)의 변화(變化)가 일어나지만 그러하지 못하면 생명력을 상실한다. 그러한 연유에서 야스퍼스가 인간이 '상황-내-존재(狀況內存在; In-Situation-Sein)'라고 분석한 것처럼 그 시대의 공동체 사회가 맞이한 문화를 시대적 상황-내 존재 문화라고 한다. 상황 내-존재 문화는 실존 문화철학의 관점에서 문화상황화라고 표현한다.

문화상황화의 개념에는 정치, 경제, 사회, 교육, 사상단체, 신앙단체, 예술 등의 시대적 현상과 흐름이 포함되어 있다. 그러한 것은 사회적 또는 국가적 한계상황을 설명한 부분도 있다. 한계상황에서 벗어나고자 도전적으로 일어나는 사회적 집단현상이나 움직임들이 행동의 한 축을 이루면 무슨 시대의 어떠한 문화상황화라고 한다. 문화상황화는 실존철학의 관점에서 어떠한 의의가 있는지 살펴본다.

㈎ 실존철학(實存哲學)과 실존문화철학(文化哲學)의 관점

실존철학과 실존 문화철학은 모두 현재 생활문화(生活文化)와 직결된 것을 다루는 학문이다. 자연스러운 생활문화는 삶의 영위 영역과 밀접한 관계를 이뤄 보다 나은 것이 있으면 삶의 질을 향상하기 위해 변화되게 마런이다. 생활문화가 제재(制裁)나 억압(抑壓)을 당하면 반작용으로 실존철학의 관점에서 그의 생명력을 살리고 보존하기 위해 궁리한다. 그러한 생명력의 요소는 실존 문화철학인 측면에서 주어진 상황과 주변 환경에 의해 변화(變化)한다. 실존철학과 실존 문화철학의 입장에서 문화(文化) 개념을 살펴봐도 다음과 같은 결론에 이른다.

사물의 형상·성질 등이 변(變)하면서 달라진다는 의미에서 사용된 개념이 변화이다. 변화과정이 한계상황에 도달하면 외적으로 정체(停滯)되는 것처럼 보이지만 어느새 그 상황이 다시 변해 서서히 바뀌면서 새로운 모습으로 드러난다. 그러하듯이 문화(文化)의 형성(形成)과 형상(形像)도 시대적 상황에 따라 변하고 그 변화에 의해 성장·발전하므로 (상황) 변화에 거듭 대처해야 생명력의 존재가치를 드러낼 수 있다.

형상으로 드러난 세상의 모든 존재는 변하지 않는 것이 없다. 변하고 또 변하여 새롭게 변화되어가는 것이 존재의 실상이다. 그 반면 다음으로 이어지는 또 다른 새로운 모습은 본래와 다르거나 차이가 있어 어떨 때는 허상으로 생각된다. 그런데도 변화된 실상의 모습 또한 한계상황을 맞아 다시 변하므로 화(化)의 개념은 천지자연이 만물(萬物) 생성(生成)과 변화를 일으키는 주요 개념으로 보고 사용되고 있다. 만사 만물이 변화되어야 새롭고 신선한 모습으로 단장(丹粧)해 더 성장·발전할 수 있다.

따라서 변화의 섭리에 따르는 인류문화의 도전과 반응이 왜 중요한지 역설적으로 설명해 주고 있다. 문화의 원형은 존재에 있고 주체(主體)적인 인간에 의해 그 시대의 상황-내 존재가 된다. 그 존재는 다시 문화적 존재로서 자연스럽게 풍상우로(風霜雨露)라는 세련(洗練)된 변화과정을 거쳐야 성숙해지고 발전해 나아감을 철학적 의미에서 상기시킨 것이다. 그러므로 자연스러운 변화과정은 실존철학의 형질이며, 그것은 또한 가시적이고 비가시적인 측면 모두를 포함한 실존 문화철학의 얼굴이 된다.

모든 사상·신앙 단체가 시대적 변화과정을 잘 분석하여 시대 상황에 걸맞게 변화하여 다시 새롭게 생성된 (문화) 모습으로 대응해 나아가면 공동체 사회의 반응과 결과는 노력한 만큼 값질 것이다. 그것은 또 시대적 상황 내 존재가치가 되어 사회와 국가에 나름의 가치 환원을 제공하고, 문화 경영의 조화과정에서 토착화(土着化) 방향으로 진행시키는 수순(手順)을 맞이한다.

하지만 신앙단체의 문화가 시대 상황의 그 어떠한 요청에 반응하지 못하고 변화의 물결에 무대응(無對應)으로 일관하거나 거부하면 시대적 상황 내 존재가치가 크게 상실된다. 그러한 결과는 사회적 반감과 부정적인 인식을 불러일으키고 공식적인 문제 제기가 뒤따른다. 공동체 사회는 종교 문화와의 소통과 교류, 동화와 조화를 통해 다음 세대에 물려줄 올바른 역사적 문화가치를 창출하고 공존의식을 추구하기 때문이다. 특히 종교사회 문화의 상황화(狀況化)는 시대 문화의 다양한 동향이나 상황적 사건에 따라 공감과 공존의식을 함께하는 소통문화의 영역으로 활성화되고 그 영역 또한 생명의 호흡으로 존재한다. 소통문화의 영역은 바로 소통경영에 대한 상호 간의 시험절차과정이며, 역사적 상황 내 존재로서 거쳐야 할 도덕적 통과의례의 관문이 된다. 따라서 사상·신앙 단체는 현실적 상황 내 존재와 부딪쳐 갈등을 빚거나 역으로 기능을 발휘할 수 있다. 그와 같은 상황 내 존재는 성숙과 발전, 미숙과 퇴보, 퇴색과 기능 마비 등의 가능성을 모두 가늠할 수 있다. 그와 같은 가능성의 척도는 눈앞에 드러난 임계점(臨界點, Critical point)이라고 비유할 수 있다.

나 신학(神學) 사상과 종교(宗敎)문화 사상

그리스도교의 신학 사상과 종교문화 사상에서 문화상황화(文化狀況化)는 어떠한 의미가 있는가? 1910년 영국 에든버러(Edinburgh)에서 열린 세계선교회에서 상황화(狀況化)라는 용어가 신학적 차원에서 처음 등장했다. 그 용어는 더욱 나은 선교를 위한 선교지역의 현장화를 뜻하고 있으며, 에큐메니컬 운동(Ecumenical Movement, 교회일치운동)의 배경이 되었다. 그러한 운동을 통해 1948년 그리스도교의 세계교회협의회(世界敎會

協議會, World Council of Churches, 약자 WCC)가 조직되었다. 상황화의 용어가 기존 서구신학의 근본주의와 보수성에 대한 공개적인 의문과 비판, 혁신적인 대체개념으로 제시되면서 논쟁의 대상이 되었다. 그 개념은 제2차 세계대전 종전 후 그리스도교의 제국주의적 문화 시대와 세계 식민통치 시대가 마감되고 신앙인이 자아정체성을 찾아가는 과정에서 사용되어 사회적으로 큰 의미가 부여됐다. 지금까지 비판 없이 수용하고 답습(踏襲)하던 기존 신학(神學)과 신앙(信仰)단체의 사고방식이 서구 '그리스도교'라는 독특한 상황(context)에서 형성되었음을 지적한 것이다. 그리스도교의 존재가치와 문화에 대한 시대적 상황을 분석해 보면 다음과 같은 5단계의 상황화 과정이 있었다. 그 과정은 일정 부분 세계 그리스도교의 교회사이자 그리스도교제국의 통치 문화사와 연관되어 진행 중이다.

초대 그리스도교는 313년 콘스탄티노플의 밀라노칙령(Edict of Milan)에 따라 공인된 사상단체로 새로운 시대 상황을 맞이했다. 그 칙령은 그리스도교의 사상을 정치적 통치이념으로 수용한 시기이기도 하다. 초대 그리스도교 사상에 필요한 기본적인 교리와 신조체계를 정당화하고 보편화하는 신학적인 작업은 절대적 자료 빈곤이라는 당면과제를 해결하는 데 초점을 줬다. 그와 같은 시대 상황을 극복하기 위해 초대 그리스도교는 교부(教父) 철학자들이 그리스-로마문화와의 융화와 습합 사상을 유연하게 받아들였다. 따라서 그리스-로마문화와의 동화와 융화과정에서 드러난 첫 번째 단계가 시대적 상황-내-그리스도교의 존재가 되었다.

476년 서로마제국의 황제 로물루스 아우구스투스(Romulus Augustus, 재위 475~476)가 게르만족 용병대장 오도아케르(Odoacer, 433~493)에 의해 강제로 퇴위당함으로써 서로마제국은 멸망했다. 서로마제국의 황제권(皇帝權)이 사라지자 로마의 총대주교(=교황)가 황제권을 대행하면서 서로마제국의 가톨릭 교황권(教皇權)이 등장했다. 서로마 교황청과 교부 철학자는 가톨릭주의(Catholicism)를 선포하면서 유일신을 숭상하는 신앙단체가 그리스도교이며, 그리스도교의 신앙공동체가 유일한 religion이자 진리의 religion이라고 천명(闡明)했다.

　교황청은 그리스도교 대제국의 통치 중심이자 세계 그리스도교 대제국문화의 상징이 되었다. 그리스도교의 유일성, 절대성, 교리, 신조, 사상, 조직체계 등은 고대 교부 철학자, 중세(中世)교부 철학자들의 작업으로 점차 다 이루어졌다. 교황은 그들에 의해 예수의 권한을 대행하는 살아 있는 신의 형상이자 신의 아들로 묘사되면서 입지와 위격, 통치권이 강화되었다. 교황의 권한, 권좌, 위엄, 메시지 등은 세계 그리스도교 대제국의 영역과 문화를 하나로 통치하는 수단이 되었다. 서로마가톨릭 교황의 절대적인 통치권은 근대화시대 초기에 이르기까지 변함없었다. 이는 두 번째 시대적 상황-내-그리스도교의 존재와 가치로 존치(存置)되었다.

　서구의 젊은이들은 2차 세계대전 후 그리스도교의 근본주의적 교리체계가 무너지면서 사상적 방황의 시기를 맞이했다. 유럽의 지식인들은 지난 그리스도교의 발자취를 돌아보며 폭넓은 회의와 반성과 성찰, 그에 뒤따르는 조치가 다양한 일정 부분에서 이루어졌다. 기존의 근본주의 시대에서 벗어나 현시대에 합당한 사상을 접목해 교리수정작업이 진행되었다. 서구의 학계와 정치권은 시대적으로 혼란한 사회적 상황을 수습하기 위해 총력을 기울였다. 내일의 변화과정을 맞기 위해 세 번째 시대적 상황 내 그리스도교의 존재와 가치가 세계적인 쟁점이 되었다. 또 그것은 역사적 문답과 주어진 현 상황의 모습에 직면했음을 바르게 이해하고 직시하도록 수많은 지식인이 협조하고 앞장섰다.

　정치권에서 생명존중과 평화 사상이 제기되었고 이에 따른 혁신 사안은 그리스도교단체에 큰 파문을 일으켰다. 독일 나치 정권에 일조하거나 조력자 역할을 한 가톨릭과 개신교의 성직자들과 지식인들이 된서리를 맞았다. 이는 그리스도교의 자체적 개혁으로 교단과 성직자는 자체 내 정화운동에 앞장섰다. 정화 운동은 공동체 사회의 긍정적인 반응을 일으켰으며, 국민의 큰 호응과 지지를 받았고, 그들은 쇄신 운동에 동참했다. 회개에 합당한 성찰적 노력은 사회정화 운동으로 전개되었다.

가톨릭과 개신교의 학자들이 대거 동원되어 새로운 시대에 적합한 공동체(사회) 문화를 형성하기 위해 헌신했다. 그들은 자아 반성과 공개적인 비판으로 사회적 통합사상과 성숙의 길을 모색했다. 그 시대의 안목에서 교리가 다시 수정 보완되었다. 바이블 구약에서 흔히 찾아볼 수 있는 신의 이름 여호와 대신 보편적 개념으로 신(the God)이 널리 통용되면서 전쟁을 멀리하고 평화를 준수하는 사회적 교육이 시작되었다. 종교문화경영(지도자학) 차원에서 신약 예수의 평화 사상이 주도적으로 강조되고 주장되면서 동양 철학사상에 관심을 두기 시작했다. 그 첫 번째 만남의 대상이 불교였고, 다른 신앙 단체들에도 제한적 관용이 적용되었다. 독일 등 유럽에서 신앙생활과 활동에 불편한 요소가 정책적으로 완화되었다. 하지만 지역적 상황과 세계적인 패러다임에 맞추어 서구의 그리스도교가 실시하는 다른 신앙단체에 대한 사상적 검증작업(檢證作業)은 오늘도 신중하게 진행 중이다. 그것은 그리스도교가 맞이한 세 번째 시대적 상황 내 그리스도교의 존재가 되었다.

상황화의 개념은 서구신학과 선교(宣敎)에 대한 제삼 세계 신학(=라틴 아메리카, 아프리카, 아시아 등)의 도전으로부터 다시 제기되었다. 1968년 콜롬비아에서 개최된 라틴 아메리카 주교 회의에서 상황화의 의미가 공론화되었다. 유일신 사상과 세계그리스도교제국문화의 통치가 제삼 세계 토착민의 종교성과 토착문화와의 조화를 이루지 못해 소통의 한계상황이 지속해서 발생하였다.

라틴 아메리카의 사회 경제학자들은 자국의 빈곤 상태와 사회적으로 불의한 문제의 원인이 서구와 북미의 제 1세계에 종속되어 있는 탓이라며 종속이론(從屬理論)을 제기했다. 그것은 제삼 세계가 서구의 식민지문화에서 양산된 다양한 시스템과 억압, 구속된 사상에서 탈피하려는 운동을 태동시켰다. 그 운동은 그리스도교학자와 지식인들에 의해 해방신학[78]이라고 불렸다. 획일적인 서구 그리스도교 문화 중심주의의 기준이 시대 상황

---

[78] '해방신학'의 내용과 연관된 부분은 이 책의 13. 종교문화경영의 13단계 – 문화토착화(文化土着化, cultura indigenization, culture indigenization) 참조 바람

에 바람직하지 않다는 것을 스스로 공시(公示)한 것이다. 이와 같은 시대적 문화 상황이 그리스도교가 맞이한 네 번째 시대적 상황 내 그리스도교의 존재가 되었다.

그리스도교의 상황화 개념은 선교(宣敎) 신학의 새로운 핵심주제가 되었다. 그것은 religion과 문화의 다원화 현상에 걸맞은 현장 중심의 (문화) 신학을 실천하는 것이 필요하다는 설명이자 지역문화에 적합한 신학 풍토의 도래를 예시(豫示)한 것이다. 세계교회협의회의 세계선교와 복음화대회(WCC-CWME)가 1973년 방콕에서 개최되었다. 그 대회는 1991년 캔버라(Canberra) 총회 때 WCC의 에큐메니컬(ecumenical) 연합과 에큐메니컬 운동 자체가 문화적 다양성과 성령론(聖靈論) 문제의 위협으로 표출된 이후 나온 것이어서 더욱 주목되었다.

그 이후 특정 장소와 시기에서 그리스도교는 지금까지의 행위에 대한 경험을 숙고하고, 새로운 변화를 주도할 수 있는 인식의 토대를 발견했다. 그것은 문화신학(文化神學)의 상황화였다. 그러한 문화상황화가 왜 필요한지 실존문화철학사상을 접목해 널리 알려졌다. 이로써 그리스도교는 다섯 번째 시대적 상황 내 그리스도교의 존재가 되어 문화상황화에 대한 분석 작업이 병행(竝行)되고 있다.

상황화의 양면성에 대한 문제의식이 표출되었고, 시대적 패러다임의 변화와 질서는 공식적으로 상황 내의 존재 문제로 제기되었다. 즉 지역문화의 다양성 속에서 신학적 일치를 추구하는 새로운 과제가 세계선교 문화사에 포함되었다는 것을 이해한 것이다. 따라서 그동안 비판 없이 수용하고 답습했던 서구 그리스도교의 신학 사상에 대한 문제점들이 속속 밝혀졌다. 지역적 풍토와 특색, 역사적 안목에서 새롭게 조명해야 한다는 이해와 의식의 전환이 이루어졌다. 그리스도교가 수용한 인식의 전환과 제국주의적 식민통치시대가 마감하고 자아정체성을 찾아가는 과정이 시작되었음을 깨우치고 다시 알려주었다.

오늘날 이어지는 상황화는 그리스도교 안에서 혁신경영을 끌어내는 핵심용어로 특히 지역 신학, 자문화(自文化) 신학이 계발(啓發)되지 않은 곳에서 풀어야 할 문화선교의 과제가 되었다. 그러나 문화상황화는 그리스도교뿐만 아니라 다른 모든 사상과 신앙단체들도 함께 해결할 현실의 문제의식이며 종교문화 경영(지도자)학에서 비중 있게 다루는 주제가 되었다. 따라서 21세기 그리스도교가 맞이한 첫 번째 시대적 상황 외-그리스도교의 존재가 되었다. 나아가 다른 모든 신앙단체도 당면한 시대적 상황 외-신앙단체의 존재가 되었다. 그러한 범주 안에 공통으로 형성되어 폭넓은 종교문화경영의 새로운 시대가 열려 있다.

상황 외 존재(狀況外存在, Aus-der Situation-Sein)는 그리스도교의 기존 패러다임이나 주도적인 관점에서 탈피하여 그리스도교가 여러 신앙단체 중 하나라는 의식으로 함께 공존하는 데 의의가 있다. 인류 문화사의 상황-외-존재(狀況外存在)가 된 모든 신앙단체의 존재는 객관적이고 과학적 관점에서 주목된다. 그것은 합리적 안목에서 상호 간의 핵심사상과 공동체 사회의 가치 기여 등에 비교점으로 작용해 인류 문화사적 재조명은 당면한 현실이 되었다. 특히 인류의 보편적 가치를 추구하는 종교 사상단체와 신앙단체들의 성격, 특징, 가치구별, 대중성, 공공성, 유구성 등에 관한 세계적인 메시지 분석과 연구방법 등은 종교문화경영 차원에서 매우 진솔하게 다루어야 한다.

독일의 실존주의 철학자 칼 야스퍼스(Karl Jaspers, 1883~1969)는 인간은 상황 내 존재(In-der Situation-Sein)이자 한계상황(Grenzsituation)을 경험하지만 좌절하지 않는다고 했다. 그와 동시대의 독일 철학자 하이데거(Heidegger, Martin 1889~1976)는 『존재와 시간』에 대해 설명할 때 세계-내-존재(世界-內-存在, In-der-Welt-Sein)의 개념을 사용했다. 21세기 종교문화 경영학은 상황 내-존재와 상황 외-존재(Aus- der Situation Sein)라는 양면성을 통찰적인 이해와 안목을 가질 수 있도록 학습 및 지도하고 세계 내 존재로 이끌어야 하는 학문이다. 종교문화경영지도자를 체계적으로 양성시켜야 하는 이유가 여기에 있다.

⒟ 종교(철)학적 관점

　　사회와 국가가 어려움에 부닥치거나 시대적 난관에 놓여 있을 때 국민
은 문제점을 해결하기 위해 집단 행동하는 경우가 종종 발생한다. 이에 통
합적인 관찰과 분석적 작업·안목으로 그 상황을 직시하고, 통찰력을 발휘
하도록 필요에 따라 신속하게 대처방안을 강구하는 것은 매우 적절한 방법
이다. 상황인식과 이해가 정리되면 풀어가야 할 대안(對案)과 의의(義意)
에 주목하고 방향설정을 신중(愼重)하며 판단 능력을 함양시키는 것이 종
교문화 경영학의 역할 중 하나이다. 오늘날 종교와 신앙단체는 상황내존재
(狀況內存在)뿐만 아니라 상황외존재(狀況外存在)로서 실행할 지속적인
기능과 역할이 무엇인지 종교(철)학적 관점에서 분석하고 방안을 제시해
야 한다.

　　모든 단체가 사회와 국가의 문제 상황을 극복하기 위해 한마음으로
참여하는 일은 사상적으로 교감된 공익성과 공동선의 실천, 역사적 의미
등에 중점을 둔 것이다. 진솔한 행위는 공동체 사회문화의 영역에서 수용
되고 신뢰성이 구축되어 나름대로 국민에게 인정받아 정신문화의 광장에
서 함께 호흡하며 존재가치를 드러낸다. 공동체사회에 공익을 위해 존재하
는 모든 가치양상이 무엇인지 바르게 주시(注視)하는 것은 통찰력과 통섭
적인 행위가 요구된다. 그것은 바로 상황내외(狀況內外)의 존재가 장기적
인 안목에서 사회문화에 투영되기 때문이다.

　　그러므로 바르고 신속하게 대처하고 시대적 문화 상황과 소통하며 역
사적 존재로 처신할 능력을 키워야 한다. 즉 외부자적 관점(etic-perspective)
이 병행되어야 한다는 것은 종교문화 경영학의 차원에서 통섭(統攝,
Consilience)의 의의를 설명한 것이다.

　　자국의 전통문화, 정치, 경제, 사회, 윤리, 관습, 예술 등은 주어진 시대
의 상황내존재에 해당한다. 다만 그 어떤 상황화의 관심이 현실문제의 이
해와 이해 상충, 극복(克服)에 집중되어 어느 한 곳에 집착하면 통찰 안목
이 상실된다고 역사의 거울은 상기시켜준다. 일례(一例)로 신학 논단과 현

장에서 많이 회자(膾炙)되는 설교의 상황화는 설교학(說敎學)의 기본 분야이지만 주로 전달형식에 달려 있다. 이는 바로 현재 주어진 사회문화의 상황을 파악하고 적절한 문화경영의 방법을 발굴하여 메시지로 전해주는 것이다. 이에 필요한 지속적인 분석 작업과 전달의 매개체는 필수적이지만 실제 신학 논단에 제대로 활성화되지 않은 것은 한국 신학의 한계상황이다. 기존의 낡은 문화의 폐기와 체제변화를 위한 혁신·인재경영은 한계상황을 극복할 기회를 제공한다. 일체의 모든 행위가 현 사회와 국제상황에 연관된 인식에서 관조되고 주어진 현실 세계와 사회에 적합한지 과학적 의식으로 분석·조명되어야 한다. 그래야 공동체 사회문화의 한 일원으로 전문분야의 문화인이 될 수 있다. 그는 종교문화 경영학에서 다루어야 할 폭넓은 시대정신의 개념〔종교(철)학, 종교성, 문학, 해석학, 수사학, 커뮤니케이션(communication) 이론〕으로 문화상황화의 의의를 설명하고 제시할 수 있다.

문화상황화는 외부자적 관점(etic-perspective)과 내부자적 관점(emic-perspective)이 역사적 통찰로 동시에 존재함을 직시하는 것이다. 물론 시대상황과 변화의 동인(動因)은 외부자적 관점을 가진 자에 의해 시작된다. 비록 내부자적 관점이더라도 세계적인 학식과 견문, 경험 등을 많이 쌓은 인재(人材)는 구태(舊態)에 연연하지 않고 발전적인 도전과 노력에 필요한 혁신경영으로 변화의 당위성을 촉구할 수 있다. 전자와 후자의 의식과 경영방법을 병존시키며 상황내존재의 현실과 내일을 위한 강구책 마련이 종교문화 경영학의 핵심이다.

오늘날 보수신학단체나 유사 단체는 입을 모아 문화상황화의 작업이 과(過)해지면 본래의 취지를 벗어나는 혼합(混合)주의나 시대의 시녀(侍女)가 될 수 있어 경계해야 한다고 지속해서 주장한다. 물론 다 틀린 말은 아니지만 다 맞는 말도 아니다. 모든 학문이나 어떤 공동체도 시대적 문화의 소산이자 한 단체의 모습으로 비치게 마련이다. 그런 모습은 사회변화의 물결과 시대 문화라는 시대정신의 거울에 따라 생명의 잣대(barometer)처럼 변화의 곡선이라는 진리의 범위를 벗어나지 못한다. 신앙단체가 주장하는 독특성은 있으나 유일성 또는 유일한 문화는 존재하지 않는다. 문화의 본질처럼 발전하기 위해 변하고 동화와 융화로 형성된 습합(習合) 문화와 사상은 인류문화사의 속성(屬性)이자 조화로운 사상적 꽃으로 만개(滿開)되어 있다.

내부자적 관점에서 문화상황화에 대한 분석과 판단을 들여다보면 외줄 타기와 같다. 하지만 그에 대한 대응 차원에서 국가적 공의와 공익, 공존과 공유의식 등이 파악되어야 대승적 차원에서 전 세계적으로 공동선을 위한 사회참여운동에 부응할 수 있다. 따라서 각각의 사상·신앙단체가 허심탄회(虛心坦懷)한 대화와 자세로 공동체 사회문화의 상황내존재(狀況內存在)로서 보편적 가치를 발굴하고 재창출하는 것은 아무리 강조해도 부족하지 않다. 국가 공동체사회에서 문화상황화의 발생과 진행 과정은 역사적 상황내존재로 먼저 인식해야 한다. 그리고 스스로 정보력을 동원해 시대 상황과 소통하고 조력할 초(超)문화적인 요소(meta-cultural factors)가 포함되어 있는지 세밀히 분리·분석하고 그 대의를 파악해 그다음 행동에 대한 의견을 수렴해야 한다.

돌이켜보면 지난 70년 동안 한국의 전반적인 문화 상황은 급속도로 변화하면서 성장했다. 그런 시대적 문화 상황에 대응해야 하는 종교(철)학적, 종교 사회학적, 신학적, 인류학, 민족학적 반응과 노력, 그리고 1980년대 민중사상으로 펼쳐진 민중(民衆) 신학, 민중불교, 단군 사상이라는 새싹이 역사의식을 통해 발아되었다. 하지만 그 가운데 문화신학의 입장에서 민중 신학과 사상은 이러저러한 바탕에서 질경이의 본능처럼 성장하지 못하고 퇴색했다. 다만 에큐메니컬(Ecumenical) 진영과 복음주의(evangelicalism)자들의 주안점이 민중(民衆) 신학과 접목할 수 있는 부분과 과정에서 서로 다르다는 사실을 인지한 것도 또 하나의 수확(收穫)이다. 같은 그리스도교의 뿌리에서 나온 신학적 가지도 유일한 성향이 아님을 안 것은 인간이 만들어낸 신(God)과 신학(神學)이라는 작품인 탓이다.

그러므로 유일성의 존재근거는 희박하며 세계종교문화의 다양성이 인류문화사의 바탕(根幹)을 이루고 있다는 것을 종교문화경영의 차원에서 다시 학습(學習)한 것이다. 신학자들이 다문화 시대를 맞이하여 종교간의 대화는 피할 수 없는 상황이 되었고, 문화상황화 과정에서 다른 신앙단체에 대한 이해와 인식의 폭을 넓히는 계기가 되었다. 이에 연관된 시대적 경향과 새로운 인식에 대한 상황화라는 신조어가 한국에서도 알려지기 시작했고 반응도 다양했다. 종교적 텍스트(Text)는 공동체사회에 사는 사람들과 컨텍스트(Context)로서의 상황과 서로 분리되어 있지 않아 둘 중의 하나라도 무시하거나 소외시키면 안 된다. 각각의 신앙단체가 공동체 사회의 한 존재로 시대적 상황과 공존한다는 사실에 유념해야 한다.

대내외적 상황내존재의 문제는 각기 실존의 문제와 이해관계가 직결되었음을 분석할 수 있어야 한다. 그러한 실존(문화) 철학적, 신학적 문제가 사회적 상황-외-존재의 의미와 존재가치를 다루는 시험시간대로 발전되었다. 그러므로 주어진 상황의 내적 외적 측면을 잘 판단하여 분명하고 확고한 입장표명과 결단의 행위가 필요하다. 사회와 국가, 문화인은 신앙단체를 정직한 역사적 실체라는 도마 위에 올려놓고 난도질하듯 세밀히 들여다본다. 그러한 철학적 사상과 과학적 행위는 역사적 의식에서 과거와 오늘의 결과를 분석하고 현 상황내존재를 주시하고 있다.

따라서 신앙단체가 시대적 상황과 역사적 사실에 근거한 문답의 과정에서 자유로워야 가시적인 인식과 미래지향적인 안목을 가질 수 있다. 그것은 바로 사회 내 존재근거의 가치성을 발견하고 시대성신과 시대 상황에 걸맞은 인도주의의 실천문화로 이어지기 때문에 사회적 공익가치 창출과 덕성 함양문화는 인성교육으로 승계한다. 이에 각각의 단체가 나름대로 주장하고 제시한 사람 사랑과 공동의 선을 준수(遵守)하기 위해 사회적 기능과 역할, 가치 환원 등이 무엇인지 다시 숙고하고 실천의 기회를 포착해야 한다.

2) 다이어그램 15
– 문화 상황화(文化狀況化) 시대의 무대응

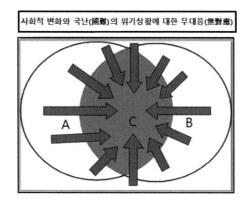

사회적 변화와 국난(國難)의 위기상황에 대한 무대응(無對應)

기호 설명
A : 자국의 사상단체(=종교)와 전통문화
B : 타국(他國)이나 자국(自國)의 사상·신앙단체(=religion)와 문화
C : A와 B가 상호 융화된 정신문화의 공유영역과 최소한의 사회적 기능 및 역할담당

사상·신앙단체가 사회·국가적으로 처한 시대적 난관과 위기상황을 어떻게 인식하고 대책을 마련해 대응하는 것은 종교문화 경영학에서 중요하게 다루고 있다. 사회적, 국가적 사안이 그 지역의 시대 상황으로 전개될 때 공동체 사회의 움직임을 예의주시(銳意注視)하고 사안의 중대성이 무엇인지 신속·정확하게 파악해야 한다. 그리고 그와 함께할 대의는 무엇이며, 공조적인 활동이 가능한 참여 시기 등이 여러 방면에서 분석되어야 한다.

그러나 어떠한 단체가 그 시대의 사회적, 국가적 난관과 위기상황 등에 대해 무관심·무대응으로 처신하면 최소한도의 도덕적 기능, 사회적 역할 등을 포기하는 것이다. 사회·국가적인 안목에서 형성된 A의 B에 대한 부정적인 인식과 B 자체 내부에서 형성된 부정적인 인식은 그나마 함께 공유했던 C의 정신문화영역에 악영향을 준다. B 자체 내부에서 무대응에 부정적인 자 중 일부는 소속 단체에서 탈퇴하기도 한다. 그는 B에 대한 반감의식을 가져 C의 영역도 그에게는 부정적인 논리의 대상이 된다. 결국 B는 사회적으로 피할 수 없는 비판의 대상이 되고 B가 직면한 한계상황은 사회적 소외현상으로 이어진다. B의 부정적인 이미지와 인식을 긍정적인 인식으로 탈바꿈하는 노력과 시간은 장기간의 세월이 필요하다. 이런 유사한 사례는 한국의 역사 속에 진행된 서로마가톨릭 교회사에서 발견된다.

㈎ 조선 시대 서로마가톨릭의 선교정책과 문화상황화에 대한 무대응
　서로마가톨릭은 유일신 사상과 절대적 신념 가치를 내세워가면서 조선왕조의 정체성, 자존감, 고유문화 등을 고려하지 않고 특히 상·제례(喪·祭禮)를 반대하는 강경(強硬)한 선교정책을 진행하다가 거센 역풍(逆風)을 맞았다.
　서로마가톨릭 교회사를 살펴보면, 1742년 교황 베네딕토 14세(Papa Benedetto XIV, 재위 기간, 1740~1758)는 선교정책과 방법에 대한 회칙을 발표했다. 그 회칙에 의해 중국의 상·제례가 전면 금지되어 조선 가톨릭 신자들에게도 영향을 주었다. 하지만 그들은 상·제례를 반대하는 것이 교리를 준수하는 신앙인의 올바른 길로 생각하였고, 또 그런 신앙고백을 실천했다. 조선에 밀입국하여 선교 활동을 하다가 1801(辛酉)년 붙잡힌 중국인 신부 주문모와 황사영의 백서사건은 조선왕조에 대한 반역이자 매국 행위로 판단되었고, 그와 연관된 신앙인들도 참형을 피할 수 없었다. 그 사건은 신유사옥(辛酉邪獄)으로 기록되었다. 유학(儒學)자는 조선의 가톨릭(=천주교)을 '사학(邪學)'으로 규정했다.
　그런데도 서로마가톨릭의 조선에 대한 선교정책은 변하지 않았고, 그의 신자들은 신앙심을 앞세워 순교 정신을 불태웠다. 그 당시의 시대적 문화 상황이 전혀 고려되지 않아 무시당했다. 1836년 프랑스 소속 신부 피에르 모방(Pierre-Phillibert Maubant)과 자크 샤스탕(Chastan, Jacques Honoré), 그리고 1837년 로랑-조제프-마리위스 앵베르(Laurent-Joseph-Marius Imbert)가 조선에 밀입국하여 선교 활동을 하다가 1839년 체포되었다.

1839(기해 己亥)년 정하상(丁夏祥, 교명 바오로)은 서로마가톨릭 교리와 신앙교육의 영향을 받아 상제상서(上帝相書)를 작성했다. 그것은 조상제사와 신주(神主) 즉 신위(神位)를 모시는 일이 이치에 맞지 않음을 지적한 문건이다. 그 문건의 성격은 가톨릭 신앙의 정당성을 나라 임금에게 고하는 탄원서이자 항소(抗訴)문이 되었다.[79] 약 2000 여 자로 작성된 그의 상제상서가 가톨릭으로서는 조선의 최초 호교론서(護敎論書)이자 신앙인이 주장하고 지켜야 할 명문서(銘文書)라고 한다.

　　하지만 그의 상제상서 사건은 황사영백서 사건 이후 또다시 조선왕조를 경악(驚愕)시켰다. 체포된 프랑스 선교사 3명과 상·제례를 반대하는 조선의 가톨릭 신자들뿐만 아니라 그들과 연관된 정적(政敵)은 역적으로 판단해 투옥(投獄)하고 일부는 처형됐다. 국가적 차원에서의 반응과 방어조치가 이루어졌다. 결과적으로 조선의 가톨릭이 국가적 차원에서 소외당했고 정치적으로 배척당했다. 그러한 사건이 1839(기해 己亥)년에 발생해 조선왕조실록과 한국어사전에는 기해사옥(己亥邪獄)으로 기록되었다.

　　그런데도 기해사옥이 한국 교회사에 기해박해(迫害)로 명시되었고, (인터넷) 사전에도 그렇게 표기되어 있다. 조선 가톨릭 신자들의 행위가 교회사에서 신앙 행위의 모범사례로 선정되어 오늘날 학생과 신앙인에게 '박해'로 교육되고 있다. 교인이 아닌 일반인들에게도 그 어떤 탄압이나 박해로 알려져 있고, 그들도 신앙인처럼 그렇게 이해하며 말하고 있다. 이로 인해 암묵적으로 발생하는 문제점은 객관적이고 보편적인 역사교육의 부재(不在)이다.

　　한국사와 교회사의 차이점은 무엇인가? 교회사가 한국사의 상위개념인가? 교회사가 한국사를 대신할 수 있는가? 그와 같은 질문은 범국민적 국가적 차원에서의 궁금증이다. 한국사와 한국 교회사가 서로 다른 관점에서 해석되고 있다.

　　그러므로 정확한 시대 상황의 분석과 정리 작업이 선행되어야 사건에

[79]　민경배, 『한국기독교회사』, 대한기독교출판사, 서울, 1989, 78~89쪽 참조 바람
　　　유홍렬, 『增補 한국천주교회사』, 가톨릭출판사, 서울, 1991, 344~351쪽 참조 바람

대한 객관적인 분리의식과 역사의식을 관철할 수 있다. 한국 교회사가 한국사의 상위개념도 아니다. 한 신앙단체가 민족공동체는 물론 한국사를 대표하지도 않으며 대표할 수도 없다.

나 한국 서로마가톨릭의 시대적 문화상황화에 대한 무대응

1905년 대한제국은 일본에 의해 을사늑약(乙巳勒約)의 수모(受侮)를 겪고 외교권까지 강탈당했다. 1910(경술 庚戌)년 8월 22일 일본의 강압적인 무력에 의해 한일합방(韓日合邦)이 되어 경술국치(庚戌國恥)라고 한다. 그로 인해 일본이 한국의 통치권을 빼앗아 식민지정책을 시작했다. 총체적인 국가적 난관과 상황을 극복하려는 방법으로 여러 종단(宗團)과 신앙단체가 함께 힘을 모아 1919년 3월 1일 3·1 만세운동(三一萬歲運動)을 전개했다. 그들은 국민과 함께 대한제국이 시대적으로 불운한 상황내외의 존재임을 다 같이 인식하여 구국(救國)의 이념에 동참했고, 항일운동에도 직·간접적으로 참여했다. 이는 대한의 국민이 힘을 합하여 일구어낸 역사적 종교문화경영의 결정판이다.

그러나 한국의 가톨릭 신앙단체는 대한민국이 자주독립국임을 만천하에 알리는 비폭력 삼일만세운동에 참여하지 않았다. 가톨릭에 대한 불편한 역사적 진실과 냉철한 비판은 오늘도 이어지고 있다. 한국이 일제강점기에 처해 있을 때, 서로마가톨릭 교황청에서 파견된 조선의 프랑스 신부(神父)와 한국인 신부는 일본과의 밀정(密偵)행위, 즉 '친일행위'를 서슴지 않았다.[80] 이에 대한 국민의 다양한 분야에서의 분석과 의견은 부정적이다. 하지만 한국가톨릭의 입장은 그 당시 교회를 살리기 위해 어쩔 수 없었다고 한다. 그의 입장은 국가보다 가톨릭 신앙공동체가 우선이었음을 밝힌 것으로 국가와 모든 독립운동가, 애국지사에 대한 국가적·국민적 모독이

---

[80] 제3장 하늘(天) 사상과 종교성 II.한국인의 종교(심)성 6) 서교(西敎, 그리스도교)적이다 ⑫와 제4장 종교와 문화의 습합(褶合) 사상 II. 종교문화의 습합(褶合) 사상 2. 한국 서로마가톨릭 ④ 참조 바람.

지만 오늘도 가톨릭의 입장은 변함없다.

서로마 한국가톨릭은 1960년대에 이르기까지 한국인의 문화와 정서에 벗어나 한국 사회에서 유리(遊離)된 문화소외 기간을 맞이했다. 한국가톨릭은 공동체 사회문화에서 고립되어가는 현상을 막을 수 없었다. 1963년 서로마 교황청은 한국가톨릭 단체에 조상 제례 문화를 수용할 수 있다는 교지를 내린다. 한국가톨릭은 새로운 변화를 모색할 기회를 맞이했으나 자체 내 혁신적인 문화경영방안과 대안이 부족하여 70년대 초까지 사회 속에 소외된 신앙단체가 되었다. 한국 서로마가톨릭의 조상 제례 문화와 국가적 문화 상황화 시대에 관한 대응 차원에서의 연구와 검토는 지속하고 있다.

3) 다이어그램 16 – 문화 상황화(文化狀況化) 시대의 대응

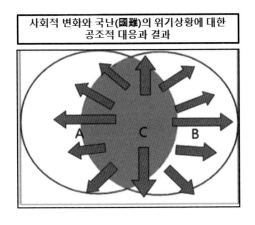

기호 설명
A: 자국의 사상단체(=종교)와 전통문화
B: 타국(他國)이나 자국(自國)의 사상·신앙단체(=religion)와 문화
C: A와 B가 상호 융화된 정신문화의 공유영역과 최소한의 사회적 기능 및 역할담당

기호 B는 기호 A와 오랫동안 상호호혜적인 교류를 유지했고 사회적 봉사활동을 함께하면서 문화동화와 융화의 과정을 성공적으로 마쳤다. A와 B는 윤리 도덕적인 책무와 사회적 가치 환원을 실행하면서 나름대로

공동체 사회의 공유영역이자 공존의 공간인 정신문화 C를 확보했다. 정신 문화의 소통영역이자 공간으로서의 C는 A와 B가 조력(助力)하고 합심하여 일구어낸 사회문화의 사상적 얼굴이 되었다. 그 결과 상호 간의 조화로운 사회적 역할과 기능을 담당하는 최소한의 윤리, 도덕적 책무와 연계성을 가지고 있다. A와 B가 희노애락(喜怒哀樂)을 함께하며 사회적 보편가치를 창출시켰고, 보편성·대중성·공공성·유구성 등을 함께 지켜가며 문화의 광장에서 생명의 호흡할 수 있으므로 C는 융화된 소통문화의 광장이라고 한다. 또한 C는 국가적 사상을 함께 공유한 공동체 사회의 상생 문화이며 사상적으로 상호 간에 공유할 수 있는 문화조화의 영역으로 시대적 패러다임에 함께 한다.

소통문화의 공간이자 문화조화의 광장을 이루는 C의 공유문화는 시대적 사회상황이나 국난의 위기상황에 처해 있을 때 신속한 대응 차원에서 사회적 기능과 역할을 함께할 수 있어야 한다. 비록 과거의 역사 속에 다소나마 문제점이 남겨진 상태로 존재하는 B 사상·신앙단체이더라도 국가와 국민을 위한 거국적인 국난타개의 행위로 동참했다면, 국민은 긍정적인 생각으로 역사적 사례를 기억하고 평가할 것이다.

신앙·사상단체는 한 나라의 역사적 상황내존재임을 항상 잊지 않아야 한다. 그래야 그들은 공동체 사회문화의 한 구성요소가 되어 시대적 상황을 공유(共有)하고 공생(共生)과 공존(共存)의 법칙을 바르게 인식한다. 그렇게 함으로써 그들이 멀리 내다보고 행동반경의 상징인 정신문화의 공유영역 C를 넓혀가며 호흡을 함께하는 문화의 광장을 만들어야 상생한다는 것을 깨닫고 실행한다. 예컨대 한국의 선유불도(仙儒佛道) 사상단체는 서로 함께 공조(共助)하며 사회문화를 이끌어 나아가는 정신사상의 구심체가 되어 시대적 문화인을 양성시킨다. 그는 실용적인 사회적 가치를 생명 문화로 다시 창출할 수 있다.

㈎ 종교(宗敎)와 구국(救國)운동

이 단락에서 논하는 종교는 사상단체와 신앙단체의 보편적이고 객관적인 가르침을 뜻한다. 그러한 가르침이 국가와 국민을 위한 대의로 합쳐져 구국운동에 참여한 데 국한해 함축적(含蓄的)으로 서술해 본다.

삼국시대의 불교가 국교로 승인된 후 한국불교는 귀족(貴族) 불교의 과정을 거친 후 호국(護國)불교의 입지를 강화했다. 호국불교시대에는 불교의 고승(高僧)이 임금의 스승 즉 왕사(王師)가 되었고, 임금의 자녀들이 불제자가 되어 왕실(王室)불교이자 귀족불교가 되었다. 그들이 불교적 인생관과 세계관을 가졌기 때문에 수행하려는 입지(立志)를 세우고 불교에 귀의했다고 본다. 불교가 백성들의 정서 문화와 공감대를 형성하면서 마음과의 대화 기능이 더해져 여러 분야에서 소통의 통로가 되었다. 불교가 백성들의 심신 안식처이자 소통문화의 영역으로 자리 잡아 융성해졌다.

외래 종교였던 불교가 귀족불교와 호국불교, 오늘날 한국의 민중(民衆)불교와 대중(大衆)불교로서의 위치를 확보했다. 한국불교가 정신문화의 영역으로 기저(基底)에 폭넓게 뿌리내렸다. 종교문화 경영학의 과정에서 살펴볼 때, 불교가 세속화와 토착화과정을 거쳐 한국문화의 광장에 중요한 위치를 차지했다. 한국불교는 국난(國難)의 위기상황에 처해 있을 때 승병(僧兵)을 일으켜 국가의 안위와 백성의 생명을 보호하고 지키는 데 협조했다. 일제의 식민지 시대에 불교도 거국적(擧國的)인 대한 독립 만세운동에 참여했다. 그에 대한 역사적 문화상황화의 사례는 많이 알려졌지만 몇 가지를 살펴본다.

불교는 삼국시대에서부터 오늘에 이르기까지 호국불교이자 대중(大衆)불교로서 기능과 역할을 담당했다. 불교가 한국인의 정신세계와 생활문화에 큰 영향을 주었고, 여러 형태의 사상 단체문화를 포용하며 배려했고, 공동체 사회의 사람들에게 공익이 되도록 노력하면서 역사의 무대 위에 등장했다. 그 이면에는 불교가 한국불교로 탈바꿈하고 발전하기 위해 새로운 변화과정을 겪었다. 불교가 역사적 시험무대 위에 오른 다양한 시대적 사회적 상황화 과정을 극복하기 위해 전력(全力)했고, 상황 내 존재가치를 발휘하여 애국(愛國)·애민(愛民)·애족(愛族) 정신을 이끌어가는 호국불교가 되었다. 고구려 정신문화의 사조를 승계한 고려(918~1392)는 불교를 국교로 승인했다.

고려 시대에 몽골(Mongolia)의 침략은 누란지세(累卵之勢)와 같은 국가적 긴급 상황으로 전개되었다. 1231년부터 시작된 몽골군의 고려 침공은 40년 동안 6차례에 걸쳐 이어졌다. 많은 고려의 신하와 백성은 전쟁으로 참혹한 죽음과 고통을 당하였고, 산하(山河)는 온통 핏물로 물들었다. 그때 승려와 수많은 백성이 의병군(義兵軍)으로 대항한 항몽(抗蒙) 전쟁은 민족의 혼과 얼, 나라를 지키고자 힘써 노력했던 거국적인 행위로 고려사에 기록되었다. 전쟁에 직·간접적으로 참여한 불교는 국가와 사회에서 신뢰받는 불교로 호국불교라는 입지를 굳혔다. 고려불교가 시대적 존재이자 역사적 상황내존재로서 풍전등화와 같은 위급한 처지에 있는 고려왕조를 간과하지 않았고, 적극적인 대처방안으로 대응해 일군 성과였다.

1392년 조선건국 초기에 조선의 유생(儒生)들이 고려 31대 공민왕(恭愍王, 1330~1374) 시대에 발생한 불교의 문제점과 폐단을 집중적으로 제기했다. 그들은 불교를 척결(剔抉)하기 위해 한양(漢陽) 외부지역, 즉 도성(都城) 밖으로 당연히 매몰차게 내보내야 한다고 주장했다. 그들이 내린 정치적 판단과 주장은 승유억불(承儒抑佛), 즉 유교를 숭상하고 불교를 억누른다는 강경책이었다. 이로 인해 한양 내에 있는 불교가 산으로, 산으로 떠밀려 들어가는 형국(形局)이 되어 산중(山中)불교라는 신개념이 생겼다.

숭유억불이라는 정치적 강경책에도 불구하고 임진왜란(1592~1598) 때 불교의 승려들이 승병을 모집하여 구국 (항일) 전투에 참여했다. 어떤 스님의 외침처럼, 불교가 비록 외래 종교지만 불교인들은 하늘과 조국의 땅을 부모로 여겼고, 조국이 없으면 나도 없다는 정신을 가졌다. 그 시대의 국가·사회적 난관에 부닥친 상황을 외면하지 않은 한국불교의 행위가 불교 정신이자 사상이 되었다. 이로 인해 온갖 부정적인 논리로 비난했던 유교의 배불정치가 완화되었고, 많은 유학자가 불교에 대해 재삼 숙고하는 계기가 마련됐다. 불교가 유교 문화와의 융화과정을 거치면서 토착화의 영역을 다시 다졌고, 호국불교라는 명성이 되살아났다.

한국불교의 사회적 기능과 역할은 유교(儒教) 사상을 국교(國教)이자 국가통치이념으로 내세운 조선왕조 시대에서도 나름의 공동체 사회문화의 공유영역과 소통문화의 공간을 지켜냈다. 불교는 공동체 사회의 사상적 문화광장에서 만인들과 더불어 생로병사의 운명을 함께했다. 나아가 근대화 시기에 한국불교가 과거 1000년의 국교이자 호국불교였다는 제도적 위치와 영화(榮華)에 도취하지 않았다.

그 불교가 자주 독립운동과 사회적 현상으로 일어난 다양한 위기의 국가 상황에 동참한 것은 본래의 주체의식과 상황내존재 가치를 잊지 않은 것이다. 한국불교는 난세(亂世)에 많은 사람의 정신적 지주가 되었고 대중 또는 민중불교로서 입지와 위상을 지켜가고 있다. 그것은 한국의 전통불교로서 주어진 정신문화의 조화영역에서 나름의 역할을 일정 부분 담당한다는 것을 의미한다.

따라서 한국불교는 공동체사회에서 정신적 공유문화광장을 일정부분 확고하게 보유하며 대중과 함께 존재한다는 것을 알려주고 있다. 오늘날 한국불교의 존재와 정신적 문화적 가치는 약 1600년 동안 전승되고 있다는 것이 그에 대한 반증이다. 한국불교 운동은 참선(參禪)의 경지처럼 이루어지나 시대적 상황에 따라 발전적으로 변화하는 자연성과 당위성에 협조하며 참여하고 있다.

조선(1391~1910)은 유교 사상과 제도를 통치·교육 이념으로 삼아 500여 년 국교(國教)로 종묘사직(宗廟社稷)을 지켜왔다. 조선은 근대화 시기에 국력이 쇠약해지면서 열강의 침략에 시달렸다. 그러한 난국을 담대하게 헤쳐 나아가고, 선현들이 지켜온 민족문화와 민족정신을 고취하기 위해 많은 사람이 고군분투(孤軍奮鬪)했다. 고종(高宗, 1852~1919.1.21)은 1897년 10월 환구단(圜丘壇)을 조성했다. 그는 그곳에서 황제 즉위식을 거행한 후 대한제국(大韓帝國) 수립을 선포하면서 자주독립국임을 널리 알렸다.

하지만 고종황제는 1910(경술 庚戌)년 8월 22일 일본의 강압적인 무력행위로 국치(國恥)를 당하는 통한의 역사를 가슴에 안았다. 1910(경술)년은 대한제국이 일본에 의해 짓밟히는 실마리가 되어 한국사에 경술국치(庚戌國恥)로 기록되었다. 하지만 1919년 3월 1일 분기탱천(憤氣撑天)한 조선의 온 백성들이 하나되어 일제 침략과 식민지정책에 반기를 들고 대한 독립 만세운동에 참여했다. 삼일 독립선언문(獨立宣言文)에 천도교, 불교, 개신교의 대표자가 서명했다. 수많은 유생[81], 대종교인, 개신교인 등 다양한 단체에서 배출된 헤아릴 수 없는 많은 사람이 목숨을 걸고 항일(抗日)독립운동에 동참했다.

대종교(大倧敎)는 1909년 홍암 나철(羅喆, 본명 나인영, 羅寅永, 1863~1916)에 의해 창교(創敎)되었다. 대·종·교(大·倧·敎)라는 개념에서도 인지할 수 있듯이 대종교는 국조단군(國祖檀君)의 개천(開天), 홍익(弘益), 홍제(弘濟) 사상과 문화, 고대 단군 역사 등을 역사교육의 핵심으로 삼아 구국(救國)운동을 전개한 사상단체. 대종교는 일제(日帝)시대에 대한민국의 정신적 지주를 담당했다. 상해 임시정부는 항일독립운동을 총괄 지휘하는 구심력이 되었다. 많은 독립운동가들이 대종교의 단군 사상에서 역사적 민족문화와 정신, 정체성, 애국정신을 배우고 함양해 광복 운동에 앞상섰다. 대종교는 오직 국조 단군을 모시며 기복신앙을 경계하고 삼법수행[三法修行; 지감(止感), 조식(調息), 금촉(禁觸)]으로 내새적 신성을 밝혀 중명(重明)의 도를 지향한다.

---

[81] 1919년 유생들은 장문(長文)의 독립호소문서한을 작성했고 호소문 말미에 134명의 유림대표가 서명했다. 그 문건은 당시 프랑스에 있는 신한청년당(新韓靑年黨) 대표 김규식에게 송달되었고, 국내 각 향교에도 우송되었다. 김규식은 그 호소문을 파리강화회의에 널리 알리고자 했다. 134명 유림대표 중에 김복한, 곽종석, 김창숙, 송회근 등이 참여했다. 일본 경찰에 붙잡혔던 송회근(宋晦根)에 의해 문건의 내용이 알려져 그 문건과 연계된 사람들이 붙잡혀 심한 옥고를 겪었고 출소 후 사망한 사람도 있었다. 독립호소문서 한 작성 건은 오늘날 파리장서사건(巴里長書事件)으로 기록되었다.

하지만 지금의 대종교는 과거의 국가적 공로를 퇴색시켜가면서 시대적 상황변화에도 적극 대응하지 못하였고, 자체 내 분란의 소지(素地)도 제대로 마무리하지 못해 어려움을 겪고 있다. 사회적 경각심을 외면한 대종교는 혁신적인 종교문화경영, 인재경영, 소통경영 등을 미완의 상태로 남겨두었고, 대중적인 호응과 신앙인의 숫자가 점차 감소하는 상황에 놓여 있다. 대종교가 비록 민족종교로 알려졌더라도 변화하는 시대정신에 부응하지 못한 결과 침체상황으로 이어지고 있다. 대종교가 비록 자신의 이름값도 제대로 하지 못하지만 본래 정신을 되찾아 초심으로 돌아가고자 노력하면 혁신과 개혁의 빛을 맞이하고 미래를 지향할 수 있다.

매년 대한 독립 만세운동을 기리는 3·1절, 8·15 광복절, 개국(開國)의 시원(始原)을 알리는 개천절(開天節) 등은 중요한 국가기념행사로 대한민국의 정통성과 그 대의가 승계되고 있다. 그러한 행사들은 국가경영철학이자 종교문화경영의 차원에서 존중되고 있다. 이와 함께 모든 국민과 함께 실천할 수 있는 혁신적인 다양한 교육문화의 방법론은 국가적 차원에서 발전적으로 연구되고 계발(啓發)되어야 마땅하다.

나 문화 상황화 시대의 서로마가톨릭 대응

서로마가톨릭의 전형적인 피라미드조직체계에서 한국가톨릭이 독자적인 문화선교방법을 마련하고 추구한다는 것은 상상할 수도 없고, 그렇게 해서 자체적으로 해결할 수 없는, 해서도 안 되는 구조적인 제도가 엄연히 존재하고 있다.

한국의 서로마가톨릭이 당면한 공동체사회에서의 문화소외기는 자발적으로 극복할 수 없었고 교황청의 지시와 지도가 필요했다. 서로마가톨릭의 교황청은 제1차 세계대전(1914~1918) 이후 국제정세의 추이(推移)에 따라 시대적 상황과 변화에 걸맞게 기존의 문화경영방법을 대대적으로 쇄신(刷新)하기 시작했다. 1936년 가톨릭의 포교성성(布敎聖省, Sacra Congregatio de Propaganda)은 일본의 천황숭배, 신사참배 등을 고유풍습이자 관례로 수용했다.

이로써 1742년 교황 베네딕또(Benedetto) 14세에 의해 금지되었던 상·제례(喪·祭禮)와 그동안 진행되었던 선교정책 일부가 해제되거나 완화되었다. 신앙인의 사상 속에 절대적 진리로 여기고 신뢰했던 신조나 도그마도 시대변화에 따라 수정·보완, 어떤 부분은 삭제되고 판단 유보로 남겨둔 것도 있다. 그 대표적인 사례가 비(非)그리스도교단체의 구원론과 문화가치 등에 대한 입장표명이다.

1939년 말경 서로마가톨릭 교황청에서 제시한 가톨릭 신앙포교성성(信仰布敎聖省)은 시대 상황에 적응하기 위한 보다 세부적인 지침이었다. 그것은 공자(孔子)의 화상(畵像)과 위패(位牌), 고인(故人)의 영전(靈前)이나 사진 앞에서 절을 하거나 경의와 예의 표시 등을 수용한다는 것이다. 이처럼 가톨릭의 시대적 변화상황을 분석한 일본은 조선의 식민지정책을 위해 그간 문화소외(疏外)의 기간을 가진 조선의 서로마가톨릭과 신앙문화에 호의적인 관심사를 표명한다.

일본이 조선가톨릭에 대한 종교문화경영방침을 보다 분명하게 파악한 것이다. 이에 관한 역사적 사건으로 드러난 것이 조선교구 파견 신부 뮈텔과 빌헬름의 친일행위였다. 그것은 신부의 양심과 종교 분리정책 면에서도 보아도 부적절한 행위로 오늘날 비판과 반성의 대상이 되었다.

1·2차 세계대전을 겪은 유럽인들은 전쟁의 문제점에 대해 진지하게 반성하고 성찰했다. 그 어떠한 전쟁이라 할지라도 영원한 승자와 패자도 없는 것이 무모한 전쟁이다. 전쟁은 오직 우리의 생명과 고귀한 재산을 빼앗아가며 근심과 고통, 불안과 공포라는 긴 터널에서 빠져나오지 못하게 한다. 이처럼 그들이 뼈저리게 경험했던 참혹한 전쟁의 결과는 유일신 사상과 신앙으로 무장되었던 religion의 한계성, 교리와 신조 등을 참회하는 마음으로 세밀하게 되돌아보는 계기가 되었다.

특히 유럽의 지식인들은 그간 다른 종교와 신앙단체, 타 종교문화에 관해 부족했던 이해와 배려에 큰 관심을 보이면서 새로운 종교문화경영의 혁신시대를 맞이했다. 이로써 비(非)그리스도교적인 문화와 다른 종교 가치에 대한 부정적인 관점 등에서 벗어나고자 했고, 탈(脫)그리스도교화의 과정이 진행되었다. 그동안 탈(脫)그리스도교화에 대해 부정적이었던 서로마가톨릭교황청의 입장도 세계적인 차원에서 한계 내 상황인식과 변혁기를 피하지 않았다. 교황청은 오히려 적극적인 자세로 새로운 돌파구를 찾고자 종교문화경영의 방법을 여러 방면에서 연구했고, 현대사회가 요구하는 합목적성인 의의와 새로운 대안을 찾고자 노력했다.

1963년 서로마가톨릭교황청이 개최한 공의회와 그의 후속 조치에 따라 교황청의 교지가 한국가톨릭으로 전달됐고, 한국가톨릭은 새로운 변화의 시기와 계기를 맞이했다. 시대변화와 상황내존재에 관한 한국가톨릭의 자체적 반응과 대응, 대체방안으로 한국전통문화와의 동화과정은 사목(司牧) 행위를 위한 연구의 대상이 되었다. 한국가톨릭은 역사적 상황내존재로서의 사회적 참여 활동을 할 전기를 맞이했다. 가톨릭은 낮은 자세로 낮은 곳에 머물고 있어야 낮은 곳으로부터 들려오는 사람들의 소리를 경청하고 소통할 수 있다는 것을 바르게 인식했다.

그러한 관점에서 한국가톨릭은 한국의 역사 속에 사회적으로 참여하지 않고 외면한 사건들을 분석했다고 본다. 가톨릭으로서 참여하지 않은 1919년 3월 1일 비폭력 대한 독립 만세운동과 일본강점기의 친일행위 등이 먼저 회고와 반성의 계기가 되었을 것이다. 1929년 11월 3일 한국 학생들은 일본 학생들이 한국 땅에서 한국 여학생의 댕기 머리를 잡아당기고 희롱하는 사건을 목격했다. 결국 한국 학생들과 일본 학생들과의 격돌(激突)이 발생해 광주항일투쟁운동(光州抗日學生運動)으로 확대된 역사적 사건은 사회에 큰 경종을 울렸다. 조선의 한국 학생들은 주어진 상황의 긴급함과 한민족의 역사 속에 운명적으로 함께 감내해야 할 상황내존재라는 것을 인식했다. 그들은 한국인의 정체성을 가지고 투쟁한 항일학생운동의 선봉장이 되었다. 한국가톨릭은 그러한 역사적 배경과 민족의 고통이 시대적 상황이자 역사적 상황내존재임을 학습(學習)했을 것이다.

1967년 교황 요한 바오로 2세는 교황 직속으로 정의평화위원회(正義平和委員會, 라틴어 Pontificia Commissio a Justitia et Pace)를 설치했다. 그것은 교황청위원회의 구성체로 가톨릭의 사회정의와 사회적 책임을 촉구하는 기구이다. 한국가톨릭은 1970년 정의평화위원회를 발족(發足)했지만 활성화하지 못했다. 1974년 7월 원주교구의 교구장인 지학순(池學淳, 세례명 다니엘 1921~1993) 주교가 전국민주 청년학생총연맹(=민청학련)사건의 한 사람으로 지목되어 구속되었다. 그로 인해 1975년 12월 정의평화위원회(정식 명칭: 한국 천주교정의 평화위원회, 약칭 정평위)가 결성되었고, 그 조직은 주교회의 직속으로 설치되었다. 정평위는 한국가톨릭 신부들의 연합체 중 하나인 정의구현전국사제단(Catholic Priests' Association for Justice, CPAJ)이다. 그 당시 군사독재 정치로 국내의 정치적 문제가 발생했고, 사회적으로 민감한 민주화운동이 퍼지고 있을 때 정평위가 민주화운동에 합류하고 협조했다.

1980년 발생한 광주시민의 5·18 민주화 항쟁운동에 관해 타 종단과 신앙단체의 반응은 미온적이었으나 한국의 가톨릭은 적극적으로 참여하여 죽은 자와 산 자를 위해 헌신했다. 이로 인해 한국가톨릭이 문화의 소외과정에서 몇 단계를 뛰어넘어 문화상황화에 동참한 결과로 이어졌다. 이는 사회적으로 긍정적인 인식과 더불어 변화의 바람을 몰고 왔다. 사회의 호평이 이어지면서 가톨릭 신자 수는 1990년대 말까지 지속해서 상승세를 유지했다. 가톨릭이 추진한 국민과 함께 현장에서 호흡하고 생사고락(生死苦樂)을 같이했던 소통경영의 결과였다.

이로써 한국가톨릭은 내부적으로 혁신경영과 외부적으로 소통경영이라는 두 마리 토끼를 모두 거머쥐었다. 다만 종교문화 경영학의 관점에서 순차적인 단계를 거치지 않고 뛰어넘은 단계와 과정에서 발생한 빈 곳을 온전히 채우고 단단하게 다져야 기존공동체 사회문화와 자연스럽게 호흡하고 융화된 정신문화공유의 입지가 공고(鞏固)해진다. 사회적인 가치 환원과 역사적 의식을 지속해서 새롭게 해야 역사와의 문답에 초연해질 수 있다.

가톨릭의 과거사는 온고이지신 가이위사의(溫故而知新 可以爲師

矣)[82]라는 대의적 차원과 민의(民意)적 역사의식, 통찰력의 범주에서 예외적으로 벗어날 수 없다. 그러므로 언젠가 또 다른 시대적 변화의 물결에 따라 한계 상황내존재로서 국민이 주체가 되는 국가와 사회적 질문은 반복될 것이다. 모두가 당면한 상황내존재는 역사 속의 잔걸음이나 역사는 과거를 돌아보는 큰 거울이자 미래지향적인 반면교사(反面敎師)가 된다.

㈐ 문화상황화에 대한 한국 서로마가톨릭의 새로운 문화경영

한국 서로마가톨릭은 한국 토착문화와의 관계회복을 위해 종교문화경영의 차원에서 전략과 혁신경영 등을 필요로 했다. 1963년 12월 11일 서로마 교황청은 대한민국과의 수교를 공식적으로 체결했다. 그 후 한국가톨릭은 새로운 메시지를 교황청에서 받아 시대적 상황에 대처할 수 있는 동력을 찾아 나아가기 시작했다. 그 당시 서로마가톨릭 교황청은 공의회(公議會 ecumenical councils, 라틴어 Concilium)를 통해 가톨릭을 제외한 타(他) 신앙단체의 구원관에 대해 언급하지 않고 불문(不問)에 부치기로 했다. 서로마 교황청은 공의회의 결과를 통해 한국가톨릭이 그동안 자체적으로 해결할 수 없는 부정적인 사회 인식과 상황을 타개할 수 있도록 먼저 전략적 경영을 제시했다.

1965년 한국가톨릭은 교황청의 교지에 따라 그동안 금지된 조상 제례를 허용했다. 서로마 교황청은 가톨릭이 시대적 변화에 따른 여러 형태의 상황내존재에 처해 있음을 세계적인 차원에서 인지(認知)하고 문화경영의 방법을 수정 보완하면서 혁신경영을 시작했다. 로마 교황청은 한국가톨릭이 선교정책과 사회적 대응방법을 시대 상황에 걸맞게 실천하도록 적극 권면했고, 때로는 제도적 영향력을 발휘하도록 정신적 구심력이 되었다. 한국가톨릭은 한국사회의 고유풍토와 문화성향에 적합하도록 변화를 시도했고, 한국가톨릭 제례 문화를 정착시키기 위해 공부했다.

---

[82] 옛것을 (학습하여 비추어) 알아내고, 새로운 것을 알면 (남의) 스승이 될 수 있다(논어(論語) 위정편(爲政篇).

가톨릭은 1966~69년 한국의 장례식문화를 지역적 전통과 문화의 특성으로 분석했으며, 상·제례(喪·祭禮) 문화를 신앙인의 경건한 자세로 파악하고 장례식 지침서(표본서)를 공포했다. 변화의 바람을 탄 한국가톨릭의 상·제례 문화는 가톨릭 신학자들의 연구 때문에 혁신적이고 발전적인 방향으로 전개되었다. 그와 무관하지 않은 것이 한국의 젊은 가톨릭 신부(神父)들의 해외 유학과 활동이다. 그들의 노력은 전략적 선교문화정책을 타진하는 계기로 만들었고 새로운 인재영입과 인재경영의 실마리가 되었다.

1980년대 한국가톨릭 교구는 각 지역의 교구청에서 선정된 젊은 신부들을 외국에서 유학하도록 했다. 그들은 그곳에서 종교문화경영인의 책무에 대한 혁신적인 안목을 키웠고, 신자(信者)와 더 가까이 접하는 사목(司牧) 기회로 다양한 경험과 견문을 넓혔다. 그들은 2차 세계대전 이후 유럽에서 태동한 문화상황화의 대응에 관심을 가지고 나름의 주어진 연구 분야에 집중했다.

그중 독일에 유학 중인 어떤 한국인 신부는 상례(喪禮)와 제례(祭禮)를 전문적으로 연구하여 사목과 연계시키려고 했다. 그는 변하고 또 새롭게 변하면서 성장하고 발전되어가는 시대정신에 따라 가톨릭의 사목 과정에서 조상제례(祖上祭禮)를 어떻게 수용할 것인지 연구했다. 과거와 달리 한국가톨릭은 조상제례를 조상숭배(崇拜)로 보지 않고 효(孝)의 차원이자 자식(子息)의 도리(道理)로서 해야 하는 추모의례(追慕儀禮)로 분석했다. 가톨릭 제례 문화의 혁신경영과 대중과의 소통경영이 단계적으로 진행하려는 의도를 알 수 있었다.

한국가톨릭은 한국의 고유문화(향토문화 포함)와 상·제례(喪·祭禮) 문화를 가톨릭 교리에 동화시켜 문화융화를 시도했다. 한국가톨릭 상·제례법의 형식은 유교의 상·제례 문화에 근간을 두고 있으며, 찬송(讚頌)과 축도(祝禱) 형태는 개신교의 추도식과 유사하다. 사제가 고인(故人)의 유족들과 함께 고인을 위해 가톨릭교회 안에서 49일 동안 명복(冥福)을 빌어주는 미사(missa)를 집행한다. 주 1회씩 총 7주 동안 7회에 걸쳐 사자(死

者)를 위한 미사가 열린다.

하지만 2010년부터 가톨릭의 49일제가 오순절(五旬節, Pentecost)과 융화되어 50일제로 바뀌었다. 고인(故人)에 대한 추모 미사는 유가족이 참석한 가운데 담당 신부에 의해 가톨릭교회 안에서 한국어로 이루어지고 있으나 가톨릭 고유미사 용어(라틴어)를 중간에 사용한다. 전(前)에는 기도하고 염원할 때 믿음의 조상 아브라함의 이름을 사용했으나 지금은 주님의 이름으로 기도한다. 사자(死者)를 위한 상·제례 진행방식은 유교의 장례의식을 접목했고, 49일제라는 의미와 형식은 민간사상과 문화에 내재한 도교(道敎)와 불교의 천도제(遷度祭)와 흡사하다.

그뿐만 아니라 제삿날이 돌아오면 고인들의 영혼을 합동으로 위로하는 미사가 사제(司祭)에 의해 집행된다. 한국가톨릭의 상·제례가 한국의 장례문화에 동화되어 전폭적으로 실행되고 있다. 한국의 많은 가톨릭 신앙인들이 가톨릭 장례문화에 별다른 이질감을 느끼지 않고 동참한다. 한국사회의 문화철학과 문화의례에 연관된 가톨릭의 종교문화경영은 전에 만들어진 절대적이고 불변할 것으로 믿었던 교리서(Dogma, Credo) 등을 과감하게 수정 보완시켜 새로운 변화의 방향으로 가도록 이끌었다. 그리스도교는 과거 아우구스티누스가 표방(標榜)한 유일한 진리의 religion으로서의 교리와 신앙고백으로서의 신조가 시대변화에 따라 보편적으로 변화되어감을 대세로 보고 수용했다.

1980년 교황 바오로 2세가 정의와 자유, 평등이라는 미명하에 사회참여를 허락했다. 사회참여는 현장체험이다. 현장에서 진리의 목소리를 들을 수 있고 현장에서 사회적 질서유지를 위한 진리의 가치가 발견된다. 한국 민주화운동에 정의구현전국사제단의 신부도 참여했다. 사회참여로 이어진 5.18 광주민주화운동의 결과는 한국가톨릭의 모습과 입지를 새롭게 바꾸어 놓았다. 국내·국외의 한국 젊은이들 가운데 일부는 가톨릭 교인이 되었고, 가톨릭교회는 성장기로 돌아섰다. 특히 정치적인 부분을 비롯하여 사회 인권운동과 봉사활동 참여, 병원·학교사업 등은 성공적인 그 시대 상황화의 사례이자 적극적이며 활성화된 사회적 가치 환원의 자태(姿態)로 손꼽힌다.

1984년 5월 교황 요한 바오로 2세(1920~2005)는 한국을 방문하여 한국가톨릭교회사에서 지칭(指稱)하는 1만여 명의 순교자 중 103명의 한국가톨릭교인과 10명의 프랑스 신부를 성인(聖人)[83]으로 추대하는 예식을 했다. 조선왕조실록에 제시된 가톨릭 신자에 관한 기록과 상반되게 현대 가톨릭교회사의 의례 행위가 동시에 펼쳐졌다. 그러한 현상은 역사적 역설(paradox)과 아이러니(irony)가 아닐 수 없다. 한국 정치와 한국인의 종교 심성이 그 모든 가톨릭의 부정적인 행위를 덮어두고 감싼 것인지 알 수 없지만 새로운 역사의 문화현장에서 시대 상황은 지속해서 분석하고 기록되어야 한다.

⒠ 시대적 문화상황화에서의 서로마가톨릭과 한국인의 정체성

중세시대의 서로마가톨릭 제국주의, 유일신 사상, 침략적인 식민지정책과 식민지 확보, 순교 정신·행위 등은 숱한 희생자를 양산했다. 인류문화사에 남겨진 그리스도교의 과오(過誤)는 크다 못해 죄악사가 되었다. 하지만 그의 죄악사가 교의(敎義), 절대적 신앙과 신념체계, 그리스도교 중심주의의 세계, 선교 문화사로 미화하고 옹호되었으며 그들만의 종교문화경영방법으로 포장되었다.

근대화 시기에 서로마가톨릭의 한국 선교정책은 어떠하였을까? 그의 한국 선교정책은 많은 오류와 실책을 범하여 사회적 혼란(混亂)과 분란(紛亂)을 일으켰고 국가체제까지 위협했다. 그러한 정책은 이미 위에서 설명하였듯이 절대적 유일신 사상에 입각한 우월적 신앙의식, 교황체제, 구조적 특성에서 비롯된 것이다. 그리스도교가 정교분리(政敎分離) 원칙을 설명하지만, 시대적 상황에 따라 정교일체(政敎一體)의 역할은 물론 그리스도교 중심주의를 최우선으로 표방했다는 것을 일제강점기 시대뿐만 아니라 지금도 일부 단체와 신앙인들의 행위에서 살펴볼 수 있다.

---

[83] 유홍렬, 『增補 한국천주교회사 下卷』, 가톨릭출판사, 서울, 1990, 559~561쪽

1909년 안중근은 일제강점기 시대에 조선 통감부의 초대 통감(총독)인 이토 히로부미(伊藤博文)를 하얼빈에서 저격(狙擊)했다. 한국의 역사적 독립운동가이자 애국적인 인물로 손꼽히는 그가 가톨릭 단체로부터 살인자(殺人者)로 규정되어 출교(黜敎)당했고 그의 세례명(洗禮名 도마(tomas))도 박탈당했다. 그러한 가톨릭의 발 빠른 조치(措置)는 한국인의 역사적 정체성과 안중근은 물론 국민을 모욕한 결과로 이어졌고, 국민의 공감된 분노가 적체되었다가 증폭(增幅)되었다.

1980년도 후반기에 범국민적 역사의식과 독립운동가에 대한 재평가 운동이 일어났다. 민족문화의 뿌리 찾기와 국가의 정체성 회복 운동이 시작되었다. 1990년대에 일어난 안중근의 재조명 운동은 대국민 서명운동으로 이어졌다. 그러한 운동은 사회적으로 큰 호응과 주목을 받았고 100만 명 이상이 서명운동에 참여했다. 심상치 않은 사회적 동요(動搖)와 결과 상황을 지켜본 한국 서로마가톨릭은 시대적 상황에 대응하고자 절치부심(切齒腐心)했다. 그는 상황내존재임을 인지하고 가톨릭의 입장을 알리기 위한 전략적 차원에서의 돌파구가 요청되었다.

그 당시 김수환 추기경은 한국 서로마가톨릭이 일본과의 정치적 행위에 대한 가톨릭의 잘못을 인정하고 국민에게 사과하는 내용이 담긴 '쇄신과 화해'라는 발표문을 공개했다.[84] 그는 1910년 뤼순 감옥(旅順監獄)에서 순국(殉國)한 안중근 의사(義士)의 역사적 배경과 의거를 높게 재평가하며 대국민 사과문을 발표했다. 그의 행위는 시대적 한계상황에 직면한 시국(時局)에 발 빠른 처신이자 사회적 정의구현의 열망과 비판적 여론을 의식한 가톨릭이 처한 위기상황을 모면하고 극복하기 위한 것이었다.

그의 발표문에 담긴 사과는 새로운 문화선교의 방향으로 검토되었고 실제 상황에서 여전히 가톨릭 중심주의가 표방(標榜)되었다. 한국가톨릭은 그러한 시대 상황과 역사적 한계 내 존재 상황을 사회적 정서에 반감으

---

[84] 제4장 종교와 문화의 습합(褶合) 사상 II. 2. 한국의 서로마가톨릭 참조 바람

로 드러나지 않도록 대처했다. 그와 같은 대응방법과 대처행위가 새로운 안목을 넓혀주는 역사의식과 공동체 사회문화의 잣대(barometer)가 될 수 있을지, 현대판 세계 가톨릭 종교문화경영의 디딤돌로 반영되어 성공할 수 있을지 궁금하다.

한국 서로마가톨릭교회의 다양한 문화경영방법이 사람들과 함께하는 사회 속으로 더욱 다가가면서 가톨릭 신자는 -한국갤럽조사연구소(2015)에 의하면- 국민의 7%에 이르렀다. 1985년 인구조사 종교 교세에 의하면 현재의 가톨릭 신자 수가 약 2.5% 상승한 추세이나 조사 기관에 따라 한국종교 인구통계는 편차가 크다.

⑼ 문화상황화에 대한 민족과 종교 그리고 국가의식

1987년 민주화 열망을 반영한 시민들의 집회가 광화문광장에서 열렸다. 광화문광장은 2002년 6월 13일 경기도 양주시 광적면에서 미군의 장갑차에 의해 억울한 죽임을 당한 중학생 심미선과 신효순를 위한 위로이자 미군의 만행을 성토하는 장소가 되었다. 그곳에서 운집한 시민들의 촛불집회가 이루어지면서 추모의 공간이자 민심을 하나로 모으는 소통문화의 광장이 되었다. 2002년 월드컵 경기 때 광화문광장은 축제문화의 공간이자 소통문화의 광장이었다. 국민이 주도하는 소통경영이 광화문광장에서 자연스럽게 이루어졌다.

2008년 미국에서 광우병이 발생하여 미국산 소고기 수입반대 촛불시위가 광화문광장에서 집행되었다. 그 당시 신문사들이 인터뷰를 통해 정리한 내용을 보면, 시민들의 70% 이상이 자발적으로 참여했고 다양한 나이와 계층 및 신앙인이 포함되어 있었다. 민족의식(民族意識)과 개별적 신앙의식(信仰意識)이라는 구분 없이 오직 하나의 목적으로 모여 이루어진 미국산 소고기 수입반대 촛불시위가 시민운동이자 시민문화로 전개되었다. 그와 같이 성숙한 시민운동은 소비 문화상황화를 취사 선택하자는 의미로 국민의 소통문화가 되었고, 광화문은 국민소통문화의 광장이 되었다. 사

회적 국가적 문제나 위기상황을 극복하고자 형성된 시대적 문화상황화는
계속될 것이다.

〈그림 25〉

〈그림 26〉

　　주어진 시대적 상황을 역사적 존재의식으로 고려하고 필요에 따라 정
의로운 사회의식에 동참하여 애국심을 발휘하는 것은 신앙적 차원을 넘어
서고 있다. 엄중한 국가적 상황화 시기에 사상적 초월의식과 현실적 이해,
복합적인 동참의식이 포함된 것을 발견할 수 있다. 대한민국의 국민이 국가
적 상황내존재 의식과 국외적 상황 외 존재의식에 관해 다양한 가치를 드
높인 것으로 분석된다.

　　더욱이 2016년 서울 광화문광장과 지방 곳곳에서 열린 평화로운 국민

촛불집회는 국정농단사건에 대한 국민의 응징(膺懲)적 차원에서의 반응이자 단합된 자유민주주의의 국가의식과 시대 상황을 극복하려는 국민의 염원이 담긴 메시지였다. 국민이 국가의 주인이자 주체의식을 높여준 자유민주주의 대한민국의 정체성을 세계에 널리 알리는 역사적 시간이 되었다. 국민 촛불집회는 동년 10월부터 시작하여 12월 31일까지 총 10차에 걸쳐 주말마다 이어졌다. 1회 평균 100만 명 이상의 대한민국 국민이 촛불집회에 참여하여 만들어낸 21세기 비폭력 평화집회가 되었고, 세계 촛불집회 문화혁명의 금자탑을 이루었다.

〈그림 27〉

〈그림 28〉

㈒ 시대 상황과 시대정신을 돌아보며

한국의 근대화 시기에서부터 오늘에 이르기까지 시대 상황의 사회적

얼굴이자 시대정신을 끌어낸 단체 중 하나가 서구사상을 대변한 그리스도
교였다. 그리스도교는 한국 전통문화의 사상과 정서를 잘 융화시켜 성장
하였고 가장 많은 신도를 보유하고 있다. 하지만 모든 단체의 세계적인 가
르침은 현장 지역의 언어와 문화매개체를 통해 사람에게 전파된다. 그에
대한 긍정적인 사회적 반응과 호응, 문화융화에 이르기까지의 과정은 지역
적 특색에 따라 차이가 나 종교문화경영의 양상이 다양하게 나타난다.

다만 새로운 신앙공동체형성과 활동은 시대 상황에 따라 문화경영을
각기 달리했다. 모든 신앙단체가 주어진 지역문화의 여건과 시대적 상황을
외면하거나 무시하면서 독단적인 생각과 판단 아래 기존 공동체 사회와의
소통과정 없이 일방적으로 진행하는 시대는 이미 끝났다.

〈그림 29〉

과거 그리스도교 제국주의 시대의 십자군 원정 전쟁, 콜럼버스
Columbus)가 지향한 식민지주의 정책, 유일신에 따른 구원과 천국, 부활
과 영생 등을 강조하며 강행시킨 순교 정신과 선교정책 등은 이 땅에 더 설
자리가 없다. 그러한 요소들은 시대적 문화상황화 내에 그리스도교의 존
재가치조차 퇴색시키고 있다.

시대정신에 바탕한 사회적 상황-내(內) 존재의식과 상황-외(外) 존재
의식을 아우르는 국제적인 변화, 상호공존, 상생의 길은 인류의 공동운명체
정신을 함양시키고 평화를 지향하고 있다. 특히 신앙단체는 종교문화 경영
학에 관해 관심을 가지고 성찰적 자세와 연구를 거듭하며 미래의 비전을

제시해야 한다. 이는 현대 과학적 탐구 정신, 보편적 의식과 가치, 공익사회를 중요시하는 시대와 동반성장해 유익해진다.

자국의 종교, 신앙단체, 타국의 종교와 유일신 신앙단체(religion)는 인도주의적 차원에서 시대가 원하는 공동선을 실천해야 그들의 존재가치가 새롭게 형성되어 빛난다. 그들이 국내·국제사회의 다양한 문제를 잘 풀어 나아가면 문화상황화의 과정을 맞이한다. 그 과정은 국가와 사회가 함께 하는 공동운명체라는 공유의식을 가지는 것이며, 보이지 않는 저마다의 생명 에너지는 공동체 사회에서 생명의 빛을 발한다. 국민의 힘으로 일구어 낸 시대 상황의 극복은 종교와 신앙단체라는 구별 없이 역사적 기록물로 남는다. 따라서 상황화의 단계적인 절차과정을 넘어서면 보편적 상생 문화를 지향하는 문화 세속화 과정이 기다린다.

12. 종교문화경영의 12단계 – 문화세속화(文化世俗化, cultura saecularisation, culture secularization)

문화 세속화의 모든(前) 과정에서 일군 조화로운 문화융화의 공간이자 상호 간에 소통의식을 끌어낸 문화광장은 인류의 보편적 가치인 공동선을 추구한다. 그 선의 이념과 실천은 지상 평화를 이룰 상생의 가치(공생, 공존, 공유 그리고 공영)를 제공한다. 세계적인 평화교육 프로그램이 국제적인 차원에서 가동(稼動)되어 생활환경에 이르기까지 전개되려면 국내·국제적인 문화 세속화는 필연적이다. 비유적인 차원에서 이종(移種)된 문화나무의 뿌리가 건실하게 활착할 수 있는 사상적 토양이 반드시 형성되어야 한다. 그래야 21세기 문화의 세속화는 지속할 수 있다. 따라서 세속화의 의미가 다의적(多義的)으로 사용될 수 있어 문화 세속화의 의미가 무엇인지 밝혀본다.

1) 문화 세속화의 의미

세속화(독어 Secularisation, 영어 secularization)의 반대용어는 신성화(Heiligkeit)이다. 신성화는 사상적 존재와 산물(産物)이 변화(變化)하지 않는 속성(屬性)으로 격상(格上)해 그에 대한 존경과 경외, 숭배의 대상이 된 것을 통칭한다. 그 반면 세속화(世俗化, secularization)는 세상(世上)의 일반적인 범주(範疇)에 포함되어 변화하는 것을 뜻한다. 일반적인 범주라는 것은 자연과 삶 속에 가장 보편적이고 기본적인 속성을 가진 유개념(類概念)으로 더 일반화시킬 수 없는 것이다.

세속화의 용어는 독일어로 프로판이지어룽('Profanisierung', 영어 Profanization) 또는 세쿨아리지어룽('Säkularisierung', 영어 secularization)으로 표현된다. 그중 'Säkularisierung'은 사회적·문화적 신성, 신앙을 부정하는 포괄적 의미가 아니고 일반화되는 것으로 '세속주의'(世俗主義, 'Säkularismus', secularism)와 구별된다. 영어 'profane'〔라틴어 'profanus' 신전(神殿)의 외부에 통상적으로 존재하는 것〕이라는 용어는 흔히 볼 수 있는 자연스럽고 인간적인 것을 의미해 세속적(世俗的)이라고 한다.

영어 'secular'의 개념은 인간의 눈에 보이는 지상의 현세(現世)를 가리키는 것이므로 '세속'은 때와 장소, 환경에 따라 변화하는 것을 의미한다. 변하게 하는 것, 변화의 주체는 무엇이며, 왜 변해야 하는가? 그리스도교의 이분법적 논리가 신학 사상과 신앙인의 삶에 어떠한 양태(樣態)로 존재하는가? 이에 대한 의문은 먼저 그리스도교 신앙단체에서 논구된 세속화의 의미부터 풀어봐야 한다.

2) 그리스도교의 세속화에 대하여

그리스도교의 신학에서 논하는 창조주 신(God)은 거룩하며 성스럽고 '변하지 않는' 유일신으로 표현한다. 그 반면 모든 피조물은 이 세상(라틴어

saeculum)에 속한 '세속적인 것'(saeculais)이므로 '변하는 것'이라고 생각했다. '변하지 않는 것'이 진리(眞理)이고 '변하는 것'이 비(非)진리라는 것이다.

유일신은 변하지 않고 유일하므로 절대적 진리의 표상이며, 그리스도교의 예수는 불변의 성자(聖子)로서 신앙이 되고 있다. 이와 같은 교리적 관점에서 유럽 중세시대의 교황과 교황청의 사상적 의미와 권위, 입지가 어떠하였는지 살펴보아야 신성화와 세속화의 양면성을 제대로 이해할 수 있다. 교리는 공동체 내부에서 약속된 논리이자 외부로 공표된 신앙단체의 진리이기에 불변(不變)의 진리는 아니며 가변(可變)의 진리일 수도 있다.

근대화 시기에 이르기까지 서구 그리스도교 대제국이 유일신의 이름으로 유럽에서 단일 신앙공동체를 이루고 있었다. 그의 제도와 신앙문화의 가치가 신의 이름으로 신성시되었고 신의 아들 예수의 이름으로 통치되었다. 그리스도교는 베드로가 예수에게 '천국의 열쇠'(마 16:19)를 받았다고 믿었다. 베드로는 예수의 뒤를 이은 후계자이자 가톨릭의 첫 번째 교황으로 신봉(信奉)되며, 교황 또한 존경과 성스러움의 대상이 되었다. 교황은 이 지구상에 살아 있는 신의 아들이자 대리통치자로, 교황청은 교황이 거처하고 그리스도제국을 다스리는 장소로 신성화되었다.

하지만 그렇게 믿어 의심치 않았던 불변의 진리이자 절대적 제도, 교리와 신조, 가치 등이 점차 권위를 잃어가고 세속화 과정의 보편화가 시작되었다. 예컨대 천동설은 "여호수아가 여호와에게 고하여 태양을 멈추게 했다"(수 10:13)는 바이블 구약을 증거로 신앙인의 믿음으로 전승되고 이어졌다. 그러나 이탈리아의 천문과학자 갈릴레오 갈릴레이(Galileo Galilei, 1564~1642)는 망원경으로 천체관측을 하면서 수많은 별이 모여 이루어진 성좌군상(星座群像)을 발견했다.

그는 1600년대 초기에 발표된 코페르니쿠스의 태양중심설을 수용해 지동설(地動說)을 주장하다가 서로마가톨릭의 교황청에 의해 이단 행위로 지목받아 생사를 판가름하는 '인퀴지션'(inquisition, 가톨릭 사제로 구성된 재판소)에 기소되었다. 끝내 그는 자신이 주장한 지동설을 철회하여 사형은 면했지만, 죽을 때까지 자신의 고향(＝피렌체, Firenze) 집에 가택연금(家宅軟禁)을 당했다.

　시대가 변하고 과학이 발달하면서 천동설은 사라졌으나 그에 대한 서로마가톨릭교황청의 공식적인 입장발표가 없어 신앙교육과 과학교육은 별개의 영역으로 분리되었다. 서구의 종교사회학자(＝칼 마르크스, 지그문트 프로이드, 막스 베버, 에밀 뒤르켐 등)들은 그러한 변화과정을 세속화의 강령으로 보았고, 그리스도인의 종교성과 그리스도교의 쇠퇴를 언급했다.

　바이블에 대한 서구 그리스도인의 믿음이 흔들리면서 변화의 시대를 맞이한다. 수직적인 그리스도교의 체제와 구조가 2차 세계대전 이후부터 수평적으로 전환되고 권위의식도 점차 사라지면서 제도화된 신앙공동체의 붕괴가 시작되었다. 그와 더불어 신앙단체의 다양성, 자본주의, 과학발전과 과학상식 등은 지속해서 그리스도교를 세속화시켜 그의 영향력 또한 감소하였다.

　다른 관점에서 사회의 비(非) 그리스도교화(Non-Christianization)가 세속화로 사용되었다. 로마 교황청이나 국가가 성직자의 신분 상실, 수도원의 폐지 등을 통하여 교회와 수도원의 재산을 몰수한 다음 일반적인 목적을 위하여 사용하는 것, 국유화(國有化)된 것과 교회 건조물을 용도 변경하여 세속적인 가치로 활용하는 것을 세속화(secularization)라고 했다. 그 외에 성스럽게 여겼던 회당(會堂)의 여러 제구(祭具), 제품, 그림 등이 업자에 의해 대량 생산되어 교회 밖으로 유통되어 물질의 세속화가 진행되고 있다. 그러한 세속화를 일부에서는 성속의 차별성이 사라졌다고 판단해 속용화(俗用化), 범용화(汎用化)라고 한다.

　1992년 10월 31일 교황 요한 바오로 2세는 바티칸 교황청 과학원에서 과거 '인퀴지션'에서 이루어진 갈릴레이 재판의 잘못을 인정하고 공식적으로 지동설을 천명했다. 과학자 갈릴레이의 명예가 사후 350년 만에 회복되었고 과학과 신앙의 화해가 촉구되었다. 과학이 발전하고 시대가 변화하니 교황과 교황청의 세기적 통찰과 언행의 모습도 변했다.

신앙적 차원에서 변하지 않는 것은 신의 영원성, 절대적 존재, 권능, 기능, 역할 등이라고 한다. 하지만 그러한 개념들이 자연과학에서 영원한 창조적 에너지, 생체에너지, 원자의 구조인 양성자, 전자, 중성자, 쿼크, 초끈이론, 힉스입자, 유전자, 바이러스 등으로 설명되고 있다. 21세기 과학용어가 우주물리학, 천문학, 환경학, 생태학, 의학 등 전문 분야와 인문학 분야에서 과학적 보편의식으로 널리 사용되고 있다. 자연과학이 정신세계에서 논구된 자연의 이치와 섭리, 신비 등을 일정 부분 과학적 관점에서 증명하며 그의 본질을 밝혀주고 있다.

동양 철학사상의 고찰(考察)에서 인위적으로 표현된 존재와 존재자를 변하게 만드는 것은 자연의 이치(理致)이자 섭리이며, 시간과 공간에서 형성된 것이 세월(歲月)이다. 인간이 생각하고 느꼈던 세월의 부침(浮沈)은 과거뿐만 아니라 현재는 물론 미래에도 진행될 것이다. 세월이 자연의 순환적 섭리에 포함되어 변화의 섭리를 이끄는 자연의 이치와 함께하지만 시공(時空)을 초월한 그의 이치와 불가분의 관계 속에 연속성을 가지고 있다.

그러므로 현상세계에서 자연스럽게 인식할 수 있는 변하는 것과 변하지 않는 것, 그리고 변화를 유도하는 요소들이 시공의 세계에서 궁리의 대상이 되었다. 그와 같이 변화 동인(動因)의 원리를 분류해 보면, 그것은 자연과학에서 논하는 원자의 구성처럼 하나나 둘도 아닌 최소한 세 개의 매개체이나 그 실체는 다시 하나의 본바탕으로 합쳐진 속성이 된다. 그와 같은 섭리가 선현들에 의해 삼·일(三·一)원리로 설명되었다. 그 섭리는 국가 사회문화의 새로운 변화와 성장·발전, 다시 발전적인 성숙과 변화의 과정을 지속해서 이끌어 간다고 전래하고 있다.

태초부터 대자연의 본래 현상은 변하지 않는 것으로 보이지만 변하게 하는 자연의 이법(理法)은 만물을 새롭게 변화시켜 형성적 존재 모습으로 드러나게 한다. 서로가 그러한 자연의 요소로 공존하기에 모두 자연의 순리에 따르는 것이다. 그러므로 현상세계에서 변하는 것과 변화시키는 매개체도 자연의 섭리에서 보면 대자연의 이법(理法)이자 궁극의 진리이다. 그러나 역으로 그에 따르는 자연의 속성이자 진리의 보편성은 통합된 하나의 유무 관계에서 이루어지는 상호작용이며, 유개념으로서 드러난 것은 성과 속의 경계를 자연스럽게 넘나들고 있다.

그리스도교의 세속화 과정도 세월의 무게에서 벗어나지 못하였음을 앞에서 설명했다. 그리스도교가 주장하는 religion의 진리, 제도, 신앙고백, 가치 등의 기준은 그 시대의 인물들이 신앙 고백적인 차원에서 작성(作成)되었다. 그러한 것들을 신앙인은 진리로 교육받았고 그러하다고 믿었다. 그렇게 생각하고 믿었던 과거의 진리가 오늘도 여전히 진리라고 교리적 차원에서 신앙교육으로 설명되더라도 인위적으로 만들어져 변하게 마련이며, 영원한 진리의 자리에 이르지 못한다. 따라서 세속화의 속성(屬性)과 양태(樣態)가 구별될 수 있고, 성(聖)과 속(俗)은 동전의 양면처럼 분별될 수 있다. 다만 그 형상은 전체 속에 하나의 변화의 틀이라는 통찰적인 안목에서 봐야 구조적인 양면성을 이해한다. 일상생활 속에 세속화의 본질은 보편적이고 자연스러운 변화를 끌어내는 문화 현상이자 인류문화로 화답한다.

3) 성속일여(聖俗一如) - 비신화화(非神話化)

오늘날 많은 사람이 생산지역과 생산국에 좌우되지 않고 식자재, 의류, 침대(mattress), 가전제품, 모바일(mobile) 상품 등을 생활에 편리한 용도로 사용하고 있다. 국적을 초월한 다양한 생활용품들이 주거문화 공간에 자연스럽게 놓여 있다. 그와 마찬가지로 세계인의 의식세계와 선택의 자유도 다채로워 개성존중과 관용, 배려로 이어지고 있다. 폭넓은 국제문화교류와 소통이 그 어떤 신화적 요소나 한계의 장벽을 허물고 사회적 가치성, 실용성, 보편성, 대중성 등을 이끌어 가고 있다.

㈎ R. 볼트만의 비신화화(非神話化, Entmythologisierung)
의식주(衣食住) 문화와 정보통신문화가 더욱 성장 발전하면서 1980

년대부터 유일신 신앙단체인 Religion과 사상단체인 종교(宗敎), Religion 과 각기 다른 신앙단체와의 만남과 대화가 이루어졌다. 상호존중을 원칙으로 하는 정신문화의 소통기회와 공유공간이 마련되었다. 그러한 시간과 공간에서 진리추구에 대한 합리성, 보편성, 대중성, 공공성, 객관성, 개별성 등이 실존주의적 관점에서 분석되었다. 대표적인 실존주의 철학자로 M. 하이데거(Martin Heidegger, 1889~1976)가 손꼽힌다. 하이데거에게 영향받은 독일의 신학자 중 루돌프 볼트만(Rudolf (Karl) Bultmann, 1884~1978)을 주목할 필요가 있다.

R. 볼트만은 1960년대 양식사학(Formgeschichte, 영어 Form Criticism) 과 해석학(解釋學, Hermeneutik)을 발표하면서 성(聖)속(俗)의 개념과 구분, 성속의 장벽을 허물어뜨리는 '비신화화'(非神話化 Entmythologisierung) 를 강조했다. 그의 해석학은 신약 바이블 이해에 대한 방법론을 다루고, 그 의미는 정신 과학적 관점에서 인간과 세계 그리고 존재에 대한 이해를 기술적으로 구명(究明)하는 학문으로 알려졌다. 바이블의 비신화론화(非神話論化)와 실존론적 해석(實存論的解釋, Existentiale Interpretation)은 볼트만의 중심사상이다.

그는 자신의 논문집 「신앙과 이해」를 통해 바이블의 '비신화화'를 설명했다. 그가 주장한 공간 복음서(신약의 4대 복음서) 전승의 역사에 대한 양식 사학, 즉 '양식비평'(Form Criticism)은 세계적으로 널리 알려져 있다. 1921년 볼트만은 자신의 저서 『Die Geschichte der synoptischen Tradition 공관복음서 전승사』를 발간했고, 그 책을 통해 공관복음서의 저자들(마태, 마가, 누가, 요한)과 그 복음서가 나오기 이전에 그들이 사용한 전승 자료가 무엇인지 분석했다. 그것은 초대 그리스도교의 전승사를 추적하려는 시도였다. 그 가운데 요한복음서에 대한 볼트만의 양식비평은 파란을 일으켰다. 그 비평에는 실존주의 철학사상과 접목된 시대성과 교회사적 안목이 설명되었다. 그의 '비신화화'의 논리와 주장은 비판도 많이 받았지만 많은 사람의 새로운 인식과 공감대가 형성되어 세계적으로 유명해졌고, 한국 신학 논단에서도 언급되고 있다. 비신화화에 대한 핵심은 다음과 같이 다섯 가지로 요약해 볼 수 있다.

① 바이블의 각 저자는 자신의 신앙 경험을 신화적 언어로 기록했다.

② 바이블을 구성하고 있는 문서, 시간, 장소 등은 비역사적 표현이기 때문에 보편적으로 믿을 수 없다. 그러므로 여러 가지의 범주[이적 (異蹟), 기사(奇事), 치유, 비유, 명언, 예언]로 분류되어야 한다. 바이블의 언어는 역사적 언어(=역사적 사건을 객관적으로 기록한 것)가 아니므로 바이블은 역사적 교훈이 아니며, 역사적 예수를 알 수 없다.

③ 예수에 대한 여러 형태의 구전 양식을 분별하고 초대교회의 케리그마(kerygma, 설교, 선언에 관한 내용)에 의해 인위적으로 편집된 것 (=편집부의 상황 설명; 길 가실 때에, 가라사대, 즉시, 다음날 등)을 해체해야 한다.

④ 고대인은 신화적 세계상을 가지고 있으나 현대인은 과학적 세계상을 가지고 있어 신화적 언어를 제거해야 현대인이 예수를 이해할 수 있다.

⑤ 예수의 본래 가르침과 가장 근접한 것이 무엇인지 분석하고 발견하기 위해 공간 복음서가 구성되기 이전 예수의 전언이 담긴 최초의 전승 자료를 찾아 구전의 원형을 재구성해야 한다.

볼트만의 바이블 양식비평은 바이블의 구성과 분류, 해석학적 방법론 등에 많은 영향을 주어 새로운 신학적 안목과 방향을 제시했다. 볼트만은 신약연구는 보편적이고 객관적이며 현실성을 추구하기 위해 과학적 의식과 신화적인 신앙의식을 구별해야 역사적 예수의 의의를 재발견할 수 있다고 주장했다. 결과적으로 그는 자기 바이블 양식비평에서 예수가 어떤 존재인가를 설명하면서 신앙은 무엇인가에 대한 실존적인 의미를 다루었다.

실존적 의미는 저마다 삶의 정황이 달라 보편적 진리보다 개별적 진리를 중요시하게 되었다. 자유 신학자들은 그의 비신화화의 주장을 승계했다. 예수의 생애와 사상에서 발견되는 그의 청빈 생활과 사회적 윤리와 도덕적 책무, 실천 등은 세계적인 성직자의 표상이 되었다. 그리고 그의 언행은 과학과의 만남으로 다시 조명되고 있다.

인류 성현들의 가르침을 배우고 따르는 종교와 과학, Religion과 과학의 만남과 대화가 이루어지고 있다. 오늘날 각 단체의 경전은 신앙의 범주에서 벗어나 과학적 이해와 현실적 안목에서 객관적으로 분석되고 있다. 존재나 비존재, 삶과 죽음, 가정과 사회, 국가와 세계관, 우주관 등에 관한 합리적이고 세계적인 메시지는 모든 사람에게 가르침으로, 큰 감동으로 전해져 생명 사상을 고취해주고 있다.

나 종교(宗敎)와 과학(科學)의 세속화 – 종교과학 또는 과학종교

19세기 후반 서양철학의 인식론 분야에서 분리된 학문이 심리학(心理學)이다. 초기 심리학은 심적 현상에 대한 이론이자 경험과목으로 성장했다. 오늘날 심리학은 인간과 동물의 의식, 무의식적 행동, 정신과정, 이해능력 등을 실험과학(實驗科學)과 데이터를 분석하여 논리적 추정을 과학화시켜가며 여러 분야에서 접목되어 발전했다. 이처럼 인간의 개별적 의식세계와 공동체 의식, 사회와 국가적 현상을 주도하는 국민의 정신과 의식세계는 나름의 성향과 지역적 특성에 따라 색다른 문화를 창출한다. 과거 심리학의 범위와 굴레에서 벗어나 보편적이고 실용적인 차원에서 활용되는 자연과학의 통찰의식이 인문학 분야와 다시 만나 합쳐지고 있다.

그러므로 정신과학(=형이상학)의 세계와 자연과학(=형이하학)의 세계가 서로 다르고 충돌하는 것이 아니라 상호보완적인 요소로 조화롭게 융화되어 하나가 되는 것이다. 전자는 사상적 궁구의 가르침이고 후자는 과학적 탐구영역의 가르침이다. 전자와 후자가 합치(合致)되어 인류에게 공익과 공유의 가치문화를 실용적인 차원에서 제공하는 기능과 역할을 하는

것이 과학적인 사상과 궁극의 가르침이며, 공생과 공존을 추구하는 과학종교(科學宗敎)이다.

역으로 종교의 과학적 특성과 종교문화의 과학성이 입증되고 만인이 공유해야 현대종교의 과학, 종교과학이 될 수 있다. 인류의 여러 단체가 전하는 메시지 중 으뜸이 되는 가르침(宗敎)과 과학(科學) 사상은 보편적으로 종교이며 종교·과학이다. 그것은 종속된 관계나 성속의 관계가 아니라 상호보완적이며 상생의 관계다.

그러므로 종교의 과학화, 과학종교의 개념과 의의는 유일신 신앙단체에서 논하는 창조과학의 용어와 아주 멀고 창조과학과 무관하다. 세계적으로 유명한 물리학자 알베르트 아인슈타인은 "Religion 없는 과학은 절름발이고 과학 없는 Religion는 시각장애인"이라고 말했지만, 그 후 그는 'Religion이 유치한 미신'이라고 비판하였다. 알베르트 아인슈타인(Albert Einstein 1879~1955)이 1954년 1월 3일 철학자 에릭 굿킨드(Eric Gutkind)에게 보낸 편지가 2008년 한국의 언론매체에 공개되었다. 그 편지에 의하면, 아인슈타인은 "나에게 신(God)이라는 단어는 인간의 약점을 드러내는 표현 또는 산물에 불과하다"고 했다. 그는 바이블에 대해 "명예롭지만 상당히 유치하고 원시적인 전설들의 집대성이며, 아무리 치밀한 해석을 덧붙이더라도 이 점은 변하지 않는다"고 비평했다. 성장 발전되는 첨단과학 시대에 현대인에게 종교의 과학화와 과학종교는 한없는 메시지를 전하고 있다.

⒟ 종교과학의 길 – 세속화의 프로세스(process)

성현들의 가르침은 대자연의 섭리에서 사람다운 사람으로 살아가야 할 길이 무엇인지 설파하고 제시했다. 그 길은 보편적 생활교육에 목적을 두고 사물과 사물의 이치를 궁구하게 하였으며, 그 원리를 깨달아 실용적 차원에서 널리 사용할 수 있는 올바른 삶의 길을 설명했다. 그 길의 방향과 지향성은 천지인(天地人)의 이치와 상호관계, 연관성을 깨달아 사회와 국가에 이바지할 수 있는 인재, 사람다운 사람을 양성하는 데 있다. 천지자연의 이치를 궁구하게 하는 것은 자연과학 정신을, 사람다운 사람을 양성하는 것은 정신과학의 길을 의미한다.

전자와 후자는 별개가 아닌 하나로 연계되는 가르침 가운데 으뜸이 되는 가르침이므로 종교의 과학이자 종교과학이다. 그와 연관된 학문 분야는 고대로부터 전수되는 동양 철학사상에서 발견된다. 그 사상은 자연과 인간세계의 법도와 질서를 연구하는 학문 분야[천문(天文), 인사(人事), 지리(地理), 이학(理學), 수리(數理), 역학(易學), 병법(兵法), 예학(禮學) 등]가 되어 교육은 백년지대계(百年之大計)로 중요시한다.

동양사상에는 유일신 사상이나 신앙이 없고 이타적이고 신앙 고백적인 삶의 세계를 추구하지 않은 것이 특징이다. 자연의 이치가 신의 섭리이자 하늘의 뜻으로 여겼고, 생사(生死)의 문제도 하늘의 섭리에 달렸다고 했다. 사람이 하늘의 뜻에 따른다는 사상은 올바른 인의(人意)가 곧 천의(天意)이자 천명(天命) 사상이 되었다. 즉 인명재천(人命在天) 사상과 의식은 자연의 이치에 순응한다는 뜻이다. 선현들은 삶과 죽음의 세계는 집안의 문지방을 넘나드는 것과 같다고 비유(比喩)했다.

생철학적 관점에서 삶이 성스럽고 죽음이 속되다고 생각한다면 생과 사는 성속(聖俗)의 영역 구분과 구별이 없는 하나의 세계, 성속일여(聖俗一如)로 보았다. 가시적인 삶의 세계와 미시적인 죽음의 세계, 그리고 삶과 죽음의 관계는 현상학적 통찰에서 대지연의 순환적 섭리와 같다고 이해했다. 생사(生死)의 세계에 대한 사상적 이해와 통념(通念)은 태초부터 흘러온 시간의 연속성과 무관하지 않다는 것을 알 수 있다.

성속일여에 관한 현대 과학적 의식세계는 자연환경 분야에서부터 사람의 생활환경에 이르기까지 탐구되었다. 오늘날의 이학(理學) 분야(천문학, 물리학, 화학, 천문학, 지질학, 생물학)와 공학, 환경학, 생태학, 유전학, 의학, 약학, 농학, 인문학 분야 등에서 다루는 연구 분야가 자연과학과 생명과학의 종지(宗旨)를 깨우쳐주고 있다. 그것은 여타(餘他) 신앙과 동떨어진 오직 보편적이고 객관적인 과학의 눈으로 분석한 결과를 가르쳐 주는 것(敎)이므로 과학적 가르침이며 종교(宗敎)의 길과 같다.

　이런 길은 신앙단체에 과학의 소통과 통섭의 길을 제시해 새로운 세기적 패러다임이 형성되고 있다. 또 그것은 문화에서 논하는 성속의 관계를 바르게 이해하는 데 도움을 주며 무분별한 신앙의식과 신앙대상에 대한 경계심을 상기시키며 비신화와 세속화를 가속시킨다. 한때 탈세속화운동이 신학적 차원에서 진행되었으나 거대한 시대정신의 흐름에 좌초되었다. 과학 정신과 의식은 신앙단체의 정신과 신앙의식을 보다 논리적이며 객관적이고 합리적인 통찰로 분석한다. 21세기 최첨단 과학기술발전과 함께 신앙단체의 위기의식과 세속화 과정은 지속하고 있으며 그의 윤리, 도덕적 타락과 범죄유형도 공개되지 않을 수 없다.

　동서(東西) 간에 과학문화의 소통과 정신문화의 공유가 활발해지면서 서로 간의 이질적인 문화이해와 문화의 간극(間隙)이 좁혀지고 있다. 상호 간의 유익한 정보공유로 사회적 가치와 실생활에 도움 주는 것은 상생 차원에서 정신세계와 물질세계의 영역을 불문하고 세계적으로 보편화하고 있어 폭넓은 공익성과 대중성을 띠고 있다.

　정신세계와 물질세계는 본래 분리되지 않은 화폐의 양면과 같은 하나의 세계이다. 정신과학과 자연과학이 조화롭게 합치된 문화는 그 어느 지역의 독특한 풍토, 정체성, 고유성 등을 포함하고 있다. 다만 그러한 문화세계에서 인류의 보편적 가치가 공유·공존할 수 있다면 상호 간의 호혜(互惠)적인 공생과 공영을 위해 바람직하다. 생명의 네트워크 사상에서 생명의 고귀함이 과학적으로 밝혀지면서 생명(사상)을 다루는 궁극적인 진리로서 으뜸(宗)이 되는 가르침(敎)은 동·서양 구분이 없다.

　따라서 종교과학은 각 단체의 종교적 가르침이 실제 생활에 과학적 의미가 있고 상호연계성이 있는지 살펴봐야 한다. 정신과학과 자연과학의 양면성을 하나의 실체로 볼 수 있어야 통찰력과 통섭의 능력이 함양된다. 그것은 사회적 가치로 보편화시켜가며 신비화(神祕化)를 분별하고 비(非)신화화 과정을 거쳐 그러한 양면적인 요소를 객관적으로 채굴하고 다시 분석해 제시하는 것이다.

그러므로 종교과학의 용어는 종교(宗教) 안에 내재한 과학사상을 의미한다. 종교과학과 과학종교의 개념은 의미론적 차원에서 불연기연(不然其然)의 이치와 다르지 않다. 그래서 상호 간의 연구대상이자 합목적성을 밝혀내는 동전의 양면과 같은 기능과 역할을 설명한 것이다.

㈜ 성속일여의 프로세스(process) - 인류문명 사의 본질

세계의 생명존중 사상에는 공공성과 보편성을 지향하는 실용적 상생의 가치가 내재하여 있다. 그것은 공동체 사회문화에서 생황 내 존재로 현시(顯示)되어 중요하게 다룬다. 그 때문에 인도주의적 차원에서 공생과 공영을 위해 과학문화의 보편화와 세속화의 진행 과정은 당연히 자연스럽다. 그래서 과학종교는 생명존중 사상에 대한 진솔한 각성 촉구와 사회적 덕목을 함양시키는 공동선의 실천을 추구한다. 그것은 또 인류의 공공성과 문화적 가치를 위해 열매 맺는 과업(課業)이자 인류문명사의 보감(寶鑑)이 된다.

일부 신앙공동체에서 부정적인 의식으로 사용하기를 기피(忌避)하는 용어 중의 하나가 세속화이다. 그 용어는 혼합주의(混合主義, syncretism)라는 의미로 분석되고 있기 때문이다. 하지만 그것은 공동체 사회문화의 습합(褶合) 현상이자 인류 문명사로 성장·발전되어가는 과정으로 보아야 한다. 인간의 삶에 실용적이고 보편타당성을 부여한 것이 현실문화의 속성이자 세속화 과정에서 변화된 생활문화의 양태이다.

생활문화의 자연스러움에는 성속의 구별이 없으나 인위적인 교리개념을 개입시켜 성속의 영역을 구별하는 것은 한계가 있고, 과학적 의식과는 별개의 논리이다. 성(聖)과 속(俗)이 함께 인류문화사와 문화재에 내재한 사실을 간과하면 안 된다. 아울러 syncretism의 개념이 유일신관의 관점에서 부정적으로 볼 것이 아니라 인류의 종교성과 종교문화, 그리고 그리스도교의 문화도 그리스도 교회사에서 살펴보면 syncretism의 범주에서 벗어나지 못한다.

4) 정신적인 세속화(世俗化)를 넘어 평권(平權) 의식으로

정신적인 세속(世俗)화는 정신세계의 부패와 퇴보를 의미하는 것이 아니라 정신세계의 보편화와 세계화를 지향한다. 그것은 자신의 상황적 입지와 특수성에서 벗어나 모든 사상적 경계(經界)와 이념적인 장벽을 초월하여 관용(寬容)을 베풀고 배려(配慮)할 수 있는 (세계) 지도자의 정신세계를 뜻한다. 그는 신앙단체에서 신화화된 다양한 카테고리(category)에서 벗어나 합리적인 이성과 자연과학사상으로 인류의 보편적 가치추구를 추구한다.

아직도 '세속(世俗)'의 개념을 오직 '성(聖)'의 대립개념으로 보고 때로는 신앙적 타락으로 이해하는 경우가 많다. 현상세계가 신의 피조물이라고 생각하는 그리스도교의 이분법적 영향력이 큰 탓이다. 오늘날 세속화(世俗化)의 개념은 다양하게 사용되고 있다. 가톨릭 단체에서 성직자의 평신도(laicite) 화가 세속화(laicization)라는 용어로 표현된다. 성직자(聖職者)는 일반 평신도(平信徒)와의 유대관계를 돈독히 하려고 수직적 신분 관계에서 벗어나 수평적 관계로 변화하고 있다. 과거에 금기(禁忌)의 장소로 여겼던 신앙단체의 성역(聖域)이 일반인들에게 공개되었다. 신앙적으로 신성하게 다루었던 물건(성물, 聖物)들이 대량 생산·판매되어 널리 속용화(俗用化)되고 있다. 그러한 흐름은 성속일여(聖俗一如)가 진행 중임을 의미하며, 세계화 시대에 문화조화의 시간적·공간적 상황을 공유하는 단계를 넘어 생활문화의 보편적 자리에까지 이르렀다. 그러므로 정신적 세속화는 사회적 관계망과 자연스러운 생명의 그물망이 우리의 문화영역에 융화되어 함께 공존하고 있다.

자연과학적 탐구의식은 객관적 사실을 증명하고 보편적 진리를 모두에게 공유하고 더 발전되는 계기를 부여해 줘 정신과학에도 영향을 준다. 현대 정신과학은 신분의 구분과 특권의식을 없애 모두가 평권의식(平權意識)을 가지도록 사상적 공유와 공생의 정신을 이끌어 간다. 이 세상에서 평등(平等)이라는 개체적 용어는 사용할 수 있으나 실제로 평등의 진리는 존재하지 않는다. 만사 만물도 그에 상응하는 각각의 권리(權利)가 있고 공존의 세계에서 역할과 기능에 분명한 차이가 있기 때문이다. 보편적 원리이자 속성으로 평등의 진리는 세상에 없으나 가변적(可變的) 개념으로 구가(謳歌)하며 사용되고 있다.

예컨대 인권(人權)을 설명해본다면, 남녀 모두 비록 신체적 차이(差異)를 인정하지만 균등(均等)한 권리를 가진다는 것은 그에 관해 올바른 이해와 의식에 따른 권리 주장이다. 따라서 인간에 대한 올바른 용어사용은 양성평등(兩性平等)이 아니라 양성평권(兩性平權)이다. 평권의식으로 인간으로서 합당한 권리를 주장하는 것은 모든 사람에게 부여된 평권의식을 존중하고 배려하는 것이다. 우리는 평등보다 평권 개념과 의식으로 인성교육은 물론 사회적 국가적 사안들을 풀어 나아가야 한다. 정신적, 사상적 세속화는 평권의식에서 나오므로 현대인의 정신과학이며 정신건강과 밀접한 관계를 유지하고 있다. 그것은 또한 세계의 인권을 위한 자연스러운 진행형으로 과학적 차원에서 폭넓게 이해·인식되고 있다.

결국 과학문명과 더불어 발전한 정치, 사회, 종·교(宗·敎), 철학, 문화 사상 등은 인류에게 전하는 공의로운 메시지를 국경과 관계없이 전달해 정신적 풍요로움과 함께 인류의 영성 사상을 풍요롭게 활성화해준다. 그와 같은 영성 사상은 편협(偏狹)한 교리적 카테고리(Kategorie)에서 벗어난 세계적 사상으로 심화하여 정신적으로 자유로워지고 소통의 공간과 영역은 항상 열려 정신적 세속화가 된다. 그것은 첨단과학기술의 도구를 통해 공개된 정신문화의 광장에서 누구나 쉽게 접한다. 또 다양한 사상적 논리, 체제, 문화, 사회적 활동, 의례 등을 최소한 간접 체험하므로 세계적이다. 따라서 정신적 세속화는 통섭의 능력을 함양시키는 종교학의 종교문화경영 지도자학에서 진술한 자세로 세계적인 차원에서 탄력적으로 다루어져야 한다.

5) 종교성(宗敎性)의 세속화

정신적 세속화는 인류 종교성의 세속화를 보다 가까이, 섬세하게 이해하고 통찰능력을 키우는 첩경이다. 종교성의 세속화는 문화의 토착화와 연관성이 있어 세계 보편적인 문화 현상의 꽃으로 비유된다.

출생 후 성장·교육과정, 각 지역의 종교문화의 특성에 영향받아 형성된 인간의 심적(心的) 성향은 존재의식과 연동되어 종교적 심성, 즉 종교성이라고 한다. 인류의 종교성은 문화의 속성처럼 외재적으로 다양하게 보이지만 그의 자연스러운 보편적 성향은 세계적인 공통요소로 내재한 샤머니즘의 원형과 융화된 의식구조와 생활문화에서 발견된다.

하나의 religion에서 하나의 종교적 심성이 생성되어 그를 지키려는 것은 교리적 차원에서의 신앙 논리와 신조, 신앙고백을 통해 가능했더라도 그것은 외피로 포장된 모습으로 자연스럽지 않다. 내재적 마음은 상황에 따라 변하고 생물처럼 움직이므로 고정된 의식이라고 단언할 수 없다. 한 국가사회에 다양한 단체와 종교(宗敎)문화가 함께 어우러져 공존하는 것은 세계종교문화의 현상과 다를 바 없다.

특히 한국에는 여러 유형의 사상·신앙단체가 공존해 일부 학자들은 종교백화점이라고 비유한다. 그의 유형을 분석해 보면 크게 선교(仙敎), 무교(巫敎; 샤머니즘), 유교(儒敎), 불교(佛敎), 서교(西敎; 서양의 그리스도교), 이슬람교가 있다. 그들은 나름의 종교사상과 정신문화영역을 확보하고, 일정 부분 사회적 기능과 역할을 담당하고 있다. 서양학자들은 한국 정신문화의 다양성과 그 다양성 속에서의 일체성, 그리고 독특한 사회적 조화 현상에 대해 다소 이해하기 힘들다고 말한다. 이는 한국인의 중층적(重層的) 종교(심)성과 그의 사상적 의식구조를 제대로 파악하지 못했기 때문이다. 그와 같은 한국인의 종교성과 종교사상에 관한 설명은 아래와 같이 요약해 볼 수 있다.

서양 그리스도교인의 인생관과 세계관은 유일신을 중심으로 사유와 신앙체계가 흑백논리처럼 이원론으로 구성되어 명료할 만큼 단순화(單純

化)되었다. 그래서 유일신 공동체사회에서 성장한 사람들에게 다원론적 인생관과 세계관, 우주관을 단순 명쾌하게 이해시키는 것은 그리 쉬운 일이 아니다. 과학(科學) 정신과 종교(宗敎) 정신은 본래 화폐의 양면처럼 하나의 원형이자 형체이다. 그러므로 유일신 숭배 사상이 과학사상 위에 있다는 것은 잘못된 생각이며, 동양의 자연사상과 정신과학 사상을 훼손하는 것과 같아 오리엔탈리즘의 허구에서 벗어나야 한다.

자연사상에서 하나가 전체이자 전체가 하나의 통일체라고 말하는 것, 성속일여의 의미를 서양의 이원론적 논리에 비추어 보면 비합리적인 의식 세계로 여길 것이다. 또 서구사상이 천·지·인(天·地·人)을 하나의 통합체로 관찰하고 궁구(窮究)하는 한국인의 정신문화 세계는 더욱 이해하기 어렵다. 나아가 너, 나, 우리가 합쳐지면 외형은 셋이지만 그 셋이 융화되면 다시 하나가 된다는 삼·일(三·一) 사상은 더욱 이해하기 힘들 것이다. 삼·일 사상은 한국인의 일상적 삶과 문화에서 융화되어 있으므로 유일신 신앙을 가진 대다수 서구지식인은 한국인의 종교성을 제대로 이해하지 못하고 파악할 수 없어 막연하게 syncretism이라고 한다.

하지만 인류의 문화와 종교성 또한 syncretism이다. 그들뿐만 아니라 일부 한국인도 한국을 세계종교백화점이라고 평하지만, 그곳에는 문화의 용광로처럼 융화시켜 조화를 이루어 나아가는 삼·일(三·一)사상이 존재하고 있다. 그 사상에는 상생과 상극의 변화에 초연(超然)하게 적응하고 새로운 변화의 밝은 도리를 찾아가는 민족문화의 슬기가 깃들어 있고, 또 그렇게 이어지므로 유구하다. 삼·일조화사상은 최치원의 「난랑비서문(鸞郎碑序文)」에서도 발견된다. 그의 「난랑비서문」은 『삼국사기』에 기록된 내용 일부를 인용했다.

「난랑비서문」에서 발견된 내용이 국사 교과서에 언급된 것처럼 삼·일 원리이자 삼·일 사상으로 형성된 삼교(三敎)가 고조선 시대에 존재한 것으로 전해진다. 그 원리가 접힌 합죽선(合竹扇) 부채원리와 같아 펼쳐지면서 세 가지의 가르침(仙·儒·佛)이 되었고, 그 가르침이 합죽선의 부채처럼 다시 접히면 본래의 자리(本處)로 회귀하는 원리처럼 하나의 뿌리로 귀결된다. 이와 같은 사상은 삼신일체(三神一體), 삼교(三敎) 일체(一體) 사상, 삼·일 및 삼수(三數) 사상 등으로 발전되었다.

보편적 생활문화에 내재한 삼수 사상의 조화로운 원리는 이분법적 사상과 논리를 극복할 수 있는 새로운 변화의 동인(動因)이자 문화용광로의 기능과 같다. 여기에 문화동화 단계를 거쳐 문화융화와 문화토착화 과정을 이루어가는 한민족의 독특한 인생관, 세계관, 우주관이 있다. 그러므로 한국인의 정신문화와 인생관, 세계관, 우주관은 종교문화경영(학)의 폭넓은 공간과 시간적 차원에서 입체적으로 분석되어야 합죽선의 원리처럼 펼쳐짐과 접힘의 문화사상과 생활문화를 제대로 이해할 수 있다. 한국인의 정신세계와 의식구조에 대한 이해는 다음 '다이어그램 (diagram) 17'을 통해 설명하면서 종교문화의 세속화 시대가 오래전부터 이미 전개되었음을 알아본다.

6) 다이어그램 17 – 문화세속화(文化世俗化)

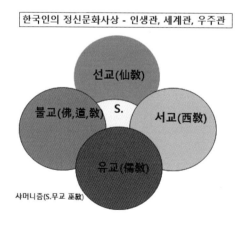

① 샤머니즘은 인류종교(심)성의 뿌리 – 샤머니즘 요소의 세속화

샤머니즘은 가장 오래된 인류의 공통된 종교성과 종교적인 요소가 포함되어 인간의 마음에 내재한 기층(基層)문화이자 드러난 보편문화의 개

넘기기도 하다. 지금도 세계 각 나라에 존재하는 민간(民間)사상과 문화에는 샤머니즘의 색채와 향토(鄕土)적 성향(性向)이 융화된 잔재(殘在)가 발견되고 있다. 그러한 문화는 일정부분 토착문화의 성격이자 지역적 특색으로 자리 잡고 있어 쉽게 없어지지 않을 것이며, 그리스도교의 지역에서도 오히려 종교성의 특성화와 세계적인 관광자원으로 활용되고 있다.

샤머니즘은 한국인의 종교(심)성의 뿌리에 존재하고 있다. 모 남성 탤런트(talent)는 일신상의 변화가 발생하여 모든 것을 포기하고 수년 동안 은둔했다. 2016년 그가 TV에 출연하여 본의(本意) 아니게 무속(巫俗)인이 된 사연을 설명했다. 그는 자신에게 주어진 상황을 받아들이고 세칭 '신내림'을 피할 수 없는 길, 주어진 운명의 길로 여기고 무속인의 과정을 밟았다고 한다. 그는 그 길을 스스로 바라거나 원하지도 않았고 물론 스스로 선택하지도 않았지만 어쩔 수 없이 가야만 했다고 알려져 장안(長安)에 화제가 되었다.

2008년 한국 샤머니즘학회의 모 교수는 한국 무속인의 숫자는 부정확(不正確)하나 수백만 명으로 추산(推算)되며 그중 약 20만 명 이상이 무당(巫堂)으로 활동한다고 했다. 종교문화 경영학에서 샤머니즘의 요소가 빠지지 않고 등장하는 것은 한국뿐만 아니라 세계 인류의 뿌리 깊은 종교(심)성이다. 그것은 또한 인류문화 사상의 원형이자 삶의 문화에 세속화되었다.

② 한국 선도(仙道)의 삼법수행(三法修行)

선현들이 연구한 한국 고대사 문헌과 전언(傳言), 지금까지 발견된 고대유물, 그리고 전(前) 유도회(儒道會) 회장이자 대종교(大倧敎) 총전교 봉우 권태훈(鳳宇 權泰勳 1900~1994) 선생의 증언으로 한국 민족에게 고유의 정신수련 사상이 존재한다는 사실이 널리 알려졌다. 그 사상이 정신적 계보(系譜)로 이어져 내려온 단체가 선가(仙家)라고 전해진다. 선가는 삼국시대의 불교가 전파되기 이전에 형성된 정신수련단체이자 국가적 종·교(倧·敎)였다. 선가의 계통(系統)에서 전래(傳來)되는 가르침을 선교(仙敎), 선교의 길을 선도(仙道)라고 한다.

선도는 정신수련단체의 조종(祖宗)이 되며 선도 사상(仙道思想)에서 다양한 정신수련단체가 태동했다. 선가의 심법(心法) 수련의 요소가 유가(儒家), 불가(佛家), 도가(道家)에 유입되어 문화용광로의 기능과 역할을 함께했다. 예컨대 선가의 핵심사상인 중명(重明)의 도(道)가 유가의 솔성(率性), 불가의 불성(佛性) 그리고 도가의 명성〔明性 또는 양성(養性)〕의 도가 되었다.

선도(仙道) 사상의 핵심은 초대(初代) 단군 대황조(大黃祖) 님이 하늘의 문을 열고(開天) 홍익인간, 제세 이화의 교육이념을 펼친 뜻을 실천하는 것이다. 선도 사상에서 천부경(天符經)과 삼일신고(三一神誥)는 민족의 경전(經典)으로 귀중히 다루고 있다. 삼법수행(三法修行)은 심신(心身)을 연정(研精)하는 민족 정신수련의 비법으로 선도의 맥(脈)을 이어가고 있었으나 1984년 하원 갑자(下元甲子)년 이후 널리 공개되었다. 오늘날 한국 선도(仙道)의 맥을 이어간다는 단체가 여러 곳에 형성되었고, 그들 나름대로 활동해 선도 사상에 관한 관심 또한 깊어질 것으로 생각된다. 대종교 경전에 삼법수행(三法修行)이 들어 있고 대종교의 삼종사(백포 서일, 홍암 나철, 무원 김교헌) 분들도 수행하였다. 그러나 현재 대종교 교우들이 삼법수행을 중요하게 여기고 수행의 덕목으로 실행하고 있는지 불분명하다. 그 수행을 통해 대일각(大一閣)의 임원들이 차고 넘치길 바란다.

③ 한국불교 속의 도교사상

중국의 장릉이 창시한 도교(道敎)는 고구려 보장왕(?~665) 시대에 중국에서 유입되었다. 그러나 보장왕이 사망한 후 도교는 더 정치적 배려를 받지 못한 상태에서 토착 민간사상이나 불교 문화로 흡수·융화되었고, 그의 요소는 사상적으로 세속화되었다. 도교적인 요소와 모습이 한국불교와 사찰에서 발견할 수 있으나 인도불교 문화의 원형에서 한국불교의 모습은 찾아볼 수 없다. 대웅전(大雄殿)에 모셔진 삼존불상(三尊佛象), 불당(佛堂) 부근의 삼성각(三聖閣), 산신각(山神閣) 등은 타국에 없는 오직 한국불교만의 독특성이다.

서울 종로구 삼청(三淸)동 지역 이름 또한 삼신(三神) 사상과 관련 있다. 삼청(三淸)은 도교(道敎)에서 최고의 천존(天尊, 최고신)인 삼원(三元)이 세 신선으로 화생(化生)하여 담당한다는 세 궁(宮)을 말한다. 그것은 옥청(玉淸), 상청(上淸), 태청(太淸)이다. 옥청은 원시천존(元始天尊), 상청은 영보천존(靈寶天尊) 또는 태상도군(太上道君), 태청은 도덕천존(道德天尊) 또는 태상노군(太上老君)이라고 한다.

대자연의 청아(淸雅)한 세 가지 기운이 하늘에 드러나는 현상을 일기화삼청(一炁化三淸: 하나의 기운이 세 가지 맑은 기운으로 나타난다), 삼청화일기(三淸化一炁: 그 맑은 세 기운이 다시 제자리로 돌아와 하나의 기운이 된다)라고 했다. 그것은 민족 고유 전통사상인 삼태극의 형상으로 구체화하였고 종교적인 측면에서는 고대(古代) 선교(仙敎) 사상인 삼·일(三·一), 삼신(三神), 삼신일체(三神一體), 포함(包含) 삼교(三敎) 사상 등에서 발견된다. 석가탄신일 축하 행사에 국가의 주요 인사들이 많이 참여하는 나라는 오직 한국뿐이다.

④ 그리스도교의 세속화와 정명(正名) 사용의 필요성에 관하여

고려시대(918~1392)에도 존재했던 유가(儒家) 사상이 조선건국 시기에는 국교(國敎)가 되어 유교(儒敎)라고 했다. 근대화 시기에 조선(朝鮮)의 유교가 서구의 그리스도교와의 만남은 문화충돌로 이어지면서 다양한 시기에 역사적 사건과 국제적 침략 사건들이 발생했다. 서구 그리스도교에 대한 조선의 종교문화경영정책은 이미 위에서 분석하였듯이 실사구시를 중요시했다.

조선의 역사기록자는 정명사상(正名思想)에 유념(留念)하고 그리스도교의 신앙단체와 연계된 모든 사건을 사실에 근거하여 객관적인 개념을 선택하여 분명하게 표현하고자 했다. 그들은 구한말 시대에 서구에서 전파된 학문을 서학(西學), 그리고 서구의 신앙단체들을 통틀어 서교(西敎)나 야소교(耶蘇敎: 가톨릭, 정교회와 개신교 포함)라고 기록했다. 야소교는 차

후 예수교라고 불렸고, 또 그렇게 조선사(朝鮮史)에 기록되었다.

예수와 예수 그리스도라는 명칭이 어떻게 형성되었는지 신학적인 관점에서 간략히 살펴본다. '예수'의 어원은 여호수아에서 유래했고, 여호수아의 본명은 호세아(עשוה)였으나(민 13:8) 모세가 그를 '여호수아'(민 13:16)라고 불렀다. '여호수아'(יהושע)는 히브리어로 예호슈아(Yehoshua)로 발음된다.

그러나 예호슈아가 그리스어 바이블에 이에수스(Ἰησοῦς)로 번역되었고, 라틴어로 이에수스(Iesus)로 기록되었다. 이에수스(Iesus)의 'I'가 영어 발음으로 전환되는 과정에서 'Jesus'로 표현되었으나 Jesus를 미국·영국 발음 그대로 말하면 '지저스'가 되어 어떤 교파는 지저스라는 명칭을 사용한다. "나무에 달린 자는 하나님께 저주를 받았음이니라"(신 21:23)라는 규정에 따라 예수라는 이름이 '저주받은 자'는 뜻으로 판단하여 일부에서는 예수 대신 예슈아(ישע עו, Yeshua)라고 말한다.

유대인은 토라〔Torah 율법서; 모세오경(창세기, 출애굽기, 레위기, 민수기, 신명기)〕에 따라 예수를 저주받은 자로 인식해 그리스도인의 신앙사상과 상반적이다. 히브리어 예호슈아 마쉬아흐(חישמ עושוהי)를 그리스(헬라)어로 옮기면 예수스(Ἰησους) 크리스토스(Χριστός)이고, 이를 한글로 번역한 것이 예수 그리스도다. 하지만 '예호슈아'의 개념에는 야훼(הוה YHWH, Yahweh)가 '구원하다', 야훼의 구원이라는 '마쉬아흐'(기름을 붓다, 바르다는 뜻)가 포함되어 있다.

그리스도교의 신앙단체에 속한 사람을 통틀어 크리스천(Christian)이라고 한다. 크리스천의 개념을 바이블에 따라 정확히 표현하자면 '그리스도인'[85] 또는 그리스도(교) 교인이며 그의 단체가 '그리스도교'[86]이다. 그

---

[85] 『성경전서』, 대한 성서공회, 서울, 2009, 마 23:63, 막 14:6, 눅 22:67, 요 4:29, 행 11:26, 26:28, 고후 13:5, 13:7, 골 4:17, 벧전 4:16 -바이블의 장과 절은 이 책에 별도로 첨부한 부록의 약자표에 의거함-

[86] 『성경전서』, 대한 성서공회, 서울, 2009, 사도행전(행) 9:21, 19:23, 24:14, 22, 히(브리서) 6:1

리스도교에서 분파된 프로테스탄티즘이 개신교와 복음주의(적인) 교회 (Evangelische Kirche)로 불리고 있다. 하지만 기독교(基督敎)라는 개념은 1962년 1월 1일부터 주로 한국 개신교(改新敎) 단체에서 사용했다. 그 해는 정치적으로 단기(檀紀)사용이 중단된 이후 서력기원(西曆紀元)을 사용한 시기이다. 혹자(或者)는 그리스도교의 음역(音譯)이 기독교(基督敎)라고 하나 불분명(不分明)하다.

기독교라는 문자적 의미는 생각보다 상상을 초월하며, 그 의미와 의의는 위에서 설명된 그리스도교의 개념과 본질에서 큰 차이가 있다. 그리스도교와 그리스도교의 개신교를 '기독교'로 표현하고 일반적인 개념으로 사용하는 것은 그의 원형과 의미를 손상하는 것이므로 바람직하지 않다. 절대적 신념체계와 신앙적 우월사상에서 표현된 한국의 기독교라는 개념은 로마가톨릭이 세계를 그리스도교화(Christianization)시키려는 것과 다를 바가 없을 것이다.

한국 개신교 단체의 사상과 신앙심이 타(他) 단체보다 대단히 독특하고 색다르다는 차원에서 기독교라는 용어로 표현했겠지만, 기독교라는 개념은 오직 한국에서만 사용되고 있다. 그러나 요즈음에는 어찌 된 영문인지 방송사까지 가톨릭과 개신교가 포함된 개념으로 기독교라고 표현되어 용어 사용의 혼란을 부추기고 있다. 올바른 개념 사용은 그 나라의 얼굴이자 품격을 대신하므로 정명사상의 필요성이 시급하다.

오늘날 개신교(改新敎)의 광폭(廣幅)적인 발전과 인재들이 국가와 사회의 여러 단체, 학교 등의 중요한 위치에 포진(布陣)되어 그 영향력은 크다. 한국 개신교 신학에 의하면, 개신교가 기독교이며 예수 사상의 중핵이 기독교라고 한다. 그와 같은 개념들이 어느 정도 세속화되어 사용되고 있지만 토착화되지 않으면 새로운 변화의 시기를 맞이할 것이다. 개신교 명칭이 기독교라는 고유명사로 대용해도 되는지 그에 대한 논구와 지혜로운 대화는 열려 있다.

기독교라는 명칭과 버금가는 신앙단체가 서로마 한국가톨릭이다. 한국가톨릭은 조선 시대에 사용했던 천주교(天主敎)라는 용어를 스스럼없이 그대로 쓰고 있다. 하지만 그리스도교의 교인이 사용하는 '천주교'와 '기독교'라는 개념은 오직 한국에서만 사용되는 국내용이지 국제사회에서는 어디에서도 통용되지 않는다.

예컨대 영문으로 한국가톨릭(Catholic in Korea), 한국 개신교(Protestantism in Korea), 한국 복음교회(the Evangelical Church in Korea)로 번역하여 사용하고 있다. 이와 마찬가지로 서구에서는 국제적으로 사용하는 총괄적인 개념이 그리스도교이다. 그를 분파로 세분화할 때 서로마가톨릭, 정교회, 프로테스탄티즘, 복음교회라고 표현한다. 서구사회에서의 정명(正名) 사상과 정명 사용은 어릴 때부터, 그리고 학교나 일반사회에서 구체적으로 구분할 수 있게 교육한다.

동양의 사상단체에는 유일신이 없어 religion이 아니라고 서구인들은 어려서부터 교육받았다. 그들은 동양의 사상단체를 religion의 하위개념으로 보고 있다. 그들은 사상적 이념주의를 분류하여 ~ism으로(예를 들면 Shamanism, Confucianism, Buddhism, Taoism, Hinduism) 이해하고 표현하는 것이 일상화되어 있다. 아이러니(irony)하게도 가톨릭(Catholic)의 원형의식으로 사용되는 가톨릭시즘(Catholicism)이라는 개념이 있다. 그 개념에서 서구 그리스도교의 보편성이 담긴 문화와 종교적 심성은 그리스-로마신화의 영향을 크게 받았고 문화적 습합 사상과 토양을 형성하는 의미가 내포되어 있다. 가톨릭시즘(Catholicism) 외에도 프로테스탄티즘(protestantism), 에반젤리즘(evangelism) 등의 용어가 복합적으로 혼용된 상태로 사용되는 이유는 무엇일까? 그것은 초대 그리스도교의 원형과 출발은 일반적 사상단체였지 유일신을 주장하는 하나의 religion이 아니었다는 것을 알려주고 있다. 유일신 신앙의 개념으로 탄생한 religion의 용어는 아우구스티누스부터 시작된 그리스도교의 정교한 논리 구성작업에 의해 만들어졌다. 그 후에도 그리스도교의 교리와 문화가 그리스-로마문화와 지속적인 문화학습·융화과정을 수용하면서 그리스도교의 religion이 유일한 '진리의

religion'으로 재탄생되었고, 오늘날에도 그렇게 사용되고 있다. 결과적으로 서구 그리스도교의 본래 사상과 문화는 싱크리티즘(syncretism)이며 한국 그리스도교도 토착문화와 습합 사상을 거쳐 세속화 과정에 있다.

한국의 공동체 사회문화에는 샤머니즘, 선교, 유교, 불교, 도교, 서교(西敎) 등의 요소가 복합적으로 융화되어 한국인의 정신문화 사상은 중층(重層)적인 구조로 되어 있다. 그의 종교심성(宗敎心性)이 한국종교사회문화의 정신적 기반이자 핵심요소라고 분석된 것은 다음 '다이어그램(diagram) 18 한국인의 정신문화 사상'에서 살펴볼 수 있다.

7) 다이어그램 18 – 한국인의 정신문화 사상

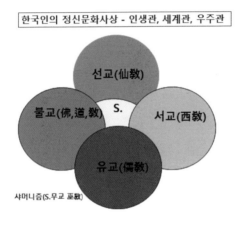

한국인의 종교성은 다양한 종교문화의 영향으로 복합적인 의식구조를 형성하고, 종교사회문화의 기저(基底)층을 이루고 있다. 위에서 제시된 여러 형태의 종교사상과 유형들이 공유할 수 있는 문화의 공간과 광장을 이루어가며 조화롭게 이어주고 있다. 한국인의 정신세계는 '다이어그램(diagram) 18'에서 보여주듯이 샤머니즘(기호 S.)을 비롯하여 선교, 불교, 도교, 유교, 서교의 사상을 수용한 중층적(重層的)인 구조이다. 그의 정신사상은 다양한 생철학적 사유세계를 공감·공유할 수 있어 조화로운 문화융화의 영역을 형성하고 있다. 그 문화융화의 중심축은 문화의 용광로와 같은 기능이 있다. 그 어떤 사상도 문화의 용광로에 들어가면 한국적인 문화사상으로 거듭 태어난 모습으로 나와야 종교사회문화의 한 구성 요소가 될 수 있다. 이는 다양한 문화의 요소가 한국인의 종교(심)성에 복합적으로 내재되었음을 다시 설명한 것이다.

한국인의 인생관, 세계관, 우주관이 문화조화의 영역에서 대중적인 세속화를 이루어 보편적인 종교성향이 되었다. 세속화의 진행과 거듭된 변화과정에서 다양한 형태의 문화가 시대적인 조명을 받아야 건강하게 성장·발전한다. 그 반면 시대정신에 부합되지 않는 여러 형태의 과거 문화와 문화재는 어느덧 인류 문화사의 박물관에 보존되고, 무형문화재는 후세에게 전수되어 명맥을 유지한다. 그와 궤를 같이하는 정신적인 것은 말이나 글로 다 표현할 수 없는 형이상학적 특성이 있다. 또한 그것은 직접체험과 구전(口傳) 형태로 전수되고 있어 혹자는 민족(民族)의 비전(秘傳)이라고도 한다.

8) 문화콘텐츠(Culture Contents)의 세속화

21세기를 맞이하여 대한민국에서 만들어낸 세계적인 용어 중 하나가 문화콘텐츠(culture contents)다. 그 용어는 정부와 해당 업계에 의해 자주 사용되는 신개념이다. 한국문화관광부 산하단체에 콘텐츠 분야를 총괄하는 한국 콘텐츠진흥원(Korea Creative Content Agency)이 있다. 문화콘텐츠의 유형에는 음악, 영화, 게임, 애니메이션(animation) 등이 있다. 문화콘텐츠가 문화상품의 생산, 유통, 소비와 관련된 문화산업(Culture Industry)으로 발전했다. 환경을 현대적 기술과 접목한 개념이 문화기술(Culture Technology)이다. 2001년 8월에 발표된 '국가 핵심기술 6T' 중에 CT(Culture Technology)가 포함되었다. 6T는 CT, IT(information technology, 정보), BT(Bio Technology, 바이오), ST(Space Technology, 우주), ET(Environment Technology, 환경) 그리고 NT(nano-technology, 나노)이다.

오늘날 문화콘텐츠의 의미에는 각종 유무선 통신망으로 제공되는 디지털정보라는 새로운 통신기술과 전통문화가 융합되어 개발된 문화상품(Cultural Commodity)이 포함되어 있다. 문화 원형인 생활양식, 문화유산, 문화적 요소(예술, 이야기, 대중문화, 신화, 개인의 경험, 역사기록 등)는 디지털정보기술로 문화상품이 되었다. 그 상품은 많은 사람에게 호응받아 상업화되어 경제적 고부가가치(高附加價値) 창출로 이어지고 있다. 2012년 한국에서 문화콘텐츠로 인정되는 장르(genre)를 살펴보면 영화, 애니메이션, 음악, 모바일 게임, 캐릭터, 만화, 출판(서적), 정기간행물(신문, 잡지), 방송, 광고, 지식정보, 패션문화 등 총 12개이다.

그러나 문화콘텐츠의 구분과 경계가 디지털융합으로 모호하고 희박해져 장르 간 구분의 의미가 퇴색해져 콘텐츠의 범위와 숫자가 정책대상으로 재조정되어야 한다는 의견이 제시되었다. 문화콘텐츠 가운데 인류의 종교성은 비가시적이나 무한한 공감과 소통능력, 잠재력 등을 가져 가시적인 측면을 활성화하는 필요한 동력을 제공하고 있다. 또 그 종교성은 무한 경쟁력을 가지고 있으며 세속화의 원형이 되므로 문화콘텐츠에서도 중요하게 다루어져야 한다.

한국인의 종교(심)성은 가장 한국적이고 세계적이다. 그러한 종교성은 모두가 함께 공유할 세속화의 결정판이기도 하지만 세계적인 종교사상의 에센스(essence, 본질 本質)를 아우르고 있어 세계적인 문화 장르가 될 수 있다. 문화콘텐츠의 핵심은 선진문화(先進文化)로 거듭 발전되고 있다. 21세기에 주목받는 문화요소는 소설, 영화, 게임, 만화, 애니메이션, 에듀테인먼트(Edutainment)[87], 콘텐츠, 캐릭터 등으로 새롭게 태어나 일반 대중들과 만나 소통할 수 있다. 문화콘텐츠의 보편화, 대중화의 속성은 일반적으로 널리 알려진 성속일여(成俗一如)와 같다. 문화콘텐츠가 대중과 함께 널리 학습되고 세속화가 실행되어가면서 모두 쉽게 접할 수 있다.

---

[87] Edutainment는 에듀케이션(education, 교육)과 엔터테인먼트(entertainment, 오락)의 합성어다.

많은 사람이 문화산업을 국가경쟁력으로 보고 있다. 그것은 오늘날 인문계와 자연계 분야를 포함한 복합적인 비결(Knowhow)의 기술을 의미해 문화산업기술이라고 한다. 그러한 기술이 더욱 발전되어 문화산업의 경영과 경쟁력을 높여주고, 대중의 생활문화 속에 보편화를 진행해시켜 세속화 과정을 이끌어 가고 있다.

13. 종교문화경영의 13단계 - 문화토착화(文化土着化, cultura indigenization, culture indigenization)

어떤 사람(或者)은 문화의 토착화를 토착문화화(土着文化化)라고 하나 필자는 문화토착화(文化土着化)라고 했다. 이 두 개의 개념과 의미는 별반 차이가 없으나 음운(音韻)에 따라 선호도가 있을 뿐이다. 문화토착화는 지역적 특징과 풍토에 내재한 기존의 전통사상, 공동체 생활문화의 토양과 정서에 문화의 뿌리를 깊게 내리는 것이다. 따라서 그는 장기간 순차적인 문화단계와 과정을 거쳐 종교문화경영의 마지막 단계를 맞이했다.

1) 문화토착화(文化土着化 culture indigenization)

국내·국외의 새로운 문화, 신앙단체가 기존 공동체 사회의 문화토양에 뿌리내리기 위해 거쳐야 할 단계와 과정은 다양하다. 그러한 문화와 신앙단체는 지역적 풍토와 성향에 의해 형성된 기존의 사상, 제도, 제의(祭儀), 의례(儀禮), 풍습, 관례 등과 동화되면서 조화를 이루어야 한다. 그래야 기존공동체 사회와 함께 문화의 광장에서 생명의 호흡을 함께하고 나름의 입지가 공고해지면서 대중화가 된다.

사상단체나 신앙단체를 문화나무라고 비유한다면 '어떠한 (~) 단체의 문화나무'라고 할 수 있다. 그 단체의 문화나무가 기존 사회문화의 풍토와 토양에 적응하고 융화되어 스스럼없이 조화를 이루다 보면, 어느덧 그 나무는 기존문화의 사상적 토양에 많은 실뿌리가 건실하고 폭넓게 활착(活着)되어 점차 깊고 굵게 뿌리내린다. 이처럼 기존공동체 사회문화의 토양에 뿌리를 깊게 내려 스스로 존재가치를 내세울 수 있는 길이 종교문화 경영학에서 논하는 문화토착화다.

그 어떤 문화나무가 기존문화의 토양에 오랜 세월을 거쳐 뿌리 깊은 문화나무가 된다는 것은 쉽지 않은 과정이다. 그것은 유구한 역사적 상황을 공유하고 여러 분야에서 생명의 호흡을 함께하며 생사고락(生死苦樂)에 동참해야 가능하기 때문이다. 지금도 그는 기존의 공동체 사회문화와 희노애락(喜怒哀樂)을 공유하고 소통할 수 있어야 한다. 그러한 문화나무는 정신세계의 문화와 문화재로 승계되고 문화유산을 태동시키며 또한 그를 보존하고 있다.

그와 같은 대표적인 사례가 한국 유교와 불교이다. 그 반면 한국의 그리스도교는 문화토착화에 관심을 두고 노력하지만 넘어야 할 장애물들이 적지 않다. 교리적 쇄신(刷新), 제도적 혁신(革新), 사상적 개혁 등이 그것이다. 동서 지식인들은 과거의 흑백논리에서 벗어나 사상적으로 자유롭고 중립적이며 객관적인 안목과 합리적이고 과학적인 의식이 있다. 서구의 지식인들은 그리스도교의 신앙사상과 중심 사관에서 탈피하여 각 나라의 토착문화를 지역적 고유성으로 보았고, 그동안 인류 문화사적 잘못에 대해 자아 반성과 성찰의 기회를 얻었다.

1960년대 서양 신학에서 본격적으로 시작된 토착화(indigenization)의 핵심주제는 아시아문화에 대한 적용(適用)과 적응(適應)이었다. 1970년대 아시아 신학(神學)은 세속화에 관심을 두고 제3세계가 당면한 기계화, 인권, 환경 등에 대응하는 것을 주요과제로 삼았다. 이미 서구에서 논의되었던 아시아, 남미, 아프리카 신학은 '제3세계 신학'이라고 했다. 그것은 지역적 특성과 시대상황에서의 정체성 찾기, 탈 서구신학과 연관된 것으로 세속화 신학과 연관성을 가지고 있지만 한국 신학, 아시아 신학에 흥미를 유발하는 요소로 접근되지 못했다. 개혁적이고 혁파적인 한국의 새로운 신학 사상이 여전히 존재하지 않는다는 것은 사상적으로 금단의 영역이 존재하거나 그러한 영역으로 여기는 것으로 보인다. 그만큼 서구 그리스도교의 세력이 세계적으로 강성해졌고 한국교회사 형성에 큰 영향을 주었기 때문이다. 간혹 유럽의 개혁신학사상을 이해하며 세계적인 개혁주의자들의 소리를 듣고 상황변화를 주시하는 지식인들이 있더라도 나서지 못하는 처지 또한 각양각색이다.

비록 제3세계 신학이 주로 서구(西歐) 신학자들에 의해 세계적 관심의 대상으로 주목받은 것은 사실이다. 그런데도 남미(南美)의 신학적 정체성 등을 확립하는 데 조력(助力)한 서구 그리스도교 신학자들은 새로운 학문적 방향을 맞이했다. 주로 이베리아반도(Iberian Peninsula 유럽 남서부 지역)의 국가들(=스페인과 포르투갈)에 의해 침탈(侵奪)당한 고대 이베리아인의 전통적 문화와 언어, 그리고 문화사상의 회복에 주안점을 둔 것은 제3세계 신학의 한계점이다. 다만 남미의 '토착화' 신학이 스페인과 포르투갈의 가톨릭 단체에서 시작된 문화의 이식(移植)으로부터의 해방을 의미한다는 것은 학계의 긍정적인 평가이다. 제3세계 신학이 서구의 정치, 경제, 사회, 문화 '식민통치, 그의 지속적인 지배'로부터의 해방(liberation)을 촉구했다. 그로 인해 해방신학(Liberation Theology)이라는 신(新)개념이 탄생하였다.

하지만 서구 그리스도교 국가들의 식민주의 사상, 백인 우월주의 사상 등에 의해 침략과 약탈, 잔혹한 수탈, 인디언이 학살당한 사실(남아메리카 원주민 포함)은 그들의 진솔한 반성과 회개에 합당한 열매 없이 역사의 뒤안길에 놓여 있다. 결과적으로 유일신을 중심으로 형성된 제도적·통치적인 신학(神學)은 서구사상을 주도하는 신학이지 동양에서 논하는 각국의 민족학(民族學)은 아니다. 남미의 해방신학은 서구신학의 한 부류(部類)로 세계적인 역설(paradox)과 역사적 아이러니의 범주에서 여전히 벗어나지 못하고 방황하고 있다. 그런데도 간과해서는 안 될 것이 토착화 논란의 시기이다. 제3세계와 서구의 토착화 논란은 이미 독일 신학자 디트리시 본훼퍼(Dietrich Bonhoeffer, 1906-1945)가 새롭게 제기한 '세속화(Säkularisierung)'의 명제에서 나왔다. 본훼퍼의 세속화 신학은 하비콕스(Harvey Cox, 1929~)에게 이어지면서 그리스도인에 대한 윤리적인 책임이 더욱 강조되고 있다. 그러한 동기부여는 마르틴 루터 이후의 개혁신학이 지향하는 것과 맥락을 같이 한다.

루터는 사제(司祭)만이 하나님의 부르심을 받은 성직(聖職)이 아니라 '만인대제사장(萬人大祭司長, Das Priestertum aller Gläubigen, The Priesthood of all Believers)'을 역설하면서 발상의 전환을 시도했다. 그것은 세상의 일반적인 직업 속에서도 신적 소명(召命, vocatio)을 발견할 수 있다는 설명이다. 근대사회에 이르러서 서로마가톨릭 교황청도 세속화 신학에 관심을 가지고 연구를 거듭했다. 따라서 한국 그리스도교의 토착화과정과 문제점 등이 어디에 있는지 살펴본다.

2) 한국 개신교의 토착화과정과 문제점

한국의 개신교는 미국 개신교의 선교(宣敎)정책, 선교사, 신학 사상, 청교도 사상 등에 많은 영향을 받았다. 따라서 미국 개신교 선교단체가 형성되기 이전의 청교도인(淸敎徒人)과 원주민 인디언의 관계를 먼저 밝히고 한국 그리스도교의 토착화과정과 문제점 등에 대해 논한다. 청교도(Puritans)의 악행과 만행이 그리스도교의 죄악사로 남겨졌기 때문이다. 이에 대해 올바른 비판적 이해와 미래지향적인 안목을 함양하는 것은 내일의 비전 설정을 위해 필요하다.

① 청교도(Puritans)에 대한 비판적 이해
16세기 후반 서로마가톨릭교회의 교리와 의식에서 벗어나 영국 교회의 순결(purify)과 근면 검소를 생활신조로 주장하며 형성된 단체가 성공

회(聖公會, Anglican Communion)이다. 성공회의 명칭은 사도 신경에 나오는 sanctam Ecclesiam catholicam[거룩하고(聖) 보편화한(公) 교회(會)]라는 구절을 한자(漢字)로 표현한 것이다. 청교도는 서로마가톨릭에서 분파된 영국 성공회의 개혁을 더욱 철저하게 실천하기 위해 성공회 내부의 세력과 그 흐름에 동조한 프로테스탄트의 각파를 통칭하는 용어다. 청교도는 영국에서 성공하지 못했으나 미국으로 망명·이주한 청교도 교인들에 의해 형성되어 미국에 정착되었다.

미국 개신교 단체는 청교도의 사상과 정신을 승계하고 있다. 하지만 미국의 청교도는 미국 본토(本土)의 본래 주인이자 원주민 인디언들을 온갖 수단과 방법으로 강제 추방하고 아메리카합중국을 세웠다. 바이블 구약에 등장하는 신 야훼의 이름으로 전쟁이 정당화되었듯이 청교도는 신의 이름, 예수의 이름으로 야만적인 수탈, 강탈, 착취, 대량 학살 등으로 인디언들의 모든 것을 약탈했다. 그들 가운데 목숨을 부지한 원주민은 청교도인의 노예(奴隸), 농노(農奴)로 살아야 했었다.

그리스도교와 청교도는 "사랑은 율법의 완성"(롬 13:10)이라는 평화의 복음을 버렸다. 그 반면 그들은 그때그때 상황에 따라 "전쟁은 여호와에 속한 것"(삼상 17:47), "전쟁에 능한 여호와"(시 24:8) 시대로 돌아가는 이중 잣대가 사용되었음을 발견할 수 있다. 오늘날 세계가 추구하는 소수민족의 언어와 문화보호차원에서 그나마 존재하는 인디언의 후손들은 현재 아무런 영향력을 발휘할 수 없는 상태이다. 그들은 자신들이 처한 한계 내 존재 상황에 대해 세계 지성인들의 혁신적이고 발전적인 종교문화경영대책과 재발 방지 등을 촉구하고 있다.

② 청교도와 한국의 그리스도교

한국 개신교인은 미국 청교도인의 정신과 행위, 문화가 과연 복음적이고 인류의 보편적인 차원에서 예수의 뜻에 따른 것인가? 청교도는 예수의 박애(博愛)와 평화 사상을 전하는 복음주의(福音主義)자였는가? 그 복음은 산상수훈 팔(八) 복음과 유관한가?

이와 같은 질문 등에 대하여 그는 진솔하게 생각해 보아야 한다. 많은 지식인은 청교도가 인디언을 학살한 행위에 대해 부정적인 의견을 더 많이 내놓는 이유는 무엇인가? 청교도는 선교정책의 미명하에 신의 이름으로 원주민 인디언을 야만인으로 취급하고 무참하게 살해하면서 그의 땅을 빼앗고, 피 흘린 그 땅에 교회를 세우고 예수를 찬양했다. 그 땅에서 수확한 곡물을 천상의 신께 제물로 올리는 행위가 추수감사절로 정착되었다. 한국 개신교 단체가 미국의 추수감사절 행사를 수입하여 신앙의 범례로 지키고 그 뜻을 교회에서 예배행위를 통해 기리고 있다.

청교도의 추수감사절(한국 11월 셋째 주 일요일)은 신약(新約) 가운데 특히 예수의 전언(傳言)이 담긴 공관복음서(마태, 마가, 누가, 요한복음)에서 찾아볼 수 없다. 그것은 청교도가 구약(舊約)의 메시지(출 23:16, 34:22 레 23:34-43, 민 29:12-40)를 첨부시켜 만들어 낸 청교도문화이기 때문에 예수의 전언(傳言)과 사상에 일치되지 않는다. 그 문화는 전쟁, 파괴 그리고 승리를 자축하는 미화된 문화라고 말할 수밖에 없다. 청빈한 삶을 살았던 예수가 이웃 사랑을 설파하고 스스로 자신이 '율법의 완성'(마5:17)이라고 했다.

미국의 청교도문화는 예수 사상과 멀고 괴리가 있으나 한국 개신교의 문화로 일정 부분 정착된 것은 기이하다. 따라서 한국 신학 사상은 아직도 미국의 청교도 사상과 신학에 의존된 여러 형태의 사고방식을 가지고 존재한다는 의혹이 제기된다. 의혹 해소의 방법은 오직 예수 신앙공동체만의 카르텔(Kartell)에서 벗어나 역사적 상황 내·외적 존재를 파악하고 혁신적 문화경영과 인재경영의 길을 실천하는 것이다.

③ 한국 개신교의 토착화 논쟁

1960년대 서양의 토착화신학사 상은 한국의 신학 논단에도 영향을 주었다. 이로써 '한국 신학'의 상황분석은 처음부터 다시 시작되었다. 급변하는 서구의 신학 사상에 민감하게 반응한 부분도 없지는 않다. 외국 선교사와 한국 신학자가 그동안 가장 한국적인 것과 한국인의 종교성을 근본주의(신학) 사상에 의해 가려져 제대로 파악하지 못했고, 그의 종교성이 단편적으로 과소평가되었던 사실을 되돌아보는 계기가 되었다.

변화와 혁신이 주도적으로 시작된 1980년도에 한국 개신교의 토착화 논쟁과 운동이 민중(民衆) 신학과 접목하고자 시도한 사례가 있었으나 기존 근본주의 신학 사상의 문턱을 넘지 못했다. 개혁신학의 모습으로 출발한 민중 신학은 그리스도교 신학의 핵심 중 하나인 '구원'의 주체를 민중으로 보았으며, 가난하고 힘없는 '오크로스'(Ochlos)와 함께하는 예수의 행위를 중요시했다. 하지만 민중 신학은 그리스도론이나 종말론에 진솔한 의견이 없다고 비판받았고, 해방신학의 모델이라는 혹평까지 받았다. 민중 신학 사상이 동학사상과 연계되어 혁신적인 방안을 모색하려고 노력했으나 별다른 결과를 내놓지 못했다. 그중 손꼽는 것이 그리스도교 교리의 핵심이자 실체인 구원, 부활, 영생에 관한 새로운 해석학 논리와 근거, 대안으로서의 타당성 등이었다.

1990년대 이후 민중 신학은 시대정신이자 미래비전으로서의 개혁적인 대상과 방향, 목적을 제대로 제시하지 못해 더 발전하지 못하고 정체되었다. 개신교 신학 논단에서 주도되던 토착화 논쟁 또한 침체 상황에 놓여 있다. 그 반면에 한국의 자유주의 신학자들이 증가하면서 토착화에 대한 그들의 해석학적 방법과 의미는 근본주의 신학 사상의 틀에서 벗어나려고 한다. 그들은 일부 개신교 신앙단체와 새로운 신앙단체가 사회적 물의를 일으키고 있음을 부끄럽게 생각하고 안타까운 마음을 가져 새 시대를 지향하는 개혁 드라이브가 요청되고 있다.

오늘날 한국 그리스도교의 자유주의 학자들은 문화조화와 상황화의 과정을 넘어선 문화토착화를 중요하게 보지만 일부 근본주의 신학자들은 그를 부정적으로 생각한다. 그들은 기존 토착문화와의 동화와 세속화가 순수한 그리스도교의 영(靈)을 혼탁하게 할 것이며, 그러한 개념과 진행 과정을 습합(褶合) 사상과 혼합주의(syncretism) 사상이라고 비판한다. 조상제례가 우상숭배인가에 관한 논제는 근본주의자들에게 황당하다는 차원을 넘어 유일신(唯一神)에 대한 도전으로 여겨지고 있다.

2차 세계대전 이후 그리스도교가 세계의 여러 신앙단체 중 하나의 존재이자 시대적 상황내존재라는 인식이 발아(發芽)되기 시작했고, 한국 신학에도 영향을 주었다. 한국 개신교의 문화토착화 논쟁의 본질은 무엇이며, 그 근간은 어디에 두고 있으며, 해결점은 있는가? 이에 관한 신학적 논쟁과 담론은 이미 시작되었다. 한국 역사와 전통사회문화, 바이블의 양식비평, 세계 그리스도교 회사에 대한 다양한 이해와 올바른 통찰력이 한국 신학을 한 단계 끌어올릴 수 있다고 본다.

근본주의 노선을 주장하는 한국 신학은 아직도 오래전에 서구에서 수입된 그리스도교의 교리서를 번역하여 금과옥조(金科玉條)처럼 사용하고 있다. 그러한 교리와 신조는 명백히 예수 이후 서구 학자들의 신앙심에 의해 작성된 것이지만 시대변화와 상황에 따라 수정·보완되고 있다. 근본주의의 노선을 주장하는 한국의 개신교가 전통이며 예수 신앙의 참된 길이라고 한다. 과연 예수가 그러한 교리와 신조 등을 만들라고 하였는지, 또 그렇게 주장한 적이 있었는지에 대한 자문자답은 으레 화두가 되었을 것이다.

④ 신학적 syncretism에 대한 이해와 활용

서구 그리스도교는 교리와 신조를 형성해 나아가는 초기 단계에서부터 수많은 교부(敎父) 철학자와 신학자를 참여시켰다. 그들은 더 체계적이고 제도적인 그리스도교 신앙단체(religion)로 성장하기까지 역사의 변천과 흐름이라는 장기간의 세월을 감수하며 연구했고, 교리적 합목적성을 발굴하고 활용하기 위해 노력을 게을리하지 않았다. 오늘날 그리스도교의 교의학, 의례, 행사 등은 헤브라이즘(Hebraism)과 헬레니즘(Hellenism) 문화권과 조화로운 융화과정을 거친 후 로마문화의 세속화를 통해 서구 그리스도교문화로 토착화되었다.

구약(舊約)에서 발견되는 유대인의 문화가 예수 사상을 만났고, 예수

사상은 그리스(Greece) 헬레니즘의 로고스(logos) 사상과 문화동화로 조화를 이루면서 문화의 습합 사상은 진행되었다. 그리스도교의 교부철학, 신학은 고대 그리스 철학자인 플라톤(Platon, BC 428~348)과 플로티노스(Plotinos, 205~207)의 신(新) 플라톤사상을 접목(接木)시켜 그리스도교의 변증법이 되었다. 중세 스콜라 철학자와 신학자 중 유명한 토마스 아퀴나스(Thomas Aquinas, 1224/25?~1274)는 고대 그리스 철학자 아리스토텔레스의 사상을 수용하고, 그리스도론에 융화시켜 그 시대의 가톨릭 사상과 가톨릭 문화로 자리매김하는 데 공헌했다. 그로 인해 그는 사후 가톨릭의 성인(sanctus, 영어 saint)으로 추대되었다.

근대화 시기에서부터 오늘날에 이르기까지 유명한 유럽의 철학자와 신학자, 많은 학자가 고대 그리스-로마 언어와 문화를 학습하고 체득하는 데 심혈(心血)을 기울였다. 그들은 그러한 문화와 언어를 배우지 않고서는 그들이 말하려는 논제를 제기할 수 없었고, 학문적 가치로 표현하고 주장하는 것 또한 불가능했으며, 그리스도론을 제도적으로 정립할 수 없었다. 그리스도교의 사상이 그리스-로마문화와의 접촉결합 과정으로 동화되고 조화를 이뤄 유럽 그리스도교문화의 토착화를 이루었다. 그의 사상은 세계문화 속의 한 영역이자 일정 부분 서구생활문화의 공간으로 자리 잡았다. 하지만 그 사상 역시 독특하고 절대적이며 유일하지 않다는 것을 서구 학자들은 이미 오래전부터 잘 알고 있었다.

⑤ 한국 개신교 단체의 혁신경영과 조상제례 문제

1960년대 서구 그리스도교가 당면한 과제의 핵심은 혁신경영이었다. 그것은 각 나라의 기존 고유문화와 동화·조화를 통해 그리스도교문화를 토착화시키는 새로운 방법론이자 실천할 수 있는 종교문화경영의 한 부분으로 작용했다.

한국 개신교 단체의 조상제례 문제는 오래전부터 한국 신학 논단에 논쟁의 대상이 되었다. 지금도 조상제례 문제에 대한 한국 개신교 단체에서의 의견은 대체로 한국인의 정서에 필요하다고 찬성하는 측과 우상숭배로 보며 반대하는 쪽으로 양분되었다.

찬성하는 측의 의견은 제례가 목회(牧會) 활동에 문제 발생의 소지가 많았음을 설명하였고, 그와 연관된 상담을 요청하는 신자가 증가했다고 실토(實吐)한다. 그들은 제례가 일방적으로 우상(偶像)이라고 이해하며 규정하는 것을 무리로 보았다. 교단 자체에서도 제례를 공식적으로 공인하지 않고 현장에서 일하는 목회자의 자율적인 의사에 맡기는 분위기다. 개신교 단체에서 실행하는 추모식(追慕式)과 추도식(追悼式)은 조상에 대한 감사의 마음과 공경의 의미이기에 '효'의 연장선으로 보자는 의견이 있다. 이와 연계시켜 찬성하는 측은 사도 신경 제5번('네 부모를 공경하라')을 추가로 설명한다.

반대하는 측의 주장은 예수의 사상보다 구약의 십계명 중 제1번("너는 나 외에는 다른 신을 네게 있게 하지 말라")과 2번("너를 위해 새긴 우상을 만들지 말고 … 절하지 말며, 그것을 섬기지 말라")을 신앙고백의 신조로 삼고 있다. 그 외 일반 교인들의 대다수가 추도식(追悼式)으로 신앙과 상관없이 조상제례에 참여한 경험이 있다고 한 것을 주목하는 중립적인 의견이 있다. 그들은 조상제례를 죄악시하지 않았고 후손들에게도 필요할 것으로 보았다. 중립적인 의견은 조상제례 문제를 현대문화의 관점에서 재고해 보자는 데 있다. 이와 연관성을 가지고 주장하고 있는 사람들은 한국 전통사회문화와 그의 영향력을 예의주시하고 있다.

예수 출생 전 16~13세기에 제작된 것으로 전해지는 모세의 십계명을 두고 오늘날 찬성과 반대의 주장들이 평행선을 이어가고 있다. 예수는 "내가 율법이나 선지자를 폐하러 온 것이 아니라 율법을 완전하게 함이라."(마 5:17)라고 하였으며, "사랑은 율법의 완성"(롬 13:10)이라고 했다. 이에 대한 신학적 안목이 앞으로 과학적 통찰의식과 연계되어 현대사회문화와 조화롭게 다루어질지 궁금하다. 신앙인에게 교회사와 신학 사상이 때로는 상식적이고 객관적인 역사와 인류 문화사보다 더 상위개념이 될 수 있기 때문이다. 하지만 그 신앙 고백적인 상위개념이 부동적이지 않고 상황에 따라 뒤바뀐다는 것을 알아야 비상식적인 관념의 틀에서 벗어나 보편성을 추구하는 종교문화경영인이 될 수 있다.

조선(朝鮮) 그리스도인 회보에 의하면 개신교회의 추도식은 1897년 부터 시작되었다. 미국 개신교 단체의 상·제례 문화가 선교사를 통해 전해 지면서 한국 개신교 추도식의 원형이자 모범사례가 되었다. 그 반면 비록 그리스도인일지라도 사람에 따라서는 전통문화(제사 포함)를 지키고 지관 (地官)을 불러 고인(故人)의 장지(葬地)를 풍수지리에 따라 양명(陽明)한 곳을 물색한 후 적합한 장소로 택하기도 한다. 전통적인 한국 풍수와 명당 자리 선호에 대한 인식은 신분(身分) 고하(高下)를 막론하고 그들이 고백 하는 신앙의 차원이 아니며, 그 차원을 뛰어넘은 것으로 생각한다.

캐나다 출신 미국 선교사인 제임스 게일(James Gale, 1863~1937) 목사 는 25세인 1888년 12월 15일 부산에 도착하여 제물포를 거쳐 서울로 왔다. 젊은 청년 게일이 1909년 조상제사를 우상숭배로 판단하고 금지한 것도 지 금의 한국 개신교 단체에 많은 영향을 주었다. 21세기 한국 목회자의 1/3이 그 당시 파송되었던 선교사들의 판단에 의견을 같이하는 것으로 알려졌다.

하지만 신앙단체의 교리와 신조를 뛰어넘는 것이 일반 국민의 정서이 자 유구한 전통문화와 관습이다. 음력(陰曆) 설날이나 추석날이 일요일이 더라도 신앙인들은 안식일을 지키지 않고 부모가 살고 계시는 고향을 찾 아간다. 일가친척과 성묘(省墓)하는 것도 빠지지 않는다. 그러한 사회적 현 상이 신학적인 관점에서 극히 예외적으로 볼 수는 없다. 그리스도교 사상 이나 신앙고백과 무관한 민족의 고유명절에 대다수 그리스도인은 가족(家 族)의 혈육(血肉)과 친지(親知)를 찾아 이동하거나 해외여행을 한다는 것 도 비정상적인 것이 아니라는 사실이다.

개신교의 독실한 신자가 추도식이라는 상·제례 법에 의거하여 서서 찬송가를 부르고 조상께 제사를 올리지만 위패나 사진으로 모셔진 고인에 게는 절을 하지 않는다. 그리스도교회가 된 서구문화권에는 악수, 포옹, 입 맞춤 등은 인사예절로 보편화해 있듯이 한국인이 제례 때나 윗분께 큰절하는 것이 상례(常禮)이다. 큰절한다는 것은 나를 있게 해주신 부모님과 조상에 대한 감사와 근본을 되새기는 미풍양속의 의미가 담겨 있는 생활 문화 중 하나이기에 되새겨 볼 일이다. 따라서 게일(Gale)의 신학적 사상과 판단이 오늘날에도 한국 신학의 노선에 이정표가 되고 있다는 것은 참으로 경이로운 일이지만, 근본주의 신학자들에게는 놀랍지 않은 그리스도인의 당연한 입장으로 귀결되고 있다.

3) 한국가톨릭의 토착화 과정과 문제점

역사적으로 한국 서로마가톨릭 교회사를 살펴보면, 조상에 대한 상·제례를 거부한 조선의 가톨릭 신앙인들과 황사영백서 사건[88] 등 때문에 반역죄로 단죄된 역사적 사건들이 조선왕조실록(朝鮮王朝實錄)에 기록되었다. 그 후 약 200여 년이 지난 오늘날 서로마 교황청을 통해 한국가톨릭이 종교문화의 혁신경영으로 그간 반대했던 상·제례를 한국전통문화로 이해하고 수용했다. 그러한 사실은 가톨릭교회사의 아이러니이자 역설(paradox)이 아닐 수 없으나 변화된 시대정신을 반영한 것이라고 본다.

그러나 과거 가톨릭이 추구했던 변하지 않는 진리의 표상이 세상이 바뀌었다고 그에 따라 바뀐 것은 일반인도 알게 되었다. 1960년대 서로마 가톨릭이 당면한 세계종교문화경영의 핵심은 당연히 혁신경영이었다. 이에 서로마가톨릭 교황청은 그간의 한국가톨릭 교회사를 반추(反芻)해 보았을 것이다. 1963년 교황청은 한국의 조상제례를 허가한다는 교지를 내렸다. 그의 교지는 한국 서로마가톨릭을 변화시켰다. 한국가톨릭은 1970년대에 새로운 전기를 맞이하면서 상·제례에 관한 문화의 동화와 토착화의

---

[88] 제8장 종교문화 경영(지도자)학의 단계와 과정 II. 종교문화경영의 13단계와 과정 3. 종교문화경영의 3단계 – 문화접변(文化接變) culturae acculturation, culture acculturation) (나) 황사영백서(黃嗣永帛書) 참조 바람. 부차적으로 민경배, 『한국기독교회사』, 대한기독교출판사, 서울, 1989, 73~75쪽, 유홍렬, 『增補 한국천주교회사』, 가톨릭출판사, 서울, 1991, 164~170쪽 참조 바람

과정을 준비하기 시작했다.

가톨릭에서 제기한 문화 '토착화'의 개념은 1975년 제2차 바티칸 공의회를 거쳐 교황 바오로 6세(Paulus VI)가 현대인을 위한 '복음선교(Evangelii Nuntiandi 에반젤리이 눈시안디)'를 선포하면서 활성화였다. 특히 그 개념은 가톨릭의 교회 헌장, 사목(司牧) 헌장 및 선교교령(宣敎敎令) 등에 대해 폭넓게 검토되며 다양한 변화를 일으켰다. 그뿐만 아니라 향토문화(鄕土文化)와의 동일화는 주어진 지역 상황에 따라서 소정의 학습 과정을 거쳐 나아가야 할 용어로 확대 사용되었다. 그 핵심목적은 선교대상 지역의 사람들을 그리스도교화(Christianisierung; Christianization)시키는 데 있다.

따라서 그리스도교화는 신앙인의 세계화와 직결되므로 새로운 그리스도교 대제국문화의 탄생을 촉구하는 것과 다를 바 없다. 서로마가톨릭의 선교정책은 한국가톨릭 신앙인에게 조상에 대한 상·제례를 허락하면서 대한민국의 그리스도교화는 본격적으로 시작되었다.

한국의 서로마가톨릭은 문화토착화에 관심을 가지고 접목할 방안을 검토했고, 관혼상제(冠婚喪祭) 일부는 새로 제정된 의례식 순에 따라 실행되고 있다. 그러나 종교문화 경영학의 관점에서 문화단계가 어디까지 이수되었고, 현재는 어떤 사회적 위치에 놓여 있으며, 역사적 안목에서 부족한 것은 무엇이며, 더 보완해야 할 것이 무엇인가 등에 대해 살펴보고 연구하는 것이 필요하다. 그리하면 주어진 문제점과 해결해야 할 과제 등을 발견할 수 있고, 앞으로 전개될 시대적 요청에 어떻게 대응할 것인가에 대한 자문자답(自問自答)은 더욱 선명해질 것이다.

오늘날 서양의 의식주 문화, 예능·예술문화, 의료문화, 과학문화 등은 한국문화 일부분이 되었다. 하지만 한국문화와 동화를 거쳐 조화롭게 융화되어 정신적으로 상호 동일화시키는 것이 토착화로 진입할 단계를 밟는 것이다. 예컨대 서양의 양복문화는 국적을 가리지 않고 세계적으로 많이 사용되고 있다. 국민 대다수가 양복 착용에 거부감이나 이질적인 분야가 없다면 양복문화의 토착화 진입단계는 성립되었다. 다만 종교문화의 토착화단계가 지역적, 사회적, 국가적, 세계적으로 그 길이 각기 다른 문화토양과 특색으로 표현되었기 때문에 단계별 유형과 절차과정에 유념하여 먼저 역사적 상황내존재로서 시대정신을 통찰해야 한다.

문화와 사상, 신앙단체의 교리와 신조는 사람에 의해 만들어졌다. 그러므로 그것 또한 유일하고 독보적인 것으로 내세울 만한 새로운 것도 물론 아니다. 신앙인이 숭배하고 신앙하는 신 역시 인간에 의해 만들어진 신이며 신의 형상이고, 또 그의 개념일 뿐이다. 인위적으로 만들어진 것은 변하거나 소멸하는 것이 불변의 진리다. 모든 것은 변한다는 것이 자연의 섭리처럼 문화의 본질과 속성 또한 마찬가지다. 문화의 본질과 속성 역시 새로운 변화 없이, 변화 속에 조화로운 융화 없이 자국의 역사적 가치로 판단되는 문화토착화 과정이 없으면 제종교의 새로운 문화가 창출될 수 없다.

문화토착화 과정은 문화경영의 최종적인 과정에 이르는 것이다. 그 경영은 결과에 따라 금자탑(金字塔)이거나 무영탑(無影塔)으로 드러난다. 전자는 자국의 역사나 인류 문화사에 발자국을 남기는 것이며, 후자는 그와 반대의 결과다. 우리 주변에는 여러 단체가 있고, 그 단체의 문화가 있다. 그 단체의 문화를 나무로 비유했듯이 각기 다른 문화나무의 유형은 자연의 모습처럼 여러 가지 형상으로 숲을 이루고 있다. 이에 종교문화 경영학은 최소한도 법과 질서를 지키는 공동체사회상 만인경(萬人鏡)의 기능과 역할을 담당하도록 프로그램화해야 마땅하다. 그리고 여러 제반 사항에 따르는 협조와 검토사항은 지속해서 분석하여 사회적 가치 창출에 이바지하도록 노력해야 한다.

4) 문화토착화과정에 대한 소고

모든 단체마다 나름의 문화적 개성과 특징을 가지고 있다. 그러한 단체들이 성장·발전하면 그들의 문화를 타지역(他地域)으로 전파하여 활동

영역을 넓히고 있다. 문화전파가 상호보완적이며 호혜적인 관계로 진행되어야 사회적으로 긍정적인 반응과 호감을 느낄 수 있다. 문화토착화과정으로 들어가기 위해 문화의 사회적 학습화 단계는 대내외적으로 맞이하는 공개적인 시험무대인 동시에 문화나무의 잔뿌리가 점차 많이 생성되는 시기가 된다. 서로 간에 좋은 반응과 호응으로 화답하면 기존문화의 토양에 문화나무의 뿌리가 잘 활착할 기회를 얻는다.

그 뿌리가 상하지 않고 지속해서 수분과 영양분을 공급할 수 있도록 그 지역의 문화토양으로 덮어주고 풍토와 특색에 따라 적응·순응하여 동화되어야 한다. 기존공동체 사회문화의 영역에서 사상적 소통과 호흡을 함께하는 문화동화와 조화의 과정이 순조롭게 이수되었다면 문화토착화과정에 진입할 수 있는 신호탄이 될 수 있다. 오랫동안 세월의 풍파를 극복하며 장성한 문화나무는 정신문화의 공존영역에서 소통하며 생명 문화를 창출하는 문화광장에 이르기까지 인생관과 세계관에 영향을 준다.

세계 종교·문화경영의 길은 문화토착화를 이루는 것과 무관하지 않아 모든 순례자가 가야 할 아주 먼 길로 비유된다. 그 길 또한 가시적으로 확인되지 않았지만 미확인된 희망의 길과 같아 초심을 잃으면 안 될 것이다. 비록 토착화 과정이 단계적으로 이루어졌더라도 다양한 사회적·국가적 난제가 중첩된 위기상황이 발생하는 경우가 있다. 그러면 모든 역량을 다하여 국가의 한 정신문화로서 민족의 동질성에 동참하여 적극적으로 함께 참여하는 도덕적 책임의식이 뒤따른다.

예를 들면 계절의 변화처럼 찾아오는 시대 상황분석과 그에 연관된 국가적, 사회적 공동참여의 대응 차원 등은 슬기롭게 극복해야 할 당면과제(當面課題)이며, 성숙의 열매를 지향하는 상생의 길이 된다. 다음의 그림은 장성한 나무의 문화상황화와 문화토착화의 공유영역, 생명 문화의 광장을 설명하고 이해하는 데 도움이 되었으면 한다.

어떤 지역에서 토착화과정에 이르기까지 고진감래(苦盡甘來)를 체험하며 장성한 문화나무가 그 지역의 사회적 국가적 위기상황을 맞이하면,

또 다른 새로운 시험무대 위에 놓여 있는 상황이 되지만 그 반면 발전적인 변화의 길이 될 수 있다. 이는 그와 같은 시대 상황을 좌시하지 않고 기존 공동체 사회와 적극적으로 함께 해결해야 할 과제로 생각해야 한다. 그래야 그 문화나무는 시대적 위기상황에 대처하기 위해 흔들림 없이 나름의 자정(自靜)과 숙고(熟考)과정을 거치면서 공동체 사회와 국익을 위한 결단과 행동을 내릴 수 있다.

그러한 상황에서 그 어떤 단체가 가시적인 이해타산을 고려하여 우선(優先)인 것이 아니라 스스로 현존하는 그 지역의 국가와 민족을 먼저 생각하는 가치관이 필요하다. 공동체 사회에 오랫동안 쌓아 올린 공덕과 노력은 숙련(熟練)된 마음과 자세를 가다듬어 역사적 결단으로 이어져야 한다. 그것은 그 지역에서 그동안 정성스럽게 다듬고 가꾸어 온 각자의 문화나무를 그 지역의 기존 문화토양에 이종(移種)하듯이 옮겨 심어 놓는 대의적 상황과 같다.

 → → → →
〈그림 30〉 〈그림 31〉

모든 것을 걸어야 죽음의 길에서도 살 수 있다는 신념이 생긴다. 그와 같은 신념과 결단은 장성한 문화나무가 국제사회의 정의와 평화를 위해 때로는 자신을 온존(溫存)하게 캐내(그림 30), 과감(果敢)하게 기존공동체 사회문화의 광장에 이종하는 것과(그림 31) 같다.

이종한 다음에는 철저한 관리가 뒤따른다. 공동체 사회문화의 영성적 광장에 단장(丹粧)된 문화나무를 보호하고 살리는 데 필요한 요령은 일반적으로 나무 심는 과정이나 이종 후 관리과정과 동일하다. 적정량의 물을 공급하고 성의를 다하여 나무의 가지 쳐주기(전정, 剪定)를 하는 것은 뿌리에서부터 수분 증발을 최소화하고 잔뿌리가 새로운 토양에 잘 내려 활착(活着)할 수 있게 도와주는 것이다.

그 문화나무의 생명을 보호하기 위해 오직 1년 동안은 가능한 한 물만 주어야 한다. 특히 비료와 같은 성장촉진제는 오히려 뿌리가 활착하는데 방해가 되고 과하면 나무가 죽을 수 있어 자제해야 한다. 이러하듯 비록 문화토착화단계에 들어 있다고 판단되어도 종교문화경영의 진행 과정에는 여러 형태의 시대사조와 역사적 문화 상황들이 계절의 변화에 따라 불어오는 다양한 바람처럼 일어난다는 사실을 간과하면 안 된다.

국가공동체 사회문화의 광장에 이종된 문화나무의 뿌리가 주변 환경을 극복하고 활착하는 과정이 성공적으로 이루어지면 나름의 기능과 역할을 다시 인정받아 역사적 공동체 사회문화의 전당(殿堂)에 오른다. 국민과 함께 희로애락(喜怒哀樂)을 함께하는 문화나무는 상황내존재라는 범주에서 벗어나 어느덧 상황-외-존재로 성장하여 공공의 문화광장(廣場)에서 생명의 심호흡(深呼吸)을 함께하는 것(그림 31)으로 비유된다.

그 위상은 국제적인 금자탑의 상징으로 상황내존재이자 상황 외 존재가 되어 문화토착화의 성숙단계를 이룬다. 또 그 문화나무가 시대 문화사(文化史)라는 연단(演壇) 위로 등장할 수 있는 것은 역사적 존재로 도덕적 책무를 다하고 물심양면으로 협조하며 동참한 행적이 있었기 때문이다.

〈그림 32〉

문화토착화과정은 지역문화와의 공존의식이 동반되어 가면서 오랜 세월을 통해 순차적인 문화융화의 단계를 거쳐 이루어진다. 모든 문화나무가 성장할수록 풍상우로(風霜雨露)도 많이 맞는 것은 당연하다. 문화나무의 뿌리가 24절기(節氣)의 순환적 풍파(風波)를 이겨내면서 땅속 깊이 그리고 넓게 활착되어야 한다. 그래야 그 나무는 건강하고 풍성한 나무의 바탕(根幹)을 이루게 되어 만인을 위한 쉼터 자리를 제공할 수 있다(그림 32).

　　문화나무의 뿌리가 어느 정도 건강하고 튼튼하게 깊이 내렸는가? 이에 대한 자신의 문답(問答)은 시대적 상황과 반응, 호응도의 결과에 따라 그 형상의 잔뿌리와 굵은 뿌리로 구별된다. 비록 잔뿌리가 제법 많이 성장했더라도 땅속 깊이 뿌리내리지 못하면 계절 따라 불어오는 강풍에 의해 뿌리까지 뽑히는 역사적 아이러니까지 발생한다. 그 반면 뿌리 깊은 고목에서 새로운 싹이 나오면, 시간이 다소 걸리겠지만 성장하여 옛날의 모습을 되찾는다.

〈그림 33〉

모든 문화나무의 역사적 사건과 운명, 시대적 기능은 항상 사계절의 순환처럼 오늘도 그 궤도를 이탈하지 않고 쉼 없이 돌아가면서 본분을 다한다. 종교문화토착화와 신앙 단체문화의 뿌리가 어디서 발원되어 어떻게 오늘에 이르렀는지 한 번 정도 되돌아보는 것은 종교문화경영(학)의 원리를 이해하고 탐구하는 시작이 된다. 그리하면 각국의 지역 문화사와 인류 문화사가 어떻게 발전되고 진행되어가는지 더욱 가깝게 인식하고 통찰의 안목으로 더 밝은 미래를 지향할 수 있다.

그래서 그 어떤 단체의 토착화과정은 기존문화와 기나긴 여정을 함께하므로 공동체 사회문화에 없어서는 안 될 정상적인 길이다. 또 그 과정과 여정은 혁신적인 변화와 성숙으로 정신문화영역에서, 만인이 사상적으로 소통할 수 있는 문화광장에서 일정 부분 또 다른 새로운 하나의 모습으로 거듭나는 생명 문화의 길로 연결된다. 그러한 대승적 차원에서 열려 있는 길은 인류 문화사의 최고 가치로 알려진 공동선의 실천이다. 생명을 중요시하는 공동선의 실천은 모든 성현이 주장하였고 사회적 가치 환원과 창출을 지속해서 이어 나아가기 때문에 오늘날 종교문화경영의 길로 다시 조명되고 있다. 그 길은 사람의 생명을 살려내고 만인의 가슴에 공감과 울림을 주어 인도주의의 차원에서 도덕적 사회를 일구어가는 기능과 역할을 담당하고 있다.

세계의 모든 단체가 정치적 배경을 극복하고 공동선을 실천하는 것은 더욱 밝은 내일의 인류 문화사를 기약한다. 국경과 인종을 초월하여 세계 문화유산을 관리하는 유네스코의 정신과 세계인의 인도주의적 실천이 그것을 증명하고 있다. 객관적이고 합리적인 의식을 가지고 최우선으로 추구하는 인류의 생명 사상은 보편성·공공성을 위해 종교문화경영(학) 차원에서 폭넓게 다루어져야 한다.

〈그림 34〉

토착화가 이루어진 뿌리 깊은 문화나무는 가지와 줄기의 나뭇잎도 싱그럽고 울창하여 한여름에 대중의 쉼터가 되어 무더운 여름 더위를 식혀주기도 한다. 나무 그늘에 놓여 있는 평상(平床)은 휴식을 취할 수 있는 쉼터 자리가 되어 준다. 장성한 나무가 뿜어내는 산소는 맑고 신선한 공기를 제공해 많은 대중에게 생명의 호흡을 활성화한다. 또 그 나무 아래는 만인이 애용할 수 있는 휴식공간의 장소로 제공되어 사랑받는 생명 요소의 공급처이자 때로는 마음과 영혼의 안식처가 되어 준다(그림 34). 이와 같이 비유된 문화나무의 장소와 역할제공, 기능 등은 종교문화경영의 핵심으로 중요하게 다룬다. 시대적 인생관, 세계관은 물론 생명의 존엄성과 가치, 정체성, 보편성, 공공성, 유구성 등에 이르기까지 사회적 표상으로서 인성함양과 지구촌의 인재를 양성하는 데 공조한다.

한국의 사상단체인 종교는 선·유·불·도(교)이며 그의 사상은 가시적·비가시적인 측면에서 유·무형의 생활문화이자 정신문화 세계의 축을 이뤄 문화토착화를 이룬 지 이미 오래되었다. 그러한 종교문화의 정수(精髓)들이 한국인의 삶 속에 하나이자 셋이고, 또 셋이 본래의 자리인 하나로 변화되어간다는 것을 깨우쳐주고 있다. 그와 같은 자연의 순환 섭리는 유형의 합죽선의 원리처럼 펼쳐지고 닫히는 현상처럼 정신사상과 문화에 큰 영향을 주었다.

그의 원리와 이치는 정신적 문화용광로와 같은 기능을 발휘하는 융화

사상에서 일구어낸 통섭 사상을 의미한다. 그 사상은 정신문화의 광장에서 조화롭게 성장하고 발전된 모습으로 드러나기 때문에 신선(新鮮)하며, 종교문화경영에 대하여 통찰적인 안목을 가진 인재를 육성한다. 그는 세계의 아카데미상을 이끄는 문화 속의 문화인이다. 이를 뒷받침하는 교육법 1조에 기록된 홍익인간(弘益人間)과 재세이화(在世理化)의 이념은 세계에서 유일하게 대한민국만 가지고 있는 교육과 정치적 실천이념이므로 정신문화의 선진국이자 문화강국의 입지(立志)를 다지는 데 손색이 없다. 그러한 이념은 또한 세계인이 공유하여 함께 할 수 있는 교육 정신으로 제시해도 부족함이 없다.

그러므로 더 많은 기획과 연구, 사회적 참여와 교육시스템 등이 개발되어 활용되도록 특히 종교문화 경영학의 분야에서 노력하고 제도적 장치와 국민적 관심과 호응의 필요성을 널리 알려야 한다. 종교문화 경영학의 방향과 목적은 최종적으로 (세계) 종교문화경영지도자의 아카데미상을 추구하고 그에 부응하는 방향으로 인재를 양성해야 한다. 그에 대한 주안점(主眼點)은 합리적이고 객관적이며 공정성을 유지하기 위해 사회적 참여능력과 실천력을 함양하는 것이다. 국가적인 안목에서의 종교문화 경영학이 육성되어야 종교문화경영지도자의 산실(産室)이 될 수 있고 종교문화경영에 필요한 자양분을 공급할 수 있다.

종교문화 경영(지도자)학
– 보편적 사회 가치 창출과 환원

9

오늘날 인류는 최첨단과학 문명의 이기(利器)를 통해 과거 70여 년 전(前)보다 차원이 다른 삶의 질과 품격을 누리고 있다. 현실문화는 보편적 가치성과 생명의 존엄성을 중요시하고 쾌적한 환경과 생활의 편리함, 건강과 행복을 추구한다. 그 반면 종교문화(宗敎文化)는 현실적이고 과학적인 의식과 만남으로 사회적 가치 창조와 환원의 필요성을 알게 해준다.

과학적 통찰을 추구하는 현대인은 선현들의 다양한 가르침을 생활문화와 연계시켜 본다. 그는 과학적 탐구 정신과 의식세계를 겸비하고 있다. 과학적 종교사상은 윤리 도덕적으로 객관성과 대중성을 가져 공공성을 지향한다. 그 사상은 현실과 유리되지 않은 삶의 활력소로 현대인의 삶 속에 이어져 보편적 진리를 이끌어 가고 있다. 현대과학문화가 신앙단체의 교리와 신비의 세계를 조명할 수 있게 하고 시대정신을 제공하며 상호 간의 문답을 끌어낸다.

신앙단체가 주장하는 메시지는 과연 진실이자 공공의 가치로서 현실과 미래세계에 투영될 수 있는가? 그러한 문답은 인류 정신문화와의 조화 가능성과 비전(vision)을 되묻는 것과 같다. 종교적 가르침에 대한 합리적인 문답과 체계적인 의식세계의 과학화는 정신과학의 세계를 풍요롭게 하고 종교적 과학 정신을 함양시킨다. 따라서 종교과학의 궁구 대상과 실상은 인간이 우선이며, 인류문화발전과 문명의 이기를 창출시켜 보편적 생활문화로 넓게 펼쳐지도록 한다.

신앙단체의 창교주(創敎主)와 신앙대상이 신의 형상으로, 신적 존재의 위격으로 신성화시켜 본질과 다르게 과대 포장되었다. 그러한 사례에 대한 비판은 독일 신학자 루돌프 볼트만(Rudolf Karl Bultmann, 1884~1976)1)[1]이 주장한 바이블의 비(非)신화화에서 일정 부분 발견할 수 있다. 비(非)신화화와 연계된 종교문화의 뷔페(Buffet)화 시대는 이미 시작되었다. 시대적 패러다임으로 전개되는 종교문화의 뷔페화가 과학(기술)문화의 영향 속에서 멈출 수 없는 진행형이며, 세계인의 의식과 각성 수준을 향상해 준다.

세계종교문화의 뷔페화가 종교의 과학화로 진행하는 시대적 현상을 주도하고 있다. 그러나 생철학적 답안이 되기에는 더 많은 목적에 부합하는 연구가 진행되어야 한다. 그것은 공동체 사회문화의 기능을 발휘하는 구심점이고, 때로는 사안에 따라 우리에게 남겨진 과제이기 때문이다. 그래서 종교문화 뷔페화의 시대를 뛰어넘는 종교의 과학화 단계가 시작되었다. 그는 인류에게 공감을 주는 선현들의 가르침과 공유문화를 탐구하여 보편적으로 승계할 수 있는, 일상생활문화와 직결된 종교문화경영의 길을 제시하고 있다. 그 길은 사상단체의 종지(宗旨)와 활용법을 통해 찾을 수 있고, 특히 신앙단체의 현주소를 직시하고 함께 참여하도록 유도할 수 있다.

모든 단체가 인류에게 전하는 세계적인 가르침은 바로 생활문화와 직결된 종교적 메시지이자 공적인 진리 말씀이다. 그것은 목적에 부합하는 가치의 타당성으로 제기된 생명존중 사상과 문화이며, 특히 인간의 생명을 사랑하라는 것이며 사회적 가치 환원의 중요성과 공동선실천을 주요 핵심

---

[1] 볼트만에 대한 부연 설명은 이 책의 제8장 종교문화 경영(지도자)학의 단계와 과정 12. 종교문화경영의 12단계 – 문화세속화(文化世俗化, cultura saecularisation, culture secularization) 3) 성속일여(聖俗一如) 참조 바람

으로 다루고 있다.

올바른 종교문화경영의 길은 종교문화 뷔페화의 범주와 시대를 초월하여 먼저 종교의 과학화 단계와 과정을 정립하는 것이다. 그것은 21세기 상생 문화를 추구하는 국제적 차원에서 새로운 변수(變數)가 아니라 상수(常數)로 주목받아야 한다. 그러므로 종교문화 경영학은 과학적인 안목으로 공동체 사회문화의 현 상황에 대해 분석하고 문제해결방안을 모색하여 방향(方向)을 제시해야 할 의무와 과제를 줬다.

종교문화 경영학의 본질과 기능은 각각의 신앙단체와 사상단체를 상생의 관계에서 통찰하고, 그들의 사회적 존재가치와 세계사적인 문답이 이루어지도록 유도해야 한다. 그 문답은 공동체 사회에 가치 창출과 환원을 촉구하는 데 목적이 있고, 또한 종교문화경영지도자학의 당면과제로 연구되어야 새로운 상생 문화의 영역을 발견하고 탐구 정신을 활성화한다.

I. 종교문화경영(지도자)
– 종교문화뷔페(Buffet)화 시대를 넘어서

인류종교문화의 시원은 여러 연구 분야에서 탐구되고 있다. 그 가운데 인류가 기존 학설 호모사피엔스(Homo sapiens)의 굴레에서 벗어나 호모사피엔스 사피엔스(Homo sapiens sapiens)의 존재로 연구·분석되고 있다. 호모사피엔스는 인류의 학명(學名)으로 사람과(科) 사람 속(屬)에 속하는 생물분류 체계에서 영장목(靈長目) 종(種)의 아종(亞種)이라는 뜻이다. 민족학, 문화인류학, 고고학, 문화철학 등에서 논하는 호모사피엔스 사피엔스는 약 4~5만 년 전에 지구상에 존재하였던, 현생 인류 조상에 가까운 지혜로운 사람과 매우 슬기로운 사람을 말한다.

호모사피엔스 사피엔스가 무리를 지어 함께 살았다고 한다. 그것은 질서체제가 확립된 가운데 공동체(共同體) 생활을 유지하면서 도덕적 가치 기준 등을 가르치고 실천하는 생활문화도 포함되었다고 유추해 볼 수 있다. 정착된 종교문화의 사회적 가치에 대한 문답이 수천 년 동안 지속하면서 호모사피엔스 사피엔스로 불리는 인간의 존재와 가치가 탐구되었다. 그러한 가치관에 대한 논구와 사회적 공감성은 인문과학뿐만 아니라 자연과학에서도 중요하게 다루면서 과학적 탐구의식은 종교문화와 종교문화경영의 영역도 예외가 아니었다.

과학(科學) 발전과 더불어 과학의 눈으로 살펴본 선현들의 가르침이자 진리로 여겼던 사상단체(=종교)와 유일신 신앙단체(=religion)의 본질과 속성이 널리 알려졌다. 신앙단체의 신학적 안목과 굴레에서 벗어나 분리된 종교학은 과학철학의 이해와 인식을 중요시한다. 현대 종교학이 다문화의 올바른 이해와 다종교사회의 기능과 역할에 대한 수용과 배려를 촉구하는 것은 당연한 결과이다. 서구의 정치권과 학자들은 2차 세계대전 이후 인류의 보편적 생활문화는 평화를 추구한다는 것을 다시 자각했고, 종교문화교류를 세계적인 소통과 배려의 차원에서 수용했다.

1980년대 후반부터 자연과학(自然科學)과 religion(일반 신앙단체 포함), 종교(宗教)와의 만남과 대화는 진행되고 있다. 그러한 진행 과정으로 세계종교문화의 뷔페화 시대가 전개되면서 종교문화경영의 다변화를 끌어냈다. 이에 인간의 정신세계와 유산으로 남겨진 종교문화와 진리가 과학(科學)적인 연구로 분석되면서 종교의 과학화 시대를 맞이했다. 그래서 정신과학과 자연과학의 세계가 함께 공동체 사회의 법과 질서를 유지하기 위해 윤리 도덕적 책무 외에도 실생활에 필요한 사안의 합리성과 공공성을 추구했다. 그것은 오늘과 내일의 실용적 가치 세계를 창출할 수 있도록 상호 간의 배려와 협력이 지속해서 진행되고 있다.

정신과학영역에서 자연과학의 원리를 찾아내 현대사회의 생활문화로 응용하고, 또 다방면에 활용하는 21세기 융합기술의 작업은 한국에서도 이미 시작되었다. 유가(儒家)의 논어(論語)와 중용(中庸), 성리학(性理學),

불가(佛家)의 연기론(緣起論), 동양의 음양오행 사상과 문화 등은 오래전부터 많은 서구 학자들의 관심을 유발해 연구 대상이 되었다. 그들은 정신과학과 자연과학이 하나의 세계임을 발견했다. 결국 인간과 자연, 종교사회문화의 실질적 가치와 의의 탐구는 과학적 차원에서도 병행되고 있다.

지상 평화 사상과 인도주의의 실천이 전쟁을 멀리하고 생명존중을 중요시하며 선(善)을 베풀고 도덕적 가치를 살려 다 함께 화평하게 살아가는 것임을 알게 했다. 이로써 세계종교문화는 국제사회에서 뷔페화 시대의 상황을 뛰어넘어 인도주의 사상을 실천하는 데 보다 많은 관심이 있다. 인류의 생명 구제와 자연생태계보호 등은 과학적 차원에서도 이루어져 종교문화경영의 혁신시대가 도래했다. 따라서 종교문화경영(지도자학)의 역할은 각 단체가 공동선(共同善)을 추구하도록 동력(動力)을 제공하고, 사회적 가치 환원과 창출을 위해 노력하는 것이다.

1. 인류의 종교문화 – 공동선(共同善)추구와 평화

종교와 종교사회문화의 도덕성, 가치성, 보편성, 공공성, 대중성, 역사성 등에 관한 연구는 유일신 신앙단체인 religion의 교리와 범주를 초월하여 진행되고 있다. 그것은 사람과 사람들 사이에 필요한 공동체 생활과 직결되어 질서유지를 위한 법규와 보편적이고 합목적성이 담긴 실용성이 뒤따르기 때문이다.

독일의 사회학자 페르디난트 퇴니에스(Ferdinand Tönnies 1855~1936)에 의하면, 현대사회에는 두 가지 시스템인 공익사회(Gemeinschaft)와 이익사회(Gesellschaft)가 유기체적으로 작동하고 있다. 전자는 내적 가치(=전통적인 도덕성과 윤리적 규범 등)로 그의 본질의지(本質意志 Wesenswille)를 말한다. 본질의지는 일반적인 연대감과 사회결합을 유지해주고 있다. 후자는 외적 가치(=특정한 목적과 수단 등에 따라 이해타산의 중요한 요소로 작용한 것)로 그의 선택의지(選擇意志 Kürwille)를 의미한다. 선택의지는 계약(契約)과 이윤(利潤)을 창출(創出)하는 사회를 형성한다. 어떤 사람(或者)은 선택의지를 임의의지(任意意志)라고 설명한다.

그러한 후자의 특징은 각자가 합리적인 의식을 가지고 결정된 사안과 규정에 따라 선택하고 동참해 유지되는 사회적 시스템이다. 그 시스템을 퇴니에스는 사회계약론(社會契約論)이라고 설명했다. 그는 모든 조직사회의 성격에는 본질의지와 선택의지가 동시에 내포된 집합의지(kollektive Wille)가 있다고 설명했다. 퇴니에스의 설명은 민주주의 사회에서 공익사회와 이익사회 모두 필요하여 존재한다는 뜻이다.

하지만 후자가 주도적으로 제도적 계층을 만들고 경제적 카르텔을 형성하여 이익을 극대화하면 부작용으로 사회적 위화감이 형성되고 혼란이 발생한다. 따라서 상호 간에 균형을 이루는 상생의 차원에서 사회적 가치 창출과 환원의 필요성은 시대를 넘나들며 모든 경영의 핵심으로 회자되고 있다.

예컨대 정치, 경제, 사회, 교육문화, 예술 분야 등에 대한 탐구의식과 특성은 시대의 변화과정과 연계되어 예로부터 오늘에 이르기까지 많은 학자에 의해 제기되었다. 그들은 제기된 문제점을 시대적 상황에서 발생한 요청으로 보고 수용했으며, 필요에 따라 해결방법도 병행시켰다. 그렇게 인류의 종교사회문화는 발전했으며 종교문화사에 반면교사가 되었다.

공동체 사회문화를 선도(先導)하고 정신사상에 영향을 주는 종교 유형은 크게 두 가지다. 자력 수행으로 자아 성찰과 깨우침(覺)을 추구하는 사상단체(=宗敎)와 타력 수행, 즉 유일신(=religion) 숭배나 신적 존재를 통해 보호와 구원(救援) 등을 추구하는 신앙단체가 있다. 후자 중 사회에 민낯을 드러내지 않고 은둔하고 있는, 보편적 사회 가치를 실천하지 않는 유형이 음지(陰地)의 신앙단체로 비유된다. 그리고 그와 정반대의 유형이 양지(陽地)의 신앙단체이다. 교단(敎團) 측에서 양지의 신앙단체 중 일부는 사조직으로 형성되어 사회적 병폐(病弊)와 부패(腐敗) 현상을 발생시키고 있다. 이에 따라 국민의 비판과 뜨거운 눈초리를 피할 수 없어 사회적 문제로 제기되고 있다.

음지의 신앙단체 모습이 어떠한지 종교적 사상(思想)단체와 비교해 밝혀본다. 현시대와 유리(遊離)되지 않은 합목적성과 과학적인 논리와 가르침, 자력 수행을 추구하는 단체를 양지(陽地)의 종교로 비유한다면 그 반대는 음지(陰地)의 종교나 음지의 신앙(信仰)단체라고 할 수 있다. 후자는 자기 나름의 메시아 예수 재림(再臨)론이나 그와 유사한 형태의 논리를 앞세우고 있다. 하지만 그러한 주장은 시대와 동떨어진 비현실적이고 비과학적인 신앙의식을 표출한 것이다.

천국과 지옥, 메시아사상, 부활, 천년왕국의 도래, 신비주의 사상 등은 신앙인의 이상세계이지만 교리적 차원에서 그에 대한 신학적인 반대세력이 존재했다. 그러나 그 반대세력에 의해 피바다를 이룬 많은 사례가 유럽의 그리스도 교회사에 전해지고 있다. 한국에서도 메시아사상에 심취한 신앙인과 신앙단체가 존재하고 있다. 외부자의 관찰에 의하면, 그 단체의 신앙인은 비이성적인 생각과 함께 집단 무의식 속에 몰입되고 때로는 집단적인 삶을 살아가고 있다. 한국문화토양에서 자생한 일부 새로운 그리스도교계통과 비(非)그리스도교의 신앙단체는 음양오행 사상이 접목된 교의학(敎義學)을 사용하며 새로운 메시아의 도래(到來)와 사상을 전하고 있다. 이와 유사한 사상은 다른 신앙단체에서도 발견할 수 있고, 그의 단체가 세상을 다스리는 주체가 된다고 한다.

음지의 신앙단체에서 추앙받는 창교주(創敎主)는 신성의 존재이며 현재의 지도자는 신적 존재로 추앙받으며 그의 말은 절대적이다. 하지만 그의 단체는 사회적 가치 환원과 공동선추구에 별로 관심이 없고, 시대 상황과 변화에 적응하지 못해 은둔적이고 폐쇄적이다. 그 단체는 신앙인의 사생활을 통제하며 신앙인에게 자아도취적 비전과 환상의 늪에서 파묻혀 있도록 자체적으로 만든 교리교육을 강화하고 사회와 격리된 신앙공동체의 삶을 유도한다. 이로 인해 발생한 사회적 문제는 논란과 비판의 대상이 되고 있다. 현대종교의 과학화 시대를 따라갈 수 없는 미숙한 신앙단체가 분명하다. 그 단체의 지도자는 대체로 세상 종말론과 예비(豫備)된 새 하늘과 새 땅을 운운하면서도 스스로 마몬(Mammon) 신에 심취해 신도들에게 무한한 헌금(獻金)을 강조한다. 하지만 헌금사용처, 재산관리에 대한 해명과 근거자료 제시는 하지 않거나 불가침의 성역으로 포장되어 사용처가 밝혀지기를 꺼린다.

일부 신앙단체는 천당과 지옥이라는 이분법적 사고방식과 의식의 틀에 갇혀있고 시대적 변화에 둔감(鈍感)하다. 하지만 현대인의 과학지식과 더불어 사회를 바라보는 수준은 기존세대와 크게 다르다. 지성적인 현대인은 사상단체와 신앙단체를 주시하는 차원 역시 과학적 안목을 겸비하고 있다. 이 두 단체의 문화가 현대과학 문명의 이기(利器)로 세상에 널리 공개되어 가고 있다.

세계 정보화시대를 맞이하여 동·서문화의 교류는 지속하고 있다. 동양의 유가(儒家)와 불가(佛家)사상뿐만 아니라 도가(道家), 한국의 샤머니즘(Shamanism) 사상도 이미 서양에 많이 알려져 있다. 그러한 유형의 책명은 정보처리가 잘되어 검색해 찾아보고, 도서관에서 빌려볼 수도 있으며 책 구입(購入)도 원활하다. 그러므로 관심이 있는 부분은 마음만 먹으면 언제든지 인터넷정보망을 통해 원하는 정보를 찾고 영상물 공유도 일정 부분 가능하다.

국제적인 정보공유시대와 함께 종교문화의 뷔페화 시대가 진행되었고 그에 관한 과학적 탐구 정신과 의식세계는 첨단정보통신망(尖端情報通信網)을 통해 더욱 가속화되었다. 정신사상과 (생활) 문화를 과학적으로 연구하는 작업이나 영적인 순례의 시간은 과거보다 크게 단축되었고, 우리가 사는 시대 또한 그렇게 다변화되어 가고 있다. 과학적 의식과 문화는 세계인의 안목을 넓혀주고 있듯이 정신세계의 과학적 의식과 이해는 더욱 성숙해지고 높은 차원을 지향하고 있다.

오늘날 다원화, 다종교, 다문화, 다가족 시대가 형성되면서 지구촌 시대를 맞이했다. 다양성의 시대에 개성(個性)은 존중과 배려의 대상이 되었다. 문화와의 소통을 중요시하며 자유분방(自由奔放)하게 사는 현대인은 필요하면 뷔페식당에서 자신의 기호에 맞는 음식을 선별하여 선택한다. 그는 여러 가지의 음식에 대한 매혹적인 광고에만 현혹되지 않고 영양가를 생각하며 맛과 냄새, 향 등을 음미한다. 공동체 사회의 다양한 문화를 뷔페식당의 메뉴로 비유한다면 일반적인 종교문화의 메뉴가 될 것이며, 그의 메뉴판은 작성되어 널리 공개된다.

어떤 단체의 종교문화 메뉴가 현대과학과 동떨어져 있으면 시각장애인이 시각장애인을 인도하는 것과 같고, 그가 손으로 코끼리를 만져보고 그의 형상이 어떠하다고 설명하는 것과 다름없다. 그 어떤 종교문화 메뉴의 선택(選擇)과 무선택(無選擇)의 권리가 각자에게 주어졌고 신앙의 자유는 법적으로 인정되고 있다. 그러나 사상단체와 신앙단체, 포괄적 개념으로서의 종교가 무엇인지 모르고 외형만 보고 전체를 판단할 수 없다. 그러므로 사전에 그러한 단체의 개념분석, 종교와 문화, 종교문화의 이해와 종교성향, 사회과학적 의식과 판단 등은 전문가의 교육과 설명이 필요하다.

사상단체와 신앙단체의 공과(功過)는 자국의 역사와 인류 문화사에 기록되어 그 실체를 파악할 수 있다. 그것은 마치 인류문화의 뷔페 상차림을 살펴보는 것과 같다고 비유된다. 과학적 합리성과 보편적 대중성을 가진 문화메뉴가 없거나 부실하면 그 단체는 실체를 드러내지 않은 음지(陰地)의 신앙단체로 전환될 수밖에 없다. 사회의 신뢰와 공공성을 상실하면 그의 간판은 언젠가 떨어질 것이다.

오늘날 각계(各界)의 단체, 특히 신앙단체는 첨단과학 시대의 성장이냐 퇴보냐 하는 대전제를 놓고 종교문화경영(지도자학)의 차원에서 대내외적(對內外的)으로 심사숙고해야 하는 역사적 한계상황에 처해 있다. 합리적인 신앙단체로 거듭나기 위해 과학적인 구조와 시스템을 가지고 대대적인 변화와 혁신이 필요로 하는 시대정신에 응답해야 한다. 고도로 발전된 과학문명의 세계에서 사상단체인 종교(宗敎)와 특수·신앙단체로서의 religion

은 어떠한 형태로든 각자의 실체를 보다 명확하게 드러내지 않을 수 없다.

과학적으로 잘 설계된 집안 구조, 조명(照明), 통풍(通風), 습도(濕度)와 온도조절시스템 등이 갖춰진 쾌적한 환경을 모두 선호한다. 그러한 환경에서 사는 사람이 포근한 마음으로 안락한 휴식을 취해 활기차고 건강한 삶을 누릴 수 있다. 그러한 집은 행복한 보금자리이자 삶의 둥지이기에 생명의 에너지를 재충전시키는 장소가 된다. 그와 마찬가지로 생명 사상을 밝고 활기차게 해주는 삶의 조명은 모든 인류에게 주목받는다.

영성 문화와의 조화로운 소통과 보편적이고 합리적인 메시지를 전하는, 과학적인 안목을 가진 개방적인 종교단체가 필요하다. 개방된 양지(陽地) 문화의 세계에서 자연의 신선한 공기처럼 불어오는 사람 사랑, 영성적 밝음을 추구하는 것은 종교의 본질이자 불변의 속성이다. 그러한 종교문화의 실체적 속성은 도덕실천의 강령(綱領)으로 알려졌다. 모든 가르침의 핵심은 평화로운 삶과 행복을 추구하며 사람의 생명을 중요시하는 데 있어 과학적 통찰 속에 비신화화의 프로세스(process)가 동반되고 있다.

특히 인권과 생명, 평화를 사랑하는 21세기 지구촌 시대를 맞이하여 보이지 않는 영성적 생명에 이르기까지 큰 영향을 주는 것은 신앙단체의 교리강령준수보다 사회적 봉사활동, 공동선을 실천하는 것이다. 밝은 영성 함양과 그에 따르는 올바른 실천행위를 중요시하고 보편적 가치를 추구하는 신앙단체는 교단 내 상황적 존재로만 안주(安住)하지 않는다. 그는 공동체 사회의 한 구성체로서 다양한 경험을 쌓고, 사회적 가치 환원과 창출의 중요성을 자각(自覺)했다. 그와 같은 깨우침과 행위는 또 지구촌에서 함께 어우러져 공존하는 생명공동체의 한 주체임을 드러내는 것이며, 인류문화사 앞에 올바르게 서도록 하는 동력이 된다.

따라서 오직 현존하는 인간만이 인류 공동선을 실천할 수 있는 주체적 존재인 것을 간과하면 안 된다. 주지하고 있듯이 평화와 공존에 걸림돌이 되는 신앙단체 사이의 이념적 갈등과 배타주의는 세계의 문화인에게 호응받지 못한다. 현대인의 종교사상은 다종교, 다문화사회에서 획일성을 거부하고 다원화를 수용하며 인류의 공동선을 실천하면서 세계평화를 원한다. 인도주의 차원에서 상호이해와 협력을 바탕으로 하는 공동선의 실천이 밝은 사회를 이끄는 길이자 생명의 존귀함을 인증하는 것이다. 그 실천은 모든 단체에서 주장하는 가르침의 핵심이자 사회적 역할과 기능을 대변한다. 또 그것은 인간의 밝은 성품을 함양하고 어질고 자비로운 마음을 가지고 박애 사상을 펼치는 것과 무관하지 않아 인도주의 사상을 입증하는 것이다. 오늘날 평화를 사랑하는 사상단체와 신앙단체는 공동선을 실천하기 위한 무한경쟁 시대를 맞이했다.

2. 종교문화사(史)와 교회사(史)의 구분

종교문화는 지역적 특성과 역사적 성향이 담겨 보편적 종교문화사와 연결되어 있다. 종교문화사는 인간의 정신세계와 공동체 사회문화의 본질과 속성 등을 통합적으로 다루고 있다. 그것은 나라마다 지역적 풍토와 특성에 따라 다양한 제도, 관습, 의례, 예술, 사상 등을 두루 포함한다.

세계 각국의 사상·신앙단체의 문화는 가까운 이웃 지역과의 교류로 상호 발전된다. 서로 간의 문화 영향은 인간 삶의 전체 부분과 직결되어 있다. 그가 남긴 삶의 흔적은 다양한 형태로 유형·무형의 문화와 문화재로 남겨져 각 지역의 종교문화사(宗敎文化史)가 되었다.

그러므로 오직 유일신 신앙단체의 형성과정과 가르침이 모든 인류에게 공감을 주는 문화사가 될 수 없어 세계 종교문화사를 대변한다고 말할 수 없다. 지금도 세계적인 조직과 영향력을 행사하는 유일신 신앙공동체 중 하나는 그리스도교다. 다만 과거처럼 세계 종교문화사의 원형이라고 주장하지 않고 있다.

이 단락에서 논하는 유일신 신앙공동체사는 그리스도교의 교회사를 뜻한다. 세계 그리스도교 국가 중 약소국가를 침탈하여 식민지로 만들고 착취한 사례는 그 나라의 신앙공동체사, 즉 교회사이지 인류의 종교문화사는 아니므로 구분되어야 마땅하다.

1) 그리스도 교회사 – 그리스도제국의 형성사

그리스도인이 모여 예배를 올리는 장소가 그리스도교회이다. 또한 그의 사상과 삶의 의식, 집합적인 행위와 결과 등을 기록한 것이 그리스도의 신앙공동체사인 교회사(教會史)이다. 물론 그리스도 교회사가 인류의 종교문화사의 지표가 되는 것도 아니며 통합적이지 않기 때문에 보편적 인류문화사를 대표하는 것은 아니다. 한국의 교회사는 인류의 종교문화사와 유일신 단체의 교회가 명백히 구분되듯이 한국사를 대표하거나 상위개념이 될 수 없다. 교회사는 신앙사상과 연계해 사용된 용어가 보편적 개념이 아니므로 역사적 안목에서 기록된 것처럼 정명(正名) 사용을 범사회적·국가적 차원에서 추진해야 한다.

그리스도교제국의 형성과정은 그의 신앙문화이자 교회사로 특히 유럽의 정치철학·교육사상 등 여러 형태의 제도적 관례와 의식에 큰 영향을 주었다. 그 제국의 형상과 기능, 역할 등은 이미 위 단락에서 논구되었지만, 오늘날 예수의 전언과 사상이 왜 국제적으로 재조명되어야 하는지 살펴본다. 팔레스타인지역 나사렛에서 출생한 예수의 본래 정신은 청빈한 삶, 물과 성령으로 거듭남(重生), 회개에 합당한 열매 맺기, 용서, 박애(博愛), 지상 평화 사상으로 요약될 수 있다. 이와 같은 예수의 정신사상은 산상수훈(山上垂訓) 팔(八) 복음과 주기도문(主祈禱文)에 온전하게 담겨 있다. 예수의 생애와 복음 사상과 실천행위를 본받고 그를 숭앙하고 추모하는 차원에서 창교(創敎)된 단체가 예수 그리스도교다. 초대 그리스도교의 출발이 예수의 뜻을 이어가는 사상단체가 예수이즘(Jesusism or Jesuanism)이었다. 예수가 전한 신의 사랑과 지상 평화 사상, 그의 십자가(十字架) 사상과 도(道)는 그리스도교의 상징이 되었다.

그러나 예수 사후 313년 그의 사상은 콘스탄티누스(Constantinus) 대제(大帝)의 밀라노칙령으로 로마제국 황제(皇帝)의 정치사상과 접목되었고, 밀착 관계를 유지해 가면서 로마제국의 통치이념이자 수단으로 수용되었다. 그의 사상과 이념은 차후 서로마 교황청 중심제도의 조직정비와 교리의 체계화는 물론 제도권의 유일신 신앙단체로, 그리스도교 대제국의 정신적 지주로 발전하였다.

2) 동·서로마제국의 그리스도교화

로마 대제국의 정신적·정치적 통합사상은 아우구스티누스의 삼위일체론 수용에서부터 시작되었고, 그의 이론은 제국의 통치이념이자 수단이 되었다.

325년 로마 황제 콘스탄티누스는 니케아 종교회의(=니케아 공의회 Concilium Nicaenum Primum)에서 아우구스티누스의 삼위일체론을 인정하는 아타나시우스(Athanasius)파를 정통으로 인정했고, 그를 부정하는 아리우스(Arius) 파를 이단으로 규정해서 강제로 몰아냈다. 삼위일체론이 그리스도교의 교리를 대표하는 니케아(Nicaea, 현재 터키의 이즈니크) 신조가 되었다. 이로써 그리스도교의 정통(正統)과 이단(異端)이라는 용어가 사용되었지만, 정통과 이단의 논쟁은 격화되어 차후 수많은 전쟁의 원인이 되었다.

정치권과 연계된 니케아 신조의 신봉자들과 다른 여러 그리스도교 종파[2] 사이에 삼위일체론에 대한 날카로운 논쟁과 적대관계가 형성되었다. 380년 로마 황제 테오도시우스 1세(Theodosius I 347~395)는 이교(異敎)와 그리스도교의 분파 중 하나인 아리우스파를 이단으로 정죄(定罪)하고, 니케아 신조 하나만 갖도록 규정한 칙령을 발표했다. 니케아 신조는 381년 교회의 승인을 받은 후 삼위일체론을 신봉하는 신앙인만 그리스도인으로 간

---

[2] 그리스도교의 종파는 그 당시 큰 틀에서 아리우스파, 알렉산드로스파, 중간파(오리게네스 주의파)로 나뉘어졌다.

주(看做)했다. 그 신조는 분열된 예수 사상을 하나의 교리로 수습하고 로마 대제국의 정치이념이자 그리스도화의 지표가 되었다.

예수 사상은 로마 황제의 정치적 영향력을 높이는 매개체가 되면서 로마 황제는 신적 존재가 되었다. 그리스도교는 보편교회(universal church)를 지향한다는 차원에서 보편교회주의와 공교회주의라고 하였다. 보편교회는 차후 공의회(公議會, Concilium)를 통해 가톨릭시즘(Catholicism)이라고 불렸다. 하지만 그리스도교의 가톨릭시즘(Catholicism)은 제도적으로 유일신 신앙단체, 유일한 신앙단체(religion)로 전환되었다. 이스라엘 민족의 신, 전쟁의 신 여호와와 연계된 예수 그리스도교의 교리와 신조는 로마 대제국의 국가경영철학과 융화되었다.

"330년 콘스탄티누스 황제는 광대한 로마제국을 통치하기 위해 수도(首都)를 서로마에서 동로마 지역의 비잔티움(콘스탄티노플, 오늘날의 이스탄불)으로 옮겼다. 395년 테오도시우스(Theodosius, 재위 379-395) 황제가 그의 장자 아르카디우스(Arcadius 377/378 ~ 408)에게 동로마를, 차남 호노리우스(Honorius 384~423)에게 서로마를 통치하게 했다. 동·서로마제국이 분리된 시기이기도 하다."[3]

그 후 동·서로마의 교황이 각각 추대되어 2명의 교황이 그리스도교 대제국에 존재했다. 전자는 동로마 가톨릭교회로 오늘날 동방정교회(東方正敎會, Eastern Orthodoxy), 후자는 서로마가톨릭교회가 되었다. 유럽 동부지역에 있는 동로마 가톨릭 제국은 콘스탄티노플(Constantinople, 이스탄불)을 중심으로 약 1000년 동안 찬란한 비잔틴문화를 발전시켜 비잔티움제국(Byzantine Empire)이라고 했다. 동로마 가톨릭 제국은 고대 그리스, 로마 그리고 페르시아 문화를 융합시켜 독특한 비잔틴 미술문화[둥근 지붕(dome)

---

[3]   안병로, 『그리스도교의 검과 평화』, 지성인, 서울, 2016년 144쪽

형식과 모자이크 벽화)를 발전시켰고, 그리스 정교회(正敎會)의 본산이 되었다. 동로마 가톨릭 제국의 문화는 종교문화의 습합 사상에서 이루어졌고, 그의 문화경영은 동유럽의 문화토착화를 조성했다. 동로마 비잔티움제국은 1453년 오스만 투르크제국[Osman Türk 제국(帝國)]에 무너졌다.

서로마가톨릭 제국은 476년 게르만의 용병대장 오도아케르(Odoacer)에 의해 멸망했다. 그는 서로마 황제 안테미우스(Anthemius; 재위 467~472)의 친위군이었다.[4] 서로마가톨릭 제국의 황제통치가 무너진 후 서로마가톨릭 교황(敎皇)이 추대되었고, 점차 교황통치로 전환하면서 교황권이 강화됐다. 서로마 교황청은 교황을 중심으로, 교황은 로마 시대의 황제처럼, 살아 있는 신의 대리자로 그리스도교 대제국을 통치했다. 그의 통치 사상은 유럽 교회사의 중핵이 되었고, 유럽국가의 역사형성에 영향을 주어 유럽사에서 빠지지 않고 등장한다.

유일신을 중심으로 한 그리스도교 우월주의와 그리스도교 대제국의 통치 권한은 교황의 위격과 권위를 대변했다. 교황청의 바이블 해석과 다른 학자들의 신학적·과학적 해석은 용납될 수 없었다. 그들은 이단으로 정죄(定罪)되었으며 그 누구도 이단 논리에 걸려들면 죽음을 면치 못했다. 타(他) 신앙단체에 대한 배타적 가톨릭 사상은 이단 논리의 굴레에서 벗어나지 못했고, 교황에 의해 이단 정죄의 명분이 내려지면 전쟁도 불사했었다. 그렇게 동·서로마제국의 그리스도교화는 이루어졌으나 그리스도교의 전쟁사는 역사적 사건으로 남겨졌다.

3) 그리스도 교회사와 전쟁사의 관계

서로마가톨릭교회의 교황(敎皇) 우르바누스 2세(Urbanus II, 1035~1099)는 신앙의 대상이자 신의 아들 예수의 이름으로 1차 십자군 원

---

[4] http://100.daum.net/encyclopedia/view/b14a3308a 참조

정(1095~1099) 전쟁을 일으켰다. 그 전쟁의 원인과 명분은 예수의 무덤이 있는 곳인 성지탈환이다. 11세기 중엽 이슬람 제국의 세력은 현재 이라크의 바그다드 지역까지 점령하여 다스릴 만큼 강성해지며 그리스도교의 예루살렘 성지순례가 방해받으면서 성전(聖戰)의 이름으로 시작되었다.

그 전쟁(1095~1270)은 학자마다 다른 의견을 가지고 있으나 200년 동안 여덟 차례 이상 일어났다. 그리스도교 국가들이 연합한 1차 십자군 원정 전쟁은 승리였다지만 그 이후의 전쟁은 이슬람군의 치열한 반격(反擊)으로 패전했다. 그 가운데 1차 십자군 전쟁은 가장 처참하고 잔인했으며, 헤아릴 수 없이 수많은 사람의 생명을 앗아갔다. 가톨릭 제국의 통치와 신앙경영은 바이블 구약에서 설명된 신 야훼(Yahweh)의 다양한 형상을 본받은 것처럼 보인다. 유일신 사상으로 무장한 가톨릭 제국의 십자군 원정 전쟁은 유럽 교회사에 남겨진 참혹한 악행이며, 인류 문화사에 야만적인 역사적 사례로 기록되었다.

그뿐만 아니라 유럽의 그리스도 교회사에 정통과 이단을 구별해 척결하기 위해 벌어진 교리논쟁은 예수에 대한 분쟁 점화와 유혈(流血) 전쟁으로 번져 유럽의 전쟁사와 교회사가 되었다. 그리스도교를 신봉하는 서구의 각 나라는 그리스도 교회사의 범주를 벗어나 자국의 보편적 역사가 있었는지, 보편적 가치를 추구하는 세계 종교문화사에 어떠한 의미를 부여하고 있는지 돌이켜봐야 할 것이다. 유일신 신앙과 religion 전쟁을 논하지 않고는 서구(西歐)의 교회사와 역사를 제대로 알 수 없을 만큼 밀착된 불가분(不可分)의 관계가 형성된 탓이다. 결국 예수의 본래 가르침과 그리스도교로서의 보편적 기능이 크게 상실되고 변질해 서구의 교회사는 전쟁사가 되었고, 그 전쟁사 또한 서구 역사의 대부분을 차지하고 있다.

서구 그리스도교의 교회사(教會史) 중 인디언의 학살과 약탈 등은 식민주의정책에서 비롯된 것으로 인류 문화사의 통찰적인 안목에서 지탄받아 마땅하다. 특히 스페인, 포르투갈, 영국, 미국 등은 아메리카 원주민에게 사죄하고 차원 높은 혁신경영으로 회개에 합당한 열매를 맺어야 한다.

그것이야말로 본래 예수가 주장한 이웃 사랑의 깨달음과 실천의 길이며, 예수 사상을 부활시킬 수 있는 첩경이다. 그와 같은 주장과 논리는 그리스도교에서 자랑하는 최고의 권위가 담겨 있는 바이블 신약에서 찾을 수 있어 정리해 보았다.

예수가 네 이웃을 네 몸과 같이 사랑하라는 박애 사상, 빛과 소금의 사명, 용서와 원수사랑 그리고 "회개에 합당한 열매를 맺으라"(마 3:8)라고 한 것은 예수의 지상명령이자 그리스도인의 보편적 실천의 길이자 십자가의 도를 설명한 것이다. 그뿐만 아니라 "영혼 없는 몸이 죽은 것 같이 행함이 없는 믿음은 죽은 것이라"(약 2:26)라고 기록한 것은 실천의 중요성을 알려준다. 서구 그리스도 교회사의 잔혹한 원주민학살 사례는 교회사 자체에서도 발견되는 죄악사이다. 그것은 교회사와 인류 역사를 구별하는 차원에서 설명한 것이며, 인류 문화사적 문제의식과 연계되어 있다. 따라서 그리스도교의 반성과 회개에 합당한 열매 맺기, 그리고 재발 방지 차원의 촉구는 성찰적인 면에서 아무리 강조해도 부족하지 않다.

4) 세계 그리스도교제국의 식민지정책과 선교정책

예수는 이 땅에 지상천국을 이루기 위해 산상수훈 8 복음(마 5:3-12)을 전하면서 적극적인 실천을 강조했다. 그는 신분의 귀천을 따지지 않았으며 가난하고 불쌍한 사람과 동행했다. 그의 가르침에는 노예제도가 없다. 그러나 그의 후계자들은 예수의 전언 중 하나인 이웃사랑 실천을 어기고 무고한 원주민 인디언들의 생명을 대량 살상하였으며, 노예제도를 만들어 노예를 착취하고 상품화시켰다.

그와 같은 악행은 인류사에 큰 죄악을 저질렀던 사건 중 또 다른 그리스도 교회사의 범죄행위로 분류된다. 그리스도교의 제국주의적 식민지정책은 선교정책이라는 평계로 원주민의 수탈과 착취를 서슴지 않았다. 그리스도교가 저질은 만행과 범죄행위는 고스란히 그리스도교의 교회사이자 죄악사로 남겨져 몇 나라의 사례를 첨부해 간략히 소개한다.

　①그리스도교회의 역설(paradox) - 스페인

　서로마가톨릭을 국교로 삼았던 스페인 군인들은 1494년 도미니카섬을 점령한 후 그 지역 원주민인 인디언들에게 황금을 채굴해 오라고 강요했다. 그들은 원주민 개개인에게 주어진 책임량을 다하지 못하면 손목을 절단했고, 눈알을 빼고, 반항하면 코와 귀를 잘랐다. 인디언들은 또한 개들의 공격을 받아 물어 뜯겼고, 짐승들의 먹잇감으로 내던져졌다. 원주민의 잔혹한 살인과 고문, 강간과 약탈, 서구 중세시대 마녀사냥에서 성행했던 사람을 산 채로 불 태워 죽이는 화형(火刑) 등이 난무(亂舞)했다. 황금에 눈이 멀어 인간이기를 거부했던 잔혹한 사건들이 무수히 발생했다.

　스페인은 1519년 대서양과 멕시코만(Gulf of Mexico)에 접해있는 카리브해(Caribbean Sea) 섬들을 정복했다. 그 후 어느 날 갑자기 그 지역에서 유럽인에 의해 콜레라, 천연두, 폐렴 등이 발생했다. 그로 인해 고대 아스텍문명의 수도인 테노치티틀란(Tenochtitlan, 현 멕시코시티)에서 약 24만 명의 생명이 떼죽음한 것은 세계적인 미스터리(Mystery)이다.

〈그림 35〉

위 〈그림 35〉는 1504년 네덜란드 테오도르 드 브리(Theodore de Bry)의 목판화이다. 가톨릭을 신앙하는 스페인 군인들이 인디언의 손목을 자르는 모습(Christopher-Columbus' Soldiers - Chop the Hands-off- of-Arawak-Indians who Failed to Meet the Mining-Quota)이다. 그들이 카리브해 지역에 사는 원주민 인디언들의 손목을 절단하고 눈을 파내 동물의 먹이로 던져진 것을 판화로 그린 것이다.

〈그림 36〉

〈그림 37〉

〈그림 36〉과 〈그림 37〉도 1504년 네덜란드의 판화가 테오도르 드 브리(Theodore de Bry)의 목판화이다.[5] 이 그림은 그리스도교를 신앙하는 스페인 군인들이 인디언들을 화형하는 모습이다.

1598년 인디언의 친구로 알려진 스페인의 사제(司祭)이자 역사학자인 바르톨로메 데 라스 카사스(Bartolomé De Las Casas, 1474~1566)는 자신의 저서 『인디아스 파괴에 관한 간략한 보고서』에서 '인디언의 대학살'을 구체적으로 기록했다. 필자는 그의 저서를 참고하고 인용했다.

---

[5] 인디언 학살에 대한 자료와 그림은 뉴욕 공립도서관, 희귀본 및 필사본 보관실에 있다고 전해진다. 필자는 인디언학살을 묘사한 그림 14~22를 인터넷에서 찾아 복사하여 인용했다. 그러한 그림 가운데 3장(그림 35~37)은 이 단락 이전에 제시한 그림과 중복되지만, 이 단락에서 내용상 강조하는 차원에서 다시 제시되었다.

② 그리스도교회의 역설(paradox) - 미국

1607년 미국의 버지니아(Virginia) 주(州) 의회는 제임스타운
(Jamestown; 영국인이 최초로 영구 정착한 곳)을 건설했고, 노예제도(奴隷制
度)를 합법화했다. 수백 명의 인디언이 그곳에서 노예 생활을 했고, 노예
(奴隷)로 매매되었다. 노예무역이 장기간 성행했다. 1622년 3월 22일 제
임스타운에서 원주민 인디언과 백인 정착민 사이에 분쟁을 넘어 일어난
충돌인 인디언 '학살(Massacre)'이 벌어졌다. 이 사건은 제임스타운 학살
(Jamestown Massacre)이라고도 부른다. 아래의 목판화(그림 38)는 1628년
매튜스 메리언의 작품으로 알려졌다.[6]

〈그림 38〉

2007년 6월 15일 자 중앙일보에 의하면, 미국 버지니아주에서 시작된
'노예제 사과(謝過)'에 대한 결의문이 주민들의 동참으로 점차 미국 전역으
로 퍼지면서 통과되어 400년 만의 배상문제가 수면 위로 떠 올랐다. 그다
음으로 뉴욕(New York)주가 그런 결의안을 채택하면 버지니아, 메릴랜드,
노스캐롤라이나, 앨라배마에 이어 다섯 번째의 주가 된다. 미국 대통령 버

---

[6] https://ko.wikipedia.org/wiki/ 참조

락 오바마(Barack Obama)는 2009년 9월 원주민학살에 대해 사죄를 표명했다. 노예제 배상이 이뤄지면 백인들의 정착 이후 5000만 명 이상이 희생된 것으로 추산되는 인디언에 대한 처우 문제도 불거질 것이다. 하지만 대부분의 미국 언론에서는 (말로만 할 수 있는) 노예제 사과가 폭넓게 번지더라도 배상이 현실적으로 이어지기 힘들 것으로 분석하고 있다.

미주대륙의 원주민 인디언 학살과 착취는 언어와 글로 표현할 수 없을 만큼 극악하고 상상을 초월한다. 그런데도 국제적 차원의 공식 사과와 그에 합당한 배상과 보상, 재발 방지대책 등의 사후처리가 없다는 것이 문제이다. 그에 대한 정치, 인류 문화사적 반성과 재발 방지, 국제적 성찰 과정이 이루어져야 마땅하다.

일부 신앙단체는 공동체 사회문화에 관한 이해의 폭과 인식의 스펙트럼을 넓히기 위해 다른 신앙단체를 연구하면서 자신의 신앙단체의 현 상황 인식과 문제점을 타진해보기도 했다. 여기서 드러난 장점은 그리스도교 선교정책의 하나로 응용하기 위해 적절성(適切性, Relevanz)을 찾아 사용했다. 그러한 방법은 자체적으로 발견된 문제점 타개(打開)에 참고로 삼았다.

서구 그리스도의 지식인 중 일부는 과거 식민주의정책에 대한 반성과 회개가 인류 문화사적 차원에서 필요하다는 점을 알고 있다. 하지만 실천하지 않는 사과문 발표는 지구촌 시대, 세계화 시대, 공동선 추구시대에 걸맞지 않아 회개에 합당한 열매를 맺으라는 예수 사상과 아주 먼 거리에 있다.

다만 그리스도교의 죄악사를 고발하는 지성인들의 의식이 살아 있어 다행이다. 그들은 평화를 갈구하는 염원으로 예수의 박애 정신과 지상 평화 사상의 실천을 촉구하고 있다. 이에 깨어 있는 세계인들의 공조적인 참여와 협조가 요청되는 것은 현 국제사회에서 주장하는 생명의 존엄성과 인도주의 사상을 실천하는 것과 직결되었다. 사과문에 합당한 국제적인 협의와 조치가 이루어져 평화와 희망의 열매가 맺어지길 기대해 본다.

3. 인류문화사, 성찰과 회개에 합당한 열매 맺는 길 촉구

현대 인류문화사는 만인의 공감의식 속에 생명을 중요시하고 지상 평화를 위해 노력하는 실용성을 추구하는 보편사상과 문화를 주목하고 있다. 특히 국제적 외교 관계에서 과거의 잘못을 시인하고 성찰된 회개가 결실로 이어져야 한다. 그러한 언행은 평화문화의 씨앗이자 평화를 촉구하는 세계인의 본보기가 되어 높이 평가된다.

1) 평화문화의 씨앗

세계 그리스도교의 유일신 선교정책이 식민지정치 사상과 하나되어 평화롭게 살고 있던 원주민들을 끔찍하게 학살, 약탈(掠奪), 수탈(收奪)하는 데 사용되었다. 참으로 놀라운 일이 아닐 수 없다. 오늘날 그리스도교 국가와 교인은 역사적 예수의 존재와 영혼을 더 욕보이지 말고 바르게 성찰하고 결단(決斷)을 내려 과거사의 잘못을 반드시 뉘우쳐야 한다. 진솔한 참회는 속죄제(贖罪祭)가 되어 인류문화사에 기록될 것이다. 적당한 말과 몸짓으로 흉내만 내는 사과(謝過)는 누구나 할 수 있다. 이미 그리스도교의 최고 지도자들은 그렇게 몸짓(Gesture)을 써가면서 시대적 상황내존재의 면피용으로 많이 사용했다.

따라서 바이블에 제시된 것처럼 회개에 합당한 열매 맺음은 반성하고 성찰한 것을 실천으로 옮겨 용서와 화해 그리고 '샬롬'(히브리어, שָׁלוֹם, shalom)[7]의 정신 속에 이루어져야 한다. 그렇게 할 수 있다면 그리스도교는 평화를 사랑하는 인류의 보편적 교회로서 역할을 이행하는 것이며 예수가

---

[7] 샬롬의 뜻은 화평이며 유대인의 일상적인 인사말이기도 하다. 샬롬의 구체적인 의미와 세부적인 해석은 아래의 책을 참조하길 바람. 안병로, 『그리스도교의 검과 평화』, 제3장 그리스도교와 바이블, 4. 바이블에서 평화의 개념과 의의, 85쪽~90쪽

전한 평화문화의 씨앗을 발아시켜 꽃 피우는 것과 같다. 그러한 행위는 예수의 후계자로서 진정한 신앙인의 올바른 자세로 대의를 실현하는 것이다.

2) 공동선추구 – 지상 평화와 종교문화의 영성 사상

문화의 씨앗을 파종(播種)하고 동화·조화의 시기를 거쳐 문화의 꽃을 피우고 세속화·토착화 과정을 마무리하며 추수하는 긴 여정은 현시대 상황에서 진행되어야 한다. 이 상황은 인류가 지향하는 공동선의 추구와 지상 평화 사상으로 이어져 갈무리할 시대정신임을 알려주고 있다. 공동선 추구를 위해 필요한 인성교육과 함양, 실천의 길은 현실 세계와 유리(遊離)되지 않았고, 항상 역동적인 힘을 가져 생활문화에 활기를 불어넣어 준다. 그 힘은 사회적 가치 창출과 환원, 생명의 존엄성 등을 먼저 작동함으로써 각 단체의 종교문화경영 길과 연동되어 있다. 생명을 중요시하고 살리는 것은 인도주의의 실천이자 아름다운 결실로 이어지기 때문에 공동선 실천은 지상 평화의 지름길이 된다. 또 그 길은 우리의 가장 가까운 곳에 있는 길, 마음을 다스리는 길로 생명의 호흡을 동반하고 있다. 선현들은 사람을 사랑하는 마음을 삶의 중심축이어야 한다는 의미에서 심축(心軸)이라고 표현했다.

다양한 삶의 질곡처럼 험난(險難)하기 짝없는 인생의 여정과 주변 환경에 의해 인간의 성품은 후천적으로 부정적인 영향을 받기도 한다. 그러므로 인간 본래의 순수하고 밝은 성품을 회복하고 다시 밝히도록 이끄는 교육이 필요하다. 따라서 예로부터 국가교육의 목표는 100년을 내다보고 방향이 설정되어야 한다. 이와 동일한 것이 종교의 기능과 역할이다.

각 사상단체와 신앙단체가 공동체 사회의 현장에 공익을 위해 참여하는 목적은 사람 생명을 사랑하고 배려하는 사회적 가치 환원에 있으며, 만인이 공감할 수 있는 공동선을 실행하는 데 있다. 그러한 것은 물론 지상 평화의 세계를 이루고자 하는 인류의 염원에 공조한다. 따라서 종교의 순기능은 이미 위에서 설명한 Homo Ethicus와 Homo Academicus의 길로 인도하여 공동체 사회에서 실천하는 것이다. 그 길은 인성을 함양시켜 사람의 의식을 신의식(神意識)의 차원으로 높이고, 생명존중과 공동선에 참여하도록 이끈다. 인성과 도덕성의 발달과정은 밥상머리 교육에서부터 수신제가(修身齊家)하는 시간이 필요하다. 각각의 단체마다 심신(心身)을 단련하고 밝히는 수행법은 다르다고 하지만 교육적 차원에서 다루어져 종교문화경영과 분리되지 않았다. 공자가 제시한 수행의 필요성, 목적, 방향 그리고 의의는 유가의 경전 『논어(論語)』에 구체적으로 제시되어 있어 인용해 보았다.

『논어』 헌문편(憲問篇)에 자로(子路)가 공자에게 군자(君子)에 대하여 질문(子路 問君子)하니 공자는 (삼가 조신(操身)하고 공손하게) "공경(敬)하는 마음으로 자신의 몸을 닦아야 한다(修己以敬)"고 했다. 자로가 "이와 같이 해야 할 뿐입니까(斯而已乎)"라고 되물으니 공자는 "몸을 닦아서 사람을 편안하게 하고(修己以 安人), 몸을 닦아서 백성을 평안하게 하는 것(修己以 安百姓)이다. 또한 그렇게 자신을 닦아 백성을 편안하게 해주는 것은 요순(堯舜)임금도 오히려 어려워하신 것(堯舜 其猶病諸)"이라고 했다.[8] 먼저 자기 자신이 경건한 마음으로 수행하고 어진 마음으로 사람을 편안하게 하며 사람을 사랑하는 사람, 그 사람(=위인 偉人)이 군자(君子)라고 공자는 말했다. 이처럼 군자의 길을 설명한 공자의 뜻은 수행의 목적이 사람 사랑에 있다는 것을 알 수 있다. 독일 철학자 니체가 병든 사회에 초인(超人)의 등장과 필요성을 설명한 것은 어찌 보면 군자와 같은 인물이라고 볼 수 있다.

자연과 함께 자연의 품속에 사는 인간이 소우주(小宇宙, 그리스어로

---

[8] 　子路 問君子 孔子曰 修己以敬(자로 문군자 공자 왈 수기이경)
　　曰 如斯而已乎 子曰 修己以安人 (왈 여사이이호 자왈 수기이안인)
　　曰 如斯而已乎 子曰 修己以安百姓,堯舜其猶病諸"(수기이안백성요순 기유병저).
헌문편(憲問篇) 45

mikros kosmos)라는 의미는 동서양이 공유하는 개념이다. 보편적 종교(宗敎)는 인간을 소우주로 생각하고 배려하며 실천하는 과정에서 생명존중의 길, 실질적인 공동선 실천의 길을 주저하지 않는다. 그 길은 인류종교문화의 영성 사상을 깨달아 사회적 가치로 환원시키는 데 필요한 방향과 주목적을 설명한 것이다.

종교적 순기능이 자연과학 세계와 연계되어 실행할 수 있는 사람이 그 기능의 주축이 된다. 각 단체의 수행(修行)은 사람을 편안하게 하고 사람을 사랑하며 공동선실천에 참여하는 데 본질적인 의의를 두고 있다. 그러므로 인류의 모든 사상단체와 신앙단체는 사회적 가치 창출과 환원을 위하여 공동선을 이행해야 한다. 이와 같은 목적의식과 방향에 따라 종교문화 경영학은 사회에 이바지할 수 있는, 다양한 분야에서 함께 공감할 수 있는 대응책과 매개체 등을 제공해야 한다.

II. 종교문화경영(학)의 길, 공동선(共同善)의 실천(實踐)으로부터

세계의 신앙단체마다 주장하는 신(神)의 형상과 메시지가 있다. 그러한 신 또는 신적 존재를 경외하고 그의 가르침을 따르며 인간의 도리를 행하라고 전하는 것은 각기 다른 단체임에도 불구하고 내용상 큰 틀에서 차이가 별로 없다. 도덕성을 함양하고 생명을 살리며, 선(善)을 행하고 용서하며, 공의(公義)를 가지고 바르게 살라는 말씀 또한 다르지 않다. 무엇보다 인간의 생명과 영성을 고귀하게 여기며 중요하게 생각하여 다루는 것은 동일하다. 그와 같이 삶 속에 권선징악(勸善懲惡)을 주장하는 것은 최소한 사회적 가치 환원이라는 차원에서 사람이 사람답게 살아갈 수 있는 길을 제시한 것이다. 그러한 길은 인류의 보편적 성향이며 보편적 종교로서 인간의 밝은 성품을 함양하고 어진 마음으로 공동체 사회에 삶의 가치로 다시 환원시키는 교육사상과 무관하지 않다.

따라서 오늘날 종교가 이웃 사람을 배려하고 사랑하며 상호 간의 생명을 존중하고 실천하도록 이끄는 것을 본고에서는 '종교문화경영(지도자학)의 길'이라고 했다. 그의 길은 독일 철학자 칸트(Immanuel Kant, 1724~1804)가 인간의 이성과 도덕적 양심에 호소한 정언명령(定言命令, categorical imperative), 아리스토텔레스가 설명한 정의롭고 공정한 사회를 이루기 위한 '좋은 삶'과 '공동선(共同善)'을 포함하고 있다.

공동선의 실천(實踐)은 세계 인류에 실질적인 도움과 이로움을 주는 사회적 가치 창출과 환원으로 제공될 수 있어 더없이 중요하다. 지구촌에 무한하게 펼쳐진 삶의 현장에서 각자의 노력과 역할이 더 효율적으로 이루어지기를 기대한다. 또 그것은 인류의 풍요로운 종교사회문화의 표상이자 문화인의 종교적 성향으로 공동선을 실천하는 것으로 귀결된다.

1. 종교문화경영(지도자학)의 길, 인성함양실천 운동의 동력

종교의 개념에는 여러 유형의 사상·신앙단체가 포함되어 있으며, 그들의 문화적 요소들은 공동체 사회에 영향을 주어 다종교문화라고 한다. 그러한 단체들은 합목적이고 공동가치를 추구할 사회적 기능과 역할을 할 수 있는가? 그들은 공동체 사회의 법과 질서를 지키는 데 최소한의 도덕적 요소로 작용할 수 있는가? 그 외의 차원 높은 질문들도 과학철학적인 이해와 관찰을 통해 지속해서 제기되고 있다.

첨단과학이 발전된 21세기는 대명천지(大明天地)의 사회를 촉구하고 있다. 그와 같은 사회에서 종교문화경영(지도자학)의 길은 인성함양 실천 운동에서부터 시작되어야 한다. 인성함양은 도덕성을 배우고 심성을 바르게 하며 본래의 밝은 성품을 찾아 어진 마음을 가지도록 하는 것이다. 그것은 또 인간의 원초적인 종교(심)성과 무관하지 않아 종교성에 영향을 준 공동체 사회문화사상의 근간이 무엇인지 살펴보아야 상호 간의 맥락을 이해하는 데 도움을 준다.

인류의 가장 오래된(最古) 원시 신앙이 샤머니즘이다. 원초적인 종교성은 샤머니즘과 밀접한 관계를 유지하고 있다. 오늘날 일부에서는 샤머니즘 가운데 사람을 해치지 않는 백(白) 주술(呪術)의 샤머니즘은 긍정적인 측면에서 사회의 심리상담사이자 심리치료사의 기능을 담당하고 있다. 샤머니즘의 요소가 인간의 내면세계에 잠재되어 있음을 설명한 것이다.

하지만 성현들은 그보다 차원 높은 인간의 의식 수준과 영성발전을 위해 인류에게 수많은 가르침을 주었다. 그 가르침은 무심한 세월의 변화 속에서도 지상 평화를 일구어 나아가기 위해 종교적 수행의 필요성과 실천 요소를 제공해 삶에 자극을 주고 활력을 불러일으킨다. 그들의 예언적인 설파와 성심이 담긴 세계적인 가르침은 시대를 초월하여 공감과 감동을 주고 있다. 그에 따르는 실천은 위대하였고, 경외감과 성스러움 또한 정신세계의 표상으로 인류문화사에 본보기가 되었다.

인류문화사에 드러난 신의 형상과 신에 대한 호칭은 지역적 풍토와 특색에 따라 각기 다른 모습으로 표현되어 천차만별(千差萬別)이나 유일신 신앙문화가 제도권의 신앙단체가 되었다. 그런데도 제도권의 신앙단체뿐만 아니라 다른 단체도 첨단과학 시대에 진리의 얼굴을 감추거나 가리면 본래의 모습은 오늘날 더욱 드러날 것이다.

샤머니즘과 선(仙)·유(儒)·불(佛)·도(道) 가(家)는 물론 자국에서 자생한 새로운 신앙단체와 외국에서 전파된 신앙단체가 한국공동체 사회에 어우러져 있다. 그들은 하나의 공동체 사회라는 문화공간에서 마치 백화점의 진열된 상품처럼 다양한 형상과 자태를 이루고 있다. 그러한 단체 중 일부는 한국문화의 용광로와 같은 특유의 사상에서 문화융화과정을 이수하고 만인이 지켜보는 다종교사회문화의 광장에서 생명의 호흡을 함께하며 공존하고 있다.

그 문화의 광장에서 주목되는 것은 인성함양교육과 연계된 도덕적 가치 창출이다. 그것은 공동체 질서를 유지해주는 데 조력하고 다종교사회에서 공동선을 실천할 계기를 제공함으로써 정신문화와의 대화와 소통의 활로가 확보된다. 그에 따르는 종교문화경영(지도자학)의 길은 사회적 공헌과 가치 환원을 제시해 공동선을 실천하도록 지도하고 이끌어 나아가는 것이다. 선의 실천은 종교의 본질에 따르는 것으로 인도주의의 실상이 되어 인류에게 감동과 울림을 전하고 다시 생명존중의 대의를 숙고하는 계기로 이어진다.

본래 종교(宗敎)의 순수함은 인간의 밝은 성품과 올바른 삶의 방향을 제시하고 깨닫게 해주는 데 그 의의가 있다. 그것은 인성 함양교육에서부터 비롯된다. 인의예지(仁義禮智)의 학습과 그에 따르는 도덕적 책무를 실천하도록 양심을 일깨우는 것은 영성의 불꽃을 점화시키는 동력이자 자기 자신의 발전은 물론 사회와 국가에 이바지하는 계기로 전환된다. 또 그것은 공동체 사회의 법과 질서를 준수하고 인류의 보편문화와 가치를 실현할 수 있는 활력소로 작용한다.

따라서 종교문화경영(지도자학)의 길은 각 단체의 종교사상을 이해하고 구체적인 사회적 실천요소를 발굴하여 공익사회에 환원할 가치와 가치 창출을 할 수 있도록 제시하고 선도(先導)하는 것이다. 그 길의 방향과 목적은 바로 인류문화의 발전과 지속적인 연관성이 있어 관심과 호응이 합쳐지면 공감의식이 확대되어 세계적인 패러다임(paradigm)으로 전환된다.

특히 세계 종교문화사의 관점에서 신앙단체의 시대적 문화경영과 상황내외의 존재 가치성에 대한 문답(問答)은 항상 열려 있다. 그 단체의 공과(功過) 문제는 통찰적인 역사의식과 인류문화사의 안목에서 다루어져야 한다. 그래야 현재와 미래사회의 가치 창출이 국제적 차원에서 이루어질 수 있다. 그러므로 종교문화 경영학은 정신과학과 자연과학의 통섭 의식에서 연구되어야 세계적으로 발전할 수 있다.

2. 역사 인식과 종교문화경영 – 종교(심)성 탐구에서부터

고조선을 건국한 초대 단군 대황조(檀君大皇祖)의 개천(開天)사상과 개국(開國)이념으로 제시된 국시(國是)는 홍익인간·제세이화이다. 전 세계에서 오직 대한민국에서만 발견할 수 있는 것이 단군의 개천사상과 이념이다. 단군 대황조가 인류의 스승이라고 해도 손색이 없는 이유가 바로 여기에 있다. 단군의 국시는 인류의 교육이념이자 평화사상으로서 타문화를 배려하며 상호 간의 공익과 공존을 위해 조화롭게 융화시켜 창조적으로 성장·발전시킨다.

대한민국이 세계적인 문화선진강국이 될 수밖에 없는 이유 중 하나가 고조선의 역사와 전통문화, 정신사상을 승계한 것이다. 세계의 종교문화는 나라마다 각국의 시대 상황에 따라 발전적인 변화를 거듭하면서 국가와 국민의 정신세계를 이끌어 나아가는 데 필요한 국정운영과 국가경영철학에 큰 역할을 했다.

오늘날 많은 사람이 홍익(弘益)·홍제(弘濟)라는 개념을 친숙하게 사용하고 있다. 그들은 국가적인 문제가 발생하거나 그에 연관된 사회적 현상을 직시하고 표현할 때 단군(檀君) 이래 무엇이 어떠어떠하다고 자연스럽게 글과 말로 표현한다. 그만큼 한국인의 종교성은 역사적 단군의 자손으로 의식·무의식적으로 단군의 사상과 문화에 영향받았다고 할 수 있다. 단군의 '홍익인간' 개념이 대한민국의 교육이념으로 어떻게 정해졌는가에 관한 질문은 당연하지만, 고대 단군의 역사는 제대로 정리되지 않은 상태이다.

서지학(書誌學, bibliography)적 안목으로 연구하는 학자들은 고조선과 고조선 이전의 선사(先史)시대를 입증할 상고사(上古史)의 결정적인 문헌고증(文獻考證) 자료가 없다고 한다. 따라서 그들은 고대의 단군(檀君) 역사를 실사(實史)로 인정하지 않고 단군신화(檀君神話)라고 주장한다. 단군신화라는 용어는 일제강점기 시대에 주로 많이 사용되었고 지금도 그렇게 표현되고 있다.

하지만 세계적인 고대문화전문가들은 5천 년 이상 약 1만 년 전의 국가 존재에 관한 서지학적 입증자료가 없다고 인류의 고대문화와 문명의 존재를 부정하지 않는다. 그에 대한 입증자료가 다양한 형태의 고대문화와 문화재가 대신하고 있으므로 특히 고고학자들의 입장은 포괄적이고 개방적이다.

문화적 의미에서 신화의 존재는 오직 상상만으로 만들어낸 사상누각(砂上樓閣)이거나 허구(虛構)라고만 말할 수 없으며, 어떠한 역사적 사례(事例) 없이 이루어질 수 없다. 한국 고대신화와 신화 같은 존재가 고대사(古代史)의 한 부분이라는 것은 동전의 양면처럼 어떠한 형태로든 역사적 흐름과 사상적 배경·영향 등을 설명한 것이다. 신화에서 역사로 이어지는 인식과 연구가 필요하다.

나당연합군(羅唐聯合軍)에 의해 삼국시대의 백제와 고구려가 멸망하면서 한민족의 상고사(上古史)를 알려주는 국조 단군 시대의 문헌과 유적들이 불타 버리고 소멸하였으며, 그 후에도 남겨진 자료들이 수많은 전쟁 속에 강탈되고 파괴되었다. 그뿐만 아니라 조선 시대의 학자는 주변국 명(明)과 청(淸)나라의 정치적 압력에 의해 고대사, 과학기술, 고유문화를 연구할 수 없는 시대를 겪었다.

한국의 고조선사는 중국과 일본에 의해 심하게 왜곡되었다. 그나마 남겨진 다양하고 중요한 한민족의 문화재가 근대화 시기에 약탈당했고, 일제강점기 시대에 다시 도난당해 해외로 유출되었다. 더욱이 일제강점기에 역사를 잃어버린 한민족은 국민적 자긍심 상실과 내일의 희망과 비전을 설정할 수 없어 이리저리 방황했다. 한국인은 민족정신을 살리는 올바른 역사교육을 받지 못했다. 점차 민족의 정체성과 구심점이 와해하기 시작하면서 그리스도교의 문화가 새 시대의 신문화로 등장했다.

1945년 8·15 광복 이후 민족의 정체성과 사상이 정립되지 못한 상황에서 이념분쟁이 발생하였고, 또다시 미국과 소련의 세력에 의해 남북으로 분단되었다. 남한에는 미국 육군사령부 군정청(在朝鮮美國陸軍司令部軍政廳, United States Army Military Government in Korea; 약칭 미군정청(美軍政廳, USAMGIK)이 대한민국의 심장부인 서울에 주둔했다(1945.9.8.~1948.8.15). 미 군정은 한국의 국정운영에도 관여하며 영향력을 행사했다. 북한에는 북한의 조선민주주의인민공화국 정권이 형성될 때까지 소련군이 군정을 담당했다(1945.9.8~1948.9.9).

1948년 이승만 전 대통령은 제주 4·3 봉기와 10월 여순사건을 무력으로 진압했고 자신의 정치적 반대세력을 좌익(左翼)으로 간주했으며, 12월에 국가보안법을 만들어 자칭 좌익세력(독립운동가와 그의 유족 포함)을 처형했다. 그는 1949년 10월에는 좌익세력의 색출· 통제·회유, 공산주의 타도 등을 목적으로 국민보도연맹(國民保導聯盟)을 만들어 미군의 협조하에 빨치산 토벌 작전을 단행했으나 그 과정에서 수많은 무고한 사람들이 희생당했다. 수년 전에 미국의 문서성에서 기밀문서해제로 널리 알려진 한국의 국민보도연맹의 양민학살과 사진 자료들은 국민 보도연맹사건(國民保導聯盟事件)이기 때문에 국가적으로 대처하고 다루어야 한다.

1950년 1월 12일 D. G. 애치슨(Acheson) 미국 국무장관이 미국의 극동방위선을 설정하고 그 방위선에서 한국을 배제했다. 그가 발표한 선언이 애치슨 라인(Acheson Line)이 되었고 결과적으로 북한이 남한을 침공할 기회를 제공했다. 동년 6월 25일 북한의 남한 침공으로 한국전쟁이 발발(勃發)했고, 그 전쟁으로 수많은 사상자와 행방불명자가 발생했다. 전쟁 중에 살아남은 사람들 가운데 수많은 생명이 고통스럽고 힘겨운 세월을 보냈다. 그러한 시대에 그리스도교의 한국 선교정책은 성공적이었다. 미국문화의 영향력과 배경 속에 어느덧 마을 구석구석까지 교회가 들어서게 되었다.

한국 그리스도교인은 교회에서 지급하는 구호물자(救護物資)를 받았다. 한국의 전통문화와 학문은 미신이자 구시대의 쓸모없는 것으로 치부해 방치되어, 그리스도교 사상과 문화에 잠식되었다. 그 사상과 문화는 한국 그리스도인에게 신지식인과 엘리트 의식을 고취해주었다. 그러한 상황에서 백년지대계(百年之大計)를 이끄는 한국교육의 방향과 국가경영의 철학이 모호해지고 민족문화에 대한 자부심이 부침(浮沈)되어 가면서 주체성과 정체성이 상실되기 시작했다. 서구문화와 물신(物神)이 만연한 사회에서 자아정체성의 상처(傷處)와 손상(損傷)은 깊어졌고, 새로운 계급사회와 인간관계가 형성되어 가면서 여러 분야에서의 갈등(葛藤)과 분란(紛亂)의 소지(素地)도 만연되었다.

한국전쟁 후 한국은 세계 최대의 빈민국(貧民國)이었으나 국민의 피땀으로 한강을 기적을 일구어냈다. 양적으로 팽창한 한국경제 규모는 2006년 세계 10위권에 진입했음에도 불구하고 과거로부터 이어져 온 병든 사회의 치유와 회복은 제대로 이루어지지 않아 국가적 과제로 남겨졌다.

2019년 대한민국은 상해임시정부 수립(1919년 4월 11일) 100년을 맞이했다. 대한민국(大韓民國)은 국민(國民)을 진정 대한(大韓)으로 길이 보존할 수 있는 국가경영철학에 관심을 가져야 한다. 홍익·홍제 사상, 풍류(風流)와 중명(重明) 사상, 자비(慈悲) 사상, 충서(忠恕)·솔성(率性) 사상 등은 각각 그 시대의 국가경영철학이자 교육이념이며 종교문화경영의 핵심사상이 되었다. 종교문화경영의 핵심은 국민총화(總和)를 이루는 국가경영의 중요사상이자 교육이념인 동시에 사회적 실천 강령의 대의(大義)에 있다.

이 단락에서는 고대 단군 시대에서 유래되었다고 전해지는 선교(仙敎) 사상에서부터 조선의 근대화 시기에 유입된 서교(西敎, 그리스도교)와 그 외의 신앙단체에 이르기까지 그들의 사상적 맥락을 종교문화경영의 관점에서 중점적으로 밝혀본다. 또 그 외 이웃 나라 정치종교사회문화와의 변화와 영향은 어떠하였는지 종교성 탐구의 차원에서 주요 핵심만 다룬다.

1) 선교(仙敎)문화

약 1만 년 전부터 이어온 단군 고조선(檀君古朝鮮) 시대의 첫 번째 국조(國祖)는 대황조(大皇祖)라고 한다. 그 시대의 국가 사상과 이념이 선가

(仙家)의 가르침, 즉 풍류도(風流道)로 이어졌다. 그러한 가르침이 선학(仙學)이며 문화로서는 선교(仙敎)문화이다. 선학의 길이 선도(仙道)로 표현됐고 때로는 선도문화라고 한다.

역사 속의 선교(仙敎)문화는 고대의 설화(說話), 야담(野談) 야사(野史), 문헌(文獻), 문화재(文化財), 민족 비전(民族祕傳) 정신수련법(精神修練法) 등을 통해 직·간접적으로 제시되어 그의 명맥(命脈)을 발견할 수 있다. 다만 단군(檀君) 고조선사(古朝鮮史)에 관해 유력한 증거자료로 제시할 만한 문헌들이 안타깝게도 소실(消失)되었고 약탈당했다.

먼저 나당연합군에 의해 고구려와 백제가 멸망할 때 고조선 시대의 상원고사(上元古史)와 중원고사(中元古史)의 다양한 문헌과 유적들이 소각당하고 멸실된 것으로 추정된다. 그러한 사건은 당나라의 역사적·문화적 우월성을 내세우기 위해 단군고조선사의 흔적을 없앤 결과로 이어졌다.

그런데도 단군고조선 시대의 용산문화(龍山文化, 서력기원 전 3000~2000년)와 홍산문화(紅山文化 서력기원 전 4700~2900년) 지역에 동이(東夷)족의 수많은 역사적 유물과 유적지가 발견되어 세계적인 관심을 불러일으켰다. 그 가운데 홍산문화는 1935년 처음으로 랴오닝성(遼寧省) 서부 츠펑시(赤峯市) 홍산(紅山)에서 발견되었다. 그 후 1983년 랴오닝성 링위안 시(능원시 凌源市)에서 젠핑 현(건평현 建平縣)에서 발견된 뉘우허량(Niuheliang) 유적(牛河梁遺跡)이 있다. 그 유적지에서 기존의 홍산문화와 연계된 거대한 제사(祭祀) 시설(분묘, 제단, 벽화, 돌무덤, 여신묘)이 출토(出土)되었다.

특히 중국문화에 유례없는 여신묘에서 다량의 채도(彩陶), 옥기, 옥결(玉玦), 구슬 등의 유물과 원방각형태의 제천단(祭天壇)이 발굴됐다. 전남 여수와 강원도 고성군 죽왕면 문암리 유적에서 나온 옥결(玉玦)은 홍산문화에서 발견된 옥결과 같은 형태이다. 그러한 유적지와 유물들은 모두 중국에 없는 오직 단군고조선 시대의 역사적 문화이자 문명임을 증거(證據)하는 것이다. 하지만 용산문화와 홍산 문화지역은 현재 중국이 관리하고 지금도 중국의 동북공정이 진행되고 있다. 그에 대한 국가적인 대책과 전문가 양성, 국민의 관심과 참여가 항상 필요하다.

전문가의 연구에 따르면, 단군고조선사에 관한 기록이 중국 고대사〔중국 25사(史)〕 문헌 등에 잔영(殘影)으로 남아 있다. 또 시베리아, 바이칼 호수 그리고 몽고지역에서 남겨진 민속문화·사상과 문화재 등을 통해 단군문화 사상을 발견할 수 있다. 그러한 지역에서 전래하는 신화가 고구려를 건국한 주몽에 대한 전설과 유사하다는 것이 전문가들의 노력으로 밝혀졌다. 단군고조선 시대에 승계된 것으로 알려진 선가(仙家)의 가르침은 단군고조선 시대의 문화로 이신설교(以神設教, 신의 가르침으로 세상을 다스린다)라고 한다.[9] 이신설교의 준말은 신교(神教)이며, 신교가 선가의 사상이자 가르침이라고 하여 선교(仙教)라고 한 것은 널리 알려져 있다.

최치원(崔致遠, 857~?)은 고조선시대의 선교사상이 국가의 현묘(玄妙)한 도(道)라고 했다. 현묘한 도가 풍류(風流)라고 설명했던 한 내용은 그의 난랑비서문(鸞郎碑序文)에 들어 있다. 난랑비서(鸞郎碑序)는『삼국사기』4권 진흥왕조에 기록되어 풍류도(風流道)의 존재가 세상에 널리 알려졌다.

신라시대의 화랑오계(花郎五戒), 즉 세속오계(世俗五戒)는 원광법사(圓光法師, ? ~ 638?)에 의해 주창(主唱)되었고 화랑교육과 국가경영의 핵심 규율이 되었다. 다섯 가지 계율(五戒)은 사군이충(事君以忠, 충성으로 임금을 섬긴다)·사친이효(事親以孝, 효도로써 어버이를 섬긴다)·교우이신

---

[9] 1803년 조선 시대의 사학자 이종휘(李種徽)가 그의 저서 동사(東史)를 발표했다. "『동사』는 기전체형식에 따라 본기(本紀)·세가(世家)·열전(列傳)·연표(年表)·표(表)·지(志)로 구성되어 있는데, 고조선과 삼한, 그리고 부여·고구려 계통의 역사와 문화를 다룬 것이 특징이다." 그 책의 수산집(修山集) 권(卷)12 신사지(神事誌)편에 "환웅, 즉 신시천왕(神市天王)이 이신설교(以神設教)(故桓雄爲神市天皇 而雄之子號檀君云 神市之世 以神說教)한 이후 마니산의 참성단과 강화도의 삼랑성, 구월산의 삼성사(三聖祠), 고구려의 동맹(東盟), 신라의 성모사(聖母祠), 그리고 삼신산(三神山)에 대한 신앙 등으로 이어져 내려온 내력이 기술되어 있다." http://100.daum.net/encyclopedia/view/14XXE0016532 참조

(交友以信, 믿음으로써 벗을 사귄다)·살생유택(殺生有擇, 산 것을 죽임에는 가림이 있다)·임전무퇴(臨戰無退, 싸움에 임해서는 물러남이 없다)이다. 여기서 유가(儒家)와 불가(佛家)의 사상이 포함된 핵심 주제어는 찾아낼 수 있어도 '임전무퇴'의 개념은 어떠한 사상이나 이념에서도 발견할 수 없다.

그러므로 원광법사가 주창한 화랑도의 세속오계는 그의 독창적인 견해라고 말할 수 없다. 원광법사 이전의 신라 시대뿐만 아니라 고조선 시대에도 유가(儒家)와 불가(佛家)사상이 공존할 융화 사상이 오래전부터 존재했다는 것을 미루어 생각해 볼 수 있다. 따라서 임전무퇴의 개념은 많은 사람이 유추하건대 단군 고조선 시대의 사상문화 즉 선·유·불 삼교(三敎)를 두루 포함했던 풍류도에서 나왔고, 풍류도의 시원(始原)은 고신도 사상(古神道思想)과 연관성이 있다고 본다.

그와 같은 사상과 정신은 제정일치(祭政一致) 체제의 천제(天祭) 문화와 함께 한민족의 역사가 되었다. 천제를 올리는 민족은 천손(天孫)이며 천민(天民)이라는 긍지(矜持)를 가지고 하늘을 경외하는 천손(天孫)의 공동체 의식을 함양한 것으로 판단된다. 오늘날 천제의 장소로 널리 알려졌고 문화재로 지정된 곳이 강화군 마니산의 참성단(塹星壇)이다. 단군(檀君) 시대 이후 고려 시대와 조선 시대에도 천제를 올렸던 참성단은 사적 제136호로 정해졌다. 지금도 민족 제1의 성적(聖蹟)으로 설명되는 참성단에서 매년 천제(天祭) 행사가 열리고, 전국체전(全國體典) 때는 봉화를 채화(採火)하는 의식이 열린다. 이러한 제천행사와 봉화 채화 의식은 민족 대통합을 이끌어 나아가는 국가경영철학이자 종교문화경영의 길로 이어지고 있다.

선가(仙家)의 종교문화경영 틀은 하늘님 숭배 사상과 천제 문화에서 찾아볼 수 있으며, 천제 문화는 유구하게 그 명맥을 이어가고 있다. 그와 같은 천제 문화는 조선왕조 시대에 이르러 종묘사직(宗廟社稷)을 위하는 차원에서 제천(祭天)의례로 실행되었다. 천제(天祭)의 대상은 초월적 존재의 힘이다. 초월적 존재는 대자연의 섭리 때문에 형성되고 만유 생명의 변

화를 일으키는 기운이다.[10]

그러한 기운은 살아 있는 생명의 기운, 생생변화(生生變化)의 기운으로 현대 우주물리학, 천체과학 및 지구과학에서 설명하는 우주의 영원한 창조적 에너지를 뜻한다. 그 에너지는 북극성을 중심으로 펼쳐지는 지구 생명체들의 가장 중요한 에너지의 근원이 된다. 그 같은 에너지의 역할과 기능적 좌표는 지구중심 관성좌표계(地球中心慣性座標系 Earth-centered inertial, ECI)[11]라는 과학용어로 사용되고 있다.

단군(檀君) 고조선사와 선가(仙家)의 가르침이 구전(口傳)으로 맥락을 이어가고 있다. 그의 선학(仙學)은 오늘날 단학(丹學)의 이름으로 호흡을 고르고 길게 하는 조식(調息) 호흡 단체로 이어지고 있다. 국조단군의 홍익인간(弘益人間) 사상이 대한민국 교육법의 이념으로 제시되었고, 유구한 역사적 맥락에서 계승되고 있다. 그와 같은 이념으로 설립된 대학교가 홍익대학, 단국대학, 건국대학교이다. 하지만 그들이 인간들의 욕심과 투쟁 속에 빛바랜 대학의 명칭(名稱)이 되었으나 본래의 정신 차리기로 돌아와 이름값을 할 것으로 기대해 본다.

홍익인간 제세이화가 고조선 단군 시대의 생활문화이자 순수한 영성문화의 보급로(補給路)가 되어 사회적 실천 사상이자 세계적인 종교문화 경영철학이었다는 것을 미루어 짐작할 수 있다. 과학철학적인 의식과 역사적 안목을 가지고 선가 사상을 재조명하는 것에서부터 시작해야 국조 단군의 개천(開天)과 개국(開國)의 이념과 국시가 결국 인류종교문화경영의

---

[10] 우주의 기운은 일기화삼청(一炁化三淸: 하나의 기운이 세 가지 맑은 기운으로 나타난다), 삼청화일기(三淸化一炁: 세 가지의 맑은 기운이 다시 제자리로 돌아와 하나의 기운이 된다)를 의미한다. 자세한 의미는 이 책의 각주 177 참조 바람

[11] ECI 좌표계는 지구 질량의 중심을 좌표계의 원점으로 하여 천체의 위치를 나타내는 것이다. "지구의 적도면을 XY 축으로 정하고 X축은 춘분점, Z축은 XY 평면에서 북극 쪽으로 수직인 선, Y축은 XZ축에 직각인 축으로 한다. 지구 중심 지구 고정 좌표계(ECEF : EarthCenteredEarthFixed Coordinate System)와 함께 우주 공간상의 한 점의 위치를 나타내는 좌표계로 사용된다." http://100.daum.net/search/entry?q=ECI

핵심임을 발견할 수 있다. 한국인이 가진 포괄적 종교철학, 조화로움과 융화의 극치를 새롭게 실용적으로 심화시키는 삼일사상(三一思想)은 특유의 선가 사상과 문화의 유전자를 승계(承繼)받은 것으로 분석된다. 한국인의 종교(심)성에는 선교(仙敎) 사상과 삼수(三數) 사상이 뿌리 깊게 내재하여 단군 시대의 문화를 계승하고 있다.

2) 불교(佛敎) 문화

서력기원 372년 고구려 시대에 전파된 불교는 점차 연기론(緣起論)을 정착시키면서 윤회(輪廻)와 업보(業報)의 소멸(消滅)이 왜 중요한지 설파했고, 만유 생명체에 대한 자비심(慈悲心)을 심어주었다. 삼국시대의 불교가 국교로 격상(格上)되면서 국가경영철학의 한 분야인 국민의 정신문화 경영으로 승계되었다. 이에 탄력받은 불교는 기존종교문화와의 조화로운 융화와 토착화과정을 지속시키면서 한국불교의 특성으로 성숙하였다. 불교는 삼국시대 이후 고려 시대에도 국교로 승계되어 불교 문화의 전성기가 이어졌다.

고조선 시대의 선교(仙敎) 사상과 선교의 종교문화의례가 고려 중엽(中葉)에 이르기까지 불교 행사에 융화되어 그 맥락을 이어갔다. 그것은 연등회(燃燈會)와 팔관회(八關會)라는 이름으로 명맥을 이어가며 국가적인 차원에서 거행되었다. 연등회와 팔관회가 551년 신라 진흥왕 시대에 국가행사로 열렸다고 삼국사기에 전해진다. 그러나 그러한 행사는 불교의 발생지 인도에서 찾아볼 수 없는 오직 한국불교의 독특한 문화행사였다. 따라서 불교 문화행사가 국가적 차원에서 호국불교로 환골탈태(換骨奪胎)시킬 수 있었던 추동력은 고대 중원고사에서 발견되는 정치사회문화, 선교(仙敎)의 사상과 관례 등을 받아들인 결과물이라고 판단된다.

화엄종(華嚴宗)의 승려 각훈(覺訓)은 고려의 고종(高宗 재위 1213~1259)의 왕명을 받아 1215년 「해동고승전(海東高僧傳)」을 편찬했다.

「해동고승전」은 승려(僧侶) 전기(僧傳)를 다룬 현존하는 가장 오래된 책이다. 이 책에는 삼국시대 고승(高僧)들의 전기가 기록되어 있다고 알려져 그 당시의 역사와 종교문화를 다소나마 추정할 수 있다. 삼국시대의 불교에서 중요하게 다루었던 것이 자비 사상뿐만 아니라 원융(圓融) 사상의 존재도 일깨워 주고 있다. 이 사상은 모든 존재가 각기 다른 형상으로 여럿이 드러나나 본래의 자리로 돌아가면 하나(一卽多 多卽一)라는 것을 설명했다. 또한 단군의 홍익·홍제 사상과 연계된 삼일(철학)사상이라는 큰 틀에서 호국불교의 이름으로 민족의 정체성을 승계한 것이라고 본다.

삼일(철학)사상은 여러 종파의 모순과 상쟁(相爭)을 뛰어넘어 통합할 수 있는 매개체가 되어 조화로운 융화과정으로 새로운 정신적 에너지가 되었다. 그와 같은 통합사상은 다시 정신문화의 광장에서 소통하는 대중성, 공공성, 유구(悠久)함을 이뤄 불교 문화 경영학의 핵심이 원융(圓融) 사상으로 발전되었음을 파악할 수 있다. 불교의 원융 사상에서 미토스(mythos)의 발견은 정토(淨土)의 세계다. 정토란 예토(穢土; 속세, 괴로움이 가득한 세상)의 반대 개념이며, 즐거움만 있는 곳(樂有)이라는 뜻에서 극락(極樂)이라고 한다. 예토의 세상을 사바세계(娑婆世界)라고 한다. 정토사상은 불교공동체 사상으로 발전되었다.

서방 극락정토의 주인이자 중생(衆生)을 극락으로 이끈다는 부처가 아미타불(阿彌陀佛, Amitabha)이다. 한국의 대승불교가 정토의 세계를 구현하고자 국교로서 1000년 동안 민중을 교화(敎化)시켰다. 불교가 한국의 대중문화사상에 많은 영향을 주어 인생관과 세계관에 큰 비중을 차지하고 있다. 부처 마음과 같은 영성 문화의 실천은 대중불교로서 생명 문화의 광장에 소리 없이 발자국을 남기고, 연기론(緣起論)적 의식 속에 사회적 참여가 평상심으로 이어지도록 노력하고 있다.

그러한 것은 한국불교가 종교문화경영의 차원에서 남긴 흔적이다. 2018년 6월 30일 한국의 오래된 사찰 7곳(전남 해남 대흥사, 전남 순천 선암사, 충북 보은 법주사, 충남 공주 마곡사, 경북 영주 부석사, 경북 안동 봉정사, 경남 양산 통도사)이 유네스코(UNESCO) 세계문화유산으로 등재되었다. 불교의 사회적 기능과 역할은 대승적 차원에서 이루어지고, 많은 문화재와 세계적인 문화유적과 문화유산을 남기고 있어 한국인의 종교(심)성 또한 불교적이다.

언제부터인가 그리스도교 신앙이 있는 외국인들이 한국 불교사찰에서 수행 생활을 함으로써 한국인에게 의아한 눈으로 비쳤다. 그들은 서구의 유일신 사상에 충실한 구원관과 부활 사상을 중요시했던 지식인이다. 하지만 그들은 심신의 안정과 평화로움, 자연의 순환원리, 시간과 공간, 존재 등에 대한 동양의 종교사상에 관심을 가지고 불교에 귀의하여 깨달음을 추구하고 있다. 소수의 서구 학자와 엘리트가 한국에서 불교 수행과 경전공부를 병진하는 파란 눈의 스님들은 어떠한 깨달음을 진심으로 추구하고 또 찾으려는 것일까? 깨달음의 길을 찾아가는 순례자(巡禮者)의 여정과 순례의 길은 오늘도 이어져 희망의 등불로 비치기를 삼가 축수(祝手)하는 마음을 가진다.

3) 유교(儒敎) 문화

조선 시대의 학자들도 단군 고대사복원에 관해 관심을 가졌다. 그들은 세종대왕(1397~1450) 시대에 단군고조선사(檀君古朝鮮史)를 연구했고, 1215년 승려 각훈(覺訓)이 편찬한 「해동고승전(海東高僧傳)」을 참고했을 것으로 생각된다. 단군고조선사의 연구는 점진적(漸進的)으로 지속하였음을 역사적 자료에서 찾아볼 수 있다. 예컨대 1403년 권근(權近)의 「동국사략(東國史略)」, 김종서가 세종(世宗 재위 1418~1450)대왕의 명을 받아 1438년 편찬한 「고려사절요(高麗史節要)」, 1485년 서거정(徐居正)의 「동국통감(東國通鑑)」, 1778년 안정복의 「동사강목(東史綱目)」 등의 문헌(文獻)에 단군고조선사가 일정 부분 언급되고 있다.

하지만 그 외의 고조선사(古朝鮮史)에 관한 연구 자료는 주변국 명·

청나라의 정치적 간섭과 정적(政敵)에 의해 소각(燒却)당했다고 전해지고 있다. 또한 수많은 역사적 고서와 문화재 등이 조선 근대화 시기에 강탈(强奪)당해 서양으로 반출(搬出)되었고, 일제강점기에 약탈(掠奪)당했다. 그런데도 조선의 유교 문화는 현대사회의 종교문화와 사상으로 일정 부분 존재하고 있다.

조선의 국정철학과 종교문화경영은 유교의 천명(天命)사상과 하늘을 공경하는 천제(天祭) 의식과 연계되어 있다. 나라에 가뭄이 들고 사회가 혼란하면 임금 자신이 부덕의 탓으로 여기고 국태민안(國泰民安)을 위해 하늘에 천제를 올렸다. 유구하게 전승되는 제천(祭天)문화에서 단군 고대 사문화의 잔영(殘影)이 발견된다. 유가(儒家) 사상이 조선(朝鮮) 시대에 500여 년 동안 국교(國敎)로 정착되어 유교 문화를 꽃피웠다. 서구 학자들이 사용한 사라진 신(deus otiosus)의 의미가 있었지만, 조선유교의 하늘님 숭배 사상은 제천의식과 연계되어 천신제(天神祭) 문화의 의의가 새로워졌다. 그로 인해 천명(天命)의식이 다시 조명되고 천제(天祭)는 유교의 종교문화로 승계되었다.

유교 문화는 공동체 사회에서 선덕(善德)을 베풀 수 있는 윤리 도덕적 의식함양과 충효(忠孝)와 충서(忠恕)를 실천하도록 이끌었다. 유가(儒家)의 민본(民本)사상과 가르침은 국가경영정책의 핵심이 되었고 도덕천(道德天)사상은 천명의식과 더불어 국가정책의 이념과 행정 수반의 일체를 뒷받침했다. 유교는 도덕군자의 이상형을 이루기 위해 수많은 선비를 길러냈다. 그들은 제천의식으로 왕조의 종묘사직(宗廟社稷)을 지켰으며, 난세에는 대의명분을 내세워 자신의 자존심과 체면을 유지했다.

유교가 정치이념과 생활문화로 제도화되고 정착되면서 유교의 하느님(天) 사상은 자연천(自然天)에서 인격천(人格天)의 모습으로, 생명을 잉태하고 양육시키는 힘의 실존으로, 하늘을 공경하고 두려워하는 생활문화로 승화되었다. 즉 하늘님은 비(非)인격신이지만 상제(上帝)라는 인격 신의 형상으로 묘사되어 인간의 생사화복을 주장하는 종교적인 모습으로 표현되었다. 하늘님이 어질고(仁), 의(義)롭고, 예(禮)의 바르며, 지혜롭고(智) 신의(信義)를 지키는 사람을 보우(保佑)한다는 사상은 유교 문화경영의 차원에서 형성된 대표적인 키워드이다.

중용 제1장에 "천명지위성(天命之謂性; 하늘이 명하여 내려 주신 것이 性이며) 솔성지위도(率性之謂道; 性에 따르는 것을 道라 하고), 수도지위교 〔修道之謂敎; 도(道)를 이루어 끝으로 마무리하는 것을 교(敎)라고 한다〕"라고 제시된 것은 교육철학의 핵심인 로고스(logos)의 기능을 설명한 것이다. 그와 같은 기능이 공동체 사회의 인성함양교육과 접목되어 국가경 영철학을 발전시켰다. 공동체 사회는 천지인(天地人)이 하나 되는 합일 사 상과 더불어 발전했다.

그러한 사상은 그 어떤 하나의 존재가 만물의 일부이자 동일체가 된다 는 관계인식을 고취해 만사 만물을 통찰적인 안목으로 바라볼 수 있도록 이끌었다. 도덕의 핵심인 인(仁)은 사람 사랑으로 유교의 정체성이다. 유교 의 존재론적 삶은 어진 마음으로 사람을 사랑할 줄 알아야 하는 군자(君 子)의 길로서 로고스의 기능이기에 범종교적 경험을 안겨줄 수 있다. 그러 한 학습과정과 경험의 길은 국가경영철학의 실체가 되어 많은 인재(人材) 를 양성하였다. 수많은 유교 문화의 유적 가운데 일부분(종묘, 창덕궁, 수원 화성, 조선 왕릉 40곳, 안동 하회마을과 경주의 양동마을, 남한산성)은 유네스 코 세계문화유산으로 등재되었다.

유교의 인재로 가름하는 인의예지신(仁義禮智信)에 대한 교육은 국 가경영철학의 중추적인 역할을 했다. 조선의 유교는 성리학(性理學)을 발 전시켜 사람다운 사람인 도덕군자의 길을 제시하였고, 그 길은 선비정신의 상징이 되었다. 선비정신은 국가와 사회의 질서, 안정을 이루는 보이지 않 는 준법의식이자 양심의 매개체로서 역할을 하면서 그나마 조선왕조를 지 켜온 민중의 지팡이가 되었다. 하지만 그와 같은 이상형과 사상적 기반이 역동적인 세계 근대사의 흐름인 서구 그리스도교의 선교정책과 열강의 식 민지정책에 의해 부침의 시기를 맞이했다.

조선왕조의 운명은 열강의 제국주의적인 침략 사상과 서구의 근대화 물결에 따라 심히 흔들렸고 요동쳤다. 전통문화와 근대문화와의 충돌은 피할 수 없는 상황에 처해 누란지세(累卵之勢)와 같은 위기에 봉착했다. 그 당시의 조선왕조와 수많은 선비·백성들은 급변하는 세파(世波)에 적응하지 못함은 물론 국력이 쇠약해지면서 제대로 대응할 수 없어 내·외적인 종교문화경영에 큰 타격을 받았다. 그러한 시대의 상황에서 이어지는 조선인의 정체성 와해와 사상적 공백이 커지면서 조선의 서로마가톨릭 신앙인은 유교 사상과 이념을 상실하였다.

그들은 신앙적 신념을 앞세워 국가보다 가톨릭 우선주의로 나아가다가 여러 형태의 역사적 불의(不義)의 사건들을 발생시켰다. 하지만 그러한 사건들은 교회사적인 차원에서 호교론(護敎論) 방향으로 평가되어 토착화된 유교 문화의식과 상충(相衝)되었다. 한국 근대사의 한 축을 이룬 서구 그리스도교의 전파와 정착과정은 유교의 쇠태기를 가속했다. 이에 대한 반작용으로 유교 학자 최수운은 동도서기론(東道西器論)을 주장하며 서학과 버금가는 학문이 동학(東學: 차후 천도교)이라고 했다. 동학사상이 하나의 단체로 형성된 후 각양각색의 신앙단체들이 우후죽순처럼 생겨났다.

유생 등 많은 사람이 일제의 침략에 대항하기 위해 여러 형태로 항거(抗拒)하였고, 죽음도 불사하며 투쟁한 그들은 오늘날 애국지사로 존칭되고 있다. 일본 제국주의가 1905년 강제로 을사늑약을 체결시켜 대한제국의 외교권을 강탈했다. 1910년 일제의 최고 식민통치기구인 조선총독부(朝鮮總督府 1910~1945)가 서울 광화문 부근에 설치되었다. 일제는 조선인에 대한 종교문화경영을 무단(武斷)정책으로 강력히 압박했으나 반발이 심해 차후 문화(文化)정책으로 전환했다. 일본의 회유책은 극에 달하였고, 그러한 술책(術策)에 넘어간 여러 단체의 부류도 많았다.

해방 이후 친일파의 청산작업은 이승만 정부 시절부터 첫 단추를 잘못 끼워 지금까지 마무리하지 못한 역사적 사건들이 산적(山積)해 있다. 올바른 후진 양성만이 답이라는 판단 아래 한국 땅에 여러 교육기관이 설립되었다. 그중에 유교의 이념으로 태동한 대학이 성균관대학이다. 특히 조선의 유교에서 중요시하는 종묘(宗廟)는 세계인에게 문화의 고유성과 가치를 높게 평가받아 유네스코 세계문화유산에도 등재되었다. 종묘제례 (宗廟祭禮)와 종묘제례악(宗廟祭禮樂)은 세계에서 오직 한국에서만 볼 수 있어 그 존재감은 귀하기만 하다.

유교 사상은 한국인의 정신문화 사상과 실생활에 직결되어 있다. 유교의 특징은 서구의 신앙단체와 같은 유일신 사상을 중심으로 구원과 심판, 부활과 영생 등의 기복적인 교리가 없으며, 신앙의 대상도 없다. 따라서 유교가 인위적으로 교세 확장을 위해 일종의 신앙단체로 사회적 활동을 하지 않지만 사상단체이자 생활철학으로서 사회적 관계기능의 역할을 담당하고 있다. 유교 사상과 정신이 소멸하지 않고 한국 공동체 사회문화에 유·무형으로 중요시되는 이유가 여기에 있다.

하지만 오늘날 한국의 유림(儒林)이 어디서, 어떻게, 어떠한 모습으로 존재하는가? 또 그런 파악과 질문보다 과연 기타 종파와 신앙단체를 초월한 사람들과 함께할 수 있는가? 그리고 어떠한 모습으로 혁신되어 우리 사회에 다시 드러날 수 있는가? 바로 그런 시대 상황분석과 인식, 대책의식에 대해 현대판 유교가 더욱더 큰 핵심을 두어야 할 것이다.

유교는 신앙단체가 아니고 사상단체이기 때문에 한국의 모든 사람을 포용할 수 있고, 그들에게 새로운 이정표를 제시할 수 있어야 그나마 체면을 유지할 수 있다. 현대적인 유교 문화로 혁신되고 발전된 가칭 신(新) 유교 문화의 보급이 필요하다. 그 신 유교 문화는 애국(愛國), 애민(愛民), 애족(愛族) 정신, 충서(忠恕), 윤리 도덕적 실천 교육 등에 탄력을 제공할 수 있어야 한다. 현시대에 걸맞은 문화, 새롭게 변화된 21세기 신유교사상과 문화가 유일신관(唯一神觀)에 입각한 서구의 제도적인 religion과 근본적으로 다른 모습으로 발전된 공동체 사회에, 국제적인 사회에 도덕실천의 정신문화로 이어지기를 기대한다.

21세기 유교의 혁신경영과 인재경영, 나아가 국민과 소통할 수 있는 전락적 경영 등은 과거로부터의 회귀가 아니라 특히 현주소로의 상황 내 존재가치를 발휘해야 한다는 데 방점(傍點)을 찍어야 한다. 현존하는 사회와 국가경영에서 빠지지 않는 정신적 중핵이자 공동체 사회의 법과 질서를 유지하는 데 도움을 줄 수 있는 것과 인성 함양교육이 유교 정신과 문화에 포함되어 있다. 대가족에서 소가족, 핵가족으로 변해가고 맞벌이 부부가 필요한 이 시대에 걸맞은 도(道)와 덕(德), 보편적인 예법이 국민에게 자연스럽게 다가갈 수 있도록 다듬어 교육해야 한다. 신선한 마음으로 격조(格調) 높은 품위를 갖추어 실천하도록 하는 것이 중요하다. 그러므로 도덕과 예법이 공동체 사회에 항상 신선한 매개체로 국민에게 제시되어야 한다. 그것은 유교의 경전(經典)이자 유교 이념의 실천 사상 가운데 하나인 대학(大學)의 덕재신(德在新)에 포함되어 있다. 그러므로 한국인은 유교적 정신문화의 유산을 가져 그의 종교성 또한 유교적이다.

4) 그리스도교문화 – 개신교 문화와 현황

한국 서로마가톨릭 문화에 관해서는 이 책의 '제3장 하늘(天) 사상과 종교성 II. 한국인의 종교(심)성 6. 서교(西敎; 그리스도교)적이다'와 '제4장 종교와 문화의 습합(쳡合) 사상 II. 종교문화의 습합 사상 2. 한국 서로마가톨릭'에서 다루었기에 생략한다.

미국은 1871년 5월 강화도로 군함 5척을 몰고 와서 강제적으로 통상(通商)과 수교(修交)를 요구했다. 미국은 협상이 결렬되자 6월 10일 강화군 길상면 초지리에 설치된 초지진(草芝鎭)을 공격하며 초지진 상륙작전을 단행했고, 수륙(水陸) 양면공격으로 초지진을 초토화했다. 이로 인해 최초로 조·미 전쟁(朝·美 戰爭)이 발생했다. 그 사건은 미국의 조선 침략사로서 신미양요(辛未洋擾)로 기록되었다. 어떤 학자들은 근대화의 시기를 1871(辛未, 고종 8)년으로 보고 있다. 1882년 5월 22일 조선과 미국이 제물포에서 체결한 조미수호통상조약(朝美修好通商條約)은 공식적인 개항(開港)의 시기를 알렸다.

1885년 미국 개신교의 조선 선교정책은 활발하게 진행되었다. 같은 해 4월 미국의 북(北) 감리교 소속인 아펜젤러(Henry Gerhard Appenzeller, 1858~1902)와 북 장로교 의료선교사 앨런(Horace Newton Allen, 1858~1932)이 조선에 입국했다. 그들에 의해 서구의 의학기술과 개신교 문화, 사상이 합법적으로 전파되기 시작했다. 조선인은 예수 사상과 서구문화를 주목했고 그리스도교의 영성 세계를 접했다. 서구의 개신교가 상승세의 물결을 타고 조선의 근대화사회에 영향력을 행사하면서 유교의 전통적 이상향이 침몰당하기 시작했다. 급변하는 사회적 격랑(激浪)의 파고가 휘몰아쳤다. 인간의 존엄성과 존재에 대한 이해와 의식도 변화의 시대를 맞이했다.

인간은 사색하는 존재(homo sapiens)이자 종교적 존재(homo religiosus)라고 한다. 한국근대화 시대에 수많은 사람이 여러 분야에서 그리스도인으로 활동했다. 그들은 본래 천제 문화를 승계한 천손(天孫)의 민족이었으나 유대민족의 선민(選民)의식을 가지게 되었다. 많은 사람은 질문한다. 예수의 으뜸 사상이자 그의 실천 사상으로 가장 널리 알려진 것이 무엇인가? 그에 대한 답은 박애 사상("네 이웃을 네 몸과 같이 사랑하라" 마 22:39)과 청빈 사상이다.

그와 연동된 빛과 소금의 역할, 용서와 회개에 합당한 열매 맺기 등은 세계적인 종교(宗敎) 메시지로 손꼽힌다. 그의 가르침과 행동은 미래의 천년 세계가 아니라 오늘의 지상천국을 만드는데 가장 큰 핵심이 된다. 예수가 가르쳐준 주기도문(主祈禱文)에는 하늘님(God)의 뜻이 이 땅에 이루어지기를 기원하며 일용할 양식에 만족하고 서로의 죄와 허물을 용서하는 내용이 포함되어 있다.

그리스도교에서 찬사를 아끼지 않고 자랑하는 주기도문과 산상수훈(山上垂訓) 팔(八) 복음(福音)[12]은 예수의 수행 사상이자 실천이념이며

---

[12] 산상수훈 팔 복음에 대한 해석은 다양할 수 있다. 안병로, 『그리스도교의 검과 평화』, 37~46쪽 참조 바람.

미래세계에 대한 동경이 아니라 현실과 유리되지 않은 오늘의 삶에 보편적 가치를 두고 있다. 그것은 모든 사람에게 호응과 감동을 줘 그리스도교의 종교문화경영 요체이며 종교문화경영지도자가 눈여겨볼 부분이다. 한국 개신교는 정치적 사회적인 운신(運身)의 폭을 넓혀가면서 신(新)문화경영의 혁신적 모습이자 인재경영, 교육문화경영의 대안으로 떠올랐다. 1950년 개신교 신자였던 고(故) 백낙준(白樂濬, 1895~1985) 박사는 홍익인간이념을 교육이념으로 하자고 한국교육심의회에 제안했다. 국조단군(國祖檀君)의 개국이념인 홍익사상이 교육이념으로 채택되었다.

예수의 박애 사상과 그를 믿는 자는 모두 하나님의 자녀가 되고 하나님 안에서는 만민이 평등하다는 사상은 근대 조선 사회에 등장한 동학사상 못지않게 신선한 충격을 주었다. 하지만 동학사상에 없는 서교(西敎)의 부활과 구원의 논리는 신앙적 차원에서 미래의 희망이 되어 서구적 테오스(theos)의 세계를 알렸다. 그뿐만 아니라 예수를 믿고 영생의 문을 두드려야만 그 문이 열린다는 영혼 구원론은 그리스도교의 정신세계를 설명한 것이다.

목회자의 설교요소들은 이타적 신앙이자 기복(祈福)신앙이었지만 하나님의 축복과 구원론, 죽어도 영원히 살 수 있는 영생론(永生論) 등은 오늘의 위안과 미래의 비전이 되었다. 그러한 신비적인 요소들은 영성적 호소와 감응(感應), 응감(應感) 체험 등으로 이어졌다고 신앙인은 간증하면서 길을 잃고 방황하는 사람들에게 신앙의식은 희망과 감동을 안겨주었다. 그와 연관된 개신교의 설교 방향은 세칭 부흥회를 통해 감추어진 신(deus otiosus)을 신앙인의 마음에서 다시 발견할 수 있도록 유도했다.

부흥회에 참가한 많은 사람은 어느덧 몸에 전율(戰慄)을 일으켜가면서 신의 은총과 사랑을 감지(感知!)하고 내재적 테오스(theos)를 경험했다고 간증(干證)한다. 한국 개신교 단체는 유일신 신앙단체로서 신(God)의 위대함과 신의 아들 예수, 예수 믿음을 통해 천당과 부활, 영생(永生)추구, 회개, 용서 그리고 하나님의 자녀 등을 주장했다. 개신교는 신의 사랑과 용서 그리고 미토스(mythos) 사상 등을 하나로 융합시키는 시대적 존재로, 신지식인의 양성(養成)단체로 등장했다.

한국 개신교 신학과 교회사에서 중요하게 다루는 교리서 중 하나가 삼위일체론이 있다. 그 논리에 의하면, '예수가 하나님의 아들'이라는 '신앙고백'을 통해 성자(聖子) 예수는 성부(聖父)와의 일체이자 성신(聖神)으로 동일시(identification)되었다. 부흥회를 통해 신체험, 예수 체험이 영성운동이자 성령 운동으로 연결되었다. 테오스의 경험과 영성운동은 주(主) 예수의 이름으로 전개되어 오직 예수 믿음만이 개신교 신학의 핵심구원 논리이자 신앙의 근거가 되었다.

그와 같은 신학 논리와 영성운동은 한국 개신교 회사에 빠지지 않고 등장하며 개신교의 세력을 형성하고 다지는 주춧돌이 되었다. 하지만 현대 사회에서 파란(波瀾)을 일으키는 오직 '예수 신앙은 천당, 불신은 지옥'이라는 외침은 일부 신앙단체의 주장이 되었다. 그 단체에만 적용되는 신의 사랑과 축복, 구원과 부활, 천국과 영생 등의 개념과 그에 대한 신앙은 스스로 근본주의 신학을 대변한다고 하지만 기복신앙의 중심에서 벗어나지 못하고 있다.

사회적 등대이자 빛과 소금의 역할을 다하고자 노력했던 한국 개신교 단체가 본래 모습을 상실하여 기형적으로 변질하였다는 것을 다음처럼 요약해 본다. 오늘날 한국의 그리스도교, 특히 개신교는 오랫동안 예수 신앙을 통해 구원과 천당, 죽어서도 영생할 수 있다고 외치며 교세를 확장했다. 대형교회의 건축물이 많이 늘어났고 목회자는 국민의 4대 의무 중 하나인 세금납부의 의무도 면제된 상태이다. 교인의 헌금에서 나오는 목회자의 사례비에는 세금이 부여되지 않고 있다. 조세 형편상의 문제가 국민의 의혹으로 제기되고 있으나 국회에서 제대로 다루지 않아 사회적 비판의 대상이 되었지만, 다양한 대형교회의 성직자들은 선민의식과 특권의식을 가지고 요지부동의 자세를 유지하고 있다.

대형교회는 주식회사나 기업카르텔(Kartell, a cartel)과 유사한 조직이 되었고 그 조직은 물론 막대한 자금과 부동산을 가지고 있다. 일부 목회자는 정치적 성향을 노골적으로 드러내고 성직자의 길보다 부와 권력, 탐욕에 눈이 멀어 속세에서 방황하고 이탈된 행위를 보여주고 있다. 소수의 목회자들이 자신의 자식에게 그들이 담당했던 교회와 재산을 물려주고 목회의 세습화(世襲化)가 진행되어 온 지 오래되었다. 개신교 문화의 세속화(世俗化)보다 목회자의 세습화가 신속하게 이루어지면서 일반인들이 말하는 '주식회사 예수'[13]라는 악평도 벌써 10여 년 전부터 거침없이 흘러나오고 있다. 그들은 예수의 사상·대의·가치는 사회적 환원 가치에 있고, 교회와 목회자의 자정(自淨) 운동과 직접 연동되어 있음을 설명하면서 목회자의 세습화와 이탈행위에 분노하고 있다. 현대 한국 개신교 단체는 혁신적인 논제나 국민에게 호응받을 수 있는 자발적인 정화 운동이 부재한 상황에 놓여 있다.

작금에 이르러 진보주의적인 의식으로 활동하는 한국개신교단의 많은 목회자, 신학자, 신학생과 신앙인이 한목소리로 한국 개신교의 정화와 개혁을 외치고 있다. 1517년 서로마가톨릭의 부패함과 면죄부판매에 반기를 들고 가톨릭의 개혁을 외친 그 당시의 반항아(Protester) 마르틴 루터(Martin Luther, 1483~1546)와 그의 추종자들이 있었다. 그들이 진행했던 가톨릭의 개혁이 본질과 다르게 좌초되었으나 오늘날의 프로테스탄티즘(Protestantism), 즉 개신교로 발전되었다.

2017년은 세칭 종교개혁 500년이 되는 해이다. 하지만 한국의 개신교가 스스로 대내외적으로 혁신과 개혁의 대상이 되었다는 것을 바르게 인식하지 못하고 있는 듯하다. 한국 개신교의 개혁을 주장하는 많은 분의 노고가 헛되지 않고 이루어지기를 바란다. 그들이 한국의 다종교사회문화의

---

[13] 주식회사 예수라는 말은 로리 베스 존슨(Laurie Beth Jones) 저서 『최고경영자 예수 Jesus CEO』에서 비롯되었다. 그의 책을 번역한 사람은 송경근과 김홍섭이며 1999년 서울 한언 출판사에서 출간되었다. 2001년 같은 출판사에서 『주식회사 예수』라는 책명으로 재출판되었다.

영향을 받았으나 그들의 종교성은 그리스도교(西敎)적이다. 뿐만 아니라 그리스도교에 소속되지 않은 많은 사람도 바이블의 이해가 높고 예수의 박애 사상과 십자가의 도를 말할 만큼 인도주의적 사상과 틀은 서구적인 문화상식을 가지고 있다.

5) 일본의 그리스도교문화와 한국교회사

임진왜란(1592~1598)이 발생하기 약 30년 전 일본은 포르투갈 (Portugal)의 무역 상인들과 교역할 기회를 맞이했다. 1543년 동방[인도, 실론, 인도네시아의 중부 말루쿠 제도(Maluku Islands)]에서 생산되는 향신료 [후추·육두구(肉荳蔲, nutmeg)·생강·클로버]를 찾아 떠난 포르투갈 선박이 태풍에 휩쓸려 일본 규슈 남쪽의 다네가시마(種子島)에 표착(漂着)했다. 이로 인해 일본과 포르투갈 상인과의 역사적 만남은 시작되었다.

그 후 포르투갈의 예수회 조직이 일본에 들어왔고 서로 간의 문물교류가 활발했다. 문물교류 중에는 조선술(造船術)과 항해술, 신무기(=조총)도 포함되어 있다. 이로 인해 조총을 만드는 일본의 기술이 발전되어 일본의 조총부대는 조직화하였다. 일본의 신문화에 여러 형태의 가톨릭 문화요소가 혼재되어 있었다. 이와 같은 사례는 널리 알려진 영화 『쇼군(Shogun, 將軍)』에서 발견할 수 있다.

1592년 임진왜란(壬辰倭亂) 때 예수회 소속 포르투갈 신부 세스페데스(Gregorio de Céspedes, 1551~1611)가 조선 땅을 밟았다. 그는 가톨릭 교인인 일본군 장수 고니시 유키나가(小西行長 세례명, 아우구스티노)의 종군(從軍) 신부(神父)로 약 1년 6개월 동안 활동했다. 그 후 가톨릭은 자국의 이익을 중요시하는 일본의 정치문화에 적응하지 못해 관계가 소연(蕭然)해지자 쇠퇴하기 시작했다. 일본 문부과학성의 조사에 의하면, 그리스도교인의 숫자는 개신교와 가톨릭 포함하여 대략 100만 명 이하로 전체인구의 1% 미만으로 알려져 있다. 일본 그리스도교인의 신자 수 구성 (비율)이 약

100년 전이나 오늘날에도 큰 변동이 없는 것은 총인구수를 대비한 것이다.

근대화 시기에 서구의 선교정책과 식민지정책세력이 동진(東進)하여 청나라와 조선에 이르렀다. 국제정세를 주시하고 있던 일본제국은 영국에서 구매한 포함(砲艦)을 정비하여 해군의 포함 이름을 운요호(雲揚號)라고 했다. 1875년 일제는 운요호(雲揚號)를 몰고 와서 강화도 지역을 파괴하고 살인·방화·약탈을 서슴지 않았다. 그러한 국토침략과 악행이 조선사에 '운요호사건' 또는 강화도사건(江華島事件)으로 기록되었다. 1871년 신미양요(辛未洋擾)의 상처가 아물지 않은 상태에서 1876년 조선은 일본의 강압 때문에 강화도조약을 맺는다. 그 조약은 결과적으로 일본이 조선의 국정에 직·간접적으로 간섭하는 계기가 되었고, 그로 인해 조선의 국력은 외세의 영향에 의해 쇠퇴하기 시작했다.

한국 개신교회사에 의하면, 일본에서 신학 공부를 하면서 개신교 신자가 된 이수정(李樹廷, 1842~1886)은 바이블 신약을 최초로 번역하여 조선 신앙인에게 보급했다. 그는 1882년 2차 조사사찰단〔朝士視察團, 일본에서는 신사유람단(紳士遊覽團)으로 기록〕수신사(修信使) 박영효의 비공식 수행원으로 일본에 갔다. 이수정은 그곳에서 일본 농학자(農學者)이자 개신교 신자 쓰다 센(津田仙)을 만나 바이블 공부를 했다. 1883년 이수정은 야스가와(安川亭) 목사(牧師)의 입회하에 도쿄 노월정교회(露月町敎會, 현 芝敎會-시바 교회)에서 미국 북 장로회 선교사 녹스(G. W. Knox)에게 세례를 받았다. 이수정이 바이블 신약 마태전(馬太傳)을 한문으로 번역하고 중간마다 이두문자로 토를 달아 야소(耶蘇) 강생 1884년에 편찬(編纂)했다고 기록되어 있다.

예수의 가르침을 야소교라고 표현하고 기록한 것은 한국 그리스도교사의 원형을 이해하기 위해 주목해야 한다. 이수정의 신약 바이블 번역은 미국 바이블공회 일본지회 총무였던 루미스(Henry Loomis) 목사의 제안을 받아들여 이루어졌다. 1887년 심양(瀋陽, Shenyang)에서 '예수성교전서'가 이수정에 의해 한글로 번역되어 한국으로 유입되었다. 미국의 개신교 선교정책은 조선의 개신교 복음화를 위한 후학양성과 더불어 인재경영에 큰 관심을 가지고 적극적으로 관리했다는 것을 알 수 있다. 그 외 조선의 지식인들이 근대화 시기에 야소교((耶蘇教), 즉 서교(西敎) 사상을 받아들여 서교의 종교성을 가지고 있었다. 또한 그들의 후학 한국 신학 사상을 이어가고 있다.

6) 근대화문화의 물결
- 청국(淸國)의 멸망과 중화인민공화국의 태동(胎動)

근대화 시기에 일본은 국제적 정세를 파악하고 조선을 통해 청나라로 진입하려는 야욕을 불태웠다. 그 당시 조선과 청국에는 그리스도교 선교사가 활동하고 있었다. 서구의 열강(영국, 프랑스, 미국, 러시아, 독일) 중에 특히 영국은 러시아의 세력을 견제하며 청국을 식민지로 만들기 위해 총력을 기울였다. 청국(淸國)은 그리스도교의 국가와 정치적으로 복잡한 관계를 형성하고, 내부적으로 부패했으며 아편중독자(阿片中毒者)는 늘어만 갔다.

17~18세기경 청국은 영국과의 문물교류가 있었다. 영국은 청나라에서 주로 도자기, 차(茶), 비단(緋緞)을 수입하였고 청국(淸國)은 영국에서 모직물(毛織物)과 인도의 면화(棉花)를 수입했다. 청나라 사람에게 모직물은 천한 사람이 입는 옷으로 인식되었고, 비단은 선호하는 물품이었다. 그 당시 청국과 영국의 문물교류의 결제 화폐(貨幣)는 은(銀)이었다. 영국의 막대한 은화(銀貨)가 결제대금으로 중국에 유입되면서 양국의 무역균형은 점차 깨지기 시작했다.

영국은 청국과의 무역적자를 해소하기 위해 전략적 대체품목으로 인도(印度)에서 재배된 아편(阿片)을 청국으로 수출했다. 아편이 청국에서 처음에는 약재로 사용되었으나 청국의 아편중독자는 급격히 늘어만 가고 있었다. 결국 청국(淸國)은 영국과 아편전쟁(阿片戰爭 Opium Wars, 1차 1839~42, 2차 1856~60)을 치렀으나 영국에 패(敗)하여 엄청난 전쟁비용배상금을 지급했다. 1842년 청국은 전쟁비용배상금(=1200만 달러와 아편 몰수에 대한 2100만 달러의 보상금)을 지급했음에도 불구하고 영국이 제시한 불평등한 난징조약(南京條約)을 수용했다. 그 조약에 따라 다섯 개 항구〔광저우(廣州), 샤먼(廈門), 푸저우(福州), 닝보(寧波), 상하이(上海)〕가 개항(開港)되었다. 먼저 상하이가 개항되었고, 홍콩이 영국의 조차지(租借地 Leased territory)로 할양(割讓)되었다.

1898년 영국은 홍콩과 그 주변 섬 지역의 해역을 99년간 임차한다는 협정을 청국과 체결했다. 난징조약은 동양 최초의 국제조약이 되었고, 홍콩은 영국의 보호 아래 오늘날 중국 본토의 사회주의 정치와 무관하게 무역 중심의 자유항구가 되었다. 영국은 홍콩을 99년 동안 식민지로 다스린 다음 1997년 7월 1일 중국에 다시 반환했지만 홍콩은 실제로 135년 동안 영국의 조차지가 되었다.

근대화 시기의 청나라 제12대 마지막 어린 황태자(당시 3세) 푸이(溥儀 Puyi, 1906~1967)가 성장하여 황제가 되었다. 하지만 외세에 의해 국력이 미약해졌고 황제의 역할을 할 수 없게 되었다. 청나라 제국은 급변하는 근대화의 물결 속에 혼돈의 세계를 맞이했고, 사회는 전국적으로 혼란하고 위태로웠다. 그러한 상황을 지켜보던 서구의 많은 가톨릭 신부와 개신교 목회자는 하나둘씩 자국으로 귀국(歸國)하기 시작했다. 청국의 위기상황을 수습하기 위해 새로운 지도자들이 등장했다.

1905년 8월 20일 쑨원(孫文, 孫逸仙, 1866~1925)을 중심으로 결성된 중국혁명동맹회가 일본 도쿄에서 중국의 최초 정당으로 발족(發足)되었다. 그 동맹회가 1906년부터 청조(淸朝) 타도의 목표로 여러 번 무장봉기를 일으켰으나 자금, 무기 부족, 계획누설 등으로 번번이 실패했다. 그 후 무장봉기는 광둥성, 산시성(산서성), 산시성(섬서성), 상하이, 장시성, 저장성, 후난성 등의 지역에서 일어났다. 그러한 지역의 대표자들이 한커우(Hankou)의 영국 조계지(租界地)에서 모임을 하고 1911(辛亥)년 10월 10일 중화민국 임시정부를 수립했다.

쑨원(孫文, Sūn Wén)이 초대 대총통으로 선출되었다. 그러한 역사적 기록은 신해혁명(辛亥革命)으로 표현됐다. 손문이 주도적으로 이끌었던 신해혁명은 중국의 많은 인민에 의해 지지를 받았다. 청국의 황제지배체제는 신해혁명 이후 무너졌다. 1912년 4월 원세개(袁世凱 1859~1916)가 정권을 잡았으나 그가 바랐던 황제의 꿈은 이루지 못했다. 손문은 원세개의 정치야욕을 크게 비평했다.

1차 세계대전 후 전쟁의 뒤처리를 위해 1919년 1월 18일 파리강화회의(講和會議, Peace Conference at Paris)가 열렸다. 참가국은 프랑스, 영국, 미국, 이탈리아, 일본이었다. 1919년 4월 21일 파리강화회의의 결정에 따라 당시 독일의 조차지였던 산둥반도(山東半島)를 일본에 넘긴다는 전보(電報, telegram)가 1919년 4월 30일 베이징에 퍼졌다. 이에 분노한 3000여 명의 학생들이 중국 인민과 함께 5월 4일 베이징의 천안문(天安門) 광장에 집결했다.[14]

5·4운동은 도시와 농촌에서도 큰 반응을 일으켜 중국사회의 커다란 변화의 물결을 일으키는 동력이 되었다. 그 운동은 한국의 3.1독립만세운동에 영향받았다는 분석도 있다. 손문의 유명한 삼민주의(三民主義)는 민족(民族)주의·민권(民權)주의·민생(民生)주의이며, 그 또한 하나로 연결된 구국(救國)주의자의 사상체계였다. 그의 정치사회문화의 혁신경영은 1918년 국민당의 조직으로 이어졌고, 1924년 국민당과 공산당이 합작하는 성과를 이루었다.

손문이 사망한 이후 양당이 치열한 내전을 겪으면서 1949년 오늘날의 중화인민공화국이 출범했다. 비록 손문의 신해혁명은 근대 중국사회의 봉건주의와 식민지구조 자체를 변화시키지 못하고 실패했으나 중국 사회에 거대한 혁명사상의 토대를 마련한 것은 사실이었다. 손문은 중국 근대사의 인물 가운데 빠지지 않고 손꼽힌다. 그의 혁신적인 정치사회문화경영의

---

[14] https://ko.wikipedia.org/wiki/5%C2%B74_%EC%9A%B4%EB%8F%99

결과는 중국 역사발전에 원동력을 제공했다고 평가되어 오늘날 많은 중국 지식인들의 자부심이 되었다.

손문(孫文) 이후 중국의 새로운 지도부는 공자(孔子) 사상을 동이(東夷)족의 문화라고 판단하여 공자의 상(像)을 파괴하였고, 유교 문화와 사당 등을 폐쇄·훼손시켰으며, 공자의 사회적 위치까지 끌어 내렸다. 그러한 사건은 모택동(毛澤東 Máo Zédōng, 1893~1976)이 설립한 중화인민공화국의 정치와 종교사회문화경영을 주도한 결과였다. 그 와중에서도 불교적 색채를 띤 도교 문화가 연명(延命)하고 있다. 오늘날 중국의 실질적인 대중신앙은 도교(道敎)이며, 도교 사상과 융합된 불교사상이 혼재하고 있다. 구복적인 종교문화사상을 지닌 도교가 중국, 대만, 홍콩 등의 토속종교로 재해석되어 도교 문화 또한 자국의 민간사상을 대표하고 있다.

모택동의 중화인민공화국이 태동한 지 100년도 못 되어 공자의 유교 사상은 2010년 광저우(廣州) 아시안게임을 앞둔 10년 전에 중국 천하의 정치 이상과 사회주의문화로 다시 주목받으면서 화려하게 등장했다. 이와 같은 사회적 위치와 국가적 위상이 있는 유교가 동양의 종교(宗敎)임에도 불구하고 세계적인 활동무대는 한정되어 있다. 그러한 이유는 근본적으로 어디에 있는 것일까? 유교의 종교사상과 종교적 심성함양은 인간사회의 윤리와 도덕교육, 도덕실천을 중심으로 한 사상단체이지만 유일신을 경외하며 복을 구하는 구복신앙단체가 아니기 때문이다.

7) 종교문화와 신자화(信者化)

2차세계대전이 종료된 이후 서양의 많은 학자가 동서양의 종교문화를 비교적인 안목에서 연구했다. 그들의 관심사는 지역적 한계를 넘어 인류사에 큰 영향을 미친 네 가지 단체에 집중되었다. 대략 1950년도 후반부터 세계의 4대 정신사상은 유교, 불교, 그리스도교, 이슬람교라고 불렸다. 힌두교의 신앙인이 대체로 인도지역에 한정되어 세칭 세계종교사상에 포함되지 않은 듯하다. 그리스도교와 이슬람교는 1차, 2차세계대전이 종료되면서 부터 세계적으로 널리 전파되기 시작했다. 그 반면 유교, 불교, 한국의 자생종교와 새로운 신앙단체들은 한국전쟁 이후 서양에 알려지기 시작했다.

이슬람교가 세계적인 religion으로 두각을 나타낸 것은 근·현대사에 빼놓을 수 없는 유전개발과 유전판매 시기와 맞물려 있다. 유전판매로 중동지역 이슬람 국가 중 일부는 부유해지기 시작했다. 1928년 이집트의 하산 알반나(Hasan al-Banna 1906~1949)에 의해 설립된 범(汎)이슬람주의 (Pan-Islamism)가 역사의 무대 위에 무슬림 형제단(Muslim Brotherhood)의 이름으로 등장했다. 그 단체는 이슬람국가의 정치, 경제, 신앙단체, 사회단체 등에 막강한 영향력을 행사하고 있다.

이슬람교의 국제기구 가운데 1968년도에 석유를 무기로 삼아 설립된 아랍석유수출국기구(Organization of Arab Petroleum Exporting Countries, OAPEC)가 있다. 그 기구의 본부는 쿠웨이트에 있고, 그 외에도 9개의 국제기구[15]가 있다. 2차세계대전 이후 그리스도교나 이슬람교 모두에게 해당하는 종교문화경영과 실천의 길이 열렸다. 그 길은 먼저 전쟁피해복구와 기근(饑饉)·병마(病魔)에 신음하고 고통받는 국가와 국민에게 경제적 지원을 통해 베푸는 것이었다. 비록 그와 같은 각 신앙단체의 실천적 상황이 신자화(信者化)하는 데 결정적인 요인이 되었을지라도 베푸는 자애와 편견

---

[15] 아랍경제사회개발기금(아랍經濟社會開發基金 Arab Fund for Economic and Social Development)

아랍공동시장(共同市場 Arab Common Market),

아랍경제통합회의(아랍經濟統合會議 Council of Arab Economic Unity),

아랍 아프리카경제개발은행(아랍經濟開發銀行 Arab Bank for Economic Development in Africa),

아랍연합공화국(아랍聯合共和國 United Arab Republic(U.A.R.),

아랍제국(아랍 諸國 Arab Empire),

아랍통화기금(아랍通貨基金 Arab Monetary Fund),

이슬람회의기구(이슬람 會議機構 Organization of Islamic Conference),

팔레스타인해방기구(팔레스타인 解放機構 Palestine Liberation Organization(PLO)

없는 생명 정신은 순수한 인도주의의 차원에서 실행된 순례의 길이었을 것이다.

지금은 과거 서양의 교회사처럼 전쟁으로 교세를 확장할 수 없는 시대이다. 구태에 연연한 사상적 논쟁과 투쟁, 순교 정신을 앞세워가며 저돌적으로 선교(宣敎)정책을 강행할 수 있는 시대도 물론 아니다. 다만 종교(宗敎)가 공동체 사회문화영역에서 인류의 공동선을 실천하기 위한 공공의 문답은 주어졌다.

예컨대 어떠한 영성적 문화영역을 구축할 수 있고, 또 사회적 가치 창출과 환원으로 열매 맺을 수 있는가? 가장 현실적이고 실질적인 가치추구에 합당한 종교문화경영의 강구책이 설정되어 있는가? 이에 대한 오늘의 질문은 (세계) 종교문화의 단체가 깊게 유념해야 체면 정도를 유지할 수 있다. 현대인의 관심은 실용적인 가치와 현실에 집중되었기 때문이다. 오늘날 최첨단 정보통신망과 과학 장비 활용시대에 현실과 동떨어진 신앙고백과 환상적인 비전 등은 현장의 고통을 치유하는 데 무관하여 관심 밖이다.

8) 한국의 이슬람교 문화

서기 570년경 페르시아(Persia) 지역 사우디아라비아반도 남서부지역 메카(Mecca)에서 마호메트(Muhammad, 무함마드 570?~632)가 출생했다. 마호메트의 전기를 읽어보면, 그는 610년경 아라비안반도 메카에서 북쪽의 히라(Ḥirāʾ) 산(오늘날의 사우디아라비아) 동굴에서 정신수련을 통해 나름의 영적 체험을 했고 신의 계시를 받아 널리 가르쳐야 할 사명감을 가졌다고 한다. 그는 613년 당시에 만연된 금권(金權) 과두정치(寡頭政治, oligarchy)부터 타파하기 위해 활동했다. 마호메트는 아랍제국을 통합하여 형제의 나라로 만들었으나 그 이면에는 피 흘리는 전쟁이 뒤따랐다. 마호메트는 스스로 나는 신(God)이 아니라 신 알라(Allah)가 보낸 마지막 선지자라고 말했다고 한다. 그는 차후 이슬람교의 창교자(創敎者)가 되었다.

이슬람교의 교리에 의하면, 이슬람교도는 모든 것을 감찰하고 사람을 사랑하는 유일신 알라를 숭배한다.[16] 이슬람교의 본래 정신은 생활 속에 교리를 준수하고 평화를 사랑하며 선(善)을 행(行)하는 것이다.

이슬람교의 국가 가운데 터키(Turkey 투르크)가 한국의 고대역사를 빼놓지 않고 가르치며, 한국과 형제국(兄弟國)이라고 말하는 역사적 이유는 무엇인가? 투르크는 한문으로 돌궐(突厥)로 표기되었고, 약 6세기부터 8세기에 이르기까지 몽골고원을 중심으로 활동했다. 돌궐은 중국에서 흉노(匈奴)라고 한다. 투르크는 인류 문화학적으로 우랄 알타이어족이며 고구려와 동맹(同盟)을 맺었고, 강성한 고구려 시대의 기층(基層)민족으로 활동했었다. 고구려가 멸망한 후 수많은 고구려 유민들이 돌궐 등 타민족으로 설명된 거란(契丹, Khitan)과 몽골지역에서 살았으며 돌궐제국[突厥帝國, The Göktürks, 551/552(?)~745/747(?)]을 수립할 때 참여한 것으로 알려졌다.

터키는 1950년 한국전쟁 때 미국, 영국에 이어 세 번째로 많은 병력(14936명)을 파견했다. 한국의 이슬람교는 한국전쟁 때 파견된 어느 한 터키부대에 의해 처음 전파되었다고 한다. 1961년 한국사회의 이슬람 단체는 문교부에 '한국 이슬람교협회'로 등록되었다. 그 단체가 성장하여 현재 '한국 이슬람 중앙회'의 이름으로 서울 용산구에 본부를 두고 있다. 이슬람교는 1990년 8월 걸프 전쟁 때 방송사의 전파를 타고 널리 소개되었다. 2004년 한국군의 이라크(자이툰 지역) 파병이 이루어지면서 이슬람을 바르게 알자고 하는 사회적 분위기가 형성되었다.

2007년 6월 서울 코엑스에서 한글번역본 코란(Koran, Qur'an)을 나누어주면서 이슬람을 알리는 문화행사가 있었다. 그 행사는 모든 사람과 신앙단체와의 대화로 영성 문화의 세계로 함께(同行) 가자는 취지로 열렸다. 이슬람이 추구하는 이슬람 religion 문화의 세계화가 어떠한 형태로든

[16] 이슬람교에 대한 자세한 내용은 이 책의 제7장 디지털시대의 종교문화경영 II. 종교성과 종교문화의 가치발견- 상생 문화경영의 핵심 ⑥ 이슬람교 참조 바람

변화하고 있다는 방증이다. 오늘날 한국 이슬람교의 집회 장소인 모스크 (mosque)는 서울 외에도 부산, 경기 광주, 안양, 부평, 파주 그리고 전주에 있다. 한국 이슬람교의 신앙인은 3만 4천 명 이상이다. 한국에 거주하는 외국인 무슬림은 약 10만 명으로 알려져 있다. 중동 이슬람권에서 박사학 위를 받은 한국인 수십 명과 국내 소수의 대학교 학생단체와 전문분야의 지식인들이 이슬람 선교를 위해 활동하고 있다.

2015년 박근혜 정부와 지방단체가 세계 18억의 이슬람교 교인을 위해 전북 익산에 국가 식품클러스터 지역으로 추진하고자 했다. 정부는 5500 억 원을 출자하여 그 지역에 약 50만 평의 할랄(Halal) 식품단지와 인근 지 역에 할랄 도축장 건립 계획을 발표했다. 할랄 도축장 건립은 2017년 완공 하여 이슬람 단체에 50년 동안 무료로 제공한다는 계획안에 포함되어 있 었다. 할랄(Halal)의 개념은 '허락된 것'을 의미하며, 할랄 식품은 이슬람 율 법에 따라 이슬람교도(=모슬렘)가 생활 전반에 먹고 사용할 수 있도록 허 용되고 인증된 식품 등을 말한다.

할랄 식품단지에서 생산된 제품은 국내 판매는 물론 수출한다는 상호 전략적 경영과 금융경영의 관점에서 계획된 것으로 생각된다. 그러한 계획 안은 2015년 3월 1일 박근혜 전 대통령이 8박 9일 동안 중동 4개국(쿠웨이 트, 사우디아라비아, 아랍에미리트(UAE), 카타르)을 방문한 후 대통령의 제 안 때문에 발표된 것이다. 계획안에 따르면 약 100만 명의 모슬렘 신자가 한국(광주광역시 인구는 약 152만 명)으로 유입될 것으로 추정하고 있었다. 하지만 그 당시 박근혜 정부가 자국과 타국의 종교문화의 정체성과 고유성 그리고 특수성 등을 제대로 이해하지 못한 상태에서 계획안을 발표한 것 으로 보인다.

그것은 국가종교문화경영의 상황과 현실을 제대로 분석하지 않았음 은 물론 외국 방문의 업적으로 드러내고자 하는 정책사업 차원에서 시도 한 것으로 유추된다. 방만한 졸속(拙速) 계획안은 인류가 추구하는 보편 적 가치와 품격이 손상되기 때문에 종교문화경영의 차원에서 바른길로 갈 수 있도록 신중하게 접근하고 다루어야 한다. 요즈음 테러 사건으로 문제를 일으키는 IS(Islamic State, 이슬람교 수니파 원리주의자 계열 무장테러단체)는 본래의 이슬람교 국가단체와 관계없는 조직으로 밝혀졌으나 이슬람교의 본래 취지에 악영향을 주고 있는 것은 사실이다.

2016년에도 개신교 단체를 비롯하여 수많은 사람은 한국이 IS 단체에 안전지대가 아니라고 주장하면서 할랄 식품 단지 조성에 반대 서명운동을 전개했다. 그 당시 정부와 지방자치단체의 할랄 식품 단지 조성계획이 상업적 경영이윤의 창출을 주목적으로 하지 않았다면, 반대 서명운동에 대하여 부인하거나 관망하지 말고 책임 있는 대안과 답을 내놔야 했었다. 동년 1월 24일 농림축산식품부는 할랄단지의 백지화(白紙化)검토를 공식적으로 표명했다. 그 이후 백지화검토에 지지를 보낸 그 지역의 모(某) 국회의원은 2016년 7월 글자 그대로 백지화된 것은 아니고 전북 익산에도 할랄단지에 호응하는 자가 없었을 뿐이라고 했다.

종교문화경영의 관점에서 상호 간에 이루어진 공유문화의 사실관계 유무가 분석돼야 한다. 이슬람국가문화와 대한민국문화와의 지속적인 동화과정은 현재의 공동체 사회에서도 언급되고 있지 않다. 조화롭고 융화된 문화경영의 단계, 국민과 함께 소통할 수 있는 공동체 사회의 학습 단계, 동화·융화단계로 진행된 절차과정이 없었다. 공동체 사회의 문화공간이나 광장에서 최소한의 기능이나 공공의 역할을 담당한 문화영역도 드러나지 않았음을 확인할 수 있다. 국제적 패러다임을 수용하되 단기간 경제경영의 창출보다 국가와 국민 간의 역사성이 담긴 문화경영의 통찰적인 원칙과 대의를 간과하지 않는 것이 중요하다.

9) 그리스도교와 이슬람교의 문화 뿌리 그리고 영향력

마호메트는 아랍지역을 중심으로 이슬람 문화권을 형성했다. 이슬람 문화단체가 알라신의 이름으로 세력을 확장해 나갔다. 오늘날 이슬람교는 그리스도교와 버금가는 교세를 가지고 있어 세계적이다. 그리스도교와 이슬람교의 뿌리는 어디에 두고 있을까? 이에 대한 답은 헤브라이즘 (Hebraism)에서 찾아야 한다. 그리스도교주의(Christianism)는 예수 사상을, 이슬람주의(Islamism)는 모하메드의 사상을 체계화·조직화·제도화·세계화했다. 하지만 이 두 사상은 아브라함을 한 조상으로 둔 형제간의 문화, 즉 헤브라이즘(Hebraism)이라는 한 뿌리에서 나왔다. 한 뿌리에서 나온 세 종교사상이 세상 천하의 모든 문화사상 등을 좌지우지(左之右之)하는 것은 아니지만 세계적인 영향력을 가지고 있다는 것은 사실이다. 특히 그리스도교주의와 이슬람교주의가 서로 용호상박(龍虎相搏)하는 것과 같은 정치 문화적인 형국을 이루고 교리적인 싸움과 분쟁이 지속하여 세계정세는 불안하다. 그 지역의 평화가 이루어지기를 기원하며 아브라함의 줄기에서 출생했다는 예수의 사상적 영향은 어떠했는지 살펴본다.

예수의 사상은 그가 출생한 오늘날의 이스라엘, 근동(近東) 아시아 팔레스타인지역[17]에서부터 시작되어 유럽으로 전파되었다. 유럽에서 그리스도 사상과 교회, 교권(敎權)이 성장하면서 그리스도교가 로마제국의 제도적 religion이 되었고 통치적 religion으로서 입지가 강화되었다. 하지만 그리스도교의 유일신 신앙, 신조, 정체성, 그와 연계된 다양한 사상과 문화는 다신론(多神論)인 고대 그리스-로마문화의 영향을 크게 받았다. 고대 유럽문화의 토양에서 정신적 자양분을 흡수하여 그리스도교 교리와 문화의 밑그림이 그려졌다. 서구의 수많은 교부철학자와 신학자, 사상가들이 기본적으로 고대 라틴어와 그리스어를 배우고 연구하여 그리스도교의 교의학(敎義學)을 정립해 나아갔다.

서로마 대제국이 476년 멸망하면서 제국의 황제권도 무너졌으나 가톨

---

[17] 예수의 출생지가 베들레헴(Bethlehem)이며, 그가 다윗의 후손으로서의 메시아라는 근거는 바이블 구약의 전승에 따른 것이다. 예수의 부모가 베들레헴에 살았으나 차후 그리스 도시의 영향을 받지 않은 유대인 거주지였던 갈릴리(Galilee) 지방(=고대 팔레스타인의 북부지역)의 나사렛((Nazareth)으로 이사 갔다고 한다. 예수의 고향은 나사렛으로 알려져 나사렛 예수라고 한다. 예수는 갈릴리에서 설파(說破)하면서 많은 활동을 했다.

릭의 교황권이 그를 대행하면서 강화되었다. 교황은 광대한 로마제국의 영역을 승계받아 그리스도 대제국으로 만들고 통치했다. 그의 통치권은 유럽 중세시대에 절정을 이룬다. 그리스도교의 유일신 사상은 신앙인의 절대적 신념체계로 자리 잡았다. 그와 더불어 교황권의 권좌와 위엄은 하늘을 찌르고도 남았다. 신과 인간은 조물주와 피조물주, 주인과 노예 등의 이원론적 관계로 설정되었다. 그러한 이분법적 교리는 진리추구의 시금석이 되어 절대적이었다.

교황(敎皇)은 교부철학(敎父哲學)자들에 의해 초대교회의 베드로와 같은 상징성을 부여받았다. 교황(敎皇)은 예수에게 '천국의 열쇠를 받은 신의 대리자'로 추대되었다. 교황의 제도적 교권과 통치권은 신의 아들로 일컬음을 받는 성자(聖子) 예수를 대신하는 것으로 여겼다. 교황이 신의 절대적 권능과 예수의 이름으로 권한을 대행하는 것은 살아 있는 신의 상징이자 그리스도교의 절대성이다. 유일신 신앙의 그리스도교가 절대적 religion의 조직체계로 형성되어 제도적 religion으로 강성해졌다.

세계 그리스도교 신앙단체인 religion의 문화경영과 방법론, 통제권, 통치권과 종교문화경영권 등이 서로마가톨릭 교황청에서 다루어졌다. 그 교황청은 오늘날 이탈리아 바티칸시국(State of the Vatican City, 인구 800여 명)에 존재한다. 서로마 교황청은 최소의 작은 면적(0.44㎢)에 독립된 가톨릭국가 형태로서 세계가톨릭교회의 본부이자 세계 그리스도교 사회문화와 정치사에 직·간접적인 영향을 주고 있다.

10) 유대인의 정신문화와 예수

유대인의 정신문화는 다신교적인 특색이 있어 다양한 각도에서 분석이 필요하다. 유대인의 메시아사상과 문화를 원론적인 안목에서 연구하기 위해 바이블 구약을 읽어볼 필요가 있다. 고대시대의 유대인은 통합되지 않은 여러 지역으로 분리되고 지역마다 다른 신들이 존재했다. 하나의 나라 유대국으로 통합될 때까지 신 야훼(Yahweh)의 이름으로 전쟁은 지속하였다. 패배당한 각 지역의 신전(神殿)들이 그의 이름으로 파괴되었다.[18] 야훼는 '전쟁의 신'으로 분석되기도 한다. 유대인이 가르치는 메시아는 인격신이거나 하늘님도 아니고, 그리스도교의 예수도 아니며, 구체적인 형상으로 제시되지 않은 막연한 자연적인 존재로 설명되고 있다. 따라서 유대인의 메시아사상은 비인격적인 신의 형상에 사상적 뿌리를 두고 있다. 유대교는 예수를 오직 역사적 존재로만 인정한다.

구약 창세기에서 유대인의 혈족(血族)을 파악할 수 있는 가족관계가 기록되어 있다. 유대인이나 이스라엘 족장들의 가족 내력을 살펴보면, 그들이 아람인(Aramaean)과 밀접한 가족관계가 이루어졌다. 유대인과 아랍인과의 가족관계 형성은 아브라함의 후처 하갈(Hagar)과 하갈의 아들 이스마엘(Ismael)에서부터 시작된다. 하갈은 애급(埃及, Egypt)인으로서 아브라함의 아내 사라(Sarah)의 하녀였다. 하갈이 임신하여 여주인 사라를 멸시하자 사라는 하갈을 학대하였고, 하갈은 자기 아들과 함께 애급으로 도망갔다(창 16. 1~16). 하갈의 아들 이스마엘이 장성하여 이집트의 여인과 결혼하였고, 부족장의 시대를 열었다. 그의 후예들이 민족을 형성했다(창 17. 20, 창 25. 12~18). 이슬람교를 창교(創敎)한 마호메트(Muhammad)는 예수 사후 약 570년경에 사우디아라비아 서부 홍해(紅海) 연안 지역 메카(Mecca)에서 출생했다. 그가 이스마엘의 후손이라는 것을 알 수 있다.

아브라함의 아내 사라는 90세에 아들 이삭(Isaac)을 낳았고(창 17. 24), 이삭은 아브라함이 족장(族長)으로 있을 때 지역문화와의 문물교류형 성과 문화조화의 광장이 이루어지는 모습을 보면서 장성했다고 본다. 그는 아브라함의 뒤를 이어 가계(家系)를 이어갔다. 그의 후예들은 번성하여 민족을 이루었다(창 17. 16, 창 25. 19~26). 여러 유대인의 부족이 하나하나씩 연합·통합체를 이루어가다가 최종적으로 유대 국가와 이스라엘 국가가 병

---

[18] 왕하 23:5, 8, 9, 13, 19, 20) 참조

존(竝存)했다.

차후 이스라엘이 유대국과 통합되어 하나의 유대국을 이루었으나 BC 63년부터 유대국은 로마식민지로 전락했다. 그 당시 팔레스타인지역에는 북동쪽의 '수메르문화'와 남서쪽의 '이집트문화'가 공존하고 있었다. 두 문화의 충돌과 교류가 상호 반복되었지만, 팔레스타인지역은 그 두 문화를 연결하는 완충지대이자 교통의 요충지가 되어 통상(通商) 교역로(交易路)의 역할을 담당했다. 그 지역에서 출생한 예수는 자신의 사상을 펼쳤다.

> "인류 문명사를 바꾸어 놓은 나사렛 예수! 그의 출생지 유대국은 당시 로마의 통치권 안에 들어 있었고 지금의 아시아와 유럽의 경계선이 되는 오늘날의 팔레스타인 지역으로 소아시아에 속한다. 그 지역은 통상교역로서 아라비아인의 상권이 형성되었고, 근동(近東)지역의 타국인들과 물물교환이 활발하게 이루어졌으며, 아람어(Aramaic language)가 공용어로 사용되었다. 물론 예수도 그 지역에서 아람어로 복음을 전했다. 따라서 팔레스타인 지역은 예수 사상이 먼저 동유럽으로 퍼져나가는 데 최적의 전초기지가 되었다."[19]

AD 70년 유대국의 중심지인 예루살렘이 로마에 의해 무너졌다. 그후 2년 뒤 유대 반군이 집결하여 결전을 다짐한 지역은 마사다(Masada)였다. 유대 반군이 그곳에서 로마군과 최후의 항전(抗戰)을 벌였으나 참패로 끝났다. 유대국은 로마제국에 의해 멸망했다. 유대인들은 사방으로 뿔뿔이 흩어졌고, 그들의 대부분은 그리스-로마지역에 살면서 디아스포라(Diaspora)를 형성했다. 그 지역에서 사도 바울이 예수 사상을 전파했다. 차후 그 지역의 주민들이 예수 사상에 관심을 가지고 동참하면서 그리스도인이 되었다.

유대인이 1948년 수립한 국명은 유대국이 아니라 이스라엘이다. 이스

---

[19]   안병로, 『그리스도교의 검과 평화』, 지성사, 서울, 2016, 77쪽

라엘의 종교문화경영은 정책적 차원에서 특히 자국의 '종교문화 코드'를 중요시한다. 종교문화 코드라는 것은 유대인으로서 반드시 이수할 소정의 정신문화교육 과정을 말하는 것이다. 그러한 통합적인 교육과정을 이수한 자는 인종의 구별 없이 유대인이라고 부른다. 한국계 유대인은 한국뿐만 아니라 여러 나라에서 활동하고 있다.

예수는 이슬람교에서 선지자로, 유대교에서는 역사적 실존 인물로 인정받고 있다. 하지만 유대교는 그리스도교에서 주장하는 예수가 하나님의 아들, 성자가 아니라고 평가한다.

11) 한국문화토양에서 자생한 종교와 신앙단체의 특징

동학사상과 동학농민운동과 연관된 단체로 잘 알려진 천도교(天道敎)가 유일하게 근대화 시기에 처음으로 외국에 소개되었다. 일제(日帝)는 천도교와 대종교, 그 외에 다른 몇몇 종교단체가 항일운동(抗日運動)과 연관되었다고 분석했다. 그로 인해 수많은 사람이 일본 경찰조직의 주요 감시 대상이 되었고, 그중에 많은 인재가 살해당했다. 조선총독부(朝鮮總督府)는 '요시찰(要視察)' 인물을 분석하고 분류할 때 누가 어떤 사람이며, 무슨 신앙이 있느냐에 따라 대응과 처리방법을 각각 다르게 했다.

조선총독부는 이른바(所謂) 친일파를 양성하여 같은 민족끼리 반목(反目)과 질시(疾視)를 부추겼고 민심을 교란(攪亂)시켜 극도의 혼란에 빠트렸다. 조선총독부에서 진행한 일제의 식민지정책은 한국의 유구한 역사와 전통문화를 왜곡시켰다. 일제는 대한민국의 민족혼을 없애 버리려고 수단과 방법을 가리지 않고 추악한 만행을 저질렀다. 일제는 한국인에게 일본식 성명 강요, 황국신민 의식, 신사참배 등을 강요했고, 한국인의 고유 언어까지 말살하고자 일본어 교육을 했다. 하지만 수많은 사람이 대한 독립을 위해 다양한 분야에서 죽음을 두려워하지 않고 일제에 맞서 싸웠다. 동학의 후예로 조직화한 천도교와 국조단군 사상으로 뭉친 대종교가 독립

운동에 참여했다. 증산교(甑山敎) 계열의 신앙단체 중 국권 회복을 위해 독립운동자금을 지원했다는 연구가 있었다.

한국전쟁(1950~1953) 이후 다양한 형태의 새로운 신앙단체들이 형성되었다. 그 단체들은 제각기 가난한 삶 속에 남겨진 서민들의 애환을 위로하고 희망과 새로운 비전을 제시했다. 그들은 한국전통문화와 사상 및 종교성이 가미된 교리를 조화롭게 융화시켜 만들었고, 그들의 일부는 그리스도교의 모델처럼 신앙화·체계화·조직화시켰다. 그들의 교의학에는 샤머니즘, 유교, 불교, 도교, 개신교 사상 등이 복합적으로 습합되어 있으며, 교리해석방법은 동양 철학사상이 첨부되어 있다. 그 가운데 기존의 개신교와 유사한 모습으로 사상적 민낯을 바꾸어 형성된 신앙단체들이 있다.

그들의 바이블해석은 음양오행 사상과 접목해 그들만의 자체적 신학사상으로 만들어진 교리와 도그마로 사용하면서 세계민족의 비전까지 제시하고 있다. 그들의 신앙대상과 교리서는 대단히 성스럽고 권위적인 것으로 여기고 있다. 그 가운데 오늘날 창교(創敎) 60여 년밖에 안 되는 짧은 역사임에도 불구하고 발전하여 세계적으로 알려진 개신교 유형의 신앙단체도 있다. 그러한 단체들의 정신문화의 품격, 성격, 특징은 대체로 창교주(創敎主)의 생애와 사상에 한정되어 범 인류 문화사적인 새로운 메시지가 미흡하거나 한정적이다. 그 외에도 선·유·불(仙·儒·佛)교(敎)의 대의를 통합하여 새로운 형태로 거듭났다고 주장하는 신앙단체들도 있다. 신앙의 자유라는 전제하에 법망에 걸러지지 않도록 활동하는 여러 유형의 신앙단체도 있다.

인간이 마음과 영혼의 안식처로 믿어 의심치 않고 정신적 지주로 삼았던 신앙단체는 다양하다. 그러한 단체에 소속된 신앙인들이 어느 날 자신의 신앙단체가 되돌릴 수 없는 잘못된 선택이 되었다는 것을 뒤늦게 이해하고 깨달았을 때 낙심(落心)하지 않을 수 없다. 큰마음 먹고 되돌아갈 다리를 살펴보니 그 다리는 이미 세월의 변화 속에 사라졌기 때문에 진퇴양난(進退兩難)이자 가슴앓이 앓는 속사정과 같다고 한다.

그들은 잃어버린 젊은 청춘과 상처받은 긴 세월의 고통 속에 인생의 서글픔과 허무함을 가슴에 안고 이 시대를 살아가고 있다. 이러면 그들이 자신의 단체에서 나오기를 진정 원한다면 정신적·육체적 탈출구는 필요하다. 그에 관한 대응과 대체 방안은 최소한의 사회적·국가적 공동책임으로 열려야 바람직한 건강한 사회를 만들 수 있다. 그들에게 기약할 수 없는 내일도 오늘의 새로운 희망을 위해 퇴로(退路)가 열려 있도록 여러 방면의 전문적인 도움과 보듬어주는 손길이 마련되어야 할 것이다.

12) 종교문화경영의 영성적 모델 −프란체스코 수도원

중세시대 유럽의 수도원 중에 프란즈 폰 아씨시(Franz von Assisi, 1181/82~1226)에 의해 설립된 프란체스코(일명 프란체스카) 수도원이 있다. 그곳에서 유래한 기도문 중에 독일어로 작성된 프란시스코의 '평화의 기도문'을 원문에 가깝도록 번역해 보면 다음과 같다.

"오! 주님이시여,
나를 당신의 평화의 도구가 되게 하소서,
증오가 있는 그곳에
내가 사랑을 예행(豫行)하고,
멸시받은 곳에서
내가 용서하고,
싸움이 있는 곳에서
내가 화합하고,
절망으로 고통받는 곳에서
내가 희망을 일깨우고,
어두움이 다스리는 곳에서
내가 하나의 빛을 밝히게 하고,

고뇌가 있는 곳에

내가 기쁨을 가져다주게 하소서.

아! 주님이시어,

당신은 나를 노력하게 하소서,

내가 위로받으려고 하지 말고,

내가 위로하게 하고,

내가 이해되기를 바라지 말고,

내가 이해하게 하고,

내가 사랑받으려고 하지 말고,

내가 사랑하게 하소서.

그러한 곳에서 희생하는 자는 받으며,

스스로 자신의 존재를 잊어버리는 자는 찾으며,

용서하는 자는 용서를 받을 것이며,

누가 그곳에서 죽으면,

그는 영원한 삶으로 소생하기 때문입니다."[20]

위의 기도문은 교권과 인종, 종파를 초월해 현대사회에서 그리스도인들뿐만 아니라 일반인들에게도 널리 알려져 있다. 프란체스코 수도원의 '평화의 기도문'을 소개한 목적은 먼저 마음경영의 중요성을 설명하면서 나 자신이 선행의 주체가 되어야 하며 각 신앙단체가 공동선실천을 위해 함께 노력하자는 데 있다. 선(善)을 지향하고 선덕(善德)을 쌓아가는 종교적 가르침과 실천은 공동체 사회에 도덕적 가치 환원으로 그 의의가 크다. 특히 수도자(修道者)는 매일매일 수도원의 기도문 암송(暗誦)을 통해 초심(初心)이 흔들리지 않도록 영성 생활을 했다.

---

[20] 안병로, 같은 책, 111쪽

성직자는 예수의 청빈 사상을 삶의 모델로 삼았고 빛과 소금과 같은 역할을 하고자 노력했다. 신앙인은 타인과의 소통은 물론 타인을 위해 호의적인 관심과 배려의 마음을 가지고 도움을 주고자 힘썼다. 소통경영의 진정성은 심적 발로(發露)에서부터 시작되기 때문에 마음을 나누는 마음의 경영(心經)이며 마음경영은 모든 경영의 근간이 된다.

유럽에서도 오래전부터 순수한 자아의식을 찾아가는 수행방법으로 내면세계를 밝히고자 하는 영성운동이 이어지고 있다. 밝고 순수한 인간의 본래 마음을 일깨워 주는 것이 인성 함양교육이며 그의 실천은 영성운동과 함께했다. 인성 함양교육은 마음의 밭(心田)을 갈고 가꾸어(心耕) 선의 씨앗을 그의 밭에 파종하여 경영하는 것과 같다. 인간이 순수한 본래의 마음을 되찾아 생명을 존중하고 사랑하는 것은 사상단체와 신앙단체의 범주를 초월하여 정신적으로 서로가 하나됨을 추구하는 길이다. 그 길은 사람의 마음을 감싸주고 영혼을 위로하며 광명의 길로 이끌어 주기 때문에 사상적 음지(陰地)에서 양지(陽地)의 문화영역으로 나아가게 하는 데 큰 영향력을 발휘한다.

모든 종교와 신앙단체가 양지의 종교문화로 자연스럽게 본래의 얼굴을 드러내고 공동선 실천에 함께 노력해야 한다. 그것은 국제적인 패러다임과 주어진 시대 상황의 요청에 부응하여 새로운 종교문화경영의 시대를 열어가는 것과 연결되었다. 인류의 생명을 중시하고 살리는 것은 국제적으로 큰 호응을 받아 인도주의실천 사상과 부합된다. 인도주의실천은 국내사회는 물론 국제적으로 도덕적 가치 창출과 사회적 가치 환원으로 이어진다.

세계의 모든 신앙단체가 폐쇄적인 음지(陰地) 문화에서 속삭이는 자아도취적 우월주의 행태에서 벗어나고자 애쓰고 노력한 정황은 과학의 발전과 더불어 이미 오래전부터 시작되었다. 따라서 국내외의 수많은 신앙단체가 앞으로 과학철학의 이해와 의식을 통해 환골탈태(換骨奪胎)하지 않으면 모든 것이 감퇴(減退)하고 둔퇴(遁退)되어 존폐상황의 위기를 맞이할 수밖에 없다.

현대사회에서 젊은 층 신앙인의 숫자가 감소하고 있다. 젊은 세대가 기존의 신앙단체를 가까이하기를 거부하는 것은 그 단체에 대한 실망은 물론 과학적 사고방식과 시대적 패러다임에 영향을 받았기 때문이다. 그 외 신앙단체가 공동체 사회의 한 일원으로 새로운 종교문화경영의 패턴에 눈을 돌리지 않고 구태 속에 벗어나지 못하는 것도 중요 원인 가운데 하나가 된다.

각각의 단체가 지구촌 시대를 맞이하여 진리탐구의 문을 열어 놓을 수밖에 없다. 그러한 단체가 또한 해결할 사안 중의 하나가 종교문화의 뷔페화 시대를 넘어 과학적 종교사상과 생명의식을 고취하는 것이다. 그것은 시대 문화에 적합한 메시지를 전하고 이웃 사람과 함께 공동선실천을 촉구한다. 현대인은 정보화시대와 다양한 첨단 문명의 이기(利器)를 활용하여 공개된 신앙단체의 신성한 영역까지 영상이나 그림을 통해 간접적으로나마 들여다볼 수 있어 그의 사상적 의미와 향기 등을 의미하며 탐구할 수 있다. 과학철학의 안목에서 사회적 기능과 역할에 따르는 그의 결과물이 무엇인가 심사숙고하여 발견하고 가치 환원과 창출을 위해 선도(先導)할 수 있는 역할은 종교문화경영(학)의 발전적인 중심과제를 제시한다.

종교문화의 뷔페화 시대를 거쳐 지구촌 시대의 우주일가라는 정신문화의 메시지는 펼쳐지고 있다. 각 사상단체와 신앙단체의 시대적 형상과 형국이 뷔페식당의 메뉴로 비유해 본다면, 그들은 인류문화의 뷔페식당 위에 놓인 다양한 정신문화의 유형이 된다. 사람들은 그러한 문화메뉴를 보고 문화식당 위에 차려놓은 사상적 영양분과 가치, 특유의 향기 등을 자연스럽게 음미할 수 있다. 아무리 좋은 세계적 뷔페식당의 훌륭한 메뉴라고 자부할지라도 고객의 취향과 입맛에 맞지 않은 음식, 신선하지 않은 음식은 먹지도 않고 손도 대지 않는다. 자신의 입맛에 따라 맛이 없거나 맞지 않는 문화뷔페상의 사상적 양식(糧食)은 다시 먹으려 하지도 않는 것은 개개인의 입맛이자 속성이며 개성이다. 현대인은 개성을 존중하며 개성이 강한 다문화 시대에 살고 있다. 다문화 시대에서 음미할 수 있는 다양한 음식문화의 속성처럼 각자의 고유한 정신문화의 속성은 종교(심)성이자 문화 심리의 근간이 된다. 그것은 신학의 범주에서 벗어나 문화인류학, 민족학, 종교(철)학 등의 바탕을 이루고 있다.

이와 같은 보편적 이념과 속성은 종교문화경영에서 바라보는 세계인의 정신적·사상적 취향으로 비유할 수 있는 인류문화의 특성이기도 하다. 다만 보편적 인류문화의 목적과 특성은 공동선을 추구하며 생명을 살리는 것이다. 그것은 동서가 따로 없는 불변의 진리가 된다.

여기에 종교문화경영에 대한 현실과 내일의 방향은 과학철학으로 분석하기 위해 최소한도 종교학과의 교육체계와 계도(啓導) 등이 여러 방면에서 운용되어야 한다. 그러한 요소들이 학문의 영역에서 사회적 영역으로 연결되어 합리적이고 보편적인 가치로 환원될 수 있는 결과물로 드러나야 한다. 또한 그 결과물의 진가(眞價)는 세계적 차원에서 합목적이고 보편적 진리가 되어 널리 주목받을 수 있다.

맺는말

지구촌에서 피어오르는 인류문화사의 꽃은 정신과학과 자연과학의 조화를 이루어 만개(滿開)했다. 생명을 살리고자 하는 그의 향기는 모든 생명체에 활기를 불어넣고 있으며 지구를 감싸고 있다. 이 두 개의 과학 세계가 합치(合致)되어 세상의 공기처럼 생명을 사랑하는 인류 문명사를 발전시켜 가고 있다.

성현들의 가르침과 궁구(窮究) 사항은 동양 한자문화권에서 정신과학이자 사상단체로 발전하여 학문적 가통(家統)이 되었다. 그것은 선가(仙家), 유가(儒家), 불가(佛家), 도가(道家)로 그들의 맥이 이어졌다. 모든 인류에게 사상적으로 감동을 주는 보편적이고 객관적인 가르침 중에 으뜸인 가르침이 종교(宗敎)로 표현되었지만, 그 개념의 뜻과 그의 사상에는 신앙(信仰)대상이 존재하지 않는다. 서구의 'religion'의 개념이 종교(宗敎)라고 번역된 것은 오역(誤譯)이다.

'religion' 개념은 원어 그대로 'religion'이라고 번역되어야 타당하다. religion의 개념과 그의 사상에서 신앙의 대상은 유일신이며 religion은 모든 신앙단체 중 오직 절대적이고 유일하다는 뜻으로 사용되었고, 서구신학의 제도적·통치적 용어로 통용되었기 때문이다. culture의 개념이 문화(文

化)로 번역되었으나 문화의 개념은 culture의 의미를 포함하고 있다. 문화라는 용어는 동양의 천지인(天地人) 사상과 생활상이 담긴 포괄적인 개념이다.

따라서 그들 사이에 어떠한 차이점이 존재하며 동질성·유사성·이질성·공통성 등이 존재하는지 찾아보는 것은 정명사상을 고취하기 위함이다. 그뿐만 아니라 필자는 서양의 religion과 culture라는 획일적이고 고착된 개념과 언어사용에서 왜 벗어나야 하는지 타당성과 당위성을 찾아 객관적인 의식과 답을 밝혀보고자 했다. 무의식중에 매몰된 서구사상에서 탈피해야 인식의 폭을 넓힐 수 있어 의식전환의 필요성이 제기되었다. 그에 관한 사례로 상세하게 다루어진 것이 서구 그리스도교가 한국으로 전파되는 정치, 문화적 단계와 과정이다.

종교문화경영의 실용적 단계와 절차과정에서 전통문화와 근·현대 서구문화와의 충돌이 비교적 안목에서 검토되었다. 그것은 종교문화의 본질과 속성을 통찰하도록 역사적 배경과 시대적 상황을 참조하여 조명한 것이다. 한국 전통문화와 충돌을 피하지 않고 정면 돌파를 시도한 서로마가톨릭의 선교정책과 이질감을 최소화해가면서 전파된 근대화 시기의 개신교가 있다. 이 두 신앙단체는 한국 역사에 공과(功過)를 남겼다. 그리스도교 신앙단체뿐만 아니라 대한민국에서 자생한 여러 신앙단체가 유구한 한국 역사를 대변할 수 없는 것은 당연하다.

따라서 한국사(韓國史)와 그리스도 교회사(教會史), 다른 신앙단체의 신앙사(信仰史)는 냉철하게 구분(區分)되어야 하며 역사 문화적인 사안에서 세밀(細密)하게 분리·분석하고 구분해서 올바른 개념을 사용할 수 있도록 국가적 사회적 계도가 필요하다. 그 어떠한 교회사나 신앙단체의 신앙사가 한국사의 상위개념도 아니고 상위법(上位法)도 아닌 것은 물론 명명백백한 사실이지만, 때로는 무의식중에 착각하거나 간과하는 경우가 발생하여 주의가 요청된다.

1882년 미국의 개신교 단체가 한국과의 외교적 공식협의와 인증절차를 밟아서 한국에 전파되었다. 그 단체의 도움으로 한국 개신교는 경이적으로 발전했다. 하지만 1990년대 말부터 한국 그리스도교의 성장세가 둔화하였다. 신앙단체의 사상과 문화가 현대과학 시대의 이치와 순리에 맞지 않고 어긋나면 세계의 문화인에게 관심과 호감을 얻지 못한다.

현재 한국의 그리스도교뿐만 아니라 모든 신앙단체와 사상단체는 유구한 한국 역사의 '한계 내 존재 상황' 안에 들어 있다. 그들의 종교(심)성은 공동체 사회문화의 광장에서 어떻게 생동(生動)하고 있으며 전통성, 유사성, 보편성, 공공성, 이질성 등은 무엇인지 살펴보았다. 그것은 또한 종교문화 경영학연구 분야의 대상으로 다루어졌다. 고대사회의 제천문화에 관한 접근방법은 동서양의 종교문화성향과 인간의 종교성을 밝히는 실마리가 되었다. 문화전파의 다양성에서부터 세속화와 토착화과정에 이르기까지의 이해와 통찰의식은 종교문화 경영학의 방향과 밑거름을 제공한다.

또한 그것은 각 단체의 현주소에 대한 자신의 점검이자 자기관리를 촉구한 것이다. 각 단체의 교리 형성사와 그에 대한 보편성, 합목정성, 시대성, 사회적 가치성, 환원성, 대중성 등의 진단과 분석은 일상생활과 연결되어 종교문화경영의 기초자료가 된다. 역사적 사례에서 발견할 수 있는 각 단체의 종교문화경영은 유념해볼 필요가 있음이 논구(論究)되었다. 한국의 종교문화와 다양한 단체의 과거와 현재 상황을 검토하여 존재의식과 공동체 사회의 가치 환원과 창출에 대해 타진(打診)해 보았다.

그것은 결과적으로 상생(相生) 문화의 관계가 어디에 있는가를 궁구하는 데 초점을 줬다. 인도주의 차원에서 상생의 용어가 널리 통용되고 있다. 상생은 다종교문화와의 공존, 공생, 공유, 공영의 의미와 기능을 모두 가지고 있다. 상생 문화의 역동성은 다양성의 일정 부분과 맞물려 인류에게 더욱더 나은 상생의 가치 창출을 위해 문화융합의 길을 피할 수 없다. 한국민족문화의 정체성과 세계문화는 상생(相生)의 관계를 유지하고, 종교문화경영과 밀접한 연관성을 가지고 있다.

필자는 상생법도의 개념에 대한 세부적인 분석과 설명은 물론 동양사상의 원리와 현대 자연과학사상에서 제기된 초끈이론(superstring theory)과 힉스입자(Higgs boson), 자연생태학을 접목해 그 의의를 찾아보았다. 현대 자연과학에서 발표된 우주물리학의 입자와 파동, 자연생태학을 연계시켜 생명 사상을 궁구(窮究)하면서 상생의 의의가 새로운 각도에서 분석되었다. 4차 산업혁명 시대에서의 정신과학과 자연과학의 합치(合致)가 종교문화경영의 시대적 소명임을 설명했다.

종교문화의 사상과 연계된 한국인의 종교(심)성에 대한 분석은 역사 인류학적 또는 역사 민족학적인 문화진단과 궤를 같이해 종교문화경영의 단계와 과정에 다루어져야 할 필수 불가결의 요소가 되었다. 그러한 테제와 핵심논제에 대한 분석능력은 그의 단계와 과정을 바르게 핵심사항을 이해하고 학습역량(力量)을 높이는데 주효(奏效)했고, 종교문화 경영학의 자양분이 될 것이다. 종교문화경영의 성공적이고 발전적인 의미와 과제는 인류의 공동선(共同善)이며, 그것은 아무리 강조해도 지나치지 않을 것이다.

양지(陽地)의 종교문화가 사회적 가치 환원과 창출을 일구어내는 것은 바로 공동선의 실천에 있다. 그 실천은 새로운 변화와 혁신을 촉구하는 시대정신과 맥락을 같이 한다. 시대의 흐름과 변화 속에 현대사회는 무엇을 바라고 원하는가를 분석하는 것은 피할 수 없는 현재 국내·국제적인 종교문화 상황에 관한 문제 풀이의 열쇠이자 현재 상황내존재가치를 진단하고 극복할 수 있는 계기가 된다.

지피지기 백전불태(知彼知己 百戰不殆)라는 의미가 새롭다. 이 책에서 제기된 종교문화 경영(지도자)학의 과정은 역사적 사례에서 찾아 발전적인 사회적 담론과 실천을 이끌어가는 21세기 지도자와 학습자의 자세와 정신, 지도력 등을 밝혀보았다.

그러한 정신적 가치와 효율성 등은 종교문화 뷔페(Buffet)화 시대를 넘어 세계지도자상(象)의 역할로 설명되었다. 그것은 바른 인성과 소통능력, 도덕성을 함양시켜 인류문화사의 열매인 공동선실천에 있음을 누누(累累)이 밝혔다. 공동선실천은 가장 현실적이면서도 바람직하며, 국가적 차원에서도 미래의 비전을 통찰하고 제시하므로 그 보람과 의의는 크다. 따라서 역사에서 배우는 종교·문화 경영학은 국내외의 공동체 사회를 선도하고 백년지대계(百年之大計)를 위한 국가교육의 핵심가치이자 목표에 일조할 수 있다.

부록 - 성경 책명 약자표

구약전서

창세기	창	역대하	대하	다니엘	단
출애굽기	출	에스라	스	호세아	호
레위기	레	느헤미아	느	요엘	욜
민수기	민	에스더	에	아모스	암
신명기	신	욥기	욥	오바댜	옵
여호수아	수	시편	시	요나	욘
사사기	사	잠언	잠	미가	미
룻기	룻	전도서	전	나훔	나
사무엘상	삼상	아가	아	하박국	합
사무엘하	삼하	이사야	사	스바냐	습
열왕기상	왕상	예레미야	렘	학게	학
열왕기하	왕하	예레미야애가	애	스가랴	슥
역대상	대상	에스겔	겔	말라기	말

신약전서

마태복음	마	에베소서	엡	히브리서	히
마가복음	막	빌립보서	빌	야고보서	약
누가복음	눅	골로세서	골	베드로전서	벧전
요한복음	요	데살로니가전서	살전	베드로후서	벧후
사도행전	행	데살로니가후서	살후	요한1서	요일
로마서	롬	디모데전서	딤전	요한2서	요이
고린도전서	고전	디모데후서	딤후	요한3서	요삼
고린도후서	고후	디도서	딛	유다서	유
갈라디아서	갈	빌레몬서	몬	요한계시록	계

참고문헌

【경전 및 사전류】

김동승(編著),『易思想辭典』, 부산, 부산대학교출판부, 1998

『貫珠 聖經全書』, 대한 성서공회, 서울, 1964

『성경전서』, 대한 성서공회, 서울, 2009

동아출판사 출판부,『現代活用玉篇』, 서울, 동아출판사, 1972

이상은 감수(監修),『漢韓大字典』, 서울, 민중서관, 1965

【독일 바이블】

『Die Heilige Schrift des Alten und Neuen Testament』, Stuttgart 1961

『Die Biebel des Alten und Neuen Testament』, Stuttgart 1971

『Die Merian Biebel in Farbe』1. Auflage, Verlag, Prisma, Frankfurt 1986

【독일어 대백과사전】

『Brockhaus Enzyklopädie』, Band 1~24, 1993, Mannheim in Deutschland

『Die Religion in Geschichte und Gegenwart(RRG)』, 3. Auflage. Band 1~6. J.C.B. Mohr(Paul Siebeck) Tübingen 1986 in Deutschland

『Theologische Realenzyklädie (TRE)』, Band 1~32, Walter de Gruyter·Berlin, 1978 ~2001 in Deutschland

【독일어 사전】

Kurt Goldammer(Hg.)『Wörterbuch der Religionen』, Stuttgart kröner, 1985

Redaktion für religion und Theologie des Bibliographischen Instituts(Hg.), Schüler__
　　Duden, 『Die Religionen』, Dudenverlag Manheim/Wien/Zürich, 1980
Bowlus, Charles R, 『Die Umweltkrise im Europa des 14 Jahrhunderts』, in Sieferls,
　　Fortschritte der Naturzerstoerung, Frankfurt am main, Suhrkamp, Jg. 1998
F. A. Brockhaus Mannheim, 『Brockhaus-Enzyklopädie』, Bd. 16, Deutschland-
　　Klambt Druck-GmbH, Jg. 1991

【외국 서적】

Alt, Franz, 『Liebe ist möglich. Die Politik der Bergpredigt』, München/Zürich 1983
　　7.Auflg. (AltI)
Alt, Franz, 『Liebe ist möglich. Die Bergpredigt im Atomzeitalter』, München/Zürich
　　1985 2Auflg. (Alt II)
An, Byong-Ro, 『Die Religiosität der Koreaner in Deutschland』, Frankfurt am Main,
　　Berlin, Bern. NewYork, Paris. Wein, Perter Lang Theion 1997
Bultmann, Rudolf, 『Die Geschichte der synoptischen Tradition』, Göttingen 1967 7.
　　Aufl.
Dignath, Walter, 『Pazifismus im Christertum』, Filder, Bad kreuznach 1988
Eliade, Mircea, 『Das Heilige und das Profane. Vom Wesen des Religiösen』,
　　Anaconda, zuerst Rowohlt 1957, Köln 2008
F.D.E. Schleiermacher, 『Über die Religion Reden an die Gebildeten unter ihren
　　Verächtern』, Vandenhoeck & Ruperecht 1967
Heiler, Friedrich, 『Die Bedeutung der Religion für den Menschheits-und
　　Friedensgedanken』, Jahrgang4/ 1967
Ragaz, Leonhard, 『Die Bergpredigt Jesu』, 3 Auflage, Gütersloh 1983,
Stolz, Fritz(Hg.), 『Religion zu Krieg und Frieden』, Zürich 1986

【국내 서적】

감산덕청(憨山德清 송찬우 옮김),『老子 그 불교적 이해』, 세계사, 서울, 1990
곽홍탁·이옥희,『21세기를 위한 환경학』, 신광문화사, 서울, 2011
김상윤(譯解),『周易』, 한국협동출판사, 서울, 1984
김임순,『저탄소녹색성장-기후변화를 중심으로』, 북스 힐, 서울, 2010
국어국문학연구실(편찬),『동서양 문화의 이해』, 새문사, 서울, 1990
마이클 리치, 조셉 스자보 엮음(이원복 옮김),『위대한 실수-콜럼버스의 신대 류 발견』,
　　동아출판사, 서울, 1992
마커스 보그(김중기, 이지교 옮김),『성경 새롭게 다시 읽기』, 연세대 출판 부, 서울, 2004
민경배,『한국기독교사회운동사』, 대한기독교출판사, 서울, 1988
민경배,『한국기독교회사』, 대한기독교출판사, 서울, 1989

박길용, 『현대 환경학』, 대영문화사, 서울, 2009

바노우(성태규 역), 『문화인류학』, 탐구당, 서울, 1987

바르똘로메 데 라스 까사스(최권준 옮김), 『인디아스 파괴에 관한 간략한 보고 서』, 북
　　　스페인, 2007

사라 알란(오만종 옮김), 『공자와 노자 그들은 물에서 무엇을 보았는가』, 예문 서원, 서
　　　울, 1999

안동림(역주), 『莊子』, 현암사, 서울, 1998

안병로, 『그리스도교의 검과 평화』, 지성인, 서울, 2016

왕필(임채주 옮김), 『왕필의 노자』, 예문서원, 서울, 1998

엘리아데(이은봉 옮김), 『성과 속』, 한길사, 경기도 파주, 1998

오강남(풀이), 『노자, 도덕경』, 현암사, 서울, 1999

연수(延壽)지음(송찬우 옮김), 종경록(宗鏡錄), 세계사, 서울,

이광주, 『역사와 문화』, 문학과 지성사, 서울, 1978

이만열, 『한국기독교문화운동사』, 대한기독교출판사, 서울, 1989

이민호, 『서양문화사』, 느티나무, 경북, 1989

이채윤, 『그리스 로마신화 1. 2.』, 추수밭, 경기도, 2007

유홍렬, 『增補 한국천주교회사 上卷』, 가톨릭출판사, 서울, 1991

유홍렬, 『增補 한국천주교회사 下券』, 가톨릭출판사, 서울, 1990

애른스트 마이어(최재천 외 옮김), 『이것이 생물학이다』, 몸과 마음, 서울, 2002

전의찬 외, 『지구를 살리는 환경과학』, 청문각, 경기도, 2007

정금준, 『환경정책론』, 대영문화사, 서울, 2007

정명규 외, 『환경공학개론』, 동화출판사, 경기도, 2011

조영덕·이상화, 『신재생에너지』, 이담북스, 경기도, 2011

조찬선, 『기독교 죄악사 상, 하』, 평단문화사, 서울, 2000

존 헤밍(최파일 옮김), 『아마존: 정복과 착취, 경외와 공존의 5백 년』, 미지북 스, 서울,
　　　2013

존 휴튼(이민부 외 역), 『지구온난화』, 한울아카데미, 경기도, 2007

주재용, 『선유의 천주사상과 제사문제』, 가톨릭출판사, 서울, 1988

최금찬 외, 『新 환경학개론』, 동화기술, 경기도, 2009

최신한, 『종교론』, 한들 도서출판사, 서울, 1998

최재천(엮음), 과학 종교 윤리의 대화, 궁리출판, 서울, 2001

靑山茶之(김소나 역), 『환경생태학 기초와 응용』, BM 성안당, 경기도, 2011

페어뱅크(J. K.) 외(김한규 외 역), 『동양문화사』, 을유문화사, 서울, 1991

피터 보이트(박병철 옮김), 『초끈이론의 진실』, 승산, 서울, 2009

한상복·이문웅·김광억(공저), 『문화인류학개론』, 서울대학교 출판부, 서울, 1996

【참고 웹페이지】

http://www.climate.go.kr

http://dic.daum.net

http://blog.daum.net/

http://100.daum.net

http://100.daum.net/encyclopedia

http://100.daum.net/search/entry?q=ECI

http://www.ipcc.ch

http://www.kbs.co.kr/environ/ KBS 환경스페셜

http://www.kbs.ebs.co.kr/mother/ EBS 하나뿐인 지구

https://search.naver.com

http://terms.naver.com/

http://search.naver.com

http://www.nocutnews.co.kr/news/4049421

http://www.unep.or.kr

https://ko.wikipedia.org/wiki/

http://encykorea.aks.ac.kr/Contents/Item/E0059562

찾아보기